JN098752

KAGAMI RYUJI

鏡リュウジ

BIRTHDAY BIBLIOMANCY

誕生日事典

366日の「魔法の言葉」

日東書院

イラストレーション
鐘本幸穂

ブックデザイン
albireo

文章協力
星野りかこ、岡本純子、水無月あおい、鋳一零士

編集協力
夜間飛行

誕生日
BIRTHDAY BIBLIOMANCY
事典
366日の「魔法の言葉」

はじめに

「誕生日」という特別な日

誕生日があなたに教えてくれること

ここに『誕生日事典』を新たな形でみなさんにお届けできることをとても喜んでいます。15年ほど前に刊行して以来、大きな反響をいただいていましたが、今回、内容を少し研ぎ澄ませて、さらに「書物占い」(ビブリオマンシー)の要素を加え、生まれ変わってこの本を送り出します。

誕生日、それは1年に一度どんな人にも必ずやってくるスペシャルな、自分だけの祝日。歳を重ねてゆくのはちょっと複雑な気持ちになることもあるけれど、それでも、自分がこの世界の中に「誕生」したことを祝う、この特別な日には、それこそ特別な力がある、そんな気がするのも不思議なことではないのでしょう。

西洋占星術、数秘術、四柱推命やインドの占星術をはじめとした世界中の名だたる占術の多くが、生年月日をもとにしたデータを基本として用いるというのも、そんな素朴な直観から生まれているのではないかと思います。

伝統的な占星術の考え方では、ぼくたちの「魂」はこの世界の外側から宇宙空間を通過しながらこの世界へと降りてきて、肉体のなかに宿るのだとされていました。これを「インカーネーション」、つまり、「受肉」といいます。ぼくたちの体は、この大地と同じ素材でできているけれど、魂はこの世を越えた世界からやってきたと考えるのです。

ぼくたちの魂ははるかかなたで自分の運命を選び取り、たくさんの星々の間を旅しながら、星から自分の魂にふさわしい様々な特質や徳、あるいは欠点などを受け取って母体のなかに入ります。そしてついには誕生し、自分自身の人生を歩き出すということになるわけです。

あなたの誕生日は、あなたがこの世界に生まれたことを記念すべき日。そして、星々から託された、さまざまなメッセージを、もう一度確認する日、ということになるのです。

誕生日にはたくさんのメッセージがあります

詳細な占星術では、誕生日だけではなく、出生年や出生時刻、場所まで吟味した正確な「ホロスコープ」を作成して、それをもとに運命を分析します。

しかし、それには相当の技術が必要で、熟練のプロの占星術家にしかできないことだといってもいいでしょう。

一方で、マスメディアで広く使われている「星座占い」は、ある人が生まれたときのごく大雑把な太陽の位置だけを取りだし、そこから性格や運命などを読み取ろうとします。これはきわめて簡便な方法で親しみやすいという長所はありますが、しかしその一方ではどうしても詳細さに欠ける、という欠点もありました。では、どうすれば親しみやすさを残しながら、一歩でも本格的な占星術の世界に近づくことができるのでしょう。その方法をめぐってさまざまな方法が考えられます。

例えば、自分の誕生星座(太陽星座)と同じくらい重要な月の星座をあわせて考慮するという方法。ホロスコープのなかでもっとも大きなポイントである太陽と月の2つをあわせ見ることができれば、性格については相当のところまで推測することができそうです。けれど、月の星座を分析するためにはどうしても詳細な月のための計算表が必要になってしまいます。

今回、この本で採用したのは、カレンダーの上でのあなたの「誕生日」そのものです。通常の星占いではすべての人を12通りに分けますが、誕生日占いでは366通りの解釈に分かれます。それも複雑な計算などは一切ナシにして、ただ、自分の誕生日をもとにすればいいのです。

誕生日に隠された意味を探り出すためにとくに用いたのは、西洋占星術の星座の意味とそして数秘術に由来する数の意味です。

あなただけのスペシャルな「誕生日」。あなたがこの世に生を受けた、この特別な日にどんな意味がこめられているのか、星と数、そしてそのほかさまざまなシンボルたちから読み取ってみてください。

あなたがもっともっと、自分がこの世に生を受けたことを自分自身で祝福できるように、ぼくはこの本を送り出したいと思います。

鏡リュウジ

目次

第1部
誕生日に
込められた
占術

西洋占星術

古来からの知恵である「星占い」

西洋占星術の基盤が出来上がったのは、はるか2500年以上も前のこと。紀元前7世紀のバビロニア時代に遡ります。バビロニアの王、アッシュルバニパルの書庫がのちに発掘されたとき、そこから膨大な占星術の記録が出てきました。その中には、こんな記述も見つかります。

「火星が逆行して蠍座に入ったら、王は用心しなければならない。非常に悪い日なので、王は宮殿の外に出てはならない」

このように紀元前7世紀には、すでに占星術は行われていました。当時の占星術は、国家や王のためのもの。国に仕える占星術学者が、天体の運行を観察し、分析して、その様子からどんな現象が起こるかを、予知していたのです。

その後、長い年月の間、占星術は未来への予兆（オーメン）を読むためのツールとして使われてきました。聖書に出てくる有名なキリスト誕生の逸話もまた、占星術による預言によるものでした。占星術の学者が、東方の空に強い輝きを放つ星を発見し、救世主の降誕を予知したというのです。

古代の人々は惑星たちが神々の化身であり、天下の運命を司っていると考えたのでした。やがて惑星の運行は、人間の性質や運命にも何らかの影響を及ぼしているのではないかと考えられるようになり、誕生日の星の配置から、その人の性格や運命を占うようになったのです。それが、今日の星占いのルーツです。

よく雑誌などで見かける星占いは、誕生日によって12星座——牡羊座、牡牛座、双子座、蟹座、獅子座、乙女座、天秤座、蠍座、射手座、山羊座、水瓶座、魚座に分かれています。

例えば、4月1日生まれの人は牡羊座というのが一般的です。でも、この牡羊座というのは、実は太陽星座のこと。自分が生まれた日に太陽が何座の位置を運行しているかということだけをみたものなのです。

確かに4月1日には、太陽は牡羊座を運行しているのですが、ほかの惑星はそうとは限りません。実際には太陽だけでなく水星や金星、火星といった他の惑星も宇宙には存在し、そうしたほかの惑星は、牡羊座ではない、他の星座を運行していることもあるわけです（ただし、占星術で使う「星座」は一種の座標であり、実際に空に輝く星座とは別物です)。

西洋占星術で人を占うときは、その人が生まれたときの惑星の配置を示した天体図をつくります。これをホロスコープと言います。そのホロスコープには、出生時の太陽、月、水星、金星、火星、木星、土星、天王星、海王星、冥王星などの十数個の天体が何座の位置を通行しているのか、そしてそれらの天体同士の角度や配置といったさまざまな情報が記されています。それを元に詳細に占っていくものなのです。雑誌などで取り上げられる星占いは、太陽が入っている星座だけで占った、いわば簡易版の占いにすぎません。

ですから、4月1日生まれの人と4月2日生まれの人とでは、太陽の星座は同じ牡羊座ですが、たった1日の違いでもほかの天体の配置は異なってきます。となれば、その性格や運勢も違っていて当然。影響を受ける惑星も、4月1日と2日とでは変わってくるのです。それほど西洋占星術は繊細で複雑な占いだといえるでしょう。

ここで簡単に、西洋占星術で使う主な惑星の意味と、12星座の基本要素を記しておきましょう。

10惑星

太陽…パワー、アイデンティティ、生命力
月…無意識、情緒、変化、本能
水星…コミュニケーションのありよう
金星…人生を喜ぶ能力、愛
火星…闘志、戦う力、行動する力
木星…拡大と発展、幸運
土星…努力、縮小と制限、冷え込み、試練
天王星…突然の変化、状況を打ち破る力
海王星…夢想と無意識、無意識を開く力
冥王星…死と再生を引き起こす力

12星座

牡羊座…火星が支配、断固として
牡牛座…金星が支配、独占的に
双子座…水星が支配、知的に
蟹座…月が支配、感情性豊かに、保護するように
獅子座…太陽が支配、創造的に、豊かに
乙女座…水星が支配、批判的に
天秤座…金星が支配、調和的に
蠍座…冥王星および火星が支配、秘密裏に
射手座…木星が支配、広く、自由に
山羊座…土星が支配、忍耐強く
水瓶座…天王星及び土星が支配、客観的に
魚座…海王星及び木星が支配、夢想的に

これらのキーワードをもとに、さまざまな角度からホロスコープを解読していくのが、西洋占星術の本来の占い方なのです。

牡羊座

ARIES

3月21日〜4月19日生まれ

長所

冒険心が旺盛、リーダー的資質がある、情熱的、独立心がある

短所

衝動的、態度が大きい、わがまま、熱しやすく冷めやすい

高貴な血筋を持つ勇者イアソン。苦難と冒険の果てに、彼が火竜の手から手に入れたのは王位継承権の証である黄金の羊の皮でした。それが夜空で星座になったものが、牡羊座といわれています。この神話の通りこの生まれの人には、積極性、大胆な行動力、時としてアグレッシブにもなる向上心、チャレンジ精神などのエネルギーが宿っています。

牡羊座の人は、まっすぐな魂と勇士のエネルギーを胸に、人生の航路を渡っていくことになります。もし、外圧をかけられたら、跳ね返そうとするでしょう。たとえ前例がなくても、自分が先頭に立って道を切り開こうとするでしょう。周囲にライバルが現れたなら、闘争心を燃やすでしょう。けれどもなによりも、目標に向かってまっすぐに突き進んでいくこと、魂を燃やして信じる道を突き進むことに、至上の喜びを感じるところがあります。

しかしこのエネルギーをもてあましてしまった場合は、自分の目的以外目に入らなくなります。独善的になりやすく、周囲を傷つけているのに気づかない場合もあります。また目的を持たないで生きると、迷走してしまうこともあるでしょう。人と理解し合う努力を放棄し、自分の弱さを認めることができず、孤独になる面もあります。牡羊座にもたらされたエネルギー。それは自分にあった目標を持つこと、そして周囲の人も自分と同じ人生の主人公であるということを受け入れることで、有意義な方向に生かすことができるものです。

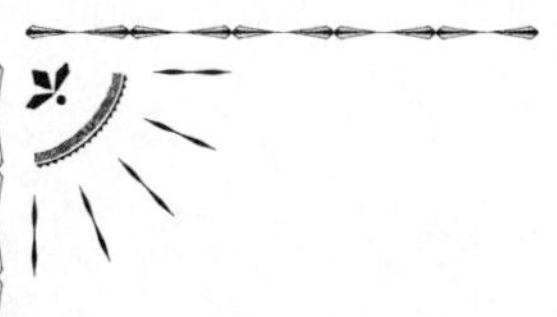

牡牛座

TAURUS

4月20日～5月20日生まれ

長所

しっかり者、現実的、意志が強い、持続力がある

短所

頑固、鈍感、行動が遅い、所有欲が強い

自分がこうと決めるとその目標に向かってがむしゃらに頑張ることが得意です。そして目的を果たすとそれを維持しようとするのです。

複数の由来を持つのが牡牛座です。例えば、美しいニンフのエウロパをさらったゼウスが白い牡牛に扮していたという話。または妻ヘラの嫉妬を恐れたゼウスが川の神の娘イオを牛の姿に変えたとするもの。あるいはミノタウロスの姿とも、海の神ポセイドンに因んでいるともいわれます。

諸説の神話から浮かび上がるのは、豊饒なオリンポスの世界の神々の饗宴のイメージです。自らの心の求めに従って、愛と人生を謳歌する神々の姿こそ、牡牛座の持つエネルギー。大地の実りを、恋人の愛を、両手いっぱいに抱きかかえることが無上の喜びになるのです。

牡牛座生まれの人は、神々の王ゼウスのように、欲しいものを手に入れるためなら苦難も恐れません。恋人に対しては、心の喜びも、身体の喜びも同時に求めようとする貪欲さがあります。

心も身体もそのまま、全人的な愛情で満たさなければ満足できないのです。大地に足を下ろし、現実的な方法で､思いを実現させるでしょう。

けれどもこのエネルギーが空回りをした場合は、手の届かない楽園を夢見るだけの快楽主義者か、物欲に踊らされる貪欲な者、自分のやり方を変えようとしない頑迷な人になってしまうかもしれません。

牡牛座の人の幸福は、あのオリンポスの神々のように、心に忠実に生きることにほかなりません。それは惜しみなく心地よい愛を与える人になること、楽園のような心地よい環境を身近につくりあげることであるといえるでしょう。

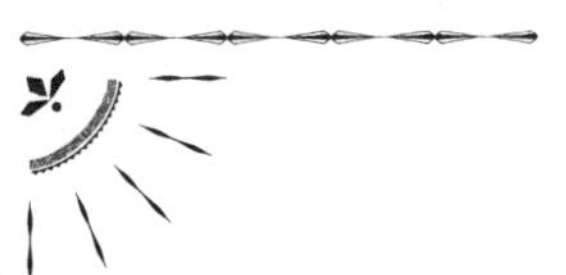

双子座

GEMINI

5月21日〜6月21日生まれ

長所

機知に富む、合理的、コミュニケーション能力が高い

短所

中途半端、競争的、さっぱりしすぎる、おしゃべり

物事を一歩引いたところから見ることができるので、客観的な判断をくだそうとします。無我夢中になれないジレンマがあるのです。

非常に仲がよかった双子のカストルとポルックス。ただ神の血を引いていた弟ポルックスは不死でしたが、兄カストルは人間の血をひいているために死すべき運命にありました。カストルが戦いで命を落としたとき、ポルックスは父であるゼウスに兄と同じ道を行かせて欲しいと頼みます①ふたりは夜空に引き上げられましたが、双子座のふたつの輝星のうちポルックスのほうが明るく見えるのは神の血ゆえでしょうか。人間―神、死すべき運命―不死という対比の象徴であるこの兄弟のように、双子座の人は、両面的な要素を備えています。総合的に判断する複眼的な視野に立ち、多角的に物事を見ることができます。だからこの星座の人はすぐれた思考力と観察力に恵まれる、といわれるのです。また心が通い合っていた双子が示すとおり、この星座の持つエネルギーはコミュニケーションの能力をも育てます。自然、情報や言語に敏感になります。このように、知の世界を幅広くカバーするパワーに恵まれているのです。

また双子座は基本的に人格の異なるふたつの魂を持っている星座です。それゆえ統一性に欠ける、気が変わりやすい、という一面もでてきます。活発な知的好奇心も、散漫になると、ものごとの完成度が低く、中途半端になる危険性をはらみます。しかしこの神と人のような、両面性のエネルギーをうまく生かすことができれば、興味あることに同時進行で取り組み、成功に導くことも可能なのです。

蟹座

CANCER

6月22日～7月22日生まれ

✣── 長所 ──✣

世話好き、情が深い、家庭的、子煩悩

✣── 短所 ──✣

ひがみっぽい、保守的、自己憐憫に陥りやすい

蟹座は、神話の中で勇者ヘラクレスの足を攻撃し、退治された化物に因んでいるといわれます。この蟹とは、実は女神ヘラが仕向けたもの。神々の王ゼウスの浮気に悩まされる嫉妬深い妻として描かれるこの女神は、愛情深いながらも、相手を飲み込もうとする母性原理の象徴とみることもできます。

蟹座には、この母性の力、ユングによりグレートマザーと名づけられたエネルギーが備わっています。家庭という自分の聖域を守り、愛情深く子供を育てるその反面、相手をがんじがらめに縛り付ける面も持ちます。伝統を愛し、革新的なものを退けようとします。同時に言葉を発することができない乳児が発するサインを受け止めるような、鋭い感受性も持っています。このような明暗を併せ持つ愛情深さこそが、蟹座の人生、愛情を示唆しています。それゆえ、恋をすると慈悲深く相手に接すると同時に、縛り付けようとします。ひとつのことをやり遂げる力はあるけれども、新しく何かを始めようとするときにためらって、機会を逃すこともあるのです。

ただ、蟹座の古い守護神はヘルメス、旅人の神でした。それゆえ蟹座は魂の奥深い部分で、束縛から自由になることを望んでいるのです。音楽や詩などの芸術をこよなく愛するのも、精神の旅立ちを望んでいるからなのでしょう。蟹座のエネルギーは愛情深く生きながらも、創造性を生かしていくことにより、深い喜びにつながっていくような性質を持っているものなのです。

獅子座

LEO

7月23日～8月22日生まれ

長所

クリエイティブ、情熱的、気前が良い、愛情深い

短所

自意識過剰、人を支配したがる、単純、横柄

獅子座は、ネメアの森の不死身のライオンが星になったものといわれています。12の苦難を授けられた勇士ヘラクレスが戦った最初の相手であり、鋼のような皮を持っていました。そのライオンを破ったヘラクレスは、鋼鉄の皮を頭に被り凱旋します。守護星に太陽を持ち、百獣の王のプライドを持つこの星座の人は、不死身の命、つまり尽きることのないエネルギー源を心に持つ人です。燃え盛る恒星からあふれるパワーは、とても押しとどめていくことができません。だからこの星座の人は、明るく、活動的なパワーを放っています。自己を表現し、何かを作り出そうとする欲求に突き動かされているところがあります。

この星座の人が持つエネルギーは、自分の姿がもっとも輝けるスタンスを選ぼうとします。舞台のような華やかな場所を好むこともあれば、それとは逆に、自らの光が最も美しく映えるよう、薄暗い場を選ぶこともあるのです。それはヘラクレスに敗れはしたものの、夜空に君臨したこの神話のように、目立たない勝利よりは、印象的な敗北を選ぶような、ドラマティックな生き方を求める部分があるため。平坦で退屈な道を歩むよりも、スリルや困難なスタイルを望むことが多いでしょう。

激しさと華やかさを追い続けるうち、自信を失い、沈んでみえる日もあるかもしれません。それでも曇りのときも、雨の日も太陽は同じように輝いているものです。獅子座から光が失われることは決してないでしょう。

乙女座

VIRGO

8月23日〜9月22日生まれ

長所

実務能力に長ける、緻密、冷静、清潔好き

短所

神経質、完ぺき主義、辛らつ、心配性

　乙女座が指す乙女とは、人々に正義を教えようとした女神アストレイアだといわれています。人々はかつて神々と楽園に暮らしていましたが、時代が移り、自らの手で糧を得るようになると、戦いや競争が起こります。神々は絶望してこの地を後にしますが、アストレイアだけは地上に残り人々の目を覚まさせようとしました。けれどそれも無駄とわかり彼女は天に帰り星になります。これとは別に豊穣の女神、セレス、またはペルセフオネという説もあります。乙女座のエネルギーは、この女神たちのように「地」の上で発揮されます。大地の実り、困難を克服して収穫を手にする力につながっているのです。地に足が着いたその観察力で物事を分析し、論理を組み立てます。地面ばかりを見つめて、天を見上げることがなかったアストレイアさながら、細かいディテールも見逃さない観察眼は優れているものの、大局的な視点から物事を見ることが苦手です。

　そして乙女座は人間を見捨てなかった女神の慈悲深さを持っています。高い理想を目指し、それを実践することを課すのです。このパワーは乙女座の向上心や探究心として現れますが、その一方で潔癖すぎる傾向も見せます。その潔癖さゆえ、自分の理想が成し遂げられないとわかると絶望し、被害者意識を持つことにもなりかねません。乙女座のパワーを生かすためには、どんなときも自分が選んだ道を笑顔で進んでいく覚悟が必要になってくるでしょう。

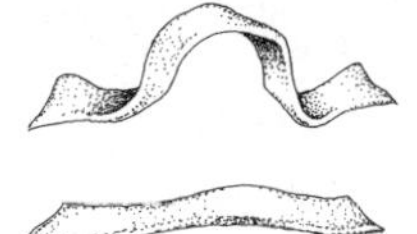

天秤座

LIBRA

9月23日〜10月23日生まれ

長所

正機感が強い、上品、優雅でチャーミング

短所

負けず嫌い、見栄っ張り、優柔不断、お調子者

天秤座は、正義の女神アストレイアが持つ天秤が星になったものといわれています。この秤は人の善悪を測るために使われていました。乙女座のアストレイアが人間に絶望したのも、この秤で心の正邪を冷静に計測していたためでしょう。

この神話の通り、天秤座のエネルギーは、バランス感覚や人間関係の調整能力の面で大きく発揮されます。相手の気持ちになって考えることができますが、人のいいなりになることはありません。自己主張や自己実現を目指しますが、自己中心的になることはありません。常にふたつの価値観を意識しているため、偏った意見や見方に縛られることがありません。またどんな複雑な状況に置かれても、フェアな視点でいるため信頼されます。さらに自分を客観的に見つめることができるため、冷静に、合理的に行動することができるのです。けれども選択肢や情報量が多いことは、一つに絞りきれないということも意味します。岐路に立ったときに判断に迷ったり、対立を避けようとするあまり、中途半端な立場にいることもあるでしょう。その結果自分を見失い、自信をなくしてしまうかもしれません。

すべての人間がフェアでバランスのとれた価値観で生きているわけではありません。時には、人間関係に疲れ、英断を下す必要も出てくるはずです。そんなときこそ、女神アストレイアが持っていたという正邪を見極めるという天秤を使って、自らの生き方を定めていくようにしてください。

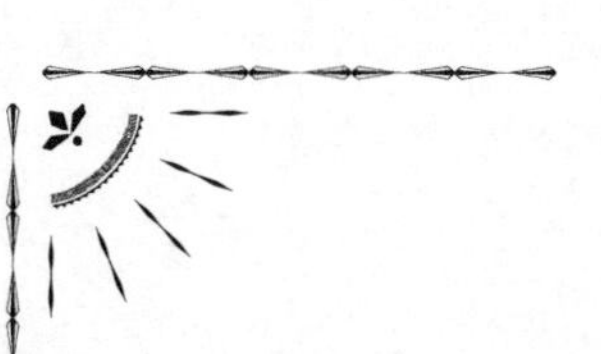

蠍座

SCORPIO

10月24日〜11月22日生まれ

長所

粘り強い、いざとなると爆発的なパワーを発揮、責任感がある

短所

想い込みが激しい、嫉妬深い、悲観的

神を両親に持つ巨人オリオン。彼を刺し殺した蠍が、天に引き上げられたものが蠍座だとされています。美しく力に優れたオリオンは、すばらしい狩人でしたが、自らの力に酔いしれ、傲慢の罪に落ちました。これを怒った地母神ガイアが放った蠍がオリオンを倒したのです。夜空の中で、オリオン座は蠍座が登って来るときに隠れてしまいますが、これはオリオンが蠍を恐れているから、といわれます。

この神話の通り蠍座には、ひとつの目的に向けて突き進むエネルギーが備わっています。巨人オリオンをも恐れず、自分の使命のために命を賭けるような力があるのです。そのため、どんなことも中途半端にはできません。人間関係においては、一人の人間と深くコミットすることを求めます。この誠実すぎる性向がうまく発揮されない場合は、執念深さや執着の強さとして現れることがあります。愛情面では、ほかのものが見えなくなるような一途さが、嫉妬深さと誤解されることもあるでしょう。

しかし、それがわかっていても、周囲の人に合わせて、軽く生きることは蠍座のエネルギーに反します。この先も耐えることが多く、理解されない日が続くかもしれません。けれども、継続するということが何かの結果を生み出すことは間違いのないことです。

理想の相手を待ち望み、目的意識を持って人生と果敢に取り組んでいけば、蠍座の持つパワーは、成功という大きな果実を手にすることができるはずなのです。

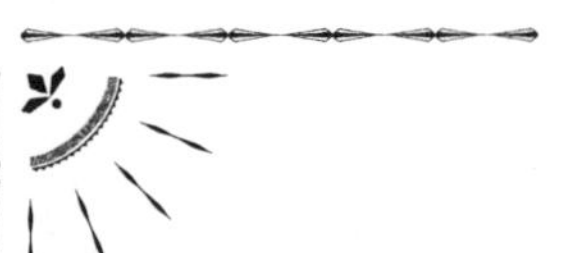

射手座

SAGITTARIUS

11月23日～12月21日生まれ

長所

向上心が旺盛、楽天的、開放的

短所

気まぐれ、無責任、人の話をきかない、傍若無人

射手座は、半身半馬のケンタウロス族の賢者ケイロンが星になったものといわれます。

医学や音楽、哲学、教育にも優れていた彼は、ヘラクレスら神々の師でもありましたが、ある日ヘラクレスとケンタウロス族の争いに巻き込まれ、放たれた毒矢に傷つきます。永遠の命を持っていた彼は、このまま苦しみ続けることに耐えかね、不死の命を譲って星座になったのです。神話の中のケイロンには、ケンタウロス族が持つ豪胆さと、知識を吸収しようとする向上心がありました。その力は、冒険好きで、前向き、広く世界を見て回ろうとする知的好奇心というエネルギーとなって射手座に備わっています。

射手座の人たちは、未知の世界に憧れを抱き、大胆なケンタウロス族の行動形態そのものに、危険があってもその中に飛び出していくでしょう。それと同時に賢者の証である理想を胸に、スケールの大きな人生を目指すのです。

そのため射手座生まれの人は、今よりも大きなフィールドを目指そうとします。目の前の細かい事象よりも、はるか未来にある高い理想を見つめます。それはグローバルでワールドワイドな視点を持つということでもありますが、同時に足元を見ない危うさでもあります。自分を磨き、目標に近づこうと走り続けるのが射手座の人の生き様です。けれども弟子であったヘラクレスの毒矢に射抜かれたケイロンの二の舞にならないよう、常に自分の立ち位置に心を配ることも必要でしょう。

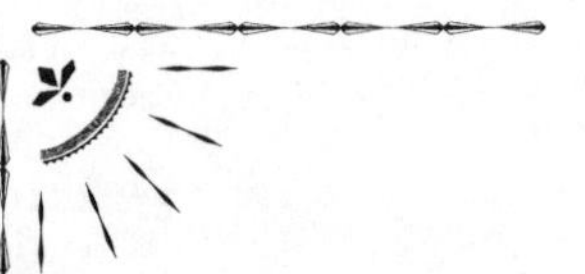

山羊座

CAPRICORN

12月22日～1月19日生まれ

長所

堅実、根気強く努力する、注意深い、冷静沈着

短所

打算的、他人に厳しい、苦労性、融通がきかない

上半身は山羊で下半身が魚、という奇妙な姿をしているのが山羊座です。その昔、ナイル川のほとりで神々が祝宴を開いたときがありました。その最中、現れた怪物に驚いた牧神パーンは、ナイル川に飛び込んで魚に変身しますが、その途中であわてて変身しそこなってしまいました。この姿を面白がったゼウスが、空に引き上げたといわれます。

山羊座の持つエネルギーは、山羊と魚の持つたくましい力強さと静けさを内包しています。おとなしい性質でありながら急峻な山道も軽々と登っていく山羊の力、そして広大なナイルの川を黙々と泳ぐ魚の生命力とを備えているのです。

物静かな外見の奥底には、野性的な荒々しいエネルギーが渦巻いています。その抑えきれない力を注ぐ対象として、山羊座はスケールの大きなものを選び出そうとします。ただし牧神をシンボルに持つ「地」の星座だけに、その目標は自然、現実的で着実なものへと向かいます。山羊座が社会的な成功を望む野心を抱いているのは、こうしたエネルギーを胸に秘めているためなのです。

ただしこのエネルギーは目標を失うと迷走しやすくなります。実力もないのにステイタスにこだわりがちになります。虚栄心にとらわれ、心が落ち着かなくなりそうです。

本来山羊座は頂点を目指して、険しい山道を行く姿が美しい星座。心が求めるものを時間をかけて追い続けましょう。そうすることで、かけがえのない宝を得ることができるのです。

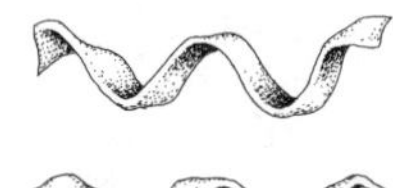

水瓶座

AQUARIUS

1月20日～2月18日生まれ

長所

独創的、人道主義者、知識欲が旺盛、論理的

短所

反抗的、協調性の欠如、自己顕示欲が強い

水瓶座は、神々の王ゼウスに愛された、ガニュメデスの姿だと言われています。全身が金色に輝くというほどの美少年だったガニュメデスは、ワシに変身したゼウスに連れ去られ、オリュンポスの山の中で祝宴のお酌の係になりました。彼の捧げる水瓶からは、不老長寿のお酒があふれたといわれています。

水瓶座の特徴とは、天空に連れ去られたガニュメデスのような視野を持っていることです。大空のように自由で縛られず、高い位置からほかの人とは違う角度で物事を判断するのです。高い理想を忘れず、既成の概念にとどまることを好みません。必要であれば恐れず改革を求めようとします。

また全身が金色に輝いたというほどのガニュメデスさながら、個性を前面に出そうとします。独創性があり、平凡といわれるよりは、変わり者といわれるほうを喜ぶような一面もあります。

それでいながら、人間界を懐かしがるのか、仲間意識が強く、コミュニケーションを大切にするような面もあるのです。この矛盾した思いを満足させるため、人前でただ目立とうとしたり、不用意で突飛な行動に出ることで人目を引こうとすることもありそうです。高すぎる理想と自分の本心が食い違っていることに気がつかないこともあります。本当の気持ちが理解できないと、このエネルギーはゆがんだ形で表出することになってしまうかもしれません。水瓶座らしい冷静な客観性で自分自身の気持ちを見つめていくことが大切でしょう。

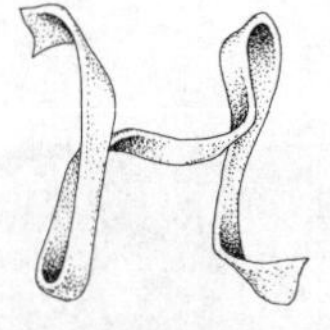

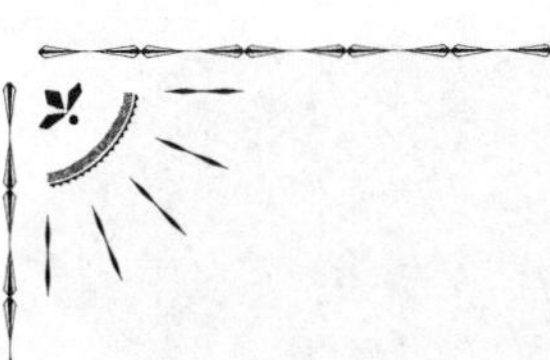

魚座

PISCES

2月19日～3月20日生まれ

長所

無償の愛情を注ぐ、包容力がある、ロマンティスト

短所

誘惑に弱い、非現実的、ルーズ、自己矛盾がある

魚座をかたどっているのは二匹の魚です。これは美の女神アフロディーテとその息子エロースが変身した姿だといわれています。ユーフラテス川のほとりで、宴の最中に怪物に襲われたアフロディーテとエロースは、魚に変身して川に飛び込み、お互いがはぐれないようにその尾をリボンで結んだのです。

このアフロディーテとエロースの絆のような親密さと優しさが、魚座の持つエネルギーです。人を信頼し、物事を肯定的に受け止めます。また相手に奉仕することで喜びを見出すほど、優しさにあふれています。それと同時にお互いの尾をリボンで結ぶほど、孤独に弱く、さみしがりやです。いつも誰かに恋をしていますが、心が別のもので満たされているときには、相手を忘れてしまう身勝手さ、またそれとは逆に相手を思いやると同時に束縛するような一面もあります。

また、水の中のような、ゆらゆらした世界を漂うのも魚座の特徴です。まるで天上の世界から受け取っているような優れたインスピレーションに恵まれます。それと同時に厳しい現実社会に背を向けて、ロマンティックなまどろみの中で生きていたいと願うのです。そのイマジネーションが正しく発揮されると芸術方面の才能が開花します。けれども内側にこもりすぎると、現実と接点を持たない自堕落な人になる恐れもあります。感受性を生かしながらも現実社会にいかりをおろす工夫があれば、魚座の人生は豊かに彩られるでしょう。

数秘術と書物占い（ビブリオマンシー）

誕生日に込められた運命を示す数秘術

古代ギリシャ以来、数は単に「量」を表すものではなく、「質」を表すとされてきました。1ならオリジナル、「唯一無二」の存在やスタートを、2なら他者の存在を受け入れる感覚と相手への応答の力、3は何かと何かを結び付けてそこから創造的なものを作り上げる力、4は安定とその反対のブレークスルーを生み出す力、5は人間だけに与えられた知の力、6は愛と美の感覚、7は神秘への感受性、8は堅固な礎を造る力、9は爆発的なエネルギーと大きく物事を受け止める力、などとされています。二桁以上の数の場合は、それぞれの桁の数字を足して一桁の数に変換するなど「数秘術的変換」をしてそこに込められた意味を読み取っていきます。

偶然現れた文章の啓示、書物占い（ビブリオマンシー）

古くから知られる占いの方法の一つにビブリオマンシー＝書物占いがあります。ラテン語でビブリオ＝書物、マンシー＝占いです。方法は簡単。自分のお気に入りの本を取り出し、心のなかで知りたいことを思い浮かべて、ぱっと開きます。そしてぱっと目に飛び込んできた文があなたへのメッセージになっている、と受け止めるのです。

最もよく用いられるのは何といっても聖書。しかし、聖書でなければいけないということはありません。あなたが好きな本でいいのです。

書物占い専用の本も出ています。拙訳『魔法の杖』（夜間飛行）はその代表でしょう。この『誕生日事典』では、ビブリオマンシーの要素を付け加えました。知りたいことがあるとき、この本をぱっと開いてみましょう。

第2部

誕生日366 あなたの性格と運命

1月1日
山羊座
♑
CAPRICORN

強い意志と統率力のある人

芯がしっかりとしていて、揺るぎない強固な意志。それが、1年のいちばん最初に生まれた人に授けられた資質です。一度決めたことは、どんな障害や困難があってもひるまず､必ずやり遂げる強いパワーを秘めています。といっても、がむしゃらに頑張るのではなく、現実感覚が優れているので、しっかり計算したうえで物事を進めていきます。考え方も堅実で、無茶な冒険はしませんが、勝てると見込んだ勝負には強気で出ます。こうした頼もしい性格に、周囲の人も信頼を寄せてついてくるはず。抜群の統率力もそなえているうえ、愛情深いところもあるので、自ら周囲をまとめてリーダーシップを発揮すれば、人の上に立つ人物になれるでしょう。

ただ、自分の欲望や感情、わがままを抑えすぎるのが欠点。そのため、気づかないうちにストレスをためこんだり、自分ひとりで何でも引き受けて身動きができなくなることも。自分に厳しいあまり、他人にも同様な厳格さで接すると反感を買うこともあるので気をつけて。

長所

統率力、リーダーシップがある。克己心、向上心が強い。自分で決めたことを守り抜く。実際的な考え方ができる。堅実。

短所

独善的、自己中心的。人の気持ちを考えられない。感情を抑制しすぎてストレスをためやすい。

この日生まれの著名人

夢枕獏（作家）／堂本光一〈KinKi Kids〉（タレント）／増田明美（スポーツジャーナリスト）／大友康平〈HOUND DOG〉（歌手）／役所広司（俳優）／尾田栄一郎（漫画家）／加藤一二三（将棋棋士）

あなたの愛の形とは？

志が高く、感情に流されることが少ないあなたは、目の前に異性が現れたときには、相手をしっかり観察します。それも外見や学歴、職業というような人間の外側ではなく､人柄や信念のような精神的な部分を尊重します。その人の理想や考え方が自分と共鳴しないと、心を開くことはないでしょう。この傾向のため、恋の一歩を踏み

出すのに時間がかかりそうです。けれども一度愛を知ったとたんに、別人のように強くしなやかに生まれ変わるでしょう。一度心を決めたら、ひるむことなく堂々とその思いを相手に伝えていきます。そして思いが通じたときには、末永く愛情をはぐくみ、思いを燃やし続けるのです。

自分の素直な気持ちを押し殺す傾向があり、行き過ぎると恋の危機を招きそうです。相手を信じて、飾らない思いを打ち明けること。それが愛の課題となるでしょう。

あなたの才能と人生のテーマ

頂点に立つ資質を持って生まれてきたあなたは、たとえ困難な出来事が待ち構えていても、落ち着いて問題を解決する能力に長(た)けています。コツコツと積み上げることで得た豊富な知識や経験で人を導くことが人生のテーマです。その道に沿った生き方をすることで満足感や達成感が生まれます。逆に冒険や直感、一時の人気に左右されるような生き方は、自分らしさを見失い、焦燥感を募らせる結果に。

仕事では、目標を高く掲げたら、後は経験や知識を着実に積み上げていき、気がついたら組織のトップにいた、というようなタイプです。リーダーとしての責任ある仕事を任されると、萎縮するどころか、いっそうやりがいを感じるでしょう。

適職としては、医師、検察や弁護士など法務関係の仕事、教師のような、経験と責任を伴う仕事で自分らしさを発揮することができそうです。

相性リスト

- **恋人**……………… 4月29・30日、5月1日、7月2・3・4日
- **友人**……………… 2月29日、3月1・2日、10月29・30・31日
- **手本となる人**…… 9月1・2・3日
- **助けてくれる人**… 3月12・13・14日、5月24・25・26日、8月5・6・7日、10月17・18・19日
- **縁がある人**……… 5月30・31日、6月1日、8月2・3・4日

最初に考えていたところに立ち戻りましょう。
すべての答えはそこに

1月2日
山羊座
♑
CAPRICORN

個性豊かな芸術家肌

長所

感覚的、情緒的。センスがある。芸術を愛し、本質を解する審美眼を持っている。気品がある。まじめで責任感が強い。

短所

客観性に乏しい。感情的になりすぎる傾向がある。融通が利かない。ひとつの考えに固執しやすく、ほかを省みなくなる。

この日生まれの著名人

アイザック・アシモフ（作家）／ケイト・ボスワース（女優）／浦沢直樹（漫画家）／津川雅彦（俳優）／古谷一行（俳優）／竹野内豊（俳優）／村上知子〈森三中〉（お笑いタレント）

感性が鋭く、美的感覚に優れているのが、この生まれの人。本物を見抜く審美眼を持っていて、音楽や絵画などのアートを深く理解するセンスをそなえています。芸術的な才能にも恵まれていて、創作意欲も旺盛です。漂う雰囲気もどことなく品格があり、黙っていても自然と人をひきつける魅力の持ち主。ですが、対人関係は決して器用にこなすほうではありません。表面的には明るく振る舞っていても、根本は繊細で傷つきやすい面がありますから、相手に気を使いすぎて、疲れてしまうことも多いでしょう。ひとりで趣味や好きなことに没頭しているときが一番充実していると感じ、そういう時間を持つことで心の安定を図ることができるタイプです。

とてもまじめで責任感が強いのですが、やや融通性に欠ける面はありそう。自分の考えに固執してしまい、他の考え方を受け入れたり、発想を転換したりすることが苦手です。いろんな角度から物事を見るよう心がけることが必要でしょう。

あなたの愛の形とは？

鋭敏な直感をそなえているあなたは、異性と向き合ったときには、まるでその人が奏でる音楽を聴くような姿勢で接するでしょう。しかし、その感覚が鋭すぎるため、周囲の理解を得られないことがあります。そのため、本心を内側に隠してしまうことがよくあるのです。それでも、異性の心の中に流れる音楽に共鳴してしまった場合

は別。どんなに隠しても、愛する喜びがあふれ出し、外側に現れるでしょう。恋をしたときの表情やしぐさの魅力は、相手の目をひきつけずにはいられないのです。

一方、あまりにもかけ離れた価値観を持つ人が相手だと、はじめから距離を置いてしまう傾向があります。なかでも第一印象が悪い場合は、心の目を閉ざして、何も見ようとしないことがあります。それは自ら愛の可能性を狭めてしまうことになるので、できることなら先入観を持たず、あらゆるタイプの人と接していきたいものです。

あなたの才能と人生のテーマ

あなたは、身近にあるものや人の中にある美や芸術性を見出し、引き出す才能を持っています。アートや音楽のような芸術はもちろん、ファッションや、インテリア、生活雑貨にいたるまで、人が見過ごすようなものにも、細やかな視線を注ぐことができます。人生の使命とは、この世界を美しく変えることでもあり、きれいなものに接していると、胸の奥底から湧き上がる喜びを覚えることでしょう。

仕事では、責任感が強く、任されたことはひたむきにやり遂げます。人の手を借りることが苦手なので、ひとりで抱え込み、ストレスをためることもありそうです。SOSを上手に伝えるためには、少し勇気が必要でしょう。

適職はアーティストやデザイナー。また人の美しさを見出し、引き出す意味で、美術商、プロデュース業などについても、頭角を現すことでしょう。

答えはあなたのセンスや美意識の中に。品がいい、かっこいい、がアンサー

相性リスト

恋人	4月30日、5月1・2日、7月3・4・5日
友人	3月1・2・3日、10月30・31日、11月1日
手本となる人	9月2・3・4日
助けてくれる人	3月13・14・15日、5月25・26・27日、8月6・7・8日、10月18・19・20日
縁がある人	5月31日、6月1・2日、8月3・4・5日

1月3日
山羊座
♑
CAPRICORN

何事にも揺るがない人

長所

精神的にたくましい。打たれ強い。分析力、記憶力がよい。集中すると大きな力を発揮する。立ち直りが早い。

短所

計画性がない。根拠がなくても先に進もうとする。無条件に信じやすく、だまされやすい。人を見る目がない。

この日生まれの著名人

メル・ギブソン（俳優）／ミハエル・シューマッハ（F1レーサー）／岩下志麻（女優）／柳葉敏郎（俳優）／ダンカン（タレント）／尾木直樹（教育評論家）／内村航平（体操選手）

ふだんはおとなしいイメージであっても、ここぞというときには底力を発揮するタイプです。もともと精神的にたくましく、何かトラブルや障害が生じると、本来持っている楽観性と根性が猛烈に沸き上がってきます。苦境に立たされても「平気、平気」と明るく構えていられる度胸はたいしたもの。希望を失わず、行き詰まった状況を打破するパワーが秘められているのです。傷心からの立ち直りも早く、気持ちを切り替えて前に進める人でしょう。そうした面が周囲の人から好かれ、信頼されます。年を経るごとに、あなたを頼りにする人が増え、そのため人生で多くの友人を得ることができるでしょう。

しかし、人を信用しやすいところがあり、それが思わぬつまずきになることも。他人の言うことを鵜呑みにしたり、安易にお金を貸したりするのは危険です。旧友に持ちかけられた甘い話につい飛びついてしまうことも。人を見る目をしっかりと養うことが、転ばぬ先の杖となるでしょう。

あなたの愛の形とは？

いつもは静かな雰囲気を漂わせていますが、心身は常に喜びのエネルギーで満たされているのがあなたです。笑顔になると魅力が増すあなたは、また相手の笑顔を見ることで、自分も幸せになれるのです。だから周囲はいつも明るい雰囲気に包まれるでしょう。

恋をするときには子供のように純粋です。ささいな

答えはイエスです。周囲の雑音に流されず自分の根っこに立ちもどること

きっかけでも、内側の喜びのエネルギーが引き出されたとたん、雷に打たれたように恋をします。そして恋心が続く限り、楽しい気持ちをずっと保っていられるのです。

楽しい人、好きになった人のことを、無条件に信じこむところがあります。「この人だけは大丈夫」という言葉を根拠もなく言えるところは、最大の弱点です。しかしたとえそれで恋に傷ついたとしても、人を信じて笑顔で立ち上がることができるところが、この日生まれの人の偉大さなのです。

あなたの才能と人生のテーマ

分析能力や記憶力に秀でて、もともと問題解決能力がそなわっているため、常に人から頼りにされるでしょう。なによりも強い精神力に支えられた底なしの明るさが最大の力と言えます。本人が意識しないでも、暗さの中で悩む人たちに一筋の光をもたらすことができるのです。その方向に進むことで生きることの充実感を得られるでしょう。

仕事も、闇の中に光を当てるようなものがいいでしょう。悩む人に救いを与えたり、混乱に筋道を与えるような仕事なら適任です。しっかりとした理念や理想を掲げて、取り組んでいくはずです。

適職は弁護士、コンサルタント、カウンセラー、システム管理者などです。多くの人から信頼され、経験がそのまま実績につながるような職業につくといいでしょう。人に頼られれば頼られるほど、充実感があるでしょう。

相性リスト

- **恋人**……………… 5月1・2・3日、7月4・5・6日
- **友人**……………… 3月2・3・4日、10月31日、11月1・2日
- **手本となる人**…… 9月3・4・5日
- **助けてくれる人**… 3月14・15・16日、5月26・27・28日、8月7・8・9日、10月19・20・21日
- **縁がある人**……… 6月1・2・3日、8月4・5・6日

1月4日
山羊座
♑
CAPRICORN

アイロニカルなエンターテイナー

長所

現実的で直感力がある。ひたむきで心が温かい。進取の気性に富む。枠にとらわれない自由で新鮮な発想をする。

短所

人見知りでなかなか心を開かない。皮肉やいやみを言いたがる。周囲と合わせない。飽きっぽい。誤解されやすい。

この日生まれの著名人

ヤーコプ・グリム（文献学者・グリム兄弟の兄）／アイザック・ニュートン（科学者）／山田風太郎（作家）／宮本亞門（演出家）／竹内力（俳優）／子門真人（歌手）／小原日登美（レスリング選手）

物事の本質を見抜くことができるのが、この生まれの人の最大の特徴です。うそやごまかし、裏側に隠された真実や相手の本心など、この人の前では瞬時に見透かされてしまいます。シニカルな視点で物事を見るので、悪気はないのですが､皮肉やいやみをチクリと言うことも。それが強く表に出てしまうと毒舌キャラになってしまうこともあるでしょう。でも、どこか茶目っ気の感じられるタイプなので、毒舌であっても不思議と人からは好かれます。人を楽しませる才能もあり、エンターテイナーとして周囲から人気を得る素質を持っています。

反面、自分の本心をオープンにすることは苦手で、親しくなっても心のどこかで一線を引いてつき合ってしまうところがあります。それが親友や恋人、家族など親しい相手に寂しさを感じさせる結果に。

また、この生まれの人は進取の気性に富み、従来の慣習や伝統にとらわれません。進んで新しいことを行い、取り入れることで運勢を発展させることができる人です。

あなたの愛の形とは？

あなたは卓越したバランス感覚の持ち主で、とらわれたり偏ったりすることを恐れるので、常に醒めた目で世界を眺めています。鋭い眼識で人の心の奥底に潜む、本質的な部分を見抜こうとします。とくに異性を相手にするときには、無意識のうちに相手を試そうとする言動が

過去のパターンを打ち破るチャンスがきています。同じことの繰り返しはNG

多くなるため、誤解される場面も出てくるでしょう。それでも「この人」と思った相手は、いわば厳しい目で選び抜いた真実の人。たとえすぐに振り向いてくれなくても、ひたむきな心で思い続けるでしょう。

心の中には愛する人への優しさがあふれています。けれども言葉による愛情表現がストレートではないため、相手に伝わりにくいことがあるようです。その分、態度や行動で補っていくしか方法がありません。スキンシップやさりげない心遣いで愛情を伝えるようにしていきましょう。

あなたの才能と人生のテーマ

あなたは、常に先を見つめる未来志向タイプです。たとえ常識であっても、実情に合わないものは切り捨てる潔さを持っています。伝統や因習にはこだわらないので、周囲との摩擦も起こるでしょう。それでも、自分の信じる道を切り開くことで未来をつくり上げるのがあなたのテーマなのです。

仕事は、手先が器用なことを生かし、技術を身につけると強いでしょう。勘がいいのでマスターするのも早いのですが、反面飽きるのも早いようです。スキルを身につけるときも感覚で選びがちですが、慎重に選ぶほうがいいでしょう。

適職はWEBクリエイター、漫画家、科学者、エンジニア、コンピュータプログラマー、検察官、検査官など。転職をするときも、かなり大胆です。まったく違う業態の仕事について周りを驚かせることもあるかしれません。

相性リスト

- **恋人**……………… 5月2・3・4日、7月5・6・7日
- **友人**……………… 3月3・4・5日、11月1・2・3日
- **手本となる人**…… 9月4・5・6日
- **助けてくれる人**… 3月15・16・17日、5月27・28・29日、8月8・9・10日、10月20・21・22日
- **縁がある人**……… 6月2・3・4日、8月5・6・7日

1月5日

山羊座

♑

CAPRICORN

現実的な知性の持ち主

長所

クール。慎重で堅実。アイデアを形にできる才能がある。物事を客観的に見られる。独立独歩の精神。

短所

第一印象が固い。臆病で猜疑心が強い。人のペースに合わせるのが苦手。ひとりよがりになりやすい。

この日生まれの著名人

ダイアン・キートン（女優）／マリリン・マンソン（歌手）／宮崎駿（アニメ映画監督）／陳建一（料理人）／渡辺えり（女優）／小池徹平（タレント）／元ちとせ（歌手）

とても知性的で現実感覚に優れたリアリストです。どんな問題でも感情に流されず、理性的に判断し、確実な方法で解決してゆきます。浮かんだアイデアを実際に形にしたり、実現させたりする能力もピカイチ。計画性もあるので、こうした才能が十分生かされれば、自分の夢ややりたいことを着実に叶えていくことができます。

ただ、確実性を考えるあまり、なかなか最初の一歩を踏み出せない面もありそう。あまり理性で考えすぎると、機を逃してしまうこともあります。ときにはリスクを承知で飛び込む勇気も必要でしょう。

独立心は旺盛なので、親や家族からの自立は早いほう。何でもひとりでやりたがり、他人の力を借りずに目的を達成するタイプでもあります。ただ、ともすると、それが孤立の原因となったり、ひとりよがりな考えに偏ってしまう場合もあります。この生まれの人は、他人の力や知恵を借りることで、ひとりでやるよりも大きなことを成し遂げられる運がありますから、周囲とのコミュニケーションを意識的にとっていくことも忘れないでください。

あなたの愛の形とは？

あなたは知的で地にしっかりと足をつけた人です。雰囲気に流されることがなく、その冷静な態度を異性の前でも貫くため、初めのうちは恐れられることもあるかもしれません。でも自分自身を理解してもらうための努力

は惜しまないので、まもなく打ち解けることができるでしょう。恋をするときは、友情関係からスタートさせようとします。そして相手の気心を知り尽くし、自分のことも十分理解してもらったときに、初めて胸の思いを打ち明けるでしょう。時間をかけて育ててきた恋だから、実った後は、相手のことをとても大切にします。

依存したり甘えたりすることが苦手。でも、人はひとりだけで生きることはできません。精神的に自立した者同士でも、力を合わせて生きるとさらに大きな幸福が生まれるものです。そんな愛の形も受け入れるようにしてください。

あなたの才能と人生のテーマ

客観的に物事を見る力を持ったあなたは、どんなときも公正で、ごまかしがききません。逆に自分に有利に物事を進めることもないので、絶大な信頼を得られるでしょう。独立独歩の精神があり、ひとりでプランを練って、ひとりで組み立て、完成させることで達成感を覚えます。自分の力で何かをつくり上げることが、人生のテーマと言えるでしょう。

仕事は、工程を理解しながら仕上げるようなもので成果を出します。組織の中で流れ作業的な仕事、人間関係が煩雑な部署につくと、自分の居場所がないように感じ、それがストレスになってしまうかもしれません。

適職は、陶芸家、作家、料理研究家、物理学者、企画開発など。独立した業態の仕事が適していますが、企業の中でも自由度が高い職種であれば、着実に業績を上げる力を持っています。

相性リスト

恋人……………… 5月3・4・5日、7月6・7・8日
友人……………… 3月4・5・6日、11月2・3・4日
手本となる人…… 9月5・6・7日
助けてくれる人… 3月16・17・18日、5月28・29・30日、8月9・10・11日、10月21・22・23日
縁がある人……… 6月3・4・5日、8月6・7・8日

魔法の言葉

巻き込まれすぎです。もうちょっと距離をとってみることで解決

1月6日

山羊座

♑

CAPRICORN

器の大きな社交家

長所

優しく、大らか。公平。面倒見がよい。社交的で人の調整役に最適。粘り強く、物事を達成する。柔軟性がある。

短所

考えすぎて行動に移せないときがある。自己主張が苦手。NOと言えない。甘やかす。割り切れない。

この日生まれの著名人

ローワン・アトキンソン（俳優）／中畑清（野球選手・監督）／亀田大毅（ボクサー）／松原智恵子（女優）／森見登美彦（作家）／菊地凛子（女優）／つじあやの（ミュージシャン）

どんな人でも受け入れる広い心を持っています。優しく大らかで、誰とでもすぐに親しくなれる天性の社交家です。面倒見が良く、相手の立場に立って物事を考えられるので、慕ってくる人も多いでしょう。考え方は柔軟性があり、人の話にもちゃんと耳を傾け、いろいろな人の意見を公平に考えることができます。そのため、多くの意見をひとつにまとめたり、異なった考え方や矛盾を調整する能力は抜群。そうした資質を上手に生かせれば、みんなを統率するリーダー的な役割もこなせるでしょう。

もうひとつの特徴は、粘り強いという点。とくに交渉の場では、その粘り強さが生かされます。持ち前の社交性も手伝い、首を縦に振らない相手を根気よく説得する術は見事。最終的には相手も根負けして、手中に落ちます。

この生まれの人の最大の欠点は、気持ちが優しすぎることでしょう。人に厳しくできず、相手の甘えを無制限に許してしまいます。そのため図らずも人の面倒を背負い込み、迷惑をかけられることもしばしば。心を鬼にして厳しく接することも、ときには必要です。

あなたの愛の形とは？

水のように柔軟な心のあなたは、とらわれない視線で相手を見るので、表面的な態度の裏に隠された本心を探ることに秀でています。さらに柔和で温かい雰囲気を

異なった意見やアイデアに耳を傾けるフレキシビリティがカギに

持っているので、石のように固くなった心の持ち主も、あなたの前では気持ちを開くでしょう。

大切な人に対しては、その人の持っている美徳に気づき引き出すだけではありません。わがままや意地の悪い行為の裏に隠された寂しさや悲しみを読み取り、愛の心で包み込むでしょう。そして陽だまりを思わせる温かさで、支え続けるでしょう。

相手を思いやる気持ちが強いところはいいのですが、自分の愛が相手の負担になるのを恐れるため、恋の最初の一歩が踏み出せない傾向があります。また相手を甘やかしすぎると精神的な成長を妨げることも忘れずに。割り切ることもひとつの愛の形です。

あなたの才能と人生のテーマ

周囲の空気を穏やかにする力を持っているあなたは、目の前にいる人を安心させる力をそなえています。それも肩の力を抜いてリラックスさせてあげるような、母性的な優しさが、表情やしぐさに表れています。だから人との接点を避けたり、自分のカラの中に閉じこもったりするのは、人生の目的から逸れてしまう行いになるでしょう。

仕事も人の輪の中に飛び込んでいくものがいいでしょう。人間関係は楽しいことばかりではありません。それでも人は温かくいとおしいものだと知るときに、人と心が通じるということの醍醐味を体験します。

適職は、流通業、接客業全般です。カウンセラー、通訳、ガイド、ツアーコンダクターなどもいいでしょう。企業の中であれば、営業、渉外担当、総務などの部署にいると、存在感が光ります。

相性リスト

- **恋人**……………… 5月4・5・6日、7月7・8・9日
- **友人**……………… 3月5・6・7日、11月3・4・5日
- **手本となる人**…… 9月6・7・8日
- **助けてくれる人**… 3月17・18・19日、5月29・30・31日、8月10・11・12日、10月22・23・24日
- **縁がある人**……… 6月4・5・6日、8月7・8・9日

1月7日
山羊座
♑
CAPRICORN

優しい現実主義者

長所

慈悲深い。公正。気配り上手。総合的に物事を見つめることができる。注意深く、細かい面にも気づく。

短所

優柔不断。決断力がない。慎重すぎてネガティブ思考になりやすい。他人の気持ちを優先しすぎ、後悔する。

この日生まれの著名人

ギュンター・ヴァント（指揮者）／白洲正子（随筆家）／柳生博（タレント）／ニコラス・ケイジ（俳優）／高橋由美子（女優）／粗品（霜降り明星）（お笑いタレント）／堀米雄斗（スケートボード選手）

現実的かつ繊細な神経を持っているのが、この生まれの人。地に足がついていて、安定した生活を望むタイプです。注意深く、こまかい部分にもよく気がつくので、他人が見落としがちなミスなども発見できるはず。周囲が気づかない隠れた罠もあなたなら見つけられるでしょう。いろいろな角度から物事をとらえる柔軟な思考も併せ持ち、複数の案を目にしたときでも、どれが実際的で最良かを的確に見分けることもできるはずです。

しかし、いくつもの見方ができるがゆえに、これにしようか、あれにしようかと迷いやすい面もあります。それが強く表れてしまうと、優柔不断になって、決断力が鈍ってしまいます。

対人面では相手の立場や意見を尊重するタイプ。それだけに自分を強く押し出すことが苦手。それが謙虚に映ることもありますが、相手によっては自信がないととられてしまう場合もあるでしょう。また、慈悲深い性質なので、弱者に対してはとても優しく、そういう人たちの力になろうとする温かいハートも持っています。

あなたの愛の形とは？

あなたは、自分が幸せを感じることよりも、相手の笑顔を見ることに喜びを感じるようなところがあります。自分の気持ちを優先するよりも、相手の気持ちを優先するところもあるので、好意を持っていない人から愛を打ち明けられるとためらい、本気で悩みます。

逆に自分が好きな相手の場合は、口に出せない思いを心の中だけで燃やすことが多くなります。人によってはひっそりとプラトニックな恋をし、それで満足することもあるでしょう。思う相手から愛されたときの返答がぎこちなくなるのもそのためです。それでも、ゆっくりと時間をかけて愛が熟したときには、自然に心を開くでしょう。

悲観的にならず、心の中に生まれた思いを大切にはぐくんでいくこと。多少回り道に思えても、それが幸せになるための着実な歩みなのだと信じてください。

あなたの才能と人生のテーマ

目の前にあるものを、確かなまなざしで見つめることができるあなたは、自分の都合のいいように解釈することをせず、公正に見極めようとする、多角的な目と心を持っています。その目を自分のためだけでなく、多くの人たちのために生かすこと。それがあなたの人生を実りあるものにする鍵だと思ってください。

あなたは実務的な能力と、緻密な計算力、観察眼に恵まれています。そのためどんな仕事についても、安定した評価を受けるでしょう。とくに客観性やデータを解析する力が生かせる仕事で実力を生かせます。

適職は、弁護士、公認会計士、ファイナンシャルプランナー、自然科学者、教師などです。安定性のある職業につくことで、自信や心の安定が得られます。資格を取得するなど、職業上のスキルを身につけることをおすすめします。

相性リスト

- **恋人**……………… 5月5・6・7日、7月8・9・10日
- **友人**……………… 3月6・7・8日、11月4・5・6日
- **手本となる人**…… 9月7・8・9日
- **助けてくれる人**… 3月18・19・20日、5月30・31日、6月1日、8月11・12・13日、10月23・24・25日
- **縁がある人**……… 6月5・6・7日、8月8・9・10日

魔法の言葉

気にしすぎです。心配しているようなことはたぶん起こりません

1月8日 山羊座

♑

CAPRICORN

人をひきつける偉大な建設者

長所

意志が強い。社会的成功を得やすい。リーダーシップと指導力があり、目標達成率が高い。自分に厳しい。

短所

独善的。独裁的。短気で人の話を真剣に聞かない。言葉がストレートで遠慮がない。打算的なところも。

この日生まれの著名人

小泉純一郎（政治家）／エルビス・プレスリー（ミュージシャン）／森英恵（ファッションデザイナー）／スティーヴン・ホーキング（物理学者）／角川春樹（実業家）／蛍原徹（雨上がり決死隊）（お笑いタレント）

この誕生日の人は、強烈なカリスマ性と指導力を生まれながらにそなえています。人を魅了する独特の個性があり、人が自然とついてきます。良くも悪くも他人に与える影響力が強いので、一歩間違えると独善的、独裁的に陥ってしまうというマイナス面があるのも事実。何も言わなくても、無言の威圧感を相手に感じさせたりもしそうです。でも、人を引っ張っていく資質や教え導く能力は突出していますから、その力が建設的に発揮されれば、周囲から担ぎ出されて、グループの長につくことも可能でしょう。

意志が強いのも、この生まれの人の長所です。目標さえ定まれば、不退転の決意で自分の計画を遂行しようとします。その結果、社会的成功を勝ち取る可能性もかなり高いと言えそう。ただ、自分ができることは、当然、他人もできると思いこみ要求してしまうところがネック。世の中にはあなたのようにできない人はたくさんいます。そういう人たちの気持ちも配慮できるようになれば、より人望も集まるでしょう。

あなたの愛の形とは？

強靭な生命力を持って生まれてきたあなたは、その命の輝きゆえに、多くの人をひきつけます。話にも説得力があり、人の心を納得させるため、あなたに従う人が自然に増えていくでしょう。しかしなかにはあなたの言葉に耳を傾けない人がいます。あなたはその人に自分の理

想を語り、理解を得るために全力を注ぐでしょう。それゆえ、心ならずも敵対する人を愛したり、会話が成立しないような相手のために時間を割(さ)いたりすることが多くなるのです。それゆえ、多くの場合、愛が苦しみになりがちです。

そんなあなたの悩みが終わるのは、すぐ隣にいて自分を支えてくれるまなざしの温かさ、力強さに気づいたときです。それは思い描いていたよりも、平凡で、月並みかもしれません。けれど人と人とが向き合うことの喜びを実感したとき、あなたは本当の意味での愛情を知ることでしょう。

あなたの才能と人生のテーマ

高い理想を持ち､それをこの世界に実現させることを、自分の使命と思い、走り続けるでしょう。前進しよう、向上しようという意志が強く、自分にも他人にも厳しくなる傾向があります。そのため若いときは言葉に遠慮がなく、周囲の人から敬遠されるかもしれません。ただしその経験は､理想ゆえの容赦のない厳しさから､愛を持って指導することができる人へ変わるチャンスでもあるのです。

目標を決めたら必ず到達させる意志の強さがあるため、どんな仕事についても成功を収めるでしょう。人に影響力を与えずにはいられないカリスマ性ゆえに、陰で社会を支える仕事よりも、表舞台に立つところにいる仕事のほうがうまくいきます。なかでも政治家、経営者、宗教家、ジャーナリスト、タレントなどの職業につくと、思っている以上の地位に上り詰めることもあり得ます。

相性リスト

恋人	5月6・7・8日、7月9・10・11日
友人	3月7・8・9日、11月5・6・7日
手本となる人	9月8・9・10日
助けてくれる人	3月19・20・21日、5月31日、6月1・2日、8月12・13・14日、10月24・25・26日
縁がある人	6月6・7・8日、8月9・10・11日

魔法の言葉

時間はかかるけれど、素晴らしい結果が待っています。理想を下げないで

1月9日
山羊座
♑
CAPRICORN

防衛戦に強いファイター

一見するとおとなしい性質に見えますが、心の奥には燃えるような熱い闘争心を秘めています。芯が強く、意外と負けず嫌い。表面的には涼しい顔をしていても、その実、陰ではしっかり努力をしているタイプです。とくに自分が守りたいと思ったものがあると、がぜん、力が湧き出てきます。例えば、プライド、家族、愛する人、自分の立場やポジション……こうしたものを守るためには、果敢に立ち上がり、どんな苦労も惜しみません。しかも、危機的な状況になればなるほど頭が冴え、冷静に事態を把握できます。そして知恵をフルに働かせ、不利であった状況も一気に逆転できるはず。そんな土壇場に強い運を持っています。

しかし、内に秘めた激しい気性がマイナスに出てしまうと、人の意見を無視して暴走したり、強情っぱりになったりしがち。意固地になって、無理だとわかっていることに無駄な労力を費やしてしまうこともあるでしょう。人を敵と味方に分けて判断し、敵とみなした相手には徹底的に攻撃を加えたり、冷たい態度をとったりもしそうです。自分の中の闘争心を努力や向上心に昇華できれば、人生の勝利を勝ち取ることができます。

長所

慎重。努力家。向上心がある。どんなときも自分を見失わない冷静さがある。逆境に強い。穏やかな気品がある。

短所

負けず嫌いで競争心が強い。変化を嫌う傾向がある。強情を張る。突然、牙をむくことがある。闘争的な面がある。

この日生まれの著名人

カレル・チャペック（作家）／リチャード・ニクソン（アメリカ合衆国第37代大統領）／大林宣彦（映画監督）／岸部一徳（俳優）／一路真輝（女優）／ジミー・ペイジ（ミュージシャン）／井上真央（女優）／眞栄田郷敦（俳優）

あなたの愛の形とは？

水面を優雅に渡るように見えて、見えないところでたゆまぬ努力を続けている湖上の白鳥――それがあなたの姿です。心の中は、愛を求め、誰よりも熱い炎を燃やし

ていると言えるでしょう。けれども、そんな激しさを表に出すことで広がる波紋を恐れ、懸命に自分を抑え込もうとします。表情はいつも穏やかで、品性が漂っています。そのためたくましさに欠けると思われることもありそうです。

そんなあなたが本来の強さを表に出すのは、愛する人との日常に転機を迎えるときです。それが結婚のような幸福なことであれ、愛する人の病気のような苦労を伴うことであれ、あなたは他の人が音を上げるような出来事も、顔色も変えずに乗り越えるでしょう。

人生の試みを乗り切り、真実の愛を知ったときのあなたが得るもの。それは静かなる強さという境地なのです。

あなたの才能と人生のテーマ

不安定な名声を手に入れることより、確実な結果を出そうとするあなたは負けず嫌い。ただし、戦う相手は周囲のライバルなどではありません。常に自分自身に「そんなことでいいの？」と問いかけ、「これで満足」という答えが出るまで、前進を続けるでしょう。その姿勢を貫くことで満足のいく人生を歩くことができるのです。しかし地位、名誉といったパワーを求めるようになると、自分以外の価値観で行動することが多くなり、ストレスを感じるかもしれません。

仕事面では達成感のある、結果が出るような職業が向いています。段階を追って進んでいけるので、めざましい活躍をするでしょう。

克己心が強いので、どんな仕事でもある程度の成功を収めることはできます。なかでも薬剤師、スポーツ選手、エンジニア、製造業全般、公務員などがおすすめです。

相性リスト

- **恋人**……………… 5月7・8・9日、7月10・11・12日
- **友人**……………… 3月8・9・10日、11月6・7・8日
- **手本となる人**…… 9月9・10・11日
- **助けてくれる人**… 3月20・21・22日、6月1・2・3日、8月13・14・15日、10月25・26・27日
- **縁がある人**……… 6月7・8・9日、8月10・11・12日

負けるが勝ち、攻めるよりも守るべきときです

1月10日

山羊座

♑

CAPRICORN

誠実で存在感のある人

長所

朗らか。素直、誠実。本質を見つめる。人を心から信頼する。他人に迷惑をかけないよう自分を律する。

短所

思い込みが激しい。自信過剰、独善的になることも。うぬぼれやすい。贅沢。親しくなると甘えが出る。

この日生まれの著名人

福澤諭吉（思想家・教育家）／森毅（数学者）／財前直見（女優）／ロッド・スチュワート（ミュージシャン）／浜村淳（タレント）／小松政夫（タレント）／あおい輝彦（俳優）／田中裕二（爆笑問題）（お笑いタレント）

誠実で素直な性質を持つのが、この生まれの人。物事をまっすぐに見つめることができ、歪曲や屈折した考え方はしません。それが純粋でチャーミングな印象を周囲に与え、存在感を高めています。まわりのみんなを和ませ、誰にでも温かく接するので、自然と可愛がられる傾向にあります。

表面的には屈託のない楽天的な明るさがありますが、内面は意外としっかりしていて、浮わついたところはありません。自分の意志や考えはしっかりと持っているタイプです。自制心もあり、周囲に迷惑をかけるような行動はとりませんが、身内に対しては、わがままが出やすい傾向がややあります。他人に対しては誠意を尽くすほうで、不義理は決してしないタイプ。ただ、ちょっとお人よしなところがあり、頼まれると断れなかったり、何でも引き受けてしまったりする面はありそう。

また、本当に価値のあるものを見抜く力も持っています。そのため、質の高いものや一流品を求める気持ちも強いはず。それが行き過ぎると贅沢に走ってしまうこともあります。

あなたの愛の形とは？

あなたはくもらない、まっすぐな気持ちを持ち続けたいと思っています。さらに自分だけのかけがえのない宝を見つける自信も持っています。対人関係でも、偏りのない目で相手を見ることができます。世間一般の評価と、

自分の目で見たままの姿が違うと感じた場合でも、迷うことなく自分の目で見たことを選ぶでしょう。それが大切な人ならなおのこと。世界でたったひとりになろうとも、愛した人のことを、自分自身の目を、信じ続けるでしょう。その信念の正しさは、いずれ時間が明らかにしてくれるはずです。

自分の心にうそをつくことがない分、ごく親しい人にも本心をそのまま打ち明けることがあります。それがときにわがままと受け取られてしまうこともありそうです。大切な人への思いやりを学ぶことで、幸せをつかむことができるでしょう。

あなたの才能と人生のテーマ

信頼できる審美眼を持ち､価値のあるものを見極める､特別な才覚を持っています。それを自分の世界を豊かにするためでなく､他の人のために役立てると､尊敬され､頼りにされ、生活に張りや充実感を覚えるでしょう。もしそこで、自分は特別な人間であるとうぬぼれてしまうと問題です。あなたの最上の美点である「本物を見抜く純粋な目」にかげりが出てしまうでしょう。つまり才に溺れると､才を失うのです。その試練に打ち勝ったとき､あなたのその力は本物の輝きを得ることでしょう。

また素直でほがらか、誰からも好かれるという点を生かせば､人を相手にするどんな仕事でも､活躍できます。適職としては、宝石や不動産などの鑑定士、美術商、美術家などの業種がお勧めです。企業の中では、営業職、販売促進などが主な活躍の場となりそうです。

相性リスト

- **恋人**……………… 5月8・9・10日、7月11・12・13日
- **友人**……………… 3月9・10・11日、11月7・8・9日
- **手本となる人**…… 9月10・11・12日
- **助けてくれる人**… 3月21・22・23日、6月2・3・4日、8月14・15・16日、10月26・27・28日
- **縁がある人**……… 6月8・9・10日、8月11・12・13日

魔法の言葉

そのことはもうすぐ成就、完成します。期待して大丈夫

1月11日

山羊座

♑

CAPRICORN

正義感が強い現実的な改革者

長所

心を曲げない。目標達成力がある。現実的な視点を持つ。正義感が強い。向上心がある。変革を恐れない。

短所

目的のために手段を選ばない。言葉がストレートすぎる。敵をつくりやすい。融通が利かない。潔癖すぎる。

この日生まれの著名人

ちばてつや（漫画家）／江利チエミ（歌手）／浜口京子（レスリング選手）／輪島大士（大相撲力士）／深津絵里（女優）／氷室冴子（作家）／松岡昌宏（TOKIO）（タレント）／太田莉菜（モデル）／西澤ヨシノリ（ボクサー）

この誕生日の人は、生まれながらに改革者の運命を背負っています。物事を改革する気持ちが強く、既成概念を打ち破り、不備なところを刷新していくパワーをそなえているのです。当然、向上心が強く、現状に満足したり甘んじたりはしません。常に上を目指して、一歩一歩階段を上っていきます。

また、正義感も強く、不正や悪しき慣習などの悪い点を見過ごすことができません。何事もフェアプレー精神の持ち主ですから、裏で手を回したり、陰謀をたくらんだりするのも大嫌い。そうした悪事を正すためなら、真実を暴露したり、不正を暴いたりという大胆な行動に出ることもあるでしょう。あなたが改革の核弾頭となり、大きな変革が生まれることも十分考えられます。

こんなふうに、周囲が驚くようなことを平然と行うので、大胆不敵とも言えます。そのために目上や実力者からにらまれたり、損をする場合もあるでしょう。けれど敵も多い反面、支持者も少なくありません。賛同し支援してくれる仲間には恵まれるので、自信を持って前進して。

あなたの愛の形とは？

あなたはリアリストで、地に足がついた考え方をしますが、その一方で、世間で容認されていることでも、矛盾していたり、実情にあっていないものには、はっきりと異を唱えます。そして、どんな相手の前でもその潔い

態度を隠そうとはしないでしょう。

その強さゆえ、不特定多数の異性から思いを寄せられることは期待できません。ときには侮られることもあるかもしれません。しかし、数は少なくても確実に、曲がったことを受け入れられないその心根を高く評価し、守ろうとする異性はいるのです。あなたはその中から、ただひとりの真実の人を見出します。そしてその人とは、誰にも分かつことができない強い絆で結ばれるでしょう。ときに運命の相手であっても容赦なく糾弾する場面もありそうです。無条件に愛する人を許すことも必要になるでしょう。

あなたの才能と人生のテーマ

不要なものを改革する信念を持っています。打たれ強く不屈の精神も持っているので、着手したことをやり遂げる確実性が高いあなた。人の未来に悪影響を及ぼすと思ったことを放っておくことができません。それが強大な相手であろうと、丁寧に調査し、暗部に鋭いメスを入れていく気骨があります。当然敵をつくりやすい人生になりますが、あなたのその勇気ある一歩が、大勢の人たちに希望を与えるのは間違いありません。

仕事も、正義感を生かせるもの、大胆な変革を求められるもの、目に見える変化を実感できるものなら、全身全霊を傾けて打ち込むことができるでしょう。

適職は、ジャーナリスト、政治家、インテリア関係、建設関係、物理学者、生活文化研究家など。また、弱者を救済する機関などに活躍の場を求めることもできるでしょう。

相性リスト

恋人	5月9・10・11日、7月12・13・14日
友人	3月10・11・12日、11月8・9・10日
手本となる人	9月11・12・13日
助けてくれる人	3月22・23・24日、6月3・4・5日、8月15・16・17日、10月27・28・29日
縁がある人	6月9・10・11日、8月12・13・14日

魔法の言葉

もう少しいい方法があるはずです。
焦らず次の手を考えて

1月12日

山羊座

♑

CAPRICORN

高い理想と夢を持つ堅実派

長所

堅実。まじめ。世のため人のために生きようとする。実行力がある。献身的。思いやりがある。無私の尽力ができる。

短所

融通が利かない。押しつけがましいところがある。単純。プライドが高い。素直にあやまれない。尊大な態度。

この日生まれの著名人

村上春樹（作家）／中谷美紀（女優）／井上雄彦（漫画家）／オリビエ・ペリエ（騎手）／かまやつひろし（ミュージシャン）／ジェフ・ベゾス（実業家）／モーリー・ロバートソン（タレント）／橋本愛（女優）

社会の中で何か役に立つ人間でありたい。そんな気高い理想を胸に秘めているのが、この生まれの人です。それを夢で終わらせるのでなく、実現させる行動力もそなえています。仕事も世のため人のためになるような職業を選び、そうでなくてもボランティアや地域活動などを通して社会に貢献したいという気持ちが強く、そこに充実感と喜びを見出します。もちろん、自分自身の成功も望んではいますが、決して私利私欲に走ることはありません。ただ、自分のミッションやヴィジョンを見つけられると意欲的に活動しますが、それがなかなか定まらないと、職場を転々と変えたり、いろんなことに手を出すばかりで長続きしないことも。「自分の使命はこれだ！」というものを早くに見つけることが人生を充実させ、成功させる大きなカギとなります。

一方、自分の考え方を相手に押しつけやすいところは欠点。プライドも高いので、素直に謝ることができなかったり、尊大な態度で相手を無意識に見下したりしがち。それさえ気をつければ、人から慕われます。

あなたの愛の形とは？

人の幸せが自分の幸せ。それがあなたの偽らない心です。いつも「どうすれば人が幸せになれるのか」と考えています。もしも自分が何かをすることで、周りの人が笑顔になったらどんなにいいだろうと本心から願っているのです。

魔法の言葉

答えはイエス。ただし、8割のところで満足することがカギ

愛する人を前にしたときも同じです。心にあるのは、あなたの行動により、相手が幸せになるというビジョンです。その夢に忠実に行動するのが、あなたの最大の美点ですが、同時に困ったところでもあるのです。

世話を焼かれることを好む人ならいいですが、自由に歩きたいと思う人には息苦しさを感じる原因になるかもしれません。相手が自分で幸せになる力を信じてください。そして自分を信じることです。相手を思いやる気持ちは大切ですが、無理に頑張らなくてもいいのです。ただあなたがいること、愛の基本はそこにあるのですから。

あなたの才能と人生のテーマ

人に求められる人でありたい、何かの役に立つ人でありたいという、崇高な思いを胸に生きているあなた。困っている人を見ると放っておくことができません。そして献身的に尽くすことにやりがいを感じるでしょう。

それでも自己犠牲に走ることはありません。チャンスがあれば成功したいと願っています。でもそれは自分のプライドのためではなく、力をつけることでさらに大きな理想を実現させたいと思っているためです。

仕事面では、公共のために尽くす仕事が向いています。反対に一部の人だけが利益を得る仕事につくと、働く意欲を失うことがあります。どんな職業であろうと、自分の仕事に誇りを持つようにしましょう。

適職は、福祉、医療関係が最適です。そのほか、人道活動をする国際機関や、NPOなどの活動、マスコミ関係も向いています。

相性リスト

- **恋人**……………… 5月10・11・12日、7月13・14・15日
- **友人**……………… 3月11・12・13日、11月9・10・11日
- **手本となる人**…… 9月12・13・14日
- **助けてくれる人**… 3月23・24・25日、6月4・5・6日、8月16・17・18日、10月28・29・30日
- **縁がある人**……… 6月10・11・12日、8月13・14・15日

1月13日

山羊座

♑

CAPRICORN

集中力とマニアックな知性の人

長所

独特の個性がある。専門性が強く一芸に秀でている。早いうちから才能が芽生える。集中力、持続力がある。

短所

自分の世界に閉じこもる。人に対する警戒心が強い。周囲に対する関心が薄い。チームワークが苦手。

この日生まれの著名人

阿刀田高（作家）／長山洋子（歌手）／伊藤蘭（女優）／オーランド・ブルーム（俳優）／CHARA（ミュージシャン）／秋本奈緒美（女優）／いがらしみきお（漫画家）／大島美幸〈森三中〉（お笑いタレント）

この生まれの人には、豊かなイマジネーションと知性、そして抜群の集中力が授けられています。その才能は若くして発揮され、専門的な方向に向けられます。幼いころから特定のことに興味を持ち、深く追求していたという人も少なくないはず。成人後、趣味が高じて、それが仕事になる場合も多いでしょう。研究職などアカデミックな仕事に従事する人も多く、斬新な閃きと熱心な意欲と集中力で、多大な功績を残すこともあります。ですから、極めたいと思ったことは、徹底的にやったほうがいいでしょう。

ひとりでコツコツ作業するのを好む反面、社交面は苦手。人と親しくなるまでに時間がかかるほうで、自分の気持ちを相手に伝えたり、相手の気持ちを汲み取ったりするのも得意ではありません。でも、一度、打ち解けた相手とは長くつき合い、友情を深めていきます。

また、何かにのめり込むと周囲が見えなくなるところもあります。大事な用事や約束をうっかり忘れたり、周りの人が迷惑していることに全く気づかなかったり。意識的に周囲の状況や人に対して目配りしないと、蚊帳（かや）の外に置かれてしまうので気をつけて。

あなたの愛の形とは？

あなたの心の中には、豊かな独自の世界が息づいています。その花園を心無い人に荒らされることを恐れるため、ほかの人に対して心を開くのを躊躇することがあり

ます。とくに異性に対しては、相手がどんな人で、何を考えているのか、そして自分と自分の世界を大切にしてくれる人かどうかがわかるまで、警戒心をゆるめません。

さらに相手が表情やしぐさでそれとなくあなたに愛を伝えているのがわからず、直接打ち明けられて初めて気づくことも珍しくはないでしょう。

それでも相手を大切な人と意識した瞬間に、事情は一転します。まるで身体の奥から香りがあふれてくるような感覚に満たされ、心の中は愛する人でいっぱいになります。愛の喜びを全身で感じることができる、幸福な人です。

あなたの才能と人生のテーマ

好きなこと、心が躍ることを目の前にすると、それに没頭せずにはいられない人です。時間を忘れてその世界に浸るため、自然に、専門性が高くなります。好きなことを追求しているときは、使命を果たしていると素直に感じられるでしょう。

逆に、やりたいことが見つからない場合は、物足りない気持ちを感じるでしょう。才能がないとか能力がないといって、自分を責めることもありそうです。そんなときでも、あなたの心が温かくなるものを見つめることで、不安も氷解していきます。それくらい集中力がある人です。

適職は、研究職全般、伝統工芸家などです。その世界で名を残すことも夢ではありません。また豊かな発想力や想像力を生かせば、作家もいいでしょう。ひとりの世界をコツコツ築き上げるような仕事ならたいていのものが向いています。

相性リスト

恋人…………………… 5月11・12・13日、7月14・15・16日
友人…………………… 3月12・13・14日、11月10・11・12日
手本となる人…… 9月13・14・15日
助けてくれる人… 3月24・25・26日、6月5・6・7日、8月17・18・19日、10月29・30・31日
縁がある人……… 6月11・12・13日、8月14・15・16日

終わったことにしがみつくのは、得策ではありません。手放すことが幸運の扉

1月14日

山羊座

♑

CAPRICORN

きめ細やかで冷静な人

長所

繊細で冷静、まじめ。与えられたことはかならず仕上げる。作業がていねい。鋭敏な感受性に恵まれている。

短所

悲観的で皮肉屋。小さいことにこだわりすぎる。批判したがる。積極性がない。失敗を恐れて行動できない。

この日生まれの著名人

三島由紀夫（作家）／石田純一（タレント）／吉田鋼太郎（俳優）／北川悠仁〈ゆず〉（ミュージシャン）／柴田理恵（タレント・女優）／玉木宏（俳優）／山崎弘也〈アンタッチャブル〉（お笑いタレント）

とても繊細な神経の持ち主で、物事の細部にこだわるタイプです。例えば、整理整頓のしかたひとつにしても自分なりのルールがあって、それに従わないと気が済まないところがあります。几帳面な性格で、どんな作業もていねいで正確。決していい加減にやったりはしません。しかも合理的で作業も早いので、「あの人に任せておけば大丈夫」という周囲からの信頼度は抜群です。

与えられた仕事ややるべきことはきちんとこなしていきますが、自分から何かを能動的に仕掛けたり、積極的に行ったりすることは少ないほう。どちらかというと受け身になりやすいタイプです。同時に物事を悲観的にとらえるクセもあり、悪いほう悪いほうへと考えてしまうことも多々。つまらないことが気になって、夜眠れないなんてこともありがちです。

また、細かい部分が目につきすぎて、それを見過ごすことができず、つい口うるさくなったり批判したりすることも。そうなると、周囲から疎まれるので気をつけて。周囲への心遣いや配慮は完璧なタイプなので、もう少し大らかになれると人間関係も豊かになり、人望もより集まるでしょう。

あなたの愛の形とは？

鋭敏な感受性とともに生きるあなたは、他の人なら見落としてしまうような微細な変化も確実にとらえることができます。それで愛する人のまなざしの変化や、かす

かなため息さえも過敏に受け止め、「何かが起こった」と反応してしまうこともあるのです。

愛する気持ちが強くなるほど、失うことの恐れも増していきます。それを未然に防ごうとして万全の気配りや準備を整えようとするでしょう。常に最悪のことを想定することで自分の心と大切な人とを守ろうとする、痛々しいほどけなげなあなた。もっと愛の喜びを素直に感じ、表現してもいいかもしれません。

もっと未来を楽観的に感じましょう。いいことがあったら心から笑ってみましょう。そうすることで、もっと心安らかに愛する人と向き合うことができるかもしれません。

いい意味で欲張っても大丈夫。あれかこれか、ではなくあれもこれも、で

あなたの才能と人生のテーマ

小さな穴も見逃すと大きくなり全体のバランスが崩れます。また、そこからほころびが大きくなって全体に影響を及ぼすこともあります。あなたは、無意識のうちにそれを防ぐ役割を果たします。そのため、細部にこだわる面もありますが、同時に総体もきちんと見ることができます。物事や事象の構造を見抜く才能を持っています。そして物事をシステマティックに進める、とても理知的な人です。

さらに正確に物事を仕上げる律儀さもあるので、多くの職場で歓迎されるでしょう。適職は、正確さが求められるコンピュータ、IT関係の仕事、製造業全般、金融関係全般などです。社会の多くの部分で活躍できる場があるでしょう。また整然とした美を好むことから、茶道、華道、作法などの伝統文化継承の仕事についても、その存在感をアピールできるでしょう。

相性リスト

恋人	5月12・13・14日、7月15・16・17日
友人	3月13・14・15日、11月11・12・13日
手本となる人	9月14・15・16日
助けてくれる人	3月25・26・27日、6月6・7・8日、8月18・19・20日、10月30・31日、11月1日
縁がある人	6月12・13・14日、8月15・16・17日

1月15日
山羊座
♑
CAPRICORN

相手を魅了する野心家

長所
カリスマ性があり、人をひきつける。男女ともに磁力的なオーラ。大志を抱く。勘がよい。苦労をいとわない。

短所
自我が強すぎる。欲が深く、目標しか見えない。目的のために手段を選ばない。嫉妬する。征服欲がある。

この日生まれの著名人
マーティン・ルーサー・キング（公民権運動指導者）／モリエール（劇作家）／落合恵子（作家）／コシノヒロコ（ファッションデザイナー）／樹木希林（女優）／田中真弓（声優）／町田康（作家）／吉岡里帆（女優）

自然と人をひきつける磁力的なオーラを放つのが、この生まれの人。とくに異性をひきつける魅力があり、色気を感じさせるタイプです。人をコントロールする術に長(た)けていて、無意識のうちに相手の関心を自分のほうに引き寄せるしぐさや話し方をします。そのために相手を振り回したり、翻弄することもしばしば。でも、本人に悪気はまったくなし。天性のカンで人の心をつかみ、操っていきます。

この生まれの人は、もともと自分が優位に立ちたい、一番になりたいという気持ちが強いのが特徴。それがプラスに発揮されれば、よい意味での野心や向上心につながり、仕事でトップの業績を得たり、昇進したり、あるいは地域やグループのコミュニティでリーダーとして活躍したりして、自分の存在をアピールしていきます。けれど、マイナスに働くと、人を蹴落としてでものし上がろうとしたり、うまくいっている人を妬んだりして、ネガティブな発想にとらわれがちに。欲望を実現させるために、そうしたモラルを欠いた行動に出ると、自分を見失い、転落人生を歩みかねないので常に品性を失わないことが大切です。

あなたの愛の形とは？ 

欲しいものは必ず手に入れるあなたには、どんな苦難が待ち構えていようとも、目的を達成する強さがあります。圧倒的な自信と輝きに満ち、あたかも君臨する王者のような威厳を持って異性に接し、相手を魅了するでしょう。異性に愛され、見つめられると、身の内に力があふれるような気持ちになります。だから多くの人の注目を集めたいという欲求が誰よりも強いのです。

征服欲があり、相手を振り向かせようとするときのあなたは、息を呑むほどの魅力にあふれています。そして難攻不落と言われる相手がひざまずいたとき、その喜びはクライマックスを迎えるでしょう。ただ、そのときになって初めて相手が退屈な人と気づき、急速に興味を失うこともあります。そんなあなたにとってもっとも大切なこととは、自分にとって真実の相手を見極める目を育てること。

あなたの才能と人生のテーマ

光り輝くものを手に入れたい、そして自分も光り輝きたいという思いが強いあなた。そのために必要であれば、喜んで自分自身を鍛え、学んでいくでしょう。苦労を苦労とも思わない精進の結果、地位や力や名声を得て、他の人に希望を与えるような存在になることが理想です。

仕事もスポットライトを浴びるもの、人の注目を集める存在であるほうが、やりがいを感じられるでしょう。何らかの形でリーダーシップを取り、自分のやり方で物事を進めると目標達成が早くなります。他人の下で絶対服従を求められた場合は、強いプレッシャーを感じるので、その場合は独立したほうがよさそうです。

適職は、タレント、政治家、映画監督、アナウンサー、スポーツ選手など。どんな仕事でも成功を収めますが、起業をした場合は、その力がさらに生かされます。

相性リスト

恋人	5月13・14・15日、7月16・17・18日
友人	3月14・15・16日、11月12・13・14日
手本となる人	9月15・16・17日
助けてくれる人	3月26・27・28日、6月7・8・9日、8月19・20・21日、10月31日、11月1・2日
縁がある人	6月14・15・16日、8月17・18・19日

魔法の言葉

欲望に忠実でありなさい。あなたが望むものに手を伸ばしてOK

1月16日

山羊座

♑

CAPRICORN

陽気に振る舞う心配性

長所

平和を愛する。協調性がある。明朗で、その場の雰囲気を改善する。友人に恵まれる。責任感が強い。直感力に優れる。

短所

人の意見に惑わされる。見かけ以上に落ち込みやすい。プレッシャーに弱い。ストレスをためやすい。

この日生まれの著名人

ジョン・カーペンター（映画監督）／東松照明（写真家）／池上季実子（女優）／ケイト・モス（モデル）／須田哲夫（アナウンサー）／賀集利樹（俳優）／佐藤天彦（将棋棋士）／SHEILA（モデル・タレント）

穏やかで人当たりがよく、誰とでも和やかに接する能力を持っています。相手の真意を見抜く直感力もあり、世間の波を上手に渡っていくことができるタイプ。友人にも恵まれ、何かと援助も受けやすいでしょう。でも、表面的には陽気なイメージですが、内面は意外とナイーブ。相手の心無い発言も表向きは笑って流しますが、心の奥では傷ついていたりします。周囲の影響も受けやすく、人の意見に左右されたり、相手がどう思っているかが気になるほう。意外と心配性で、くよくよと考えることが多く、ドンと構えていることができません。

責任感は強いので、与えられた役目や仕事はきっちり果たそうとします。でも、それが大役だったりするとプレッシャーを強く感じ、精神的負担を抱えがちに。見た目よりずっとストレスをためやすいので、スポーツやカラオケ、趣味などで上手にストレス発散をすることが、気持ちを安定させるうえでも必要です。

また、芸術を解する才能を持っているので、絵画や音楽などアートに親しむと心が癒され、内面を開放することができます。

あなたの愛の形とは？

心から平和を愛し、周囲が穏やかな空気で満ちることを望んでいるあなたには、相手が何を望んでいるか察知する力があり、その気持ちに応えようとします。波風を立てることを嫌うため、明るい笑顔を常に忘れません。

ときには自分を曲げてでも相手に合わせようとするでしょう。

そのため周囲にいる人たちは、そんなあなたを従順で、素直な人だと見ているでしょう。強い異性がリードしたほうがいい、自己主張が強い人のほうが似合うと言われることもあるでしょう。でもあなたが本当に望んでいる相手は、あなたと同じ平和を愛する人なのです。風に揺れる柳のように、弱い外見を持っていてもいい。その場の勢いに流されるように見えても、したたかに折れない心を持って、寄り添って生きていきたい。それがあなたの愛の本心ではないでしょうか。

あなたの才能と人生のテーマ

この日生まれの人は、周囲との摩擦や抵抗を減らし、慎重に着実に行動する力をそなえている人です。時代の空気を読むことも得意で、声にならない人の気持ちを読み取り、代弁することもできるのです。各々の場を和ませたり、物事を円滑に進めるのに欠かせないでしょう。活躍ぶりが目立たなくても、存在感は大きい人と言えるでしょう。

相手の表情やしぐさから、気持ちを探る能力が優れているところは仕事に有利でしょう。さらに相手に合わせることが得意です。人を相手にする仕事でめざましい成果を上げることができるでしょう。販売業全般、カウンセラー、トリマー、美容師、リサーチャーなどです。また、芸術への造詣が深いところから、演奏家、芸術や文芸評論家としても活躍が期待できます。企業の中では営業、販売促進などの部署で実力を伸ばします。

相性リスト

恋人……………… 5月14・15・16日、7月17・18・19日
友人……………… 3月15・16・17日、11月13・14・15日
手本となる人…… 9月16・17・18日
助けてくれる人… 3月27・28・29日、6月8・9・10日、8月20・21・22日、11月1・2・3日
縁がある人……… 6月14・15・16日、8月17・18・19日

変化に備えて。今の状況はがらりと変わるのでそのつもりで

1月17日

山羊座

♑

CAPRICORN

実は愛情深く、英断ができる人

長所

実行力と将来を予見する力がある。判断力、決断力が秀逸。愛情深い。人が求めるものを瞬時に見抜く。

短所

強引。実利を優先して人を後回しにすることもある。容赦がない。表現が下手で誤解を招きやすい。

この日生まれの著名人

山口百恵(歌手)/坂本龍一(作曲家・ミュージシャン)/平井堅(ミュージシャン)/モハメド・アリ(プロボクサー)/ジム・キャリー(俳優)/ヴィダル・サスーン(美容師)/山内健司〈かまいたち〉(お笑いタレント)

強いパーソナリティの持ち主で、こうと決めたことは絶対に曲げない力を持っています。判断力・決断力とも優れていて、思い切りよく物事を進めることができる人です。とくに、決断に迷うような難しい局面で英断を下すことができるので、会社のトップなど責任を背負う立場に立つと見事な手腕を発揮します。

ただ、目的を遂行するためには手段を選ばないところがあるのも事実。決して情がないわけではないのですが、必要であると判断したら、容赦なく冷淡な態度や決定を下すことも。そのため、「冷たい人」と誤解されることもあるでしょう。

でも、自分の家族や親友には深い愛情を注ぎ、滅多なことでは裏切りません。愛情表現は下手なほうで、黙って見守るタイプです。反面、何でも自分ひとりで決めてしまって、重要なことでも家族や親友、あるいは仕事仲間に相談したりしません。心配をかけたくないという気持ちからですが、周りからするとそれが自分勝手な行動に映ってしまうこともあります。周囲の意見も取り入れるようにすることが大事です。

あなたの愛の形とは?

物事の奥まで見通す眼力を持っている人です。この世には、美しいことや楽しいことばかりでなく、醜いことも厳しいことも存在することが見えすぎるほどに見えているのです。「そんなものと向き合うのは自分だけでい

い、愛する人には心配をかけたくない」というのが、あなたの偽らざる気持ちでしょう。それでもうそはつきたくないから、きれいごとは言いません。誠実になろうとすればするほど、伝えようとする言葉が限られてしまうのです。あなたの愛情表現がぎこちなくなり、気の効いた言葉が言えない真意は、そんなところにあるのでしょう。

でもひとりで背負うだけが愛ではありません。分かち合うことで喜びは二倍になり、苦しみは半分になるものです。ひとつの問題をふたりで超えることで、絆が強く確かになることもあるのです。ふたりの未来を信じましょう。

あなたの才能と人生のテーマ

地に足が着いた思考ができるので、現状に必要なものをその場で見極める能力があります。データに基づいた現実的な未来展望のもとで、中長期的にも必要なものや不要なものの区別ができます。その感覚が人よりも優れているため、人の信頼に応える判断、英断ができるのです。

仕事では、優れた技術や技能を身につけられる人です。子供のころから人の期待に応えられる仕事は何かと考えているので、選んだ仕事がそのまま天職につながることも多いでしょう。またじっくり考えてから選ぶので、選択ミスも少ないでしょう。そして仕事についたら、強い意志でやり遂げようとするので、いずれ頭角を現します。

適職は、臨床検査技師、エンジニア、オペレーターなどの技術職です。組織の中でも管理職になったときに真価が問われるでしょう。

相性リスト

恋人……………… 5月15・16・17日、7月18・19・20日
友人……………… 3月16・17・18日、11月14・15・16日
手本となる人…… 9月17・18・19日
助けてくれる人… 3月28・29・30日、6月9・10・11日、8月21・22・23日、11月2・3・4日
縁がある人……… 6月15・16・17日、8月18・19・20日

魔法の言葉

それはあなたが本当に望んでいることですか？

1月18日

山羊座

♑

CAPRICORN

才気あふれる抜け目ない人

長所

行動力、ビジネスセンスがある。直観力が優れ、好機を逃さない。努力家。体力、精神力ともにタフ。

短所

何かに夢中になるとほかが見えない。身勝手な面も。感情を一気に爆発させることがある。考える前に行動する。

この日生まれの著名人

ビートたけし（タレント）／ケビン・コスナー（俳優）／A・A・ミルン（児童文学作家）／小椋佳（ミュージシャン）／森山良子（歌手）／宮沢和史（ミュージシャン）／片桐はいり（女優）／山崎育三郎（俳優）／荒川良々（俳優）

才気煥発で行動的――それがこの生まれの人の特徴です。合理的かつスピーディーに判断するのが得意で、それを素早く行動に移します。とくに、どう立ち回ったらうまくいくのか、それを瞬時に考えて動くセンスはピカイチ。先見性や直感力も高く、好機を逃さずつかむ握力もたいしたものです。ビジネスチャンスなどは逃しません。でも、ともすると、それが他人には抜け目のない行動に思われることも。けれど、不思議と周囲からは憎まれません。というのも、この生まれの人は人並み以上の努力家だからです。周りの人もその努力を知っているので、チャンスをつかんでも努力の賜物と見てくれます。

また、体力、精神力ともたいへんタフで、ちょっとやそっとではつぶれません。やると決めたことは、精神的にも肉体的にも限界ギリギリまで自分を追い込んでやりぬきます。

ただ、怒らせたら怖いタイプで、感情を一気に爆発させ、相手を簡単には許しません。身勝手なところもあり、自分の意を強引に押し通すことも多々あります。そういう部分はいただけません。

あなたの愛の形とは？

行動こそがチャンスをつかみ、幸せを招き入れる最良の手段。それがあなたを支える哲学です。ときには状況判断もそこそこに飛び出すこともあるので、落下して痛い目にあうこともあるでしょう。それでも自分を信じて

行動したとき、いつか愛する相手の胸の中に飛び込んでいくことができるはずです。

気をつけたいところは、一度こうと思いこんだら、簡単に考えを曲げないことです。理想の人だと思ったら、相手がどんな立場であろうと、心を伝えようとします。愛情は信念とは違い、虚仮(こけ)の一念が通るという性格のものではありません。

目の前にいる気になる異性と言葉を交わし、思いを態度で示してしていくことで、自分の中に育っていく温かい気持ちに気づくときがくるでしょう。そのときあなたは思い込みではない、本当の愛を知るのです。

あなたの才能と人生のテーマ

直観力と行動力とで、幸運を自分の元に引き寄せる能力がそなわっている人です。それでも、その力を自分のためだけに使おうとすると、思い通りに行かなくなるようです。逆に人のためになることをすると、評価が上がり収入も得られるので、直観力を使うときには、無私の境地になることが求められるでしょう。

職業もできれば自分の満足のためではなく、人のためになるようなものを選ぶといいでしょう。心の奥に眠っている激しい情熱を、社会のために役立てることで、職業上の満足を得られるでしょう。その分野で大きな成功を手にすることも夢ではありません。

適職は、弁護士、警察官、ケースワーカー、介護福祉士、臨床心理士などです。組織の中でも、総務、庶務のような仕事に打ち込めば、社内の人からも感謝され、早い昇進も期待できそうです。

相性リスト

恋人……………… 5月16・17・18日、7月19・20・21日
友人……………… 3月17・18・19日、11月15・16・17日
手本となる人…… 9月18・19・20日
助けてくれる人… 3月29・30・31日、6月10・11・12日、8月22・23・24日、11月3・4・5日
縁がある人……… 6月16・17・18日、8月19・20・21日

魔法の言葉

迷いの森の中に入り込んでいるかもしれません。少し時間をおいて

1月19日

山羊座

♑

CAPRICORN

実直な正直者で信頼される人

長所

公明正大。うそがつけず正直。曲がったことを嫌う。人に媚びない。自立心がある。周りから引き立てられる。

短所

単純。思慮が浅い。融通が利かない。不器用。物わかりが遅い。野心がある。一見強そうだが、芯はナイーブ。

この日生まれの著名人

ポール・セザンヌ（画家）／ジャニス・ジョプリン（ミュージシャン）／松任谷由実（ミュージシャン）／ジェンソン・バトン（F1レーサー）／宇多田ヒカル（ミュージシャン）／中川礼二〈中川家〉（お笑いタレント）／松重豊（俳優）

曲がったことが大嫌いな、公明正大な正直者です。まじめに努力する性格に加え、どことなく愛嬌もそなわっているので、自然と人気者になるタイプでもあります。周囲からの引き立ても得られることでしょう。成功欲や野心は意外とあるほうで、自分の能力や才能にはひそかな自信が。でも、モラルを犯してまで成り上がることはしません。あくまでも正当な手段で社会の階段を上っていこうとします。時間はかかっても、必ず成功を手にできる人でしょう。

人間関係では人に媚びず、良いものは良い、悪いものは悪いとハッキリ言える人です。が、それが場合によっては理想論やきれいごと、あるいは偽善的と、悪く解釈されてしまうこともありそうです。また、一見、ポジティブで強そうに見えるのですが、本当はガラスのような壊れやすい心を持っています。自立心が強い反面、誰かに支えてもらいたいという気持ちもあり、複雑な心の葛藤に悩みやすい性質です。自分を心から理解してくれる家族や友人を、いつも周りに置いておくことが精神の安定につながります。

あなたの愛の形とは？

凛としたすがすがしい心を持っているあなたは、五月晴れの青空のように裏表がないので、自然に人から信頼されるようになるでしょう。ただ、正直すぎて駆け引きも苦手なので、恋愛の初期段階で手の内をすべて明かし

てしまう不器用なところがあります。それだけに遊びなれた相手から軽くあしらわれるような経験もしそうです。正直に相手に向き合っていただけに、その衝撃は計り知れません。それでも自分を偽ることができないのが、あなたの悲しさであり、また良さでもあるのです。

そんなあなたが真の強さを発揮するのは、そのまっすぐな心情を評価してくれる人とめぐりあったときです。「大切な人が自分のそばにいてくれる」と思っただけで、たとえ打たれても、たたかれても自分自身であり続けることに、誇りを持てるようになるのです。

魔法の言葉

あなたが考えていることは正解です。ストレートに進みましょう

あなたの才能と人生のテーマ

強い道義心を持って生まれてきたあなたにとって、物事に正面から取り組み、闇にも光を当てることが、人生のテーマと言えるでしょう。場合によっては、腐敗した世界にメスを入れた人物として、歴史に名を残すこともあるかもしれません。

仕事では、高潔な人柄をそのまま生かせるような職業が向いています。また人から信頼され、憎めない人柄の持ち主でもあるあなた。人の相談を聞くような仕事でも、一定以上の成果を挙げることができそうです。

適職は、金融関係全般、コンサルタント、ファイナンシャルプランナー、ジャーナリスト、検察官、書記官、警察官などです。さらに野心もあるので、グローバルな活動にも関心が向くでしょう。国連機関や人道支援のような現場、あるいはそれに関連するボランティアでも、生き生きと活動をすることができるかもしれません。

相性リスト

- **恋人**……………… 5月17・18・19日、7月20・21・22日
- **友人**……………… 3月18・19・20日、11月16・17・18日
- **手本となる人**…… 9月19・20・21日
- **助けてくれる人**… 3月30・31日、4月1日、6月11・12・13日、8月23・24・25日、11月4・5・6日
- **縁がある人**……… 6月17・18・19日、8月20・21・22日

1月20日

水瓶座

AQUARIUS

ユニークな直感を持つ人

長所

人の気持ちを読み取る。オリジナリティにあふれている。感受性が豊か。クリエイティブな能力に恵まれる。

短所

独断的。他人を自分のために利用しようとする。気分に左右されやすく、態度が変わる。考えを押しつける。

この日生まれの著名人

尾崎放哉（俳人）／三國連太郎（俳優）／デイヴィッド・リンチ（映画監督）／太田裕美（歌手）／有吉佐和子（作家）／上島竜兵（ダチョウ倶楽部）（お笑いタレント）／矢口真里（タレント）／南果歩（女優）／ＩＫＫＯ（タレント）

この生まれの人は個性的なパーソナリティで、オリジナルの発想と直感力を持っています。クリエイティブな能力が高く、そうした分野で成功する可能性を秘めています。対人面では、人の気持ちを即座につかむのがうまく、それを無意識のうちに駆け引きに使うところがあります。相手の出方がわかるので、心理戦には強いはず。でも、他人にとっては、この生まれの人は何を考えているのかわかりにくい存在です。どう接していいか困ってしまう人も多いでしょう。信頼のおける人には自己開示すべきでしょう。

感受性が豊かで､気分に左右されやすい面があるのも、このタイプの特徴です。気持ちが乗っているときは明るくよくしゃべるのに、乗らないときにはムスッとして不機嫌さを露（あらわ）にしてしまうことも。気持ちが急に高ぶり、突然、意味不明の行動をとって周囲を驚かせることもありそうです。また、ときに独断的な傾向も見られ、周囲に自分の考えを強制したがることもあります。それが人間関係にヒビを入れ､大切な人を失うことになる場合も。そうなって後悔しないように注意してください。

あなたの愛の形とは？

この日生まれの人に与えられているのは、張り詰めたような敏感な感性です。他の人にはわからない微細な変化を感じ取ったり、突如としてインスピレーションを受けて、急に行動を起こしたりすることもあるようです。

それを言葉で説明できないため、もどかしい思いをすることがあるかもしれません。またそのために誤解され、傷つくこともあるでしょう。異性の前で自分の本心を見せることがこわくなったり、自分の殻にこもることもあるかもしれません。

でもそれは、本物の愛を見出すための大切なステップなのです。傷つくことを知ったあなたは、外見や表向きの態度の裏に人の本心が隠されていることを知るでしょう。そして人を思いやることの意味を悟るのです。その経験が魂と魂が出会うような、真実の愛にめぐりあうきっかけになるでしょう。

あなたの才能と人生のテーマ

豊かな発想力に支えられているあなたは、独自性が強く、自分の内側にある世界を表現することを無上の喜びとします。湧き上がるインスピレーションを、素材を使って表現する力に恵まれています。言葉で説明するよりも実際の行動で示したり、目に見える形にして示すほうが早く、楽だと思う場面も多いでしょう。

人が求めていることを察知する能力もあるため、先回りして提供するサービス業方面でも多大な成功を収める可能性があります。また流行の移り変わりにも敏感なので、時代の先端を行くマスコミ、ファッション分野にも活躍のフィールドがありそうです。

適職はプランナー、マーケティングリサーチャー、流通業、パタンナー、グラフィックデザイナーなど。企業の中でも企画、商品開発などの部署で光る存在になるでしょう。

相性リスト

- **恋人**……………… 5月18・19・20日、7月21・22・23日
- **友人**……………… 3月19・20・21日、11月17・18・19日
- **手本となる人**…… 9月20・21・22日
- **助けてくれる人**… 3月31日、4月1・2日、6月12・13・14日、8月24・25・26日、11月5・6・7日
- **縁がある人**……… 6月18・19・20日、8月21・22・23日

魔法の言葉

一度だめだったことが復活してくる暗示。もう一度だけトライを

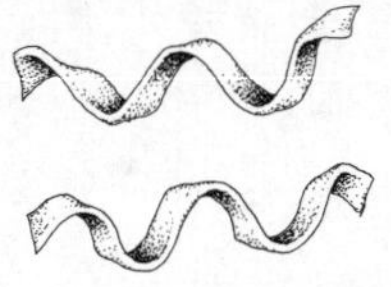

1月21日

水瓶座

AQUARIUS

視野が広く人心掌握にたける人

長所

ものおじせず、社交的。人の心をひきつける。洗練された物腰。視野が広い。客観的に全体像を把握できる。

短所

独善的。落ち着きがなく、決定力や判断力が弱い。年下や部下に対して態度が変わる。成功欲や野心がある。

この日生まれの著名人

クリスチャン・ディオール（ファッションデザイナー）／竜雷太（俳優）／高田純次（タレント）／アンリ・デュパルク（作曲家）／ジャック・ニクラス（プロゴルファー）／テリー・サバラス（俳優）／神尾楓珠（俳優）

どんな場面でも客観的な視線によって、物事の全体像をとらえようと心がける人です。そのため、科学的な研究に対する才能を発揮する可能性が高いでしょう。未知のサイエンスやテクノロジーに強い興味を持ち、それを探求していくことに喜びを感じやすい人です。

とはいえ、研究や勉強だけにエネルギーを注ぐ人生を歩むタイプではありません。この生まれの人は、たぐいまれなる社交性の持ち主でもあるからです。話題を展開していくことが上手で、人の心を引きつける話し方をします。気さくなところも人気の秘訣でしょう。グループ内ではリーダー的な存在として、人の輪をまとめる役割を担う立場となることが多いはず。ただ、年下の人間が多い集まりにおいては、ひとりよがりな行動を取りがちになるのが欠点。「自分が一番偉い」という意識が芽生えると、独善的な傾向が強まるので、そこには注意が必要です。上に立ったときこそ、思いやりの気持ちを強く持つようにして。

あなたの愛の形とは？

ものおじせず、人の輪の中に飛び込んでいけるあなたは、目の前にいる人が興味を示すことをその場で感じ取る才能を身につけています。さらに、洗練された会話と、上品な話題を提供できるため、相手の心に忘れられない印象を残すでしょう。それでいて雰囲気は親しみやすく、屈託のない笑顔を向けられると、どんなに警戒心が強い

人でも、心のガードをほどいてしまうほどです。

そのため異性からは慕われます。ときには、誰もがうらやむような地位や外見の人から求愛されたのに、それを退けることもあるでしょう。それで周囲から理想が高いなどと陰口をたたかれることもありそうです。しかし、あなたは、自分の目で「この人」と認めた人だけを見つめていきたいと思っているのです。心が高らかに「イエス」と言うとき、初めてあなたは相手の胸に飛び込んでいくでしょう。

あなたの才能と人生のテーマ

広範な知識を追い求める探究心の強さがあります。さらに科学的な思考ができるため、科学方面に強い興味を示すだけでなく、人文科学の方面にも深い造詣を持っています。そうして得た知識を自分の研究だけに生かすのではなく、広く世間に知らせることに使命感を感じています。そのため、象牙の塔にこもるよりも、広く社会の中で活躍する道を選ぶでしょう。

探究心と分析力が勝っているので、どんな仕事についても目立つ存在になるでしょう。責任感もあるので、人を率いてまとめる立場に置かれることも多く、影響力も多大です。力への渇望はありますが、自らが力の魅力に溺れ、利己的になると足元をすくわれます。どんなときも、全体の利益を考えることが成功に導かれる秘訣になりそうです。適職は、教師、建築・建設業、IT関係、通信業、などです。

相性リスト

- **恋人**……………… 5月19・20・21日、7月22・23・24日
- **友人**……………… 3月20・21・22日、11月18・19・20日
- **手本となる人**…… 9月21・22・23日
- **助けてくれる人**… 4月1・2・3日、6月13・14・15日、8月25・26・27日、11月6・7・8日
- **縁がある人**……… 6月19・20・21日、8月22・23・24日

魔法の言葉

もうすぐ思い通りになりそうです。目線を下げないで進みましょう

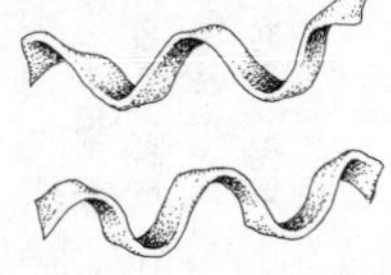

1月22日

水瓶座

AQUARIUS

時代を先取り挑戦する人

長所

先見の明がある。独創的。時代を先取りできる。孤独に強い。常に若々しい。新しいものへの挑戦を恐れない。

短所

短気。ひとつのことに集中できない。協調性がない。持久力に欠ける。直感に頼りすぎ論理性に欠ける面も。

この日生まれの著名人

フランシス・ベーコン（哲学者）／星野仙一（野球監督・解説者）／中田英寿（サッカー選手）／鳳蘭（女優）／高橋恵子（女優）／湯川れい子（音楽評論家）／ダイアン・レイン（女優）／生田絵梨花（女優）

この生まれの人は、きわめて個性的です。生まれながらに時代を一歩、先行く感覚を持っているせいで、ファッションにしても趣味にしても、人にはマネのできないようなものを好んで取り入れようとします。先見の明があるので、この人が好むものは、数年後にブレイクすることが多く、長いスパンの商売をすれば、きっと成功するでしょう。

けれども、常に新たなものを先取りしようとするため、ひとつのことに腰をすえて取り組むのは苦手かも。人間関係にも短気なところがあり、だらだらと同じ集団に属するのを嫌います。単独行動を好むところも、人づき合いには悪い影響をもたらすことが。とはいえ、この人の持つ「未来を見通す力」は素晴らしいものなので、大勢の人をひきつけることでしょう。今に甘んじない精神を持っていることが、もうひとつの長所です。いくつになっても新たな挑戦をしていくため、常に若々しい自分を保つことができるでしょう。

あなたの愛の形とは？

誰かの中にまだ眠っている魅力という名の黄金。あなたはそれを誰よりも先に探し当てることができる人です。人気が出る前の有名人、流行する前のファッション、周囲の人がまだその価値を知らないうちに、あなたはその魅力にひきつけられるでしょう。

恋は衝動的に訪れます。欠点ばかりが目立つような人

であっても、あなたの目を通せば、そこに宝石の原石が見えるかもしれません。憧れの人を見るようなまなざしのあなたに、相手は驚きますが、あなたの見立ての通り、いつか本物の魅力が備わってくるでしょう。ただ、恋の瞬発力はあっても持久力に欠けるあなたのこと。そのころには、別の人に興味が移っている可能性もあるのです。

あなたが求めているのは、未来という名の光。でもそばにいてあなたを温めてくれるほのかなぬくもりもあることに気づいてください。

あなたの才能と人生のテーマ

進取の気性を持った未来志向のあなたは、価値のない過去の栄光には目を向けず、常に今から先だけを見つめようとします。独創的で、将来に価値が生まれるものを今からつくり上げることに喜びを感じるでしょう。型にはまる生き方、同じところにとどまる思考を押しつけられると息苦しくなります。

仕事も、最先端、未来、テクノロジーといった将来性のあるものに強い関心を示すでしょう。未来を見つめるところではファッションやITなどのめまぐるしい変化をする分野で、生き生きと活躍することも期待できそうです。転職をする場合も、築き上げた業績や経験を捨てて新しいことにチャレンジすることもあります。

適職は航空関係、電子技術関係、生命科学などの研究者などです。企業に勤める場合も伝統や業績ではなく、自由度の高さで選ぶほうがよさそうです。

魔法の言葉

少しよそ見をしすぎたかもしれません。原点に戻ってみましょう

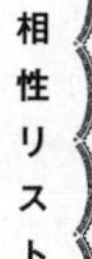

相性リスト

- 恋人……………… 5月20・21・22日、7月23・24・25日
- 友人……………… 3月21・22・23日、11月19・20・21日
- 手本となる人…… 9月22・23・24日
- 助けてくれる人… 4月2・3・4日、6月14・15・16日、8月26・27・28日、11月7・8・9日
- 縁がある人……… 6月20・21・22日、8月23・24・25日

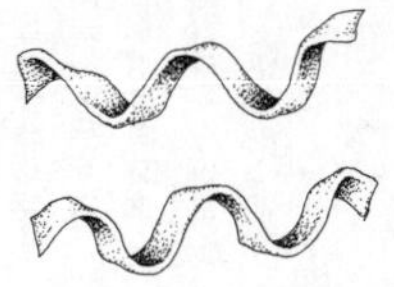

1月23日

水瓶座

AQUARIUS

計算に強いプランナー

長所

順序だてて物事を考えられる。問題解決能力がある。芸術を解する。コミュニケーション能力に秀でる。

短所

計算高い。利益にならないことには手を出さない。本音を明かさない。人とものを比べたがる。無駄を嫌う。

この日生まれの著名人

西郷隆盛(政治家)/湯川秀樹(物理学者)/ジャイアント馬場(プロレスラー)/錦織健(声楽家)/小日向文世(俳優)/ムロツヨシ(俳優)/永瀬廉(King & Prince)(歌手)/トリンドル玲奈(女優)

行き当たりばったりの行動をしているように見えても、じつは細かいところまで計算している人です。高い知性を持っていて、「能あるタカは爪を隠す」ということわざのように、他人に見せる自分の姿を上手くコントロールしている面があるはず。普段は虚勢を張らないので、目立つタイプではありませんが、ここぞというときには確実に能力を発揮します。じつはかなりの努力家ですが、無駄な努力はしない人。実際的な能力を磨くことを重んじます。芸術的なセンスも持っていますが、自分が創作をするより、芸術を愛でることのほうを好むようです。ただ、伝統の浅い稚拙な芸術や、流行りものにはあまり興味を示さないでしょう。

人間関係に対しては、優れたコミュニケーション能力を発揮します。他人の話を聞き出すのが上手なので、誰と話していても楽しい相手と思われるはず。でも、自分の本音はなかなか明かさない面もあります。そのために、友達や恋人を不安にさせてしまうことは多いかもしれません。

あなたの愛の形とは?

この日生まれの人は穏やかな雰囲気を持っています。どんな場所にいても違和感がないでしょう。はっきりとした自己主張をすることはないけれど、いなくなると寂しいと思わせる不思議な存在感を持った人です。さらにあなたは、人の話をいつまでも聞いていられる懐の深さ

も持っているのです。そのため、なにげない会話をしている中で、不意に胸のうちを打ち明けたくなる人も多いでしょう。

誰かに恋をしたときも、あなたは相手の話にじっと耳を傾けるでしょう。なかなか本心を打ち明けないため、恋の駆け引きをしていると思われがちですが、実際はその人が自分のパートナーとしてふさわしいかどうかを見極めるために聞き役に徹しているのです。いずれ、その相手と魂のレベルで会話をするようになったそのとき、あなたの本当の恋がスタートするのです。

あなたの才能と人生のテーマ

この世のあらゆることを吸収し、分析し、養分にすることがあなたの喜びです。会話や文章にも才能の兆しは見られますが、なにより人の話を聞くことに関しては卓越した能力があります。たとえ、ガードが固い相手でも話を聞き出すことができるでしょう。

効率的に、手際よく物事を進めていけるので、商業や流通業などでは重宝されるでしょう。人から話を聞き出す力を生かせば、カウンセラーやアドバイザー的な仕事にも適性があるでしょう。もしこの方面に進んだ場合は、人の秘密を守ることを肝に銘じてください。そうすれば大きな成功を収めることもできるでしょう。

適職は商業全般、弁護士、旅行業、コーディネーター、メディア事業、通信業などです。企業の中では、企画、開発、渉外担当者として認められ、業績を上げることができるでしょう。

相性リスト

恋人……………… 5月21・22・23日、7月24・25・26日
友人……………… 3月22・23・24日、11月20・21・22日
手本となる人…… 9月23・24・25日
助けてくれる人… 4月3・4・5日、6月15・16・17日、8月27・28・29日、11月8・9・10日
縁がある人……… 6月21・22・23日、8月24・25・26日

合理的、現実的に考えてプランをたてて。「計画」「計算」がキーポイントに

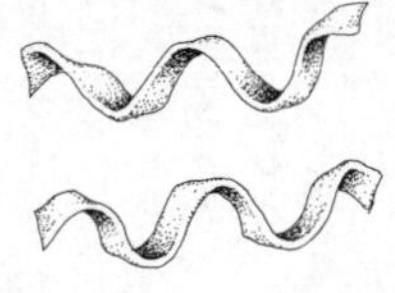

1月24日

水瓶座

AQUARIUS

美的センスにあふれる人

長所

芸術性、美的センスが秀逸。優雅。柔軟で、バランス感覚がよく、物事の本質を見抜く。交際範囲が広い。

短所

感覚的。論理性がない。推進力に欠ける。自己中心的なところもある。思い通りにならないと現実逃避する。

この日生まれの著名人

野際陽子（女優）／市原悦子（女優）／段田安則（俳優）／ジュディ・オング（歌手）／渡辺正行（タレント）／岩井俊二（映画監督）／尾崎将司（プロゴルファー）／林葉直子（将棋棋士・タレント）

優れた美的センスを持っているのですが、それゆえ、まがい物には我慢がならず、金銭面では苦労するかもしれません。質の悪い物を購入するのは避けたいために、いろいろとお金がかかるわけです。とはいえ、決して浪費家ではありません。良いものを見抜く能力に優れているので、総じて高価な物に目が向きがちなだけなのです。持ち前のセンスを活かす仕事をすれば、成功と富と手に入れることは可能ですし、豊かな生活を享受するほど、さらにセンスが磨かれていくでしょう。

人間関係も、バランス感覚に優れているため、とても良好です。いろいろなタイプの人を柔軟に受け入れる器を持っているので、交際範囲はかなり広くなりそう。ただ、争いごとは苦手なので、競争の多いギズギスとした人間関係に身を置くと、かなりストレスがたまってしまいます。自分と息の合う人たちと、美しいものに囲まれて暮らすことを望みますが、理想主義が高じると、現実逃避傾向が強まるので注意してください。

あなたの愛の形とは？

美しいものを見つめることが好きな人です。表面を取り繕うだけではない本物の価値を求めます。だから、恋をするのも人間の持つ美しさに触れたときと言えます。それは世間一般の美意識とは少し異なる面があるかもしれません。例えば声の美しさ、指先が描く優美な曲線、あるいはダイナミックな行動力という、他の人にはわか

りにくいような美点に心ひかれることがあるのです。

交友関係は広いのに、意識した相手となると、とたんに自分から働きかけることが苦手になります。相手を芸術品のように干渉するのが好きなので、場合によっては冷淡な態度に見えることもあるでしょう。それでも友達には恵まれているので、キューピット役を買ってでた人の力添えで、恋を実らせることもあるでしょう。

あなたの才能と人生のテーマ

この日生まれの人は、物事の価値を、利便性や将来性ではなく、芸術性や美的センスに求める傾向があります。またそれを見抜く才能にも恵まれています。そのため、どうしても生き方も美しくないといけないという哲学を持つようになります。優雅さを重んじると、推進力に欠ける面が出てきます。

人と争うことが苦手なので競争社会では不利と見られることが多いかもしれません。それでも、美しさを求める才能を武器にすれば、職業上の成功を収めることも夢ではありません。また人との交流も好むのでサロンのような場を仕切る仕事にも、やりがいを感じるかもしれません。

適職は古美術商、タレント、プロデューサー、美術、音楽などの評論家、サービス業などです。企業の中では、秘書などの補佐的な業務につくと、真価が発揮できそうです。

相性リスト

- 恋人……………… 5月22・23・24日、7月25・26・27日
- 友人……………… 3月23・24・25日、11月21・22・23日
- 手本となる人…… 9月24・25・26日
- 助けてくれる人… 4月4・5・6日、6月16・17・18日、8月28・29・30日、11月9・10・11日
- 縁がある人……… 6月22・23・24日、8月25・26・27日

魔法の言葉

手ごろなところで手を打とうとしてはいけません！

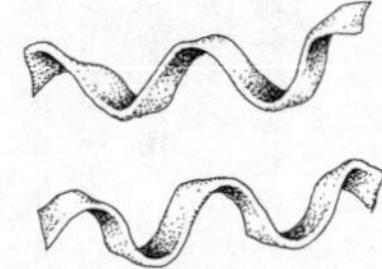

1月25日

水瓶座

AQUARIUS

優しく相手を気遣う人

長所

優しく、思いやりにあふれる。相手の気持ちを汲み取ることができる。実現に向けてのバイタリティがある。

短所

優柔不断。辛いことがあると現実逃避したがる。押しつけがましいところがある。ひとつのことに固執する。

この日生まれの著名人

北原白秋（詩人・童謡作家）／池波正太郎（作家）／石ノ森章太郎（漫画家）／松本零士（漫画家）／江守徹（俳優）／竹原慎二（ボクサー）／アリシア・キーズ（ミュージシャン）／櫻井翔（タレント）／多部未華子（女優）

現実的な能力に長（た）けている人ですが、じつはかなりの夢想家です。世界中の人々が平和で友好的であるユートピアの実現を望む気持ちが、かなり強いはず。そのためにできることは進んで引き受けるタイプなので、マザーテレサのような行動的な慈善家として、活躍する可能性が高いと言えます。

もちろん、普段から人に対して非常に思いやり深く、相手の気持ちを察することも上手です。友達のピンチには飛んで駆けつける優しさとバイタリティがあり、たくさんの人から慕われるでしょう。ただ、平和主義的な面が強まりすぎたり、それを人に押しつけたりすれば、偽善家だと非難されることがあるかもしれません。「人も自分と同じように考えてくれるもの」だと思ってしまうのは危険です。いろいろな考え方をする人がいることを忘れないようにしてください。恋愛においては、その優しい性質が良い方向に発揮されることが多そう。相手を包み込むような気遣いが長く愛されるポイントになるでしょう。

あなたの愛の形とは？

心から人間を大切にしているので、身近な人にはより親密な感情を持って接していきます。そして誰かのために自分が役に立てると思ったときには、喜びに全身が満たされるでしょう。

その献身的な思いが愛する人のために向けられたとき

には、限りなく無償の愛に近づいていくでしょう。求められたらいつでも駆けつけ、場合によっては犠牲になることもいとわないような、一途すぎる心情になって表れます。

それが相手の目からは押しつけがましさや負担になることもあります。しかし無私の思いで行動しているあなたには、何が問題になっているのか理解できないことがあるのです。あなたが犠牲になることは、相手の心の痛みになることも覚えておきましょう。恋愛は誰か一方が幸せになるものではなく、ふたり同時に幸福になることが理想なのです。

あなたの才能と人生のテーマ

自分の気持ちよりも相手の気持ちを思いやる、温かい心を持っています。それと同時に、この世界を見つめる確かな目も持っています。その心のぬくもりを、現実社会の中で生かしたいと願い、それを実現させようと努力します。

仕事面で最初に思いつくのが、医療や福祉など、弱者を救済する方面です。競争原理だけの職場、人を押しのけてでも頂点に立とうとすることが求められる場では、労働意欲を失いがちです。しかし、平和や誰かを守るという目的のために試練を与えられた場合は別です。驚くほどの忍耐強さを発揮して、職務をまっとうするでしょう。

適職は、医師、看護師などの医療関係、介護福祉士などの福祉関係、カウンセラー、アドバイザーなどです。幼児教育の場など、母性や親のような目を求められるところでも、実力を発揮できるでしょう。

相性リスト

恋人………………	5月23・24・25日、7月26・27・28日
友人………………	3月24・25・26日、11月22・23・24日
手本となる人……	9月25・26・27日
助けてくれる人…	4月5・6・7日、6月17・18・19日、8月29・30・31日、11月10・11・12日
縁がある人………	6月23・24・25日、8月26・27・28日

魔法の言葉

相手のこと、周囲のことも少し考えてあげることが必要では？

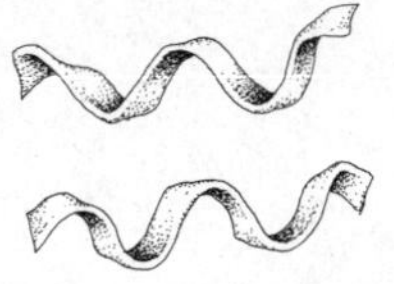

1月26日

水瓶座

AQUARIUS

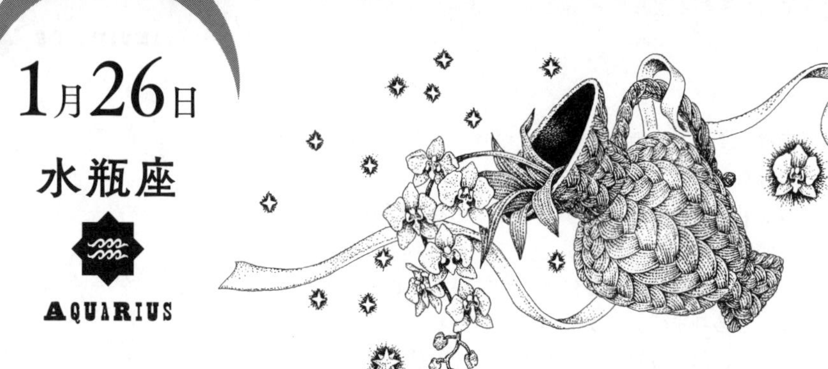

冷厳に現実を見据える人

長所

意志力が強い。克己心がある。独立独歩の精神を持っている。謙虚。成果を挙げる。オリジナリティに富む。

短所

ネガティブに考える。協調性がなく身勝手なところも。自分に厳しく、追い込んでしまいがち。ストレスを抱える。

この日生まれの著名人

盛田昭夫（ソニー創業者）／ダグラス・マッカーサー（軍人）／所ジョージ（タレント）／エドワード・ヴァン・ヘイレン（ミュージシャン）／綾野剛（俳優）／村上信五〈関ジャニ∞〉（タレント）／中村佑介（イラストレーター）

自分の置かれている立場や、周囲からの評価などを謙虚に受け止めることのできる人です。おごり高ぶることが少なく、むしろ自分を過小評価しがちです。そのため少し悲観的で、抑圧的に見えることがあります。けれども、誰にも負けないほど強い意志を持っているので、ひとたび何かを目指したならば､必ず成果をあげる人です。そして、良い結果が出てからも「まだまだ自分はこれから」と考えて、さらなる精進に励みます。バイタリティの強さがそれを後押ししてくれるので、二度、三度の成功を重ねて得ることができるでしょう。

また、この生まれの人は理想家であると同時に、旺盛な反骨精神の持ち主でもあります。人から押しつけられた課題には、断固として取り組むのをこばみ、自分の進む道は自分自身で選び取ろうと考えるほう。ときにそれが周囲とのあつれきをつくり出すことがありそうです。とくに、理想を押しつけたがるタイプの親とは相性が悪く、ケンカが絶えないかもしれません。

あなたの愛の形とは？

オリジナリティを求める魂を持って生まれてきたと言えます。みんながそうしているから、という価値観には賛同しません。例えば友人全員に恋人ができてもあなたは焦ることはなく、自分は自分というスタンスをとろうとするでしょう。

その心の中には高邁な愛の理想があります。そして自

分がそれにふさわしくあるよう、精進を重ねます。外見上でも、生活上でも、改善する余地があれば、変えていこうとするでしょう。ときには高すぎる理想を持ったために、自分を追い込んでしまうこともあるでしょう。

また自分は自分と割り切るうえ、さらに現状をそのまま受け入れようとするため、相手に対する要求はそれほど厳しくはありません。自分に厳しく、愛する人に優しく接することができる人なのです。そのため、一度愛を得た後は、長続きさせることができます。

あなたの才能と人生のテーマ

常に真実を見つめます。現実は潔く受け入れますが、おかしいと思ったことには、真っ向から挑んでいく勇気も持ち併せています。その厳しい目は自分にも向けられるので、いくつになっても成長することができるでしょう。

仕事面では克己心ゆえにどんな職業についても業績を上げることができます。ただし、「黒いものを白と言う」ような要領のよさを求められるところでは、その存在感が浮いてしまう危険性が高いでしょう。また古いものへの憧れから、歴史関係の仕事につくと、才能を伸ばすことができそうです。時間をかけて慎重に状況を改善することが求められる仕事では、後世に名を残すような成果を挙げることも夢ではないでしょう。

適職は、公務員、環境整備の仕事、天文学者、考古学者、歴史教師などです。組織の中では総務などの仕事に適性があります。

相性リスト

恋人…………… 5月24・25・26日、7月27・28・29日
友人…………… 3月25・26・27日、11月23・24・25日
手本となる人…… 9月26・27・28日
助けてくれる人… 4月6・7・8日、6月18・19・20日、8月30・31日、9月1日、11月11・12・13日
縁がある人……… 6月24・25・26日、8月27・28・29日

必要でもないことにくよくよするのはやめましょう。手放すのもあり

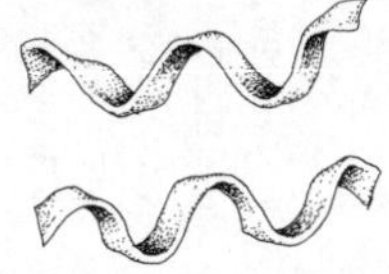

1月27日

水瓶座

AQUARIUS

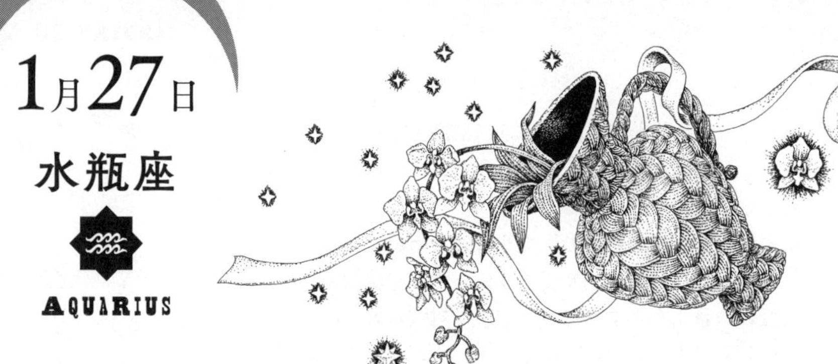

大きな才覚を持つシャープな人

長所

頭脳明晰。判断力がある。冷静な論理に基づいた行動ができる。多彩な才能に恵まれる。バイタリティがある。

短所

闘争的。論争を好む。敵とみなした人を言葉で傷つけることがある。プライドが高い。欲しいものがあると執着する。

この日生まれの著名人

ヴォルフガング・アマデウス・モーツァルト（作曲家）／ルイス・キャロル（数学者・作家）／清水ミチコ（タレント）／三田寛子（女優）／小山田圭吾（ミュージシャン）／上白石萌音（女優）

切れ味のよい頭脳を持ち、強いパワーも秘めているので、大きな野望を成し遂げられる人です。ただ、人間関係は得意でなく、論争好きな性質のせいで、味方よりも敵を増やしてしまいがち。和を重んじる性質の人が周囲に多いと損をするでしょう。競争や闘争を好むパワフルな人たちとつき合うほうが、自分を押し殺さず、生き生きと過ごせるはずです。世情に対して辛らつな批判を口にする傾向も、平和主義的な人たちから嫌がられる点なのかも。辛口のコメントは気のおける相手の前だけにしておいたほうがよさそうです。

この生まれの人にとっては、自分の才覚を生かす分野を見定めることが大切。判断力に長(た)けているので、どんな方向に進むかを間違う心配はありませんが、多才であるゆえ、進路に迷うことはあるでしょう。けれども、早く道を決めてしまいましょう。そうすれば、あふれる活力と才能を一方向に集中して使えるので、より大きな夢を実現することができるはずです。

あなたの愛の形とは？

欲しいものは必ず手に入れる――それがこの日生まれの人の行動原理です。恋愛においてもそれは例外ではありません。相手がどんな立場にいようとも、他の人を見ていようとも、欲しいと思えば、振り向かせるために全身全霊を傾けます。愛する人を手に入れるという目的のためなら手段を選ばないところもあります。またター

ゲットを得たときのあなたほど、魅力的な人はいません。狙った相手をおとすのも難しくはないでしょう。

ただし恋愛でそこまで思いつめるのはまれのようです。本来この日生まれの人は、優れた判断力とプライドを持っています。自分にとってマイナスになりそうな相手には最初から近づこうとしません。だからこそ、そこまでの吸引力を持った相手が出現した場合、誰にも止めることができないほど、激しく燃え上がるのです。

あなたの才能と人生のテーマ

好きなことを自分のペースで進めているときには、静かで穏やかなタイプに見られるでしょう。ただしひとたび意見が衝突した場合は、相手を完膚なきまでに論破するでしょう。論理を組み立てるときの頭脳は冷徹で、さらに敵が多ければ多いほど、頭脳が冷たく冴えるのです。この日生まれの人は、そんな、一見非情にも見える才能を持っています。

仕事では、協調性を求められるものは向いていません。しかし競争原理が働くもの、論理を求められるものなら、それがどんな過酷な仕事であろうと、ある種のやりがいを感じることでしょう。論戦を張ることも得意なので、表舞台に立つのも適しています。

政治家、新聞記者、評論家、弁護士、薬剤師、自然科学者、ディーラーなどです。組織の中で歯車になるよりも、独立してできる仕事のほうが向いているようです。

魔法の言葉

答えはイエス。あなたがそれを本当に望んでいるのならば

相性リスト

恋人	5月25・26・27日、7月28・29・30日
友人	3月26・27・28日、11月24・25・26日
手本となる人	9月27・28・29日
助けてくれる人	4月7・8・9日、6月19・20・21日、8月31日、9月1・2日、11月12・13・14日
縁がある人	6月25・26・27日、8月28・29・30日

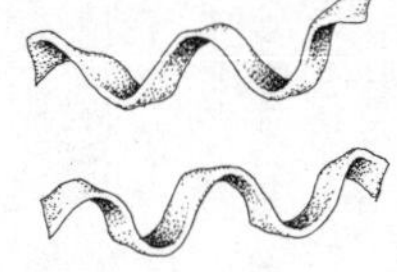

1月28日

水瓶座

AQUARIUS

まっすぐな考え方の持ち主

長所

自由主義者。健全な自己愛の持ち主で、友愛精神がある。不自然なこと、曲がったことをしない。勤勉。

短所

身勝手。全体の和を乱しても平気。反抗しやすい。指図されることを嫌う。自己の正しさを主張しすぎる。

この日生まれの著名人

小松左京（作家）／三浦友和（俳優）／市村正親（俳優）／新庄剛志（野球選手・監督）／佐藤琢磨（F1レーサー）／星野源（ミュージシャン・俳優）／宮間あや（サッカー選手）／高橋茂雄（サバンナ）（お笑いタレント）

物事のあるがままをストレートにとらえることのできる人です。曲がったことが嫌いなので、世の不条理に対しては熱く反発することがありますが、普段はとても素直な性格。くったくなく誰とでも接することができるので、さまざまなタイプの人と親しくなることができます。

恋人や両親などとも、まるで友達のようなフレンドリーさでつき合っていこうとします。それは平等の精神を他の人より重んじているせいでもあります。上から命令されたり、人から見下されたりすることは大嫌い。職場での上下関係にはキチンと従いますが、自分の個性が認められない窮屈なオフィスには耐えられないかもしれません。

相手が上の立場であっても、間違っていれば間違っていると指摘することが許されるような環境に身を置くことを望みます。人に合わせるのは得意ではないので、そこは損をしやすいところ。自分の正しさを主張しすぎて、人を言い負かしてしまわないように注意を。

あなたの愛の形とは？

素直でまっすぐな心を持った人です。どんな人の前でも、同じような親しみやすい態度で接するでしょう。好きな人の前でも、心を偽ったり、飾ったりすることがありません。また、物事を先延ばしにすることが嫌いなので、好きになったときには、比較的早く愛を告白するでしょう。ただ、その態度があまりにもあっけらかんとし

ているので、思いを告げられたほうが戸惑ったり、本心かどうか疑ったりすることもあるかもしれません。

さらに陰湿な雰囲気を嫌い、友達同士のような関係でいようとします。そのせいでムードがないと言われたり、恋人らしくないと言われることもあるでしょう。

それでもどんなに長くつき合っていても、まっすぐな気性や、和やかに相手に接する態度は変わりません。時間をかけても色あせない愛を心に抱く人なのです。

あなたの才能と人生のテーマ

この日生まれの人は、ナチュラルな本質を見抜く目を持っています。一見順当に見えることでも、その中に不自然なこと、流れに逆らう面があれば、見つけ出して正すことができるでしょう。その嗅覚はたいへん優れています。

人をその地位や立場などで判断することがありません。誰に対しても公正な態度で接することができます。かたよらない態度を求められるような仕事には最適の人物と言えます。

でも自分のやり方で物事を進めるのが好きなので、なにもかも指図される環境にいると、だんだん精彩を欠いてくるかもしれません。ある程度の自由がきく職業、のびのびと動ける職場でできる仕事が向いています。

適職は、編集者、教師、保育士、インテリアプランナー、フローリスト、農業などです。何かを育てることには、強い使命感を感じるでしょう。

相性リスト

恋人……………… 5月26・27・28日、7月29・30・31日
友人……………… 3月27・28・29日、11月25・26・27日
手本となる人…… 9月28・29・30日
助けてくれる人… 4月8・9・10日、6月20・21・22日、9月1・2・3日、11月13・14・15日
縁がある人……… 6月26・27・28日、8月29・30・31日

魔法の言葉

いろいろ変化しているように見えますが、大事なところは変わっていません

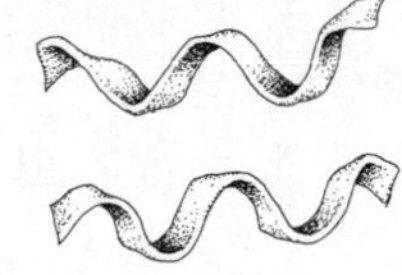

1月29日

水瓶座

AQUARIUS

ロマンチック、でも同時に冷静な人

長所

ロマンチスト。情緒性と科学性の両面を持っている。人の気持ちを気遣う。頼りになる。バランスがいい。

短所

行動力に欠ける。人見知りで、秘密主義のところも。人との距離感を計れない。優柔不断のくせに強情。

この日生まれの著名人

アントン・チェーホフ〈作家〉／吉野作造〈政治学者〉／テレサ・テン〈歌手〉／毛利衛〈宇宙飛行士〉／hyde〈L'Arc~en~Ciel〉〈ミュージシャン〉／きゃりーぱみゅぱみゅ〈歌手〉／平野紫耀〈King & Prince〉〈歌手〉

相反する二つの性質を併せ持っていて、それが人間的な深みとなって表れている人です。例えば、普段は優柔不断なのに、譲れないことに対しては、とことん強情になります。自分の利益を最大限に追いかけようとする半面、他人に勝ちを譲ってしまう優しさが顔をのぞかせることもあるでしょう。

ロマンチックな恋愛に溺れていても、どこか冷めている自分を感じる、といったこともあるはず。そんな自分の反応に対して、常に矛盾を感じていますが、どこかでそれを楽しんでいる部分もありそう。どんな型にもはまりきらないユニークな自分を受け入れる器の大きさを持っているのでしょう。

ただ、人づき合いには苦心することがあるかもしれません。人との適度な距離感がつかめなくて、近づきすぎたり遠ざかったりを繰り返しがち。親しくなりすぎた相手にはイライラすることが多くなるし、かといって距離を置きすぎると不安を感じてしまうのです。上手な距離のとり方を身につけることが課題でしょう。

あなたの愛の形とは？

ロマンチストで、叙情的な雰囲気を愛する人です。でも、ムードに流されることがなく、常に視線の端で現実を見据えるような、冷静な部分を残しています。そこがただの夢想家とは明らかに一線を画しているところでしょう。

好きな人と過ごすときには、夢を見ているようなひとときを楽しもうとします。でも、その前には、最高潮の一日に向けて、自分でお膳立てをしたり、効果的な演出を考慮したりする、実践的な部分があるのです。

寂しがりやである一方で、ひとりになれる時間を大切にする人です。愛する人のぬくもりを感じていると安心しますが、でも四六時中そばにいると苦痛を感じます。愛を長続きさせるためには適度な距離感を保つことが重要になります。手の届く範囲にいて、お互いの自由を認め合う関係でいることがベストです。

あなたの才能と人生のテーマ

この日に生まれた人は、人の気持ちを理解する懐の深さと、科学的に物事を考える合理性を兼ねそなえています。そのため何か問題が発生したときには、当事者の気持ちを思いやりながら、その原因究明や事後処理に当たることができ、いざというときに頼りになるというタイプです。

その相反するものを同時に見る才能は、幅広い仕事に生かすことができるでしょう。複合的な判断ができるという部分を生かせば、都市計画、防災管理などの公共と生活に密着したものに着手することも可能です。または人の気持ちを科学的に分析することから、人間科学探求、エンターテイメントにも応用できるでしょう。

適職としては演出家、映画監督、ミュージシャン、劇作家、心理学者、公務員。企業の中では企画、カスタマーサービスなどの部署など、可能性はいくらでもあります。

魔法の言葉

少しがっかりする可能性もありますが、ちょうどよい結果になります

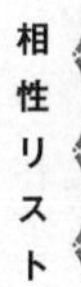

相性リスト

- 恋人……………… 5月27・28・29日、7月30・31日、8月1日
- 友人……………… 3月28・29・30日、11月26・27・28日
- 手本となる人…… 9月29・30日、10月1日
- 助けてくれる人… 4月9・10・11日、6月21・22・23日、9月2・3・4日、11月14・15・16日
- 縁がある人……… 6月27・28・29日、8月30・31日、9月1日

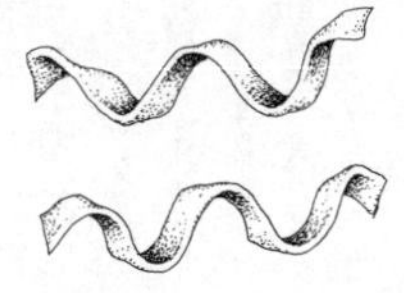

1月30日

水瓶座

AQUARIUS

寛大で心の広さが特徴の人

長所

人にも自分にも寛大、知的好奇心が強く、活動的。偏見にとらわれない。失敗を引きずらない潔さがある。

短所

飽きっぽい。目立ちたがりで、ものの見方が浅薄。危機感を持たない。地道な努力が苦手。俊敏さ、細かさに欠ける。

この日生まれの著名人

石川さゆり（歌手）／フィル・コリンズ（ミュージシャン）／ジーン・ハックマン（俳優）／新井貴浩（野球選手・監督）／長谷川町子（漫画家）／清原果耶（女優）／二代目尾上松也（歌舞伎役者）

許容範囲が極めて広く、さまざまな物事を受け入れることのできる人です。偏見にとらわれないおかげで、普通の人なら近づこうとしない対象に対しても、興味を持って接近していきます。そのため、例えば風習のまったく違う地方や国に行ったとしても、そこになじむことができるでしょう。自分とは違う世界に住んでいる人と、スムーズに交流していくことも可能です。その結果、ほかの人が得られないチャンスを得ることが多いはず。心の広さが強運を招いているのです。

その一方で、下積み生活を続けるなどの地道な努力は苦手です。あと少しがんばれば、トップに立てるとわかっていても投げ出してしまうような面を持っています。周りから見れば、もったいない限りなのですが、本人は結構あっさりしたもの。逃した魚のことをクヨクヨと思い悩むようなことはしないでしょう。それも寛大さゆえ、なのかもしれません。ただ、粘り強さを身につけたほうが活躍の場は増えるはず。克己心を養いましょう。

あなたの愛の形とは？

あなたのまなざしには一点の曇りもありません。偏見を持たないため、見かけとは違う人の本質を探ることが得意です。この日生まれの人は、ときとして周囲を驚かせるような相手に思いを寄せることがありますが、それも、他の人には見えない部分を見ているからに他なりません。

さらにとらわれない心を持っているため、行動は大胆に見えます。例えば言葉の壁があるような、意思の疎通が難しい相手であっても、ためらわずその胸に飛び込んでいくでしょう。多少苦労するところはあっても、深刻に考えることはないので、気がついたら壁を乗り越えていた、ということも多いでしょう。逆に愛が試されているときでも、危機感を持たないので、困ったことになる可能性もあります。大切なものには本気で向き合うことを覚えること、それが愛の課題になるでしょう。

あなたの才能と人生のテーマ

この日生まれの人にそなわっているのは、広大な地平を見渡すような、幅広い視野です。大局を見据えることができるので、目の前のことにとらわれてあくせくすることはありません。その反面で俊敏さや細かさには欠けますが、生きるうえで重要なものを見失うことだけはないでしょう。

この大らかさは、グローバルな目を求められるフィールドでこそ活躍できそうです。隣の席の人と出世競争をするような姑息な毎日では、息が詰まってしまうでしょう。できれば自分のペースでできるもの、新しい発見があり新規の環境に飛び込んでいくと評価されるようなものがいいでしょう。

適職は、通訳、翻訳家。旅行コーディネーター、バイヤー、建設施工、比較人類学者などです。企業の中では、渉外、営業など、外部との接点がある部門が向いています。

相性リスト

- **恋人**……………… 5月28・29・30日、7月31日、8月1・2日
- **友人**……………… 3月29・30・31日、11月27・28・29日
- **手本となる人**…… 9月30日、10月1・2日
- **助けてくれる人**… 4月10・11・12日、6月22・23・24日、9月3・4・5日、11月15・16・17日
- **縁がある人**……… 6月28・29・30日、8月31日、9月1・2日

魔法の言葉

心の広さが試されるとき。受け入れれば案外いい結果だとわかるかも

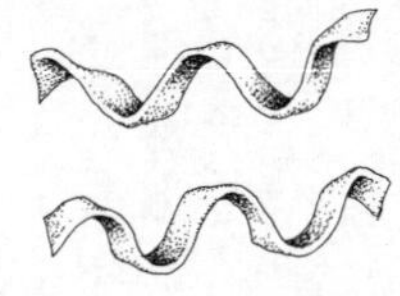

1月31日

水瓶座

AQUARIUS

愛嬌のあるあまのじゃくな人

長所

コケティッシュ。自我を確立している。愛嬌がある人気者。前人未到の大地に果敢に挑む。勝負事に強い。

短所

心が狭く、独善的。自己愛が強いあまのじゃく。素直に表現しないので、誤解を招く。反抗心がある。

この日生まれの著名人

徳川家康／フランツ・シューベルト（作曲家）／大江健三郎（作家）／石黒賢（俳優）／真矢みき（女優）／香取慎吾（タレント）／加古隆（作曲家・ピアニスト）／薮宏太〈Hey! Say! JUMP〉（タレント）

不可思議でコケティッシュな魅惑の持ち主です。反骨精神が強く、人の言いなりになりたがらない性質のため、周囲の人間に対して、なにかと反発してみせます。けれども気のいいところがあるので、人から疎まれることは少なく、むしろ愛される得なキャラクターです。自分の考えを曲げようとはしないかわり、それを人に押しつけようともしないので、煙たがられたり嫌われたりすることがないのです。

ただ、あまのじゃくな性質のせいで、損することは多いかも。欲しいものを素直に欲しいと言えず、やせ我慢をしてしまう傾向はかなり強いようです。また、好きな相手に冷たくしてしまう、嫌いな相手にいい顔をしてしまう、といった形で、あまのじゃくさを見せることもありそう。

人間関係においては、できるだけ素直に自分の感情を見せるようにしたほうがよいでしょう。相手を誤解させることが多くなると、恋愛や友情関係のもつれを招いてしまう恐れがあるからです。

あなたの愛の形とは？

媚びるでもなく、突き放すでもない、不思議な表情で異性を見つめています。気があるかのように見えて、追えば逃げていくという、恋の駆け引きを無意識のうちにやっているところがあります。それでいて、本当に好きな相手の前では、本心を見せることがめったにありませ

ん。まるで小さな子供が、大切な宝物を隠すときのような心境で、恋心をひた隠しにします。壊されたくないからこそ、それを見せようとしないのです。

そのため「思う人には思われず、思わぬ人から思われる」という悩みを持つことが多いでしょう。でも愛する相手が弱みを見せたときは別です。あなたは本来の優しさをためらわずに表に出すでしょう。そしてぎこちないまま本心を打ち明けるでしょう。そのときあなたは愛情をまっすぐに表現できる人に変わるのです。

あなたの才能と人生のテーマ

まだ人が踏み込んでいない未踏の地。そこに自らが第一歩を踏み出したい——この日生まれの人の心の奥底には、そんな思いが潜んでいます。だから、誰もがやらないこと、他の人が興味を示さないことに立ち向かっていこうとするのです。まだ見ぬ世界の第一発見者になるためには、誰かに先を越されてはならないのです。それゆえ、表情を表に出さず、コントロールしようとします。

オリジナリティあふれる仕事で自分を生かすことが、人生のテーマです。その個性を生かせば、学究的な部門で大きな業績を上げることも可能です。また表情をコントロールできるところでは、勝負性の強い職業などでも適性があります。

適職は、俳優業、医科学の研究者。ディーラーやトレーダー、また開拓精神を生かすリサーチャー、冒険家などの仕事もいいでしょう。

魔法の言葉

心にかぶせている仮面をはずして、本音を伝えてもいいころなのでは？

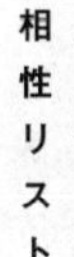

相性リスト

恋人……………… 5月29・30・31日、8月1・2・3日
友人……………… 3月30・31日、4月1日、11月28・29・30日
手本となる人…… 10月1・2・3日
助けてくれる人… 4月11・12・13日、6月23・24・25日、9月4・5・6日、11月16・17・18日
縁がある人……… 6月29・30日、7月1日、9月1・2・3日

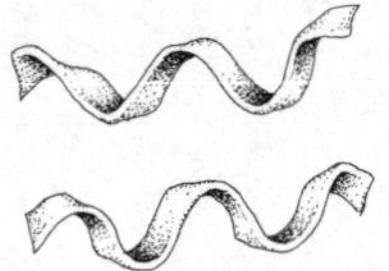

2月1日

水瓶座

AQUARIUS

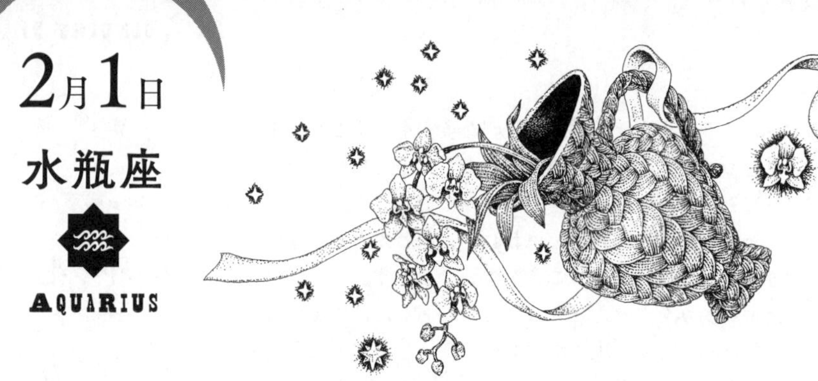

創造的で自分を曲げない信念の人

長所

意思が強い。知性があり聡明。活発な創造性がある。独特の着眼点を持つ。表現力が傑出している。自由。

短所

自意識過剰なところがある。表現が素直ではない。意地っ張り。甘えグセがある。変わっていると評される。打たれ弱い。

この日生まれの著名人

吉村作治（考古学者）／ジョン・フォード（映画監督）／渡辺貞夫（ミュージシャン）／磯野貴理子（タレント）／みうらじゅん（イラストレーター）／村上隆（現代美術家）／吉沢亮（俳優）／ジヒョ（TWICE）（歌手）

この日に生まれた水瓶座の人は、太陽の影響を強く受けます。その結果、新しいものに興味を抱くクリエイティブな面と、屈託のない明るい性格を併せ持った人物になります。世の中のことを、ほかの人では気がつけないような視点で考えられる水瓶座らしさと、その独特の着眼点をストレートに表現できるコミュニケーション能力に恵まれているのです。ためらいなく知性や聡明さを発揮するおかげで、周囲から一目置かれる存在になれますし、暗い話を聞いたりイヤな経験を味わったりしても、ひねくれたり意固地になったりすることなく、朗らかに過ごすことができます。

しかし、変わり者だと評されて、人から避けられてしまうこともあるようです。そこで自信を失わず自分の信念に従って行動できれば、表層的な評判はくつがえされ、実力と人望を兼ね備えた人物として受け入れてもらえます。周囲に甘えない自立心を養うことで、深い絆と愛情を手に入れることもできるでしょう。

あなたの愛の形とは？

この日生まれの人は、流されず、自分の足で立っていたいと願っています。愛する人には優しく接するけれども、分別をわきまえた行動をとろうとします。たとえ寂しくても相手が成長することであれば、会えなくても弱音を吐きません。相手が困ったときには力になるけれども、甘やかしたり、一方的に尽くしたりすることはしま

せん。どちらかが倒れたときに共倒れにならないような、自立した強さを持ち続け、まるで2本の木が並んで立っているような関係でいたいと思っています。

だから異性に対しても、みせかけだけの魅力に惑わされることはありません。そのため、若いときには異性に理解してもらえず、寂しい思いをするかもしれません。でも心が成熟すると愛の真価が見えてきます。そのとき、あなたが心から待ち望んでいた、本当の愛が始まるのです。

あなたの才能と人生のテーマ

頭の中に自由な座標を持って、物事をどの角度からも観察できる——そんな知性を持っているのが、この日生まれの人の特徴です。また人をひきつける魅力があり、さらに揺るぎない自信を持っています。人に意見を求められた場合は、臆することなくその見識を披露することができるでしょう。

そのため、社会の中ではシンクタンクとして活躍しそうです。ご意見番と呼ばれる地位につくこともあるかもしれません。期待されると素直に研鑽を積むので、経験はそのまま実績として評価されるでしょう。またとらわれない発想を生かせば、クリエイティブな方面でも活躍できるでしょう。

適職は、コンサルタント、IT系クリエイター、ゲームクリエイター、服飾デザイナー、アナリストなど。組織の中では、企画開発、商品開発などの部門で才能を生かせます。

相性リスト

恋人……………… 5月30・31日、6月1日、8月2・3・4日
友人……………… 3月31日、4月1・2日、11月29・30日、12月1日
手本となる人…… 10月2・3・4日
助けてくれる人… 4月12・13・14日、6月24・25・26日、9月5・6・7日、11月17・18・19日
縁がある人……… 6月30日、7月1・2日、9月2・3・4日

魔法の言葉

それはきっと、あなたにしかできないことかもしれません

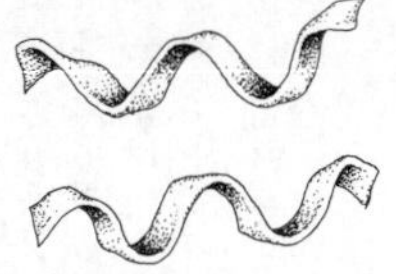

2月2日

水瓶座

AQUARIUS

直感的な知性の人

長所

冷静で、優れた直感力がある。態度はクールだが心優しい。感受性が豊か。社交上手。博愛精神がある。

短所

気分が一定しない。人の顔色を気にしすぎる。非論理的。過敏で傷つきやすい。壁にぶつかると逃げる。

この日生まれの著名人

ジェイムズ・ジョイス（作家）／天龍源一郎（プロレスラー）／寺尾常史（大相撲力士）／劇団ひとり（お笑いタレント）／宮地真緒（女優）／川島明〈麒麟〉（お笑いタレント）／村上宗隆（野球選手）

数字の2が連続するこの日に生まれた人は、豊かな感受性に恵まれ、人の気持ちに深く共感できるという長所を持ちます。感情面がのびのびと発達するため、繊細で叙情的なコミュニケーションを好むでしょう。しかも知的で広範囲に及ぶ好奇心も持っているため、直感的に相手の感情を汲み取れるセンスが抜群です。知性と直感の絶妙なバランスは、周囲にシャープな印象を与えます。

そんな深淵な性格に対して、表面的には穏やかでおとなしい人だと思われることがほとんどです。心の中はどっしりと落ちつきがあり、包み込むような優しさで周囲を観察していますが、じつは寂しがりやで移り気なところもあります。結果、愛情の問題に直面すると、不安定になりがちです。愛情の混乱を避けるためには、待ちの姿勢で深く理解してくれる人を探すよりも、積極的な愛情表現を覚えるべき。せっかくの奥深い性格を、遠慮して秘めたままにしていると、得られたはずの愛情さえ逃してしまうでしょう。

あなたの愛の形とは？

物静かでひっそりと微笑んでいるような、そんなイメージを人に与えるこの人に、高らかな主張や、我を張る態度は似合いません。感受性が強く、他の人の痛みや悲しみに敏感です。愛する人が辛い気持ちでいるときには、誰よりも先に心の変化に気づくでしょう。明るく元気づけることはしませんが、傷がいえて笑顔を取り戻す

まで、いつまでもそばで見守るでしょう。そんな奥深い優しさをたたえているのです。

ただ、敏感すぎるため自らも傷つきやすく、愛する人の微細な動きで人知れず心を痛めることもあります。優しく包み込まれたいという気持ちも強いため、ちょっとしたことで心変わりをするような一面もありそうです。これからのあなたの課題は、衝撃を受けても逃げずに、心を見つめ続けることです。そこから揺らぎない強い愛が育つはずです。

あなたの才能と人生のテーマ

人の気持ちを読み取る能力に長(た)けている人です。言葉とはうらはらな心を持っていても、直感的に、または顔色などから、相手の真意を探ることもできるのです。

相手がどんな人であれ、感情を読み取るのが得意。だから、その特性を生かす仕事につけば、社会的な成功を収めることができるでしょう。それも悩む人や困っている人の立場を理解する福祉医療系から、楽しさという感情を追い求めるエンターテインメント系まで、幅広い分野にわたります。

ただちょっとした壁にぶつかると、すぐにあきらめてしまうところや、他の仕事や職場に目移りしやすいところは気をつけましょう。

タレント、映画俳優、イベントプランナー、看護師、ソーシャルワーカー、カウンセラーなどです。企業の中では、福利厚生から商品開発、秘書などの部署で才能を発揮しそうです。

相性リスト

恋人……………… 5月31日、6月1・2日、8月3・4・5日
友人……………… 4月1・2・3日、11月30日、12月1・2日
手本となる人…… 10月3・4・5日
助けてくれる人… 4月13・14・15日、6月25・26・27日、9月6・7・8日、11月18・19・20日
縁がある人……… 7月1・2・3日、9月3・4・5日

魔法の言葉

今心に浮かんだあの人に相談してみましょう。大きなヒントが

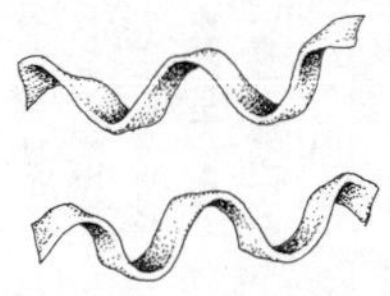

2月3日
水瓶座
AQUARIUS

明日を生きる博愛精神の人

長所

社交的。世代、文化を問わず人間関係を築く。博愛。向学心がある。進取の気性があり先見の明がある。

短所

細部に目が行き届かない。物事のルーツを気にしない。高望みをする。与えられることに慣れて、与えない。

この日生まれの著名人

檀一雄（作家）／烏丸せつこ（女優）／小西康陽（ミュージシャン）／有田哲平（くりぃむしちゅー）（お笑いタレント）／吉田羊（女優）／大野将平（柔道家）／土屋太鳳（女優）／橋本環奈（女優）

博愛精神やヒューマニズムを大切にする心、そして向上心と寛大さが、この日に生まれた人の性格を決定づけます。海のように広い心と大らかな許しの精神が、来る者をこばまない雰囲気をつくり出し、世代や文化を問わず多くの人と交流できる人柄を演出してくれるのです。高い社交性が立場にとらわれない人間関係を築くため、権力を持つ人や変わった職業の人など、多くの有力なコネクションが人生を切り開いてくれます。

社交上手であるために耳も早く、時代の流れや最新の情報を知る機会にも恵まれます。頭の回転も速いので、文化系から理科系まで、ジャンルを問わず学ぶことについての関心が高いことも強みです。これらの才能の生かし方によっては、予言者のように未来を言い当てることも可能でしょう。ただし、恋愛に高望みが過ぎる傾向があります。相手に何もかもを求めるのではなく、与え合う愛情を意識すれば、豊富な知り合いの中から理想の恋を探し出せるでしょう。

あなたの愛の形とは？

この日に生を受けた人は、芯から人間を賛美できる人です。この世で出会う人すべてに笑顔と祝福を送るような、底抜けの博愛精神に恵まれています。そのため、初対面で与える好印象は高く、多くの異性から慕われます。同時にはるかな高みを目指す向上心も持ち併せています。それが愛する人にかける期待となり、そのために、

周囲に異性がたくさんいても、なかなかひとりの人に決められないという現象も起こってくるようです。

でも、相手がどんなに素晴らしい人でも、あなたまで高みに引き上げてくれるわけではないのです。あなたは自分の足で歩いていかなくてはなりません。それに気づいたとき、あなたは一緒に進化していけるパートナーを選ぶようになるでしょう。そして、この世界の美しさや喜びを分かち合いながら、さらに高い境地に向かって歩いていくでしょう。

あなたの才能と人生のテーマ

生まれながらにして、鋭い知的好奇心をそなえている人です。また時代の潮流を見極める卓越したセンスもあります。それに加えて人間への深い理解と共感も有しているため、人の輪の中に入って、交流することでさらなる知識を身につけられるでしょう。人間味と知性という多くの人に慕われる特性を持つため、若いうちから幅広い人脈を構築できます。

仕事面でも多様な可能性を見出せます。人間探求の才能を生かせば文学も医学も守備範囲に修めることができるでしょう。人脈という幅を生かせば、経済界で確固とした地位を築くことも夢ではありません。いずれにせよ、強くひきつけられる分野に進むことが成功への近道になるでしょう。

適職としては、文筆業、医療、法務などの人間と向き合う仕事がいいでしょう。その一方で大企業の中で地位を得る暗示もあります。

相性リスト

恋人	6月1・2・3日、8月4・5・6日
友人	4月2・3・4日、12月1・2・3日
手本となる人	10月4・5・6日
助けてくれる人	4月14・15・16日、6月26・27・28日、9月7・8・9日、11月19・20・21日
縁がある人	7月2・3・4日、9月4・5・6日

魔法の言葉

今が昼なら答えはイエス。
夜に聞いているなら再考の余地あり

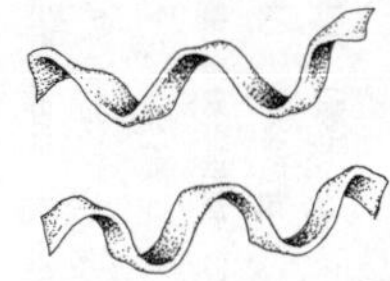

2月4日

水瓶座

AQUARIUS

自由を愛する頑固な個性派

長所

マイペースで個性的。自由な魂。負けない心を持つ。専門性が高い。知的で革新的なものをもたらす。

短所

頑固。人の話を聞かない。協調性が少なく自分勝手。行動を制約されると強いストレスを感じる。妥協しない。

この日生まれの著名人

伊東深水（日本画家）／小泉今日子（女優・歌手）／山下達郎（ミュージシャン）／チャールズ・リンドバーグ（飛行家）／佐々木蔵之介（俳優）／東野圭吾（作家）／桐谷健太（俳優）／春名風花（タレント）／RIO〈NiziU〉（歌手）

どこまでもオリジナルを追求する人。あまりにも個性的すぎるために人と共感することが難しいかもしれません。どんなシチュエーションでも自分のペースや見解を譲ることなく、滅多に他人の言うことを聞かないせいで、頭が固い人と思われることもしばしばでしょう。しかしその独特の視点や考え方が、オンリーワンな存在として周囲に認められることが多いです。若いころから自分の才能に気がつくことができれば、普通は到達できないような成功をするかもしれません。我が道を行くインデペンデントな性格ですから、組織の中で活躍しようとするより、独立した部署やフリーでの活動を狙った方が気持ちも安定しそうです。

一方、恋愛はマイペースすぎるために理解者に恵まれにくい傾向があります。性格的に合わせられる人が少ないだけではなく、恋愛観も独特な考えに片寄りがちだからです。しかし、愛することをあきらめてはいけません。妥協することと理解し合うことの違いを覚えましょう。

あなたの愛の形とは？

風のように気持ちの向くままに生きていたいあなた。束縛されたり行動が制約されたりすると、それが強いストレスになるでしょう。好きな人が現れたときには、相手から愛されたいと思う気持ちと、自由でいたい気持ちとの葛藤に悩まされそうです。

また愛情表現も型にはまらないので、相手には意味が

魔法の言葉

頑固になりすぎているようです。聞く耳をもつことが扉を開けるカギ

通じないことや理解されずに終わることがあるかもしれません。それでも自分を殺して人に歩み寄ることができない人なのです。

そんなあなたの愛の形は、同じ目的を持った人が出現することで、大きな変化を遂げます。たとえ四六時中同じ場所にいても、同じ方向を向いて歩いているときには、息苦しさを感じないのです。愛においても人生においても、あなたは自分が好きなこと、やりたいことを見つけることが大切です。それが幸せに至る道なのです。

あなたの才能と人生のテーマ

何者にも束縛されない魂を持って生まれてきた人です。いくつになっても既存の権力や圧力におもねることを潔しとしない、闊達な精神を失いません。たとえ周囲の同意を得られなくても、それに負けない強さも才能のひとつです。

仕事では、独自の才能を伸ばすか、専門性を生かすことが成功につながります。さらに企業などの気風に染まることができないので、独立してできる業態、あるいは少数精鋭のオフィスを持つほうが向いているでしょう。新しいキャリアを開拓したり、最先端の技術を追求したりすることにも適しています。人間関係を構築することで成り立つ職業には向いていません。

適職は、バイオ、ITなどの研究者・技術者、工芸家、システムエンジニア、音楽家など。組織の中にいるよりも起業家として活躍したほうが成功します。

相性リスト

- **恋人**……………… 6月2・3・4日、8月5・6・7日
- **友人**……………… 4月3・4・5日、12月2・3・4日
- **手本となる人**…… 10月5・6・7日
- **助けてくれる人**… 4月15・16・17日、6月27・28・29日、9月8・9・10日、11月20・21・22日
- **縁がある人**……… 7月3・4・5日、9月5・6・7日

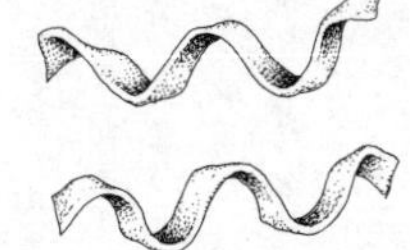

2月5日

水瓶座

AQUARIUS

多才なアイデアマン

長所

優れた情報収集能力がある。前向きで、変化を求める。多彩な才能に恵まれる。トラブル処理能力が高い。

短所

飽きっぽい。要領がよすぎると、怠け者になりやすい。浮気心がある。小賢しさがある。才に溺れる。

この日生まれの著名人

山田五十鈴（女優）／西郷輝彦（俳優）／花村萬月（作家）／大地真央（女優）／クリスティアーノ・ロナウド（サッカー選手）／カルロス・テベス（サッカー選手）／Kōki,（モデル・女優）／松本穂香（女優）

優れたインテリジェンスを、あらゆる方向に発揮できるユニークな人です。個人的な趣味やコミュニケーションのためだけではなく、目の前のトラブルや恋愛の修羅場でも、状況を分析する知性と独特のアイデアで、理想的な結果を導き出します。これは個性的であろうとする気持ちと知的であろうとする性格が、うまい具合にマッチするため。新しい情報でもすぐに理解して、ほかの人には思いつけないような応用ができるでしょう。環境の変化を好むので、時代の最先端の技術やデザインに心をひかれる傾向もあります。ただし、頭のよさがマイナスを生むこともあります。例えば、若いころから要領よく立ち回れるために、自分を甘やかし、楽をすることを覚えるので、なかなか芽が出ないで苦しむこともあるようです。

恋愛面では新しもの好きな性格が災いして、浮気心を起こさないように注意しましょう。ひとりの相手に対して、常に新鮮な気分でいられるよう、工夫することが大切です。

あなたの愛の形とは？

知的で端麗な雰囲気が漂う人です。知識の吸収も理解も早く、アカデミックな会話も息をするような自然さで行われるでしょう。それゆえ、恋の相手もバックボーンにそれなりの高等な教養がなければ、ついていくことができないかもしれません。洗練された会話や、機知にあ

魔法の言葉

そのことを解決できる情報やヒントがやってきます。情報通のあの人に相談を

ふれた駆け引きを楽しむため、恋愛の達人のように見られることもありそうです。ときには頭のよさゆえに、心理戦としての恋愛を楽しみたくなる気持ちばかりが強くなることもありそうです。その場合、浮気という行動に出る恐れもあります。

そんなあなたに転機が訪れるのは、理屈の通じない人を愛したとき。知性だけでは説明できないような人間の奥深さ、行為の美しさに触れたとき、あなたの恋は頭で楽しむ次元から魂で愛する次元へと進化を遂げることでしょう。

あなたの才能と人生のテーマ

知的好奇心が強く、古今東西の英知を吸収することに喜びを感じる人です。知性を純粋に愛している人とも言えるでしょう。飲み込みも早く、新規の情報を取り入れ、それを応用し、別のものに生かす才能があります。また頭がよく切り替え上手でもあります。同時に複数のことをこなす器用さも持ち併せているでしょう。

その器用さは社会に出ると同時に注目され、多くの場で求められるでしょう。とくにマルチメディアのように複雑で、なおかつ瞬発力を求められる現場では、水を得た魚のような活躍を見せます。ただ才に溺れて努力を怠りがちなので、そこは注意しましょう。

適職はプログラマー、WEBコンテンツデザイナーなどのIT関係、ファッションデザイナーなどの服飾業界、医療技術者など、先鋭的かつ広い知識が求められるものが適しています。

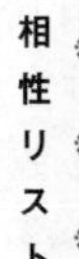

相性リスト

- **恋人**……………… 6月3・4・5日、8月6・7・8日
- **友人**……………… 4月4・5・6日、12月3・4・5日
- **手本となる人**…… 10月6・7・8日
- **助けてくれる人**… 4月16・17・18日、6月28・29・30日、9月9・10・11日、11月21・22・23日
- **縁がある人**……… 7月4・5・6日、9月6・7・8日

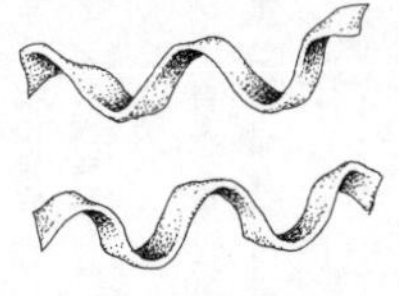

2月6日

水瓶座

AQUARIUS

チャーミングな知性派

長所

愛嬌があり、芸術的なセンスがある。憎めないキャラクター。ルックスがよい。平等精神がある。柔和で知的。

短所

身の程を知らない贅沢を好む傾向がある。外見にこだわる。浪費。公私混同のきらいがある。好き嫌いが激しい。

この日生まれの著名人

ベーブ・ルース（野球選手）／福山雅治（ミュージシャン・俳優）／石塚英彦（お笑いタレント）／デヴィ・スカルノ（タレント）／中田ヤスタカ（音楽プロデューサー）／後藤拓実〈四千頭身〉（お笑いタレント）

どんな人にも通じるフレンドリーさが、この日に生まれた人の最大の武器です。誰にでも平等に接するさわやかさに、強烈な愛されたい願望が加わり、ほとんど本能的に自分の魅力を表現することができます。人に好かれることが大好きで、しかもルックスに気を配るのが上手なため、性別を問わず人気を集められるでしょう。愛嬌とかわいげのあるコミュニケーションで、チーム内のマスコット的な位置で大事にされているかもしれません。

しかし、愛されたい願望が強いためか、恋愛では贅沢が過ぎて失敗することが多いようです。恋愛以外の面でも、見栄のためにお金を使いすぎる悪いクセを持っているかもしれません。ロマンチックであることや芸術的な感受性に優れているのは素晴らしいことですが、人前に出ないときくらい、自分の身の丈にあった生活を意識することも大切です。せっかくの才能を生かすためにも、公私の使い分けに気を配り、わがままにならないよう注意しましょう。

あなたの愛の形とは？

心をとろかすような瞳で相手を見つめる人。柔和でなごやかな雰囲気の中に、知性がきらめいています。相手を心地よくさせるファッションを好みます。話題選びも巧みで、いつも気分がよくなるテーマを選んで話をします。いつまでもその言葉を聞いていたいという異性も多いでしょう。基本的に愛されることが上手な人です。

魔法の言葉

損得勘定で考えるのはNG。純粋な心であたれば必ずうまくいきます

常に優美なものに囲まれていたいという欲求があるため、恋愛から趣味まで好き嫌いがはっきりしすぎていることがあります。ときには上品なもの以外は受け入れないという姿勢を示すでしょう。それでも感情が豊かで芸術を愛する気持ちが強いため、最初のうちは好みではないと思っている人でも、強い個性や生命力に引き寄せられる可能性があります。そして気がついたときには好みとは正反対の相手と結ばれることもあるでしょう。

あなたの才能と人生のテーマ

この日に生を受けた人は、周囲から愛され助けられる幸福な力が授けられています。芸術への志向もあるため、貴族的な雰囲気があるとか、優雅さが漂っていると言われることもあります。また苦労させてはいけないと周囲の人に思わせる力も持っているのです。

仕事面では肉体を使う労働、自分の趣味を抑える仕事は不向きです。地道な作業も敬遠する傾向があるため、仕事探しに苦労することもありそうです。ただし興味がわくもの、美を見つめることには意欲を出すでしょう。もともと知性あふれる人なので、芸術や美に関連することをビジネスに発展させるコツもすぐに会得できるはずです。

ファッション、宝飾、美容、美術など美を扱う仕事が向いているでしょう。また人から愛されるところを生かせば、サービス業、芸能界でも力を出せそうです。

相性リスト

恋人……………… 6月4・5・6日、8月7・8・9日
友人……………… 4月5・6・7日、12月4・5・6日
手本となる人…… 10月7・8・9日
助けてくれる人… 4月17・18・19日、6月29・30日、7月1日、9月10・11・12日、11月22・23・24日
縁がある人……… 7月5・6・7日、9月7・8・9日

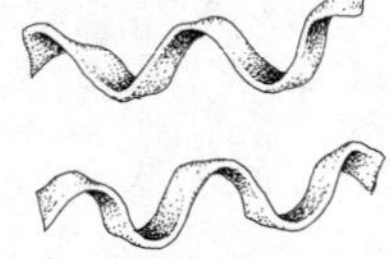

2月7日

水瓶座

AQUARIUS

ミステリアスなリーダー

長所

感受性が鋭く、カリスマ性がある。精神面での指導力がある。客観的な思考力と豊かなイマジネーション。

短所

自己愛が強すぎる。根気がなく、すぐに飽きてしまう面もある。傷つきやすい。不信から孤独に陥りがち。

この日生まれの著名人

アルフレッド・アドラー（心理学者）／チャールズ・ディケンズ（作家）／小林稔侍（俳優）／阿久悠（作詞家・作家）／宮本恒靖（サッカー選手）／向井理（俳優）／加護亜依（タレント）／仲野太賀（俳優）

この日に生まれた人は感受性が鋭く、普通の人が見逃してしまうような小さい幸運や危機の前兆を感じ取ることができます。これは全方位に細かく気を配れる才能に、霊感にも似た直感力が加わり、真実を見抜く鋭い洞察力へと変化するから。見えない事実や形にならない感情に着目する才能は、不思議なカリスマ性に結びつき、知らず知らずのうちに多くの人を魅了するでしょう。客観的な思考力と豊かなイマジネーションが絡み合うおかげで、困難な状況の中でも常に正しい判断を下せます。直感と想像力、そしてカリスマ性が、この日に生まれた人にリーダーとしての資質を与えるのです。

しかし、単調な仕事や平凡な毎日が続くと、退屈を感じて攻撃的な気持ちになりがち。鋭すぎる感受性に加えてナルシストの傾向もあるため、恋愛では人を見下したような態度に出てしまう場合があります。人に対する大らかさが身につけば、持って生まれた才能を最大限に生かせるはずです。

あなたの愛の形とは？

並外れた感受性を持ち、常人には感知できない細微な暗示を受け取ることができるあなた。当然その内面からは光があふれ、神々しい輝きを放ちます。一度その魅力にとらえられた異性からは、ひざまずかれたり、崇拝の対象にされることもありそうです。

その鋭すぎる直感のせいで、あなたは異性の見たくな

い部分をも直視することになります。恋にのめり込むことが難しい一面もあるでしょう。そのため人を信じることができず、孤独な魂が自己愛に向かうこともあるかもしれません。確かににごった心を持つ異性は大勢いるでしょう。でもすべての人が信じられないわけではないのです。どんなに傷ついても、安心できるぬくもりを探し続ければ、きっとあなたの目は、本物の愛を見出すことができます。そのとき、愛を探す果てしない旅は終着点を迎えるでしょう。

あなたの才能と人生のテーマ

天才的な直観力を持った人です。受けた天啓を、客観的に冷静に見つめる才知もあります。そこから導き出された答えが正確であるため、多くの人をひきつけ、同時に畏れさせることもあるでしょう。使い方によっては諸刃の剣となる才能です。

イマジネーションが豊かで、次々と湧き上がってきて尽きません。そのためじっとしてひとつの作業を続けるような、単調な仕事には苦痛を覚えるでしょう。変化のある仕事、それもノルマやスケジュールが決まっていないような職種で本領を発揮できるでしょう。趣味と実益を兼ねたような職業で成功する可能性が高い人です。

適職は芸能、宗教家、などのカリスマ性を生かせるもの、またはイマジネーションを生かせる作家、芸術家。感受性と冷静さを生かした医療や福祉などの仕事にも活躍の場がありそうです。

相性リスト

恋人	6月5・6・7日、8月8・9・10日
友人	4月6・7・8日、12月5・6・7日
手本となる人	10月8・9・10日
助けてくれる人	4月18・19・20日、6月30日、7月1・2日、9月11・12・13日、11月23・24・25日
縁がある人	7月6・7・8日、9月8・9・10日

魔法の言葉

周囲の雑音をシャットアウトして。静かな所で考えると答えがやってきます

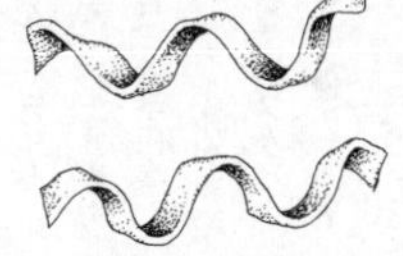

2月8日
水瓶座
AQUARIUS

現実的だが親しみやすい人

長所

人に優しい努力家。伝統を守る常識人でありながら幅広い才能がある。奔放さとストイックのバランスがいい。

短所

権威主義的。常識にこだわりすぎる。見かけよりも小心者。損な役回りを引き受けてしまう。成功すると保守に回る。

この日生まれの著名人

山田詠美（作家）／ジェームズ・ディーン（俳優）／船戸与一（作家）／土井善晴（料理研究家）／六代目三遊亭円楽（落語家）／田中卓志（アンガールズ）（お笑いタレント）／八村塁（バスケットボール選手）／佐々木希（女優）

もともとの性格は、自分以外の存在を幅広く受け入れられるタイプ。ここに伝統的な考えや現実的な行動を重んじるストイックさが加わり、誰にでも優しくできる親しみやすい性格へと成長できることが、この日に生まれた人の特徴です。人には優しく、しかし本人は努力家で、自分のモノサシを人に強要するようなことをしません。自由奔放で常識にこだわらず、そのわりに堅実な考え方をするので、自然と人望が集まるのです。ただし、そもそも人が好きなせいか、または広い心を持っているせいか、損な役回りを引き受けてしまうことも多くなります。それで心が折れてしまうと、薄っぺらな権威や、その場しのぎの常識を重んじる、無意味に厳しい大人になってしまいます。

恋愛では、根のまじめさや努力家の部分が幸いして、ひとりの相手を長く愛そうとする傾向があります。自分で自分を不自由にしないように発想の自由さを失わなければ、幅広い才能のおかげで成功できる可能性を充分に持っています。

あなたの愛の形とは？

一緒にいるだけでホッとするような、素朴なぬくもりを持っている人です。話し方やファッションが個性的なため、アクの強い人と見られることが多いかもしれません。でも、案外どんな人ともすぐに打ち解けられるのです。恋をするととたんにひたむきになり、24時間相手

その程度でいいのですか？
もっとあなたには可能性があるはずでは？

のことを考えるでしょう。愛する人がそばにいるときには、周りの人のことが見えないかのような行動を取ることもあるようです。

相手から必要とされることに喜びを感じます。尽くそうとして断られると、痛ましいほどに落胆することもあるでしょう。それゆえ、愛を得たときには、相手を全身全霊で守ろうとします。自分から浮気することはなく、相手にも一途な愛を求めるため、束縛が強くなるかもしれません。息苦しさを感じさせないよう、注意をしたほうがいいでしょう。

あなたの才能と人生のテーマ

この日生まれの人は、常識の枠を壊すことに挑む才知を持っています。同時に現実的な感覚もそなえているので、実現可能なチャレンジを積み重ねて夢をかなえることができる人です。また夢をかなえるための努力は惜しまないため、成功を手にする可能性は高いでしょう。

仕事面では、初めは無軌道とも言えるパワーを軌道に乗せることができる才覚があります。例えば、趣味からスタートさせたものを、世界を席巻するような企業に育て上げることも、この日生まれの人なら実現不可能ではないでしょう。ただしいったん成功した後は、打って変わって保守的な人になる傾向もあるようです。

適職は、政治家、起業家、経営コンサルタント、建築や設計業などです。組織に入る場合は、最初から大企業を目指すより、小さな会社を大きくするほうが向いています。

相性リスト

- **恋人**……………… 6月6・7・8日、8月9・10・11日
- **友人**……………… 4月7・8・9日、12月6・7・8日
- **手本となる人**…… 10月9・10・11日
- **助けてくれる人**… 4月19・20・21日、7月1・2・3日、9月12・13・14日、11月24・25・26日
- **縁がある人**……… 7月7・8・9日、9月9・10・11日

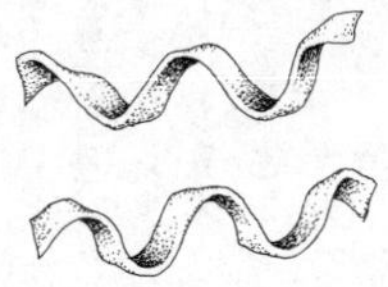

2月9日
水瓶座

AQUARIUS

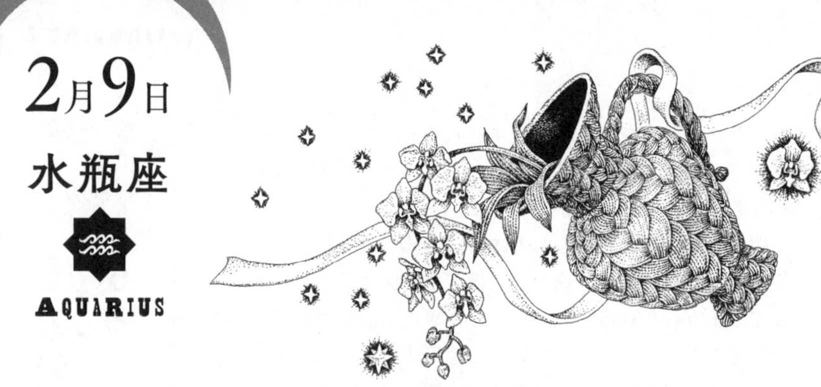

激しい情熱を持った博愛主義者

長所

外柔内剛。個人主義を重んじつつも、仲間思い。行動力とリーダーシップがある。人に慕われ、人を育てる。

短所

独善的で身勝手。自分の都合を周囲に押しつけようとする。身内に甘い。見栄っ張り。感情を素直に表せない。

この日生まれの著名人

伊集院静（作家）／あだち充（漫画家）／ラモス瑠偉（サッカー選手・監督）／谷佳知（野球選手）／チャン・ツィイー（女優）／春日俊彰（オードリー）（お笑いタレント）／木村祐一（放送作家）／新海誠（アニメ映画監督）

自分以外の存在をクールに、しかも柔かく受け止められる、バランスの取れた精神の持ち主です。優れた個人主義的な考え方を持っている一方、身内に対しては心の奥にある情熱を隠そうとしない、きわめてパワフルな一面も持ち併せています。たいへんに仲間思いなので、自分を犠牲にしてチームメイトや家族を守ろうとしますし、リーダー的な立場になれば新人には笑顔で教え、馴れ合っているメンバーに対しては厳しく叱咤激励し、大きな目標に向かって努力を惜しみません。恋愛も情熱的で、つき合い始めたころは大らかに相手を受け入れますが、しばらくすると相手に対して見えない支配をしようとする傾向があります。好きな人に対して、愛するがゆえに厳しくなってしまうのです。

心配なのは、そんな外柔内剛（がいじゅうないごう）な性格が、身内への甘えや人に嫌われたくないための見栄に転じたとき。人をひきつける才能を利用して、自分を利することだけに気持ちが向かないよう、常に人とのつながりを意識するといいでしょう。

あなたの愛の形とは？

情熱的な思いと調和を尊重する気持ちを持って生まれてきた人です。誰かを好きになったときには、感情がほとばしるのを覚えますが、同時にその人の未来を見つめようとします。そして自分がどのように行動すれば、相手にとって有意義な人生になるかを考えるところがある

のです。

実際に必要だと思えば、会いたい思いをこらえることもあるでしょう。相手が弱音を吐いたときには、抱きしめたい気持ちをこらえて励ますこともあるでしょう。でもそのけなげさも行き過ぎたときには、まっすぐに相手に伝わらないこともあるので気をつけましょう。燃える心を持っているのに冷たい人と思われる危険性もあるのです。不確実な未来のために今を犠牲にすることはありません。自分の心に素直になって、ともに泣き、ともに喜びましょう。今を生きることも、愛の形なのです。

あなたの才能と人生のテーマ

クールでなかなか感情を表に出さない抑制の効いたところがあるこの日生まれの人。しかし、内面は熱く人間味があり、リーダーとしてグループを適切な方向に率いる才能に恵まれています。

感情に流されず、公正に人に接しつつ、温情もある——この特性は、社会のどんな場所でも厚遇されます。そして周囲の人に圧倒的な印象を残すでしょう。例えば、仕事のやりかたを丁寧に教えてくれた優しい人、くじけそうになったときに励ましてくれた心の熱い人として、いつまでも尊敬され、慕われます。知的なことに関心が高いので、とくに教育に関連するような職業、人を育てるような現場で才能を発揮できそうです。

適職は、小中学校教諭、社会福祉士、学芸員などです。企業の中では、新人研修や社員教育といった部署で実力を存分に出せるでしょう。

相性リスト

恋人……………… 6月7・8・9日、8月10・11・12日
友人……………… 4月8・9・10日、12月7・8・9日
手本となる人…… 10月10・11・12日
助けてくれる人… 4月20・21・22日、7月2・3・4日、9月13・14・15日、11月25・26・27日
縁がある人……… 7月8・9・10日、9月10・11・12日

魔法の言葉

今進んでいる方向は正しいはず。
自分の正義を信じて

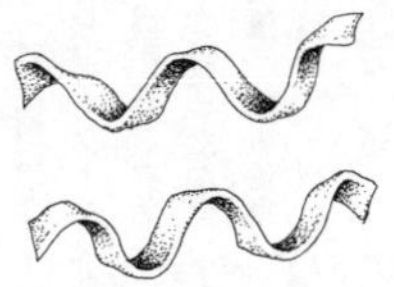

2月10日

水瓶座

AQUARIUS

芸術家肌の野心家

長所

自立心が強い。芸術的なイマジネーションにあふれている。公正。未来を見通す鋭い現実感覚。アピール上手。

短所

野心が強すぎる。人からの賞賛を求めすぎる。自分の好みを相手に押しつける。組織の中で埋もれることを嫌う。

この日生まれの著名人

平清盛／平塚らいてう（社会運動家）／高橋英樹（俳優）／グレッグ・ノーマン（プロゴルファー）／鈴木史朗（アナウンサー）／スヨン〈少女時代〉（女優）／川口春奈（モデル・女優）／周東佑京（野球選手）

社会に広く受け入れられたいという願望と、自分が好きなものを他人にも好きになってもらいたいという意識が、この日に生まれた人に芸術家タイプの宿命を与えます。豊かなイマジネーションだけではなく、他の人では気がつかない価値を発見する才能に恵まれていますし、そんな自分を多くの人に理解してもらうための努力を惜しみません。その願望は次第に野心へとつながり、自分を積極的に表現するための明るさを身につけ、自分の正しさを証明するために誇り高く振る舞うようになるでしょう。

一方でこの性格は、組織の中で不自由を感じやすい傾向を生み出します。人に合わせてプライドを傷つけられるよりも、独立して地位を得るなどの方法で、尊敬される立場に身を置けば輝きを得られるでしょう。また恋をすると、お互いを認め合うことや、落ち着きのある関係を築こうとします。自分独自の価値観を受け入れてもらうため、野心的な面を隠し、時間をかけて関係を築きましょう。

あなたの愛の形とは？

理知的で、物静かな人です。異性の前では常に節度を持って人に接しています。それでも心の中は誰にも屈することがない、真性の誇りに満ちています。そのため、相手が自分よりも年齢や社会的地位が上であろうと、根拠もなく服従を求められたら拒絶するでしょう。また、

逆に若い人であろうと意に介せず、公正に接しようとします。大切なのは、相手の心の奥にある輝く知性と対話をすることです。

本当に愛している人の前でも、その態度は変わりません。むしろ相手の中に叡智を認めなければ愛することもないでしょう。愛しているからこそ、自分の中の哲学を披露し、相手が持っている光明を探し出そうとするのです。

この生まれの人にとっての愛とは、一緒に精神的な高みに到達するための共同作業であるといえるでしょう。

あなたの才能と人生のテーマ

芸術的なセンスと豊かな着想力をそなえてこの世に生を受けたあなた。同時に未来を見通す鋭い現実感覚も持っています。その力強さが、ひよわなだけの芸術家とは明らかな一線を画しているのです。アーティスティックな感覚を実社会に反映させようとします。自分の魅力や強みを熟知しているため、セールスポイントをどのようにアピールすれば効果的かという計算も働きます。人と対話をするのが好きなので、ひとりだけでこもっている仕事は不向きです。また組織の中で歯車となって働くよりも、単独で表舞台に立つような職種のほうが合っています。野心も強いので、その気になれば成功を収めることもできるでしょう。

適職は俳優、モデル、シンガーなど芸能関係。コンシェルジュなどのホテル業務、弁護士、宝石商などです。

相性リスト

恋人	6月8・9・10日、8月11・12・13日
友人	4月9・10・11日、12月8・9・10日
手本となる人	10月11・12・13日
助けてくれる人	4月21・22・23日、7月3・4・5日、9月14・15・16日、11月26・27・28日
縁がある人	7月9・10・11日、9月11・12・13日

魔法の言葉

変化のときです。次に投げられてくるのは変化球。受け止める準備を

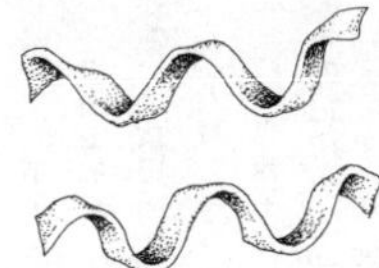

2月11日

水瓶座

AQUARIUS

人の気持ちに敏感な一匹狼

長所

繊細で人の気持ちに敏感。慎重に言葉を選んで話す。教えを忠実に守る。慈愛の精神を持つ。芸術を解する。

短所

オリジナリティがない。人の目を意識しすぎて優柔不断。あと一歩の勇気が出ない。傷つきやすい。受動的。

この日生まれの著名人

トーマス・エジソン(発明家)/ポール・ボキューズ(料理人)/鳩山由紀夫(政治家)/唐十郎(劇作家)/依田紀基(囲碁棋士)/佐藤可士和(クリエイティブディレクター)/内田也哉子(エッセイスト)/岸井ゆきの(女優)

人との距離を慎重に計り、お互いが傷つかないように振る舞える、優しいながらも自分の個性を大切にできる人です。人と仲良くしたいと考えている一方で、急に接近して怖がらせないように、または自分のことばかり話して不愉快な気持ちにさせないように、デリケートに人と接しようとします。こうした丁寧な人づき合いができるのは、この日に生まれた人が心の底から人と溶け合いたいと考えているから。しかし相手によっては複雑な気持ちが理解されず、つき合いにくいタイプだと受け止められやすいので注意しましょう。恋愛をすると、この傾向が強く出て、あと一歩を踏み込めないせいで恋を逃しやすいようです。ほんの少しの勇気を持てるよう、自分を奮い立たせましょう。

優しい性格を持っている一方で、他人を受け入れる強みが、模倣やマネが得意な性格を生み出します。適切なお手本や、尊敬できる相手がいると、それを上手に取り入れられるので、対象となる人を探すことが成功の秘訣です。

あなたの愛の形とは?

繊細な感受性を持っているあなた。恋に落ちたときには、相手に近づきたい、そばにいて相手を感じたいと願います。ただ、共感性が高く、人の心の痛みに関して敏感です。だからこそ、自分が原因で相手を傷つけることを何よりも恐れるのです。ふたりの人間がいれば、どう

してもすれ違いや誤解が生まれます。あなたはそれを回避しようとして、相手から離れてしまうことがあります。

しかし、その痛みを恐れていては何も得ることができません。すべての人があなたのように繊細であるとは限らないのです。また、たとえ傷ついたとしても、気にならなくなるのが愛情です。それに、多少の傷も乗り越えることで、もっとしなやかな強さを身につけることができるのです。今よりも一歩でいいから前に踏み出すこと、それができたとき、あなたの世界は変わり始めるでしょう。

あなたの才能と人生のテーマ

生まれつき慈愛の精神を持ち、受容する力が強い人です。相手の気持ちを察する能力が高く、またその力が相手のために役立つと、心のそこから沸きあがる喜びを感じるでしょう。自然や芸術作品から霊感を得ることも多いでしょう。また強い感銘を受けたとき、そこから、何かをつくることができる人です。

仕事では、人に奉仕するものが最適ですが、相手を傷つけたくないという思いが強すぎるとそれがストレスになることもあります。また人の心を癒すようなものをつくり出すことも向いています。繊細な目を観察対象に向けることも得意なので、研究職などで力を伸ばす方向も考えられます。

適職は、伝統工芸、福祉方面の技術者、画家、楽器演奏家、研究職、カウンセラーなどです。企業の中ならシステム管理など、相手を見守る部署で力が発揮できそうです。

相性リスト

- **恋人**…………… 6月9・10・11日、8月12・13・14日
- **友人**…………… 4月10・11・12日、12月9・10・11日
- **手本となる人**…… 10月12・13・14日
- **助けてくれる人**… 4月22・23・24日、7月4・5・6日、9月15・16・17日、11月27・28・29日
- **縁がある人**……… 7月10・11・12日、9月12・13・14日

魔法の言葉

自分だけの聖域をつくるとき。ここまでという「境界線」を引きましょう

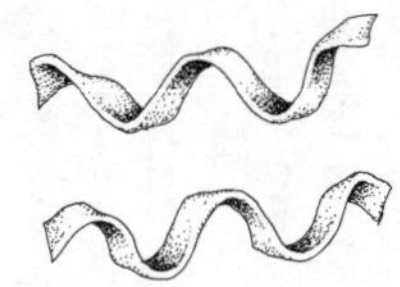

2月12日
水瓶座
AQUARIUS

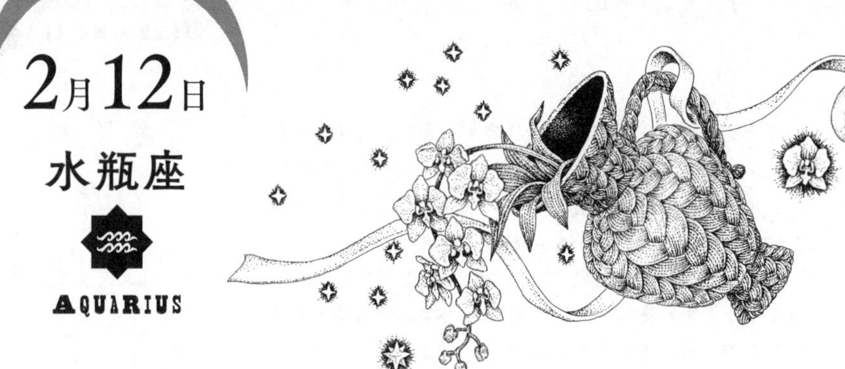

不思議なツキに恵まれた人

長所

楽天的。胆力がある。アイデアが豊富で、チャレンジ精神が旺盛。複数のことを同時にこなす。器用。タフ。

短所

移り気。馬耳東風。興味の幅が広すぎて、中途半端になりやすい。遠くばかり夢見て目の前の現実から目を背ける。

この日生まれの著名人

チャールズ・ダーウィン（科学者）／武田泰淳（作家）／クリスティーナ・リッチ（女優）／榮倉奈々（女優）／植村直己（登山家）／弘中綾香（アナウンサー）／木村太郎（ジャーナリスト）／伊賀大介（スタイリスト）／川栄李奈（女優）

　いつもどこか楽しげで、身の回りに気楽なムードを漂わせている人。この日に生まれた人は楽天的で、目先のことにくよくよとこだわりません。落ち込むようなことがあっても、暗い妄想を抑え込む方法を心得ており、しかも細かいことを気にしないので、器が大きい人だと尊敬されるでしょう。優れた知性が先見性と豊富なアイデアを与えてくれるので、常に楽しい計画の中心人物となれますし、毎日を忙しく愉快に過ごせます。恋も楽しさを信条に、笑顔の絶えない交際をしようとするでしょう。
　ただし、厳しい現実から逃げようとしたり、計画に夢中になりすぎて自分の許容量を超える作業を引き受けてしまったり、実践面での弱点が目立ちます。地に足がついた行動と、目の前の壁から逃げない強情さも、ときには必要でしょう。とはいえ、理想を実現させる気力と、木星がもたらす幸運も持ち併せていますから、危機を乗り越えるために相当なエネルギーを発揮できます。波乱を恐れず、理想を実現しましょう。

あなたの愛の形とは？

　どんなときも、どんな人の前でも、鷹揚（おうよう）に構え、泰然とした風格を持った人です。異性の前でも大らかで、相手を安心させるような雰囲気を漂わせています。好きな人の前ではいつも笑顔を忘れません。相手を喜ばすことも自分自身が楽しむことも大好きなので、いつも新しいことを追求しようとします。多少のことがあっても動じ

ない楽天家でもあります。それが行き過ぎて、うっかり約束を忘れてしまうようなこともあるかもしれません。それで相手から怒られても気にするどころか、本人は悠然としていて反省の色がないという面も出てきそうです。それでも憎めないのが、この日生まれの人の得なところです。ただしそれでルーズだと思われると、恋の次のステージに上がれなくなる心配もあります。大切なときには、本気で取り組む覚悟も必要でしょう。

あなたの才能と人生のテーマ

生まれながらに、心には高い理想を抱き、はるか遠く見通す眼力を持った人です。目先のことにこだわらないというよりも、雄大なものを見つめるあまり、近くのものが見えない人なのです。大陸的なゆとりで物事をとらえることができます。

仕事では、豊かな発想力を生かして、多方面での活躍が期待できるでしょう。複数の作業をこなす器用さも秘めています。ただ一度に同時進行させることが多すぎると、足元がおぼつかなくなる恐れも出てきます。そんなときは初心に戻って理想を見つめ、それに一番到達しやすいことに没頭するといいでしょう。

適職は、通関士などの貿易関係の仕事、代議士、裁判官などです。企業の中では管理職の才能があります。大企業の中でも自分らしさを失いません。気がついたらトップまで上り詰める可能性が高いでしょう。

相性リスト

恋人	6月10・11・12日、8月13・14・15日
友人	4月11・12・13日、12月10・11・12日
手本となる人	10月13・14・15日
助けてくれる人	4月23・24・25日、7月5・6・7日、9月16・17・18日、11月28・29・30日
縁がある人	7月11・12・13日、9月13・14・15日

魔法の言葉

幸運の足音が近づいています。
すべてを受け入れるようハートを開いて

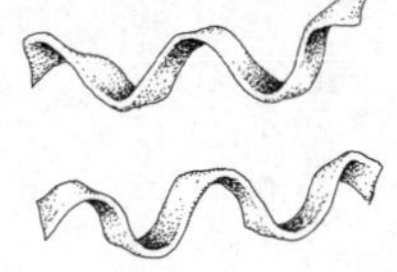

2月13日

水瓶座

AQUARIUS

誇り高い変わり者

人とは違った何かに心をひかれるオリジナリティにあふれた人。常にユニークでいようとする、個性のかたまりのような人です。新しいものや風変わりなもの、自分が知らない文化や常識的ではない考え方を、積極的に取りいれようとします。無難で安定した方法よりも、リターンの大きい冒険を好みますが、単に変わっているものを好んでいるわけではなく、独特の価値基準で成否を判断しているため、大きな失敗をすることはありません。そのユニークさで多くの人に感銘を与えることができますし、変わった恋をたくさん経験し、愛情のやりとりから幸せをつかむのも上手です。

ところが上から押さえつけられて個性を発揮できなくなると、途端に前向きな気持ちを失ってしまいます。人の下につくのも苦手ですし、おだてられると調子に乗ってボロを出してしまいます。むしろ小さなグループのリーダーとして責任のある立場を与えられれば、誇りの高さと相まって、成功の道を歩めるようになるでしょう。

あなたの愛の形とは？

独立独歩の気風が強いあなた。どんなときも自分自身でいたい、理性を失いたくないという強い気持ちがあります。恋をしても相手の好みに染まるようなことはできません。価値観もオリジナリティにあふれているため、恋に落ちるきっかけもどこか風変わりです。また、ありのままの自分を認めてくれる人、同じように精神の自由

長所

誇り高く、独自の魅力を持っている。独創性を発揮する。新しいものを積極的に取り入れる。大きな失敗をしない。

短所

人の言うことに従わない。自分勝手。おだてに乗りやすい。狭い世界をつくりたがる。あまのじゃくなところも。

この日生まれの著名人

フランキー堺（俳優）／森本レオ（俳優）／南こうせつ（ミュージシャン）／ヒロミ（タレント）／竹宮恵子（漫画家）／矢野顕子（ミュージシャン）／出川哲朗（お笑いタレント）／芦沢央（作家）／有村架純（女優）／加藤諒（俳優）

魔法の言葉

これまでのやり方ではうまくいかないところに来ています。方針の大転換を

の価値を理解している人としかつき合おうとしません。そのためはた目からみると、ユニークなカップルとして映ることが多いでしょう。場合によってはふたりだけの世界に入り込んでしまうこともあるかもしれません。それでも恋愛中は、相手から知識を吸収しようとするので、中身が濃い時間を過ごすことできるはずです。

あなたの才能と人生のテーマ

この日生まれの人は、鋭い方向感覚をそなえています。自らが人生の司令塔、水先案内をしないと、不安になってしまうのです。人の下に立つことができない、他の人の指示を受けて動くことが性に合わないのはこんな才能を持っているためです。

そのため仕事では、自分が指示を出して動くことが合っています。しかし大人数を率いて行動するような積極性はありません。また統率がとれなくなるといらだってしまうでしょう。そのためひとりでできる仕事か、自分の目の届く範囲内でできる仕事をするほうが能率が上がるし、やりがいもあるでしょう。ユニークな発想力を生かした仕事も向いています。

適職は作家、作曲家、評論家、フォトグラファー、研究者、運転士など。企業に勤めるよりも、独立した事業を興すか、気心の知れた仲間と会社を興すほうが向いています。

相性リスト

恋人……………… 6月11・12・13日、8月14・15・16日
友人……………… 4月12・13・14日、12月11・12・13日
手本となる人…… 10月14・15・16日
助けてくれる人… 4月24・25・26日、7月6・7・8日、9月17・18・19日、11月29・30日、12月1日
縁がある人……… 7月12・13・14日、9月14・15・16日

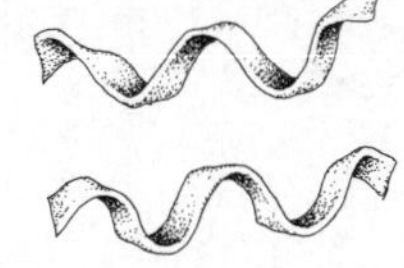

2月14日

水瓶座

AQUARIUS

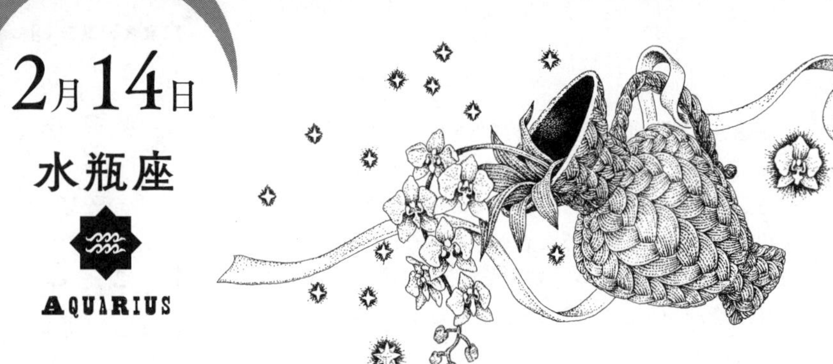

自分のスペースをつくる人

長所

冷静で聡明。察しがよく、わずかな情報で全貌を理解する。複眼的な知識や技術を持つ。社交的。穏やかで上品な印象。

短所

自分の気持ちを隠したがる。冒険を好まずつきあいも表面的。テリトリーから出ない。人からの干渉を嫌う。

あなたはとても頭の回転が速いタイプ。人よりも知識欲が旺盛で、周囲に聡明な印象を与えます。難しいことでも器用に要領よくこなせる、頼りになる人です。複数の目標に同時に取り組める手際のよさは、組織全体を統括する役割や、いくつかの専門分野を習得したゼネラリストとしての活躍が期待されます。社交的で何でもそつなくこなせる才能は、周囲にやり手の印象を与え、この日に生まれた人の価値を高めてくれるでしょう。また、多趣味な生活を送ることにもなりそうです。

もし、問題があるとしたら、あなたの心からの言葉が必要なときや、感情的になるべきシーンで、何をするべきか見失いがちなところです。自分のペースを乱されるのを嫌い、チームワークはよいのですが、なかなか心を開きません。表面的で冷たい人、自分の殻に閉じこもった人だと思われやすいようです。愛の祝日生まれなのですから、怖がらずに心を開くことで、もっと深い愛を知ることができるでしょう。

この日生まれの著名人

岡倉天心（美術家）／山口紗弥加（女優）／武双山正士（大相撲力士）／JUJU（ミュージシャン）／こがけん〈おいでやすこが〉（お笑いタレント）／はじめしゃちょー（YouTuber）

あなたの愛の形とは？

柔和で穏やかな雰囲気のある人です。人当たりもよく、打ち解けやすい印象もあります。どんな相手ともそつなく、上品な会話を楽しむことができるため、異性から見た好感度も高めです。しかし同時にどんな異性とも一定の距離を置こうとし、自分の生活に踏み込まれることを避けようとするところがあります。

魔法の言葉

その答えはもうあなたにはわかっているはず。洞察力の鋭いあなたのことだから

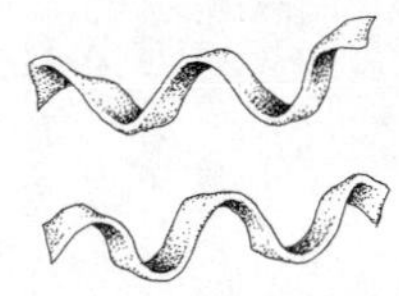

恋人であっても人生のパートナーであっても、一緒にいてもどこかで自分のテリトリーを守ろうとする傾向が強いようです。それは澄み切った知性が感情で乱されるのを恐れるためでしょう。そのためにあなたは、心の中の愛の炎を理性で抑え込もうとしてしまうのです。

愛していても孤独を感じたときは、もっと自分に素直になることを許してあげてください。あなたの知性や聡明さは、愛によって曇るようなことは決してないのですから。

あなたの才能と人生のテーマ

透視能力にも似た、鋭い洞察力を持って生まれてきた人です。物事の察しがよく、どんな複雑なシステムもすぐに理解することができます。それを会得するスピードも早く、いろいろなことを同時に進行させる才もあります。

仕事でも、決まった分野に限定させない働きができるでしょう。複眼的な知識や技術を持って、仕事をしていくことも可能です。臨機応変に社会の需要に対応し、数々の経験を積むことで、高いキャリアを形成していくでしょう。ただし、人からの干渉を嫌う部分があるため、企業の歯車になるよりも、独立して自分のペースでできる業態を探すほうがよさそうです。

適職は、アナリスト、コンサルタント、会計士、プランナーなどです。会社勤めでも外資系のような実力主義のところがおすすめです。

相性リスト

恋人……………… 6月12・13・14日、8月15・16・17日
友人……………… 4月13・14・15日、12月12・13・14日
手本となる人…… 10月15・16・17日
助けてくれる人… 4月25・26・27日、7月7・8・9日、9月18・19・20日、11月30日、12月1・2日
縁がある人……… 7月13・14・15日、9月15・16・17日

2月15日

水瓶座

AQUARIUS

優しさに満ちた聡明な人

長所

聡明で優れた情況判断力を持ち、自分もアピールできる。他人への思いやりと自分の立場をバランスよく保つ。

短所

外見など表面的なものに目を奪われる傾向がある。思い込みが激しい。地味なもの、目立たないものを軽んじる。

この日生まれの著名人

井伏鱒二（作家）／立川志の輔（落語家）／近藤正臣（俳優）／坂上みき（ラジオパーソナリティ）／山崎邦正（お笑いタレント）／白土三平（漫画家）／海老沼匡（柔道家）／西脇綾香（Perfume）（歌手）／貴島明日香（タレント）

自分以外の人が大切にしているものを、自分にとっても大切だと感じられる優しい人です。人が考えていることを肌で感じて理解する聡明さや、傷ついて落ち込んでいる相手に気を使って、そっとなぐさめてあげる優しさを持っています。そもそもこの日に生まれた人は、人を疑ったり厳しく評価したりするより、大切にしてあげたほうが自分にとって楽だということを、本能的に把握しているのでしょう。優れた直感のおかげで、愛されたがっている人を見分けることも得意です。一緒にいる人を幸せな気分にしてあげたいという願いを、多くの人を理解してあげようとする知性が叶えてくれるのです。

しかも自分の生活をないがしろにするわけではなく、上手にバランスを整えることができます。ときに、そのバランスを取るのに苦労しますが、自分の目標が定まっていれば間違った結論に後悔させられることはありません。ただし少々、面食いで恋に集中しすぎる傾向があります。外見に惑わされないようにしましょう。

あなたの愛の形とは？

相手の気持ちを察することができる聡明な人です。あなたの知性に見合うだけの、洗練された会話ができる相手と、楽しく語り合うことに喜びを感じるでしょう。恋の相手もそんなスマートな人であることが理想と考えているようです。ただあなたは美しく整ったものを愛する人です。いつも好みのものに囲まれていたいと願ってい

ます。その美しさを求める心ゆえ、ひと目見ただけの人に心を奪われてしまうこともありそうです。たとえそれが理想の相手とはかけ離れた人であったとしても、あなたの目とあなたの心は、相手を忘れることはできないでしょう。

なぜならあなたの眼がとらえたのは、相手の外見の美しさばかりではなく、心の底にある優しさだからです。それをあなたは美しいと感じるのです。それに気づいたとき、あなたは自分の直感の確かさを知るでしょう。

あなたの才能と人生のテーマ

この日生まれの人は、思いやりの心と知性とを兼ねそなえています。例えば困っている人がいれば、その人のために心を痛める優しさがあります。それと同時に、冷静な状況を見て、今なにをするのが有用であるかを即座に判断することもできるのです。とても奥の深い理解力を持っています。

この力を社会に生かすには、多くの人と触れ合うことがメインになる分野、要求を察し、求めるものを提供できるものが適しています。また同時に、華やかなもの、きらびやかなものへの憧れも持っているので、陰で目立たないものよりも、人目を集めるようなところのほうが、やりがいや仕事への情熱を感じられるでしょう。

適職としては、デザイナー、美容師、外交官、サービス業などがいいでしょう。会社の中では渉外、営業といった会社の顔になる部署で力を発揮できます。

相性リスト

- **恋人**……………… 6月13・14・15日、8月16・17・18日
- **友人**……………… 4月14・15・16日、12月13・14・15日
- **手本となる人**…… 10月16・17・18日
- **助けてくれる人**… 4月26・27・28日、7月8・9・10日、9月19・20・21日、12月1・2・3日
- **縁がある人**……… 7月14・15・16日、9月16・17・18日

魔法の言葉

誘惑に満ちたとき。悪魔のささやきには耳を貸さないで

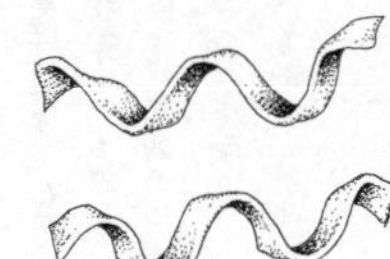

2月16日

水瓶座

AQUARIUS

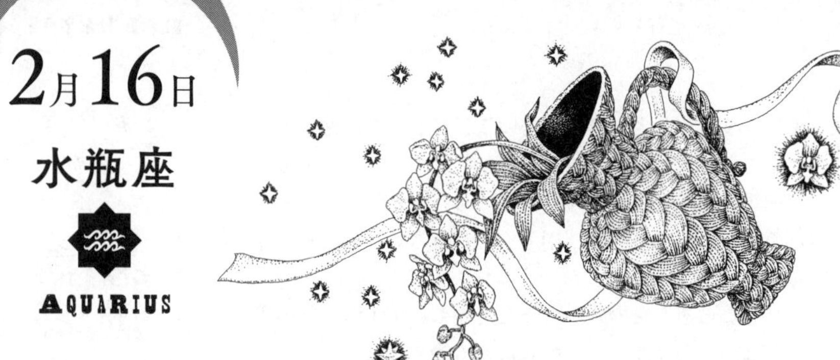

インスピレーションにあふれた人

長所

霊妙なインスピレーションがあり、使命感が強い。深い洞察力。正確な判断力がある。独自の世界を構築できる。

短所

閉鎖的。頑固。独善的。自分だけの世界に入り込みがち。現実離れしているところもある。直感に頼りすぎる。

この日生まれの著名人

中原淳一〈画家〉／高倉健〈俳優〉／多岐川裕美〈女優〉／逸見政孝〈アナウンサー〉／西田尚美〈女優〉／オダギリジョー〈俳優〉／目黒蓮〈Snow Man〉〈タレント〉／松岡茉優〈女優〉／小松菜奈〈モデル・女優〉

言葉や理屈では説明できないインスピレーションで、少し先のことや人の気持ちの複雑さを理解できる人です。入り組んだ問題を前にしても直感的に理解して、あっさりと解決してしまいます。周囲の人も認めるほど直感が鋭く、神秘的だと思われているでしょう。この日に生まれた人は、スピリチュアルな世界に関心を持つ場合も多いようです。直感に従って行動するほど成功しますから、自分の考えをしっかりと維持するだけで高い評価を得られるでしょう。

ところが神秘的な勘に頼りすぎると、独善的で自分勝手な性格になりがちです。現実的な考え方も身につけないと、単なる変わり者だと思われてしまいます。自信があるのはいいことですが、頑固で独善的な性格になってしまうこともあるようです。とくに恋をしているときは、直感ばかりに頼って相手の気持ちを軽視しないように注意してください。周囲の人の意見に耳を傾けるバランス感覚も大切なのです。

あなたの愛の形とは？

どこか神々しいような風情のある人です。高潔で、理知的で物事の先を正確に見通すところがあるため、神秘的な啓示を得ているような印象すら与えるでしょう。その鋭い洞察力で、異性の心の奥の闇の部分まで感じ取るため、自然に異性や恋愛には用心深くなる傾向があるようです。

魔法の言葉

もしかしたら自分で思っている以上に動揺しているのかも。まずは落ち着いて

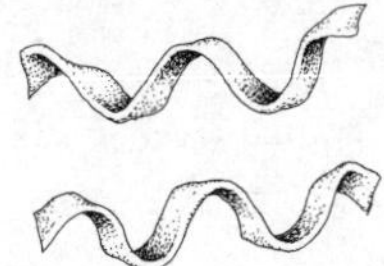

場合によってはスピリチュアルな世界に耽溺（たんでき）し、現実の異性の醜さから目を背けたくなるときもあるでしょう。でもそうなったとき、現実世界はますますあなたにとって過酷な面を見せるようになるので注意してください。

でも逆に多少難点があってもそれを許し、生きて血の通った人とともに歩くことを決意したとき、この世界は初めて、本当の美しさをあなたに示してくれるでしょう。心を開いて人を愛し受け入れること。それがあなたの魂を成長させる第一歩になるでしょう。

あなたの才能と人生のテーマ

独創的で霊妙なインスピレーションを得られる人です。ファンタスティックな想像力で、独自の世界を構築することも得意です。さらに高い知性も持っているため、物事を正確に判断することができるでしょう。

その力を仕事で生かすには、人に夢を与えるものか、将来のナビゲーター的な役割を果たすと成功する可能性が高くなります。名のある企業に就職したり、立派な肩書きをつけることには関心が薄いので、周囲から理解を得られないかもしれません。しかし冷静に将来を見つめ、精進を続ければ、多くの人から認められる存在になるでしょう。ただし自分だけの世界に入り込みすぎ、社会との接点をなくさないことが条件です。

適職はコンサルタント、占い師、童話作家、ゲームクリエイターなどです。会社でも、比較的若い企業の中で、制約を受けずに働ける場がいいでしょう。

相性リスト

恋人……………… 6月14・15・16日、8月17・18・19日
友人……………… 4月15・16・17日、12月14・15・16日
手本となる人…… 10月17・18・19日
助けてくれる人… 4月27・28・29日、7月9・10・11日、9月20・21・22日、12月2・3・4日
縁がある人……… 7月15・16・17日、9月17・18・19日

2月17日

水瓶座

AQUARIUS

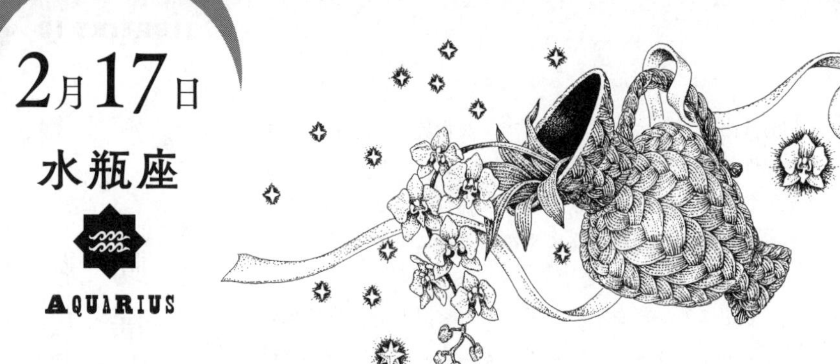

勤勉で現実的な直感型

長所

勘やひらめきが鋭い。現実的。意思が強く一度きめたことは貫く。慎重に行動する。論理的に物事を進めていく。

短所

融通が利かない。自分の気持ちを素直に表現できない。周りの人の話に耳を傾けない。不器用で柔軟性に乏しい。

この日生まれの著名人

森鷗外（作家）／岸谷香（ミュージシャン）／舞の海秀平（大相撲力士）／YUKI（ミュージシャン）／パリス・ヒルトン（セレブリティ）／吹越満（俳優）／吉瀬美智子（女優）／平埜生成（俳優）

この日生まれの人は、鋭い直感に実直な精神を宿しています。大切なことを決めるときでも、日常で些細なものを選ぶときでも、ひらめきに従います。だから瞬時に即答することも多いでしょう。そのため周囲の人から、「きちんと考えたほうがいい」などと忠告を受けることもあるかもしれません。けれどもこの人は一度決めたことは、それが完成するまでやり遂げようとする辛抱強さを持っています。そのうえ、知性も備わっているため、論理的に物事を進めて行くこともできます。

この日生まれの人が、ひらめきという、天から授けられた羅針盤に、現実的な問題解決能力というロードマップを手にしたとき､真の成功という天地に向かって､まっすぐ歩み続けることができるはずです。

ウィークポイントは、目標を決めたら他のことに見向きもしないような不器用なところです。まじめすぎる性格がつき合いづらいと誤解されると、人間関係が円滑に運ばないかもしれません。気持ちを切り替え、周囲の人の話にも耳を傾けるような柔軟性を持つよう心がけましょう。人生がさらにダイナミックに動き出すのを感じるはずです。

あなたの愛の形とは？

大胆なひらめきを得てから、慎重に行動に移すことが多い人です。例えば恋愛なら、異性と目を合わせたときに突然霊感に打たれたような胸の震えを覚え、恋に落ち

たことを悟るでしょう。しかし、そこから先は驚くほど慎重になります。相手に恋人がいないことを確認し、自分が嫌われていないことを確かめ、話しかけるにしても言葉を選びすぎて、思いとかけ離れたことを話してしまうこともありそうです。

直感を信じたいけれど、外れていると知るのが怖くて、慎重になってしまうあなた。それではいつまでたっても直感の正しさを検証できません。堂々と行動してください。明るい気持ちで好意を示してもいいでしょう。たとえうまくいかなくても次には必ず本物を探し出せると思う、楽観的な志向。今のあなたには、それがもっとも必要なのです。

あなたの才能と人生のテーマ

ユニークな発想と、こつこつと忍耐強く前進する行動力の両面を持っている人。適度な用心深さを持っているため、計画する段階で、自ら厳しく反証を繰り返すでしょう。その過程を得て練り上げられた目標は、すでに確実な予定に近いでしょう。それゆえ、あなたは着実に物事を進め、目標に到達できるのです。

その推進力があれば、たいていの仕事で成功を収めることができるでしょう。なかでも使命感を持って、責任を果たせる社会的認知度の高い仕事が向いています。知的な能力と忍耐力を必要とするものなら、十分にその期待に応えることができるでしょう。

適職は、教師、弁護士、不動産業、公務員など。楽器演奏家や指揮者などの音楽家としても活躍できそうです。企業では管理職として重宝される存在になるでしょう。

相性リスト

恋人	6月15・16・17日、8月18・19・20日
友人	4月16・17・18日、12月15・16・17日
手本となる人	10月18・19・20日
助けてくれる人	4月28・29・30日、7月10・11・12日、9月21・22・23日、12月3・4・5日
縁がある人	7月16・17・18日、9月18・19・20日

魔法の言葉

今とは異なる希望や願いが出てきそう。柔軟に物ごとをみておきましょう

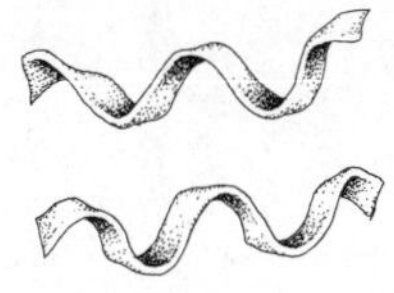

2月18日
水瓶座
AQUARIUS

パッションとパワーにあふれた人

澄み切った知性の目で、物事を深く考察できる人です。たとえどんなに時代が変化したとしても、また周囲の人がどんな意見を持って影響を与えようとしても、この人はそれに踊らされることはありません。自分が納得した上でないと、指一本動かすことがない、筋の通った強さを持っているのです。

その一方で自分が「こうだ」と思ったら、たとえ困難なことが前方で待ち受けようとも、意に介すことなく前進するでしょう。その気持ちの強さと人の目を意識しない潔さのために、エキセントリックな人とか、個性が強い人などと言われることも多くなりそうです。

けれどもこの日生まれの人は、どんなときも自分勝手な思いから行動することはありません。この人にとってもっとも価値あるものは人間愛なのです。曲がったことが嫌いで、人間的なモラルを失いません。そして、いつでもそれに基づいた行動をとっている人なのです。

まっすぐな魂ゆえに、目先のことにこだわらず、必要ならば改革することも恐れることはないでしょう。こんな行動が、大胆とか奇抜と言われるのも、人間的で、大らかな心の表れと言えるのです。

長所

パワフル、行動的。自分の力でやり抜くガッツがある。純粋無垢な善意。曲がったことを嫌い、モラルを守る。

短所

人と同じことをするのを嫌がる。物事を深く考えない。自分勝手な行動をする。頑固で人の意見を聞き入れない。エキセントリック。

この日生まれの著名人

越路吹雪（女優・歌手）／オノ・ヨーコ（音楽家・芸術家）／ジョン・トラボルタ（俳優）／松原千明（女優）／馳星周（作家）／ロベルト・バッジョ（サッカー選手）／田中哲司（俳優）／安藤サクラ（女優）／J-HOPE〈BTS〉（歌手）

あなたの愛の形とは？

ファッションも生き方も型破りなところがある人です。恋も例外ではなく、心の琴線に触れる何かを持っている相手とだけ向き合おうとします。それ以外のところ

にはこだわりません。極端に年齢差があっても、変わった趣味を持っていても、そのほか人と変わった点があっても……あなたはまったく意に介さずに、愛だけ見つめようとするでしょう。そのせいで、あなたの恋は問題になってしまうことも多いのです。

でも、周囲の反応のために自分の心をゆがめることは不可能です。非難されても、後ろ指を差されても、あなたはその愛を貫くこと、最後まで自分を信じることが不思議と誠意につながるでしょう。なぜならあなたの心には、人の善意を信じるまっすぐな思いがあるからです。その純粋さゆえに決して間違った方向に進むことがないのです。

あなたの才能と人生のテーマ

底知れぬパワーと純粋無垢な善意を併せ持っているのが、この日生まれの人の最大の特徴です。そのけがれない心が求めることであれば、なりふりかまわず突き進みます。多少の障害物があっても、たとえ、それが自分に不利になることであっても、そこに到達するまでは歩みを止めようとはしないでしょう。

仕事でも、そのパワーを生かせば、成功することも可能です。基本的に心が温かいので、人の役に立つような仕事で充実感を覚えるでしょう。ただやり方が人と同じでは気に入らないため、ひとりでもできるような環境を整えることが必要になるかもしれません。

適職は、デザイナーなどのファッション関係の仕事、雑誌編集者、美容師など。会社に入る場合は、小規模で自由が多く制約の少ない、フレキシブルな社風を持つところがおすすめです。

相性リスト

- **恋人**……………… 6月16・17・18日、8月19・20・21日
- **友人**……………… 4月17・18・19日、12月16・17・18日
- **手本となる人**…… 10月19・20・21日
- **助けてくれる人**… 4月29・30日、5月1日、7月11・12・13日、9月22・23・24日、12月4・5・6日
- **縁がある人**……… 7月17・18・19日、9月19・20・21日

魔法の言葉

沈黙が金、という暗示。そのことはあなたの胸の中にしまっておいて

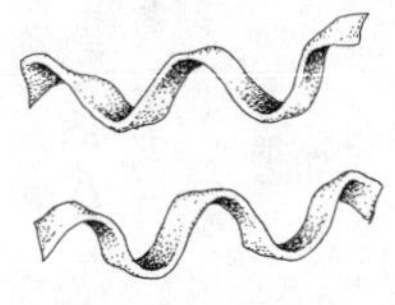

2月19日

魚座

PISCES

時代を先取りするイノベーター

長所

勇気と行動力がある。物事を変革させるエネルギーがある。鋭い観察眼と冷静な現状認識。発明、発見をする。

短所

感情的になりやすい。人の価値観を受け容れられない。意に沿わないことをすることには大きな抵抗がある。

この日生まれの著名人

ニコラウス・コペルニクス（天文学者）／藤岡弘（俳優）／財津和夫（ミュージシャン）／村上龍（作家）／薬丸裕英（タレント）／ベニチオ・デル・トロ（俳優）／中島美嘉（歌手）／大森南朋（俳優）

もしかしたらこの日生まれの人は、ときおり人生の中で立ち止まり、「どうしていつもこんな道を選んでしまうのだろう」と不思議に思うことがあるかもしれません。鋭い観察眼と冷静な現状認識力を持っているので、頭では「この道に行くほうが楽だ」という計算をしていることも多いでしょう。それでも、自分でも理解できない抑えがたい衝動に突き動かされ、厳しい道、前例のない世界を選び取ることがあるのです。

それはこの人が、天から与えられた直感の力と、前進への情熱という、いわば“静”の心の力と“動”の行動力の両輪を持ってこの世に生まれてきたためなのです。この星を持つ人には、「新しい時代の幕をあける」という使命が心に宿るのです。だからこそ、常に人が選ばない道、新しい時代を感じさせるような方向へと、自分を追い立ててしまうのでしょう。

苦手なのは人と同じことをすることや、理由なく人の意見に従うことです。また心に沿わないことをやるときには、耐え難い苦痛を感じるでしょう。それでつい感情的になり人間関係にヒビが入ることもあるかもしれません。自制することを覚えていくようにしましょう。

あなたの愛の形とは？

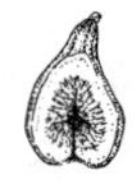

あなたには「時代の幕をあける」使命が与えられているのかもしれません。ほかの人が容易には選ばない道を自ら進んでいく傾向があります。それが結果的にあなた

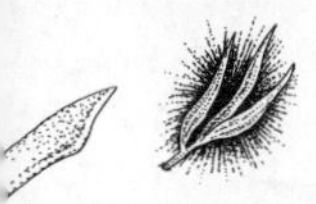

を新しい世界へと押し出してゆくのです。ただし感情的には安定していないことが多く、自分の心のコントロールが大事になります。

激しい感情を心の奥底に秘めているあなた。内側に秘めた生命力の強さを感じさせる人にひかれるでしょう。生気にあふれる異性の行動を目の前にすると、ほとばしる思いに流されそうな自分を感じます。けれども高い志と強い理性で、それを抑えようとするところがあります。恋はあなたにとって切なく、苦しいものと思えるかもしれません。それでも、自分の気持ちを信じて、前進してください。勇気を出してあなたが自らの気持ちを開放するとき、恋の悩みは愛の喜びに変化することでしょう。

あなたの才能と人生のテーマ

生まれつき冒険心にあふれ、進取の気性に富む人です。たとえ前例がなくても、周囲の人の賛同を得られなくても、滞っている世界に新風を吹き込もうとするでしょう。それゆえ新しい発見をし、新規の世界を築き上げる可能性に満ちているのです。社会でも開拓精神を生かし、常に前進を続けるような分野で力が出せるでしょう。時代の最先端を行くような職業でもいいですが、逆に伝統的な世界の中に新しい可能性を見出す道もあります。どんなところでも人と衝突することがあるかもしれません。しかし自分の信念のままに歩んでいくことで、成功を手にすることができる人です。

適職は発明家、スポーツ選手、政治家、コンピュータ系などです。企業内では、小さい会社でも自分のやりかたで物事を進められる環境のほうがいいでしょう。

相性リスト

恋人	6月17・18・19日、8月20・21・22日
友人	4月18・19・20日、12月17・18・19日
手本となる人	10月20・21・22日
助けてくれる人	4月30日、5月1・2日、7月12・13・14日、9月23・24・25日、12月5・6・7日
縁がある人	7月18・19・20日、9月20・21・22日

魔法の言葉

新しいスタートを切るタイミングです。「仕切り直し」もあり

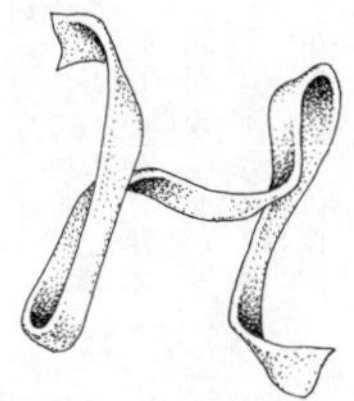

2月20日

魚座

PISCES

イマジネーションあふれる詩人

長所

芸術性、創作性がある。物事を独自の目でとらえられる。新しいこと、未知のことなどグローバルな活躍をする。

短所

自分の世界に入り込みやすい。思い込みが強すぎることも。気持ちの落差が激しい。肝心なときに緊張しすぎる。

この日生まれの著名人

石川啄木（歌人・詩人）／カート・コバーン（ミュージシャン）／長嶋茂雄（野球選手・監督）／アントニオ猪木（プロレスラー）／志村けん（お笑いタレント）／美内すずえ（漫画家）／藤田ニコル（タレント）／小出恵介（俳優）

普通の人には、ごくごくありふれた日常の世界。でも、この人の心の目を通して見ると、色鮮やかで、心が躍る予感に満ちた、ファンタジーワールドとして映る――そんな繊細さとあふれるイマジネーションを持って生まれてきたのが、この日生まれの人です。

心がときめくようなものを求める傾向があり、嗅覚も優れています。ロマンティックな出来事に遭遇することも多く、身の回りの人間関係にスリリングなドラマを見出したりする、みずみずしい感性を持ち併せています。

この才能は、広く世界に出て行くことで生かされます。例えば創作、造形などの方面で生かすなら、天才と呼ばれるような力を発揮し、成功を収めることも夢ではないかもしれません。逆に自分の世界に入り込み、人との接触を断つようになると、夢見がちな人として終わってしまう恐れもあります。

できれば狭い世界に閉じこもらず、広い世界を見回すといいでしょう。国内ばかりでなく海外にも目を向けるようにするといいでしょう。異文化との出会い、知らない人々との触れ合いが、この人の心に宿るイマジネーションを刺激し、豊かな人生への扉を開いてくれるはずです。

あなたの愛の形とは？

この日生まれの人の目を通してみると、ありふれた日常の風景も、美しい世界に映るでしょう。その目を異性

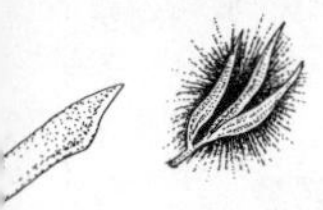

に向けたとき、他の人には感じることができない魅力や、心の清らかさなどを見出すことができるのです。

その豊かな感性は心の中だけにとどまらず、しぐさや表情の中に現れます。それが多くの異性を魅惑することでしょう。会話も相手の長所を称えるような詩情あふれるものであるため、いつまでも自分だけを見つめて欲しいと異性から切望されることも珍しくないでしょう。ただ、本当に大切な人が相手だと、思いがあふれすぎてしまってかえって何も言えなくなってしまうことがあるかもしれません。豊かな感性と詩情あふれる言葉は、あなたが愛する人に贈れる最高のプレゼントです。恐れずにあなたの手から、その人に渡してあげてください。

あなたの才能と人生のテーマ

しなやかな視線で対象を見つめることができる人です。どんな素材にも斬新な切り口を見つけるその着眼点のユニークさは類を見ないでしょう。さらに情趣に富んだ発想力にも恵まれています。また斬新なものを探す心が強いため、国境という枠を超えグローバルな活躍を求めることもありそうです。

その力を使って、何かを創造する仕事をすると、歴史に名を残す人物になれるかもしれません。ただし並外れて豊かな感情を持っているため、気持ちの落差が激しいところがあります。そのため、持っている力を社会で生かすためには、安定した職場か、そばにいてしっかりマネジメントしてくる存在が必要になってくるでしょう。

適職は教師、旅行代理店、音楽家、雑誌編集者、WEBクリエイター、貿易商など。企業の中では企画開発、商品開発などの部門でとくに頭角を現すはずです。

相性リスト

- **恋人**……………… 6月18・19・20日、8月21・22・23日
- **友人**……………… 4月19・20・21日、12月18・19・20日
- **手本となる人**…… 10月21・22・23日
- **助けてくれる人**… 5月1・2・3日、7月13・14・15日、9月24・25・26日、12月6・7・8日
- **縁がある人**……… 7月19・20・21日、9月21・22・23日

魔法の言葉

前例がないことにトライを。新しいやりかたを試してみるのが○

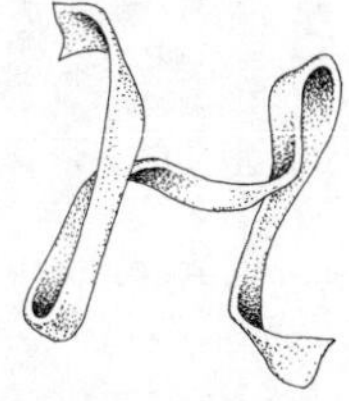

2月21日

魚座

PISCES

人好きする大きな愛の持ち主

この生まれの人は、他人を引きつけずにはおけない素朴なスマイルを見せるのが特徴的。それが愛くるしいキャラクターとも相まって、多くの人から好かれる人生を引き寄せているはずです。とくに若いうちはアイドル的な存在として、年上の人々から可愛がられる傾向があるはずです。

そんな自分の状況におごった顔を見せることもないために、不要な敵をつくる心配もありません。そもそも、この人は根っからの「人好き」なのです。どんな人間もそれぞれにいい面がある、という信念を持っているので、誰に対しても肯定的に接することができ、それゆえに、この人は皆に愛される存在となっていくのです。

唯一の欠点は優柔不断さ。些細なことから重大な決定に至るまで、この人はすばやく決断するのが苦手。「あっちもいいし、こっちもいいし……」という迷いで、常に心が揺れてしまうのです。また、物事に優先順位をつけるのも苦手なので、スケジュール管理に苦労することもあるでしょう。

長所

鷹揚（おうよう）。屈託がなく、人を疑うことを知らない。素直。他人を否定しない。万人に愛される。人の能力を引き出す。

短所

八方美人。誘惑や物欲に弱く、ルーズなところも。優柔不断。スピーディーな決断が苦手。セレクトができない。

この日生まれの著名人

石垣りん（詩人）／大前研一（経営コンサルタント）／前田吟（俳優）／伊藤つかさ（女優）／井上順（タレント）／坂田明（サックス奏者）／酒井美紀（女優）／和田毅（野球選手）／切通理作（評論家）／菅田将暉（俳優）

あなたの愛の形とは？

心の温度が高い人です。寒い冬の日、凍えた人がぬくもりを求めるように、あなたの周囲には、その暖かさを求める人たちが自然に集まってくるでしょう。それはあなたの内面に、人の心を暖める無尽蔵のエネルギーである、愛があふれているからです。

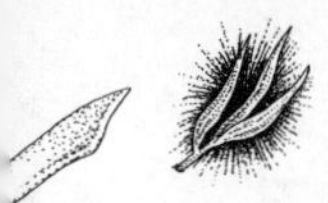

謙虚で注意深く物事を見るあなたは、自分がこの世にあることに感謝し、どれほど愛されてきたのかを素直に認めています。だからこそためらいもなくほかの人の美点を見出し、いつくしむことができるのです。

ただし、早くから達観しすぎて、恋愛にブレーキをかける傾向もあります。大切な人とそれ以外の人との区別がつきにくくなるかもしれません。でも恋は、「単なる未熟な愛」とは違います。恋に悩み、泣いてください。その切なさやおろかさを体験することで、あなたの人間性はさらに育っていくでしょう。

あなたの才能と人生のテーマ

例えば光を当てると宝石は、それを受けて反射し、輝きます。この日生まれの人もそれと同じです。相手を慈悲の光で照らすと、内部にある美しいものが共鳴し、それを見つけることができるのです。この才能によって、多くの人から愛され、慕われるでしょう。

社会の中では、人気が集まるため、人前に出る仕事につきやすくなるでしょう。ただ一方的に崇拝されるだけでは物足りなさを覚えるため、アイドルのような単なる人気商売にはとどまらないはずです。人の長所や見えない才能を探して光を当てるという部分を生かせば、人を育てる現場では理想的な人になるでしょう。

適職は教師、芸術家、通訳ガイド、翻訳家などです。会社の中では社員教育の担当が適任でしょう。それ以外にも人事としても手腕を発揮しそうです。

魔法の言葉

望んでいた以上の結果が待っています。
まっすぐ進んで

相性リスト

- **恋人**……………… 6月19・20・21日、8月22・23・24日
- **友人**……………… 4月20・21・22日、12月19・20・21日
- **手本となる人**…… 10月22・23・24日
- **助けてくれる人**… 5月2・3・4日、7月14・15・16日、9月25・26・27日、12月7・8・9日
- **縁がある人**……… 7月20・21・22日、9月22・23・24日

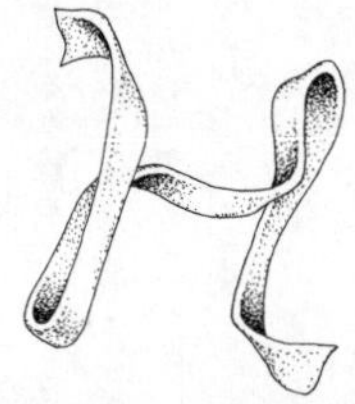

2月22日

魚座

PISCES

繊細なセンサーを持つ人

長所

感受性が豊かで、繊細。芸術的な才能にあふれている。他人の気持ちに敏感。直感やひらめきが優れている。

短所

多少のことで過剰反応しやすい。被害妄想を抱きやすい。ナイーブな内面を守るために傲慢に振る舞うことができる。

この日生まれの著名人

谷啓（タレント）／都はるみ（歌手）／イッセー尾形（俳優）／佐々木主浩（野球選手）／ドリュー・バリモア（女優）／狩野英孝（お笑いタレント）／岸本セシル（モデル）

まるで超高精度センサーのように敏感な感受性を持っています。芸術家肌であることは間違いありません。普通の人なら何も感じないことにも、この人のセンサーは反応し、その空気を的確につかみとります。

ただ、その感受性の鋭さは日常生活においては邪魔に感じられることも。他人の気持ちを敏感に察知するため、悪意のような念を感じるとグッタリ疲れてしまったりします。また、想像力がありすぎ、苦手な相手といると被害妄想に陥ることもありそう。そのため、人づき合いが苦手になり、スマートな対応ができず、誤解をされることが多いかもしれません。デリケートな心を守るため、つい傲慢な態度を取って、周囲にバリケードを張っているようなところもあるでしょう。

でも、その才覚を芸術に活かし、例えば文章にまとめれば、行間からも個性がにじみ出るような表現ができるでしょう。音楽であれば、絶妙な間を取って、素晴らしい演奏をするはず。感受性をよい方向に活用してください。

あなたの愛の形とは？

心の解像度が高い人です。物事や他人の心の中などを、クリアに見通すことができるでしょう。その感度が高すぎるため、異性の前で自分の気持ちを表に出すことは得意ではないようです。たとえ心の中は豊かな愛であふれていても、愛する人の前に出ると、恥ずかしさに顔を伏

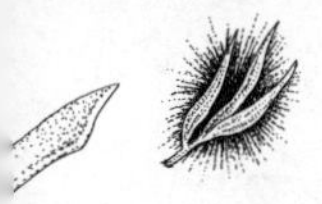

せてしまうこともあるでしょう。そのまま内側にこもると夢想の世界に引きこもることがあるかもしれません。そして相手に心を伝えないままひとり傷つくだけの恋で終わってしまうかもしれません。

そんなあなたに愛の転機が訪れるのは、自分の中の詩的な才に自信をつけたときです。芸術家が作品をつくり上げるような気持ちで好きな人の前でも、堂々と胸の思いを伝えることができるでしょう。そしてためらわずに愛する人と向き合っていくことができるでしょう。

あなたの才能と人生のテーマ

鋭敏な感性と芸術性に恵まれている人です。自分の気持ちや内面を表現する才能があります。また人の注目を集めることにも関心を示しますが、同時に繊細な注意力を持っているので、着実な進歩ができる人です。

そのため仕事もひとりだけで行うよりも、安定した組織に所属するほうが実力を発揮できそうです。あるいは、信頼できるサポーターが必要かもしれません。飽きたり挫折したりしそうになっても、すぐに仕事を変えないほうがいいでしょう。成功を現実のものにするためにも、忍耐力をつけることが望ましい道です。

作家、占い師、タレント、ミュージシャン、ダンサーなど。会社の中では、プランニングなどができる部署で評価されます。

魔法の言葉

雨降って地固まる、の暗示。衝突と摩擦は明日の調和へのマイルストーン

相性リスト

恋人……………… 6月20・21・22日、8月23・24・25日
友人……………… 4月21・22・23日、12月20・21・22日
手本となる人…… 10月23・24・25日
助けてくれる人… 5月3・4・5日、7月15・16・17日、9月26・27・28日、12月8・9・10日
縁がある人……… 7月21・22・23日、9月23・24・25日

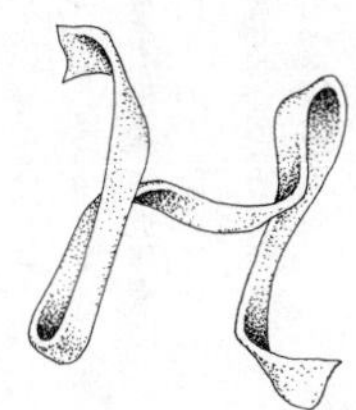

2月23日

魚座

PISCES

快活で適応力のある人

長所

コミュニケーション能力が優れている。空気が読める。協調性がある。ムードメーカー。人のニーズに応える。

短所

場のムードに流されやすい。一貫性がなく、気まぐれ。八方美人。人の目を気にして、相手に合わせすぎる。

この日生まれの著名人

北大路欣也（俳優）／宇崎竜童（ミュージシャン）／中島みゆき（ミュージシャン）／野口五郎（歌手・俳優）／近藤春菜（お笑いタレント）／ダコタ・ファニング（女優）／亀梨和也〈KAT-TUN〉（タレント）／石川佳純（卓球選手）

その場その場の状況を的確に読み取り、その状況に適応する能力に長(た)けた人です。間の悪い発言で場をしらけさせるとか、悪目立ちしてブーイングを受けるといった失敗を、この人は決してしないはず。それどころか、そういう失敗をした相手をうまくフォローし、周囲に溶け込ませてあげるほど、優れた協調性を発揮することが多いでしょう。場を和ませたり、バラバラな意見を取りまとめたりといったことが非常に上手ですから、どこにいってもムードメーカーとして活躍するはずです。

一方、この人の短所は、長所の部分と紙一重。どんなときでも周りの様子を見つつ言動を起こすため、一貫性に欠けてしまうのです。こっちのグループとあっちのグループに、それぞれ全く違うことを言っていたりすることもあるはず。そういうところは八方美人タイプと言えるでしょう。周囲に合わせることも大切ですが、「この部分は自分らしさを貫く」という強さを身につけることも大事にして。

あなたの愛の形とは？

どんな環境の中にいても、そこに自然に溶け込める柔軟性がある人です。どんなときも明るい笑顔を忘れず、その場の空気を明るくします。さらに好きな人に合わせることが上手です。ファッションや話し方を相手好みに変えることもありそうです。そのため異性に好かれるし、どんな人とつき合ってもお似合いと言われることが多い

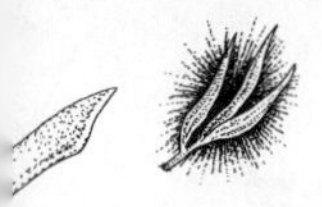

でしょう。逆に本人は「自分がない」とか「個性がない」と思って悩むことがあるかもしれません。でも無理に自分の個性を出そうとすると、不自然な行動に出て、相手を驚かせることがあるかもしれません。相手に合わせてあげられるということも、個性のひとつで、度量の深さがあることです。今のままのあなたでいいと認めることができると、もっと自分に自信を持てるでしょう。そしてもっと自然に好きな人に接することができるでしょう。

あなたの才能と人生のテーマ

空気を敏感に感じてとらえることができる人です。さらに、そのムードを変えていく力も持っています。集団をリードするような引率力はないものの、その集団のカラーをつくり上げていくような才能を持っているのです。

人に必要とされているものを読み取る力があります。それを形にして提供できる仕事に生かせばヒットメーカーとして脚光を浴びることも不可能ではないでしょう。流行をつくり出せるような仕事にも興味を示しそうです。刺激を受けるとアイデアが出るタイプ。単調で地道な仕事を続ける環境よりも、適度に変化を感じられる職場のほうが、力を出せるでしょう。

適職は、テレビやラジオなどのマスコミ業界、雑誌ライター、ゲームクリエイターなどです。会社の中では、少人数のグループで、企画を練り上げるような部署がいいでしょう。

相性リスト

- **恋人**……………… 6月21・22・23日、8月24・25・26日
- **友人**……………… 4月22・23・24日、12月21・22・23日
- **手本となる人**…… 10月24・25・26日
- **助けてくれる人**… 5月4・5・6日、7月16・17・18日、9月27・28・29日、12月9・10・11日
- **縁がある人**……… 7月22・23・24日、9月24・25・26日

魔法の言葉

変身すること、方針転換をすることを恐れないで。変化こそ成功のカギ

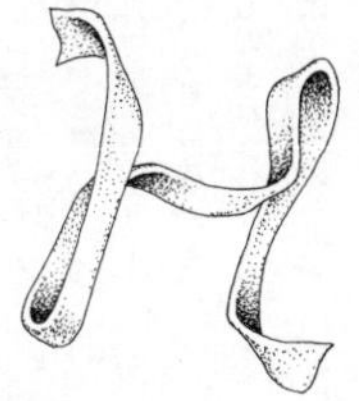

2月24日

魚座

PISCES

美意識の塊のような人

長所

自分の美学を確立している。完成度の高いものを求める。人を楽しませることが好き。演出家。華やかで目立つ。

短所

現実性に乏しい。調子がよく、後先のことを考えない。享楽的。好き嫌いが激しい。突発的な出来事に弱い。

この日生まれの著名人

ヴィルヘルム・グリム（文献学者・グリム兄弟の弟）／スティーブ・ジョブズ（実業家）／草野仁（アナウンサー）／ユヴァル・ノア・ハラリ（歴史学者）／コージー冨田（ものまねタレント）／中邑真輔（プロレスラー）

美しいものへの憧れと、芸術的なセンスを持っているため、この生まれの人はアートや芝居、音楽などと深く関わる人生を送ることが多いでしょう。普通に勤め人として生きるとしても、プライベートの生活はできる限り美的なもので彩ろうとするでしょう。そのため、「おしゃれな人」として周囲で評判だったり、玄人はだしな習い事を続けていることで尊敬されたりするはずです。

ただし、世知辛いことには苦手意識を持っているようで、とくにお金の計算などに関しては、からきし弱いよう。無駄な浪費をするタイプではないけれど、美的なものをコレクションしたり、芸術鑑賞したりということにはお金を惜しまないので、財政はいつもキツキツでしょう。

そういう性格ですから、合う人間と合わない人間がハッキリしているはず。現実的な商売人とは気が合わないので避けがちでしょうが、そういう相手と親しくすれば、自分にはない現実感覚を磨くことにもつながるはずです。

あなたの愛の形とは？

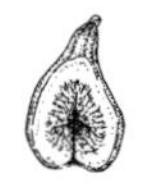

この日に生を受けた人は、美と恋愛をすべてに優先させるでしょう。本来優れた美意識を持った魅力的な人ですが、誰かを愛したときには、その吸引力は抵抗しがたいものにまで高められるでしょう。

また愛する人を喜ばせることや、うっとりする表情を

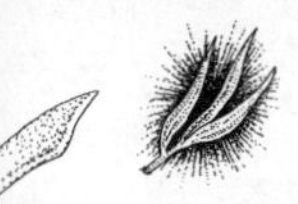

見るのが好きです。芸術的なセンスを生かし、自分自身を完全なまでに演出するところがあります。ファッションからシチュエーション、そしてふたりきりで交わす会話まで、舞台をつくり上げるかのように、恋愛を楽しむための計算をしているところがあるのです。恋愛面ではあらゆることを想定するあなた。でも突飛な出来事があると対処しきれず、気弱になることもありそうです。でもそんなときも自分を責めないことです。思いがけない出来事が恋の潤滑油にあることもよくあることですから。

あなたの才能と人生のテーマ

芸術的なセンスにあふれた人です。美しいものやロマンチックなものに囲まれたい意識が強く、実際に美観を整える行動力はあります。また華やかなものへの憧れを持ちやすく、何もしないでも目立つ存在でもあります。

社会でその才能を生かす道は、アート方面で活躍することが、もっともスムーズでしょう。センスを生かして人を喜ばせることも好きなので、プロデュース的な仕事にも向いています。ただし、実務的なことには興味を持てず、人任せにしてしまうことがあります。何もかも自分でやることが求められる仕事よりも、苦手なことを任せられるような業態を選ぶことが大切です。

適職は、音楽家、美術家、ファッションデザイナー、ジュエリーデザイナー、映像作家などのアート系の仕事です。会社ではやりたいことを専業でできる企業がいいでしょう。

相性リスト

- **恋人**……………… 6月22・23・24日、8月25・26・27日
- **友人**……………… 4月23・24・25日、12月22・23・24日
- **手本となる人**…… 10月25・26・27日
- **助けてくれる人**… 5月5・6・7日、7月17・18・19日、9月28・29・30日、12月10・11・12日
- **縁がある人**……… 7月23・24・25日、9月25・26・27日

魔法の言葉

あなたが本当に好きだと思うことだけ、選びなさい。妥協の選択はNG

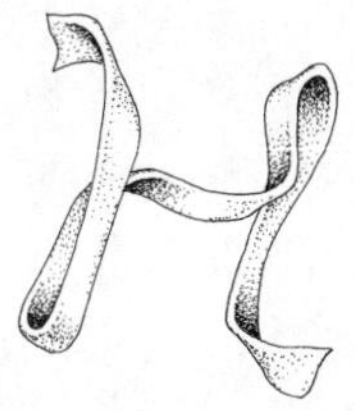

2月25日

魚座

PISCES

イメージの世界に生きる人

長所

類(たぐい)まれな直感の冴えがある。敏感。多芸多才で器用。純粋。人を慈しむ心がある。励まし、慰める態度に実がある。

短所

優柔不断。周囲に振り回されやすい。不安定。自己表現が苦手。苦しいときに現実逃避する。ときにエゴイスト。

この日生まれの著名人

寺脇康文（俳優）／中澤佑二（サッカー選手）／松山英樹（ゴルファー）／越智志帆（Superfly）（ミュージシャン）／ウルフ・アロン（柔道家）／最上もが（タレント）

目に見えない空気を読む能力が強く、インスピレーションにも恵まれた人です。占い師やセラピストといった職業への適性が高いと言えるでしょう。他のジャンルの仕事についても、独特のセンスを発揮して成功するはず。世間に流れるムードを察知できるのが、この人の強みです。

ただ、個人対個人のつき合いにおいては、その場の空気を読み取る能力が災いすることも。例えば、人から何かを頼まれると、その相手の気迫に負けて、やりたくない役割をつい引き受けてしまうことが多いでしょう。自分のことを差し置いて、他人を優先してしまうせいで、スケジュールなどが狂いやすい傾向にあるかもしれません。また、他人の気持ちに同調しやすいため、沈んだ気分の人といると、自分も暗くなってしまうということも多いかも。他人からの影響を受けやすいので、自分をコントロールするためには、定期的に一人の時間を持つべき。そうすれば、生活面、精神面ともに安定するはずです。

あなたの愛の形とは？

透き通った心を持っているあなたは、他の人と自分との間に境目をつくらない人です。好きな人が現れると、その人と完全に共鳴しようとし、自己同一化はいっそう強くなるでしょう。自分が苦しんでいるときは、相手もわかってもらえて当然と思うこともあるでしょう。逆に

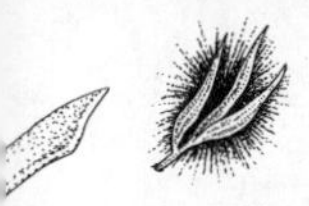

すべては想像力から広がります。
出来る出来ないはさておきイメージングを

相手が苦しんでいるときには、自分は喜んではいけない、共に苦しまなくてはならないと思い込むところがありそうです。とくに相手を救いたいと思ったときは、自己犠牲に走りやすいところがあります。余裕があるうちはそれでもいいですが、本当に追い詰められたときに共倒れになってしまう危険性もあります。お互いに自立すべきところは自立するようにしていくこと。あなたがそれを目指すことで、愛する人とは本当の意味でお互いに支え合っていけるパートナーになれるはずです。

あなたの才能と人生のテーマ

並外れて鋭敏な感受性を持っている人です。心の世界へ傾倒が強いため、少し現実から遊離してしまうところがあります。それがよい方向に現れると、エゴが抑えられるでしょう。自分のことを後回しにして、多くの人に喜ばれることを目指すようになります。その姿勢を仕事に生かす場合は、どんな分野であろうとも、崇高なモチベーションを維持し続けることができます。たとえ功名心が満たされても、経済的に豊かになっても、それだけで満足することはありません。理想を目指して歩み続けるでしょう。その結果、自分でも驚くほどの成功を収める可能性があります。

適職は、セラピスト、占い師、音楽、アート、映像などのクリエイターなどです。しかし実業でもスポーツでも研究職でも、高い理想さえ忘れずにいれば、どんなジャンルでも力を出せるはずです。

相性リスト

恋人……………… 6月23・24・25日、8月26・27・28日
友人……………… 4月24・25・26日、12月23・24・25日
手本となる人…… 10月26・27・28日
助けてくれる人… 5月6・7・8日、7月18・19・20日、9月29・30日、10月1日、12月11・12・13日
縁がある人……… 7月24・25・26日、9月26・27・28日

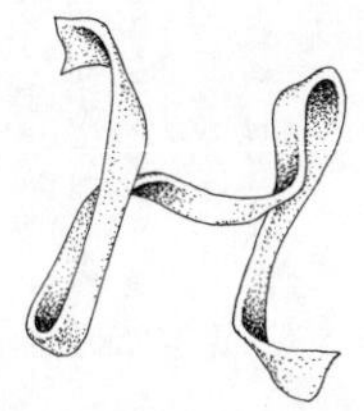

2月26日

魚座

PISCES

堅実さと想像力を併せ持つ人

長所

まじめで、豊かな想像力と創作能力がある。興味の幅が広い。実際的なアイデアが豊富。頼りがいがある。信頼される。

短所

心配性。疑り深い。いったん落ち込むとどんどん泥沼にはまる。自分の価値観にこだわり人に押しつけようとする。

この日生まれの著名人

ヴィクトル・ユーゴー（詩人・作家）／与謝野鉄幹（歌人）／岡本太郎（芸術家）／桑田佳祐（ミュージシャン）／三浦知良（サッカー選手）／クリスタル・ケイ（歌手）／山下洋輔（ピアニスト）／藤本美貴（タレント）

豊かな想像力に加えて、鋭い現実感覚もキチンと持っている人です。それがプラスに働くと、自分の豊かなイメージを現実化させてゆくことができるでしょう。例えばデザイン、作曲などの世界で活躍するかもしれません。その他のジャンルの仕事でも、現実味のあるアイデアを提案することができるので、成功を手にできます。

ただ、イメージ力と現実感覚という組み合わせがマイナス方向に働く場合も。そうなると、テレビの健康番組を見るたび「自分もこの病気かも」などと悩むといった心配性な面が表れそう。悲観的なイメージが膨らみだすと止まらなくなる傾向があるので気をつけて。悩みごとが出てきたときは、安心感を与えてくれる人に相談を持ちかけることを心がけましょう。不安をあおるようなタイプには近づかない方が無難です。

一方、他人の相談に乗るのは、この人の得意とするところ。相手が思いつかない解決策を考えつくので、人から大いに頼られるでしょう。

あなたの愛の形とは？

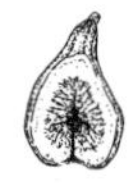

この日生まれの人の内側では、花火のようなひらめきがスパークしています。恋したときには、いっそう鮮やかに弾けるでしょう。楽観的なときには、愛する人との幸福な世界を描き、それを現実にするため、建設的に行動します。例えばふたりの時間をドラマティックに演出したり、サプライズを用意して驚かせることもあるで

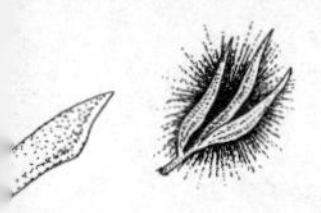

しょう。しかし、ネガティブな思いにとらわれているときには問題です。妄想にとりつかれやすく、愛されていないのかもしれない、だまされているのかもしれない、とどんどん悲観的になります。ただ悩むだけではなく、実際に自分の目で確かめようとして、トラブルに発展することが出てくるのです。

どんな人にもその人にしかわからない内面世界があります。その世界ごと相手を包み込むことが愛の最高地点です。あなたならその境地を目指せるはずです。

あなたの才能と人生のテーマ

無尽蔵のイマジネーションの泉を内側に秘めている人です。普通の人ならただの思いつきとしてあきらめてしまうようなことも、この日生まれの人は、現実世界に転化させる行動力も持っています。アイデアを生み、そしてそれを実用化させる、どちらのひらめきにも恵まれています。

ひとりよがりではなく、万人に受け入れられやすいその発想力は、社会のどんな分野にも応用できます。その力は幅広い方面で求められるでしょう。さらに一度決めたことは最後までやりとげようとする根気もあるため、実現性はずば抜けています。多くの人からの信頼も得られるでしょう。ただし周囲にも理想を押しつけると、孤立することがあるので注意してください。

適職は、デザイナー、作曲家、発明家、作家、アーティスト、料理研究家など。企業では、企画や開発などの部署でも活躍できます。

相性リスト

恋人	6月24・25・26日、8月27・28・29日
友人	4月25・26・27日、12月24・25・26日
手本となる人	10月27・28・29日
助けてくれる人	5月7・8・9日、7月19・20・21日、9月30日、10月1・2日、12月12・13・14日
縁がある人	7月25・26・27日、9月27・28・29日

それは、本当にあなたのためになることですか？

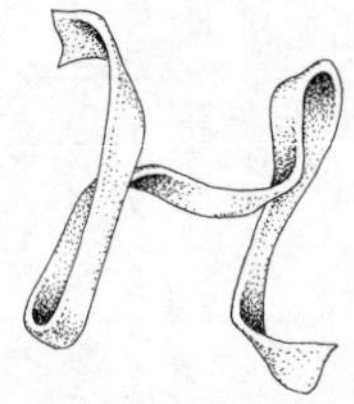

2月27日

魚座

PISCES

純粋で振り幅の大きい人

長所

人間味があり親切。情熱的で、行動力がある。純粋無垢。見返りを期待しない。自分の気持ちにまっすぐ向き合う。

短所

押しつけがましいところがある。感情的になり、冷静さを欠く面もある。気が向かないと後回しにする。やる気に波。

この日生まれの著名人

ジョン・スタインベック（作家）／エリザベス・テイラー（女優）／グッチ裕三（タレント）／徳永英明（ミュージシャン）／富田靖子（女優）／室井佑月（作家）／万城目学（作家）／ＮＩＮＡ〈NiziU〉（歌手）

感情に任せて行動を起こすことが多いのが、この生まれの人の大きな特徴です。そのためトラブルを起こすことも多いのですが、同時にその純粋な性質が他人から愛されるポイントでもあるようです。また、相手の気持ちに深く共感してあげられることも大きな魅力のひとつでしょう。人の苦労話を聞けば、涙を流して聞き入るし、相手の喜びごとには、まるで自分のことのように喜んであげることができる人です。

ただ、仕事のシーンなどでは感情任せの行動を控えるようにすべき。また、気持ちがすぐ顔に出るので、営業などの仕事にはあまり向かないかもしれません。さらに、テンションにかなり波があるという点も問題です。

やる気に火がついたときは人並み以上の働きをするし、素晴らしい成果を挙げられますが、モチベーションが低下すると、同じ人物とは思えないほど、ルーズな仕事をしてしまいがち。このあたりの自己コントロールがこの人の最大の課題です。

あなたの愛の形とは？

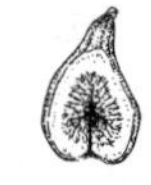

内側に強靭な生命力を秘めている人です。押さえても外側に現れるような、まぶしい生命力にあふれています。それと同時に、生まれたばかりの赤ちゃんのような無垢な魂を持っています。大切な人のことは、赤ちゃんが母親を求めるようなひたむきさで見つめているのです。

そのためこの日生まれの人は、愛したらその人のこと

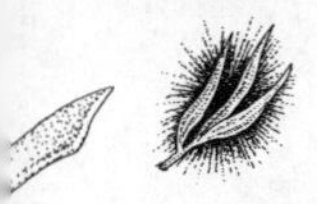

しか見えなくなります。心が寒くなると相手を求め、少しでも愛に不安が生じたら、自分を抑えられなくなってしまうのです。その思いが満たされず、他の人を求めてしまうこともあるかもしれません。

でもその不安定さも初めだけ。相手を信頼し、安定してくると、今度は本来の優しさが表面に出てくるでしょう。そして心の熱さ、強さも手伝って、愛する人を守ろうとするようになるのです。恋愛は、強く優しい人にあなたを成長させるものになるはずです。

あなたの才能と人生のテーマ

好きなことを追求することに関しては人後に落ちないタイプです。楽しいことをやっているときは、文字通り没頭し、他の人の声も耳に入らないでしょう。見返りをまったく期待しないまっすぐな気持ちで集中します。その反面気が向かないことであれば、義務であっても後回しにするような極端なところがあります。

そのため仕事は、好きなことだけ専門に打ち込めるようなものが向いています。好きなものでは人に負けたくないという負けず嫌いぶりをよい方向に伸ばしていけば、大成する可能性が高くなります。ただ、率直過ぎて言動過激になることもあります。フリーランスになる場合は、円満な人間関係を築くように心がけるといいでしょう。

適職は、カメラマン、漫画家、イラストレーター、俳優、建築士など。企業の中で働く場合は、営業面でその力を存分に発揮できそうです。

相性リスト

恋人	6月25・26・27日、8月28・29・30日
友人	4月26・27・28日、12月25・26・27日
手本となる人	10月28・29・30日
助けてくれる人	5月8・9・10日、7月20・21・22日、10月1・2・3日、12月13・14・15日
縁がある人	7月26・27・28日、9月28・29・30日

魔法の言葉

自分のためだけではなく、誰かのためのほうがずっと大きな力がでます

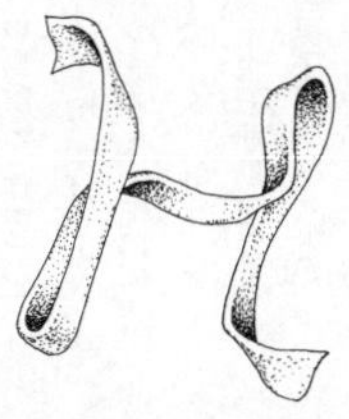

2月28日

魚座

PISCES

素朴で自分に素直な人

長所

素朴。優しく率直。人を疑わず人からも信頼される。裏表がない。うそをつかない。一途で誠実。大らかな精神。

短所

自分の都合を相手に押しつける。ちやほやされることに慣れている。依存心が強い。わがまま。無邪気に人を振り回す。

この日生まれの著名人

菅井きん（女優）／小島信夫（作家）／田原俊彦（タレント）／ブライアン・ジョーンズ（ミュージシャン）／菊川怜（女優）／膳場貴子（アナウンサー）／芳根京子（女優）／上白石萌歌（女優）／高橋恭平（なにわ男子）（タレント）

性格に裏表がなく、いつも自分を素直に表現できるピュアな人です。他人に対しての優しさも人一倍持っているし、うそがつけないタイプなので、親しくなった相手を安心させることができます。くったくのない笑顔を誰に対しても向けるので、すぐに他人と仲良くなってしまえる点も長所でしょう。

ただ、周りから甘やかされるとわがままになりやすいのが短所。人から愛される性格ゆえ、チヤホヤされることに慣れてしまうと、気づかないうちに他人を振り回すようになるので、自戒の意識を持っておくべき。それさえ忘れないようにすれば、どこにいっても人気者でいられるでしょう。

適性に関しては、自分が興味を持ったことを追い続けていくことが大事。やりたくない仕事についていては、能力が発揮されません。収入などの条件にこだわらずに、意欲を持ってできる仕事を見つけるようにすべき。そうすれば、とりたてた苦労をしなくても成功を手にできるでしょう。

あなたの愛の形とは？

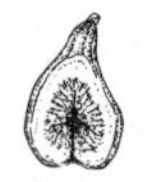

ナチュラルな気持ちを持った人です。いくつになっても、人を信じ続ける純真な心を失いません。そのため異性の前でも自分を飾ったり、身構えることをしません。とくに愛する人の前では、偽らない、ありのままの自分を率直に見せようとします。それが受け入れてもらえな

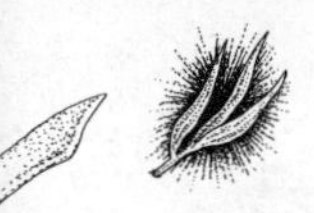

魔法の言葉

第一印象は決め手ではありません。先入観にとらわれないこと

いと疑うことができないあなたは、恋愛面で傷つくことも多いかもしれません。だからこそ、その気持ちを受け止めてもらったときには、無条件で相手を愛し、一途に相手に尽くす人になるでしょう。同時に相手にも無償の愛を求めます。そのため、無理難題を押しつけたり、わがままと取れる行動に出ることもありそうです。人を疑うことができない人だけに、相手に探りを入れることはできないでしょう。でも、ときには、自分の行動が相手の目にどんな風に映るか、相手に聞いてみるといいでしょう。

あなたの才能と人生のテーマ

この日生まれの人は、大人になっても幼いころの純粋さを失わず、周囲の人とともに歩いていこうとする、大らかな精神を持っています。また誠実な人柄ゆえに、人からも信頼されるのが強みです。さらに与えられたことがあれば、実直に、コツコツと積み重ねていける人です。

仕事では、誠実で人から頼りにされる個性を生かし、ほかの人の人生の深い部分と関わる仕事につくといいかもしれません。悩むこともありますが、そのうそがつけない人柄は、多くの人の心の救いになり、支持されるでしょう。あるいは、信頼できる人と共同で何かをつくり上げる仕事などでも、やりがいを実感できるでしょう。

適職は、カウンセラー、ライフプランナー、医療、福祉、保険関係などです。企業の中では、福利厚生、人事などの部署で、社内の人の信頼を得て、高く評価されるでしょう。

相性リスト

恋人	6月26・27・28日、8月29・30・31日
友人	4月27・28・29日、12月26・27・28日
手本となる人	10月29・30・31日
助けてくれる人	5月9・10・11日、7月21・22・23日、10月2・3・4日、12月14・15・16日
縁がある人	7月27・28・29日、9月29・30日、10月1日

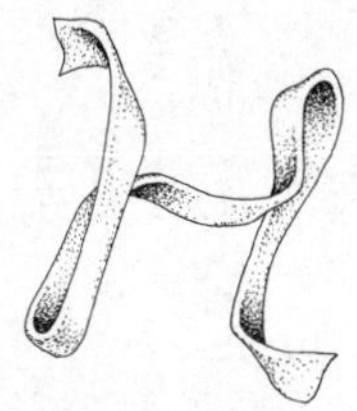

2月29日

魚座

PISCES

変幻自在の存在感を持つ人

長所

豊かなイマジネーションを持つ。創造的。大胆なアイデアを持つ。心優しく繊細で他人思い。常に新鮮で若々しい。

短所

周囲の顔色を気にしすぎる。遠慮してストレスをためる。わずかなことで傷ついてしまう。消極的。心配性。

この日生まれの著名人

マキノ雅弘（映画監督）／原田芳雄（俳優）／赤川次郎（作家）／ジョキアーノ・ロッシーニ（作曲家・美食家）／吉岡聖恵〈いきものがかり〉（ミュージシャン）

この生まれの人はまるで創造性の塊のような人。自分の内側からいろいろなアイデアが泉のように湧き出してくるタイプです。

ただ、心根が優しいため、世間のしがらみや周囲の期待に応えようとする気持ちも強く、そのため自分の創造性を発揮するチャンスを失いがち。やりたいことがあっても、家族などの顔色を伺って、機会を逃してしまうことが多いかも。少しワガママに生きてみるほうが、自分らしい人生を送ることができるはず。

また、この人は年齢や環境の変化に伴い、自己イメージをどんどんと変えていくタイプ。久しぶりに会ってみたら別人のよう！　という感じで、人を驚かせがちです。でも、それは悪いことではありません。いくつになっても世の中の変化に追いついていけるので、若々しさを保てるはず。仕事においても、現状キープにこだわらず、周囲が抱いているイメージをいい意味で裏切り続けていくとよさそう。そうすれば、常に創造的な仕事ができるでしょう。

あなたの愛の形とは？

心配りにあふれ、いつも誰かが傷つかないかと心配するような心の細かさがある人です。それは、あなた自身がとても細微なところまで感知する、やわらかな心を持っているため。これまで他の人の心無い言葉に胸を痛めた経験が数多くあったでしょう。それゆえ、恋をした

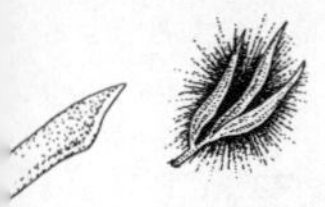

ときには、相手が傷つきはしないかと思い、肝心なことが言えなくなってしまう傾向があります。本当は胸の中に相手を喜ばせるアイデアがあふれているのにそれを口にすることができないのです。でも、あなたの創造性は、そんな自分をも変えていくことができるはずです。どんなふうに語れば誤解されないで思いを伝えることができるのか、どんなことをすれば相手も自分も幸せになれるのか……今はわからなくても、答えは必ず導き出せるはずです。それができる自分を信じてあげてください。

あなたの才能と人生のテーマ

この日に生を受けた人は、大胆かつ精緻なクリエイティビティを持っています。それと同時に、とても敏感でわずかな変化を察知できる観察眼もあります。

この力を社会で生かすためには、何かを創造する仕事につくといいでしょう。ただし基本的に優しいため、自分の案や言葉が誰かを傷つけることが耐えられないところがあります。そのため、人と競争するような場や、常に人の動向を探るような職場では、神経がすり減ってしまうかもしれません。その豊かな想像性を生かすためには、自分の世界を完成させるような、いわば孤高なイメージがある職業がいいでしょう。ひとりの時間を大切にすることが成功の第一歩です。

適職は、絵本作家、研究職、陶芸家、彫刻家、スポーツマンなどです。企業に勤める場合は、個性を生かせる若い企業がおすすめです。

魔法の言葉

小さな奇跡が起こる兆しが。
今はまだあきらめる時ではありません

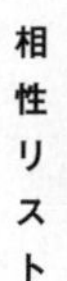

相性リスト

- **恋人**……………… 6月27・28・29日、8月30・31日、9月1日
- **友人**……………… 4月28・29・30日、12月27・28・29日
- **手本となる人**…… 10月30・31日、11月1日
- **助けてくれる人**… 5月10・11・12日、7月22・23・24日、10月3・4・5日、12月15・16・17日
- **縁がある人**……… 7月28・29・30日、9月30日、10月1・2日

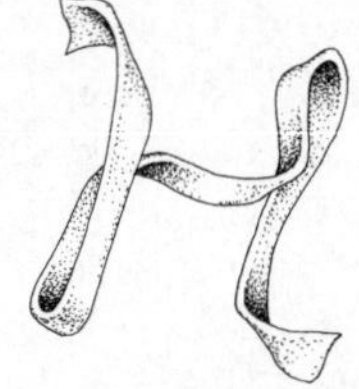

3月1日

魚座

PISCES

優しさとリーダーシップを併せ持つ人

長所

人の気持ちを尊重する。周りの人と相談しながら、無理のないリーダーシップがとれる。親切で人に優しく接する。

短所

単純。複雑なことを理解できない。好き嫌いが激しく、反対意見を受け容れられない。人間関係が狭くなりがち。

この日生まれの著名人

芥川龍之介（作家）／加藤茶（タレント）／川崎麻世（俳優）／中山美穂（女優）／南田洋子（女優）／グレン・ミラー（音楽家）／屋敷裕政（ニューヨーク）（お笑いタレント）／ジャスティン・ビーバー（ミュージシャン）

まるで春の太陽を思わせる堂々とした風格、明るさとぬくもり、そして優しさが息づいている人です。

人の気持ちを推し量ることが上手で、なおかつユーモアのセンスも抜群。この人の前にいるだけで、人は頑なな心がいつの間にかほぐれて、心を開いていることに気づくでしょう。そしてこの人のリードに安心してついていくことができるでしょう。リーダーとして、とても望ましい資質を持っています。

ただ本人は温かい、シンプルマインドで生きているため、複雑な事情や陰湿な関係を理解することができません。それゆえネガティブな状況を前にすると、避けて通ろうとする傾向が見られるようです。そして自分の好きな人、言うことを聞く、いわゆるイエスマンだけをそばに置くようにし、自分から人間関係を狭めてしまうこともあるかもしれません。

ネガティブマインドを持つ人の間に飛び込むことは、楽しいことではないかもしれません。けれども、それはいつかこの日生まれの人の心に有意義な体験として息づくことになるでしょう。勇気を出して、笑顔で接していくようにしましょう。

あなたの愛の形とは？

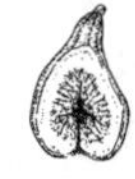

心の中に、あふれるほどの美しいイマジネーションを抱いているあなた。もちろん恋に対する思いもとりわけ詩情にあふれているでしょう。

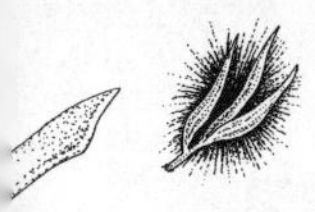

そのため若い日には、恋に過剰な憧れや期待を抱くところがあります。そして多くの初恋がそうであったように、恋愛の幻想に酔った末に、現実に気づき、ひそかに心を痛めるでしょう。けれどもそこで心の扉を閉ざしてしまうと、本当の恋の喜びに気づかないままで終わってしまいます。

あなたにとっての真実の愛とは、まず自分の心の傷を見つめ、それを癒すことから始まります。それから、異性の心の奥にある悲しみや寂しさに気づき、両手で受け止めてあげられるようになるでしょう。そのとき、人を愛することの重さを知るとともに、心にあふれてくる温かい思いに気づくでしょう。

あなたの才能と人生のテーマ

控えめで謙虚な人です。例えば、誰かがあなたの前に出たとしても、その後ろに立って微笑むようなところがあります。けれど、多くの人は前に立っている誰かではなく、背後で後光を放っているあなたの輝きに目を奪われることでしょう。

あなたは、自分の心がOKのサインを出す仕事に取り組むことで、光り輝くことができる人です。優しさと発想力がある人なので、人が見て気持ちがいいと思うようなものをつくり上げたり、安らぎを与えるような性質のものに興味を持ち、その力と才能を発揮するでしょう。

苦手なのは、あえて自分をアピールすることです。できれば少人数で、仕事に打ち込みたいという気持ちがあります。ただ、無理にアピールしなくても今できることに集中していれば、実を結ぶことになるでしょう。

適職は、作家、脚本家、演奏家、カウンセラー等です。

相性リスト

恋人……………… 6月28・29・30日、8月31日、9月1・2日
友人……………… 4月29・30日、5月1日、12月28・29・30日
手本となる人…… 10月31日、11月1・2日
助けてくれる人… 5月11・12・13日、7月23・24・25日、10月4・5・6日、12月16・17・18日
縁がある人……… 7月29・30・31日、10月1・2・3日

魔法の言葉

優しさこそが最大の武器。無償の愛、寛大さで迎えるとうまくいきます

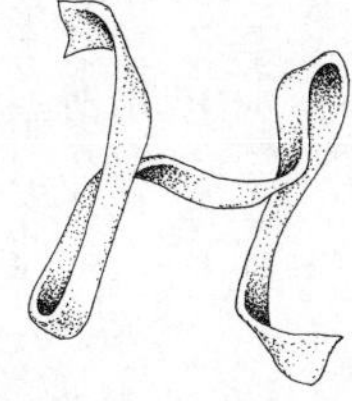

3月2日

魚座

PISCES

スピリチュアルな才能を持つ人

長所

繊細、直観力が優れている。目に見えない世界への理解があり、不思議な直観力を持っている。自分にうそがつけない。

短所

飽きっぽい。寂しさをまぎらわすために人を利用することも。夢を見るだけで実際の行動に移せなかったり無責任になる。

この日生まれの著名人

ミハイル・ゴルバチョフ（旧ソビエト連邦大統領）／カレン・カーペンター（ミュージシャン）／ジョン・ボン・ジョヴィ（ミュージシャン）／島崎和歌子（タレント）／三遊亭小遊三（落語家）／仲邑菫（囲碁棋士）

繊細な感性と直感力、細やかな情緒をそなえて生まれてきたあなた。霊性への深い理解があり、サイキックなものへの親しみも持っています。伝統宗教やスピリチュアルの世界の中から、本質的なものを探り出す洞察力も。

ただ心の世界への関心が強すぎ、現実世界にうまく対処できなくなったり、やりたいことがあっても、夢を見るだけで終わってしまう傾向もありそうです。イマジネーションの世界から飛び出し、自分の足で実際に一歩を踏み出したら、眼に見えるものが新鮮に輝き出すでしょう。自分のフィールドを広げる勇気を大切にしてください。

またとても寂しがりやのところもあります。そのせいで親しい人に依存したり頼りきったりするところもあるでしょう。それでも自分の気持ちに正直なので、ひとりでも大丈夫だと思うと、手のひらを返したような態度を取ることもあります。心を偽ってまで相手に合わせることはありません。けれども、相手にも心や感情があり、あなたの言動で傷つくこともあるのです。それを理解することができれば、あなたの人間関係は今以上に豊かに、充実したものになるはずです。

あなたの愛の形とは？

説明のできない神秘的なインスピレーションに導かれ、恋に落ちるあなた。例えば、夢の中に描かれた運命の人の名前を何かの形で目にしたり、不意に出かけよう

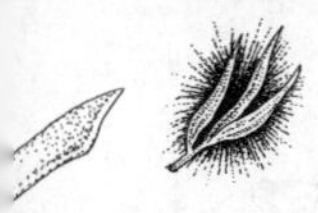

と決めた先で、人生に重要な役割を果たす相手とめぐりあったりすることもあるでしょう。

ただし、現実的な関係よりも、メンタリティを大切にするため､恋する人の中に理想と違う部分を見つけると、心が離れてしまうこともあるでしょう。

この生まれの人はどこかで天上世界での恋を夢見るようなところがありそうです。でもせっかくこの世に生を受けたのだから、この世界でしか体験できない人の肌の温かみを実感するような恋に向かい合ってみてもいいでしょう。先のことを思い悩むことはありません。直感の命ずるままに行動してください｡後は勇気を振りしぼり、愛する人の懐の中に飛び込んでいくだけです。

あなたの才能と人生のテーマ

宇宙の壮大なハーモニーを耳にして、その響きをこの世界に伝えること、それがあなたの使命のようなものです。もし、そのメロディを耳にした人が、悩みから開放されたり、希望の光を灯すことができたら、あなたはとても満足でしょう。

この力は、現実社会の中で、何かをつくること、目に見えないものを人々に伝える役割を担うと、評価され、受け入れられます。ただしあなたは、心の世界で生きることを好み、現実から離れたいと思う気持ちが強いのです。だから、多くの人たちに理解するように伝えることに熱意を感じないと､現実から浮遊することが多くなり、心に訴えかけるものが生み出せないかもしれません。意識して現実の世界に錨を下ろしましょう。

適職は、介護士、栄養士、海洋学者、医師、看護師、カウンセラー、酒造業、作家、翻訳者などです。

相性リスト

恋人	6月29・30日、7月1日、9月1・2・3日
友人	4月30日、5月1・2日、12月29・30・31日
手本となる人	11月1・2・3日
助けてくれる人	5月12・13・14日、7月24・25・26日、10月5・6・7日、12月17・18・19日
縁がある人	7月30・31日、8月1日、10月2・3・4日

魔法の言葉

インスピレーションという
あなたの高性能のアンテナを信じるべき

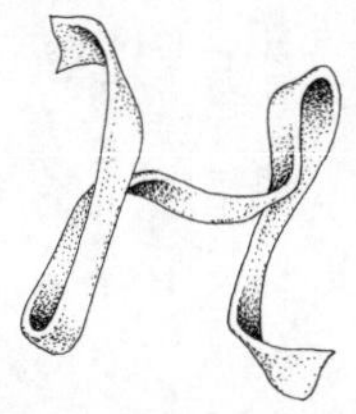

3月3日

魚座

PISCES

純粋な善意の持ち主

長所

優しく、人望が厚い。面倒を見ようとする。多方面に伸びる才能を持ち、人を楽しませることに喜びを見出す。

短所

思い込みが激しすぎる。お人よし過ぎて、頼まれると断りきれず、自分を追い詰める。話を脚色してしまうことがある。

この日生まれの著名人

グラハム・ベル（科学者・発明家）／村山富市（政治家）／竹中平蔵（経済学者）／ジーコ（サッカー選手・監督）／栗田貫一（タレント・声優）／マッハ文朱（タレント）／川島海荷（女優）

この日生まれの人の心の中の世界は、温かな人間愛と、無限の可能性に満ちた幸福なところです。その内部世界の光が外側にもこぼれて、とても魅力的な人をつくり出しています。

優しく温かい人柄にひかれて、周囲には多くの人が集まるでしょう。人の困っている顔を見るのが辛い、というお人よしの面もあり、頼まれると「ノー」と言えずに、無理難題を抱えてしまうこともあるでしょう。でもそんな部分も、あなたの人間的な魅力の一部。さらに、困ったときでも不思議な幸運が味方して、切り抜けられることが多いでしょう。

またいろいろなことに興味を持ち、多彩な才能を持つので、幅広い知識や技能を持っています。さらに見聞したことは、この人の心の中でドラマティックに彩られ、再現されることでしょう。その話は周囲の人を驚かせたり、感心させたりすることも多いでしょう。でも、人を楽しませたいあまりに、話が大げさになる傾向もありそうです。何事も度が過ぎると、信頼をなくしてしまう原因になります。サービス精神もほどほどにしておきましょう。

あなたの愛の形とは？

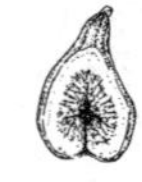

自由な発想で恋を楽しむあなた。また不思議なひらめきを得ることが多く、それを愛する人に伝え、喜ばせようとする気持ちが強いでしょう。だから、詩的なメール

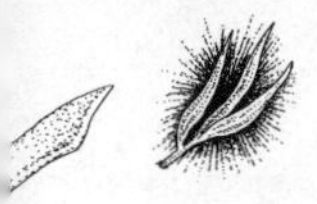

を送ったり、自分がインスパイアされたら、それを相手と分かち合いたいと思うでしょう。

ただあなたの発想はとても独創的です。だから相手が「よくわからない」という反応を示すこともあるでしょう。そんなときもあなたは沈み込んだり、「気持ちが通じない」と嘆くことはなさそうです。自分は自分、相手は相手と割り切った考え方ができているからです。それでも自分の気持ちはきちんと伝えなくては気がすまないところがあるのです。

だから恋の相手は、あなたのそんな気持ちに反応してくれる人が理想的です。たとえ自分は理解できなくても、あなたの思いを温かく汲んでくれる人がいいでしょう。

あなたの才能と人生のテーマ

未踏の地や、未知の世界に強くひかれる魂を持つ人です。異世界や異文化との接点から、インスピレーションを得て、新しい何かをつくり出す力を持っています。その描き出したものに触れた誰かが、幸せな思いになったり、力づけられたりする体験を通して、あなた自身も満たされていくでしょう。

この力は実社会の中で、海外の文化を輸入したり、逆に自国の精神風土を世界に発信したりするような仕事に向いています。若いときに留学するなど、いろいろな国の見聞を広めることが、その後の力になるでしょう。あるいは国内にいても、未知の世界への興味を広げること、ビジネス上のチャンスにつながることもありそうです。積極的な活動で運が開かれます。適職は、翻訳家、通訳、ガイド、パイロット、客室乗務員、外交官などです。企業では商社などにも活躍の道がありそうです。

相性リスト

恋人……………… 6月30日、7月1・2日、9月2・3・4日
友人……………… 1月1日、5月1・2・3日、12月30・31日
手本となる人…… 11月2・3・4日
助けてくれる人… 5月13・14・15日、7月25・26・27日、10月6・7・8日、12月18・19・20日
縁がある人……… 7月31日、8月1・2日、10月3・4・5日

魔法の言葉

不思議な力に守られています。そんなに怖がることはありません

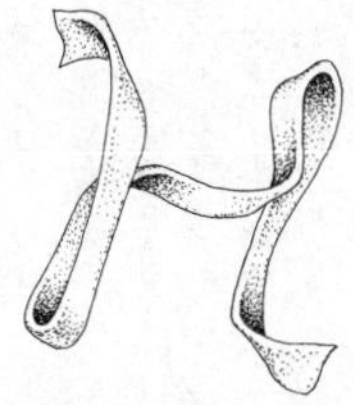

3月4日

魚座

PISCES

孤高の才能を持つ人

長所

直観力が優れている。創造性にあふれ、実行力もある。探究心が強い。うずもれていたもの、隠れているものに興味を示す。

短所

自分の価値観にこだわりすぎる。理想が高く、悲観しやすい。基本的に自分以外の人を信頼しないところがある。

この日生まれの著名人

有島武郎（作家）／アントニオ・ヴィヴァルディ（作曲家）／藤原新也（写真家）／浅野温子（女優）／佐野史郎（俳優）／六代目片岡愛之助（歌舞伎役者）／パク・ミニョン（女優）／小山璃奈（モデル）

例えば、あなたが強く心をひかれるものに夢中になっていると、友達から「変わっている」と言われたことがありませんか？　また同世代の人がおしゃれや異性のことに夢中になっている気持ちが理解できず、「自分は人と違うのかな？」と不安になる経験があるのではないですか？

そうだとしたら、悩むことはありません。この人は星の正しいサポートを受けていることになります。あなたは独自の才能を持ち、独自の道を歩くように運命づけられているのです。無理して周囲に合わせようとするよりも、自分の道を究めて磨くほうが、人生がスムーズに動き出すようになっているのです。あなたは、ほかの人が思いつかないようなことをイメージする才能の持ち主。強い空想力をもとに、内面の世界を、文章や映像などで表現できる行動力も持っているのです。

とくにオカルト的なもの、スピリチュアルなこと、歴史の中に秘められた真実などに興味を持っているなら、その探求を続けていきましょう。その世界はこの人の内面世界をより深化させ、いつかそれを表現する段階になったときに、それらは心の栄養になるからです。

あなたの愛の形とは？

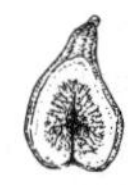

感受性が鋭く、天性の洞察力を持っているあなた。どんなに相手が外見を飾ろうと、あるいは言葉を尽くして心を偽ろうと、あなたにとって本物ではない異性に目が

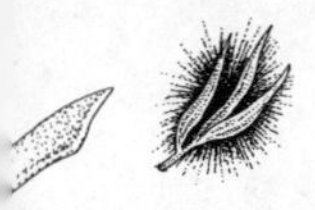

眩むようなことはないでしょう。

また、天上のハーモニーのような、汚れのない世界にひかれる傾向があります。その眼で地上の異性を眺めた場合には、恋に酔うことが難しくなってくるでしょう。また世俗にまみれるよりは、ひとりでいるほうがいいという潔癖な思いを持つ人も出てくるかもしれません。

けれども、あなたはひとりでいることはできないはずです。なぜならその魂の奥底には、温かさ、人を許し受け入れたいという愛の思いが眠っているからです。もし、その心を目覚めさせるような存在が目の前に現れたとき、あなたにとっての運命の恋が劇的に始まるでしょう。

あなたの才能と人生のテーマ

鋭敏な感受性を持っているあなた。普通の人には感じないような、霊的な啓示を授かることもあるでしょう。けれども同時に自分を客観的にとらえるような冷静な目を持っています。そこから生まれた言葉は、まさに正鵠を得て、多くの人に感銘を与えるでしょう。場合によっては、カリスマ的な影響力を周囲に与えることもあるでしょう。

ただし繊細な一面も持っているので、競争社会の中でしのぎを削るような職業では、インスピレーションの源が枯渇してしまう心配があります。変化があり、ある程度自分の世界を守れるような環境での仕事が望ましいでしょう。言葉や絵、音楽への興味があれば芸術方面に、事象を解析することに興味があれば、自然科学などの道も適しています。適職は、芸術家、宗教家、心理学者。または天文物理学者、生命科学の科学者などです。

相性リスト

- **恋人**……………… 7月1・2・3日、9月3・4・5日
- **友人**……………… 1月1・2日、5月2・3・4日、12月31日
- **手本となる人**…… 11月3・4・5日
- **助けてくれる人**… 5月14・15・16日、7月26・27・28日、10月7・8・9日、12月19・20・21日
- **縁がある人**……… 8月1・2・3日、10月4・5・6日

魔法の言葉

見落としていることがありそうです。

もう一度、今までのルートをチェック

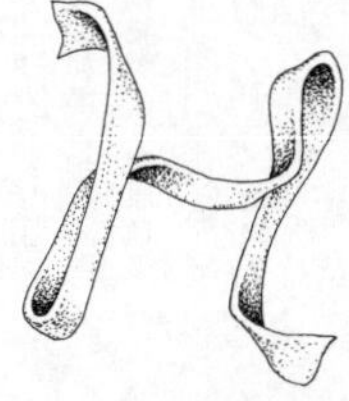

3月5日

魚座

PISCES

難問をクリアする感性の人

長所

利発。才気煥発。物事の背面まで見抜く眼力がある。表現力がある。人にわかりやすく話したり書いたりすることができる。

短所

言葉に敏感に反応しすぎる。気難しく人に心を開かない。親しい人にも本心を打ち明けたがらないところがある。

この日生まれの著名人

ゲラルドゥス・メルカトル（地理学者）／周恩来（中華人民共和国首相）／安藤百福（日清食品創業者）／栗原はるみ（料理研究家）／北条司（漫画家）／熊川哲也（バレエダンサー）／松山ケンイチ（俳優）／今田美桜（女優）

一種の神々しい天才性を秘めている人です。例えば、誰もが首をひねるような、難解な問題を一瞬で解いて、その答えをわかりやすく論理的に説明したり、あるいは、ダンスや絵画などの自己表現では、独自の境地を体現できるでしょう。また誰かが上手に伝えられないでいることを、誰にでも共感できるような言葉や話に翻訳し、多くの人の共感を呼ぶこともできるでしょう。

そんな多角的で深い感性を持った人ゆえに、ちょっとした言い回しや態度などにも敏感に反応します。そのとき、もしこの人の気持ちを逆なでするようなことを言うと、機嫌を悪くするような面もあるでしょう。自分でもそれに気がついて、感情を抑え込もうとして言いたいことを我慢するかもしれません。でもそれはかえってストレスをためて内的世界を貧しくするだけです。

むしろ、見たくないものを見続けるよりも、もっと心を大きく豊かにすることを目指してみて下さい。例えば、自分の心に滋養を与えるようなアート作品に触れて、心を解き放つといいでしょう。それを続けることで、今よりもしなやかな精神を持つ人になれるはずです。

あなたの愛の形とは？

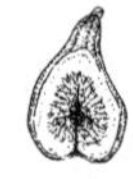

相手が何も言わなくても、その気持ちを理解できる聡明なあなた。相手が話し終わる前に、その意図するところを理解できるため、気配り上手な人として高く評価されます。そばで自分をサポートして欲しいと願う異性も

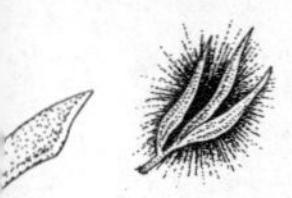

大丈夫。
そのことはあなたの心の栄養になります

多いことでしょう。

とても知的な人で、誇りを胸に秘めているため、冷静な人として振る舞うことが多いようです。けれども、あなたが望んでいるのは、心に鮮やかな喜びで満たしてくれるような恋なのです。

そんなあなたの恋の望みをかなえてくれる相手は、やはりあなたと同じように感受性が鋭い人でしょう。相手の気持ちを察する力がある人、また本当に美しいものを見抜く力があり、ふたりでそれを分け合うことができる才能を持っている人です。そんな相手は、待っているだけでは現れません。自分で探しに行く覚悟を決めたとき、あなたの運命の恋が動き出すはずです。

あなたの才能と人生のテーマ

鋭すぎるほどの感性を持っているあなた。とくに、言葉や文章に対するセンスには、眼を見張るほどのものがあるでしょう。ときには鋭すぎて、周りの人の言葉の使い方が気に障ることも。もしかしたら、自分でもその鋭敏さをもてあましてしまうこともあるかもしれません。

けれどもその感覚を自分の内側だけに秘めていることはないのです。実社会の場で、そのセンスを生かす場は数多くあるでしょう。

例えば文学や出版の世界、またはWEBなどの世界で、あなたの才能は発揮されそうです。また、別の分野に進んだとしても、言葉やコミュニケーション能力の高さは、必ず評価されるものです。常にいい文章に触れ、言葉の感覚を磨き続ける努力が、あなたの未来をつくります。

適職は、作家、編集者、WEBプランナー、図書館司書、獣医師、学芸員などです。

相性リスト

恋人……………… 7月2・3・4日、9月4・5・6日
友人……………… 1月1・2・3日、5月3・4・5日
手本となる人…… 11月4・5・6日
助けてくれる人… 5月15・16・17日、7月27・28・29日、10月8・9・10日、12月20・21・22日
縁がある人……… 8月2・3・4日、10月5・6・7日

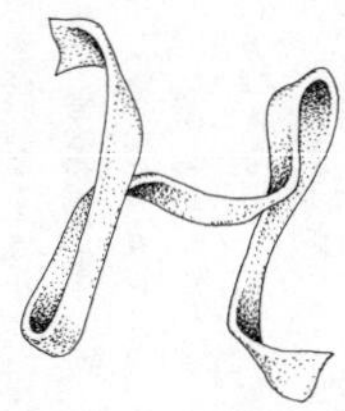

3月6日

魚座

PISCES

美しさを追及する人

長所

美しいものを愛する。芸術的な才能があり、独自の美意識を育てる。鑑賞眼がある。高い表現力をそなえている。

短所

表面的なものに目を奪われ、隠れているところに目を向けない。自己中心的なところがあり、人の価値観を認めたがらない。

この日生まれの著名人

ミケランジェロ（画家・彫刻家）／ガルシア・マルケス（作家）／宮本輝（作家）／高橋真梨子（歌手）／柳沢慎吾（タレント）／りんたろー。〈EXIT〉（お笑いタレント）／あいみょん（ミュージシャン）

この世界にある美しいものなら、表に現れたものはもちろん、内側に隠されているものまで、敏感に感じ取る美のセンサーのような人です。とくに音楽や絵画、ダンス、舞台など、人間の持つ表現力の美しさ、多彩さに感銘できる素直で、感度の高い芸術センスも持っています。またその感動を人に伝える能力も優れていて、この人の目を通して語られる芸術もまた、ひとつの芸術まで昇華されたものになりそうです。さらに自分自身が表現者として活躍する可能性にも満ちています。

芸術作品を愛し、日常生活を美しいもので満たしたいという思いが強いため、若いときには美しくないものを遠ざけようとする傾向も。そのため心の狭い人として周囲から誤解されることもあるかもしれません。

けれども本当は、優しく魂の清い人です。経験を重ね、人の心の中にある、純粋な部分を見抜くようにもなるはず。そしていずれその魂の美しさは、会話や態度、表現する作品などから、周囲にも伝わることになるでしょう。そのとき、この人の本当の真価と魅力が存分に発揮されるようになるはずです。

あなたの愛の形とは？

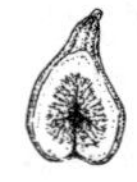

美しいものを手放しで賛美できる、素直な心を持っているあなた。芸術的なセンスも秀逸です。ファッションから身のこなしまで、とても優美なため、あなた個人がひとつの作品のように見えることでしょう。

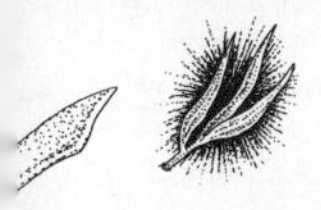

そのためか、恋の相手も完全なものを要求する傾向があります。容貌ばかりでなく、しぐさやファッションまでが、あなた好みでなければ、満足できない時期があるでしょう。

けれどもあなたは本来心が美しく優しい人。いくら外見が完ぺきであっても、心が伴っていない相手のことは、すぐに見抜くことでしょう。そして、心の美しさがそのまま形に表れているような人を選ぶようになるでしょう。

その日まで、傷ついたり、涙を流すこともあるかもしれません。けれども本当の美しさを求めていれば、いつか運命の相手が目の前に現れることでしょう。

あなたの才能と人生のテーマ

あなたは洗練された美的感覚を持って生まれた人。目をひかれるものはすべて芸術作品であるといっても言い過ぎではないでしょう。その周囲に、アーティスティックな空間をつくり上げることだけで満足できる人なので、自分の名を高めたいとか、成功したいという野望を持つことも少ないかもしれません。

けれどももし、芸術作品が、人の心を打ち、幸福にすることができるとわかったときには、使命感に打たれることがあるでしょう。そのときあなたは、天から授かったインスピレーションをもとに、芸術活動に励むことになるでしょう。あるいは、美しさを人に伝える役目を果たす可能性もあります。いかなるときも美と携わっていることで、人生の喜びを感じることができるでしょう。

適職は、ミュージシャン、ダンサー、画家、イラストレーター、俳優、美術評論家、画商などです。

相性リスト

恋人	7月3・4・5日、9月5・6・7日
友人	1月2・3・4日、5月4・5・6日
手本となる人	11月5・6・7日
助けてくれる人	5月16・17・18日、7月28・29・30日、10月9・10・11日、12月21・22・23日
縁がある人	8月3・4・5日、10月6・7・8日

魔法の言葉

自分のことだけ考えているかもしれません。心を落ち着けてもう一度本を開いて

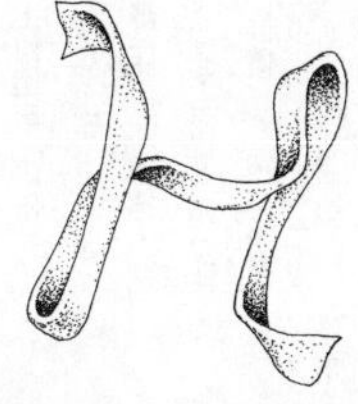

3月7日

魚座

PISCES

愛あふれるロマンチスト

長所

美しいものを愛する。芸術的な才能があり、独自の美意識を育てる。鑑賞眼がある。高い表現力をそなえている。

短所

理想にこだわりすぎる。過酷な現実から目をそむけようとする。過敏。ちょっとしたことで傷つき、ひとりで悩むことがある。

この日生まれの著名人

安部公房（作家）／上條恒彦（俳優）／矢沢あい（漫画家）／チャン・ドンゴン（俳優）／オール阪神（オール阪神・巨人）（漫才師）／モーリス・ラヴェル（作曲家）／永山絢斗（俳優）／菊池風磨〈Sexy Zone〉（タレント）

あなたには、伝説の人魚を思わせるような、不思議な力が宿っています。例えば、優雅で優しそうな外見を持っています。また、普通の人にはない、奥深い発想力と、静かな知性があります。さらに瞳には魅惑的な光が宿っています。それで、周囲の人も思わずこの人の言うことに従ってしまう場面も見られそうです。それはまるで人魚が不思議な歌声で人の心を操るように見えるかもしれません。

けれども、この日生まれの人は、高い理想を持ち、人の善意を信じて疑うことがありません。だから不用意に相手の心に接近しすぎ、突然裏切られることもあるでしょう。そんなとき、誰にも相談できず人知れず深く傷ついてしまうことも。人との距離の取り方が上手でないところも、人魚の心に似ているかもしれません。

でも、この人は、どんなに打たれても折れることがないしなやかで強い心を持っています。たとえ傷ついても、自分の理想を失うことはないでしょう。人の善意を疑うこともないでしょう。そして自分の前に広がる、可能性に満ちた海原を悠々と泳いでいくのです。

あなたの愛の形とは？

自分の心の動きに敏感なあなた。繊細なため、異性の前で自分を大きくアピールすることはあまりできないでしょう。でも愛が芽生えたときには、自分のすべてを投げ出せるほど、恋にすべてを賭けるでしょう。

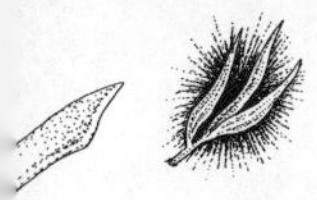

愛情表現は驚くほどロマンティックです。例えば、愛する人を喜ばせたいと思うあまりに、徹夜してメールの文面を考えるようなところもあるでしょう。

また涙もろく、愛する人が困ることを見過ごすこともできません。自分が犠牲になっても、相手を守ろうとか、助けようとするでしょう。ただあまりにもひたむきになりすぎ、相手が本当に望んでいることかどうか冷静に判断できないところもありそうです。

愛する相手と自分の間に、適度な心理的スペースを置くことを心がけてみてください。おそらくそこには静かで平穏な愛の時間が流れるはずです。

あなたの才能と人生のテーマ

インスピレーションに恵まれ、現実世界よりも、天上世界に近い感覚を持っているあなた。現実世界での生存競争や、争いからは距離を持っていたい、というのが本音ではないでしょうか。

この世界に生まれてきた以上、望みとは反対に、その競争を目の当たりにすることも多いかもしれません。そんな中であなたができることは、この世の醜さを嘆くことではなく、この世界の美しさを発見し、それを讃えることかもしれません。例えば、芸術の美しさです。絵画や音楽、舞踊の世界に携わり、それを広めていくことで、生きがいを感じること。あるいは奉仕する心の美しさで、医療や介護など、苦しむ人の力になることで魂を昇華させること。そこに、あなたが求めるこの世界の美しさが必ずみつかるはずです。

適職は、楽器演奏家、画家、映画監督、詩人、看護師、介護士などです。

相性リスト

- **恋人**……………… 7月4・5・6日、9月6・7・8日
- **友人**……………… 1月3・4・5日、5月5・6・7日
- **手本となる人**…… 11月6・7・8日
- **助けてくれる人**… 5月17・18・19日、7月29・30・31日、10月10・11・12日、12月22・23・24日
- **縁がある人**……… 8月4・5・6日、10月7・8・9日

魔法の言葉

緊張を抱えています。リラックスを。気持ちが緩むとうまくいきます

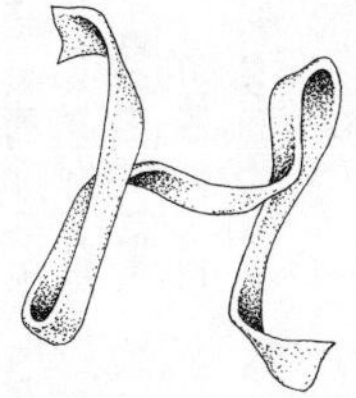

3月8日

魚座

PISCES

ほかの人を支えて生きる人

長所

優しい。人に親切。現実を直視する。感受性が鋭く、人のために骨身を惜しまず働く。心の奥底に高い理想を抱いている。

短所

深刻になる。悲観的になりやすい。卑下しやすい。自分のことを後回しにする傾向がある。アピールするのが苦手。

この日生まれの著名人

水木しげる〈漫画家〉／高木ブー〈タレント〉／宮尾すすむ〈タレント〉／角田光代〈作家〉／櫻井和寿〈Mr.Children〉（ミュージシャン）／須藤元気〈格闘家〉／髙地優吾〈SixTONES〉（タレント）

心の中に、優しさにあふれた理想世界をつくり上げている人です。そしてそれを日常の中につくり上げようとする熱意もあります。

とくに人に対して親切で、困っている人がいると、自然に身体が動いて、手助けをしたくなることがあるでしょう。表立って活躍するよりも、見えない部分で支えようとする犠牲的精神を発揮することもあります。

けれどもどんなにひたむきに働いても、現実がこの人に厳しい仕打ちをすることもあるはずです。そんな幻滅を繰り返すと、世界が色あせて見えるようになるかもしれません。すべてに悲観的になり、やる気をなくしてしまう恐れもあります。

それでも希望の火をともし続けてください。どんなに小さく弱く見えても、愛には力があるのです。親切なこと、自分にとって善であることを続けていくことで、目に見える世界は大きく変わっていくはずです。

もしも心が折れそうになったときには、芸術作品に触れるといいでしょう。心に眠っている感受性は美しいものに触れることで活気を帯びます。魂がリフレッシュされるのを感じられるはずです。

あなたの愛の形とは？

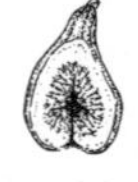

本当は気になる相手なのに、興味のないふりをしてしまったり、暖かい言葉をかけられて嬉しいはずなのに、皮肉な一言を言ってしまったり……。そんな経験はない

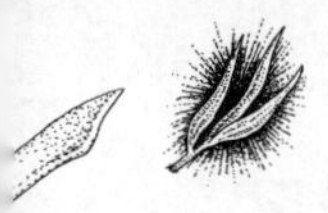

でしょうか？　もしあったとしたら、それはあなたが優しい思いにあふれているという証明のようなものです。もし自分の心を解き放ってしまったら、自分のすべてを賭けて、相手に尽くそうとするでしょう。それが哀しい結末を生んだこともあったかもしれません。だからこそ自分の心をコントロールしようとする傾向が強くなっているのでしょう。

でも、もうあなたは昔のあなたではありません。過去の痛みを通して、その心は強くしなやかになっているはずです。相手のために自分を差し出したとしても、決してあなたはもう傷つくことはないでしょう。希望を持って愛に向かい、歩き出してください。

あなたの才能と人生のテーマ

繊細なあなたは、人の痛みを直視することが耐えられない部分があるようです。だから、ときどきシニカルな態度をとることもありますが、本当は魂を燃焼させ、何かに打ち込みたいという強い意志を持っている人なのです。だからこそ、優しい心が弱点ではなく武器にできるような、そんな仕事を選ぶことが望ましいでしょう。

冴えた直観力を持っているので、芸術活動を通して、人の心に潤いを与えることができるでしょう。いわゆる芸術だけでなく、身の回りのもので美しいものや心豊かにするものをつくり上げることもできるはずです。

また、現実を見つめる気持ちがあれば、困っている人をケアするような仕事につくという道もあります。優しさを強さに育ててください。

適職は、公務員、美容師、陶芸家、ケアマネージャー、介護福祉士、カウンセラーなどです。

相性リスト

- **恋人**……………… 7月5・6・7日、9月7・8・9日
- **友人**……………… 1月4・5・6日、5月6・7・8日
- **手本となる人**…… 11月7・8・9日
- **助けてくれる人**… 5月18・19・20日、7月30・31日、8月1日、10月11・12・13日、12月23・24・25日
- **縁がある人**……… 8月5・6・7日、10月8・9・10日

ちょっと欲張りすぎてはいませんか。
すべては無理でも一つは叶います

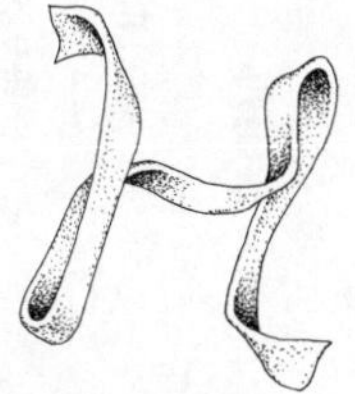

3月9日

魚座

PISCES

情熱で独走する人

長所

情熱的。行動力がある。芸術的なセンスがある。信念と勇気があり、気持ちを貫く。困難にあっても気を確かに持っている。

短所

短気。感情の起伏が激しい。自己中心的になりやすく、わがままな振る舞いが多くなる。

この日生まれの著名人

ユーリ・ガガーリン（宇宙飛行士）／木梨憲武（タレント）／ロイ・ジェームス（俳優）／梅原龍三郎（画家）／アメリゴ・ヴェスプッチ（探検家）／SUGA〈BTS〉（ラッパー）／千葉雄大（タレント）

鋭敏な感受性や、天から受けたインスピレーションを隠すことなく表現していく人です。

もともと高い理想を心に秘めている人で、それを実現させる方法を、啓示のように受けることもあります。そうなったときには、とくにエネルギッシュになる傾向があり、自分が思ったとおりに、行動するでしょう。

周囲の人に対しても、自分の意見をはっきりと伝え、リードしていこうとします。反対する人がいても、熱意を持って説得しようとする熱心なところがあります。

ただ、感情が豊かすぎるため、行動したり、人を説得するようなときには、冷静でなくなるような場面も見られそうです。またその場の勢いで発言することもあるので、言動が一致しないこともありそうです。それで周りの人を振り回す結果になるかもしれません。

それでも信念に従って行動することが、この人に与えられた使命なのです。その途中には、誤解されたり、人を敵に回すことがあるかもしれません。けれども結果を出すことで、あるいは結果のために行動をすることで、何かを変えることはできるはず。その真摯な姿はきっと、多くの人に感銘を与えることができるでしょう。

あなたの愛の形とは？

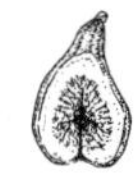

不思議な直観と、情熱的な行動力を持っている人です。例えば、名づけようのない感覚がひらめいた瞬間に、誰かのことを愛していることに気づくような、ドラマ

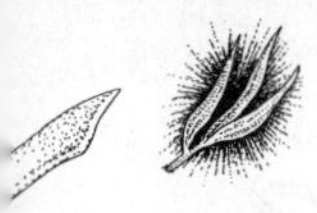

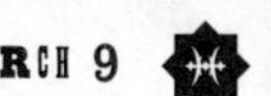

ティックな恋をするでしょう。また自分の心に素直な人で、恋する思いを心に秘めておくことができません。まっすぐ相手に向かって心を開いていくでしょう。

また、自分の中に信念を持っている人です。どんなに愛している人であっても、自分の信念と食い違いがあったときには、相手に合わせることができません。じつは寂しがりやなのに、譲ることができないので、苦しむこともあるでしょう。

その激しさのため、衝動的とか、わがままと言われることもあるかもしれません。けれどこの日生まれの人は、自分に正直であるほど魅力的に見える人なのです。自分らしさを貫くことで、恋を燃焼させてください。

あなたの才能と人生のテーマ

夢はかなえるもの、というのがあなたの信念です。好きなことがあったら、そのことしか見えなくなります。そして自分から、その好きなことに向かって歩いていく推進力があるのです。並外れた情熱と集中力とで、いつの間にか成功を手にしていることが多いでしょう。

子供の頃や学生時代から好きだったことが、そのまま仕事になることが多く、その道で成功を収めることもあるでしょう。もし、もっと実務的な仕事についた場合なら、趣味として生涯それを続けることで、生活に張りが出るでしょう。また正業とは違う形で、世に認められることもあるかもしれません。とにかく情熱を持って取り組める何かを、生涯持ち続けられるかどうかで、生活の満足度、幸福度が違ってくるでしょう。

適職は、作家、建築家、ダンサー、タレント、ファッションデザイナー、サービス業などです。

相性リスト

恋人……………… 7月6・7・8日、9月8・9・10日
友人……………… 1月5・6・7日、5月7・8・9日
手本となる人…… 11月8・9・10日
助けてくれる人… 5月19・20・21日、7月31日、8月1・2日、10月12・13・14日、12月24・25・26日
縁がある人……… 8月6・7・8日、10月9・10・11日

一人でやろうとしないこと。誰かがあなたを助けてくれようとしています

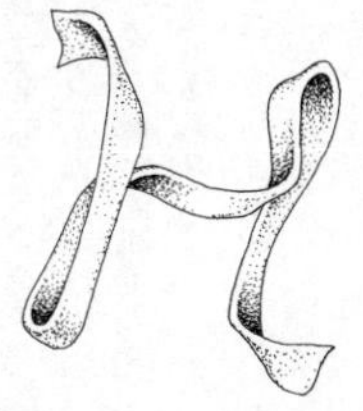

3月10日

魚座

優しさで人気を集める人

長所

自己表現方法がユニーク。心優しい。親切。人の話をきちんと聞く。相手の気持ちを理解するための努力をする。

短所

つき合いが表面的になることがある。本心を隠すところがある。適当に話を合わせる。人が盛り上がっているときに醒める。

この日生まれの著名人

渥美清（俳優）／藤子不二雄Ａ（漫画家）／徳光和夫（アナウンサー）／シャロン・ストーン（女優）／藤谷美和子（女優）／博多大吉（博多華丸・大吉）（漫才師）／米津玄師（ミュージシャン）

とても優しい心を持っている人です。さらにその温かさを言葉や態度で、まっすぐに表現することができる人。

相手の気持ちや置かれている状況をすばやく理解し、それに共鳴する感性もあり、相手が求めている言葉を的確に伝えることができます。さらに必要と思われた場合は、相手にとって適切なアドバイスを伝えることもあるでしょう。そのため、相手の心に深い感銘を与えることができるのです。

また内面には高い理想があり、自分をその境地に近づけようと、たゆまぬ努力を続けるような克己心もあります。また、芸術的なセンスもあるので、その理想を人に伝えるときには、情熱的でありながら、言葉や表現方法にこだわりを見せそうです。

人に対する優しさと、自分に対する厳しさが、この人の最大の魅力。周囲には輝きにひかれた多くの人が集まってくるでしょう。

その人気と一種のカリスマ性ゆえ、偶像視されることもありそうです。その人気に溺れず優しさを示すことができれば、人生はさらに充実したものになるでしょう。

あなたの愛の形とは？

優しい笑顔で異性に接する人です。元気のない人を励ましたり、喜んでいる人には心からお祝いが言えるような、曇りのない心も持っています。その笑顔や言葉に触れているうちに、心奪われてしまう異性も多いことで

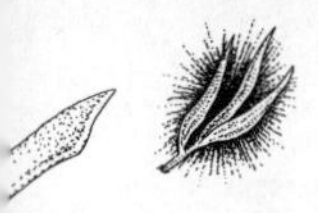

しょう。

けれども、自分を慕う異性からのアプローチをそのまま受け入れることは少ないようです。この日生まれの胸の奥には、理想とする異性像が飾られているのです。そしてその像と異なる人の愛情を受け止めることができなくなっています。そのため、表面的には輝いて見えますが、内面的には寂しい思いをしていることもあるかもしれません。

たとえ、外見的に理想と異なる特徴を持っていたとしても、内面まで違うとは限りません。そのことに気づいて、心からその肖像画を下ろしたときに、この日生まれの人にとっての、理想通りの恋がスタートするでしょう。

あなたの才能と人生のテーマ

人の気持ちを汲み取る優しさと、持って生まれた明るさと堂々とした風格で、多くの人をひきつけます。天性のリーダーシップをそなえている人です。

この日生まれの人は、その存在感で人の心を明るく照らし、もしも乾いている心があれば、それを潤すことに喜びを見出すでしょう。また、純粋な心の持ち主であるため、遊び心に満ちたものを愛する傾向が強いでしょう。

この資質は、社会の中で、政治経済やエンターテインメントの分野で応用できそうです。もし現実の世界で生活を明るく変えていきたいなら政治や経済の道に、フィクションの世界で、力を生かすことが望ましいでしょう。希望を持ちつづけている限り、不思議なカリスマ性で人をひきつけることができるはずです。

適職は、政治家、実業家、弁護士、タレント、プロデューサー、コメディアンなどです。

相性リスト

- **恋人**……………… 7月7・8・9日、9月9・10・11日
- **友人**……………… 1月6・7・8日、5月8・9・10日
- **手本となる人**…… 11月9・10・11日
- **助けてくれる人**… 5月20・21・22日、8月1・2・3日、10月13・14・15日、12月25・26・27日
- **縁がある人**……… 8月7・8・9日、10月10・11・12日

魔法の言葉

幸運の車輪が回り始めました。
今来ている波には乗ってみましょう

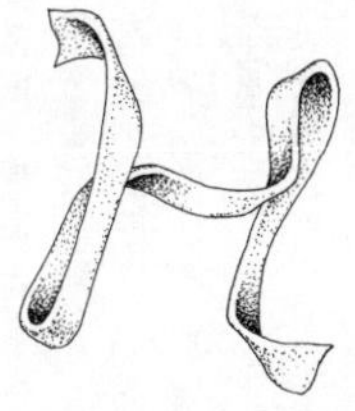

3月11日

魚座

PISCES

直感を生かす個性が光る人

長所

直感が鋭く、活動的。目標を絞り込んだら、推進力がある。指導力がある。責任ある仕事に就くと、一生懸命にやり遂げる。

短所

論理性に乏しい。思いつきで行動することがある。説明を省きたがる。自己完結して満足するようなところがある。

この日生まれの著名人

ダグラス・アダムス（作家）／梅宮辰夫（俳優）／三木谷浩史（実業家）／山野千枝子（美容家）／大沢たかお（俳優）／中村江里子（タレント）／UA（ミュージシャン）／土屋アンナ（モデル・女優）／白鵬翔（大相撲力士）

インスピレーションと感受性に恵まれている人です。この日生まれの人は、直感に導かれ、人生のビジョンを描く才能を持ち合わせています。この人にとっての天職、またはやりたいことや自分に適していることが、生き生きとしたイメージで浮かぶことがあります。それが常識とはかけ離れたものであっても、「そんなことは無理だから」と一蹴しないようにしてください。もしもそれが心躍るようなものであれば、この人にはそれをやり遂げる力があり、またそうする価値があるのです。

自分の道が決まったときには、とても積極的で行動的な人になるでしょう。ターゲットを見つけたら、そこに向かって集中的に挑むので、目標達成率はとても高いはずです。場合によってはリーダーとして周囲の人や、同じ志を持つ人の求心力になるでしょう。

おそらく強すぎる個性のために、万人に理解してもらったり、支持されることは期待しないほうがいいかもしれません。けれども、自分の道を歩き続けることで、他の人には到達できない境地に達することができる人なのです。心から愛して打ち込めることを見つけられるかどうかで、人生の充実感はまったく違ったものになるでしょう。

あなたの愛の形とは？

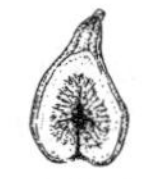

普段は端正な雰囲気を持ち、静かに人や物事を見つめている人です。けれども、この人の心の中には広くて深

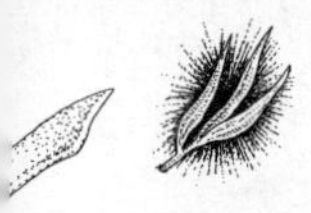

い湖があり、そこにはいつもあふれそうな愛の夢がたたえられているのです。もし、恋に落ちたなら、そのとたんに、その愛情が堰(せき)を切ってあふれ出すでしょう。そして、驚くほど情熱的な行動に出るでしょう。

ただ、もともと心の中にあった美しい夢と現実の愛情との間には、冷たい落差があるかもしれません。その厳しさに愛することをやめてしまいたくなることもあるでしょう。けれども一度流れ出した心は、もう止めることができないのです。恋をしたら、すべてを賭けて愛し抜く人です。幸せな関係を結ぶことができても、万が一哀しい結果に終わることになっても、決して後悔だけはしないでしょう。

あなたの才能と人生のテーマ

あふれるほどのイマジネーションに恵まれている人です。繊細さと同時に、人目を引かずにはいられない個性も持っています。それはたとえて言えば宵の明星のように、単独で輝き続けるような際立ったものなのです。

この資質をこの世界の中で生かすためには、自分に合った道をゆっくり確実に歩き続けることが大切です。強い個性のために、人々の賛同や、承認を得にくい時期もあるでしょう。けれどもこの人が混沌とした地を切り開いて進んでいくその後に道ができるのです。何よりも自分と直感を信じ、歩いていってください。

この日生まれの人の気質には、裏で人を支える仕事よりは、人前に出るような職業のほうが、合っているかもしれません。もちろん自分が好きなことを続けることが、何よりも望ましいことです。

適職は、ダンサー、スポーツ選手、タレントなどです。

相性リスト

恋人……………… 7月8・9・10日、9月10・11・12日
友人……………… 1月7・8・9日、5月9・10・11日
手本となる人…… 11月10・11・12日
助けてくれる人… 5月21・22・23日、8月2・3・4日、10月14・15・16日、12月26・27・28日
縁がある人……… 8月8・9・10日、10月11・12・13日

魔法の言葉

答えはイエス。ただし、あなたがコントロールできるなら

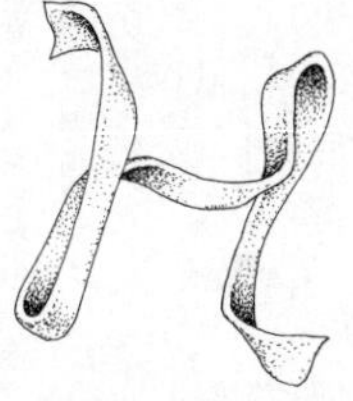

3月12日

魚座

PISCES

笑みを絶やさぬ人

長所

明るく大らか。ユーモア感覚が優れている。人を笑わすのが得意。順応性が高く、人の輪の中に進んで飛び込んでいく。

短所

欲しいものがあると抑制がきかない。贅沢で浪費型。後先考えないで行動することがある。人に注目されたがる。

この日生まれの著名人

江崎玲於奈（物理学者）／林家こん平（落語家）／やくみつる（漫画家）／ユースケ・サンタマリア（タレント）／小野真弓（タレント）／川村元気（映画プロデューサー）／くっきー！（お笑いタレント）

この日生まれの人の微笑みはまるで春の大地のような大らかさと、明るさに満ちています。ユーモアのセンスもあり、心が豊かになるような楽しい会話が好きで、いつもそれを心がけています。それに少しくらい辛いことがあっても、広く強い心で笑い飛ばすことができるでしょう。だから、この人が行くところには、かならず笑顔の輪ができているでしょう。

基本的に人間が好きで、ポジティブマインドの持ち主です。どんな人の間に立っても、またどんな環境にいても、その場に自分を適応させることが得意でしょう。そして好奇心も強いので、いろいろなことに挑戦し、自分のものにすることができるでしょう。ただ、あまりにも興味の対象が広すぎると、集中できなくなって中途半端になってしまうこともあるでしょう。

先のことを心配しない楽天家でもあるので、欲しいものがあったら我慢することをしません。多少浪費傾向もあるようで、まとまった金額が必要なときに困るようなこともあるかもしれません。この人の場合もう少し生活や興味をスリム化するほうがよさそうです。そうすれば、もっと大きなことができるはずです。

あなたの愛の形とは？

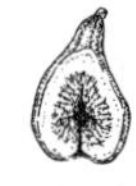

大らかで明るく、いつもこぼれるほどの笑みを浮かべている人です。その明朗な魅力が、男女問わず多くのファンを引き寄せているでしょう。また「どんな人にもいい

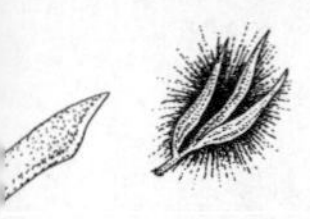

ところがある」という人間賛美の哲学を持っているため、人の心を和ませ、癒すこともできるでしょう。

そんな博愛精神を持つ以上、いろいろな人のことが気になって、なかなかひとりの人に絞り込むことができないかもしれません。けれども本気で人を愛するとしたら、それはこの日生まれの人の笑顔が曇ったときになるかもしれません。いつも周りを励ましている人が、心傷ついたとき。そしてその心の微妙な変化に気がつくような、繊細な感性を持つ誰かに支えてもらったとき。人の気持ちの温かさを別の意味で実感するでしょう。この日生まれの人が運命の愛を実感するのは、こんなときなのです。

あなたの才能と人生のテーマ

とてもポジティブで、創作意欲にあふれている人です。それも人々を元気にするような発想が得意です。そして、ブルーな人の表情に笑顔が戻るような何かをつくり出したいと願っているのです。また適応力があり、どんな場所でも、どんな人の間でも、違和感なく溶け込むことができるでしょう。

この資質を持っているため、この日生まれの人はどんな場所でも、快く受け入れられるでしょう。場の雰囲気を明るく変えたり、沈み込んでいる場所を活性化したりもできそうです。この才能は多くの人に囲まれた環境の中でこそ生かされるもので、人が多く活気のある職場で働くことが望ましいでしょう。

ただし、約束はきちんと守るようにしてください。明るい笑顔に信頼が伴えば、多くの人から支えられる人になるでしょう。適職は、サービス業、流通業、通訳、外交官、大学教授などです。

相性リスト

恋人……………… 7月9・10・11日、9月11・12・13日
友人……………… 1月8・9・10日、5月10・11・12日
手本となる人…… 11月11・12・13日
助けてくれる人… 5月22・23・24日、8月3・4・5日、10月15・16・17日、12月27・28・29日
縁がある人……… 8月9・10・11日、10月12・13・14日

魔法の言葉

自分自身を守ることを考えましょう。
誰かの犠牲になってはいけません

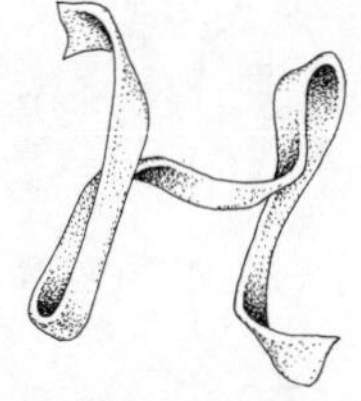

3月13日

魚座

PISCES

前衛的な感性の人

長所

個性的。自由。こだわりがない。他の人にはない鋭角的な芸術感覚を持つ。現実感覚もあり、必要なら実利も追求できる。

短所

他人に対して冷淡な行動を取ることもある。理屈っぽい。偏屈なところがある。要領よく立ち回ろうとし、地道な努力を嫌う。

この日生まれの著名人

高村光太郎（詩人）／鳥越俊太郎（ジャーナリスト）／吉永小百合（女優）／佐野元春（ミュージシャン）／今田耕司（お笑いタレント）／コロッケ（ものまねタレント）／中島健人〈Sexy Zone〉（タレント）

感性が豊かなうえに、ユニークな発想力を持っているので、時代の先端を行くようなアイデアマンとなるでしょう。クリエイティブな仕事でも、芸術的な仕事でも、成功を収められるはず。また、実業家として競争社会を生き抜くことも、この人の発想力を持ってしたなら大成功の可能性が。

ただ、日常生活においては少しばかり変わり者かもしれません。社会のマナーや慣習に弱いところがあるため、常識を求められる堅くるしい集まりは苦手なはず。集団生活にも、あまり向かないタイプです。そのため、会社勤めをするより、自宅でできる仕事をしたほうが気楽かもしれません。とはいえ、自宅にこもりきりのような生活をしていると、発想力が鈍るので注意すべきです。常に周囲に対してアンテナを張っておくことが、クリエイティブな才能の開花につながるはずです。

また、豊富な話題を持っておくように心がければ、生来の独特な語り口が受けて、どこにいっても人気者でいられるでしょう。

あなたの愛の形とは？

自由を愛し、ありのままの自分で、物事に向き合っていく人です。相手の年齢が上であっても、組織的な立場に上下があっても、コントロールされることを嫌うところがあります。恋をしたときも、相手を信頼し、尊敬もしますが、束縛や行動を指図されそうになると、心に抵

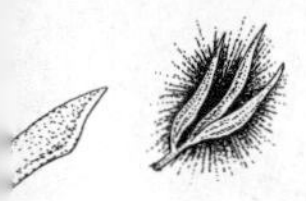

抗感を覚えることがあるでしょう。

もし、自由に振る舞うことを許してくれる相手であれば、本来持っている才能を発揮して、恋を楽しむことでしょう。もともと芸術的な発想ができるため、なにげない日常のシーンを劇的に演出することもできる人です。あるいはふたりで一緒に何かをつくり上げる楽しさを味わうことができそうです。

自分のことを信頼してくれた上で、自由と可能性を与えてくれる相手がいたら、その愛にこたえるために、一層魅力的に輝き続ける……それがこの日生まれの人の愛し方なのです。

あなたの才能と人生のテーマ

自由で何者にも縛られない魂を持ってこの世に誕生してきたのが、この日生まれの人です。常識や社会通念にとらわれず、魂が喜ぶものを求め続けます。そのため、周囲の人から理解されないこともあるかもしれません。けれども、それで周囲の声にのまれない意思を持っているのがこの人の強みです。

この日生まれの人が社会の中で成功するには、専門的な知識や独自の才能を伸ばしていくことが大切です。とくに新しい技術を開発するような仕事で力を発揮できそうです。

組織の中では、その中のルールや社風に染まることができず、独自の行動をとることが多いでしょう。そのため、自分ひとりでできる業態を選ぶか、あるいはフレキシブルなワークスタイルが確立されている会社などで働くほうが向いています。適職は、音楽家、工芸家、バイオ、ITなどの研究者・技術者などです。

相性リスト

- **恋人**……………… 7月10・11・12日、9月12・13・14日
- **友人**……………… 1月9・10・11日、5月11・12・13日
- **手本となる人**…… 11月12・13・14日
- **助けてくれる人**… 5月23・24・25日、8月4・5・6日、10月16・17・18日、12月28・29・30日
- **縁がある人**……… 8月10・11・12日、10月13・14・15日

魔法の言葉

びっくりするようなことがあるかも。でもそれは新しい始まりの始まり

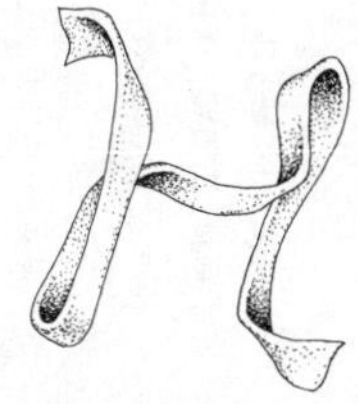

3月14日

魚座

PISCES

科学と芸術を生きる人

長所

知的好奇心が強い。分析力がある。軽快で物わかりがよい。抽象的な思考能力がある。多彩な才能を生かせる。割り切りが早い。

短所

現実感覚が薄い。飽きっぽいところがあり、集中力に欠ける。自分の都合がいいように解釈する。真顔でうそがつける。

この日生まれの著名人

アルベルト・アインシュタイン（物理学者）／赤木春恵（女優）／五木ひろし（歌手）／山口智充（お笑いタレント）／姿月あさと（女優）／藤田田（実業家）／松田直樹（サッカー選手）／黒木華（女優）

ひとつのことに集中するのが苦手なタイプですが、才能は多彩。科学的なセンスを持ちつつ、芸術的なクリエイティビティーも有しています。そのため、ジャンルの異なる2つの仕事をかけ持ちしたり、仕事と趣味に同程度の力を注ぎ続ける、といった人生を送るかもしれません。知性が非常に高いので、専門的な仕事を複数こなすことも、十分に可能でしょう。むしろ、そのほうがモチベーションが上がるかもしれません。

ただ、時間管理は苦手なほう。そこは注意すべき点です。ひとつは昼間の仕事、もうひとつは夜の仕事というように、スケジュールはしっかり分けるべき。仕事の時間と趣味の時間の区分けも大切です。また、健康管理に対しても若いうちは無関心かもしれません。自分の体を労わることを早く覚えたほうがいいでしょう。

人間関係は浅く広くなる傾向が。じっくりつき合える相手を見つけたいなら、仕事より趣味の仲間探しをするほうがいいかもしれません。

あなたの愛の形とは？

ロマンティックな感性を持ち、美しいもの、はかないものに心ひかれながらも、それに流されることなく、客観的に相手を見つめることができる人です。また、流れるものや変化するものをとどめておくことはできないという、この世の真理に厳かに従う人です。

だからこの人は、たとえ唐突な恋の終わりが来ても、

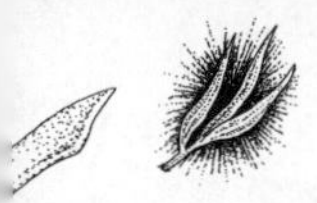

魔法の言葉

今ネガティブに見えていることは実は幸運のタネかもしれません

動じるような態度は見せません。そんな態度が冷淡とか、飽きっぽいと言われることもあるでしょう。本当は心の中は悲しみでいっぱいであったとしても、それが自然なことだと思ったら、事実を受け入れるでしょう。それに本人も自分の心に忠実です。永遠の愛を誓った人がいたとしても、それが変質してしまったと認めたときには、約束に従わずに心に従います。

だから恋の相手は、同じように自分の心に忠実な人を選ぶほうが、充実した恋愛ができるかもしれません。

あなたの才能と人生のテーマ

神秘的な霊感を授かりながら、同時に冷徹な科学的事実を見つめることができる人です。奇跡の賜物としか思えないイマジネーションを受け取っても、それを頭から信じるようなことはありません。冷徹とも言えるまなざしで自分自身を見つめ、単なる夢や願望の類であれば、淘汰してしまうような厳しさも持っているのです。

この才能は、科学的な方面に興味があれば、自然科学や工学などの分野で生かすことができるでしょう。あるいは、文学や芸術方面に興味があれば、多くの人の心に感銘を与える作品を生み出すこともできそうです。いずれにしても人の生活や地球に奉仕したいという気持ちがあるので、実利優先の職業よりも、何かの形で世界に利益を還元できる職業を選ぶといいかもしれません。

適職は、物理学や天文学などの研究者、芸術家、CGクリエイターなどです。

相性リスト

恋人……………	7月11・12・13日、9月13・14・15日
友人……………	1月10・11・12日、5月12・13・14日
手本となる人……	11月13・14・15日
助けてくれる人…	5月24・25・26日、8月5・6・7日、10月17・18・19日、12月29・30・31日
縁がある人………	8月11・12・13日、10月14・15・16日

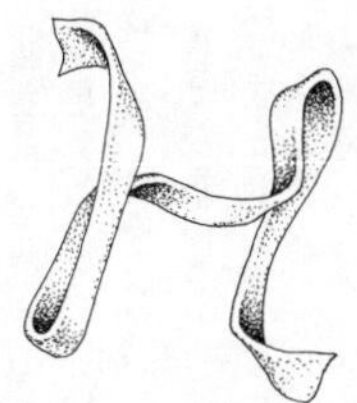

3月15日

魚座

PISCES

いつのまにか相手を魅了する

長所

感受性が豊かで優しい。物腰が柔和でまなざしが魅惑的。口調が穏やか。セクシーな魅力がある。平和を好む。

短所

自分の理想を人に押しつける。人の目線を意識しすぎる。虚栄心が強く、外見を飾り立てようとする。実は負けず嫌い。

この日生まれの著名人

針すなお（漫画家）／横峯良郎（ゴルフコーチ・政治家）／肥後克広（ダチョウ倶楽部）（お笑いタレント）／武豊（騎手）／山本〝KID〟徳郁（総合格闘家）／純名里沙（女優）／平岩弓枝（脚本家）／黒島結菜（女優）

とてもチャーミングでコケティッシュな魅力の持ち主です。男性であれば、セクシーでありながら、可愛らしくも見える人でしょう。女性であれば、女らしい魅力で非常にモテるはず。男女の別に関わらず、人あたりがとてもスマートなので、同性からも好かれるタイプです。

ただ、自分なりの美学を持っているタイプなので、ファッションスタイルなどは個性的になりやすく、その独特の雰囲気ゆえ、第一印象では人から敬遠されることも。けれども、親しくなってしまえば、人柄のよさが相手に伝わるので、敵をつくることは少ないでしょう。

芯の強さもある人なので、異性関係に溺れるという心配もないでしょう。とはいえ、無自覚のままに振りまいてしまうセクシャル・アピールのせいで、異性関係のトラブルを起こしがちです。その魅惑を生かせるショービジネスや芸能などの仕事につけば、大活躍ができるでしょう。ロマンティストなので、芸術方面に向いている人もいるでしょう。

あなたの愛の形とは？

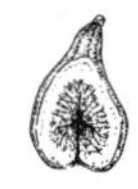

イマジネーションが豊かで、さらに美しいものを愛する人です。恋愛に対しても、初期のうちには、かなり過大な期待を持っていると言えるでしょう。まだ出会う前から、ヘアスタイルからファッション、告白するときの言葉まで、美意識で構成された、理想像を胸に生きるところがあるのです。

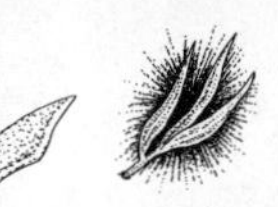

けれども現実を前にしたときには、愛していると思った人の行動が理想と違うあまりに、幻滅を覚えることもあるかもしれません。そのため、情熱的な愛を語ったその唇から、冷淡な別れの言葉が飛び出すかもしれません。

けれども、本来優しい心を持った人です。現実の世界の人の涙や体温に触れているうちに、理想像ほど美しくなくても、それ以上の価値を見出すことでしょう。この日生まれの人は、このようにして自分の心を育て、そして愛を知っていくのです。

あなたの才能と人生のテーマ

揺るぎない確かな美学を持ち、それを表現していくことが、この日生まれの人の人生のテーマと言えるでしょう。

美しさを愛するゆえに、芸術や音楽、文学、映像へのかかわりが深いでしょう。社会の中では、芸術と関わり続けることで、生活をより鮮やかに彩ることができるはずです。

もちろん、芸術以外のことにも美を見出すことができるのがこの日生まれの人の才能です。衣食住などに関する生活全般の美意識を変える仕事に携わるのもいいでしょう。場合によっては、数学や生物学の中に、美を発見してその探求に情熱を捧げるかもしれません。何にしても、この人の才能は自分が美しいと思ったものでなければ、生かされることはないでしょう。好きなものと関わる仕事につくように、誠心を注いでください

適職は、作家、映像作家、画家、音楽家、数学者、デザイナーなどです。

相性リスト

恋人	7月12・13・14日、9月14・15・16日
友人	1月11・12・13日、5月13・14・15日
手本となる人	11月14・15・16日
助けてくれる人	1月1日、5月25・26・27日、8月6・7・8日、10月18・19・20日、12月30・31日
縁がある人	8月12・13・14日、10月15・16・17日

魔法の言葉

いつも優等生である必要はないのです。
ちょっとくらい外れてOK

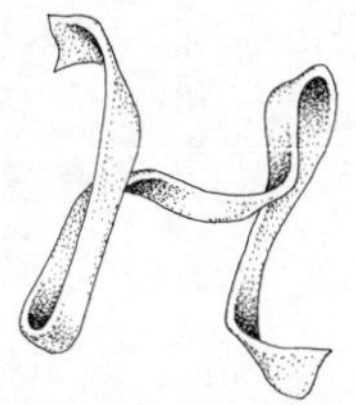

3月16日

魚座

PISCES

今、ここにないものを大事にする人

長所

人に優しい。思いやりにあふれている。芸術的センスがあり、心や精神への造詣が深い。感受性が鋭くロマンチスト。

短所

極端に考える。自分の趣味に合わないものを排除しようとする。人に利用されやすい。夢見がちで現実感覚が薄い。

この日生まれの著名人

鳳啓助（漫才師）／浅利慶太（演出家）／姫神（ミュージシャン）／鳥越マリ（女優）／渡辺二郎（プロボクサー）／初代若乃花幹士（大相撲力士）／木村多江（女優）／髙橋大輔（フィギュアスケート選手）

感性の強さに加え、理想への到達を目指す強い意欲を持つ人です。芸術性や美的センスにも非常に優れているタイプ。ただ、そのセンスの高さゆえ、現実世界や自分自身に不満を抱きやすい傾向があり、現状に幻滅すると現実逃避的な活動にどっぷり浸かってしまう心配が。

でも、現状への不満感が「なんとかして理想的な生活、理想の自分といったものにたどり着きたい」という欲求につながっていくようになると、この人は強さを見せます。とてもストイックに仕事や自分磨きに打ち込んでいき、自分の頭の中に存在する理想世界を現実化してしまうはず。「誰も見たことがないから」という理由だけで理想の追求を止めてしまわないようにしたいものです。また、自分のセンスを生かせる仕事につくことも大切です。

自分に厳しいいっぽうで、他人には優しいタイプですから、人受けもいいでしょう。気持ちが通じる相手を自然と引き寄せるような不思議な力もあるので、人間関係には恵まれます。

あなたの愛の形とは？

心の世界に敏感な人です。この現実よりも、天使たちが棲むようなけがれなき世界にひかれるような部分もあります。心安らぐサンクチュアリを求め、その中で、浄らかに暮らすことを切望するところがあるようです。

けれどもその心の中には優しさがあふれています。そ

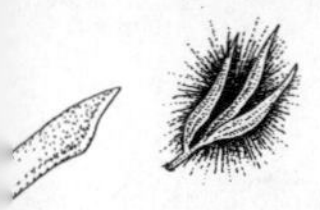

れがこの現実世界とのつながりを担っているのです。

この日生まれの人が、恋に落ちるときは、間違いなく相手の心の美しさに共鳴したときでしょう。もし、そのときに相手に奉仕したいという優しい思いに導かれたときには、相手の世界に引き込まれてしまうようなところがあります。そして支え包み込む、愛に生きる人になるでしょう。

どちらの道を選ぶのも自由ですが、天使たちの国に帰る前に、この世界の中で愛に生き、愛に苦しむことも、貴重な体験ではないかと思います。

あなたの才能と人生のテーマ

高い芸術性と表現者としての自覚を持ち、この世に送られてきた人です。胸の中の理想世界を、この現実の中に実現させることを使命とするような部分もあるでしょう。

社会の中では、芸術家として、あるいは芸術作品でなくても、何かをつくり上げることを通して、心の中の思いを訴える人になるでしょう。

その創造性も、流行や潮流、あるいは商業主義に乗せられるようなものではありません。あくまで作品を通して心の安寧や平和などの理想を表現したいと思っているのです。その過程では、自分の才能を疑いたくなるときもあるかもしれません。けれども、ひたすら研さんを続けていけば、いつか道は通じるはずです。その日を信じて、歩み続けてください。

適職は、CGクリエイター、映像作家、ピアニストなどの演奏家、彫刻家、デザイナー、アニメーターなどです。

相性リスト

恋人	7月13・14・15日、9月15・16・17日
友人	1月12・13・14日、5月14・15・16日
手本となる人	11月15・16・17日
助けてくれる人	1月1・2日、5月26・27・28日、8月7・8・9日、10月19・20・21日、12月31日
縁がある人	8月13・14・15日、10月16・17・18日

魔法の言葉

今あなたの頭の中に浮かんできた、歌の歌詞にヒントがあるでしょう

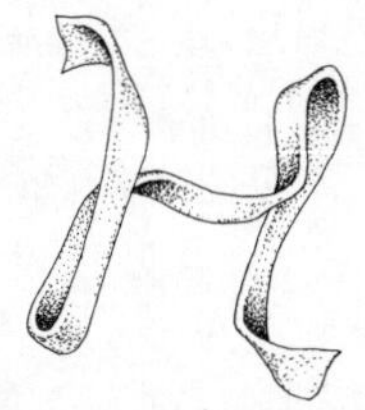

3月17日

魚座

PISCES

分析力と直感を秘めた人

長所

親切で誠実。分析力と問題解決能力がある。現実的に物事を処理する。夢を見る力と、現実を直視する力の両面がある。

短所

ネガティブに物事を考えすぎる。ストレスにさらされると弱い。しつこいところと、あきらめの早いところが同居している。

この日生まれの著名人

横光利一(作家)/マギー司郎(マジシャン)/カート・ラッセル(俳優)/甲本ヒロト(ミュージシャン)/船越英二(俳優)/香川真司(サッカー選手)/玉森裕太〈Kis-My-Ft2〉(俳優)/早見あかり(女優)

現実的な分析力と、理想を夢見る想像力の両方を併せ持つ人です。この能力の組み合わせがプラスに働いている限り、この人はとても有能で聡明な人でしょう。きちんと現実を把握したうえで、さらなる高みを目指すためのアイディアを次々と考えていくからです。他人の悩みごとに対しても、真摯に耳を傾けて、解決のためのヒントを授けようとするので、人望も厚いはずです。

ただ、現実を知る力と理想を抱く能力がうまく合致しないときは、ネガティブな性質が顔を出すことに。とくに、挫折を経験したあとは世の中に対して悲観的になってしまったり、人を疑って遠ざけたり、というマイナス思考に囚われてしまうかもしれません。精神的ストレスの強い時期にも、ネガティブな考えが強まるので注意をすべき。自分なりのストレス解消法を見つけることが健やかな心を保つためのポイントです。また、楽観的な友人とのつき合いも、この人にとって心の栄養となるでしょう。

あなたの愛の形とは？

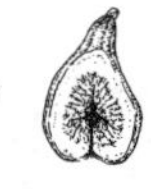

鋭いインスピレーションと分析力をそなえているため、愛する人が望んでいることを察することができる人です。そして、優しい心を持っているために、相手の気持ちにできる限りこたえていこうとするでしょう。相手が口に出して望んでいないときでも、気持ちを察してあげたいと思うのです。

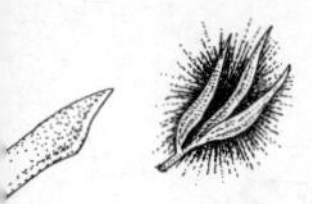

けれども、ひとりの力でその気持ちにこたえられないと思ったときには、責任を感じて悩むことがありそうです。そして、それを愛する人に打ち明けることなく、ひとりで問題を抱えてしまうことがあるのです。

何かをしてあげないと、愛されないと思い込むところは、この日生まれの人の悪い癖です。もともと相手が期待していないこと、頼んでいないことに対してまで、気をまわさなくてもいいのです。もっと相手を信頼してみましょう。そのほうが相手も安心するかもしれません。

あなたの才能と人生のテーマ

この日生まれの理想は、平和で安定した世界を築き上げることです。その理想の種を現実という大地の中で、しっかり育てて生きたいという願いを持っています。

才能的には、適応力と分析力、そして問題解決能力をそなえています。その力は実生活や実社会の中では、人の気持ちを推し量り、それを相手の代わりに整理してまとめるような仕事で生かされそうです。人間関係の調整役や、人と一対一で向き合うような仕事は適任でしょう。

ただし相手の気持ちを汲み上げるのは得意でも、自分の思いを適切に主張せず、ため込んでしまうところがありそうです。複雑な人間関係の中では、ストレスの解消手段の有無が、仕事への満足感や達成感を左右します。自分なりの不満解消法を探しておくことが大切になるでしょう。

適職は、臨床心理士、カウンセラー、販売業全般、美容師などです。

魔法の言葉

夢や願いもどんどん更新していくべき。古びた考えにしがみつかないこと

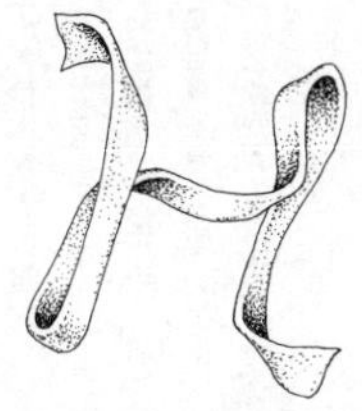

相性リスト

- **恋人**……………… 7月14・15・16日、9月16・17・18日
- **友人**……………… 1月13・14・15日、5月15・16・17日
- **手本となる人**…… 11月16・17・18日
- **助けてくれる人**… 1月1・2・3日、5月27・28・29日、8月8・9・10日、10月20・21・22日
- **縁がある人**……… 8月14・15・16日、10月17・18・19日

3月18日

魚座

PISCES

情熱と繊細さを併せ持つ人

長所

エネルギッシュで情け深い。人間性にあふれている。パワフルで行動的。ストレートでわかりやすい。新しいことを好む。

短所

気が短い。結論を急ぎすぎる。感情的になると冷静さに欠ける。競争心が激しく、自分の非や落ち度を認めたがらない。

この日生まれの著名人

フランク永井（歌手）／横山やすし（漫才師）／ワダエミ（衣装デザイナー）／奥田瑛二（俳優）／村田雄浩（俳優）／豊川悦司（俳優）／鳥居みゆき（お笑いタレント）／岩渕真奈（サッカー選手）／西野カナ（歌手）

自分の感情に素直なため、とても奔放に生きているように見られがちです。けれども、この人は人一倍、人情に厚く、他人を救うために戦うような正義感にあふれるタイプ。ただ、想像力がたくましいので、自分のことを「世界を救うヒーロー（ヒロイン）」のような存在と重ね合わせてしまい、その熱い気持ちが冷めた人間からすると悪目立ちしてしまうことも。

また、何かに燃え上がると一途になりすぎるあまり、浮き沈みの大きい人生を送りがちになるかもしれません。貯金をしても、何か目的を見つけたとたん、そこにすべてつぎ込むような直情的なところがあるからです。しかし､熱しやすい性質をうまく活かせる仕事につけば、あっという間に大金を稼げたりもするので、立ち直りは早いと言えます。

いっぽう、他人との関係には繊細な気づかいを見せたり、口に出さない気持ちまで汲み取ってあげたりすることが多いでしょう。親しい相手からは最高に優しい人だと称えられているかもしれません。

あなたの愛の形とは？

自分の胸だけにとどめておくには、豊かすぎるほどの感情を持っている人です。それが愛を得たときにはさらに感受性が鋭く、情感は豊潤になるため、気持ちを抑えることができなくなるでしょう。

ひとりの人をずっと愛し抜きます。心から大切にした

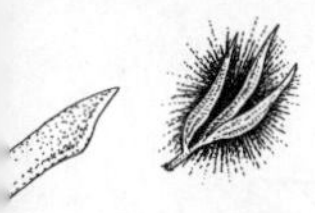

いと願い、相手からもまっすぐ見つめられていたいと切望します。

その愛情表現はとてもシンプルです。心をまっすぐに伝えるだけです。けれど、激情が先に立って冷静に言葉を選べなかった場合、誤解されることもあるかもしれません。また自分を見つめてほしいという気持ちが、独占欲や束縛と思われることもあるかもしれません。

でも、たとえ行き過ぎがあっても、情熱で恋をするところがこの人らしさなのです。そんな部分もいとおしいと思ってくれるような相手との出会い。それが、この日生まれの人にとって運命の恋となるはずです。

あなたの才能と人生のテーマ

繊細な感性と大胆な行動力を併せ持っている人です。インスピレーションを得て、心の中に目標が生まれたら、後はその方向に向かってまい進することができる人です。

ただ、繊細な部分を持ちながら、純粋すぎる部分があるため、目標に向かうまでの過程で、周囲が見えなくなってしまう部分があるようです。また計画性もなく、ただ前進するだけなので、道を踏み外すこともあるかもしれません。けれどもこの日生まれの人は、倒れてもまた起き上がって進むだけの力強さと情熱に恵まれています。目標に達するそのときまで、歩みを止めることはないでしょう。

この資質は、競争が激しい職場やフリーで活躍できる分野の仕事に適しています。適職は、フォトグラファー、スポーツ選手、政治家、ダンサーなどが向いています。企業の中では、営業部門で大きな力を出せるでしょう。

相性リスト

恋人	7月15・16・17日、9月17・18・19日
友人	1月14・15・16日、5月16・17・18日
手本となる人	11月17・18・19日
助けてくれる人	1月2・3・4日、5月28・29・30日、8月9・10・11日、10月21・22・23日
縁がある人	8月15・16・17日、10月18・19・20日

魔法の言葉

不安があなたの判断を曇らせています。恐れないことが今のカギ

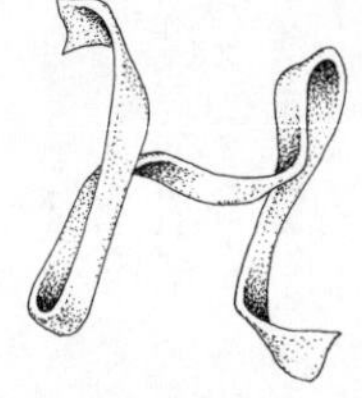

3月19日

魚座

PISCES

イマジネーション豊かな芸術家

長所

アーティスティックな発想力がある。素直な気性で独創的。人の気持ちを受容できる心の広さがある。人当たりがいい。

短所

思い込んだら周囲を見る余裕がない。多少うぬぼれが強い。その日の気分で言うことが変わる。人やモノへの執着が強い。

この日生まれの著名人

ブルース・ウィリス（俳優）／福永武彦（作家）／尾崎亜美（ミュージシャン）／いとうせいこう（作家）／稲森いずみ（女優）／ビビアン・スー（タレント）／岡田義徳（俳優）／蛯名正義（騎手）

自分を包み隠さずに見せることのできる人です。他人との垣根をつくらないタイプ。考えていること、感じていることをストレートに口にしますが、その率直さがこの人の魅力でしょう。大胆なアイデアをどんどん提出していくこともできます。

また、この人は優れた表現力の持ち主なので、芸術的なジャンルで活躍すると、後世に残るような仕事を成すかもしれません。技巧の部分ではなくて、魂のこもった表現でもって人を感動させられるのが、この人の素晴らしい点。自分が入り込める仕事につくことが成功の秘訣です。

ただ、私生活は乱れがちなので注意が必要。思いつきをすぐに実行しようとするために、スケジュール通りに毎日が進んでいかない傾向があるはず。とくに、就寝や飲食などの時間が不規則になりやすいのが問題です。安静にしていれば治る病なのに、つい動き回って悪化させてしまう、といったこともありそうです。規律正しい生活を目指したほうが、心身の健康につながるでしょう。

あなたの愛の形とは？

品性を感じられる人で、とても穏やかな雰囲気を持っています。けれども、内側には計り知れないエネルギーを秘めています。心の動きに敏感で、一度方向性を与えられたときには、自分でも驚くほどの情熱がほとばしり出ることでしょう。そしてその機会とは、多くの場合恋

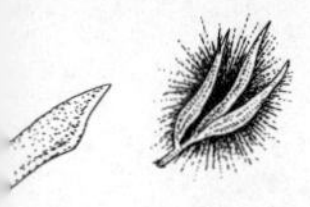

をしたときになるようです。

もともと心豊かな人なので、愛されることよりも愛することを望むところがあります。どんなに自分が相手のことを思っているのか、切々と訴えずにはいられません。それが状況を考えない、あるいは場所柄をわきまえない行動のように思われることもあるでしょう。

恋に不器用なこの日生まれの人ですが、それでも自分の心を偽ることはできない人です。そのまっすぐな思いを汲んでくれる人こそが、赤い糸で結ばれた相手と言えるのではないでしょうか。

あなたの才能と人生のテーマ

純粋な魂を持っています。その上発想力が潤沢なため、他の人には思いもよらない創造性を発揮することがあるでしょう。けれども、この日生まれの人は、商業ベースに組み込まれるための創造には、興味を示さないでしょう。逆に自分の魂が触発されること、あるいは誰かを幸せにするための創作やものづくりには、並々ならぬ力量を発揮します。

この力は実社会の中では、芸術家として生きることが望ましいでしょう。あるいは人間に対する深い愛情があるため、癒しや福祉などの方面に力を尽くす可能性もありそうです。どんなことであっても、自分の魂がイエスという分野で生きることが望ましい人です。自分の道を探すことが、天職を見つける第一歩になるはずです。

適職は、カウンセラー、介護福祉士、リハビリテーション師、音楽家、画家などです。

相性リスト

恋人	7月16・17・18日、9月18・19・20日
友人	1月15・16・17日、5月17・18・19日
手本となる人	11月18・19・20日
助けてくれる人	1月3・4・5日、5月29・30・31日、8月10・11・12日、10月22・23・24日
縁がある人	8月16・17・18日、10月19・20・21日

魔法の言葉

もうそれは始まっています。流れにのっていきましょう

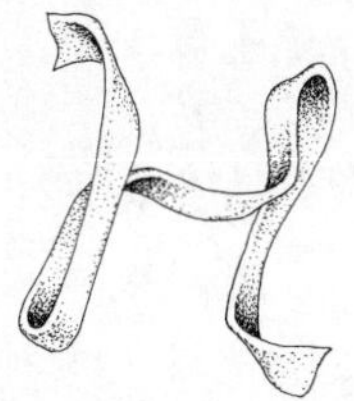

3月20日

魚座

PISCES

深層心理を見抜く人

長所

直観力、発想がユニークで独創的。実行力も豊か。包容力がある。感性がみずみずしい。人を包み込む暖かさがある。

短所

嫉妬深い。愛する人を束縛したがる。自信をなくすことが多い。消極的で自分からはアクションを起こさない。他力本願。

この日生まれの著名人

スパイク・リー（映画監督）／上岡龍太郎（タレント）／景山民夫（作家）／竹内まりや（ミュージシャン）／竹中直人（俳優）／阿部慎之助（野球選手）／川島永嗣（サッカー選手）／奥華子（歌手）

いつも周囲を驚かせるような大胆な発想をする人ですが、それはこの人が強い直感力を持つゆえん。物事の根本にある本質的な部分を見抜く力があるので、細かいことに躊躇せず、力強い決断ができるのです。決断と同時に行動を始めてしまえる速効性も、この生まれの人の特徴。「気づいたときには走り始めていた」というような経験が多いはず。このスタートダッシュのおかげで、人より早く目標にたどり着けるので、仕事での成功も早いほうでしょう。

この人の直感力は「他人を見抜く目」としても活用されています。相手の性質の深いところを突くような発言をすることが多く、初対面の人を驚かすこともしばしば。お世辞や謙遜といった表面的な言葉にも敏感で、「心の底から思ってはいないくせに」という感想を抱きがちかも。これがマイナスに出ると、人への不信感につながります。けれども、言葉にできない気持ちを理解してあげられるというのは、生かし方次第で長所となるでしょう。

あなたの愛の形とは？

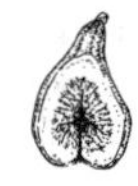

愛情深く心優しい人です。また純粋な気持ちで人を愛することができます。誰かに心を奪われたときは、何もかも投げ打って、その恋に賭けるようなところもあります。けれども、あまりにもまっすぐな気持ちゆえ、他の人が自分と違う恋愛観を持っていることに気づきにくいのです。

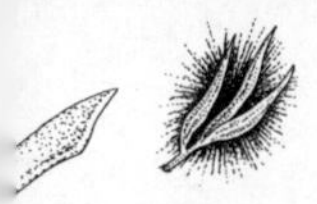

自分が思うほど相手に思われていない気がして、悩むこともあるでしょう。また、愛する人が他の異性と親しげにしているだけで、嫉妬の念に苦しむこともあるかしれません。けれども、相手の出方を見て自分の態度を決めるような駆け引きだらけの恋は、この人には不向きなのです。自分のすべてをさらけ出して愛することしかできないでしょう。

感情のままに愛し抜くこの日生まれの人の心を、まっすぐに受け入れてくれるような度量の深い相手であれば、安心して思いを燃やすことができるでしょう。

あなたの才能と人生のテーマ

鋭い直観力をそなえている人です。それに加えて行動力と、粘り強さがあるので、人を驚嘆させるような結果を導き出す可能性に満ちています。けれども、どんなに発想や行動が大胆であっても、荒唐無稽な思いつきにとどまらないのは、それに加えて何ものにも染められない純粋な瞳があるため、物事の本質を見抜くことができるのです。

この力は、社会の中でイノベーターとしての役割を果たすでしょう。ゼロから何かをつくり出すような分野や、何かを改革するような境遇が適しています。例えば、時代の先端を拓く技術産業、または再建に関わる仕事などが適任です。

適職は、コンピュータ関連の技術者、量子力学の研究者、WEBコンテンツプランナーなどです。企業の中では、その発想力を生かして、技術開発、企画などの部門で活躍することができるはずです。

相性リスト

恋人……………… 7月17・18・19日、9月19・20・21日
友人……………… 1月16・17・18日、5月18・19・20日
手本となる人…… 11月19・20・21日
助けてくれる人… 1月4・5・6日、5月30・31日、6月1日、8月11・12・13日、10月23・24・25日
縁がある人……… 8月17・18・19日、10月20・21・22日

魔法の言葉

あなたが今、望んでいることは本心ですか。叶ってしまうかもしれませんよ

3月21日

牡羊座

ARIES

何事にも惑わない人

長所

屈託がない。ストレートに表現する。明るく楽観的。オリジナリティがある。大らかでマイペース。人を信頼する。

短所

主観だけで行動する。思い込んだら調整や軌道修正がきかない。無防備すぎる。短絡的で、落ち着きと集中力がない。

この日生まれの著名人

ゲイリー・オールドマン（俳優）／柳宗悦（美術評論家）／平野レミ（料理研究家）／アイルトン・セナ（F1レーサー）／ロナウジーニョ（サッカー選手）／江國香織（作家）／佐藤健（俳優）／水沢エレナ（モデル）

純粋なスピリットの持ち主で、損得で動くようなマネをしない人です。良いものは良い、悪いものは悪い、というハッキリした価値基準があり、良くも悪くもその基準に従って、まっすぐな行動を取ろうとします。

とても陽気で快活なため、人をひきつける魅力にあふれていますが、他人からの助言に耳を貸さないところが玉にキズかもしれません。「だから言ったのに！」と言われるような失敗をしがちですが、そういうことを言われると「いいんだよ、これで！」という負け惜しみめいたことを口にするタイプ。でも、これは本心であって、悔しさ紛れのいいわけではないのです。この人にとっては、自分の信じるところに従って行動することが大切なのであり、その結果として失敗がもたらされたとしても、それを受け止める器があるのですから。

ただ、他人の注進を聞き入れない点については、少し改善の必要がありそうです。それに従う、従わないは別にして、自分以外の意見を聞いてみる姿勢は持つようにすべき。

あなたの愛の形とは？

ポジティブでまっすぐな心を持っている人です。何かに夢中になると、そのために自分のすべてを注ぎ込むでしょう。恋をするとその傾向は顕著になり、愛する人のことしか見えなくなってしまいます。相手を楽しませること、ふたりの世界を豊かにすることに精力を注ぎ込み

ます。その結果、世界は自分と愛する人のために回っているかのような行動をとることが多くなるでしょう。

その態度が周囲の人との間に溝をつくるようになるかもしれません。ふたりの恋を充実させようとして、結果的に衰弱させてしまう恐れもあるのです。

むしろ恋をしたときこそ、他人への心配りを心がけてみましょう。恋の喜びにあふれる心を他の人にも伝えるような気持ちで接しましょう。その幸せが次々に他の人に連鎖していって、いつか自分たちの元に戻ってくるかもしれないからです。

あなたの才能と人生のテーマ

純真な心で物事を見つめます。自分の魂の声に従う人で、行動には裏表がありません。性格的にも陽気で、人の心をひきつけるようなところがあります。

このような資質ゆえに、この日生まれの人は、人々の中にいてこそ輝きを増します。多くの人々と交流できるような環境、職業につくと充実感のある仕事ができるでしょう。

また前向きで建設的な発想ができ、人気もあるタイプなので、グループのリーダーとして迎えられることもありそうです。けれどもその場合は、独断で物事を進めると、人の心が離れやすくなるので注意してください。責任ある立場になればなるほど、人の話に耳を傾けるようにするといいでしょう。

適職は、雑誌記者、教師、モデル、デザイナー、建築家などです。組織の中では営業など、多くの人と接する場で、力を発揮できそうです。

相性リスト

恋人	7月18・19・20日、9月20・21・22日
友人	1月17・18・19日、5月19・20・21日
手本となる人	11月20・21・22日
助けてくれる人	1月5・6・7日、5月31日、6月1・2日、8月12・13・14日、10月24・25・26日
縁がある人	8月18・19・20日、10月21・22・23日

魔法の言葉

一つの完成のとき。そして次のサイクルがもう始まっています

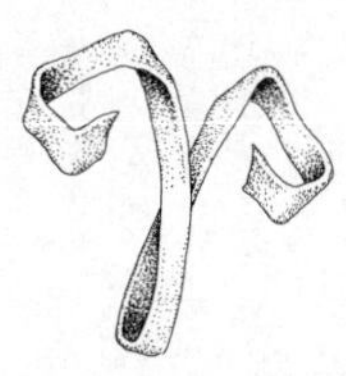

3月22日
牡羊座
ARIES

損得になびかぬ意思の人

長所

個性的。前衛的なセンスを持っている。健全な自己愛を育てる。思いを貫く。客観的に物事を見ることができる。自由を愛する。

短所

自我が強すぎる面もある。人の言うことに耳を貸さない。ひがみっぽいところがある。自分の気持ちを素直に言えない。

この日生まれの著名人

アンソニー・ヴァン・ダイク（画家）／丸山眞男（政治学者）／草間彌生（芸術家）／大橋巨泉（タレント）／土岐麻子（歌手）／黒崎えり子（ネイリスト）／リース・ウィザースプーン（女優）／有働由美子（アナウンサー）

非常に強い存在感と、強烈な個性の持ち主です。そのため知り合いであれば、遠いところにいてもすぐ、この人がわかってしまうような、人目につきやすい傾向があるでしょう。ひときわ声が大きかったり、歩き方が特徴的だったりするのも、この生まれの人を目立たせている原因かもしれません。存在感が求められる舞台役者などの仕事は、この人にピッタリかも。ただ、自分を曲げない人ですから、性に合わない仕事につくと決して長続きしません。自分がやりたいと思う道を歩むのが一番です。

人間関係では苦労することが多いタイプでしょう。世俗的な権威や損得に頑としてなびこうとしないので、どうしても敵をつくりがち。でも、そんなピュアな面が好印象を人に与えることもあり、そうなると多くの支援者を得られます。ただ、共同経営などの他人と足並みをそろえなければならないことに向かないタイプ。一匹狼として、自分の意思を曲げない人生を歩んでいくほうが幸せになれます。

あなたの愛の形とは？

いつも100％の気持ちで生きるこの日生まれの人。誰かを愛したときも全力投球で、自分の心を飾ったり、偽ったりすることはできません。それゆえにこの人は、恋の駆け引きや、戯れの愛を理解することもできないのです。

もちろん理知的な人ゆえ、この世界には不純物の入った恋もあることを知っています。また、純粋に魂を燃や

す恋の成就が難しいことも理解しています。けれども、この日生まれの人はほかの人に用意された人生を歩くことはできません。それがどんなに高いハードルであったとしても、不器用な生き方であるとしても。ただ自分の愛情の道を生きるだけなのです。

傷ついても、倒れそうになっても、この日生まれの人は、純粋に愛し続けることをやめないでしょう。その汚れのない魂に呼応する同じような魂の持ち主、運命の恋の相手に出会うそのときまで。

あなたの才能と人生のテーマ

鮮烈な存在感を持つ人です。その内部には、汚れを知らない魂が宿り、そしてエネルギーを燃やして理想を追求しようとします。心の中にはいつも新しいものへの憧れがあり、また思いついたらすぐに行動に移せるバイタリティもあります。

ただし、その動機は常に自分の中から生まれた純粋な思い以外にはありません。型にはまることを嫌い、押しつけられた権威に従うことをこばみます。そのため、社会の中では上手に順応できなかったり、また扱いにくい人というレッテルを張られることもあるかもしれません。けれども、それに負けずに自分の道を歩くことで、いつかその真意が認められるときが来るでしょう。

適職は、新聞記者、俳優、作家、翻訳家などです。人間関係で仕事の情況が左右される大企業よりも、フリーか、少人数で起業するほうが仕事もやりやすいでしょう。

魔法の言葉

もうあなたの中では答えは出ているでしょう。
必要なのは行動する勇気だけ

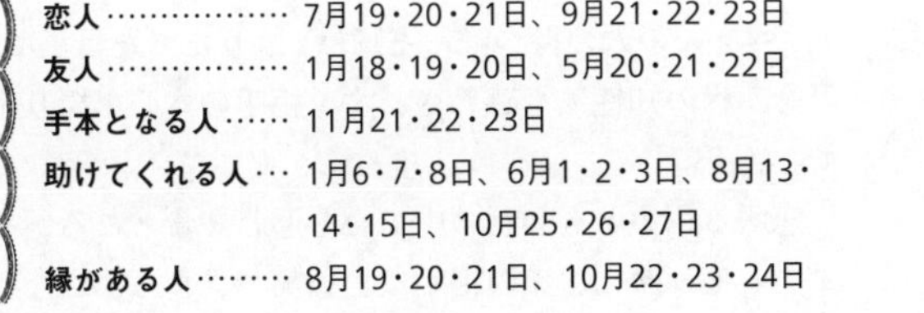

相性リスト

恋人	7月19・20・21日、9月21・22・23日
友人	1月18・19・20日、5月20・21・22日
手本となる人	11月21・22・23日
助けてくれる人	1月6・7・8日、6月1・2・3日、8月13・14・15日、10月25・26・27日
縁がある人	8月19・20・21日、10月22・23・24日

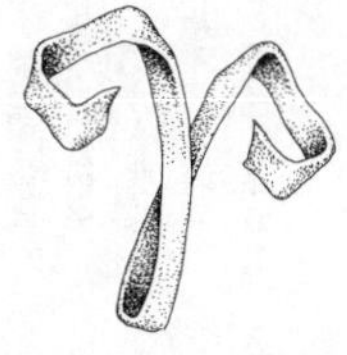

3月23日

牡羊座

ARIES

曇りのない眼の人

長所

聡明で、物事の本質を正しく見抜く。自己を確立している。常識的に行動する。人前では誠実で謙虚に振る舞う。

短所

知性で人を判断する。知識面で負けず嫌いなところがある。「勉強してない」といいながら、実はガリガリ勉強するタイプ。

この日生まれの著名人

北大路魯山人（芸術家）／黒澤明（映画監督）／川上哲治（野球選手）／浅田彰（思想家）／マルタン・デュ・ガール（作家）／チャカ・カーン（歌手）／松村和子（歌手）／多和田葉子（作家）／千賀健永（Kis-My-Ft2）（タレント）

偏見や憶測などに左右されないクリアな視点で物事を眺められる人です。その聡明な知性のおかげで、多くの人に尊敬されるようになるかもしれません。かといって、この人は勉強一筋といった堅物ではなく、遊ぶことにも積極的。おもしろいことを見つけるのも得意だし、いくつになっても人生を楽しむ意欲に長けています。また、軽快なジョークを飛ばすことが多いので、この人といると、いつも笑いがあふれるような時間を過ごせそう。

レジャー関連の仕事につけば、そんなこの人の才能が大いに発揮されるでしょう。また、対話術にも優れているので、コメンテーターといった職業にも縁があるかも。いずれにしても、日ごろから見聞を広めることを心がけておくことが人生成功の秘訣です。

短所は少し気が短いこと。とくに、待たされることが苦手でしょう。ペースの遅い人を急きたててしまいがちなので、その点には気をつけて。また、「落ち着きのない人」と見られることも多いので注意しましょう。

あなたの愛の形とは？

対話を通して、相手の心にコンタクトをする、聡明な人です。この人の持つ澄んだ瞳は、飾りたてた言葉にも、見せかけの知性にも惑わされず、相手の本心を探り出すでしょう。

恋する相手とも会話の中で心を通わせるところがあります。それゆえ、恋の相手は、誠実で、まっすぐな心を

持っていることが第一条件になるでしょう。もともとまっすぐな心を持っているため、たとえどんなに知性があっても、中身が不実な人には興味を持ちません。むしろそれよりも真心を持つ人を愛する人です。

ただ、その優れた知性ゆえに、恋人同士の優しい会話だけでは満足できず、ときに真剣に知性あふれる会話を求めるときがあるでしょう。慎み深さゆえに口には出さないけれども、本心では、対等の知的能力か、それ以上のレベルの知性を持つ人を望んでいるところがあるのです。

あなたの才能と人生のテーマ

新しい知の地平を切り開くことに、心からの喜びを覚える人です。それも机上で知識を増やしていくのではなく、自分で行動することによって世界を広げていこうとします。実際には、書物だけでなく、コミュニケーションを通して、未知の世界にアクセスしていくでしょう。また新しい可能性を追求する野心もあり、これまでにない方法で、知性を磨き上げていくかもしれません。

この力は、社会の中で、情報産業を活性化させる分野や、学術的な分野で生かせるでしょう。マスコミやコンピュータ、またはアカデミズムなど、幅広い世界での活躍が期待されるでしょう。

器用な人なのでどんな環境でも力を発揮することができますが、閉鎖的な場所よりも情報が集まる場所にいることが望ましいでしょう。

適職は、アナウンサー、リポーター、特派員、IT業界、新聞記者、大学教授などです。

相性リスト

- **恋人**……………… 7月20・21・22日、9月22・23・24日
- **友人**……………… 1月19・20・21日、5月21・22・23日
- **手本となる人**…… 11月22・23・24日
- **助けてくれる人**… 1月7・8・9日、6月2・3・4日、8月14・15・16日、10月26・27・28日
- **縁がある人**……… 8月20・21・22日、10月23・24・25日

魔法の言葉

頭ではなく体の感覚を信じて。理屈を超えた手ごたえを感じるほうに

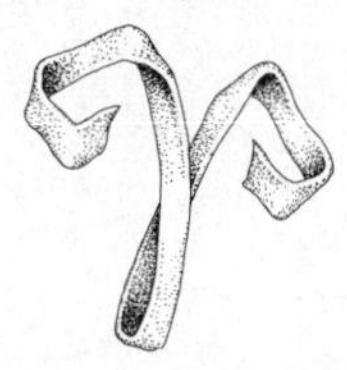

3月24日

牡羊座

ARIES

情熱に突き動かされる人

長所

頭の回転が速く親しみやすい。情熱的。存在感がある。偏見がない。上昇志向がある。

短所

直情型。感情的になりやすい。状況判断ができなくなる。調子がよく、おだてられると自制心がなくなる。虚栄心が強い。

この日生まれの著名人

ウィリアム・モリス（詩人・デザイナー）／スティーヴ・マックイーン（俳優）／梶芽衣子（女優）／原田泰造（ネプチューン）（お笑いタレント）／綾瀬はるか（女優）／羽鳥慎一（アナウンサー）／竜星涼（俳優）

この生まれの人は強いカリスマ性の持ち主です。無意識のうちに、他人を自分にひきつけてしまうような魅力があり、いつも大勢に囲まれているような人生を送っているはず。その中には複数の異性の影が常にチラホラ見えるため、恋の噂が絶えないということもありそうです。

この吸引力の強さに加え、この人には親しみやすさを感じさせるところもあるため、実際にとてもモテるでしょう。それは異性に限った話ではありませんから、営業マンとしても有能なはず。営業に限らず、とにかく人に接する仕事につけば成功は間違いありません。

ただ、少し短気なところがあり、冒険好きでもあるためか、直情的な行動を起こしやすいところが欠点。下調べが必要なことでも、考えなしに行動して後悔することが多いでしょう。また、地道な努力も苦手なので、ダイエットなど、時間をかけて取り組むことにも失敗しがち。自分をコントロールする努力をしていくことが大切です。

あなたの愛の形とは？

数多くの恋を経験するため、遊び上手と言われることもあるこの日生まれの人。けれど、それは正確ではありません。確かに恋は重ねますが、それはすべて真剣に愛した結果でしょう。

恋に生きるときの、この人を言い表す言葉は、「躍動美にあふれた愛の狩人」でしょう。退屈を嫌い、常に刺

魔法の言葉

目先の利益より情熱をかきたてられるものを選ぶこと。それはワクワクすること?

激的な愛を求めます。そして恋の相手を前にしたときには、情熱に突き動かされ、呼吸するように人を愛することができる人です。

段階を踏んで接近するような、面倒な手順は省こうとする傾向もあります。好きだと思ったら自分からアプローチをしていくでしょう。

ときには、心に正直なあまり、自分自身を制御できなくなることもあるかもしれません。けれども、熱情に煽られたときのこの人は官能的な魅力を発し、それが異性にとって抗いがたい魅力になっていることも事実なのです。

あなたの才能と人生のテーマ

ひとつのことをやり遂げようとする信念と、類まれな行動力を持っている人です。そのため、確実に夢を形にすることが多いでしょう。また短期間で人の心をつかむ独特の魅力と、高い美意識をそなえているので、多くの人から親しまれるでしょう。

この日生まれの人は、職場の環境によって仕事への熱意が大きく変わってくるので注意したいものです。

人の眼のあるところで輝いていること、注目を浴びながら個性を発揮することが、この日生まれの人のワーキングスタイルです。華やかな職場であればあるほど、仕事への情熱に駆り立てられるでしょう。逆に孤独な環境で、黙々とルーティンワークをすることになったら、能率は上がらず、仕事への熱意も失われていくでしょう。

適職は、サービス業全般、ニュースキャスター、タレント、美容師、宝飾デザイナーなどです。

相性リスト

恋人………………	7月21・22・23日、9月23・24・25日
友人………………	1月20・21・22日、5月22・23・24日
手本となる人……	11月23・24・25日
助けてくれる人…	1月8・9・10日、6月3・4・5日、8月15・16・17日、10月27・28・29日
縁がある人………	8月21・22・23日、10月24・25・26日

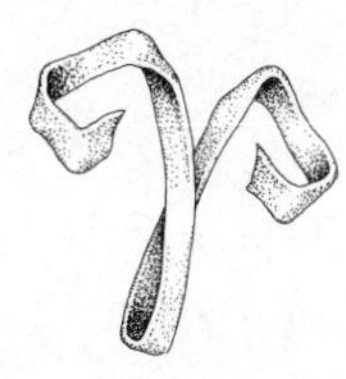

3月25日

牡羊座

ARIES

理想と正義に燃える人

長所

正義感が強い。高い理想に向かって努力をする。人と信頼関係を築ける。純粋な心を失わない。言葉で相手を癒す力がある。

短所

原理原則にこだわりすぎる。人のことを心配しすぎる。他人を優先しすぎて、不平不満を抱きやすい。自己主張できない。

この日生まれの著名人

エルトン・ジョン〈ミュージシャン〉／サラ・ジェシカ・パーカー〈女優〉／小曽根真〈ジャズピアニスト〉／大悟〈千鳥〉〈お笑いタレント〉／宮舘涼太〈Snow Man〉〈タレント〉／アンミカ〈タレント〉

この誕生日の人は、強い理想主義の持ち主です。正義感が強く、曲がったことが大嫌い。悪いことは悪いとハッキリと言える勇気を持っていて、不正を許しません。そんなまっすぐな感性が強く表に出てくると、たとえ周囲が反対しても、自分の信念に従っていこうとします。

ただ、そうした理想と正義に燃える行動が、周囲から理解されないこともありそう。とくに組織の中では、理想や正義を貫こうとするあなたを、きれいごとだと言って非難する人もいるでしょう。そうなったときに反発したり、頑固に自分の意を貫こうとすると、周囲から孤立します。理解してくれないならいいと、自分の殻に閉じこもってしまう場合もあるでしょう。そうならずに、もう少し柔軟になって、妥協すべきときはし、長いものに巻かれるような処世術もうまく使ってください。それができれば、逆に周囲からの信頼を得ることができます。

立場の弱い人や年下に対しては、とても優しく、相手を守ろうとするタイプ。自分が上に立つ立場になると下の人から慕われ、また下の人もあなたのために尽くしてくれるようになり、人生が大きく発展していくでしょう。

あなたの愛の形とは？

自分の信念を曲げない強さを持つ人で、この人のそばに行くだけで、敏感な人は、凛とした清々しい気配を感じることでしょう。場合によっては理想を追い求めることが第一で、恋は二の次になる傾向もあるかもしれませ

ん。また、清冽な魂を持っているため、若い異性に、嫌悪感を覚えることもありそうです。

けれども、その心は優しさに満ちています。自分には厳しくても、人の心の中の弱さ、はかなさには、意外に寛容な態度を見せることがあります。だから例えば、普段は強がっている異性から悲しい話を打ち明けられたときなどは、無条件に手を差し伸べようとするところもあるのです。

人は信頼している人の前以外で弱みを見せることがありません。この人が恋をするのは、自分の前で弱みを見せることができる、一種の勇気を持った人。人間らしさを隠さない相手と言えるかもしれません。

あなたの才能と人生のテーマ

この社会が持つ矛盾や不条理を見過ごさない、潔い正義感を持っている人です。環境などの社会問題には無関心でいることができない人です。一方で子供や、社会的に弱い立場にいる人には、温かい手を差し伸べるべきという信念を持っています。実社会の中でこの資質は、公共性の高い仕事につくと、人々から厚い信頼を寄せられるでしょう。自然保護などの大きな社会問題から、児童福祉やお年寄りの介護などの身近な問題まで、この日生まれの人が活躍できるフィールドはいくらでもあるでしょう。そしてどんな仕事についても、その真摯な態度で仕事をやり遂げ、尊敬を集めることができるでしょう。

ただ問題は、自分に厳しく妥協をしないところです。自分を追い詰めすぎないように、気をつけてください。

適職は、政治家、ケースワーカー、児童相談員、獣医師、国家公務員などです。

相性リスト

恋人	7月22・23・24日、9月24・25・26日
友人	1月21・22・23日、5月23・24・25日
手本となる人	11月24・25・26日
助けてくれる人	1月9・10・11日、6月4・5・6日、8月16・17・18日、10月28・29・30日
縁がある人	8月22・23・24日、10月25・26・27日

魔法の言葉

きれいごとを貫くこと。まっすぐに進むこと。きっとうまくいきます

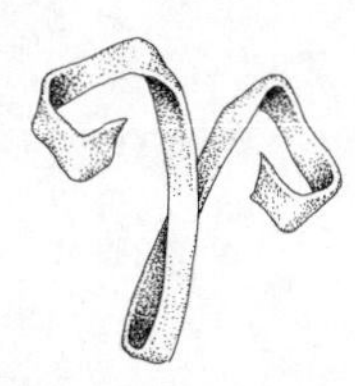

3月26日

牡羊座

ARIES

情熱と野心の人

長所

現実把握力、政治力がある。自分の地盤を固める。根気強く目標に向かって努力できる。自分と他人を分析する力がある。

短所

野心をむき出しにする。完ぺき主義でゆとりがない。社会的成功にこだわりすぎる。自信がなくなると弱い。

この日生まれの著名人

野村沙知代（タレント）／ピーター・フランクル（数学者）／安野モヨコ（漫画家）／柳楽優弥（俳優）／上原ひろみ（ジャズピアニスト）／RIMA〈NiziU〉（歌手）

ほとばしるような情熱を持ち、社会的に認められたいという野心が強い人。それがこの生まれの人の特徴です。たとえどんな困難があっても、自分が信じた道を迷わず突き進み、必ず頭角を表す運命を持っています。自分のやりたいことや、やると決めたことは、パワーと強い意志で必ず実現。しかもそれを闇雲に行なうのではなく、しっかりと計算し、どうしたらうまくいくか、現実的な方法を考えることもちゃんとできる人です。とくに組織の中では自分の能力を存分に発揮でき、確実に出世できるタイプでしょう。ただ、その野心的な部分が表に出すぎてしまうと、損することはやらないようになったり、競争相手を蹴落としてでものし上がろうとしたり、社会の中での自分の立場を気にするようになる恐れも。

また、このタイプは、とても努力家で完璧主義者。それだけに人に対しても厳しく、寛容になれないところがありそう。人に何かを任せるのも嫌いで、何でも自分でやってしまいがち。そのため他人とのコミュニケーションがうまくいかない場合も出てきます。もう少し人を寛大に受け入れられるようになると、友人や支援してくれる人も増え、人生が広がります。

あなたの愛の形とは？

この日生まれの人は恋に対してとても前向きです。恋する相手は、自分の価値観から見て「グレードが高い」と思う立場にいることが多いでしょう。もしかしたら当

初は背伸びをするような人かもしれません。けれども、もともと全方向型の努力家であるこの日生まれの人。相手にふさわしい人物になるまで、知性を身につけ、身体を磨き上げることでしょう。

ただ、恋が実ったときには、当面の目標がなくなって、拍子抜けするかもしれません。また完全だと思っていた相手にも、弱点があったときには、失望することもありそうです。けれども恋は勝ち取るまでがすべてではありません。相手の弱さや醜さとも向き合い、その部分も含めて受け入れることができるかどうかで、魂の器が決まるのです。最終的に魂が磨かれたそのとき、この日生まれの人は真実の愛の喜びを知るでしょう。

あなたの才能と人生のテーマ

この日生まれの人の力は、跳ぶ前に、長い助走距離をとるところがあります。周囲の人が次々と飛んだ後でも、この人はじっくりと自分の距離を走ります。そして、十分に加速がついたところで、他の人よりも遠くまで跳躍するのです。じっくりと基礎固めをして、本番で力を発揮するため、目標に到達する確率はきわめて高いでしょう。この資質を社会の中で生かせば、幅広い分野で、頭角を現すことができるはずです。専門性を高め、ひとつのジャンルに突出するのが向いているため、着実な努力が実績につながるような仕事、公共性の高い仕事などは最適です。逆に不向きなのは、流行に左右されるもの、移り変わりの激しい、不確定要素の高いジャンルの職業です。適職は、会計士などの財務関係、医師、看護師などの医療関係、裁判官、弁護士などの法務関係の仕事などです。

相性リスト

恋人	7月23・24・25日、9月25・26・27日
友人	1月22・23・24日、5月24・25・26日
手本となる人	11月25・26・27日
助けてくれる人	1月10・11・12日、6月5・6・7日、8月17・18・19日、10月29・30・31日
縁がある人	8月23・24・25日、10月26・27・28日

魔法の言葉

迷うことはありません。
思いさえ強ければ障害は消えていきます

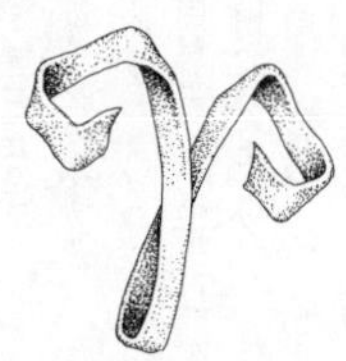

3月27日
牡羊座
ARIES

ファイティング・スピリットを生きる人

長所

ガッツがある。主導権を握ると生き生きする。打たれ強い。開拓精神がある。人を頼らないで歩いていける勇気がある。

短所

闘争心が強すぎる。他人を信用しない。自意識が過剰気味。感情のアップダウンが激しい。人の話に耳を貸さない。

この日生まれの著名人

遠藤周作（作家）／宮本信子（女優）／赤瀬川原平（前衛美術家）／松本孝弘（B'z）（ギタリスト）／クエンティン・タランティーノ（映画監督）／小橋建太（プロレスラー）／塙宣之（ナイツ）（お笑いタレント）

あなたは、生まれながらにして非常に激しく強いパーソナリティをそなえています。闘争心が強く、ファイティング・スピリットが旺盛。幼いころから負けず嫌いで、常に自分がイニシアチブをとらないと気がすまないところがあります。そうした強い精神は、逆境においてこそパワーを発揮。多くの人が挫折したり、やり遂げられなかったりするようなことに挑戦すると、必ずその逆境を克服して成功を勝ち取ることができるでしょう。

しかしその反面、「負けるのが怖い」という不安を抱えてしまうことも多いのです。負けることを経験しないまま成長してしまうと、中年期以降もずっと勝ち続けないといけないというプレッシャーに悩まされ、過度のストレスを抱え込んでしまうこともあります。

表向きは気が強く、決して弱みを見せないタイプですが、本当は気が弱い面もあり、自分をわかってくれる人に対してだけは、甘えたり弱音を吐いたりもしそう。人に対しても表面的には厳しく接するほうですが、心の奥底は温かく、人情味があり、とても頼りになる人です。ただ、自分の意見を押しつけがちな点には要注意。相手に合わせることも必要です。

あなたの愛の形とは？

恋の熱さに焦がれるような、強い情熱に身を任せたいという願望を持っている人です。どんなに相手から懇願されても、自分の心が動かない場合は、顧みることはな

いでしょう。逆に自分の心がターゲットにした相手の場合は、相手が振り向くまでアプローチを続けるところがあります。また、障害があるほどに燃え上がるタイプで、多少つれなくされたとしても、あるいはすでに決まった相手がいても、ひるまない一面も持っています。

そのため、この人の場合、辛い恋や失恋の憂き目にあうことも珍しくはないでしょう。けれどもその経験は、この日生まれの人にとって魂を磨く最高のチャンスになるはず。相手の気持ちを思いやり、呼吸を合わせることを学ぶでしょう。そのときこの日生まれの人は、情熱と優しさを持つ最高の恋人として、生まれ変わることができるのです。

あなたの才能と人生のテーマ

アグレッシブな魂を持つ人で、困難を克服するたび、壁を乗り越えるたびに、達成感と充実感を覚えるようなところがあります。また大変な負けず嫌いで、周囲の人に負けることはもちろん、自分自身の誘惑に屈することにも非常な屈辱感を味わうでしょう。

考えてから行動に移すよりも、走りながら考えるタイプです。さらに瞬発力があるかわりに持続力に欠ける、生まれついての短距離ランナーです。だから社会の中では計画性を求められる仕事や、長期の展望をもとに進められるプロジェクトに参加するのは、不向きでしょう。そのかわり、流行の最先端を行く仕事や、変動が激しい情況に直面する仕事では、存分に力を発揮できることでしょう。適職は、スポーツ選手、アナリスト、政治家、報道カメラマンなどです。企業の中よりもフリーで活躍するほうが向いています。

相性リスト

- **恋人**……………… 7月24・25・26日、9月26・27・28日
- **友人**……………… 1月23・24・25日、5月25・26・27日
- **手本となる人**…… 11月26・27・28日
- **助けてくれる人**… 1月11・12・13日、6月6・7・8日、8月18・19・20日、10月30・31日、11月1日
- **縁がある人**……… 8月24・25・26日、10月27・28・29日

魔法の言葉

勝負のときがきました。
しかも、今は負ける気がしないはず

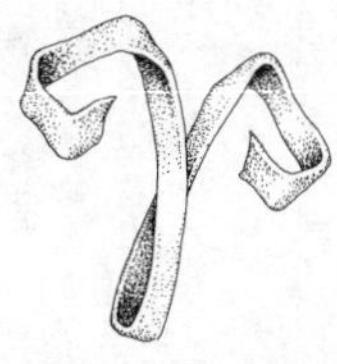

3月28日

牡羊座

ARIES

多方面にエネルギーを注ぐ人

長所

ポジティブに考える。幅広い興味を持って人生を楽しむ。前向きで、チャレンジ精神旺盛。多彩で器用に物事をこなす。

短所

飽きっぽい。口ばかりで行動が伴わないことがある。地道な努力を嫌う。誘惑に弱く、遊び好き。人の目がないと手を抜く。

この日生まれの著名人

マクシム・ゴーリキー（作家）／篠田桃紅（美術家）／伊武雅刀（俳優）／安藤勝己（騎手）／水野真紀（女優）／石田衣良（作家）／鈴木明子（フィギュアスケート選手）／古谷実（漫画家）／レディー・ガガ（ミュージシャン）

この生まれの人は、人生に対して前向きで、どんなことにも積極的に関わっていこうとする気力とパワーを持っています。自立心が強く、好奇心も旺盛ですから、幅広くいろいろなことに挑戦していくタイプです。もともとマルチな才能の持ち主で、何でも器用にこなします。ちょっと習っただけで、そのコツをうまくつかみ、自分のものにするのが得意。それがうまくいくと、さまざまなジャンルで活躍できます。仕事だけでなく趣味の世界でもプロ顔負けの腕前を見せることがあるでしょう。反面、何でもそこそこできることがかえってアダとなり、器用貧乏で終わってしまう場合もありそう。ひとつのことにじっくりと取り組み、その分野で成果を得てから次のことに挑戦するようにしないと、人生が充実しないので気をつけてください。

また、このタイプは根が大らかで、サービス精神が旺盛。そのため相手を楽しませる能力は抜群。積極的に他人と関わろうとするので人脈も豊富です。人を集める能力も高く、いざというとき、あなたに力を貸してくれる人も多いでしょう。そういう人たちとの縁を大切にすることも、人生を発展させることにつながります。

あなたの愛の形とは？

前向きで小さなことにはこだわらない人です。恋愛もワイルドで大らかなものになるため、かなりユニークな印象を与えるでしょう。

けれども、この日生まれの人を恋人にした異性はとても幸せです。なぜならこの人の恋のルールはただひとつ、「相手を楽しませ、最高の恋の時間を過ごす」ことだけだからです。恋の悩みといえば、「どうすればあの人がもっと喜んでくれるだろう」ということだけ。相手を喜ばせることに必要なら、かなり大胆なこともやりかねません。例えば、突然何かを習いに行ったりするような、予想外の行動を起こすことがあるかもしれません。もしかしたら、相当努力が必要なこともあるかもしれません。

それでも、恋する人のことを思えば、苦労も喜びに変わるでしょう。愛する人の笑顔。それが、この人の行動力の源になっているのです。

あなたの才能と人生のテーマ

自立心が強く、限りなく自由な方向に広がっていく発想力を持つ人です。あらゆることに興味を持ち、そしてそれを自分のものにするようなパワーと行動力をそなえています。その結果、ひとりで何役もこなすマルチな才能を持つ人が完成するのです。この才能があるため、社会の中ではさまざまな分野で活躍できるでしょう。ただし、専門性が高いもの、細分化されすぎているもの、他のジャンルとの交流がない仕事につくと、ほかのことに気持ちが向かって、集中できなくなるかもしれません。

狭く深く追求するよりも、高い視点から幅広く物事を見るほうが適している人です。仕事もワールドワイドなもの、境界がなく情報や知識の交流ができるものを選ぶほうが充実します。適職は、通訳、ツアーコンダクター、海外特派員、文化人類学者等。テレビ局、広告代理店勤務もいいでしょう。

相性リスト

- **恋人**……………… 7月25・26・27日、9月27・28・29日
- **友人**……………… 1月24・25・26日、5月26・27・28日
- **手本となる人**…… 11月27・28・29日
- **助けてくれる人**… 1月12・13・14日、6月7・8・9日、8月19・20・21日、10月31日、11月1・2日
- **縁がある人**……… 8月25・26・27日、10月28・29・30日

魔法の言葉

そのことだけにこだわる必要はありません。同時進行でほかのことに目を向けても

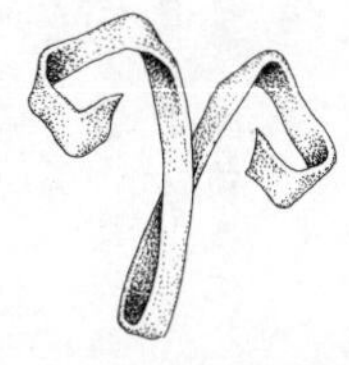

3月29日

牡羊座

ARIES

誇り高さと親しみやすさを持つ人

長所

人の面倒見がいい。見返りを求めず人に尽くす。繊細さと大胆さの両方を持っている。相手をくつろがせる温かみがある。

短所

気分の浮沈が激しい。気が変わりやすい。野心が強すぎる。悲観的になりやすい。ひとりで引きこもりがちになる。

この日生まれの著名人

花田清輝（文芸評論家）／ヴァンゲリス（作曲家）／江口寿史（漫画家）／野沢直子（タレント）／篠原ともえ（タレント）／キム・テヒ（女優）／西島秀俊（俳優）／鈴木亮平（俳優）

この誕生日の人は誇り高い面と、誰にでも気さくに接する親しみやすい面との両面を併せ持っています。人に対しての気配りもでき、非常に繊細な感受性を持っていながら、その一方で度胸があり、大胆なことを行なう性質も秘めているのです。芸術性が高く、音楽や絵画などアートへの感心も強いほう。自分で何かをつくり出したり、クリエイティブなことを行なって成功する場合もあるでしょう。

ただ、気分の浮き沈みが激しく、日によって別人かと思うほど変わることがあります。それが強く出てしまうと、周囲から扱いにくい人と思われがちに。また、意外と野心的な面があるので、出世争いなどでのし上がることに夢中になる傾向もありそう。そうなると、競争に勝つことだけが目標になり、自分が何をしたかったのか、本来の目標を忘れて人生の方向性を見失います。そうならないよう、いつも初心に返り、自分のやりたいことをしっかり見据えて行動すること。それが、この生まれの人の人生を豊かにすることにつながるのです。

あなたの愛の形とは？

太陽の下、友達の前で見せるのは、明朗で積極的、いつも笑顔をたたえた顔です。けれども夜、ふたりきりになったときに見せる顔は、優しく柔らかな、繊細な表情でしょう。この日生まれの人は、このように公に見せる顔と、恋する人だけに見せる顔のふたつの面を持ってい

るのです。

また友達の前では比較的オープンな印象を与えますが、恋人とだけ分け合う秘密もしっかり持って、その区別を厳密に守ります。それでもし、恋人が不注意にふたりの秘密を人前で話したとしたら、それが恋の危機を迎えるほどの深刻な事態になりかねません。それでも人の目があると、自制心を発揮して冷静に振舞うこともできますが、ふたりになったときには感情をそのままぶつける激しさもあります。

恋人は、ふたりの空間を聖域にしてくれるような、デリカシーのあるタイプが望ましいでしょう。

あなたの才能と人生のテーマ

行動力と果敢な決断力を持つ人ですが、人の気持ちを常に考えるような、きめ細やかな感性も持っています。

そのため社会の中では、人と対面する職業に活躍の場を見出せそうです。それも支援を必要とする人に手を差し伸べるような仕事、声なき声に答えるような現場が適しています。

もしこの人が自分の野心のためだけに行動すると、目的を見誤り、迷走することがあります。あくまでも人間や環境、動物など、守るべきものを守るという使命を胸に仕事に打ち込むほうがよさそうです。そのほうが、労働意欲もわく上、運気の波にも乗れるでしょう。あるいは、人々の思いをすくい上げて未来につなげるイノベーターのような役割もふさわしいでしょう。

適職は、政治家、福祉事業家、獣医師、看護師、発明家などです。IT関係のベンチャー起業家としての才覚も期待できそうです。

相性リスト

- **恋人**……………… 7月26・27・28日、9月28・29・30日
- **友人**……………… 1月25・26・27日、5月27・28・29日
- **手本となる人**…… 11月28・29・30日
- **助けてくれる人**… 1月13・14・15日、6月8・9・10日、8月20・21・22日、11月1・2・3日
- **縁がある人**……… 8月26・27・28日、10月29・30・31日

そばにいる人に意見を聞いてみましょう。きっと明快な回答が得られます

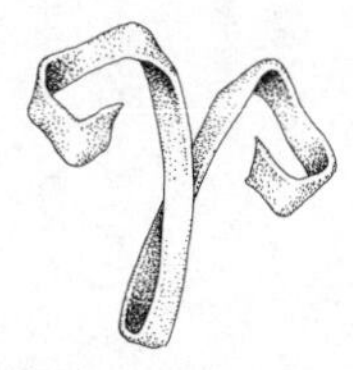

3月30日

牡羊座

ARIES

大らかで正義感あふれる人

長所

大らか。人間味がある。裏表がなく、自分の気持ちに正直。視野が広い。屈託がない。哲学的思考ができる。

短所

無責任。無鉄砲。好き嫌いが激しすぎる。興味がないことには見向きもしない。手を広げすぎて、収集できなくなることも。

この日生まれの著名人

フィンセント・ファン・ゴッホ（画家）／島倉千代子（歌手）／小川洋子（作家）／ノラ・ジョーンズ（ミュージシャン）／千原ジュニア〈千原兄弟〉（お笑いタレント）／ローラ（タレント）

もともと強運な生まれの人で、自分の可能性を広げていくことができる恵まれたタイプです。自分の価値観をしっかりと持ち、やりたいことが明確に見つけられさえすれば、自分の能力をいかんなく発揮し、成功できる運勢を持っています。この誕生日の人はとても大らかで、正義感が強いのも特徴。立場の弱い人をかばったり、正しいと思ったことは積極的に行ないます。といっても、周囲と衝突してまで正義感を振りかざすタイプではありません。他人とのコミュニケーションはとても上手なので、周りの人からも好意的に受け取られ、人気があります。あなたの志ややることに共感して、支援してくれる人も多いでしょう。ですから、あなたの場合は、何事も自分の力だけで行なうより、周りの人に協力を頼んだりして進めるほうがうまく運びます。

気になるのは、自分が興味のないことには、まったく関わらないという極端な面があるところ。たとえそれが、やらなければならない義務的なことでも、気持ちが向かないと人任せにしたり、いつまでもやらずに放置したりしがちです。そうなると、せっかく培った信用も落ちてしまうので気をつけてください。

あなたの愛の形とは？

この人にとっての恋は、奔放な激情のほとばしり、と言えるでしょう。好きになった人は、誰であっても運命の相手、この世界の最後の恋人という気迫で愛するで

魔法の言葉

今のあなたはほとんど無敵。ターゲットさえ絞れば答えは絶対にイエス

しょう。また、好きになったら最後、相手の立場や状況を顧みないところも。もともと正義感の強い人ですが、世間一般の倫理観と、この日生まれの人のモラルには、一致しない項目があるようです。自分が正しいと思えば、非難されても変えようという気を起こしません。

そのためこの人の恋は、波乱含みになりがちです。けれどもそれを乗り越えるだけのエネルギーがあるのです。ある面ではドラマティックな恋を余裕で楽しんでいるところもあるのでしょう。

この日生まれの人の恋が何事もなく穏やかに進行することはきわめてまれでしょう。もしかしたら、そんな恋にはすぐに退屈してしまうかもしれません。

あなたの才能と人生のテーマ

自分の世界を拡大することを、人生のテーマに持っている人です。そのための行動力と決断力があるので、一度決めたことは、かなり大胆なことでもやり遂げることができるでしょう。この気質は、限られた地域社会、狭い人間関係の中に押し込めておくにはスケールが大きすぎます。制約を設けないような環境で、自分がやりたいような仕事をするスタイルが向いています。あるいは、海外に出て行くなど、規制の枠組みを超えたジャンルで活躍することも期待されています。

ただ、好奇心の幅が広いので、あれこれ同時に手を出すと、収拾がつかなくなることがあるようです。成功するためには、目標を決めた後は、そこに向かって集中することも必要でしょう。

適職は、放送業界、ツアーコンダクター、スポーツ選手、探検家、映像作家。貿易関係にも適性があります。

相性リスト

恋人	7月27・28・29日、9月29・30日、10月1日
友人	1月26・27・28日、5月28・29・30日
手本となる人	11月29・30日、12月1日
助けてくれる人	1月14・15・16日、6月9・10・11日、8月21・22・23日、11月2・3・4日
縁がある人	8月27・28・29日、10月30・31日、11月1日

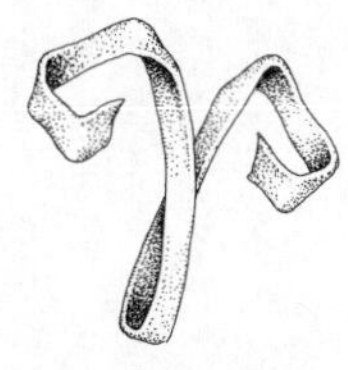

3月31日
牡羊座

ARIES

なびかぬ芯の強さの人

長所

賢明。芯が強い。知的で、情況や周囲の思惑に振り回されにくい。興味ある分野の知識を深める。秩序ある行動をする。

短所

頑固。空気を読むのが苦手。人を批判したがる。融通が利かず孤立しやすい。昔のことをすぐに蒸し返そうとする。

この日生まれの著名人

ヨハン・ゼバスティアン・バッハ（作曲家）／大島渚（映画監督）／かこさとし（絵本作家）／毒蝮三太夫（タレント）／舘ひろし（俳優）／ユアン・マクレガー（俳優）／小川直也（プロレスラー）

何ものにもなびかない芯の強さを持っているのが、この生まれの人。情熱と冷静さを併せ持っていて、熱くなって自分の意志を貫きながらも、どこか物事や自分自身を冷静に客観視しているところがあります。知恵が働くタイプなので、状況や自分の立場、周囲との関係などをうまく計りながらも、けっして安易な方向や人の意見には流されません。自分の進むべき道ややるべきこともよく考え、しっかりと見据えられますから、人生で迷ったり悩んだりすることも少ないほうでしょう。

でも、そうした冷静で知的な面が、ともすると周囲の人には抜け目がなく思われたり、したたかに映ってしまうこともあります。けれど、あなた自身は決して私利私欲に走るタイプではありません。むしろ人のため、世の中のためになることなら進んで自分の力を貸したいと思うほう。そういう情熱もちゃんと秘めているのです。その気持ちをもっと表に出すようにすれば、周囲から誤解されることもなくなります。自分がこうと決めたことに関しては、爆発的なエネルギーを注ぎ込み、しかも冷静に考えながら最短の方法でそれをやり遂げます。その実行力と思考力は大したもの。自分の能力を無駄なく発揮して成果を挙げられるタイプでしょう。

あなたの愛の形とは？

この日に生を受けた人は、水面下で誰にも知られずロマンスを進行させるのがとても上手です。例えば仕事の

関係で出会った異性と、隠密裏にコンタクトを取り、恋愛関係になるということも、緻密な計画性と、大胆な行動力を持つこの人なら可能でしょう。だからこの人の恋は、周囲から「いつの間にそんなことになっていたの？」と驚かれることも珍しくはないでしょう。

また恋のパートナーとは、たとえ相手が年上であっても、社会的立場が上であっても、対等な関係でいようとします。相手によっては生意気とたしなめられることもありそうです。でも、見えない枠に押し込められることが嫌いなこの人のこと、そんな相手なら、どんなに好きでもいつか手の中からすり抜けるでしょう。最終的には、縛られない自由な魂を持つ人の腕に飛び込むことになりそうです。

あなたの才能と人生のテーマ

知的で鋭い洞察力を持っています。何者にも縛られない自由な精神を持ちながら、同時に社会全般や未来までも視野に入れて物事を考えられる人です。そのスタンスから自分の進む道を選びとり、着々と歩いていく行動力もあります。もしも自分の決めた道が、時流や流行に即していないように見えても、動じることはありません。自信を持って決めたものであれば、人に流されることなく、ただその道を歩いていくはずです。

適性面から見れば、優れた独創性を持っているため、先端技術や未開拓の分野でその力量を生かせるでしょう。五年先、十年先を見越した長期的なビジネスプランや研究プランも、無理なく立てることができるはずです。

適職は、コンピュータ技師、エンジニア、工業デザイナー、バイオメディカルの研究者などです。

相性リスト

- **恋人**……………… 7月28・29・30日、9月30日、10月1・2日
- **友人**……………… 1月27・28・29日、5月29・30・31日
- **手本となる人**…… 11月30日、12月1・2日
- **助けてくれる人**… 1月15・16・17日、6月10・11・12日、8月22・23・24日、11月3・4・5日
- **縁がある人**……… 8月28・29・30日、10月31日、11月1・2日

魔法の言葉

なびいてはいけません。日和(ひよ)ってはいけません。揺るがぬあなたに幸運が

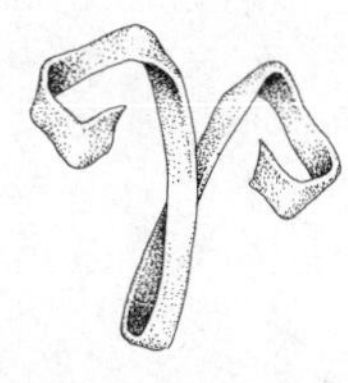

4月1日

牡羊座

ARIES

輝く自己主張の人

長所

意思が強い。リーダーシップがある。自己アピール力がある。自信がある。誇り高い。創造性を生かすことで魅力が増す。

短所

結果を気にしすぎる。主張とわがままの区別がつかない。主役になりたがる。ひがみっぽく、成功している人をねたむ。

この日生まれの著名人

オットー・フォン・ビスマルク（政治家）／ミラン・クンデラ（作家）／三船敏郎（俳優）／林真理子（作家）／高橋克実（俳優）／桑田真澄（野球選手・監督）／アルベルト・ザッケローニ（サッカー選手・指導者）

周囲に自分をアピールすることに積極的な人柄で、その主張に見合った強い個性を持ち併せています。人に流されることなく、無理をして自分を変えるよりも、環境そのものを自分に合わせて変えようとする強引なところもあるでしょう。その動機は他人に負けたくないという気持ちにあり､意志の力を競争心や独創性に変えながら、リーダー的な立場を確立していきます。

ところが自分の努力に見合った分だけの評価が得られないと、内省的な性格が顔を出し始め、愚痴っぽくなってしまいます。人に認めてもらえないことでコンプレックスを抱いてしまうのです。これを克服するために、個性の輝きが他の人にはまぶしく見えるということや、指導者として周囲に影響を与えているという事実を自分で認めるべきです。

こうして自分の実力を客観的に感じ取りつつ、エゴイスティックに振る舞わないように気を使うことができれば、周囲から頼られる牽引役としての地位を得られ、運勢も自然と上向いてくるでしょう。

あなたの愛の形とは？

この日生まれの人は、愛する人とは、性別、年齢、立場などの違いがあっても､常に対等に接しようとします。そのため、イニシアチブを取りたがる人には反抗的、逆にリードしてもらいたい人からは冷たいと思われることもありそうです。交際相手は、性別や立場の違いを超え、

あなたのキャラクターや本質部分を見つめてくれる人を選ぶことが大切になるでしょう。また、隠しごとができない公明正大なところのある人です。思う人には自分の全てをさらけだすのが愛、というスタンスでいる人です。当然相手の行動も、胸の中の思いも、すべてクリアにしてほしいと願っています。ただ常に自分の気持ちを主張し続けたり、相手にも説明を求めすぎたりすると、窮屈な感じを与えることがあります。ふたりの恋の時間には沈黙も必要であることを覚えておいてください。

あなたの才能と人生のテーマ

内面に光り輝く個性を持っています。才能や主張を他の人に訴えること、それを多くの人の前で披露し、注目を集めることに、強い喜びを感じるところがあります。また、広い世界を見つめ、その中で自分の可能性をとことん試してみたいという願望を持っている人です。

この力を社会の中で生かす場合は、人前に出て、自分をアピールする職業につくことが望ましいでしょう。より多くの人から認められるか、社会的な成功を収めることで達成感を覚えます。ただ、それが行き過ぎた場合、人並みの生活では満足できない見栄の強い人になってしまう恐れがあります。他人の目ばかり意識せず、自分だけの価値観を持ち、それを充足させる方向を目指していくといいでしょう。

適職はタレントや俳優、弁護士、ジャーナリストなど。企業に勤めるよりも、独立して起業するほうがやりがいを感じるでしょう。

相性リスト

恋人	7月29・30・31日、10月1・2・3日
友人	1月28・29・30日、5月30・31日、6月1日
手本となる人	12月1・2・3日
助けてくれる人	1月16・17・18日、6月11・12・13日、8月23・24・25日、11月4・5・6日
縁がある人	8月29・30・31日、11月1・2・3日

自分にかけている遠慮というストッパーを外せばすべてうまくいきます

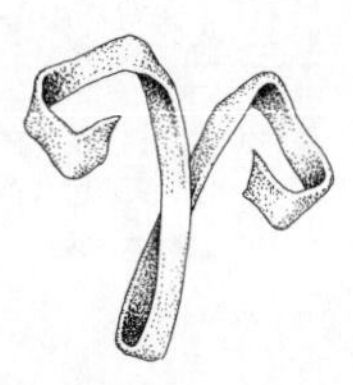

4月2日

牡羊座

ARIES

想像力豊かでエネルギッシュな人

長所

パワフルで発想力が豊か。自立心が強く独立独歩の精神がある。フレンドリーで情け深い。人を安心させる雰囲気を持つ。

短所

反論されるとムキになる。怒りをため込む。感情的になると周囲に当たりちらす。不平不満が多いが、はっきり表現しない。

心の働きが活発で、それを武器にして自分の居場所を獲得するタイプ。例えば、同じ出来事に対する感想でも、芸術的に受け止めたり経験をベースに深く共感したりと、多面的な感性でとらえて表現することができます。しかも、おしゃべりが好きで頭の回転も速いおかげで、刺激的な人物として評判を得られます。感受性と想像力に導かれた斬新なアイデアは行動力や表現力と相まって、どんなに煮詰まった状況でも、自分の力で切り開くことができるでしょう。

この傾向は前向きに発揮されればいいのですが、ごくたまに感情のコントロールが効かなくなることもあるようです。感情的になると極端に不安定になったり、身内に八つ当たりしたりといったマイナス面が出てきます。また無自覚に、感情や自分の考えを押しつけてしまうこともあるでしょう。自分の個性を成長させると同時に、人と自分の違いを尊重できれば、豊かな想像力や独特な感性が認められやすくなるはずです。

この日生まれの著名人

ハンス・クリスチャン・アンデルセン（童話作家）／セルジュ・ゲンスブール（俳優）／熊谷守一（画家）／忌野清志郎（ミュージシャン）／五十嵐大介（漫画家）／竹山隆範（カンニング）（お笑いタレント）／桜井日奈子（女優）

あなたの愛の形とは？

若々しい印象のある、さわやかで明るい人です。積極的な性格に加え、心の動きに柔軟かつ敏感に反応ができるのです。恋をしたときには、相手の心の動きが最大の関心事になるでしょう。全神経を集中して、相手を観察しその愛を得ようとします。愛されたい、気に入られたいという気持ちが動き出すと、とても魅力的に変わるで

しょう。

ただ、ひたむきすぎる性格のため、思い詰め、追い詰められたときには、ほとばしる情熱を抑えられなくなります。そしてオールオアナッシングの極端な思考回路に陥り、相手を追い詰めるか、自分自身が悲劇の主人公になりきるかのどちらかになる恐れがあるのです。いつも一生懸命なのはいいですが、余裕をなくしてしまうと恋も人生も楽しめなくなります。もう少し、楽天的に物事を眺められるよう、肩の力を抜いてみてください。

あなたの才能と人生のテーマ

とても鋭い観察眼を持っている人です。他の人が見落とすような細かい動きもとらえることができるでしょう。また複合的な視点でも物事を見ることができる人です。

この能力を仕事面で発揮するなら、まず発想の豊かさ、ユニークさが評価される場所がいいでしょう。建設的な発案であっても、あるいは危機管理のような防御対策であっても、他の人には思い浮かばないような発想で結果を出すことができるはずです。自分のカラーに染めようとする意欲が強いので、共同作業よりも、単独でできる仕事のほうが実力を発揮できそうです。グループで活動する場合は、自分がイニシアチブを取るか、分担してできるものがよいでしょう。

適職は、作詞家、漫画家、グラフィックデザイナーなどです。プランナーとしての能力が生かせることと、自由な権限を与えられると実力を出します。

相性リスト

恋人	7月30・31日、8月1日、10月2・3・4日
友人	1月29・30・31日、5月31日、6月1・2日
手本となる人	12月2・3・4日
助けてくれる人	1月17・18・19日、6月12・13・14日、8月24・25・26日、11月5・6・7日
縁がある人	8月30・31日、9月1日、11月2・3・4日

魔法の言葉

自分で思っている以上に慌ててしまっているかもしれません。深呼吸を3回！

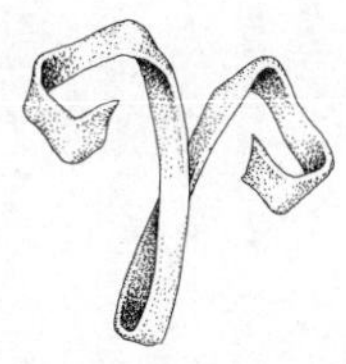

4月3日

牡羊座

ARIES

高い理想に導かれる楽天家

長所

活気にあふれている。笑顔を忘れない。進取の気性を持っている。理想を忘れない。ボーダーレスな感覚を持っている。

短所

理想にこだわり現実を直視しない。飽きっぽいところもある。めんどくさがりや。詰めが甘く、ケアレスミスが多い。

この日生まれの著名人

中島らも（作家）／仁科亜季子（女優）／マーロン・ブランド（俳優）／エディ・マーフィ（俳優）／田辺誠一（俳優）／大泉洋（タレント）／森田正光（気象予報士）／高橋由伸（野球選手・監督）／澤村拓一（野球選手）

どんなときだって、ほがらかで快活。イヤなことがあっても悲しいことがあっても、どこかにポジティブな要素を見つけて困難を乗り越えられる人です。小さな幸せを膨らませることが得意で、それを積み重ねて大きなラッキーをつくり上げるという、幸運の理想的なコントロールを実現できます。その明るさは周囲の人々を照らし、うなだれている人の顔を上げさせるほど、まるで魔法の太陽のような存在があなたです。

この明るさは、未来を少しだけ感じ取れる先見の明がもたらすものですから、まだ誰も手をつけていない分野で成功するなど、起業家やパイオニアとしての才能に結びつきます。ポジティブなおかげで人もついてきますし、認められにくい世界でも順調に成功するでしょう。ただし、実益よりも理想に走りやすい傾向があり、現実的な思考や地道な作業の繰り返しが苦手です。人のためや自分の快楽のためだけではなく、実益や社会的な地位などにも興味を持つべきです。

あなたの愛の形とは？

「この人とは何かのつながりを感じる！」そんな天恵を受けた瞬間、行動に移せる人です。そのまま恋に発展しなかったとしても、きっかけくらいはつかめるでしょう。このとき、心の中には一点の不安もありません。もともと心の中にポジティブな思いがあふれているあなただから、相手の中に自分と似ている幸せの種を見つけるのが

上手なのです。

また、他の人なら「失敗した」と思うような恋のトラブルも、あなたの目でみると「ドラマのよう」とか「何かの転換期」としてとらえることがあります。心から恋と人生を肯定するあなたの前には、すべては幸せにつながる扉に見えるのです。

ただ、未来の幸せを見つめるのはいいのですが、目の前の出来事から目をそらしすぎると、愛する人との温度差が広がり過ぎることもあります。同じものを見つめる努力も恋には必要です。

あなたの才能と人生のテーマ

この日に生を受けたあなたの心の中には、自由で誰にも束縛されないグローバリティがあります。高い視点と幅広い視野を持っているため、人よりも半歩先を見通す目を持っています。

この力は社会の中で、人々の行く手を照らす灯台のような役割を果たすでしょう。とくに混迷の時代に、明るい未来を信じられるようなものを発信すると、多くの人の支持を得るでしょう。また、新規の分野や最先端の技術を駆使するようなところで、活躍が期待されます。ただ拘束されることや、ルーティンワークを嫌う部分が強く出ると、すべてのことが中途半端になりやすいので注意してください。

先進性を生かせば、工学系の研究者、IT産業などの職業につくと、実力を発揮できるでしょう。また世界で活躍するという面では通訳ガイド、外交官、旅行業、商社などもおすすめです。

相性リスト

恋人	7月31日、8月1・2日、10月3・4・5日
友人	1月30・31日、2月1日、6月1・2・3日
手本となる人	12月3・4・5日
助けてくれる人	1月18・19・20日、6月13・14・15日、8月25・26・27日、11月6・7・8日
縁がある人	8月31日、9月1・2日、11月3・4・5日

魔法の言葉

本当にそれでOK？ もっとわがままに、もっと高いところを目指してもいいのでは？

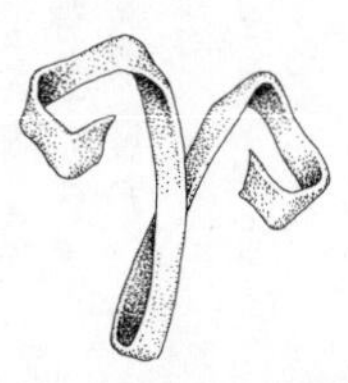

4月4日
牡羊座
ARIES

何かを壊してつくる人

長所

個性的。独創性にあふれ、革命的なエネルギーを持っている。自由な行動力と発想力がある。物事を客観的に判断できる。

短所

協調性が乏しい。何より自分を優先しようとする。不満を持つ。反抗的。目立ちたがりで、意味なく平凡さや堅実さを嫌う。

この日生まれの著名人

マルグリット・デュラス（作家）／細木数子（占術家）／深浦加奈子（女優）／山本昌邦（サッカー選手・指導者）／ヒース・レジャー（俳優）／MAKO〈NiziU〉（歌手）／Ayase〈YOASOBI〉（ミュージシャン）

極端に個性的で、あらゆる面で自分なりの考え方や方法を持っている人です。ナチュラルにしているつもりでも人と同じになることはありませんし、オリジナルな方法を許されない環境では生きていくことさえ窮屈に感じられるかもしれません。そのせいで自分の環境や世間の常識に攻撃的になってしまう傾向があり、大きな不満と理想の間で葛藤する人が多いでしょう。

しかし自分なりの生き方を貫けば、たとえ苦労が多くても他の人では到達できないような大きな成功を手に入れられます。そもそも人がよく、他人と自分のバランスを整えられる人なので、目標さえ定まれば充分すぎるエネルギーで理想を実現できます。常識的でバランス感覚に優れた自分と、天才的で破壊的な発想力を使い分けられれば、成功は約束されたようなものです。

当たり障りのない常識や世間体に振り回されるのではなく、それらを吸収しながら自分らしい生活スタイルを目指してください。唯一、頼りになるのは自分だけだと覚えておきましょう。

あなたの愛の形とは？

一期一会の精神で生きるあなた。愛情ですらもその瞬間に命を燃やすところがあります。過ぎ去ったことにはこだわらず、今だけを見つめます。そのときどんなに愛した相手であっても、過ぎ去った日の約束には拘束力はないと考える人です。さらに立場や性別などで行動を制

いったん今の状況を白紙にして、新しい方向から考えて。小さな革命が必要です

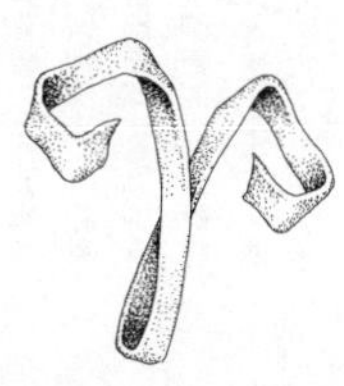

約されることにも、服従を強いられることにもがまんができないでしょう。

それに心の奥では常に自由を求めるあなただから、型にはまることができません。そのため恋多き人と呼ばれることもありそうです。でも、お互いのスペースを尊重し、会うときには刺激し合える、新鮮な感情を保てる相手であれば話は別です。つかず離れずの距離をキープしながら、いつまでもさびない間柄でいることもできるでしょう。あなたの場合、幸福な恋をするためには、相手選び、それもあなたと感性が似ている人を選ぶことが重要です。

あなたの才能と人生のテーマ

人生の中で改革と変化を続けることを定められた人です。閉塞的な状況の中に、新鮮な風を呼び込む力を持っています。ただそのためには、これまで存在していたものを壊してしまうという宿命を背負っています。極端なところが持ち味なので、妥協をすることができません。

仕事面でそのパワーを最大に生かせるのは、すべてのものを一新させる役割を担うときでしょう。文字通り破壊的な力で、型にはまらない活躍をすることができるはずです。あるいは自分で新規の分野を切り拓く、フロンティアとして生きるのもいいでしょう。逆に規制の多いところ、空気を読むことを求められる人間関係の中では、自分を生かせません。少なくとも自由のある職場を選ぶようにしましょう。

適職は写真家、作家、科学技術、宇宙開発、発明家など、新しいものをつくり出さなくてはならない仕事が向いています。

相性リスト

- **恋人**……………… 8月1・2・3日、10月4・5・6日
- **友人**……………… 1月31日、2月1・2日、6月2・3・4日
- **手本となる人**…… 12月4・5・6日
- **助けてくれる人**… 1月19・20・21日、6月14・15・16日、8月26・27・28日、11月7・8・9日
- **縁がある人**……… 9月1・2・3日、11月4・5・6日

4月5日
牡羊座
ARIES

発想をエネルギーに変える人

長所

聡明で純粋。動きが機敏。時代の潮流を敏感に感じとれる。情報収集能力がある。幅広い興味の対象を持つ。自由に生きる。

短所

うぬぼれや。人を見下す。興味ある分野以外は視野が狭い。長続きしない。要領よく立ち回りすぎて基礎力が身につかない。

この日生まれの著名人

グレゴリー・ペック（俳優）／ヘルベルト・フォン・カラヤン（指揮者）／板東英二（タレント）／吉田拓郎（ミュージシャン）／鳥山明（漫画家）／二世野村萬斎（狂言師）／三浦春馬（俳優）／西川史子（医師・タレント）

好奇心と知性の人。わずかな情報から結論を予想することと、その結論に合わせて行動をすることが得意です。とくに新しいことや風変わりなこと、おもしろいものには目がなく、他の人が注目していなくても、自分のセンスに従って素早く自分のものにしようとします。日頃から斬新なアイデアを出して実行に移したり、魅力的な趣味を見つけてすぐに詳しくなったり、もしくは流行を敏感に吸収したり。いつも忙しそうで、しかも楽しそうに生きていると、人からは思われているはずです。

ところが、その聡明さがマイナスに作用すると、周囲にとけ込めない変わり者だというレッテルを貼られたり、スタンダードなものを非難しすぎたり、人間関係に悪影響を及ぼします。気持ちがピュアだったとしても、ひねくれ者だと勘違いされることもあるでしょう。他人にとっての当たり前を、いやみなく受け入れられるように努力してください。その相手もきっと、あなたのセンスを認めてくれるようになるはずです。

あなたの愛の形とは？

退屈するということができない人です。常に何かおもしろいもの、楽しいもの、新しいものを求めています。恋も刺激的なものを求めようとする傾向があります。それも相手から与えられるのを待つのではなく、常に自分からそれを探していこうとします。あなたが魅力を認めた相手でなければ、まったく心を動かされることはない

でしょう。

恋のハードルは高いように思えますが、その価値観は一般の人とはかなり違っているようです。例えば肩書きや学歴、容姿といったものにはそれほど重きをおきません。むしろ一般受けするものを嫌い、本人のセンスを何より優先します。そのため周囲が驚くような相手を電撃的に愛することもあります。それでも愛した人なら、自分も相手も楽しめるよう、さまざまな工夫を凝らすでしょう。恋の時間はとても濃密なものになるはずです。

あなたの才能と人生のテーマ

一を聞いて十を知るような、並外れた才知を持ってこの世に生を受けたあなた。未来を予測することが得意です。好奇心を保ち、新規なものを追い続けている限り、あなたの天才的な勘は働きつづけるでしょう。そしてユニークな着想で人を驚かせ続けるでしょう。

この力を社会の中で生かす場合は、未来志向の職業につくことが望ましいでしょう。何かを予想する仕事はあなたの天職とも言える仕事になりそうです。またコミュニケーション能力も高いので、情報などをやりとりする職業にも適性があるでしょう。自由がないと息がつまってしまうので、伝統的なものを尊ぶような世界、権威を押しつける職場には不向きです。

適職は予報士、アナリスト、雑誌編集者、スタイリスト、テレビなどのマスコミ、ネットなどのIT業界などで力を出せます。

魔法の言葉

今のあなたには不思議な影響力が。そのことを声にすればきっと叶うはず

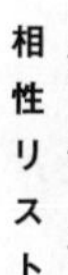

相性リスト

恋人……………… 8月2・3・4日、10月5・6・7日
友人……………… 2月1・2・3日、6月3・4・5日
手本となる人…… 12月5・6・7日
助けてくれる人… 1月20・21・22日、6月15・16・17日、8月27・28・29日、11月8・9・10日
縁がある人……… 9月2・3・4日、11月5・6・7日

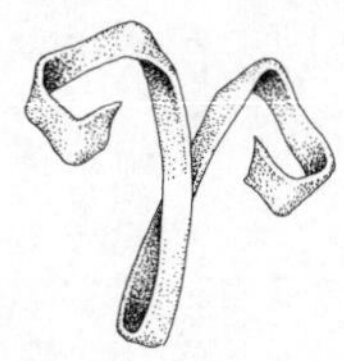

4月6日

牡羊座

ARIES

惚れっぽい情熱家

長所

ヴァイタリティがある。察しが早い。周囲への影響力大。感覚鋭敏。多角的な興味を示す。交際範囲が広く、人当たりがいい。

短所

飽きっぽい。要領がよすぎて怠けたがる。深く考えずに動く。調子がよく、すぐ人に迎合する。軽い気持ちで約束する。

この日生まれの著名人

ジェームス・ワトソン（遺伝学者）／ラファエロ・サンティ（画家）／小沢昭一（俳優）／伊東ゆかり（歌手）／別役実（劇作家）／谷川浩司（将棋棋士）／田嶋陽子（女性学研究家）／宮沢りえ（女優）／乙武洋匡（タレント）

あなたは、気に入った対象を見つけると、自分の生活や評判を犠牲にしても、そこにのめり込もうとします。対象はそのタイミングによってコロコロと移り変わり、ジャンルを選びません。心にピンと来たものを見つけたら、すぐにそこに飛びこんでしまうのです。しかも情熱的で勘もいいため、少し学ぶだけでほとんどのことを上手にこなせるようになります。この集中力は愛情と深く結びついているので、常に何かを好きになっていないと気が済まない性格とも言えるでしょう。

逆に、嫌いなものに対しても遠慮がなく、食わず嫌いが多くなる傾向もあります。熱しやすく冷めやすい面もあり、人に影響を与えたいくせに、自分では飽きてしまうといったことから、信用を失うことだってあるでしょう。情熱的な部分には価値があるのですが、それをコントロールできるようにならないと、信用を失うだけではすまないかもしれません。

あなたの愛の形とは？

美しいものを愛してやまない人です。情熱的で、心がひきつけられたときには制御ができなくなるところもあります。また所有欲、独占欲も強いので、相手を見ているだけで満足できるような恋はしません。欲しいと思ったら最後、それを射止めるまでは、心が休まることがないでしょう。

そのうえ、獲得したい対象ができたときのあなたは、

外見も会話も磨き上げて相手の前に臨もうとするでしょう。その魅力に抗うことは難しいはずです。しかし相手が振り向いたときには、情熱がピークを過ぎて、急速に興味を失うことがあるでしょう。そしてまた寂しくなったときに、別の人の魅力に出会い、その愛を得ようとするかもしれません。やがて外側の美を追い求めることを止め、本当の理想の愛に気づくそのときまで、あなたは若々しさと魅力で、愛を求め続けるでしょう。

あなたの才能と人生のテーマ

この日生まれの人には、天性の美的感覚がそなわっています。それも自分がリーダーシップをとって、美しい環境へと変化させようとする意欲を持っています。華やかなもの、きらびやかなものを好み、また自分自身もそんな存在でいたいと思っています。

その美的才能を社会で生かすためには、美的なもの、芸術的なものに目を向けるといいでしょう。芸術家を目指すのもいいですが、堅苦しく伝統的なものには、それほど興味を示さないかもしれません。逆に生活の中で美しさを追い求めるもの、新しい美の世界をつくり上げることには、とくに興味をひかれるでしょう。

適職はデザイナー、美容師、モデル、インテリアデザイナー、コーディネーター、フローリストなどです。ひとりでつくり上げていくものよりも、人と対話しながら完成させるものの方が力を出せそうです。

魔法の言葉

最終的には「好き」という感覚を最優先してOK。我慢は長く続きません

相性リスト

- **恋人**……………… 8月3・4・5日、10月6・7・8日
- **友人**……………… 2月2・3・4日、6月4・5・6日
- **手本となる人**…… 12月6・7・8日
- **助けてくれる人**… 1月21・22・23日、6月16・17・18日、8月28・29・30日、11月9・10・11日
- **縁がある人**……… 9月3・4・5日、11月6・7・8日

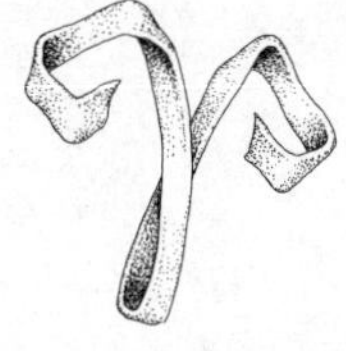

4月7日
牡羊座

ARIES

夢想的だけれども行動力に満ちた人

長所

想像力や表現力にあふれる。現実に対処するセンスもある。ボランティア精神にあふれている。優しく、言葉遣いがていねい。

短所

情緒が安定しない。言葉の裏を読みすぎる。人を信頼しない。人の前でピリピリしすぎる。情況に流されてしまいがち。

この日生まれの著名人

フランシスコ・ザビエル（イエズス会宣教師）／山本容子（版画家）／甲斐よしひろ（ミュージシャン）／ジャッキー・チェン（俳優）／ジョエル・ロブション（料理人）／玉山鉄二（俳優）／竹財輝之助（俳優）

イマジネーションの中で、自分を様々なシチュエーションに置くことができる、想像力が豊かなタイプ。その想像の中には楽しいことや大成功がぎっしりと詰まっていて、将来のヴィジョンとして生かすことができます。その夢に向かって情熱的に、ときに寝る間も惜しんで取り組む表情は、まるで子供のようにキラキラと輝いていることでしょう。現実と想像の両方を渡り歩く性格は極めて個性的。現実では行動的ですが、想像の世界では自分の希望しか目に入りません。豊かなイマジネーションで、自分だけの世界を築き上げることでしょう。

ところが、人と折り合うことや自分を傷つけないようにするのは大の苦手。自分で信じたものにまっすぐすぎるため、簡単なことで傷つけられたり、少しからかわれただけで虫の居所が悪くなったり、精神的に安定しにくい傾向があります。自分と人との境界線をはっきりと意識することで、心の平穏と自分の世界の確立の両方を成し遂げられるでしょう。

あなたの愛の形とは？

豊かな発想力に恵まれている人です。誰かを好きになったときには、恋の喜びも伴って、自分の恋愛を美化する傾向があります。相手が言った何気ない一言がどんどん膨らんでいき、想像の中で完全な理想の相手と思い込んでしまうこともありそうです。ただそれだけに生身の相手と対峙したときには、理想とのギャップに傷つく

魔法の言葉

子どもの感覚にもどってみて。シンプルに考えれば正解に近づきます

場面が出てくるでしょう。だからといって、悲観することはありません。

もともとこの日生まれの人は想像力に加え、現実的なセンスも持っているのです。だからこそ、ショックを受けてもそこから立ち上がり、今度は現実の延長線上で、いろいろなイマジネーションを膨らませることができるのです。その場合は、実際に相手を驚かせたり、喜ばせたりするアイディアも豊かなので、実り多い恋の日々を送れることになりそうです。

あなたの才能と人生のテーマ

小さなひらめきを、リアリティ豊かなイメージにまで組み立てられる、壮大なイマジネーションの力を持っている人です。それと同時に思い立ったら行動に移さずにはいられない瞬発力をそなえているのがこの日生まれの人です。自分の才能を信じて疑わないところがありますが、人に説明するのがあまり上手ではありません。

この力を社会のために生かすとするなら、クリエイティブな仕事がいいでしょう。消えてしまうイマジネーションは物質にして表現されなくては、人にはわかりません。それも言葉にするよりも、目に見えるものとして表現するべきでしょう。そしてあなたの世界の広さを示すように工夫しましょう。

適職は、ファッションデザイナー、工芸家、宝石デザイナー、彫刻家、映像作家などです。イメージと現実を融合させることを目指してください。

相性リスト

恋人	8月4・5・6日、10月7・8・9日
友人	2月3・4・5日、6月5・6・7日
手本となる人	12月7・8・9日
助けてくれる人	1月22・23・24日、6月17・18・19日、8月29・30・31日、11月10・11・12日
縁がある人	9月4・5・6日、11月7・8・9日

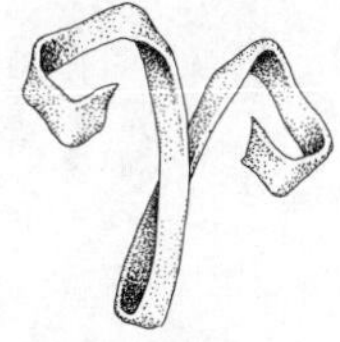

4月8日
牡羊座
ARIES

地に足のついた情熱家

長所

直観力、洞察力がある。責任感が強い。アクティブであると同時に、分析力と情況判断能力があり、安定した成功が望める。

短所

ナイーブ過ぎる。シニカルで毒舌的。人に任せることができず、自分ですべてやろうとして、身動きが取れなくなる。

この日生まれの著名人

エトムント・フッサール〈哲学者〉／桃井かおり〈女優〉／萩原流行〈俳優〉／松本明子〈タレント〉／ピエール瀧〈タレント〉／博多華丸〈博多華丸・大吉〉〈漫才師〉／沢尻エリカ〈女優〉／森下愛子〈女優〉／MAYA〈NiziU〉〈歌手〉

自分の奥深くにある精神や身体の感覚、本能や経験など、判断の基準をすべて自分の中に持っている人です。人のアドバイスや教科書よりも身体や脳が出すサインに従う性格は、揺るぎない確信と鋭い嗅覚を生み出します。そのおかげで単なる直感が大当たりだったり、自分だけ逆に進むことで得をしたりといった具合で、不思議な幸運に支えられるでしょう。自分の判断を大切にする生き方は、人に流されないタイプという印象につながり、重要な地位を任せられる人も少なくありません。

一方、頑固で批判的な厳しすぎる人だと勘違いされることもありそうです。最終的に自分の考えのほうが正しかったとしても、あまりに攻撃的で断定的な表現方法では、嫌われるのは目に見えています。また、自分の中に葛藤を生みやすく、ひとたび落ち込むとなかなか立ち上がれない人でもあります。複雑な自分に悩むことがあっても、強い信念を愛嬌で伝えることで、必要なことをバランスよく伝達できるでしょう。

あなたの愛の形とは？

自らの身体の奥から降りてくる啓示に従うあなた。恋をしたときもその心の声に従って行動します。恋のルールやマニュアルのようなものはほとんど信用することはないでしょう。だから好きな人の前に出たときのあなたは、他の人とはかなり毛色の違う個性的な存在であり、またあなた自身もそんなふうに振る舞うでしょう。

ただ、相手が個性的な人ではなく、一般的で空気になじむ恋人を望んだ場合、あなたは自分の心の声と相手の要求との葛藤に悩むことになるでしょう。そしてあなたの場合は恋よりも信念を貫くほうを選ぶ可能性が高そうです。

もちろん、そのままのあなたを受け入れ愛してくれる人を選ぶことは重要です。それでもあなたの価値観がすべての人に通用するわけではないことを、認めることができたら、あなたの愛の世界は今よりも柔和なものに変わることでしょう。

あなたの才能と人生のテーマ

大地のような揺るぎない強さと、自然の流れを読んで、上手に立ち回れる方向感覚の鋭さの両方を持っている人です。人生の中で変動があったとしても生き抜いていくと思われる野性的とも言えるセンスを持っています。

その力を社会で生かせば、人に存在感と安心感を与える役割を担うことができるでしょう。とくに言ったことは実現に向けて努力をする行動力があり、さらに人によって言うことを変えないという誠実さもあります。それが信頼感を与えるでしょう。そのため、変動が多い職場、臨機応変な対応を求められる職業には不向きです。信頼と誠実さが評価されるような仕事では、本来のあなたの才能、長所が存分に生かされるでしょう。

適職は、伝統工芸家、占い師、法律家、エンジニア、不動産業、教師などです。自分の才覚を発揮できる仕事に適性があります。

相性リスト

恋人	8月5・6・7日、10月8・9・10日
友人	2月4・5・6日、6月6・7・8日
手本となる人	12月8・9・10日
助けてくれる人	1月23・24・25日、6月18・19・20日、8月30・31日、9月1日、11月11・12・13日
縁がある人	9月5・6・7日、11月8・9・10日

魔法の言葉

遠回りに見えるほうを選びましょう。結局はそれが「王道」なのです

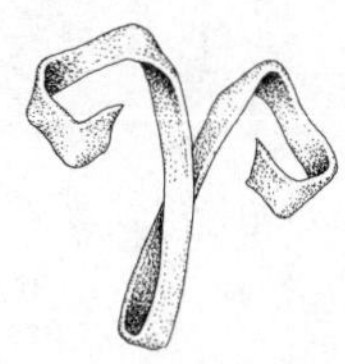

4月9日

牡羊座

ARIES

燃え上がる情熱家

長所

活発。元気がある。フットワークが軽い。個性が強く情熱的。指導力もある。自分を信じ、思いのままに行動できる。

短所

ルーティンワークが苦手。物事を深く見ずに表面的に判断する。退屈に弱く、じっとしていることができない。ミスが多い。

この日生まれの著名人

マーク・ジェイコブス（ファッションデザイナー）／ジャン・ポール・ベルモンド（俳優）／本多俊之（サックス奏者）／小林研一郎（指揮者）／厚切りジェイソン（お笑いタレント）／山下智久（タレント）

考えたことがそのまま言葉になり、望みがあれば即座に実行に移す、極端にパッショネイトな性格の持ち主。心の中はいつも精気でみなぎっていて、未来のその先のために日常を行動で埋め尽くそうとします。表面的なコミュニケーションは穏やかなので、その情熱を知る人は少ないかもしれませんが、ごく親しい人にとってその行動力は好ましく、リーダーシップを期待されるシチュエーションも多いでしょう。

また、スピーディーで活動的な性格も持ち味ですが、平凡なことを嫌う傾向もあります。今までに見たことがないものやユニークなもの、一般的には知られていない話題を求めて、常に周囲に働きかけ情報を収集します。新鮮な気持ちになれるなら、困難な方法を選ぶことにも足踏みしません。

ただし、この情熱的で革新的な性格が行きすぎると、世間の常識から浮いた変人だと思われてしまいます。自分をセーブすることや、平常心をキープすることも覚えるべきでしょう。

あなたの愛の形とは？

心のうちに激しく燃える炎を持っている人です。その熱さは強い個性として人の目に映ります。周囲の異性は、ひきつけられひざまずく人と、警戒して近づかない人とに分かれるでしょう。それほどあなたの輝きは力を持っているのです。それゆえ、ひとたび人を愛すると激情が

ほとばしり、制御ができなくなります。考えることはその人のことだけになり、力のすべてを注いで、その人との愛に生きようとします。生活のすべて、ときには人生のすべてをかけた恋をすることもあるでしょう。問題点は、恋が実らなかったときのダメージも大きくなる傾向があることです。最悪の場合は、相手を傷つけるような激しい憎しみに変わる恐れもあります。その強さを、真の幸福に向けて使うこと、それがあなたに求められた愛の目標です。

あなたの才能と人生のテーマ

激しさを胸に抱いて生まれてきた人です。また正義感も強く、理性的に行動するため、多くの人から信頼されるでしょう。ただし情熱がスパークしたときには、誰にも止められないほど行動力が加速します。考える前に走り出すことがあるので、ときには過激な行動にまで発展する恐れもあるでしょう。

そのパワーは、社会の中でも、強いリーダー、変革を求められる人が必要な場で生かされるでしょう。競争心が激しく、負けず嫌いなので、人と同じことをしたり、人の下でいいなりになることには強い反発を覚えます。オリジナリティを生かしたり、自分らしさを発揮したり、新規に何かを開拓できる職業につくといいでしょう。

適職は、政治家、外交官、カメラマン、ツアーコンダクターなどです。自己の内面を探求するより、広く世界に漕ぎ出す仕事が適しています。

相性リスト

恋人……………… 8月6・7・8日、10月9・10・11日
友人……………… 2月5・6・7日、6月7・8・9日
手本となる人…… 12月9・10・11日
助けてくれる人… 1月24・25・26日、6月19・20・21日、8月31日、9月1・2日、11月12・13・14日
縁がある人……… 9月6・7・8日、11月9・10・11日

魔法の言葉

心穏やかでも心の奥には小さな種火が。
そこに風を送り込んで

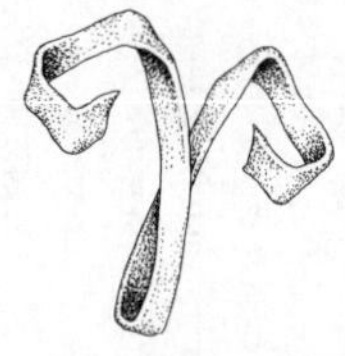

4月10日

牡羊座

ARIES

野心と風格の人

長所

集団のトップとしての力量がある。面倒見がよく人望が厚い。広い世界観を持っている。高貴な雰囲気を漂わせる。

短所

身勝手。安定を求めすぎると頑固になる。イエスマンばかり集めたがる。人からの忠告を素直に聞かない。融通が利かない。

この日生まれの著名人

マシュー・ペリー（軍人）／淀川長治（映画評論家）／和田誠（イラストレーター）／和田アキ子（歌手）／さだまさし（ミュージシャン）／堂本剛（KinKi Kids）（タレント）／水卜麻美（アナウンサー）／井上尚弥（ボクサー）

いつも堂々としているおかげで、どんな環境でも人からの信頼を集められる、ボス役にうってつけの人です。単純に偉そうにしているというわけではなく、自然な振る舞いの中で人を立ててあげられます。仲間を応援してあげたり困っている人に手をさしのべたり、何かと面倒を見ているうちに、多くの人から頼られるようになるでしょう。

そんな古き良きスタイルのコミュニケーションを好みながらも、安易に現状に甘えることはなく、親しい者同士で革新的な計画を進めるといった、進取の気性も持ち併せています。仲間うちで成功を分かち合い、新しい常識を自分たちでつくり上げることが、この日に生まれた人の喜びになります。

問題があるとすれば、退屈に弱いということ。また常識的すぎる考え方を前にすると、つい攻撃的になってしまう傾向があります。頑固な一面もあるので、そりが合わない人とはとことん険悪になってしまいます。せっかくの指導力を生かすため、心を広く持ちましょう。

あなたの愛の形とは？

内側にあふれ出るパワーを秘めた人です。その力を周囲の人に注ぎ、導くことで満足感を覚えるでしょう。それが大切な人に対しては、世話を焼いたり尽くしたりするという形で現われます。それも自らの高い理想に照らし合わせて、最適だと思う方法で奉仕するでしょう。だ

からリードされたい人にとっては、申し分ないパートナーになれるでしょう。しかし人によっては「尽くしてもらっている」という実感が湧かず、命令されていると感じることもあるかもしれません。本人にとっては、どんなに大切な人のために愛情を注いでもそれが裏目に出ると感じ、思い悩むことが多いかもしれません。

それでもこんな経験を通して、自分には自分の価値観があるように、他の人にはまた別の価値観があるのだということに気づいたとき、愛の世界が大きく変換していくのが実感できるはずです。

あなたの才能と人生のテーマ

生まれつき高い風格を身につけている人で、人の気持ちを鼓舞するような力強さがあります。さらに必要と判断すれば、現状を迷わず改善していく勇気もあります。そのため人の信頼が自然に集まってくるのでしょう。

この能力は社会の中で、集団のけん引役として注目を集めるでしょう。そして目標に向かって人々を導いていこうとします。それが小規模グループのリーダーであろうと、大規模な集団のトップであろうと、変わらぬ情熱で取り組みます。ただし一本気なところがあり、自分がこうだと決めたら人の意見を聞かずに進んでしまうことがあります。トップにいる場合はそれだけの責任が伴うことを自覚しましょう。

適職は裁判官、政治家、実業家などです。どんな仕事であっても、オーナー、支配人などのトップの地位に上り詰める可能性が高いでしょう。

相性リスト

- **恋人**……………… 8月7・8・9日、10月10・11・12日
- **友人**……………… 2月6・7・8日、6月8・9・10日
- **手本となる人**…… 12月10・11・12日
- **助けてくれる人**… 1月25・26・27日、6月20・21・22日、9月1・2・3日、11月13・14・15日
- **縁がある人**……… 9月7・8・9日、11月10・11・12日

魔法の言葉

右を見たり左を見たりしないで、まっすぐ前だけを見つめて

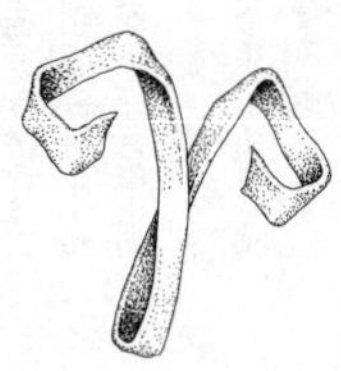

4月11日

牡羊座

ARIES

一本筋を通す人

長所

自我を確立している。並外れた行動力がある。感受性が鋭い。感性豊か。温故知新の精神がある。家庭的な雰囲気を持つ。

短所

自意識が過剰。協調性、柔軟性が少なく、臆病。被害者意識が強い。恩着せがましい。人が持っているものを欲しがる。

アグレッシブな行動力と、特殊なセンスを持った人です。自分が人とは違うセンス、感受性を持っていることを知りつつも、それを隠そうとはしないので、奇抜な人だと思われがち。けれども、よく観察していると、この人が自分のスタイルを通すことに強いこだわりを持っていることがわかるでしょう。決して気まぐれなタイプではなく、いつも自分なりの感覚をしっかり持って行動をしているはずです。

ただ、人間関係においては「気難しい人間」と思われて、敬遠されることがありそうです。自分のスタイルにこだわることは大事ですが、それを他人にも押しつけないよう気をつけて。また、団体行動は苦痛を感じることが多いので、個人で動ける生活スタイルを取るほうがよいでしょう。能力主義の職場であれば、自分のセンスを存分に活かせます。

また、生涯のあいだに一度は、ひとりで海外を見て回る旅に出ると吉。自分の行動力だけを頼りにした旅を経験することで、個性がさらに開花するはずです。

この日生まれの著名人

小林秀雄（文芸評論家）／すぎやまこういち（作曲家）／加山雄三（歌手・俳優）／武田鉄矢（タレント）／角田信朗（格闘家）／森高千里（ミュージシャン）／おおたか静流（歌手）／山本益博（料理評論家）／前田健太（野球選手）

あなたの愛の形とは？

前向きで明るい魅力がある人です。黙ってそこにいるだけで、確かな存在感をアピールできるタイプです。異性の前では常に堂々と振る舞い、愛する人を前にしても自分の意見を貫く強さがあります。そのため、異性から恐れを知らない人と思われることもあるかもしれませ

ん。でも、本当は一途なあまり、要領よく人に合わせることができないだけなのです。だからこそ自分のやり方を貫くのです。そして内面にある豊かな感性は相手の気持ちを察知し、人知れず傷つくこともあるでしょう。それでなおさら恋愛面で孤立してしまう傾向もあるようです。

愛する人にすべてを理解してもらいたいと思っているうちは、主張にも押しつけがましさが先に立って、誤解されがちです。でもわかってもらえなくてもいいと覚悟を決めたときには、その風格や漂う気品が愛する人にもストレートに伝わるでしょう。

あなたの才能と人生のテーマ

この日に生まれた人には、王者の威厳がそなわっています。行動様式も覇者そのもので、人に追随したり、人と足並みをそろえたりすることができません。自らが決定し、自らの責任で行動するのが性にあっているのです。

このタイプが社会の中で生き抜き、さらに成功を収めるためには、人を頼りにしてはいけません。自分の力で人生を切り開いていく覚悟を決める必要があります。企業の中で小さくまとまるより、独立してできる職業を選んでください。また狭いところでじっとしていることも望ましくはありません。自分から広い世界に漕ぎ出していき、そこで活躍の場を求めることが必要です。若いときから広い世界を視野に入れておきましょう。

適職は、タレント、冒険家、フォトグラファー、ジャーナリスト、旅行作家などです。起業家としても画期的な活躍ができそうです。

相性リスト

- **恋人**……………… 8月8・9・10日、10月11・12・13日
- **友人**……………… 2月7・8・9日、6月9・10・11日
- **手本となる人**…… 12月11・12・13日
- **助けてくれる人**… 1月26・27・28日、6月21・22・23日、9月2・3・4日、11月14・15・16日
- **縁がある人**……… 9月8・9・10日、11月11・12・13日

魔法の言葉

筋を通すこと。「うまくやろう」ではなく「正しくやろう」が正解

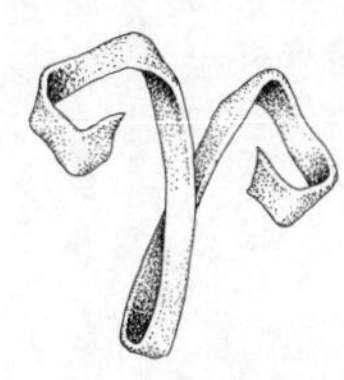

4月12日

牡羊座

ARIES

伸びやかで幅広い活動範囲の人

長所

バランス感覚が優れている。人脈も広く、冒険心がある。幅広く世界を見ようとする。偏見がなく、意欲的。

短所

向こう見ず。何かひとつに夢中になると他のことが見えなくなる。身のほど知らずの願望を持つ。地に足が着いていない。

この日生まれの著名人

ハービー・ハンコック（ジャズピアニスト）／園まり（歌手）／田中康夫（作家・政治家）／高田延彦（格闘家）／広瀬香美（歌手）／笠井信輔（アナウンサー）／藤原基央〈BUMP OF CHICKEN〉（ミュージシャン）

仕事とプライベートの両面で充実した人生を歩もうとする人です。仕事オンリーの生活をしていると、いかに成功していても幸福感を得ることが難しいでしょう。その反対に、趣味にばかり打ち込んでいても、充実感は得られないはず。人生の方向性を早くから定めようとせず、マルチな人生を目指してください。

社会的な立場と私生活の双方が充実してくると、この人は素晴らしい人格者となっていきます。自分とは違う価値観を持つ人を受け入れる器の広さを持つようになるでしょう。自分の経験を活かしたアドバイスをすることも得意で、相手が間違っているときには、きちんとそれを指摘する勇気も見せます。こうした人柄のおかげで多くの人から慕われて、その人脈を活かしながら幅広い活動をしていくでしょう。ただ、危険な冒険もいとわない性質なため、みずから危機的状況に飛び込んでしまう心配があるのは事実。見知らぬ土地への旅行中やスポーツシーンでは、安全を確保する配慮も忘れずにしておいたほうがいいでしょう。

あなたの愛の形とは？

偏りのない、素直な心を持った人です。この世のすべてを抱きしめようとする、圧倒的にポジティブな心を持っています。仕事にも恋愛にも気持ちよく打ち込むでしょう。また友達も恋人も、精一杯大切にしようとします。

魔法の言葉

もう一つの可能性が。これをやりながら、あれもできるはずです

だからどんなに愛している人でも、その人べったりにならないし、恋人やパートナーができても、友達をないがしろにはしないのです。さらに相手によって発言を変えるようなこともしません。すぐれた人格を持った人として周囲からは高い評価を受けますが、独占欲が強い恋人、家庭に縛りつけようとするパートナーの目から見ると八方美人と言われることもあるかもしれません。もしその相手の意思に従おうとすると自分の気持ちと長所を殺し続けることになり、息苦しさを感じそうです。

このタイプの人が伸び伸びと自分らしい生き方をするためには、同じような価値観を持つ人を選ぶことが求められるでしょう。

あなたの才能と人生のテーマ

この日生まれの人は、何かに取り組みながら、別のことにも注意を向けられる、総合的な視野を持っています。バランス感覚を保ちながら、目標を到達させる、司令塔のような役割を果たすこともできる人です。

仕事面では、精度が高く、深い専門的な知識、技能を求められるものよりも、全体の流れを把握しながら物事を進めていくもののほうが向いています。同時に進取の気性もあるため、新しい分野に飛び込んでいくことも恐れません。その開拓をする際も、全体のバランスを確かめながら足を進めていくので、失敗が少なくなるというベネフィットがありそうです。

適職は、看護／福祉関係、サービス業、雑誌編集者、団体競技のスポーツマンなどです。企業に勤めた場合も、管理職として力を発揮するのでトップに立ちやすい体質を持っています。

相性リスト

恋人……………… 8月9・10・11日、10月12・13・14日
友人……………… 2月8・9・10日、6月10・11・12日
手本となる人…… 12月12・13・14日
助けてくれる人… 1月27・28・29日、6月22・23・24日、9月3・4・5日、11月15・16・17日
縁がある人……… 9月9・10・11日、11月12・13・14日

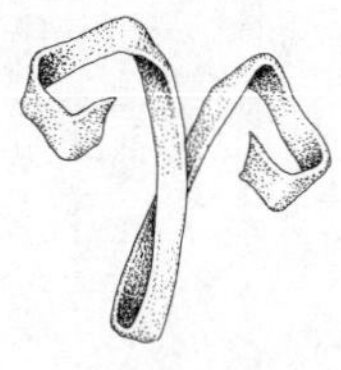

4月13日
牡羊座
ARIES

あえて自分を打ち出す強さの人

自分らしさを表現することに対して、強いこだわりを持っています。たとえ、そのせいで人に反感を買われたり、周囲とぶつかることになったりするとしても、決してひるみはしないはず。この強さこそが、この人の特徴であり、人生の方向性をつくっていくカギとなるでしょう。もちろん、恋愛や人間関係においては、この強さが邪魔になり、相手との衝突を生むことも多いはず。ただ、きちんと自分をぶつけていくことでしか得られない強い絆もあるものです。ケンカを何度も繰り返しながら、互いのことを理解していければ、その関係は生涯続くものになるでしょう。

一方、日常生活では、結構そそっかしいところがあります。細かいことは気にしない性格なので、自分ではそれに気づいていない可能性も。けれども、じつはケアレス・ミスをしがちなところが、仕事などでの評価ダウンにつながっている場合が。「どうも自分は正当に評価されていない」と悩んでいるなら、細かなミスを減らす努力をしてみるとよいでしょう。

長所

大らかで、小さなことにこだわらない。大局的に判断できる。独創的で、アイデアが豊富。ゆるやかな連帯感を大切にする。

短所

落ち着きがない。ルーズなところがある。集中力が続かない。口先ばかりで行動力がない。義務を後回しにする。

この日生まれの著名人

サミュエル・ベケット（作家）／吉行淳之介（作家）／藤田まこと（俳優）／上沼恵美子（タレント）／西城秀樹（歌手）／萬田久子（女優）／宮尾登美子（作家）／水嶋ヒロ（俳優・作家）／橋本大地（プロレスラー）

あなたの愛の形とは？

自分の足で立ち、自分の目でものを眺める人です。かけがえのない人の前でも同じで、依存することも、また相手をスポイルすることもない、対等な関係、個性と個性が向き合っているようなふたりでいたいと願っています。

その態度が相手に理解されないうちは、自己主張が強い、いちいち攻撃的な言葉遣いをする、大人になりきれないという批判を受けることもあるかもしれません。それでも自分を曲げようとしないので、一度対立した場合は、納得できる関係になれるか、決裂するかという極端な結末を迎えることになりそうです。恋をすることで傷つくことも多いでしょう。けれども、それを乗り越えたときには、誰もが理想とするような関係をパートナーと築いていくことができるのです。辛いときも、目先のことで悲観せず、いつでも高い理想を見つめていくようにしてください。

あなたの才能と人生のテーマ

今あるもので満足せず、常に何か新しいものをつくり上げようとする人です。一歩でも、それができなければ半歩でもいいから、今よりも前に進もうとします。その独創性の高さゆえに、他人の独創性も尊重しようとする人なのです。

仕事面でもこのクリエイティビティを生かしていけば、必ず大きな成果を挙げることができるでしょう。ただし人と対等であろうとする気質のせいで、縦の人間関係を重視するようなところでは、仕事よりも前に人間関係で行き詰まることがありそうです。また、将来を見据えようとするあまり、目の前がまったく見えなくなることがよくあります。自分で注意できることではないので、信頼できる人とのパートナーシップは大切にしてください。適職は発明家、WEBクリエイター、ファッションデザイナー、漫画家、イラストレイター、ミュージシャンなどです。

相性リスト

- **恋人**……………… 8月10・11・12日、10月13・14・15日
- **友人**……………… 2月9・10・11日、6月11・12・13日
- **手本となる人**…… 12月13・14・15日
- **助けてくれる人**… 1月28・29・30日、6月23・24・25日、9月4・5・6日、11月16・17・18日
- **縁がある人**……… 9月10・11・12日、11月13・14・15日

魔法の言葉

選手交代のときかもしれません。
切るカードを変えてみるのもいいかも

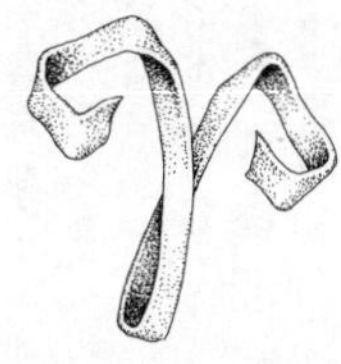

4月14日

牡羊座

♈

ARIES

柔軟さと強さを併せ持った人

長所

力がありながら謙虚。人の気持ちを推し量る。趣味の幅が広い。手先が器用。工夫をするのが上手。細かいところまで目が届く。

短所

二面性がある。人の顔色を見すぎる。相手を見て態度を変える。八方美人。マニアックで細かすぎる。人から理解されにくい。

この日生まれの著名人

大友克洋（漫画家）／今井美樹（歌手）／小沢健二（ミュージシャン）／工藤静香（歌手）／山里亮太（南海キャンディーズ）（お笑いタレント）／村治佳織（クラシックギター奏者）／杏（モデル・女優）／平野美宇（卓球選手）

強いパワーを持っていますが、それをストレートに出すことは好みません。断固とした主張があるときも、それを押し通すことは考えず、自然に周囲が自分の主張に傾くような作戦に出ようとするはずです。この人は行動力と頭の良さの両方を併せ持ち、それを使いこなせる人なのです。人間関係はおおむね良好です。年下からも年上からも好かれますが、それぞれに対してまったく違う接し方をしているため、同い年の友人からは、その振る舞いを狡猾だと思われてしまうこともありそう。上司や後輩など、立場の違う人間への心配りに気を取られすぎてしまうと、身近な友達との距離ができてしまう心配があります。その点に注意しましょう。

環境の変化には強いほうで、どんな場所にも素早くなじんでいけます。多趣味になる傾向もありますが、さまざまなスキルを身につけておけば、思わぬところで役立つはずなので、興味のある趣味、資格、スポーツなどには、どんどん挑戦するとよいでしょう。

あなたの愛の形とは？

心の中に強い信念を宿しています。けれど同時に優しさと柔和な姿勢を持っているため、人前でその強さを見せることはほとんどありません。愛する人の前では、その傾向がさらに強くなり、まず相手の意見を聞いて、それに自分も合わせるかのような行動をとります。また、相手がどんなタイプであっても、そつなくつき合ってい

目先の得よりも、長い目で見たときの価値。判断のカギはここにあります

くことができます。

そのため相手も、周囲にいる人も、従順で人にリードしてもらわなければ生きていけない人と思っているかもしれません。

でも、本当のところ相手をコントロールしているのはこの日生まれの人のほうなのです。じっくりと時間をかけて、相手がそのように動かなくてはいられない状況をつくり上げます。そうして相手が自由意志で選んだかのように仕向けていくのです。隠すことにより、本当の強さを発揮できる、才知あふれる人と言えるでしょう。

あなたの才能と人生のテーマ

前向きで行動力があり、内側には底知れぬパワーを宿しています。人の気持ちを読み取ること、そしてその場の空気を読み取ることがとても得意な人です。そのため、能ある鷹は爪を隠すということわざのように、人前ではなるべく目立たないように振る舞うところがあるのです。

この性質や才能を社会に生かす場合は、高い理想を掲げ、そこに向かって状況をお膳立てするような仕事で才能を発揮できるでしょう。またどんな場所でもその能力を発揮できるので、仕事の形態もある程度自由に決めることができそうです。コミュニケーション能力もあるので、人の間に立って、状況を取りまとめるような仕事につくと、思い通りの成果を挙げることが可能でしょう。

適職は観光ガイド、政治家、実業家、ホテル業務、都市計画などのプランナーなどです。

相性リスト

恋人	8月11・12・13日、10月14・15・16日
友人	2月10・11・12日、6月12・13・14日
手本となる人	12月14・15・16日
助けてくれる人	1月29・30・31日、6月24・25・26日、9月5・6・7日、11月17・18・19日
縁がある人	9月11・12・13日、11月14・15・16日

4月15日

牡羊座

ARIES

魅力的で人をひきつける人

長所

器用で美意識が高い。芸術的センスもあり、行動力がある。気配りが上手。相手に応じて適切な話題を提供できる。

短所

自己中心的。人を見下す傾向がある。社交的だが、人づき合いに疲れると閉鎖的になる極端なところがある。

この日生まれの著名人

レオナルド・ダ・ヴィンチ（画家・科学者）／田原総一朗（ジャーナリスト）／篠原勝之（芸術家）／坂崎幸之助〈THE ALFEE〉（ミュージシャン）／エマ・ワトソン（女優）／渡辺隆〈錦鯉〉（お笑いタレント）

高い美意識とアグレッシブな活動性。このふたつがこの人の性格の特徴を形づくっています。とりわけ特徴的なのは美しさへのこだわりで、自分の外見、あるいは自分が身を置く環境を美しく保つためには、時間もエネルギーも惜しまずに注ぎ込もうとします。ナルシストと誤解されたとしてもあまり気にしないでしょう。実際、この人はナルシストなわけではなく、努力で自分を磨くことに専念したいだけなのですが、何か始めるとそれしか見えなくなってしまう不器用な面があるので、人から見れば「自分のことばかり気にしている」と見られがちなのです。

でも、年を重ねるごとに器用さも身についてくるし、高い美意識で築き上げた自分の魅力が花開くので、人を魅了するオーラが強まっていくはず。この人を賛美する人間が周囲にたくさん現れるでしょう。ただ、他人に気を使うことは苦手なので、交際範囲をあまり広げようとはしないかも。心地よい環境で気の合う仲間に囲まれて生きていくことをよしとするでしょう。

あなたの愛の形とは？

美しさに敏感な人です。外見はもちろん、心の中の微妙な動きも見逃すことはありません。そのため、この日生まれの人にとっての恋は、芸術的に昇華されることが多くなるでしょう。

例えば単なるメールであっても、この人の手にかかる

と、ずっと保存しておきたいようなものになるでしょう。またそれを認められることも好きで、誉められたら喜びをまっすぐに表します。そんな素直さも魅力のひとつでしょう。

この美にこだわる姿勢のため、自分のことしか見えないとか、常に賛美されたい人と思われる恐れもあります。でもこの人にとっての愛情表現とは、大切な人の目に最上の美を届けたいというものなのです。逆になりふりかまわず相手に尽くすべきというような発想が浮かぶことがないのです。むしろ、自分のことをかまわなくなったときが本物の愛の危機と言えるかもしれません。

あなたの才能と人生のテーマ

アーティスティックな感覚を持ち、常に美しい空気の中で呼吸をしていたいと本気で願うタイプです。生まれながらの芸術家肌の人。同時に精力的で現実社会の中で自分のセンスを生かしたいという意欲も持っています。

この才能を仕事で活かすには、美に関連の深い職業を選ぶといいでしょう。それも心から好きだと思えることには没頭する性質なので、最初は趣味で始めていたことを職業にすることもあるでしょう。さらに実業的な野心もあるので、仕事を軌道に乗せ、商業的なラインにまで発展させることも夢ではないかもしれません。純粋な芸術活動よりも、実利的なもののほうが適しています。

適職は、美容師、美容研究家、コーディネーター、ファッションデザイナーなど。どんなものであっても、美意識と美的センスを生かせる職業が最適です。

相性リスト

- 恋人……………… 8月12・13・14日、10月15・16・17日
- 友人……………… 2月11・12・13日、6月13・14・15日
- 手本となる人…… 12月15・16・17日
- 助けてくれる人… 1月30・31日、2月1日、6月25・26・27日、9月6・7・8日、11月18・19・20日
- 縁がある人……… 9月12・13・14日、11月15・16・17日

魔法の言葉

答えはイエス。本当に好きなら、あるいは望むなら！

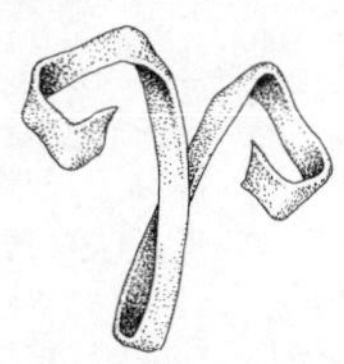

4月16日

牡羊座

ARIES

直観能力にあふれる大胆な人

長所

温和で気さく。包容力がある。意志が強く、潜在的行動力がある。感受性が豊か。自然の美しさなどに素直に感動できる。

短所

必要以上に人と足並みをそろえようとする。自己主張が苦手。極度の寂しがりや。人の目がないと自堕落な生活を送る。

この日生まれの著名人

チャールズ・チャップリン（俳優・映画製作者）／坂上二郎（タレント）／なぎら健壱（タレント・ミュージシャン）／徳井義実（チュートリアル）（漫才師）／小芝風花（女優）／池田エライザ（女優）

とくに目立たないタイプだと思っていたのに、唐突に大胆な行動に出て、周囲を驚かせるタイプの人です。基本的には繊細で、人の気持ちを推し量ることが得意なので、自分の我を通すことは滅多にしません。周囲に合わせ、波風立てずにやっていくほうが気楽でいいのです。ところが、この人は強いインスピレーションにかられることがあるタイプ。ふいな思いつきに駆られると、他人のことなどすっかり忘れて、自分の興味に突っ走ってしまいます。ふらりとひとり旅に出て行ったり、ガラッと違う職業への転身を誰にも相談せずに果たしたり。じつはこの人は自分の直観には絶対に従おうとする強い意志の持ち主なのです。

とはいえ普段は温厚で、人づき合いがとてもうまい人。そのため、周囲はこの人の持つ鉄の意志にはなかなか気づきません。「自分は誤解されている」と感じて、悩むことも。そんなときは少し大胆な自己主張をしてみるべき。そうすれば周囲の評価が変わってくるはずです。

あなたの愛の形とは？

いつも物静かで控えめなタイプです。異性の前にいるときも、相手に合わせるのが上手で、従順な人と言われることが多いでしょう。でも、本当に愛する人の前では、突然に自分の気持ちを語ったり、どこかに行こうと強く誘ったりする、大胆なところを見せることがあるでしょう。

魔法の言葉

じっとしていても始まりません。
小さくても最初の一歩を

もともと優れた直感を持つ人ですが、目立つことを恐れ自己表現を控えようとします。それが恋をするとさらにインスピレーションが鋭い状態になるため、とても隠しておくことができなくなるのです。

そのため、おとなしい人だと思っていた相手から見ると、つき合い始めたとたんに性格が変わったと思われることもあるかもしれません。そのギャップを埋めるために表現を控えめにすると今度は自分がストレスを感じるかもしれません。心の広い、包容力のある相手を選ぶことが、幸せな恋につながる秘訣になるでしょう。

あなたの才能と人生のテーマ

まるで別の世界から舞い降りてくるような、不思議なイマジネーションを感じることがある人です。その発想があまりにも独創的で電撃的なため、人に正確に伝えるのはかなり難しく、理解してもらえないことが数多くあったでしょう。その経験がこの日生まれの人を、おとなしく、協調性のある人のように見せることがあるのです。

この生き方を社会で役立てるためには、独創性を生かせる仕事につくといいでしょう。周囲の目を意識しすぎると、没個性になり、おもしろ味がなくなります。むしろ個性を発揮する道を選ぶほうが、多くの人の支持を受けられるようになるはずです。

適職は、タレント、占い師、ゲームクリエイター、童話作家、建築家などです。企業の中ではサポーター的な役割よりも、トップに立ち、周囲から支えられるような仕事のほうが向いています。

相性リスト

恋人	8月13・14・15日、10月16・17・18日
友人	2月12・13・14日、6月14・15・16日
手本となる人	12月16・17・18日
助けてくれる人	1月31日、2月1・2日、6月26・27・28日、9月7・8・9日、11月19・20・21日
縁がある人	9月13・14・15日、11月16・17・18日

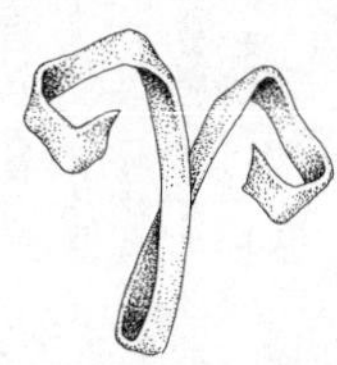

4月17日

牡羊座

ARIES

大きな目的意識を持つ野心の人

長所

現状を認識できる。長いスパンで物事を考える。粘り強い努力家。目標達成率が高い。縁の下の力持ち的存在を受け入れる。

短所

自信をなくすと情緒不安定になり、自暴自棄になりやすい。重圧や、権威に弱い。意固地になると人の話を一切聞かない。

この日生まれの著名人

畑正憲（作家・生物学者）／大泉逸郎（歌手）／高見沢俊彦〈THE ALFEE〉（ミュージシャン）／若松勉（野球選手・監督）／小林賢太郎（劇作家・演出家）／Taka〈ONE OK ROCK〉（ミュージシャン）

行動力と計画力、実務能力を併せ持ち、恋においても仕事においても、自分の定めた照準へと着々と歩みを進めていく人です。長期的な目標に向かうロードマップを頭に描くことが得意。子供のころから、長い人生の細かな計画を立てることに楽しみを感じていたかもしれません。

粘り強さも人一倍ですが、苦手なのは急な計画変更でしょう。思わぬ運命の流れによって、自分の進むべき方向が見えなくなると、急に弱気になることが。そういう時期は先を焦らず、一から人生計画を考え直してみると吉。「自分にはこの仕事しかない」「この人しか愛せない」などと思い込まず、他の道も探ってみるようにしましょう。また、未来に対する夢を失っている時期は自暴自棄になりやすいので、常に何かしら夢を抱くようにしたいものです。

集団の中ではリーダーシップを発揮するタイプ。歳を重ねるほど、高い人望を持つようになるでしょう。

あなたの愛の形とは？

とても純粋な気持ちで、大切な人を見つめる人です。また心の底では誰かに支えられたいという思いを持っています。だから愛する人には自分の気持ちはもちろん、存在を認めてほしいという気持ちが強いのです。

この日生まれの人は向上心が強く、高いステータスを得るために奮起するところがあるのも、人に認められた

い気持ちが強いためです。

愛する人の「よくやったね」「がんばったね」という言葉がもらえるなら、どんな苦労も平気だし、けなげにがんばるでしょう。その反面、どんな言葉もかけてもらえなかったら、「何のためにがんばったんだろう」と激しく落胆することがあるでしょう。

でもがんばらなくては愛が得られないわけではありません。この人がありのままの自分を認めてもらえる相手とめぐりあったとき、初めて肩の力を抜いて恋をすることの喜びを感じることでしょう。

あなたの才能と人生のテーマ

この日生まれの人は、常に前進を続け、その歩みを多くの人に伝えたいという欲求を持っています。努力や自分の経験を社会の中で生かし、それを認めてもらうことを願っているのです。そのため比較的人生の初期から、人生の方向を決めて進んでいくこともあります。

その気持ちゆえに、社会の中では、多くの人に認められる仕事、人を導いていく仕事を目指そうとする傾向が強くなるでしょう。また粘り強い性格のため、目標に向かって、着実に進んで行こうとします。そして自分でいいというまで、その力を緩めることはないため、成功への可能性もそれだけ高くなると言えます。

寄り道をしない一本気な性格のため、資格を取って、生かせるような仕事が向いているでしょう。

適職は、医師、看護師などの医療関係の仕事、裁判官、弁護士などの法務関係、会計士などの財務関係の仕事などです。

相性リスト

恋人	8月14・15・16日、10月17・18・19日
友人	2月13・14・15日、6月15・16・17日
手本となる人	12月17・18・19日
助けてくれる人	2月1・2・3日、6月27・28・29日、9月8・9・10日、11月20・21・22日
縁がある人	9月14・15・16日、11月17・18・19日

魔法の言葉

出来上がっているものはつまらないかも。まだ形になっていないもう一つの方を！

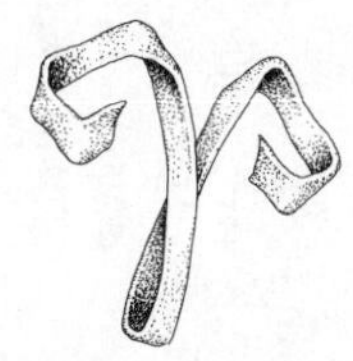

4月18日

牡羊座

ARIES

困難な状況においてこそ燃える人

長所

情熱的。陽気。いい意味での反骨精神がある。正々堂々としている。正義感が強い。フロンティアスピリッツにあふれる。

短所

衝動的。競争心が激しい。負けず嫌い。人のいいところを素直に認めない。コンプレックスが強く、刺激されると攻撃的に。

この日生まれの著名人

五島慶太（実業家）／宅麻伸（俳優）／小宮悦子（アナウンサー）／天達武史（気象予報士）／オードリー・タン（プログラマー・政治家）／高田茜（バレエダンサー）

普段は決して粘り強いわけではないし、むしろ何に対しても飽きっぽいほう。それなのに、何か困難な状況に置かれたとたん、忍耐強さが生まれてきて、高いハードルを打ち破ることができてしまう人。つまり、この人は「困難」に出会うたびに、大きく成長するタイプなのです。

また、負けん気も人一倍強く、ライバルが多い状況になるほど、自分の意志を達成するための闘志を燃やし始めます。そのため、ややこしい恋模様をつくりがちだったり、敵の多い人生を歩むことになったり、という心配があります。スポーツ選手などになれば、うまく自分の闘志を使用できるかもしれません。

この人のよいところは正面から勝負を挑む姿勢。他人の足を陰でコッソリ引っ張るようなマネはしようとしません。ですから勝負さえ終われば、敵対していた相手ともいい関係をつくることができるのです。

あなたの愛の形とは？

逆境の中でファイトを燃やす人です。ぎりぎりの状態まで自分を追い込み、その土壇場のパワーを感じるとき、生きている実感を味わうタイプの人です。ドラマチックなもの、劇的な展開を好む傾向が強いです。

恋するときに姿勢も同じです。優しく誠実な相手の平穏な恋には魅力を感じることがないでしょう。しかし周囲から反対されている恋のように、障害があればあるほど燃え上がるような傾向があるのです。

魔法の言葉

答えはノー。それは叶ったとしても満足できないかも？

どんなことがあっても恋を貫く強さ。それがあるのはいいですが、同時に恋愛以外のことが目に入らなくなってしまうことがあります。そして恋を貫くためなら何を犠牲にしても構わないと思い込んでしまうと、悲劇を招くことにもなります。もともと先見の明がある人なのですから、恋愛の渦中でも客観的に将来や現状を見つめるような冷静さを持ちたいものです。

あなたの才能と人生のテーマ

冒険心と好奇心、そして克己心が強い人です。見渡す限り平野のようなところでは、先が見えているから興味をひかれません。でも先が見えない山や森のような場所には、強くひきつけられてしまうのです。

この姿勢を社会の中で生かすためには、安定性を求めないほうがいいでしょう。ルーティンワークの積み重ね、伝統を踏襲するだけの仕事では、やりがいが湧いてこないかもしれません。

逆に変動が多い職業や、競争意識を刺激されるような仕事だと、単に収入を得るだけではなく、生きている実感をも得られるでしょう。他人ではなく自分自身と競争をした結果、気がついたら大きなレコードを達成したということもあるようです。

適職は、政治家、スポーツマン、アナリスト、経済コンサルタント、不動産業などです。大企業よりも小規模か独立してできる仕事に適性があります。

相性リスト

恋人	8月15・16・17日、10月18・19・20日
友人	2月14・15・16日、6月16・17・18日
手本となる人	12月18・19・20日
助けてくれる人	2月2・3・4日、6月28・29・30日、9月9・10・11日、11月21・22・23日
縁がある人	9月15・16・17日、11月18・19・20日

4月19日

牡羊座

ARIES

明るくスポーツマンシップに満ちた人

長所

明朗。好きなことに対して能力を発揮する。リーダーシップがある。人の輪の中にいると輝く。場の雰囲気を盛り上げる。

短所

極端な寂しがりや。単純。おだてに乗りやすく、だまされやすい。被害者意識が強いが、それを素直に口にしない。

この日生まれの著名人

グレン・シーボーグ（科学者）／村野武範（俳優）／石原伸晃（政治家）／根本りつ子（女優）／ヘイデン・クリステンセン（俳優）／マリア・シャラポワ（テニス選手）／山本篤（陸上選手）／小嶋陽菜（タレント）

曲がったことが大嫌いで、正当な道を歩もうとする人ですが、単なる優等生タイプというわけではありません。「いい子」でいようと思っているのではなく、どんなときも「正々堂々とした自分でいたい」という気持ちが強いだけです。

リーダーシップにも長(た)けていて、バラバラの方向を向いている大勢の人間の先頭に立って行動することは非常に得意です。とくに、チーム競技のスポーツなどはこの人の得意分野。キャプテン的な存在として活躍することが多いでしょう。逆に嫌いなのは孤独な状況です。ひとりで行動することは苦手だし、誰かがそばにいてくれないと不安を感じやすいかもしれません。けれども、いつも人に囲まれているため、この人の孤独な一面は人からあまり気づかれることはないようです。

また、小細工ができないタイプなので、狡猾さが必要とされる仕事には向きません。日の当たる場所で堂々と活躍するほうが似合っています。

あなたの愛の形とは？

明朗で、いつも堂々としている人です。自分にも、ほかの人にもうそがつけない人で、胸の中の思いを隠すことがありません。

恋をしたときにもその姿勢を貫きます。誰かのことが好きになったら、その気持ちをまっすぐに伝えます。周囲の人にも気持ちを隠そうとはしないでしょう。その態

度があまりにも自然でなんのてらいもないため、本命の人から「冗談かもしれない」と思われるかもしれません。

それでも誤解を越えて恋が実ったときには、打って変わって甘える恋人になりそうです。好きな人に甘えたい、いつも愛情を感じていたいと思うでしょう。コミュニケーションの頻度が愛情表現と考えるところがあるので、メールや電話が少なくなると普通の人以上に不安を感じることになりそうです。その寂しい気持ちを理解してくれる人が、理想的な相手と言えそうです。

あなたの才能と人生のテーマ

公明正大な魂を持ってこの世に生まれてきた人です。どんなときも自分に恥じるような生き方をしたくはないと思っているでしょう。輝くような存在感があることを自覚している人です。それゆえ、いつも客観的な目で自分自身を見つめるところがあります。

その冷静な自省の目を生かすためには、社会の中で、人の規範となる生き方をする人として注目を集めるといいでしょう。

また迷う集団を導くことにも強い関心を示します。覇気のない生徒を励ますことも得意でしょう。傾きかけたグループや組織を立て直す新リーダーとしてのチャンスを与えられても、その期待に応えることができそうです。

適職は、警察官、スポーツ選手、教師、検察官、監督、塾教師などです。企業などでは、中間管理職や頂点に立つ人としての活躍が目立ちそうです。ボランティア活動にも関心を示すでしょう。

魔法の言葉

曇りのない目でそれを見ることができそうです。新鮮な視点を持って

相性リスト

恋人	8月16・17・18日、10月19・20・21日
友人	2月15・16・17日、6月17・18・19日
手本となる人	12月19・20・21日
助けてくれる人	2月3・4・5日、6月29・30日、7月1日、9月10・11・12日、11月22・23・24日
縁がある人	9月16・17・18日、11月19・20・21日

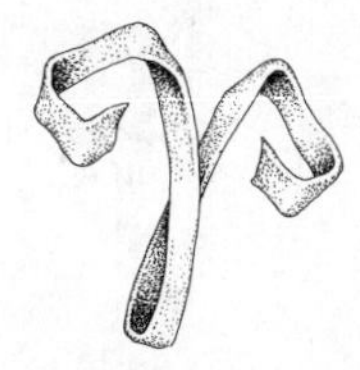

4月20日

牡牛座

TAURUS

安定と冒険の両方を望む人

長所

行動力があり、勤勉。強調性がある。抑制がきいている。気働きができる。まめに面倒を見る。人情味にあふれている。

短所

ないものねだりをする。情況に飲まれやすい。かなえたい願望があっても中途半端になりやすい。問題があると責任転嫁する。

この日生まれの著名人

アドルフ・ヒトラー（ナチス・ドイツの総統）／ハロルド・ロイド（俳優）／吉井理人（野球選手）／紀里谷和明（映画監督）／大沢樹生（俳優）／宇治原史規（ロザン）（お笑いタレント）／ミランダ・カー（モデル）

安定した生活を望む気持ちと、冒険を好む性質を併せ持っており、それが人生における悩みの種となりがちです。例えば、よく働き、コツコツと貯金することも得意なのに、唐突に冒険心が湧くと、今までのキャリアや貯金を無にするような行動に出てしまうのです。インスピレーションが強いのも、この人が冒険に駆られやすい原因のひとつ。

「あの土地に何かがありそう」「これに賭ければ一儲けができるはず」といった直感的判断を、この人はよくします。行動力も強いため、思い立ったらやってみたくなってしまうはず。けれども、そういうインスピレーションのないときには、勤勉だし協調性にも長(た)けているので、安定した人生を歩んでいくでしょう。

人づき合いも上手なほうですが、交際範囲はそれほど広くありません。気の置ける相手との寛げる関係を望むからです。人間関係において冒険するのは恋愛のみかもしれません。恋に落ちると、自分と合わない相手の胸にも飛び込んでいく強さを見せます。

あなたの愛の形とは？

将来を確実に見通すクリアな目を持っている人です。危険なことを避け、安定を目指そうとする分別も持っています。しかし同時に豊かな感性を持っているため、最終的には自分の感情を優先させようとするでしょう。

恋においてもそれは同じです。仮に安定した優しい人

と、不安定だけど自由な人のふたりの異性が目の前にいた場合、はじめは誠実な人、自分のことを大切にしてくれる優しい相手に関心を持つでしょう。でも、最終的に選ぶのは、感情と心が選んだ人なのです。それが周囲を驚かせる結果になっても、あなたは自分の直感に従い、相手の胸に飛び込んで行くでしょう。そして障害があっても、その恋を貫こうとするでしょう。

インスピレーションにしたがっているときには、100％、その瞬間を燃焼する人です。たとえ失敗したとしても、後悔することはありません。

あなたの才能と人生のテーマ

この世界の楽しさと満足とを体験したいという願望を持って生まれてきた人です。そのため、安定した豊かさを求める一方で、冒険と自由も手にしたくなるのです。そのことで普通の人が見ることができない世界を見たいと思っているのです。

このキャラクターを現実社会に生かしきるためには、そのふたつの思いを融合させる方向を目指すといいでしょう。どちらか一方に決めるという極端な方向では、どちらを選んだとしても不完全燃焼になるか、中途半端に終わってしまいそうです。インスピレーションを堅実な方向で生かす道。簡単には見つからないかもしれませんが、求め続けていれば必ず満足がいく答えが見つかるはずです。とくにクリエイティブな職種では、その実力を認められる可能性も高いでしょう。

適職は、漫画家、作詞家、インテリアデザイナー、サービス業、雑誌編集者、映像製作者などです。

相性リスト

恋人	8月17・18・19日、10月20・21・22日
友人	2月16・17・18日、6月18・19・20日
手本となる人	12月20・21・22日
助けてくれる人	2月4・5・6日、6月30日、7月1・2日、9月11・12・13日、11月23・24・25日
縁がある人	9月17・18・19日、11月20・21・22日

魔法の言葉

短期間でやれるなら答えはイエス。集中して取り組む覚悟を

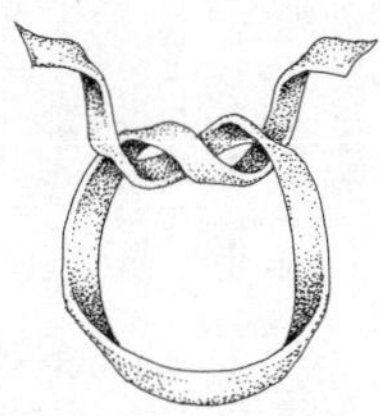

4月21日

牡牛座

TAURUS

物質的安定を望む人

長所

人望が厚く、人脈も広い。時間をかけて目標を達成する。アクティブに行動する。いくつになっても若い心を忘れない。

短所

享楽的。自分の欲求のために人を利用しても平気なところがある。夢ばかり追ってなかなか現実を見ようとしない。

この日生まれの著名人

エリザベス2世（イギリス女王）／フリードリッヒ・フレーベル（教育者）／輪島功一（ボクサー）／及川奈央（タレント）／安田美沙子（タレント）／塩田武士（作家）／HIKAKIN（Youtuber）／牧秀悟（野球選手）

物質的な安定への欲求が強く、それを手に入れることで欲望を満たし、精神的な安定を得るタイプです。感覚的にも敏感で、美しいものや、美味しいものに人一倍興味を示すタイプ。物欲や食欲なども本能的に強く、そういうものを何のてらいもなく堂々と「欲しい」と表現できる強さを持っています。そしてそれらを着実に手に入れ、年とともに生活が豊かになるという、物質的な成功を得る運勢を与えられているのです。

また、この生まれの人は、人脈を築くのが得意。決して人に媚びず、自分の意見はしっかり述べながら相手の信頼を得るという、絶妙なコミュニケーションで人間関係を広げていきます。そのため、知人や友人が力を貸してくれることが多く、人の援助によって自分の願いを叶えることができます。ただ、自分が相手に何かしてあげたり、与えてあげることを忘れがちになるのが欠点。そういう面が強く出てしまうと、自分勝手な人と思われることも。相手のために動くことができれば、より人望が集まるでしょう。

あなたの愛の形とは？

視線や会話、そしてさりげないしぐさなどで、豊かな愛情表現ができる人です。またこの人の前に立つと、何かをしてあげたくなってしまうでしょう。そんな愛される才能とも言える力を持っている人です。

心の中には情熱的で常に愛情を確かめていたい衝動が

あります。実際にこの日生まれの人は、プラトニックな恋で満足することはできません。スキンシップを求め、また愛情を言葉や態度、そして特別な日のプレゼントや行動などで示してもらいたいと思うところがあります。愛されることに慣れているので、愛を求めるために何かをする、という発想がありません。それに問題点があるとしたら、相手に求めすぎて自分からは愛を示さないということでしょう。いくら相手が優しく接してくれていても、それを当たり前と思わず、自分から愛を示すことが今後の課題になるでしょう。

あなたの才能と人生のテーマ

自分への信頼度がとても高い人です。例えば欲しいものがあると「あれは自分のものになるべきものだ」と信じて行動できます。また、不思議な強運に恵まれているので、それを実際に手にすることが多いのです。そしてほかの人に対して自分の魅力や考え方を伝える能力に長(た)けています。

仕事面では、多くの人を集めてできる仕事で、力を発揮できそうです。このタイプの人は、最初からひとりでやる仕事は向いていません。最終的には独立したとしても、初めは、企業などに入って、仕事のやり方をしっかり覚えてから、自分の道に進むことが望ましいでしょう。周囲にサポートしてくれる人を置くことも大切です。

適職はプロデューサー、ファッションやインテリアのコーディネーター、人材の育成業などです。どこかで人とつながり、一緒にできる仕事がいいでしょう。

相性リスト

恋人	8月18・19・20日、10月21・22・23日
友人	2月17・18・19日、6月19・20・21日
手本となる人	12月21・22・23日
助けてくれる人	2月5・6・7日、7月1・2・3日、9月12・13・14日、11月24・25・26日
縁がある人	9月18・19・20日、11月21・22・23日

魔法の言葉

気持ちの上でも実際的にも、満足できる結果が得られそうです

4月22日

牡牛座

TAURUS

意図せざる変革者

長所

初志貫徹する。状況判断が適切。個性が強く影響力がある。自由を愛する。考え方にこだわりがなく進歩的。変化を恐れない。

短所

自己中心的。結果第一主義。相手の気持ちを考えないで発言する。後先考えないで行動する。自由を標榜するわりに偏屈。

この日生まれの著名人

ジャック・ニコルソン（俳優）／メリル・ストリープ（女優）／三宅一生（ファッションデザイナー）／加賀乙彦（作家）／冨田勲（作曲家）／新藤兼人（映画監督）／中田翔（野球選手）／森星（モデル・タレント）

現実的な感覚をしっかりと持ちながらも、ユニークな個性で他人を魅了するのが、この生まれの人。周囲の人からなかなか理解されないような変わった一面もありますが、同時になぜか周りの人を惹きつける磁力があります。現状をしっかり見据えながらも、プラスの方向へと物事を変えていくパワーも持っているので、自分でも気づかぬうちに、結果的に社会やグループの変革者となる可能性を、この誕生日の人は秘めているのです。他人に与える影響力は当然強く、あなたに感化されたり刺激を受けたりして、変わっていく人も多いでしょう。

言動や考え方に迷いが少なく、自分のポリシーを貫くところは長所なのですが、ともすると、そうした面が周囲から自分勝手ととられることもありそう。思ったことは、はっきりと本音で話すため、それが相手を傷つけたり、驚かせたりすることもあるでしょう。でも、相手の立場に立って考えたり、思いやる気持ちを持てば、あなたに対するマイナス感情は激減するはずです。

あなたの愛の形とは？

いつでも、どんな瞬間も最高の気持ちでいたい人です。やればできるのに何もせずに後悔するよりも、やってしまってから悔やむほうがいいと考えます。恋愛でも、常にベストの状態を楽しもうと工夫します。デートでも常に記念日のようなテンションで臨むところがあり、相手にも同じような態度でいてほしいと願っています。その

ため、いつも若々しい雰囲気が漂っています。

恋に対するその姿勢は、刺激をいつも感じていることで新鮮さを保てるというメリットがあります。でもどんなときも全力投球なので、相手は安らぐことができない、安心できないと思うかもしれません。それで心が冷えてしまうこともあるかもしれません。恋はひとりでするものではありません。相手が望んでいることと自分の思いがかけ離れすぎないよう、思いやりを持って接するようにしましょう。

あなたの才能と人生のテーマ

この日生まれの人にそなわっているのは、卓越した問題解決能力です。流れる水は淀まない、のたとえ通り、常に変化を与えることで、状況をプラス転換することを目指します。目の前にあるものを工夫し、自分が掲げた理想に近づけるために、走り続けます。

人が関心を持たないジャンルに目が向きがちな人ですが、その力を社会で生かすためには、生活に必要な分野での改革に取り組んでいくといいでしょう。多くの人が使いにくいと思うものを使いやすく変えていくことを考える仕事で、社会に大きな足跡を残すことができるでしょう。会社に入ったときも、身の回りのできることから取り組んで行けば、必ず業績を認められます。

適職は、作曲家、大学教授、環境ビジネス、生活科学の技術者、発明家などです。組織の中では、研究開発などの部署が適しています。

相性リスト

恋人	8月19・20・21日、10月22・23・24日
友人	2月18・19・20日、6月20・21・22日
手本となる人	12月22・23・24日
助けてくれる人	2月6・7・8日、7月2・3・4日、9月13・14・15日、11月25・26・27日
縁がある人	9月19・20・21日、11月22・23・24日

魔法の言葉

それはきっと叶います。ただし、今あなたが思っている以外のかたちで

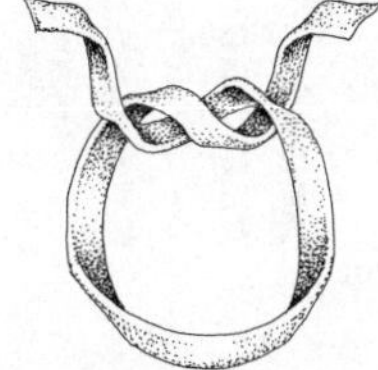

4月23日

牡牛座

TAURUS

説得力のある話し手

この生まれの人の特徴をひと言で言うなら、強い説得力を持っている人ということです。自分の意見や考え、あるいは信念を、言葉を通じて相手に理解させることが得意。どんなに難攻不落な相手も、粘り強く自分の考えを説き、最終的には相手を納得させてしまいます。弁が立つので、あなたの意見に賛同する人も増え、グループの中でリーダー的存在になれることもあるでしょう。相手を説得し、説き伏せることで、自分の言うとおりに事を運んだり、欲しいものを手に入れたりすることもできます。

ただ、独特の価値観や倫理観を持つ傾向があり、それが周囲とあまりに違うと孤立してしまうことも。あなたのルールが世間には通用しないケースも当然あります。自分の意見ばかりを押しつけることで、しつこいと相手と思われることもありそう。自分の考え方にあまり固執せず、周囲と協調したり、ときには相手に主導権を譲ったりすることを学ぶようにしましょう。

長所

根気がある。指導力がある。論理的で発言には説得力をもつ。知識に対する向上心が強い。勉強家で勤勉に努力をする。

短所

独自の価値観にこだわる。理論武装をして、意見が異なる相手を徹底的に論破しようとする。思い込むと修正がきかない。

この日生まれの著名人

大月みやこ（歌手）／河島英五（ミュージシャン）／マイケル・ムーア（映画監督）／前田亘輝（TUBE）（ミュージシャン）／阿部サダヲ（俳優）／設楽統（バナナマン）（タレント）／森山直太朗（ミュージシャン）

あなたの愛の形とは？

理性的で頭がよく、自分だけの価値観を持っている人です。異性を選ぶときも、外見や肩書きのようなものでは左右されません。同じ倫理観を持っているとか、意見に共鳴できるような部分があると感銘を受け、「この人こそ、一緒に人生を歩むべき人」と思い込んでしまうところもあるでしょう。

愛を意識したら、自分の思いを切々と語るでしょう。そして自分と一緒にいることにより、どんな利点があるのか、論理的に力説するような一面があります。

ただ問題は価値観や倫理観が同じであることと、恋愛が直結しない場合も多いのです。相手にとっても、本人にとっても、理屈優先の恋愛は息苦しいものになるでしょう。むしろ恋愛の場合は、理論よりも直感や情感にゆだねたほうがうまくいく場合もあることを知ったとき、この人にとっての本物の恋が始まるのです。

あなたの才能と人生のテーマ

この日に誕生した人は、平等で安定した世界を望んでいます。その理想とかけ離れた現実を見ると、心を痛めるまっすぐな気質を持っています。ひたむきな思いを伝えようとするため、押しが強いと見られるのです。

その力を社会に生かすためには、弁舌の冴えや説得力を発揮できる職業につくといいでしょう。また正義感も強いところから、規律や安全を守るような職業もやりがいを感じるでしょう。どんな仕事についても、天職と思ったらとことんやりぬく忍耐力があります。ただし、夢中になるとバランスが悪くなるのが問題。とくに仕事に情熱のすべてを注ぎ込み、家庭やプライバシーなどが見えなくなるところは注意しましょう。

適職は政治家、司法官、弁護士、教師、看護師、矯正施設勤務、プログラマー、ガードマンなどです。企業の中では営業などで力を発揮できそうです。

魔法の言葉

トライ&エラーの精神で。3回以上のアタックにこそ結果が

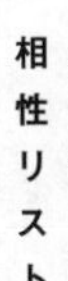

相性リスト

恋人……………… 8月20・21・22日、10月23・24・25日
友人……………… 2月19・20・21日、6月21・22・23日
手本となる人…… 12月23・24・25日
助けてくれる人… 2月7・8・9日、7月3・4・5日、9月14・15・16日、11月26・27・28日
縁がある人……… 9月20・21・22日、11月23・24・25日

4月24日

牡牛座

TAURUS

天性のエピキュリアン

長所

エレガント。平和を愛する。審美眼がある。自分の気持ちに正直。憎めない性格の持ち主。社交的で、楽しませ上手。

短所

意志力が弱い。享楽的。物事を楽観視しすぎる。楽な方向に流されてしまう。ご都合主義。努力を嫌い、他力本願。

この日生まれの著名人

つかこうへい（劇作家）／星野富弘（詩人）／ジャン・ポール・ゴルチエ（ファッションデザイナー）／田島貴男（ミュージシャン）／大鶴義丹（俳優）／田中マルクス闘莉王（サッカー選手）／上地結衣（車いすテニス選手）

人生の喜びや楽しみを100％感じ取ることができる人、それがこの生まれの人に授けられた個性です。本質的には根っからの享楽主義者で、楽しいことや美味しいもの、美しいものなど、自分の気持ちが弾み、自分を心地よくしてくれることが大好き。審美眼に優れており、一流のものを見抜く眼力も持っていますから、流行に惑わされず、本当に価値あるものを選び、それをこよなく愛するタイプです。独特の美的センスを備えていることも多く、ファッションなどで人と違う個性を発揮する場合もあるでしょう。

こうした天性のエピキュリアンたる性質を存分に生かすことができる人は、自分の好きなことだけをやって生きていく才能を秘めています。ただ、世の中はそう甘くはありません。辛いことや我慢しなければならないことも多くあります。それができないのが、この生まれの人の欠点。忍耐や我慢、根気が少し足りないのです。少し辛抱すれば、成功をつかめるのにじつにもったいない話。楽なほうに流れず、強い意志で物事を進めることが、大きな成功条件と言えるでしょう。

あなたの愛の形とは？

生きる喜びを全身で表現する人です。愛を得たときには、相手のどんな部分からも美しさや心地よさ、喜びを感じ、幸福感に満たされるでしょう。愛する人と一緒にいるときは、最上の時間を過ごすことに、全身全霊を傾

けるでしょう。さらに自分を磨こうとするので、ともに過ごす時間はとても美しいものとなるでしょう。

でもそれは順境のとき。逆境にあるときには、楽しみを感じることができないので、とたんに消極的になります。自分が辛くなったときには相手への依存度が高くなるかもしれません。さらに相手が支えを必要としているときには、何もできずに呆然としてしまうかもしれません。そんな経験を乗り越えたときには、どんなときも笑顔を忘れないでいる強さを身につけるでしょう。そのときこそ、本物の幸せを思い出させることができる愛の人に成長できるはずです。

あなたの才能と人生のテーマ

天から与えられたものから美を見出し、愛し慈しむ、豊かな心を持った人です。それも表面的なものには惑わされず、本質を見抜く確かな審美眼を持っています。

この力を仕事として反映させるためには、美術や芸術など、個性を出すことで認められる、美的感覚を生かす分野に進むといいでしょう。また楽しむことが好きなので、人を楽しませる工夫を考えることにも能力を発揮できるでしょう。美を見極める能力もあるので、鑑定の仕事に携わる可能性もあるでしょう。ただしどんなことでも、つまらないと思ったら手を引いてしまうところがあるのは問題です。粘り強さを身につけることで、将来が開けることを覚えておきましょう。

適職は宝石商、美術商、伝統工芸、ファッションデザイナー、モデル、テレビ、ラジオなどのマスコミ関係、マルチメディアのクリエイターなどです。

相性リスト

恋人	8月21・22・23日、10月24・25・26日
友人	2月20・21・22日、6月22・23・24日
手本となる人	12月24・25・26日
助けてくれる人	2月8・9・10日、7月4・5・6日、9月15・16・17日、11月27・28・29日
縁がある人	9月21・22・23日、11月24・25・26日

「楽しい」「心地よい」がキーワード。人生は楽しむためにあるのですから

4月25日

牡牛座

TAURUS

情熱的な癒し手

長所

感受性が強い。心優しく、人のために喜んで尽力する。考え方が柔軟。一緒にいる人の気持ちを穏やかにする力がある。

短所

おせっかい。独善的なところがある。表現がオーバーなことも。人に影響されやすい。うまい話にすぐにだまされる。

この日生まれの著名人

三浦綾子（作家）／アル・パチーノ（俳優）／鳥羽一郎（歌手）／レニー・ゼルウィガー（女優）／十勝花子（女優）／鶴田真由（女優）／ヨハン・クライフ（サッカー選手）／みやぞん（ANZEN漫才）（お笑いタレント）

現実的な能力と、イマジネーションやインスピレーションのパワーの両方を持ち併せるのが、この生まれの人です。このふたつの力が合わさると、例えば仕事などで素晴らしいアイデアがひらめいたとしても、それを空想の話で終わらせず、実現することができます。敏感な感受性を持ち､人の心の内を感じることも得意ですから、他人を思いやる気持ちもとても強いほう。積極的に人のために動こうとするタイプです。そうした性質がプラスに生かされると、優れたヒーラーとして周囲から相談を受けたり、求められたりする存在に。

ただ、それが度を越すと、他人からお節介に思われてしまうことがあります。とくに、家族や親友、恋人など自分にとって大切な人に対しては、必要以上に干渉したり、心配してあれこれ言う恐れも。いくら近しい間柄でも、相手によっては手を差し伸べられるより放っておいてほしい場合もあるので､そのへんの見極めは必要です。

また、このタイプは芸術的な才能にも恵まれていることが多いのが特徴。趣味でも構わないので、芸術に触れる機会を多く持つと、そうした才能を開花させることができるでしょう。

あなたの愛の形とは？

わずかな変化やしぐさから、相手の心の奥底まで見通すことができる人です。常に相手のことを気にかける優しい心を持っています。沈んでいるときには励ましの言

小さなプライドや世間体は捨てて。素直になることがカギに

葉を言ったり、そばにいてあげたりすることができます。とくに愛する人には、自分を犠牲にしても、相手のために何かをしてあげようとするのです。

そのため、人によっては癒される、いつもそばにいてほしい存在になるでしょう。でも自立心が強い人、負けず嫌いの人にとっては、「愛が重い」と感じることがあるかもしれません。気持ちの行き違いを経験したあとは、どんなタイプの人にも手を差し伸べてあげたいという態度から、求められたときに応じる人に変化していくでしょう。そこから心に秘めたSOSも察知できる人へと進化を遂げることができれば、愛する人から真の意味で必要とされる存在になれるはずです。

あなたの才能と人生のテーマ

豊かなイメージを喚起し、それをはぐくむ力を持っている人です。もともと芸術的なものに触れていることで、気持ちが上向きになるのを感じるでしょう。初めは自分だけの楽しみとして、芸術に触れることが多いかもしれません。そこから人を楽しませたり、癒したり、生きる力を与えるようなものに昇華させることで、この人の芸術センスは磨かれ、本物の才能へと高められていくでしょう。

専業の芸術家を目指す道もありますが、各職業の中で芸術性を応用する道もあるはずです。この人の手を通せば、味気ない業務にも鮮やかな彩りを与えられ、人々の心に潤いを与えることもできるでしょう。とくに困った人を助けることをメインに考えると、実力を生かしやすい人です。適職は作家、画家、イラストレーター、臨床心理士、ケアマネジャーなどの福祉関係全般などです。

相性リスト

恋人	8月22・23・24日、10月25・26・27日
友人	2月21・22・23日、6月23・24・25日
手本となる人	12月25・26・27日
助けてくれる人	2月9・10・11日、7月5・6・7日、9月16・17・18日、11月28・29・30日
縁がある人	9月22・23・24日、11月25・26・27日

4月26日

牡牛座

TAURUS

時間をかけて何かを成し遂げる人

長所

誠実。大胆。粘り強い。頂上を目指して一歩ずつ歩む。意志力が強い。高い目標到達率を持つ。経済力がある。責任感が強い。

短所

野心家。ワーカホリックになりやすい。世間が狭く、ゆとりがない。人を経済状態や仕事など、表面的な部分で判断したがる。

この日生まれの著名人

ウィリアム・シェイクスピア（劇作家・詩人）／風間杜夫（俳優）／大橋純子（歌手）／有栖川有栖（作家）／加藤浩次（お笑いタレント）／綾小路翔（氣志團）（ミュージシャン）／栗山英樹（野球選手・監督）／竹内涼真（俳優）

やりがいや理想を求めて、やりたいことは時間をかけてでも成し遂げる。それがこの生まれの人に与えられた特性です。もともと忍耐力や根気強さを持っているので、そう簡単には自分のやりたいことを放り投げたりしません。たとえトラブルやアクシデントに見舞われても、志を強く持ち、高い目標を掲げて、それを成すことに全力を傾けます。

また、経済的な安定や健全な社会生活を求める気持ちが強いので、社会からはみ出すようなことは決してしません。成功して世間から認められ、社会的地位を高めることに喜びや生きがいを感じるタイプです。

ただ、仕事に打ち込むあまり、余暇を楽しんだり、遊びや趣味に興じたりする時間は少ないかもしれません。逆にそういう時間を無駄に思ってしまうところもあります。そうなると、考え方も狭くなりやすく、人間関係も豊かになりません。幅を広げるためにも、いろいろなことに興味や関心を持ち、外へと心を向けることも必要でしょう。

あなたの愛の形とは？

克己心が強く、自分に厳しい人です。それは持てる力を出し切ること、心の汗をかくことの爽快感を知っているためなのです。周囲の人に対しても、また愛する人に対しても、「全力で生きることの素晴らしさ」を訴えたい気持ちが強いため、厳しい態度に出てしまうこともあ

ります。その誠実さが誤解を招き、愛情面で傷つくこともあるでしょう。

そんな経験を通して、人にはいろいろな価値観があり、喜びを感じる対象はひとつではないことを知るでしょう。そのためにも、相手の話を聞いたり、いろいろな体験をしてみることは必要です。この日生まれの人は、自分の殻を破れば破るほど、心が柔軟になるでしょう。そしてその人に合った思いやりを持って接することができるようになるのです。そのとき、愛することの真の喜びと、愛されることの温かさを体感することができるでしょう。

あなたの才能と人生のテーマ

全力で走り抜いた後に感じるそよ風のすがすがしさ。その価値を誰よりも知っているのが、この日生まれの人なのです。力を出し切ることで、生きることの喜びを感じます。そして、走り続けた成果を確かめるように、社会的な実績を残そうとするのです。

だからこの人が社会に出ると、どんな分野であろうと懸命に努力します。競争心も強いので、すぐに頭角を現しますが、周囲の目には、この姿勢が利己的と映ることもあるかもしれません。この場合は孤立感を覚えることもありそうです。しかし、成功することで得たものを、社会に還元した場合には、皆に希望を与え、人々との一体感を取り戻すことできるでしょう。

適職は、教育者、弁護士、技術者、実業家、医師などです。組織に所属する場合は、大企業や社会的な貢献度の高い企業を選ぶと、実力を出しやすいでしょう。

相性リスト

恋人………………	8月23・24・25日、10月26・27・28日
友人………………	2月22・23・24日、6月24・25・26日
手本となる人……	12月26・27・28日
助けてくれる人…	2月10・11・12日、7月6・7・8日、9月17・18・19日、11月29・30日、12月1日
縁がある人………	9月23・24・25日、11月26・27・28日

魔法の言葉

インスタントなものより熟成されたもののほうが美味しいもの。時間をかけて

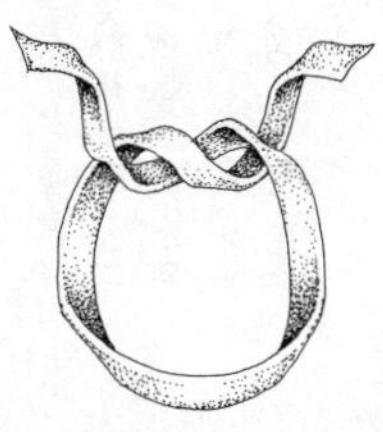

4月27日

牡牛座

TAURUS

大胆かつ慎重な策謀家

長所

慎重に行動する。大胆な発想力がある。戦略を立てるのが上手。人に頼らず、自分の力で情況を打開するパワーがある。

短所

ワンマン。プライドが高く、素直になれない。協調性に欠ける。不満を感じやすく、飽きっぽい。感謝の気持ちが足りない。

この日生まれの著名人

ハーバート・スペンサー（社会学者）／加藤雅也（俳優）／天野祐吉（コラムニスト）／冨樫義博（漫画家）／岸田繁（くるり）（ミュージシャン）／鈴木杏（女優）／宮根誠司（タレント）／尾形貴弘（パンサー）（お笑いタレント）

堅実性と豪胆さを併せ持つ性格。安定性を求める一方で、刺激を求める気持ちも持っているので、この両方がうまく働くと、大胆でありながらも、慎重に事を進める戦略家になれます。綿密な計画をたて、情報をしっかり収集し、根回しも抜かりなく行ったところで、満を持して大胆に動く。そういうことができるタイプでしょう。仕事面でも、緻密な計画と行動力で大きなプロジェクトを成功させることも、あなたならそう難しいことではありません。

ただ、周囲の人の気持ちを慮ることが苦手で、どうしても自分の考えだけで突き進んでしまうところが欠点。家族のことを考えなかったり、仕事仲間の意見を無視してしまったりすると、独善的と思われることもあります。

また、どうしても強がってしまい、自分の弱い面を人に見せられないところもありそう。人を頼ったり甘えたりできなくて、自分ひとりが頑張ってしまったり、自分が悪くても素直に謝ることができないことも。もう少し、自分の弱さを素直にさらけ出せるようになると、周りの人の協力や援助が得られ、何事もやりやすくなるはずです。

あなたの愛の形とは？

この日を誕生日に持つ人は、地に足をつけていたい人です。大地のぬくもりを、その手に感じることで満足するようなところがあります。いつでも確かなものに支え

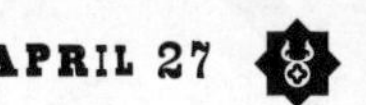

あえて「動かない」という選択肢も、
いまは「あり」です

られていたい気持ちが強いのです。その資質が恋愛にも生かされていて、恋の相手には情熱的に接してもらわないと、不安になるところがあります。

恋のかけひきと言われるようなゲーム性の強いものは苦手です。洗練された上品な物腰で応じる相手には、不信感を抱くことがあります。自分自身も本気でいるかわりに、必要なぬくもりを、そのまま与えてくれない人には魅力を感じることがないでしょう。

相手を選ぶときには、恋を楽しむことや長続きさせること、周囲の人の目を気にすることには主眼点を置きません。そのかわりに寂しくさせないこと、両手でしっかり抱きとめていてくれることが重要になってくるはずです。

あなたの才能と人生のテーマ

この世界に存在するものを大切に扱い、手に触れることで喜びを感じられる人です。また、自分の手で実際に何かをつくり上げることで、働く喜びを得られるでしょう。それと同時に、また新しい何かをつくり出したくなる面があります。

この安定性を基盤にして、新しい切り口を模索する力を社会で生かせば､成功を手にすることも可能でしょう。企業などで上に立つ場合も、人を束ねて何もしないというタイプの上司にはなりません。現場で実際に手を動かしていたいと願うでしょう。適職は、料理人やパティシエ、銀行員、保険などの金融関係、工芸家など。伝統や安定した基盤の上で何か新しいものをつくり上げることを目指すといいでしょう。企業の中では協調性を学ぶと、さらに仕事がスムーズに流れます。

相性リスト

恋人	8月24・25・26日、10月27・28・29日
友人	2月23・24・25日、6月25・26・27日
手本となる人	12月27・28・29日
助けてくれる人	2月11・12・13日、7月7・8・9日、9月18・19・20日、11月30日、12月1・2日
縁がある人	9月24・25・26日、11月27・28・29日

4月28日

牡牛座

TAURUS

周囲を安心させる健全な人

長所

実行力、リーダーシップがある。情が厚く、面倒を見たがる。華やかな場所が似合う。演出が上手で、人目を引く魅力がある。

短所

集中力がない。わがまま。自分の言うことを聞かない人には攻撃的。他人を蹴落としてでも、自分が中心になろうとする。

この日生まれの著名人

クルト・ゲーテル（数学者）／オスカー・シンドラー（実業家）／千秋実（俳優）／東郷青児（画家）／中利夫（野球選手・監督）／辻元清美（政治家）／生稲晃子（女優）／ペネロペ・クルス（女優）／江口のりこ（女優）

まじめでしっかりした常識人。でも、決して堅物ではなく、根は明るく素直なタイプというのが、この生まれの人。愛嬌があり、人当たりもいいので、周囲の人からの人気も抜群。誠実で正直な人柄ですから、誰もがあなたとなら安心してつき合うことができるでしょう。それだけの安定感と信頼感が、この生まれの人にはあり、それが自然と人を魅了するのです。

根本的には姉御肌気質なので、周囲の人をリードしたり、何かと面倒を見たりするのも上手。ただ、自分と気の合う人や家族など、味方と判断した人に対してはとても優しく寛大に接しますが、気の合わない人に対しては冷たい面もありそう。とくに社会の常識から外れることをする人には不寛容で、厳しく接するところがありそうです。

物事に対する単発的な集中力はあるのですが、やや気まぐれなところがあり、ひとつのことを長期にわたって根気強く成し遂げるパワーには欠けがち。じっくりと物事に取り組むことができれば、人生もより豊かなものになります。

あなたの愛の形とは？

明るく人当たりのいい人です。ただ恋をしたときには、楽しむばかりではなく、理想を目指して共に生きようとする姿勢を見せることがあります。親しくなると遠慮がなくなり、安心して叱咤激励できると思うからでしょう。

それはこの人生まれの人が一点の曇りもない生き方を目指すため。どんなときも自分に恥じることがないよう、誠実であろうとします。人の道に外れたことをして、人に迷惑をかけることを嫌うため、他の人に対しても、まっすぐに生きるように望むのです。

その姿勢が安心感を与えることも多いでしょう。ただ相手にとっては、恋人から理想を押しつけられたり叱られたりすることを、興ざめだと感じるかもしれません。またその態度が高圧的な印象を与える恐れもあります。恋は学校や修行の場ではないので、もっと緩やかに接してみてもいいでしょう。

魔法の言葉

答えはイエス。ただし、「顔に出さない」ことができるなら

あなたの才能と人生のテーマ

この日に生まれた人は、平和で安心できる世界を無意識のうちに望んでいます。暗闇の中を歩くことで、ケガをしたり道を見失ったりすることを恐れるのです。だから目の前がクリアであること、光明に照らされていてほしいと願っているのです。

この思いを胸に社会に出た場合、周囲から正義感の強い人として認知されるでしょう。そのため、人を正しく導いたり、治安を守るような仕事を目指すことも多いでしょう。それと同時に心の中から争いをなくすような方面に興味を持つ場合もあります。その場合哲学や神学のような道に進みますが、決して象牙の塔にこもっていることはなく、社会の中で役立つように工夫しようとするでしょう。適職は、教師、司法官、法律家、宗教家、哲学者などです。ボランティア活動などを通して、安定した社会をつくっていこうとする動きもありそうです。

相性リスト

恋人	8月25・26・27日、10月28・29・30日
友人	2月24・25・26日、6月26・27・28日
手本となる人	12月28・29・30日
助けてくれる人	2月12・13・14日、7月8・9・10日、9月19・20・21日、12月1・2・3日
縁がある人	9月25・26・27日、11月28・29・30日

4月29日

牡牛座

TAURUS

ユニークな発想力をもつ現実派

長所

発想が豊か。芸術センスを持ちながら、実務能力がある。堅実に生きながら、趣味を楽しむ。安定した精神を持っている。

短所

自分ですべてを抱え込もうとする。人を心から信頼しない。警戒心が強すぎる。心配性で、つい悪いほうに考える。

この日生まれの著名人

中原中也(詩人)／田中裕子(女優)／一色紗英(女優)／アンドレ・アガシ(テニス選手)／米原万里(作家)／coba(アコーディオン奏者)／ユマ・サーマン(女優)／千代大海竜二(大相撲力士)

この生まれの人には、普通の人には思いもよらないような斬新で独創的な発想力が与えられています。とくに、芸術や美的なことに関する才能がとても豊か。単に美的感性が優れているだけでなく、それをビジネスに直結させたり、生活の中で生かしたりする実際的な能力も持ち併せています。ですから、本腰を入れて取り組めば、その分野で頭角を表すことも十分ありえます。

性格的には頑固なところがあって、人の言うことに素直に従うほうではありません。自分の考えにも固執するタイプですが、多少時間はかかっても、自分のヴィジョンをちゃんと実現させるところはたいしたもの。一度口にしたことは、必ずやり遂げる強さも持っています。けれど、人の助言を無視したために援助が得られなかったり、強情が行き過ぎて味方を減らして敵をつくってしまうこともありがちです。ただ、意外な大物や有力者などが、あなたの味方になってくれる可能性が高いので、交際範囲は狭めないようにし、立場の上の人とも臆せずにつき合うようにしていくとプラスになるでしょう。

あなたの愛の形とは？

豊かな美的感覚を恋愛にも取り入れる人です。異性の心理の研究にも余念がありません。ファッションも、会話もしぐさも、異性にどんな風に見られるか計算します。そのため第一印象から好感度が高く、忘れられない人として心に残るでしょう。

それでも恋人の条件は厳しいため、フリーでいることも珍しくないかもしれません。理想が高いと陰口を叩かれても、妥協することはないでしょう。たとえ寂しい思いをしても、自分の気持ちにうそをつかない潔さがあるのです。そしていつか本当に、理想どおりの相手とめぐりあい、周囲の人を驚かせることもありそうです。

若いときに思い通りに物事が進むと、相手をぞんざいに扱う可能性もあります。でも、人生の経験を重ねて得た相手のことは、とても大切にすることでしょう。たとえひとりの時間が長くても、その経験には意味があるはずです。

あなたの才能と人生のテーマ

心の中に、独自の世界をつくり上げている人です。そして現実世界も、その内的世界に近づけようと思っています。そのため、荒唐無稽な思いつきではなく、実用性の高い改革や改善ができるところが最大の強みです。

この力を社会の中で生かすためには、目を楽しませるものや、鑑賞に堪えるような実用的なものをつくり上げることを目指すといいでしょう。多くの人の支持を得た場合、成功をその手にする可能性もあります。ただし先進性や新奇なものを好むところがあるため、主張が人には理解されないこともあるかもしません。自分だけの意見だけを押し通そうとすると、孤立する恐れがあるので注意しましょう。

適職は、インダストリアルデザイナー、ファッションデザイナー、インテリアコーディネーターなどの生活上のデザイン。イラストレーター。レストラン経営などです。

相性リスト

恋人……………… 8月26・27・28日、10月29・30・31日
友人……………… 2月25・26・27日、6月27・28・29日
手本となる人…… 12月29・30・31日
助けてくれる人… 2月13・14・15日、7月9・10・11日、9月20・21・22日、12月2・3・4日
縁がある人……… 9月26・27・28日、11月29・30日、12月1日

魔法の言葉

経験豊かなあの人が助けてくれます。
年長のあの人に相談しては？

4月30日

牡牛座

TAURUS

この世の喜びを感じる人

長所

人間らしい欲求に忠実。楽しいことを見出す才能に恵まれている。大らかで、意欲的。清濁併せ呑む度量がある。

短所

克己心が弱い。誘惑に弱い。浪費家で、快楽を追求する。怠惰なところがある。問題があっても、現実逃避をしてしまう。

この日生まれの著名人

常盤貴子（女優）／EXILE ATSUSHI（歌手・作曲家）／キルスティン・ダンスト（女優）／日向薫（女優）／アイザイア・トーマス（バスケットボール選手）／富澤たけし（サンドウィッチマン）（お笑いタレント）

この生まれの人は、この世の喜びを無意識のうちに感じ取る能力が授けられています。そのため、とても快楽的。美味しいものを食べ、美を愛で、官能に酔い、豊かな生活を送りたいという願いが強く、また実際にそうした生活を送ることができる人。人に喜びを与え、楽しませることも得意なので、あなたの周りはいつも賑やか。金銭的にも精神的にも豊かであれば、気前良く振る舞い、若い才能を育てたりすることもできるタイプです。

ただ、快楽的な面が過剰に出てしまうと、楽しさばかりを求めてしまい、贅沢三昧の人生に。努力や苦労を避ける面もあるので、ラクして生きることを考えたり、ひどくなると何をするにも面倒くさがったり、怠け者になってしまうこともあります。金銭面でも浪費傾向が強く出て、お金があればあるだけ使ってしまうことにもなりかねません。また、誘惑にも弱く、甘い儲け話に引っかかったり、やらなければならないことがあるのに、つい遊びに行ってしまうなんてこともありがち。もう少し意志を強く持ち、理性の力で欲望を制御できるようになると、実りのある人生を送ることができるでしょう。

あなたの愛の形とは？

暗い顔が似合わない人で、いつもこの世界がもたらす芳醇な果実を全身で求めようとします。また、愛する人の喜ぶ顔を見ることを好みます。そのためには自分の持っているものを惜しげもなく与える、心の豊かさがあ

ります。

そのため恋人になる人は、この世の楽しみを与えてくれる年上の人、または自分が豊かさを与えることができる年若い人のどちらかになりそうです。若さという武器を持っているときには年上の恋人、そして自分が人生を知り尽くしたころには若い恋人と、年代に応じた恋を楽しむこともできる人です。

状況的に好ましくない愛であっても、堂々と相手を求めることもあるでしょう。そのため、周囲の人から非難されることもあるかもしれません。でも、それをまったく意に介すことはなく、求めるものを追求しようとする強さをこの日生まれの人は持っているのです。

あなたの才能と人生のテーマ

この世界の豊かさを五感で感じ取る感受性を持っている人です。実際に貴族のような生活がふさわしい人です。有り余るほどの財を持っているなら、それをもっともよい方向で使うという才能に恵まれているようです。

この才能を社会で生かすためには、生活に潤いを与える方面の仕事につくといいでしょう。食文化、ファッション、宝飾、芸術品、住宅や家具……あらゆる方面での超一流の品を、選ばれた人に提供するような職業でもいいでしょう。また外国にも強い関心があるので、えりすぐりの輸入品を扱うような仕事にも可能性が広がるはずです。また豊かな才能を探し生かすというプロデュースのような方面での才覚も期待できそうです。

適職は、貿易商、プロデューサー、コーディネーターなどです。企業の場合は商社などに勤務すると、やりがいを感じることができるはずです。

相性リスト

恋人	8月27・28・29日、10月30・31日、11月1日
友人	2月26・27・28日、6月28・29・30日
手本となる人	1月1日、12月30・31日
助けてくれる人	2月14・15・16日、7月10・11・12日、9月21・22・23日、12月3・4・5日
縁がある人	9月27・28・29日、11月30日、12月1・2日

魔法の言葉

期待して。運命の女神からあなたにご褒美がありそうです

5月1日
牡牛座
TAURUS

明るい感性で活躍する人

長所

勘が鋭い。ポジティブに考える。アピール上手。クリエイティブスピリッツを持つ。自分の生かし方を知っている。

短所

感覚に頼りすぎる。自意識が過剰で、人の意見を受け入れるキャパシティが少ない。好き嫌いが激しく偏見を持ちやすい。

この日生まれの著名人

北杜夫（作家）／原沙知絵（女優）／坂本美雨（歌手）／小山慶一郎（NEWS）（タレント）／岩代太郎（作曲家）／阿木燿子（作詞家）／グレン・フォード（俳優）／ジョン・ウー（映画監督）／本上まなみ（女優）

この日に生まれた人は、五感に優れているという長所をフルに利用することで、自分の生き方をコントロールしていきます。その研ぎ澄まされた五感は、絵画や音楽、演劇やインテリアなど多方面に渡る分野で発揮され、仕事や生活など物心両面を有意義にするために活用されるでしょう。これは自分の感覚に陶酔しやすいという意味ではなく、現実と自分の感性の折り合いをつける能力を持っている人ならではの自己主張で、周囲に認められるアドバンテージをつかめる性格を表わします。

さらに楽観的かつ現実的なので、例えばビジネスや組織の運営、受験や資格取得などのハードルを与えられても、感覚的な方法と前向きな気持ちで成功をつかんでいくでしょう。

欠点は自己主張が激しすぎて、また自分の感覚を信じすぎて、他人のささいな言動にも反感を覚えてしまうこと。さらに一度でも嫌いになってしまうと、誤解や偏見を捨てられずに損をしてしまいます。人には人の感覚と考え方があるということを覚えましょう。

あなたの愛の形とは？

この日生まれの人は愛する人と一緒にいることを心から楽しみます。共に食事をし、声を聞き、眺め、そして寄り添っている瞬間が至福のときになります。疑うことのないまっすぐな気性を持っているため、愛する人も自分が喜ぶことをすると、喜ぶと信じています。愛を全身

魔法の言葉

ロジックはもちろん、センスはそれ以上に大事。感覚にプライオリティを

で確認することで安心し、相手に満足してもらえるよう、魅力的な時間を演出するでしょう。

しかし相手が忙しさを理由に会うことを拒んだり、スキンシップを避けたりすると、焦燥感がつのります。プラトニックな関係や、距離があっても信じ合える関係があることを知っていても、納得できないでしょう。

この日を誕生日に持つ人は、幸せになる恋を望むなら、自分と似ている人を相手に選ぶといいでしょう。しかし精神が成長できる恋を選ぶなら、寂しい思いにも耐えていく覚悟を決めてください。

あなたの才能と人生のテーマ

目の前にあるものを、最良の状態で味わったり、楽しんだりする才能に恵まれている人です。どうすれば素材の良さを生かしきることができるかを吟味し、趣向をこらします。

この能力は、社会でも多方面で生かすことができます。難題を与えられても、どうすれば楽しくなるか、どうすればおいしくなるか、と創意工夫を重ねるでしょう。その様子は産みの苦しみなどではなく、想像を楽しむ達人の妙技のように見えるはずです。

逆に向いていないのは実用一本で遊び心のない仕様を求められたときです。予算削減という課題を与えられても、最後まで遊び心だけは残しておきたいタイプです。その主張が通用しない環境では、才能を生かしきることはできないかもしれません。

適職は、料理研究家、調理師、調香師、イラストレーター、音響関係などの五感を生かした仕事です。人材派遣などの人を生かす仕事でも力を出せそうです。

相性リスト

恋人……………… 8月28・29・30日、10月31日、11月1・2日
友人……………… 2月27・28・29日、6月29・30日、7月1日
手本となる人…… 1月1・2日、12月31日
助けてくれる人… 2月15・16・17日、7月11・12・13日、9月22・23・24日、12月4・5・6日
縁がある人……… 9月28・29・30日、12月1・2・3日

5月2日
牡牛座
TAURUS

優しさと思いやりに満ちた人

長所

温和。思いやりがある。人との信頼関係をうまく築ける。背伸びをしない。柔和だが芯が強く、家族や友達思い。

短所

頑固。一度刷り込まれたことを修正できない。気持ちの切り替えがへた。話が回りくどく、執着心が強い。

この日生まれの著名人

鮎川誠(ミュージシャン)／夏木マリ(女優)／秋元康(音楽プロデューサー)／ディヴィッド・ベッカム(サッカー選手)／北出菜奈(歌手)／西川哲(プロゴルファー)／武蔵丸光洋(大相撲力士)

デリケートで繊細で、しかも人に合わせてあげられる優しさを秘めた、女性的な性格を持っています。他人の心の機微を察するセンスがあるため、言葉がなくても気持ちを理解してあげられますし、悩みやフラストレーションを癒してあげることも得意です。聞き上手として自然に打ち解けられるおかげで、心をなかなか開かない人が相手でも、本物の信頼と豊かな人間関係を築きあげられるでしょう。また女性的な資質は、家庭的な方面にもあらわれます。家事が上手で料理に才能があるほか、同じ人と長くつき合っていても飽きや苦痛を感じない性格も家庭的であることの強みと言えます。

この性格は受動的に感じられることが多いかもしれませんが、本質的には芯が強く、自分のペースを崩さない頑固さを持つため、単なる受け身の人とは異なります。また心の豊かさは、どの時代においても必要とされる価値観として、多くの人に認められます。守りに入りやすいところや、強情なところにだけ気をつけましょう。

あなたの愛の形とは？

この日生まれの人には、どんなときも失われることのない温かさと、優しさがあります。この人のそばにいる心地よさを知ると、ひとりになって寒さの中で残されることが怖くなってしまうかもしれません。そんな魅力を持っている人です。控えめで温和なところから、異性に慕われることも多いですが、好きな人でないと受け入れ

北風と太陽、やはり強いのは太陽なのです。あたたかな言葉と笑顔が成功のカギ

ない頑固なところもあります。

愛する人がいても、自分から思いを打ち明けることはないでしょう。でも思う人がいたら、陰になり日向になり、その人を支え続けます。相手が悩むときは自分も胸を痛め、力になろうと力を尽くします。、相手が振り向いてくれなかったとしても恨むことはありません。思いを断ち切るまでは長い時間がかかりそうですが、そのときも淡々としているはずです。もちろん、こんな態度で異性に接するため、その思いが実を結ぶ可能性は圧倒的に高いでしょう。

あなたの才能と人生のテーマ

人の痛みに敏感な人です。自分自身デリケートな気持ちを理解しているので、相手の心を傷つけるような言動、態度をとることはありません。ただ相手の凍りついた心が氷解するまで、そばにいるような優しさを持っている人なのです。

そのため物心ついたときから、人の相談役に乗ったり、悩みを解決するためのアドバイスをすることが多いでしょう。このような経験を経て、社会では困っている人を助けるような職業につく可能性が高いようです。

同時に世界への関心も強いため、旅行などの業務で力を出せる人もいるようです。

適職は、看護師、介護福祉士などの医療・介護・福祉系の仕事。心理カウンセラーや精神科医などの心のケアをする人としても力を出せるでしょう。添乗員や旅行代理店勤務の仕事でも、やりがいを感じられそうです。

相性リスト

恋人	8月29・30・31日、11月1・2・3日
友人	2月28・29日、3月1日、6月30日、7月1・2日
手本となる人	1月1・2・3日
助けてくれる人	2月16・17・18日、7月12・13・14日、9月23・24・25日、12月5・6・7日
縁がある人	9月29・30日、10月1日、12月2・3・4日

5月3日
牡牛座

TAURUS

天然キャラで人を魅了する人

長所

人柄が温厚。愛嬌があり、憎めない。シンプルで、周囲に溶け込める。細かいことにこだわらず、人にも自分にも寛容。

短所

緊張感がない。空気が読めない。状況判断や詰めが甘く、ムダが多い。成り行きに任せて行動する。投げやりになる。

この日生まれの著名人

橋幸夫（歌手）／三宅裕司（タレント）／松尾伴内（お笑いタレント）／野村宏伸（俳優）／為末大（陸上選手）／猪口邦子（政治家）／サム・グレコ（格闘家）／ジェームス・ブラウン（ミュージシャン）

強く望んだわけじゃないのに、不思議と物質的に恵まれて豊かな生活を送れることが、この日に生まれた人の性格を決定づけます。この豊かさは、現実的な考え方とモノの価値についての意識が高いことからきています。その意識があるから貪欲にならなくても、身の丈にあった、充分に豊かな生活を送れるのです。また現実的な感覚が、自分が欲しいものや、やってみたいこと、なりたい自分への筋道をヴィジョンとして見せてくれるので、小さな苦労で大きな成功をつかめるでしょう。

一方、これらの幸運のせいで、かなり呑気なおっとり型のコミュニケーションをする性質が生まれます。カリカリしないのはいいことなのですが、いつもマイペースで他人が大騒ぎしている理由がピンとこないのです。人と争うことを避ける傾向も、こののんびりした性格を強調します。

とはいえ、温厚な性格から人に嫌われることは滅多にありませんので、自分のペースを守りつつ、ナチュラルなままで過ごせるでしょう。

あなたの愛の形とは？

心に余裕を持っている人。今この瞬間を100％楽しむことができます。例えば、忙しくて愛する人に会える時間が短くても、そのときをゆったりと味わいます。また会えない時間には、相手に喜ばれるような工夫をし、上手に恋に応用することもできる人です。このようにどん

なときも幸せを見つけ、自分の気持ちを上向きにするのがとても上手です。そんな幸せの波紋が相手にも伝われば、とても幸福なふたりでいられるでしょう。

ただ自分勝手すぎる人や、自分の感情の起伏に相手も巻き込もうとする人とは、波長が合わず、自分のペースが乱されてしまうことがありそうです。相手に合わせすぎると、喜びを感じることができなくなり、楽しいはずの恋もつらいだけの経験になってしまうかもしれません。自分のペースを守れるような人や、波長が会った人を選ぶようになると、幸せになれるでしょう。

あなたの才能と人生のテーマ

好きなことをしていると、時間を忘れてそれに没頭する人です。たとえ見返りがすくなくても、それ以上の幸福感を得ることができるでしょう。

仕事でも、好きなことをしていることが重要です。たとえ給与が少なくても、それ以上の実りを受け取ることができるでしょう。また覚悟を固めているので、多少の苦労があっても苦労とは思いません。そのため気がついたら裕福になっている可能性も高いのです。

自分のペースでできる仕事がいいでしょう。

何かをつくったり、物を流通させたりすることが好きなので、抽象的なものがメインになる仕事より、具体的に物を扱う仕事につくほうが、働くことの喜びを感じる機会に恵まれるでしょう。

適職は、貿易関係、流通業、技術者、雑誌編集者、薬学関係などです。海外に関係あるもの、幅広い視野を持って活躍できるものに縁が深いでしょう。

相性リスト

恋人	8月30・31日、9月1日、11月2・3・4日
友人	2月29日、3月1・2日、7月1・2・3日
手本となる人	1月2・3・4日
助けてくれる人	2月17・18・19日、7月13・14・15日、9月24・25・26日、12月6・7・8日
縁がある人	9月30日、10月1・2日、12月3・4・5日

魔法の言葉

幸運の足音が聞こえてきています。
もうちょっとの辛抱かも

5月4日
牡牛座
TAURUS

ユニークなヴィジョンの人

長所

独創的な発想力がある。粘り強い。現実感覚がある。自由なスタイルで生きる。変革を起こす潜在能力を持っている。

短所

自分の才に溺れやすい。人の都合を考えない。どうでもいいことにこだわる傾向がある。批判されるとムキになる。

この日生まれの著名人

森繁久彌（俳優）／田中角栄（政治家）／オードリー・ヘプバーン（女優）／キース・ヘリング（画家）／仲谷昇（俳優）／菊池桃子（女優）／近藤房之助（ミュージシャン）／大黒将志（サッカー選手）／伊藤沙莉（女優）

粘り強さと独創性がブレンドされたキャラクター。他の人では思いつけないユニークな視点を持ち、しかも根気があり、新しい価値を創造するための努力を惜しみません。独立することや自分だけの地位や成果を得ることにも関心が高く、そのための困難ならどんなに高い壁でも乗りこえてみせます。また個性的であろうとする傾向は、お金の運用や、何を所有するかといった方向にも表れ、珍しい持ち物や金融商品を手に入れたがる人も多いでしょう。これらのオリジナリティ至上主義と努力を繰り返すパワーは、誰もが不可能だと思えるような目標を達成する原動力となってくれます。

反面、個性的ではないものや、ありきたりなものに共感しにくいという欠点も持っています。安定を望む本心と裏腹に、新しさを感じられないと不満を覚えてしまうのです。行きすぎてしまうと、人間関係に波乱を招く要注意人物として扱われてしまいます。自分のこだわりを人に押しつけないように注意してください。

あなたの愛の形とは？

他の人にはない独特な個性を持っている人です。好きになる人も、際立ったキャラクターの持ち主か、並外れた才能を持っているタイプです。心をひかれたら、積極的にアピールするでしょう。そして相手に振り向いてもらえるまで粘り強く訴え続けるでしょう。

ただ、新鮮味がなくなったときには、徐々に気持ちが

冷めてしまうところがあります。それでもふたりの仲を壊したくないので、表面的なつき合いだけを続けるようなケースもありそうです。相手が楽しいものや目新しいものを提供することを望むだけでは、幸せを実感できる関係に育つことはないでしょう。

でも、自分から新しいものをつくっていくか、愛する人をもっと深く理解して受け入れる場合は、充実した関係になるはずです。もともと独自のものをつくり上げる力量がある人ですから、愛の形もよりよいものにしていくことはできるでしょう。

あなたの才能と人生のテーマ

たとえ価値のあるものでも、多数意見の前に消されてしまうような現実社会。この日生まれの人がそんな世界に疑問を抱いているのは、人間愛に裏づけられた反骨精神も持っているからです。それが平凡さを避け、独創性を目指す姿勢となって現れているのです。

さらにオリジナリティあふれる創造性に恵まれている人です。それを思いつきとして流してしまわないで、形にするまで練り上げる粘り強さもあります。この才能を社会で生かすためには、非凡さを求められるフィールドに賭けるべきでしょう。芸術的な才能も持っていますが、伝統色が強いものは不満を感じそうです。エンターテインメントの分野やモードの先頭に立つような職種のほうが力を生かせるでしょう。

適職は、発明家、映像作家、IT関係のクリエイター、テレビ・ラジオのディレクター、ファッションデザイナー、アナリストなどです。

相性リスト

恋人	8月31日、9月1・2日、11月3・4・5日
友人	3月1・2・3日、7月2・3・4日
手本となる人	1月3・4・5日
助けてくれる人	2月18・19・20日、7月14・15・16日、9月25・26・27日、12月7・8・9日
縁がある人	10月1・2・3日、12月4・5・6日

魔法の言葉

大丈夫。「ふつう」や「正解」は人の数だけあるのですから

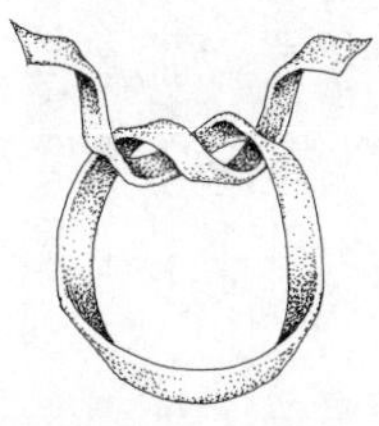

5月5日

牡牛座

TAURUS

欲望に忠実な人

長所

知的。分析力・実務的センスがある。洗練されている。コミュニケーション能力が高い。影響力が強く、説得力がある。

短所

考え方が偏狭。自分の価値観にこだわりすぎる。被害妄想を抱きやすい。冒険を嫌い、安定路線にしがみつく。

この日生まれの著名人

地井武男〈俳優〉／金田一秀穂〈言語学者〉／デーブ・スペクター〈タレント〉／渡部篤郎〈俳優〉／中川翔子〈タレント〉／ジョン・健・ヌッツォ〈歌手〉／深澤辰哉〈Snow Man〉〈タレント〉／与田祐希〈乃木坂46〉〈歌手〉

深い欲望をどうしたら実現できるのかを考えるのは大変なことです。多くの人は夢や希望があっても、それを物語の中の出来事のように考えてしまいます。しかしこの日に生まれた人は、知性を実際的、現実的な方向に向かって発揮するため、単なる希望でもリアリティのある目標として受け止めます。目の前に夢や理想が提示されると、それを漠然としたとらえ方をしないで、本当に完成させるために頭を働かせようとするのです。

これは優れた知性が、具体的な行動を重視する性格と結びつくため。例えば絵に描いたモチでは人が動いてくれないことをよく理解していますし、難しい目的を冷静に分析して段階的に実現していく堅実さを持っています。かといって地味というわけではなく、研ぎ澄まされたセンスでスマートに夢を実現します。

そのおかげで周囲の求心力となる機会に恵まれますが、実現することにこだわりすぎると、逆に自分の首を絞めてしまうことがあるかもしれません。

あなたの愛の形とは？

モチベーションがあるときには、生き生きと行動できる人です。気になる異性と出会った瞬間、または恋を意識したときには、どうすれば効果的に印象づけられるか、恋を実らせることができるかという、戦略を立て始めるのでしょう。

目標勾配が高いほうが士気が上がる傾向もあり、いわ

ゆる高望みと言われる相手でも、堂々と好きになります。そして自分を魅力的に見せるための効果を考え、自分自身を磨き上げていく人です。

ただ恋はほかのこととは違い相手がいなければできないもの。つまり恋の相手がいるときには自分を向上させることに夢中になりますが、相手がいないときには、異性の前でそれほどの精彩を見せません。そのアップダウンが激しすぎるところが、恋の可能性を狭めてしまうことにつながります。恋という不測の事態に備えて自分を磨けるようにしておくといいでしょう。

あなたの才能と人生のテーマ

知的好奇心が強い人です。疑問がわくと、それを解決することに喜びを感じるタイプです。物事の仕組みや構造を理解する能力が高く、考え方もシステマティックです。これに豊かな発想力が加わっているため、理想や願望を実現させる能力も高いでしょう。

大胆な発想を地道な観察や分析、研究で実現化させる力がある人です。この才を生かすためには、何かをつくり上げていく仕事を選ぶといいでしょう。実際に物を動かしたり、変化を与えたりするような仕事が向いています。とくに未来志向が強いため、理系分野に進めば、確実な実績をつくり上げることができるでしょう。

適職は、編集者、バイオテクノロジーなどの自然科学者、薬剤師、コンピュータのハードウエア開発などです。研究だけにとどまらず、製品化させる力もあるので、在野での活躍が強く望まれます。

魔法の言葉

たぶん、もう少しいい方法があるはず。
急ぎすぎないで

相性リスト

恋人	9月1・2・3日、11月4・5・6日
友人	3月2・3・4日、7月3・4・5日
手本となる人	1月4・5・6日
助けてくれる人	2月19・20・21日、7月15・16・17日、9月26・27・28日、12月8・9・10日
縁がある人	10月2・3・4日、12月5・6・7日

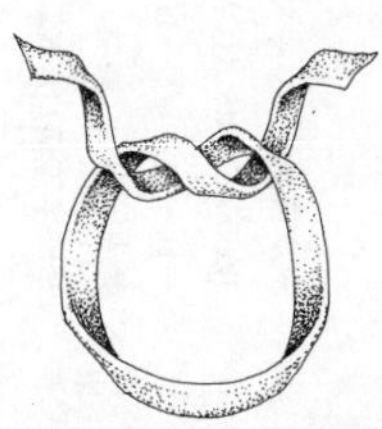

5月6日
牡牛座
TAURUS

音楽と芸術に生きる人

長所

美的センスがある。社交的で会話上手。感覚が鋭く、目利き。好きなことに取り組むと才能を発揮できる。

短所

自己愛が強い。自分の意見を押し通そうとする。うぬぼれが強い。判断ミスが多い。困難があるとすぐにくじける。

この日生まれの著名人

ジークムント・フロイト（精神分析学創始者）／井上靖（作家）／向井千秋（宇宙飛行士）／ジョージ・クルーニー（俳優）／吉田美和（DREAMS COME TRUE）（ミュージシャン）／高橋尚子（陸上選手）

全身が美的感覚のかたまりのような、超敏感センサーを持った人。目や耳、鼻や肌触りを使って、世の中のあらゆる楽しみを味わい尽くす才能に恵まれています。その敏感さは繊細な性格に結びつき、さらには何が自分を満足させてくれるのかを探し求める行動力も生み出します。自分の感覚を満足させるためなら、苦労の多い仕事でも平気で引き受け、多少は打算的なこともやってのけるでしょう。

また物の価値を感覚で受け止めることができるおかげで、表面的な価値に踊らされない強みも持っています。例えばブランドであるという理由だけでは高いお金は払いませんし、甘い言葉や見かけで人の性格を判断することもしません。

このように感覚の鋭さで人生を好転させていくタイプなのですが、逆に自分の感覚が満たされないと、強いストレスを感じてしまいます。日常に不満があったら、自分の好きな物で身の回りを固めたり美しい物を愛でたりすると、何度でもがんばる力を復活させることができるでしょう。

あなたの愛の形とは？

芸術性を愛する人です。恋愛の中にも美しさを求めようとしますが、形だけの価値よりも、他のものには替えがたい、ふたりだけの喜びを大切にしようとします。例えば、愛する人と交わす会話や、一緒に過ごす時間が忘

じっくり行きましょう。「今」味わうべきことがまだあります

れがたいものになるよう、工夫を重ねようとします。また、そのような姿勢を尊重しようとします。

例えば、評判や価格が高いお店に行けば満足するだろう、という態度の相手は軽蔑します。逆に夕日が一番きれいに見える場所に、時間や角度を計算しながら案内するような、そんなオリジナリティある美を提供する人だと、心から満足できるのです。

その価値観が同じ人だと、一緒にいると幸せになります。もし価値観が違う相手だと、振り回されたり傷ついたりすることが大きくなります。ただ、その相手とつき合う時間は、この人にとって心の成長につながるでしょう。

あなたの才能と人生のテーマ

鋭角的な審美眼を持ってこの世に誕生したような人です。目や耳など自分の五感に触れるものは、すべて美しさに満ちているべきだという信念にも似た思いを持っています。ただ、その美的感覚が超越しているため、万人に理解される性質のものではないかもしれません。

美的センスを社会の中で生かすため、まず芸術を志す道もあるでしょう。あるいは、その美を日常の中で生かすような道を選択すると、さらに可能性が広がります。

ただ自分だけの美的感覚を満足させるものから脱却し、多くの人を納得させられるような表現方法を身につけることを目指すといいでしょう。その結果、現実的な成功や富を手にする確率がさらに高くなります。

適職は、ファッションデザイナー、美容師、俳優、グラフィックデザイナー、メイクアップアーティストなどです。

相性リスト

恋人	9月2・3・4日、11月5・6・7日
友人	3月3・4・5日、7月4・5・6日
手本となる人	1月5・6・7日
助けてくれる人	2月20・21・22日、7月16・17・18日、9月27・28・29日、12月9・10・11日
縁がある人	10月3・4・5日、12月6・7・8日

5月7日
牡牛座
TAURUS

理想を現実に変えてゆく人

長所

感受性が豊か。状況判断ができる。人の気持ちを汲み取る。人との絆を大切にする。温かい言葉で相手と接する。

短所

一貫性がない。人の顔色を見すぎる。不平不満を感じやすい。自分の限界を感じて悲観しやすい。だまされやすい。

この日生まれの著名人

ヨハネス・ブラームス（作曲家）／ゲイリー・クーパー（俳優）／萩本欽一（タレント）／上川隆也（俳優）／上田晋也〈くりぃむしちゅー〉（お笑いタレント）／佐藤二朗（俳優）／野沢尚（脚本家）／窪塚洋介（俳優）

例えば人類愛や世界平和、未来に価値のあるものを残したいなど、心の中に大きなテーマを持っています。その大きなテーマが、この日に生まれた人の行動力や、独創的な考え方を生み出す原動力となります。もし世界の発展に貢献できるのなら、それを実現するために行動を起こすでしょうし、優れた審美眼で未来に残すべき価値ある物を見つければ、自分の財産を使ってでもそれを守ろうとするでしょう。そんな大それたことを避けて、現実的に堅実に生きていたとしても、それは普遍的な理想をベースにしている、この日に生まれた人なりの人生の愛し方なのです。

とても現実的な性格を持っているにもかかわらず、大きな理想を守ろうとするのは、圧倒的なイマジネーションが、目の前のことだけではなく社会や時代を超えた存在さえ感じ取ってしまうから。現実生活とのバランスを上手に取れれば、世界を少しだけよくしながら、同時に自分の生活を満足させることもできるでしょう。

あなたの愛の形とは？

この日に生を受けた人は、常に今よりも大きな未来を見据えていきたいと願っています。恋愛に関しても、心に大きな愛情を持っていたいと思っています。好きな人が現われたときにも、恋愛感情よりもさらに大きな愛へと育てていこうとするでしょう。恋の表現としては穏やかで、愛情よりは友情に近いような接し方になるかもし

れません。そのため、人を好きになっても理解されにくいかもしれません。

ただし相手に何か問題が発生するとか、困ったことがあったときは別。誠心誠意、愛する人の力になろうと全力を注ぎ、損得を考えない無償の愛で、相手に接することでしょう。その姿はとても情熱的で、相手に感銘を与えるはずです。極限状態下にいるときには、惜しみなく愛を発揮できる人なので、そこまで追い詰められなくても、愛を示すことができればベスト。ナチュラルに恋を楽しめるでしょう。

あなたの才能と人生のテーマ

戦争のない社会、あるいは緑にあふれる自然環境……そんな誰もが理想とするような世界を、本気で目指そうとし、そこに向けて確実な一歩が歩める人です。さらに人から夢物語と言わせないような現実的な発想を積み重ねていこうと努力できる才能をもっています。

この理念を社会の中で生かすためには、大きな理想を胸に抱き、小さな夢からかなえていくといいでしょう。仕事選びも、自分の生活の安定や、休日の多さや給与よりも、社会への貢献度が決め手になるでしょう。また就職先に社会貢献度を感じられなかった場合は、ボランティア活動などを通して、地域や社会、あるいは地球の未来を考えていこうとする人です。

適職は、人道的支援団体、自然保護団体の職員、自然の生態系、動物などの学者、獣医師、発明家などです。どんな職業であっても、常に社会とのかかわりを考えていけば、充実した生活を送れます。

相性リスト

恋人……………… 9月3・4・5日、11月6・7・8日
友人……………… 3月4・5・6日、7月5・6・7日
手本となる人…… 1月6・7・8日
助けてくれる人… 2月21・22・23日、7月17・18・19日、9月28・29・30日、12月10・11・12日
縁がある人……… 10月4・5・6日、12月7・8・9日

さあ、楽しんでしまいましょう。そう、ピンチの時も。あとはうまくいきます

5月8日
牡牛座
TAURUS

実直で堅実な人

長所

現実感覚が優れている。誠実で責任感が強い。目標達成まで手を抜かない。誇り高く、堂々と胸を張って生きている。

短所

嫉妬深い。独占欲が強い。協調性に欠ける。突然の変化に対応できない。人の好き嫌いが激しく、第一印象で決めたがる。

この日生まれの著名人

アンリ・デュナン（赤十字社創設者）／澁澤龍彦（作家）／宗田理（作家）／かたせ梨乃（女優）／榊原郁恵（タレント）／さくらももこ（漫画家）／曙太郎（大相撲力士）／荒川弘（漫画家）

徹底的なリアリスト。自分に与えられた現実を堅実かつ身分相応に守り、無駄なことや見栄を嫌う性格を持っている人です。大きな失敗をしない代わりに高望みもしない傾向があり、自分の世界や生活を守るためなら、チャンスよりも安定を好むでしょう。さらに庶民的な感覚を持ち併せているせいで、非常に地味な印象があるかもしれません。しかしリアリストの強みとして、目の前で立証されたことは誠実に信じて自分を変えることができますし、余計な情報に惑わされないフェアな精神で他人を評価するおかげで、多くの人から信頼を集めます。誠実な成果主義者として、また有言実行の信念の人として、時間が経つほど社会で成功するでしょう。

ところが自分の生活や現状維持にこだわりがあるために、人を驚かせるくらいケチになってしまうことがあるようです。独占欲も強く、手に入れたものを絶対に人に譲りたがらない、子供のようなところもあります。どんなものにも、いつかは必ず変化が訪れるものです。その変化を恐れないように。

あなたの愛の形とは？

人の温かさ、日常の機微を肌で感じることができる、きめの細かい感性を持っている人です。恋愛面でも、同じ世界を見つめ、味わっていきたいと考えます。そのため好きになる相手は自分と等身大の価値観を持つ人、あるいはとても身近に感じられるような人が多いでしょ

そろそろ本気を出していいときです。ゆるぎない基盤をつくれます

う。

また現実を真摯に見つめるまなざしも持っているため、この世界の多くのものが有限であることを実感しています。目の前にあるものを大切に抱きしめていきたいとの思いから、恋愛面では相手との接触を好む傾向が強くなります。それは人によって独占欲や嫉妬心の現われに映ることもあるかもしれません。

失いたくないという思いが強すぎると、相手の行動の自由を奪い、そして自分自身すらも制約をつけてしまうことになります。執着を手放すことで得られる愛の境地があることを覚えたとき、この人にとっての恋は本当に豊かなものに変わるでしょう。

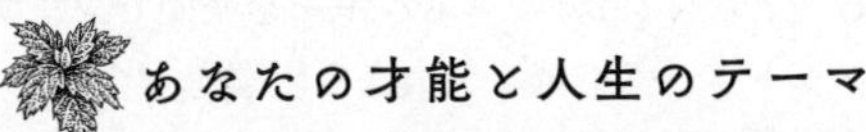

あなたの才能と人生のテーマ

外見に惑わされず、物事を判断できる客観的な精神を持っています。虚飾を取り去った実質的なものを見抜く眼力もそなわっています。たとえそれが自分にとって不利な情報であっても、真実を選び取る潔さもあります。

どんな相手、どんな物事であっても、公正な態度で接しようとするこの性質は、とくに信用が重視される分野で重用されます。堅実な職業のほうが自分を生かせるでしょう。地道すぎる生き方ゆえに、華やかな世界に憧れることもあるかもしれませんが、地に足の着かない、努力が形にならない世界にいると、魂が疲労してしまう恐れもあります。それより、実直でもやれば必ずその成果が現われる業種のほうが、労働が報われ、社会的な名声を得る可能性も高くなるでしょう。適職は、教育者、法律家、運動選手、エンジニア、行政官などです。企業内でも着実に歩みを重ねて評価されます。

相性リスト

- **恋人**……………… 9月4・5・6日、11月7・8・9日
- **友人**……………… 3月5・6・7日、7月6・7・8日
- **手本となる人**…… 1月7・8・9日
- **助けてくれる人**… 2月22・23・24日、7月18・19・20日、9月29・30日、10月1日、12月11・12・13日
- **縁がある人**……… 10月5・6・7日、12月8・9・10日

5月9日
牡牛座
TAURUS

イザというとき頼れる人

長所

情熱的。バイタリティがある。交際範囲が広く、人情味がある。開拓精神があり、知らない世界にも進んで飛び込める。

短所

自分のやり方にこだわる。自己顕示欲が強く、人を押しのけてまで自分が話そうとする。意地っ張りなところがある。

この日生まれの著名人

森光子（女優）／ビリー・ジョエル（ミュージシャン）／掛布雅之（野球選手）／原田雅彦（スキージャンプ選手）／平原綾香（歌手）／横山裕（関ジャニ∞）（タレント）／松田龍平（俳優）／山田涼介（Hey! Say! JUMP）（タレント）

この日に生まれた人の最大の武器がバイタリティ。粘り強く、いきおいがあり、パワフルに、しかも年を取っても衰えることなく、自分のエネルギーを発揮できます。積極的でフットワークも軽く、大きな困難を目の前にしても臆することがありません。その生き方は、どんな時代のどんな場所に連れて行かれたとしても曲げる必要がなく、常に唯一の自分を貫くことができるでしょう。

その強力なエネルギーは、主に人とのコミュニケーションに向けられます。交際上手で人との関係を大切にし、相手のトラブルを自分のことのように感じることもあるでしょう。そのときは持ち前の行動力で相手のことを助けてあげると、その分だけ自分が困ったときに手を貸してもらえます。単にいきおいがあるだけではなく、大きなエネルギーのおかげで人脈まで育てられるのです。

しかし、いったん事を始めると意地になって最後までやり遂げようとするのは美点なのですが、それが自分の足かせとなってしまうこともあるようです。

あなたの愛の形とは？

この日に生を受けた人は、心が熱く、人のことを放っておくことができません。面倒見がいいと言われるタイプの人です。恋をすると感情をストレートに表し、相手のために行動することが多くなるでしょう。さらに愛した人は、多少のことがあってもあきらめない心の強さが

あります。

この性格がプラス面に働くと、相手に尽くし、生涯愛を貫く、パートナーの鑑と呼ばれる人になりそうです。逆にマイナス面に働くと、相手の覇気を奪い、子供を心配する親のような接し方になってしまうかもしれません。最悪の場合は相手を完全にスポイルしてしまうことを愛だと思い、苦悩する関係になってしまうでしょう。

素直な人を愛する傾向がある人です。でも最終的に選ぶ人は、向上心の強い人、場合によっては意見の対立すら辞さない、歯ごたえのある人のほうが、心の成長につながり、得られるところも多いはずです。

あなたの才能と人生のテーマ

気丈な性格で、困難を前にしても、顔色を変えないような強さがあります。むしろ壁にぶつかったときこそ、実力を試されているように感じ、やる気を出すような不屈の魂の持ち主とも言えるでしょう。また人間が好きで、多くの人に囲まれていると、生彩を増すようなところがあります。

自信を持って何かを人に伝えると、一層輝きが増す人です。この性質は社会の中でもまれることで、さらに磨かれていくでしょう。情報を伝えたり、人と人の間でものを橋渡ししたりするような仕事に才能を発揮できるでしょう。また自分の専門分野を人に教え、アドバイスを与えるような業務にもやりがいを感じるでしょう。

適職は、新聞／雑誌などのマスコミ関係、インテリアコーディネイター、カラリスト、流通業、美容師、経営者などです。企業の中では、営業職で業績を認められるはずです。

相性リスト

恋人……………… 9月5・6・7日、11月8・9・10日
友人……………… 3月6・7・8日、7月7・8・9日
手本となる人…… 1月8・9・10日
助けてくれる人… 2月23・24・25日、7月19・20・21日、9月30日、10月1・2日、12月12・13・14日
縁がある人……… 10月6・7・8日、12月9・10・11日

魔法の言葉

自分を見くびってはいけません。あなたの潜在能力はまだ発揮されていません

5月10日

牡牛座

TAURUS

困難に負けない人

長所

まじめ、勤勉。説得力があり、場の中心になる。大人の風格が漂う。自分が信じる道をまっすぐに歩くことができる。

短所

単純。人にだまされやすい。おだてに乗りやすい。思い込んだらしつこい。権力志向が強く、ステイタスにこだわる。

この日生まれの著名人

橋田壽賀子(脚本家)/扇千景(政治家)/シド・ヴィシャス(ミュージシャン)/藤あや子(歌手)/武田修宏(サッカー選手・タレント)/草刈民代(バレリーナ)/志田未来(女優)

際だった意志の強さを持っています。誰でもあきらめてしまうような困難な状況があったとしても、自分を疑ったり見失ったりすることがなく、冷静に根気よく問題に立ち向かっていきます。それはまるで魂そのものの強さのように、強い風が吹いてもなかなか消えないロウソクのように、この日に生まれた人の目的意識をたえず支えているのです。

その目的は、例えば人や会社に対する忠誠心という形で、または実現したい夢に向かう努力という形で現われます。初めは何も知らなくてパッとしないところもあるでしょうが、時間が経つにつれ本領を発揮。最終的には他の人では達成できなかったような目標でも、気がつけば他の人よりもたくさんのことを身につけながら満たしてしまうでしょう。

そんなまじめな性格を持ちつつ自己表現も忘れません。時間をかけて周囲の共感を集めながら、また広い心で人を許しながら、オンリーワンと呼べる存在に成長します。その穏やかな強さを悪い人に利用されないように、信じるべき人を選ぶ慎重さも身につけましょう。

あなたの愛の形とは？

愛する人とは、穏やかで落ち着いた愛情をはぐくんでいきたいと願っている人です。相手と行き違いがあっても、感情を抑えて冷静に物事を見つめていこうとするでしょう。

そしてどんなときも愛に対して誠実であろうとします。軽い気持ちでうそをつくことも許そうとはしません。浮気をすることもないし、また他の人が好きになってしまったときも、その気持ちを正直に伝えるでしょう。つまり、真実を包み隠さずに伝えることで相手に辛い思いをさせる不器用さも持ち合わせています。また、信じた相手のことは、どんな仕打ちを受けたとしても、相手の言い逃れを鵜呑みにするようなところもあります。

その正直な気持ちを貫けるような相手、まっすぐな思いをそのまま受け止めてもらえるような、心の広い人を選べるかどうかが、幸せへの分岐点になるでしょう。

あなたの才能と人生のテーマ

やればできるということを、人々に示す力を持っている人です。勤勉で、努力を続ける意志の強さがある人です。泰然自若としたところがあり、目先の状況には流されません。長いスパンで物事を見つめて着々と歩みを進めていくことができるのです。そのため、気がついたら夢が実現できていたということも多いでしょう。

社会に出たときも、この根気強さがあるためどんな仕事についても一定の評価を得ることができるでしょう。ただ、表層的なセンスを求められる仕事、変化が激しすぎるような仕事では、この日生まれの人のもっとも良い部分が発揮できません。専門性の高い仕事や、スキルを身につける必要がある職業のほうが力を試すことができるはずです。

適職は、栄養士、建築・設計技師、医療事務、公務員などです。公共性の高い仕事に従事するほうがやりがいを感じられるタイプです。

相性リスト

恋人………………	9月6・7・8日、11月9・10・11日
友人………………	3月7・8・9日、7月8・9・10日
手本となる人……	1月9・10・11日
助けてくれる人…	2月24・25・26日、7月20・21・22日、10月1・2・3日、12月13・14・15日
縁がある人………	10月7・8・9日、12月10・11・12日

魔法の言葉

ここで手放すのもいいですが、それは少しもったいないことです。今一度トライを

5月11日

牡牛座

TAURUS

常識と非常識の間に生きる人

基本的には現実的で常識的な人生を送る人。でも、この人の心の内には「まっとうな人生からはみ出してみたい」という気持ちが強くあるようです。とはいえ、唐突に大胆な冒険に出たり、非常識な振る舞いをしたりすることはありません。ただ、堅実な生き方をしつつも、もう少し冒険的な人生を歩めないかと、その方法をいつも模索しているのは確かです。現状に満足しているときであっても、他の仕事をしてみたい、他の地域で暮らしてみたい、という夢を捨てきれないところがあるのです。

社会全体が変わっていけば、個人の生活も自然と変わっていくだろうと考える賢さを持つ人なので、社会的な改革活動に参加することには積極的かもしれません。地域的な活動から始まり、やがては政治的な活動を始めることになる可能性も。機転が利くタイプなので、人を笑わせたり楽しませたりするのは得意。もし政治家になったとしたら、多くの人の心をつかむことができそうです。

長所

気配り上手。面倒見が良い。温かみがある。常識的に行動する。機転が利く。その場のムードを明るく盛り上げる。

短所

不満を感じやすい。行動力に欠ける。気分にムラがある。おせっかいなところがある。人に干渉しすぎる。

この日生まれの著名人

サルバドール・ダリ（画家）／泉谷しげる（ミュージシャン）／久保田早紀（ミュージシャン）／松尾貴史（タレント）／浜田雅功（お笑いタレント）／兼近大樹〈EXIT〉（お笑いタレント）

あなたの愛の形とは？

輝くような自信にあふれている人で、常に人から見つめられていることで満足感を得る人です。向上心が強く、周囲を圧倒するような存在感に満ちています。

それほどの生命力があるのに、愛する人の前では、驚くほど寂しがりやの面を見せることがあります。愛情を与えたら、同等な愛を返してもらいたいと常に思っているようなところがあります。それは輝かしい個性の陰に、

ひとりになることへの不安があるためです。それでも不安や寂しさを感じると、相手の関心をさらにひきたくて、より魅力的になろうと努力するでしょう。この日生まれの人は、恋の危機を乗り越えるごとに、妖艶さを増していく傾向がありますが、それは相手の目をくぎづけにしておきたいという、切ないほどにけなげな思いに裏づけられているため。そして相手に愛されれば愛されるほど、光を放ち続けたいと思う人なのです。

あなたの才能と人生のテーマ

理性が強く良識があり、人の役に立てる生き方を目指す人です。ただ、スケールが大きなところがあり、自分の中のエントロピーが大きくなりすぎると、エネルギーがよどんで固まってしまう前に、風通しをよくしようと考えます。そのため地道な人生から突然、まったく別の生き方を目指すようなところがあるのです。

このスケールを持っているため、社会に出た当初から、目立つ存在にはなりにくいかもしれません。ただ、どんな道を歩もうとも、途中で大きな変革を迎えるでしょう。そのときにこれまで培ってきた実力を発揮します。いわばイレギュラーな大器晩成タイプかもしれません。自分だけの利益や名声を追求しようとすると、仕事の喜びを感じるどころか飽きてしまうかもしれません。しかし人の喜ぶ顔がみたいと考え、仕事に打ち込んだときには、おもしろいように物事が進んでいくでしょう。その結果成功を手にすることができる人なのです。

適職は、政治家、ディレクター、ホテル業務、経営者などです。会社や組織の中では、仕事を続けるうちに、人生の使命のようなものに気づく可能性があります。

相性リスト

- **恋人**……………… 9月7・8・9日、11月10・11・12日
- **友人**……………… 3月8・9・10日、7月9・10・11日
- **手本となる人**…… 1月10・11・12日
- **助けてくれる人**… 2月25・26・27日、7月21・22・23日、10月2・3・4日、12月14・15・16日
- **縁がある人**……… 10月8・9・10日、12月11・12・13日

魔法の言葉

「常識」は「偏見」の別の名前。あえてちょっとズレてみませんか

5月12日

牡牛座

TAURUS

高みを目指す人

長所

オプティミスト。芸術的なセンスがある。理想を追う。現実とうまく向き合う。屈託がなく、人を受け入れる。

短所

判断力が甘い。無防備。見かけにだまされやすい。足元が見えない。自堕落になりやすく、誘惑に対する抵抗力が弱い。

この日生まれの著名人

フローレンス・ナイチンゲール（看護師）／武者小路実篤（作家）／萩尾望都（漫画家）／風吹ジュン（女優）／余貴美子（女優）／高見盛精彦（大相撲力士）／渡辺徹（俳優）／奥田民生（ミュージシャン）／水上恒司（俳優）

現実的な観点から理想を追求できる人。つまり、この人は生活水準を上げること、人生を豊かにすることをスムーズに成し遂げられる人だと言えます。お金を稼ぐこと、資産を増やすことに熱心ですが、それは単に貪欲な性質だからというわけではありません。人生の豊かさを最大限に感じてみたいという意欲を持っているので、貧相な生活、趣味などに甘んじようとはしないだけです。

芸術的な感性にも非常に恵まれています。高度な芸術に対しても臆することなく、それを楽しもうとするので、生活が豊かになると観劇、美術・音楽鑑賞などを趣味にするようになるでしょう。そして、同じ趣味を持つ人の集まりの中で有力な人々と知り合うチャンスにも恵まれるようになるはずです。

ただ、この人は人間関係における戦略的な駆け引きは苦手。なにかしらの魂胆を持って自分に近づいてくる人を考えなしに受け入れてしまうところがあります。あなたの利益をこっそり盗み取ろうとする相手に騙されないよう注意を。

あなたの愛の形とは？

豊潤なこの世界の実りを、あまさず味わい尽くそうとする、王侯貴族のような魂を持った人です。エレガントなものに接しているだけで満足で、愛する人と過ごすひとときも、やはり典雅な風情に満たされていたいと思うでしょう。そのため当初は、力のある年上の人にひかれ

る傾向があります。

ただし、自分がある程度の精神的な成長を迎え、そのうえ経済的な余裕ができてくると、今度は人を育ててみたい、自分の世界を伝えていきたい、という思いが強くなります。その対象が子供であればよき親になりますが、年若い恋人となると、スキャンダラスな視線を浴びることになるかもしれません。それでもこの日生まれの人は、恥じることなく、堂々と顔を上げて生きるでしょう。そして自分がつくり上げてきた優雅な世界を、誰かに伝えていこうとするはずです。

あなたの才能と人生のテーマ

この日生まれの人は、自分にとっての桃源郷を築くことが人生の最終目標と言えそうです。自分がいいと思うものは積極的に評価し、自分の生活の中心に据えていきたいと思うでしょう。それが他の人にとっては贅沢と思われたり、不必要と言われたりするものでも、本人がいいと思うならそれを譲ることはありません。

そのため、社会の中では人のニーズに対応するような仕事につくと、自分の理想とのギャップに悩むことになりそうです。しかし本当にやりたいことをやっている場合は、他の人に何を言われても動じることがなく、批難する声すらも耳に入らないかもしれません。質の高い専門性を求めること、そしてその知識や技能を形にすることを選ぶと、いつの日か多くの人に認められる人物に成長しているでしょう。

適職は、大学教授、文学者、司法官、宗教家、貿易関係業務などです。

相性リスト

恋人……………… 9月8・9・10日、11月11・12・13日
友人……………… 3月9・10・11日、7月10・11・12日
手本となる人…… 1月11・12・13日
助けてくれる人… 2月26・27・28日、7月22・23・24日、10月3・4・5日、12月15・16・17日
縁がある人……… 10月9・10・11日、12月12・13・14日

魔法の言葉

あなたは魂の貴族。
低きに流れてはいけません

5月13日

牡牛座

TAURUS

聡明で真実を見抜く人

長所

知的。洞察力がある。理解度が深い。先入観なく物事を見られる。発想が自由。人に対して友好的に振る舞う。

短所

理屈っぽい。小さなことにこだわる。ひがみやすい。人と同じことをするのを嫌がる。あまのじゃくなところがある。

この人は生まれながらにとても聡明で、他人の話をよく理解する能力に恵まれています。何か説明を受けると、その内容をすぐに飲み込むことができるので、頭のいい人、物わかりのいい人と尊敬されるでしょう。さまざまなジャンルで才能を発揮することができます。

また、この人は社会の常識の構造を見抜いてしまうような眼力も持っています。大きな組織に属すると、誰が権力者なのか、何がその組織におけるタブーなのか、といったことを鋭く見分け、うまく対応することができるはずです。

ただ、その鋭さゆえ、知らなくてもよい醜い社会の現実に気づいてしまい、世の中に失望しやすいのも確か。そのため、せっかく歩んでいるエリート街道を自ら外れ、アウトローな生き方を選ぶことになるかもしれません。でもこの人は多才ですから、小さな島で自給自足生活などを始めたとしても、上手にやっていけるはず。優等生的な生き方にこだわらず、自分らしい人生を探すことが幸福につながります。

この日生まれの著名人

スティービー・ワンダー（ミュージシャン）／ボビー・バレンタイン（野球監督）／鈴木光司（作家）／太田光（爆笑問題）（お笑いタレント）／加藤晴彦（俳優）／ハーバート・ロス（映画監督）／滝沢カレン（モデル・タレント）

あなたの愛の形とは？

人間の本質を見極める力を持っている人です。若いときには、異性の外見的な魅力にひかれたり、甘い言葉に恋を夢見たりすることもあるかもしれません。それでも実のない相手だった場合は、どれほど憧れたとしてもすぐに目を覚ましてしまうでしょう。

魔法の言葉

答えはノー。ただし、その結果は必ずしも悪いことではありません

そのため表面的な話しかしないような異性には、最初から関心を示そうとしないでしょう。その態度が冷たいとか、冷淡と言われることもあるかもしれません。逆に骨がある相手の場合は、周囲から誤解を受けやすいタイプであっても、初めから心を開いて接するでしょう。

この傾向のため同世代の友達の共感は得にくいかもしれませんが、心からつき合えるような異性となら、友達でもあり恋人でもあり、生涯のパートナーでもあるという関係でいられるかもしれません。広く浅くよりも深くつき合う人間関係で幸せを得られるタイプでしょう。

あなたの才能と人生のテーマ

鋭い直感をそなえている人です。それを現実社会の中で、真実と虚偽をかぎわける試験紙のように応用していけます。プライベートであれば、本当に信頼できる人と深いつき合いをするほうが幸福ですが、仕事の場合は広く浅い人間関係の中で、生きてくる能力と言えるでしょう。

職業を選ぶときには、マスコミや目上の人の意見に左右されず、自分の直感に頼るほうがうまくいくでしょう。情報だけで判断するよりも、実際に自分の目で見て、そこから伝わるものを信じるほうがよさそうです。いろいろな分野のものに興味を持ち、もっとも自分を生かせるような仕事につくことが理想です。先見の明があるため、人にアドバイスをするような職業も向いています。

適職は、作曲家、コーディネーター、コンサルタント、フォトグラファー、カウンセラー、不動産業などです。

相性リスト

恋人	9月9・10・11日、11月12・13・14日
友人	3月10・11・12日、7月11・12・13日
手本となる人	1月12・13・14日
助けてくれる人	2月27・28・29日、7月23・24・25日、10月4・5・6日、12月16・17・18日
縁がある人	10月10・11・12日、12月13・14・15日

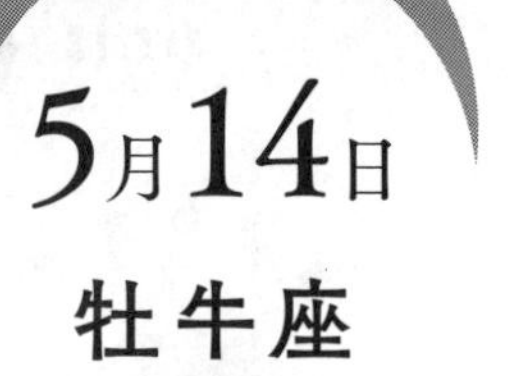

5月14日

牡牛座

TAURUS

ユーモラスで知的な人

長所

ウィットに富んでいる。情報収集が得意。会話上手。発想力が優れている。立ち回りが上手。スマートな印象を与える。

短所

口先ばかりで行動力がない。軽薄な印象を与える。表現がひねくれている。本心を人前で見せるのに抵抗がある。

この日生まれの著名人

ロバート・オウエン（社会改革家）／ジョージ・ルーカス（映画監督）／古尾谷雅人（俳優）／前川國男（建築家）／くらもちふさこ（漫画家）／日村勇紀〈バナナマン〉（お笑いタレント）／嶋佐和也〈ニューヨーク〉（お笑いタレント）

頭の回転が速いうえ、ユーモアを理解する力が強いので、楽しい話し手として人気者になるタイプです。ちょっとした日常の出来事をおもしろおかしく話すこと、人の特徴をよくつかんで物まねすることなどは、かなり得意なはず。情報収集も得意なので、身の回りの人間の噂については、誰よりも熟知しているかもしれません。

ユニークな企画を立てるのも上手。アイデアマンとして活躍できる仕事においては、素晴らしい成績を挙げることができるでしょう。

ただ、この人は自分の得意分野以外のことにチャレンジするのが苦手なタイプ。そのため、歳を重ねると視野や経験が狭まっていく傾向があるよう。頭がいいゆえに、苦手なことを回避するのが上手で、それが裏目に出てしまうのです。苦手な人や仕事を避けないようにすることが人生を豊かにしていくコツ。それを覚えておいてください。とくに、あなたが苦手なのはジョークが通じない人でしょう。でも、堅物と思える相手とのつき合いから学ぶこともあるはずです。

あなたの愛の形とは？

この日生まれの人が若いときに抱く恋愛のイメージは、ふたりの時間を楽しく演出すること。一緒にいるときは、笑い声にあふれているでしょう。だから愛する人も自然に、会話が上手な人、盛り上げるのが巧みな人になっていきます。反対に不器用な人、朴訥すぎて話が通

じない人を目の前にすると、息苦しさすら感じることがあるでしょう。

それが知的に年齢を重ね、本当の痛みや悲しみ、喜びの前には何も言えなくなる経験を通して、会話以外のコミュニケーションの重要性に気づく日が来るでしょう。その結果、この日生まれの人が最終的に選ぶのは、自分とはかけ離れたタイプの人かもしれません。それも反応が遅かったり、気の利いた言葉ひとつ言えなかったりする人かもしれません。それでも一緒にいることが幸福だと感じたとき、愛することの真の喜びに目覚めるときがくるでしょう。

あなたの才能と人生のテーマ

知的で卓抜した言語センスを身につけている人です。ウィットに富んだジョークを得意とするので、知的レベルをそなえた人たちに快く受け入れられそうです。また人との交流を通して自分の世界を広げていくタイプで、経験を重ねるごとに洗練された雰囲気を持つようになっていきます。

その能力は社会の中でも早期のうちに受け入れられるでしょう。人の輪の中に飛び込んでいくことで、自分をアピールし、そして好感度の高い人として評価を受けます。とくにおすすめなのは言語感覚を生かすこと。書くことも操ることも優れているので、言葉を扱う仕事につくと他の人を圧倒するようなパワーを出せるでしょう。

適職は、編集者、放送作家、翻訳家、通訳、外交官、客室乗務員などです。サービス業や流通業にも適性があります。アナウンサー、キャスターとして活躍できる可能性も高めです。

相性リスト

- **恋人**……………… 9月10・11・12日、11月13・14・15日
- **友人**……………… 3月11・12・13日、7月12・13・14日
- **手本となる人**…… 1月13・14・15日
- **助けてくれる人**… 2月28・29日、3月1日、7月24・25・26日、10月5・6・7日、12月17・18・19日
- **縁がある人**……… 10月11・12・13日、12月14・15・16日

魔法の言葉

判断基準を「面白いか面白くないか」においてみて。ほら、答えが見えませんか

5月15日
牡牛座
TAURUS

温かな心根の人

長所

好意的に人に接する。モノを大切にする。愛情深い。社交上手。コケティッシュな魅力がある。美的感覚が優れている。

短所

享楽的。快楽を追い求めたがる。物欲が深い。金銭面や愛情面の誘惑に弱い。自己管理がルーズなところがある。

この日生まれの著名人

ピエール・キュリー（物理学者）／瀬戸内寂聴（作家）／伊丹十三（映画監督）／美輪明宏（歌手・俳優）／美川憲一（歌手）／江夏豊（野球選手）／井上康生（柔道家）／藤原竜也（俳優）／常田大希〈King Gnu〉（ミュージシャン）

他人を愛する気持ちが人一倍強く、とても温かな心を持つ人です。そのため、たくさんの人と交流し、愛し愛される経験をするでしょう。さらに、この人の持つ豊かな愛情は人間を愛するだけではこと足らず、物に対する愛着としても表れます。そのため、人から見れば無価値にしか思えない物を大事にコレクションしたり、絵画や陶芸品を愛でたりする趣味を持ちやすいようです。

ただ、お金使いは派手なほう。欲しいと思うものには惜しみなく浪費するので、現金の財産はあまり残らないでしょう。それでも、持ち前の美意識をうまく利用すれば、骨董市で掘り出し物を見つけてきたりできるので、鑑定に出せば、ひと財産となるような持ち物を子孫に残すことになるかもしれません。

ただ、人や物に対する愛情の豊かさが悪い方向に出るとトラブルの元となる場合も。性的な面、金銭的な面であまりにも奔放な振る舞いをするのは危険です。自分の行動が家族や恋人などの迷惑にならないよう心がけることは忘れないようにして。

あなたの愛の形とは？

花咲きみだれる美しい自然。そんなぬくもり、包容力を心に秘めている人です。この世界にあるものすべてを愛し、愛されるために生まれてきたようなイメージを人に与えます。大切な人のことは、ありのままの自分で愛し、受け入れられたいと思っています。

誘惑にかられているのかもしれません。
心の声が天使か小さな悪魔か見極めて

この人にとって、愛することは呼吸することと同じ、自然の営み以外の何ものでもありません。逆に愛を感じられないことは、砂漠に取り残されたのと同じことです。この人が愛情表現や物に執着するのは、それがないと命を絶たれるような焦燥感に襲われるためです。

それでも時間をかけた愛情関係を経ると、言葉や物に頼らなくても愛を信じることができるようになるでしょう。そのときこそ、この日生まれの人の本領が発揮されます。あふれる愛情を人に惜しみなく与える人、愛する人をどんなときも笑顔で支える人になれるのです。

あなたの才能と人生のテーマ

もしも、道具や物が言葉を話すとしたら、そのひそやかな声を耳にできるのは、おそらくこの日生まれの人しかいないでしょう。それほど注意深く、愛情あふれる思いで、物を見つめることができる力を与えられた人です。

社会の中でも、合理性よりも芸術性を大切にするタイプです。だから経済優先の仕事よりも、アート性を追求する職業を選ぶほうがいいでしょう。それも音楽や詩よりも絵や陶器や彫刻のような、目に見えるもの、手で触れられるものを扱うものが適しています。審美眼を養うことで、好きなことを仕事にできる可能性が高い人です。

適職は、古美術商、美術商、骨董商などの古いものを扱う職業。陶芸家などの伝統工芸の世界にも縁がありそうです。もしも芸術とは縁のない職業についたとしても、趣味として何かをつくるか、鑑賞し続けると、精神的に枯渇せず、豊かな毎日が送れるでしょう。

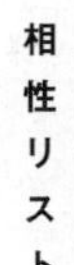

相性リスト

恋人	9月11・12・13日、11月14・15・16日
友人	3月12・13・14日、7月13・14・15日
手本となる人	1月14・15・16日
助けてくれる人	2月29日、3月1・2日、7月25・26・27日、10月6・7・8日、12月18・19・20日
縁がある人	10月12・13・14日、12月15・16・17日

5月16日

牡牛座

TAURUS

願いを叶える魔法の力の持ち主

長所

チャンスをつかむのがうまい。大志を抱く。大人になっても子供のような純粋な気持ちや夢を忘れない。

短所

いい加減。物事を適当に処理する。自分の運や人の力をあてにしすぎる。決まったことをきちんと守らない。

この日生まれの著名人

溝口健二（映画監督）／ジャネット・ジャクソン（ミュージシャン）／ささきいさお（歌手）／伊沢拓司（クイズプレイヤー）／大倉忠義〈関ジャニ∞〉（タレント）／横尾渉〈Kis-My-Ft2〉（タレント）／宇佐見りん（作家）

この生まれの人は、自分の夢を現実に変えるパワーを潜在的に持っています。それは周囲の人から見れば、「魔法の力」のように見えます。夢のようなことを語っていたはずが、いつの間にか、それを実現しているからです。でも、この人の持つ「魔法の力」には、現実的な裏づけがあるのです。

まず、着実に夢に近づくための小さな目標を立てることが上手。例えば「一億円を稼ぎたい」と思ったとき、この人は「まず商売の元手となる100万円を貯めよう」と考えるわけです。また、「どうせ無理」といった悲観的な考えを抱かない点も、この人の「魔法の力」の一部。大きな夢を描き、それを楽しむ心意気を持っているのが最大の長所です。

一方、短所は少しルーズな点です。夢や目標に向かうときは、真摯な姿勢で取り組みますが、それ以外のことに関しては、時間や約束を守らないなどのルーズさがあるはず。そういう面が人間関係には災いすることがあるので気をつけましょう。

あなたの愛の形とは？

心の中に生まれた小さな変化を見逃さない、自分の思いに正直な人です。例えば興味のない異性のちょっとしたしぐさに胸が弾んだとき、思い過ごしと決めつけないで、その気持ちを見つめていこうとします。そしてそれが本物の恋になりそうだと気づいたら、迷うことなく行

動に移すでしょう。だから恋が成就する確率が極めて高いのです。さらに思いが実ってからも、同じようにまっすぐに愛を育てていこうとするので、幸せな関係を長続きさせることができるのです。

ただ少し不器用なところがあるので、何かに一生懸命なときにはそれに全力投球をし、愛する人へのケアが至らなくなるようなところもあります。完璧さを求められると疲れきってしまうでしょう。お互いに足りないところを補い合ってくれるような、心にゆとりを持った人を選ぶと、さらに安定した関係を築くことができるでしょう。

あなたの才能と人生のテーマ

幼い頃に心に浮かんだ憧れを、大きくなってから実現化させるような、そんな純粋さと力強さを持った人です。発想力の豊かさと、現実的な感覚がそなわったバランスのよさがあります。

その力を現実の社会で応用するには、インスピレーションを具象化させるような仕事選び、環境づくりが求められるでしょう。まず経験や人脈を求めて違う分野の仕事をするなど、遠回りとも見えるルートを通ることもあるかもしれません。それでも常にゴールを目指していれば、曲がりくねった道も迷うことなく進むことができるはずです。ただし素晴らしいビジョンもほかの人にとっては形になるまでは夢物語にしか見えません。不用意に漏らして才能の芽を摘み取られることがないよう、慎重に行動するようにしましょう。

適職は研究者、作家、WEBクリエイター、ゲームクリエイター、漫画家などです。

相性リスト

恋人	9月12・13・14日、11月15・16・17日
友人	3月13・14・15日、7月14・15・16日
手本となる人	1月15・16・17日
助けてくれる人	3月1・2・3日、7月26・27・28日、10月7・8・9日、12月19・20・21日
縁がある人	10月13・14・15日、12月16・17・18日

魔法の言葉

大丈夫。魔法のような不思議な力が応援してくれています

5月17日

牡牛座

TAURUS

大器晩成の大物

長所

大器晩成型。ゆったりしている。大局的に物事を見られる。スケールが大きい。世のため人のために行動する。

短所

不器用。完ぺき主義で卑屈になりがち。協調性にかける。機敏さがない。現実的すぎてゆとりや楽しみが少ない。

この日生まれの著名人

アラン・ケイ（計算機科学者）／オッド・ハッセル（物理化学者）／デニス・ホッパー（俳優）／横山隆一（漫画家）／安部譲二（作家）／城之内早苗（歌手）／井ノ原快彦（タレント）／岩本照〈Snow Man〉（タレント）

若いときは大きな野心を持ちつつも、なかなか芽が出ない自分に悩みがち。けれども、この生まれの人は将来、必ず大成する大きな器の持ち主です。辛抱強い性質なので、苦労の時代をしっかり乗り越え、いつかきっと夢を果たすことになるでしょう。

そもそも若いうちに芽が伸びないのは非常にシビアな感覚を持っているからです。普通の人なら上出来だと思う結果を出せたときも、この人は「自分はまだまだ」と結論し、ガッカリしてしまう面があるのです。でも、その浮ついたところのない厳しさこそが、この人を高い地点まで導くことになるのは間違いありません。ただ、あまりにも自分に厳しくすると、才能を人に見せずに、しぼませてしまうので気をつけて。人の評価を仰ぐことに積極的になるべきです。そうすれば、誰かがあなたの才能に気づき、後押しをしてくれるでしょう。

私利私欲に走らないのも、この人の長所。大きなスケールで物事を考えることもできるので、世のため、人のために活躍する可能性も高いでしょう。

あなたの愛の形とは？

世話好きで、細かな心遣いができる人です。母なる大地のようなぬくもりと包容力があります。愛した人が喜ぶのなら、自分の養分を与えてもいいと考えることもあります。それが行き過ぎると「愛情が重い」と言われるかもしれません。また異性に利用されても愛さずにはい

られないことも、ときにはあるかもしれません。

逆に相手から大切にされたときには戸惑ってしまう傾向があります。自分など愛されるわけはない、という厳しい目を自分に向けるため、愛されるよりも愛していないと落ち着かなくなってしまうのです。でもそれは、相手の愛を信じないということでもあります。大切な人が愛している人を粗末にすることにもなります。本当の意味で自分を大切にすることを知ったとき、押しつけるような印象の愛から、優しくよりそうような雰囲気のものに変化していくでしょう。

あなたの才能と人生のテーマ

遠い未来、はるかな地平線にまで届くような、グローバルな目を持った人です。目先の私利私欲や一時の感情には流されることがありません。高潔なところがあり、偏った考え方ができない人ですが、一般の人が陥りやすいワナが見えにくいという一面もあります。

この才能を社会の中で活かすためには、高い理念を持ち、それに向かって歩める分野がいいでしょう。例えば治安維持や、環境保護など、公共性の高いものがいいでしょう。逆に皮相的な価値観を求めるもの、私利私欲のみを求めるものでは、自分の存在意義に悩むかもしれません。

適職は、教育者、環境関連の仕事、生命科学の研究者、裁判官、弁護士、国家公務員、コンピュータのエンジニアなどです。またコツコツと努力を重ねるところから、楽器の演奏家のような職業で力を発揮する可能性もあります。

相性リスト

- **恋人**……………… 9月13・14・15日、11月16・17・18日
- **友人**……………… 3月14・15・16日、7月15・16・17日
- **手本となる人**…… 1月16・17・18日
- **助けてくれる人**… 3月2・3・4日、7月27・28・29日、10月8・9・10日、12月20・21・22日
- **縁がある人**……… 10月14・15・16日、12月17・18・19日

魔法の言葉

すぐにできてしまうことはそれなり。できるだけ時間をかけて

5月18日

牡牛座

TAURUS

一念を通す意志の人

長所

芯が強い。バイタリティがある。困難な情況でも、自力で打開する。目標勾配が高いほど意欲を燃やすガッツがある。

短所

自己中心的。我を通したいときにはなりふりかまわない。協調性がなく、人と分かち合うことが苦手。欲張りなところも。

この日生まれの著名人

ヨハネ・パウロ2世（ローマ教皇）／寺尾聰（俳優）／チョウ・ユンファ（俳優）／槇原敬之（ミュージシャン）／バートランド・ラッセル（哲学者）／フレッド・ペリー（テニス選手）／瀬戸康史（俳優）

この生まれの人は、芯の強さとパワフルさを併せ持っています。そのため、人から見ると、少し強引な人のように見えるかもしれません。でも、欲しいものを手に入れる力はとても強い人だと言えます。自分の目指す地点が決まると、そこに向けて、たゆまず、粘り強く進んでいきます。方向性に迷いを持ちやすい人や、スタミナが足りない人には到達できないゴールまで、この人は確実に進めるのです。体力と気力を要求されるスポーツなどでも活躍することが可能です。

ただ、自分の信念を決して曲げようとしないその強さは、長所であると同時に短所でもあります。とくに、自分の意見が通らないとヘソを曲げたり、かんしゃくを起こしたり、という形で、その性質の悪い面が出がちなようです。この点は自覚を持って、抑えるように努めたほうがよいでしょう。また、独占欲も強いので、利益を人と分け合うことも苦手かもしれません。共同で事業を経営する、といったことには向かない性格です。

あなたの愛の形とは？

人の価値観に惑わされず、自分の気持ちを貫こうとする、真の誇り高さを持っている人です。恋に落ちるときも、世間的な目を意識することなく、心だけに忠実であろうとするため、ときとして、周囲から眉をひそめられる相手を選ぶことがあります。

正義感が強いところもあるため、「愛すれば誰かが傷

つく」「恋を貫くと人に迷惑をかける」などと言われると、激しく悩むでしょう。それでもこの日生まれの人は愛することをやめることができません。孤立しても愛を求めるかもしれないし、心を隠したまま、精神的な思いだけをはぐくむかもしれません。ただどんな形になろうと愛し抜いて、その結果導き出された答えに従うことが多いでしょう。この日生まれの人に言えることは、中途半端に人の目を気にするより、真摯に愛し抜いたほうが、周りの人にとってもよい結果になるということです。

あなたの才能と人生のテーマ

純粋なエネルギーを燃やし、完全燃焼をすることで、周囲の人を暖められる、そんな力をそなえている人です。だから自分の好きなことを貫くことがこの世に生を受けた使命と言ってもいいでしょう。親や兄弟、愛する人などの期待に応えたい気持ちも強くあるのですが、自分の意に添わないことを続けることで、不完全燃焼のエネルギーが生まれ、それが後になって問題を引き起こすことになるのです。

そのため社会の中では、時代の潮流とはかけ離れた職業を選ぶことになるかもしれません。周囲の人と比較して、経済的に恵まれていないと思うこともあるかもしれません。でも好きなことを続けることで、いつか時代がこの人についてくるでしょう。その日まで信念を貫くことが大切です。

適職は、雑誌編集者、技師、自動車・船舶関係のエンジニア、ドライバー、美容師などです。

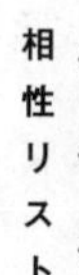

相性リスト

恋人……………… 9月14・15・16日、11月17・18・19日
友人……………… 3月15・16・17日、7月16・17・18日
手本となる人…… 1月17・18・19日
助けてくれる人… 3月3・4・5日、7月28・29・30日、10月9・10・11日、12月21・22・23日
縁がある人……… 10月15・16・17日、12月18・19・20日

魔法の言葉

誰にも迷惑かけないなんて無理なもの。「お互いさま」を呪文にして

5月19日

牡牛座

TAURUS

人を集める不思議な魅力の人

長所

誠実で温厚。穏やかながら、求心力があり、人に頼りにされる。善意で行動する。リーダーの風格をそなえている。

短所

細かいところに気が回らない。客観的に自分を認知できない。頑固で一度刷り込まれた考えを変えることが難しい。

この日生まれの著名人

ホー・チ・ミン（ベトナム初代大統領）／マルコムX（黒人運動指導者）／安藤政信（俳優）／アンドレ・ザ・ジャイアント（プロレスラー）／ジョーイ・ラモーン（ラモーンズ）（ミュージシャン）／神木隆之介（俳優）

穏やかで誠実な性格。人を引っ張るリーダーシップにも長けています。そのため、多くの人から頼られる存在でしょう。この生まれの人は幼いころから不思議なカリスマ性を発揮していることが多いようです。どこにいっても、集団の中の中心となり、周りの人に影響を与えます。自分独自の哲学を持っていることも、人への影響力の強さに反映されるようで、この人の周囲にいる人々は、いつの間にか、みな同じ考えを持つようになったりします。

ただ、本人はこのような自分の持つ影響力には気づいていないかもしれません。そして、周囲の人間が自分と同じような考え方を持っているのは普通のことだと受け止めているでしょう。だからこそ、おごり高ぶらない性格でいられるのですが、少しは自分の影響力の強さを自覚したほうがよいでしょう。そうしないと、無自覚なままに独裁者となってしまう可能性が。また、自分の意見に誰も反対しない状態を当たり前と考えないようにしてください。

あなたの愛の形とは？

そばにいるだけで、相手を穏やかで安心感に満ちた空気で包み込むことができる人です。なにげなくかけるひと言も、砂地に水が吸い込まれていくように、相手の心の中に染み込んでいくでしょう。こんな人柄のために、多くの異性から慕われ、思いを捧げられるでしょう。自

分だけを見つめてほしい、愛してほしいと求められることも珍しくはないはずです。

そのため、誰かひとりだけに絞れなくなることもありそうです。でもそれは本気で異性と向き合っていないことへのいいわけでしかありません。この人にとって、ひとりしか見えない愛の境地に踏み込むのは、自分が見えなくなりそうで怖いのです。

でも、その日がいつか訪れたとき、他の異性のことが頭から抜け落ちるような強い愛情に背中を押されたとき、この日生まれの人の優しさが、自然に生かされてくるでしょう。

あなたの才能と人生のテーマ

人の心をひきつける、王族のような求心力がそなわっているように見える人です。でも本当のところ、この日生まれの人にとっての人生のテーマとは、多くの人が光を享受できるよう働きかけることなのです。そのため、夜の果てに朝の日の出を求めるように、人々が集まってくるのです。

社会の中でも、この根本的な資質を忘れないようにしましょう。人々を導いたりいさめたりするのではなく、輝きをもたらすのが大切なのです。どんな職業についたとしても、周りの人の笑顔を見るためにはどうすればいいのかを考えるようにしましょう。そうすれば、この人自身も仕事に喜びを感じ、望みが叶えられるでしょう。逆に自分だけが有利になるよう行動すると、何もかも失うかもしれません。

適職は、タレント、アーティスト、ファッションモデル、歯科医師、アナウンサー、キャスターなどです。

相性リスト

- **恋人**……………… 9月15・16・17日、11月18・19・20日
- **友人**……………… 3月16・17・18日、7月17・18・19日
- **手本となる人**…… 1月18・19・20日
- **助けてくれる人**… 3月4・5・6日、7月29・30・31日、10月10・11・12日、12月22・23・24日
- **縁がある人**……… 10月16・17・18日、12月19・20・21日

魔法の言葉

望むものは手に入りそう。ただ、100点満点ではないかもしれません

5月20日
牡牛座
TAURUS

優しさと強さの人

長所

純粋無垢な心を持つ。感受性が強い。人の気持ちを汲み取るのが得意。相手の立場になって物事を考えられる。芯が強い。

短所

人の言いなりになりやすい。人の気持ちを考えすぎ、葛藤を起こしやすい。悲観的に考える。人の顔色を見すぎる。

この日生まれの著名人

前畑秀子（水泳選手）／河村隆一（ミュージシャン）／ジェームズ・スチュアート（俳優）／相田みつを（書家・詩人）／光浦靖子（お笑いタレント）／三笘薫（サッカー選手）

人を労わることが上手で、優しく、たおやかな性格です。一緒にいる人をほっとさせるような優しいオーラを放っているので、同性からも異性からも常に人気者でしょう。とても温和な性格ですが、それはこの生まれの人が優しいだけではなく、芯の強さも持っているため、多少のことには動じないからでしょう。

とはいえ、周囲の環境からの影響を受けやすい面も持っています。すさんだ雰囲気の場所で暮らしたり、悪意を持つ人たちに囲まれていたりすると、性格が歪んでしまうかもしれません。健やかな環境に身を置くことを心がけて。また、心が不安定な人を友人や恋人に持ったときも注意を。振り回されるばかりか、尽くしすぎてしまい、相手をさらにわがままにさせてしまうことがあるからです。

疲れをため込んでいても、自分では気づきにくいタイプなので、その点も気をつけるべき。人を労わるように、自分を労わるようにしましょう。そうしてこそ生まれ持っての優しいオーラが強まり、次々と幸運を引き寄せられるはずです。

あなたの愛の形とは？

この日生まれの人を色にたとえるなら、銀色を帯びた白でしょう。派手さはないけれど、いつまでも見つめていたくなるイノセントな輝きがあり、そばにいるだけで心が洗われるような気持ちになるでしょう。

そんな純粋さゆえに、誰かと寄り添うときには、その人の色にすっかり染め上げられてしまいます。激しさを持つ原色の人でも、濁った不透明な色を持つ人であっても、相手の一部となってしまうところがあるのです。それ以上に問題なのは、常に愛に対して受動的で、たとえ心に抵抗があっても思いを打ち明けられたら、それを受け入れてしまう傾向でしょう。

相手を幸せにすることだけが愛ではありません。自分自身がさらに光り輝くことが相手にとっての喜びになることもあるのです。この人の愛の課題は、心に沿う相手を愛すること、そして自分から愛を選び取ることと言えるでしょう。

あなたの才能と人生のテーマ

たとえば初夏の大地を潤す小川のような、けがれない力はそれを見ている人の心を癒します。この日生まれの人が持っているのは、傷ついた人を再生させる自然にも似た純粋な癒しの力なのです。

この才能は社会の中で、人を助ける方向で生かされることが望ましいでしょう。人の肉体的な苦しみをほぐす医療の仕事から､心の苦しみを軽減する心理関係の仕事、あるいは芸術方面で人の心を慰めるようなことでもいいでしょう。周囲にすすめられると、素直にその言葉に従う傾向が強いですが、できれば自分で確認しながら職業を決めるようにしましょう。

適職は医師､看護師や臨床検査技師のような医療関係、社会福祉士のような福祉関係、臨床心理士、フラワーデザインあるいは獣医師など、人や生きるものをやさしく包み込めるような仕事に適性があるでしょう。

相性リスト

- **恋人**……………… 9月16・17・18日、11月19・20・21日
- **友人**……………… 3月17・18・19日、7月18・19・20日
- **手本となる人**…… 1月19・20・21日
- **助けてくれる人**… 3月5・6・7日、7月30・31日、8月1日、10月11・12・13日、12月23・24・25日
- **縁がある人**……… 10月17・18・19日、12月20・21・22日

魔法の言葉

少し距離をとりましょう。心にバリアを張ることも必要です

5月21日

双子座

GEMINI

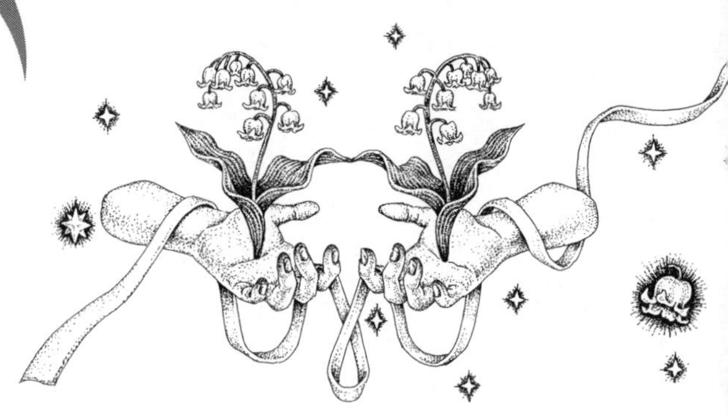

何かに守られている人

長所

ポジティブで、開拓精神にあふれている。パワフルで、行動的。物事を善意に解釈する。周囲の人から好かれる。

短所

人がよすぎてだまされやすい。物事の裏側を見ようとしない。意思表示があいまいで、キッパリとした意見が言えない。

この日生まれの著名人

アンリ・ルソー（画家）／上原専禄（歴史学者）／ファッツ・ウォーラー（ジャズピアニスト）／中北千枝子（女優）／玖保キリコ（漫画家）／米良美一（声楽家）／梨花（モデル）／穂村弘（歌人）

この生まれの人は、とても心が豊かで、気持ちが明るく前向き。そのため幸運を引き寄せるパワーがあり、生まれながらに恵まれた運勢を持っています。行動力もあり、フットワークが軽く、好奇心も旺盛。新しいことに対しても臆せずに挑戦し、自分の可能性を広げていきます。そんなタイプですから、他人からもとても好かれることに。人当たりがよく、親しみやすい人柄なので、友人も多くできるでしょう。しかも、ステイタスの高い人たちとおつき合いできるという素晴らしい運を授かっています。そういう人たちから引き立てられて、人生が開けていくのも大きな特徴です。

ただ、人がよすぎるところがあり、悪を見抜く力に欠けます。そのため、巧みな詐欺にすっかりだまされてしまったり、人に裏切られるようなこともありがち。困っている人を放っておけない面もあるので、泣きつかれてついお金を貸してしまうとか、保証人になってしまうなど、金銭トラブルに巻き込まれることも。つき合いの浅い人など、その人物がどういう人かまだわからない場合は、安易に信用しないように気をつけましょう。

あなたの愛の形とは？

心の中にあふれるほどの幸福感を満たしている人です。豊かな心、ゆとりある態度で相手に接することができるので、金銭的な豊かさとは違った潤いを与えることでしょう。そのため多くの異性をひきつけるでしょう。

持っているものを惜しみなく与える心から、強く異性から求愛されると断ることが難しいでしょう。ただ、相手から求められるものを与えるだけの関係では、新しい世界が開けてこないため、満足することができないでしょう。この人にとって本当に幸せを感じることができる相手は、相手から求めるだけではなく自分も豊かな何かを授けることができる、余裕を持った人なのです。知性や精神性、あるいは経済性のようなものでも、有り余る何かを分け合えるような相手と過ごすことができたとき、生きているという実感を全身で堪能することができるはずです。

あなたの才能と人生のテーマ

心のスケールが大きな人です。閉塞感の強い環境にいると、息苦しさを感じるようなところがあるでしょう。そのため、豊かなもの、大きなもの、広いものを目指していく傾向が強く、またその精神の大きさに魅せられた人を引き寄せるでしょう。

この規模の大きさを社会の中で生かすためには、まずどんなところでもいいから経験を積むことが必要になります。人生の目標や方向性について悩んだりする必要がなく、仕事に打ち込んでいるうちに、気がついたら、適切なところにたどり着いていることが多いでしょう。

また多くの人からかわいがられ、その引き立てで人生が開かれるところがあるので、多くの人と交流できる環境にいるようにしたほうがいいでしょう。適職は、外交官、法律家、通訳、政治家などです。企業なら商社のようなより広い世界と接触をもてるようなところに勤務すると、社会的に成功する確率も高くなります。

相性リスト

恋人……………… 9月17・18・19日、11月20・21・22日
友人……………… 3月18・19・20日、7月19・20・21日
手本となる人…… 1月20・21・22日
助けてくれる人… 3月6・7・8日、7月31日、8月1・2日、10月12・13・14日、12月24・25・26日
縁がある人……… 10月18・19・20日、12月21・22・23日

魔法の言葉

ピークは越えました。平常運転に戻るタイミングです

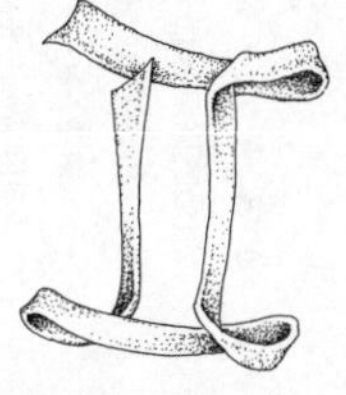

5月22日

双子座

GEMINI

ユニークな天才肌

長所

インテリジェンスがある。自由闊達な精神を持つ。抽象的な思考力に優れている。発想力があり着眼点がユニーク。

短所

あまのじゃく。自己中心的。社会の規範に対して、非常識に振る舞うところがある。ひとりよがりになりがち。

この日生まれの著名人

リヒャルト・ワーグナー（作曲家）／アーサー・コナン・ドイル（作家）／大竹まこと（タレント）／森末慎二（体操選手）／庵野秀明（アニメ映画監督）／田中麗奈（女優）／宇多丸〈RHYMESTER〉（ラッパー）

この生まれの人は知性的で、発想がとてもユニーク。時代を先取りするような感性を持っていて、天才的なひらめきと才能を秘めています。とくに、科学や宇宙などに関心を抱くことが多く、その分野で才能を開花させることもあるでしょう。感性も発想や着眼点も独特で変わっているので、型にはまった生き方は性に合いません。組織の歯車として働くことができない人もいるでしょう。あなたの場合は、人と違う人生を歩むのを恐れないことが人生を切り開くポイントになります。

ただ、常識に欠ける点には注意が必要。平気で遅刻をしたり、自分の都合で約束を反故にしたり、社会人としての態度が身についていない場合もありがちです。自分勝手な行動をとり、協調性に欠けることも。社会的なルールや慣習を守り、周囲とうまくやっていくことはとても大事。そこを疎かにすると、周りから受け入れられず、世間からハジかれます。そうなるとせっかくの才能も埋もれてしまい、十分に生かすことができません。常識的な感覚をどれだけ身につけることができるか。それがこの生まれの人の運勢を大きく左右することを覚えておきましょう。

あなたの愛の形とは？

デリケートでありながら、好奇心の強さ、優しさと同時に、大胆な勇気を持ち併せています。異性を前にすると、そのキャラクターや才能に着目し、際立ったものが

あればあるほど、ひきつけられるようなところがあります。逆に外見や優しさといった、他の人が注目するような要素には、それほどの関心を示さないでしょう。

相手の個性や持ち味を大切にしようとするあまり、つき合っていてもある程度の距離を置こうとするところがあります。いわば、プライバシーを守りながら見守っていこうとするような接し方です。同時に自分のテリトリーにも不用意に踏み込まれることを嫌います。

したがって、この日生まれの人は、依存してくる相手だと長続きしません。パートナーには、精神的に自立したところのある異性を選ぶといいでしょう。

あなたの才能と人生のテーマ

現状に満足することができない人です。いつでも今というときの向こうに存在する、興味深い事象を見つめていたいと願っています。最先端の知識を理解し、自分のものにしたいと望みます。その結果、物理学や生命科学などに関心を持ったり、前衛芸術に理解を示したりすることがありそうです。

先鋭的すぎる部分があるため、その実力や知識がそのまま社会の中に受け入れられることは難しいでしょう。それでも着実に歩みを進め、その道での実績を積んでいけば、功績を認められるでしょう。運が味方すれば、人類史上のエポックメイキングになるような発明や発見をするかもしれません。秀でた頭脳や才能を鼻にかけず、謙虚な気持ちで取り組むことで夢は叶いやすくなるでしょう。

適職は科学者、発明家、コンピュータのエンジニア、漫画家、WEBクリエイターなどです。

相性リスト

恋人……………… 9月18・19・20日、11月21・22・23日
友人……………… 3月19・20・21日、7月20・21・22日
手本となる人…… 1月21・22・23日
助けてくれる人… 3月7・8・9日、8月1・2・3日、10月13・14・15日、12月25・26・27日
縁がある人……… 10月19・20・21日、12月22・23・24日

魔法の言葉

アイデアが大きな形になるとき。ひらめきは絶対に捨てないで

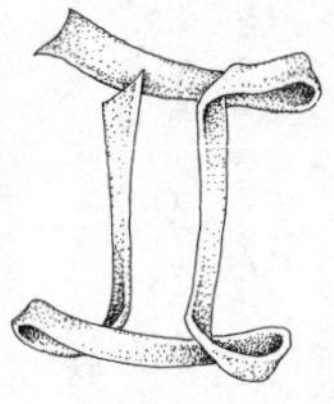

5月23日

双子座

♊

GEMINI

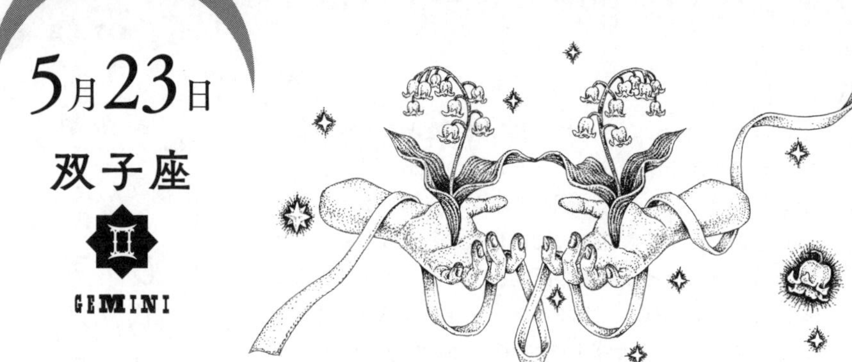

蝶のように飛び回る人

長所

多芸多才。一度に複数のことをこなせる。幅広い知識を持つ。コミュニケーションの才能があり、交際範囲が広い。

短所

根気がない。器用貧乏。気まぐれで、言うことが変わりやすい。プレッシャーに弱く、責任を負いたがらない。

この日生まれの著名人

仁支川峰子（歌手・女優）／高橋名人（プロゲーマー）／ルーベンス・バリチェロ（F1レーサー）／サトウハチロー（詩人）／高橋治（作家）／ダグラス・フェアバンクス（俳優）／大迫傑（陸上選手）／夏菜（女優）

水星の影響を強く受けているのが、この生まれの人。そのため、水星の特徴である、素早い行動力と回転の速い頭脳の両方が、あなたには生来、授けられています。旺盛な知識欲があるので、いろいろなことに次々と興味を持ち、一度関心を持ったら素通りできません。自分の納得のいくまで追求し、勉強したり体験したりしないと気がすまないタイプです。興味のおもむくまま、蝶のようにあちこち飛び回る性質ですから、ひとつのことを極めるというよりは、広範な分野にわたって知識や経験を持つゼネラリストとして活躍します。事業を多角経営したり、本業のほかに副職を持ったり、同時にいくつもの作業を進めるということに関しては、素晴らしい才能を発揮するでしょう。

でも、一歩間違えると多才であるがゆえに、器用貧乏に陥ってしまうことも。ひとつのことを根気よく続けられず、結局何もモノにならないこともあります。また、考え方も日々変わっていくタイプなので、意見が日によって変わることも多々。そうなると周囲の信頼を得られない場合もあります。一貫性を持つことと忍耐力を維持することができれば､大きな成功をつかめるはずです。

あなたの愛の形とは？

行動力と柔軟性があり、社交的なセンスにも恵まれている人です。そのためパートナーには知的な人、洗練された会話ができる相手を望みます。それでも可能性を

追ってやまない性格のため、安定した関係になったとたんに「これでよかったのだろうか」という疑問が頭をもたげてくるのです。そして最初に選んだ相手を捨て、まったく正反対の性格の人の下に走るような、大胆な行動に出ることもありそうです。

それでも守るべきものが現れると、強い愛情で相手を支え続けていこうとします。未知の世界を知りたいという欲求が強いため、多少、羽目ははずすことはあるかもしれません。それでも、この人なりの責任感で愛情関係を築き上げようとするでしょう。それゆえ、最終的に選ぶ人は、常識にとらわれることのないスケールの大きい相手が理想的です。

あなたの才能と人生のテーマ

成層圏を流れる大気のように、ダイナミックに動くことを定められている人です。好奇心と行動力に動かされるタイプで、気になるものがあったら、他のものが一切目に入らなくなります。そしてそれに向かって一気に突き進むのです。

幅広い視野を持ち、誰よりも先に輝くものを発見し、そこにたどり着くことができる瞬発力。それは、社会の中での成功者に多く見られる素質です。しかしひとつの物事をこつこつと突き詰めて行うタイプではないため、スペシャリストの技術や性質を求められるような職業につくと、思うように物事が進まず焦りを覚えるかもしれません。それよりも幅広い知識と、臨機応変に行動する力を生かす職業を選択することが重要でしょう。適職はツアーコンダクター、通訳ガイド、旅行作家、自然写真家、客室乗務員、管制官などです。

相性リスト

恋人……………… 9月19・20・21日、11月22・23・24日
友人……………… 3月20・21・22日、7月21・22・23日
手本となる人…… 1月22・23・24日
助けてくれる人… 3月8・9・10日、8月2・3・4日、10月14・15・16日、12月26・27・28日
縁がある人……… 10月20・21・22日、12月23・24・25日

魔法の言葉

言葉に大きな力が宿っています。
だからこそ発する言葉は選び抜いて

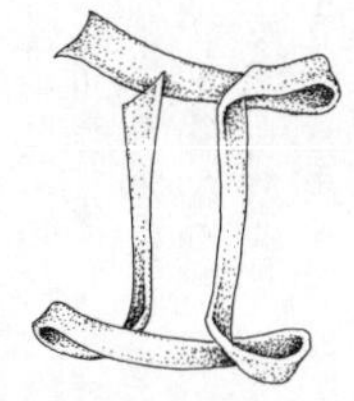

5月24日

双子座

GEMINI

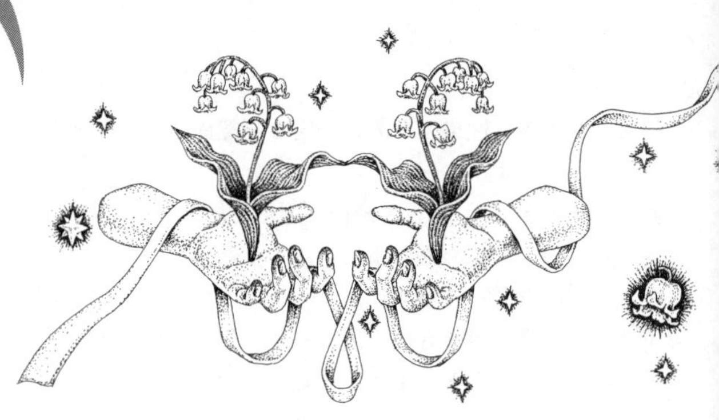

シンプル・イズ・ベストの人

長所

きれい好き。清潔感がある。曲がったことが嫌いな正義の人。精神的にも、物理的にも高い美意識を持つ。礼節を守る。

短所

融通が利かない。人を裁きたがる。独善的になることがある。ゆとりがない。潔癖でゆとりがなく、許容範囲が狭い。

この日生まれの著名人

横溝正史（作家）／ボブ・ディラン（ミュージシャン）／哀川翔（俳優）／小林聡美（女優）／柴田亜美（漫画家）／河相我聞（俳優）／鈴木清順（映画監督）／小沢一郎（政治家）／田村亮（俳優）／藤沢五月（カーリング選手）

飾り気がなく、シンプルに生きようとするのが、この生まれの人の特徴です。自分を必要以上に大きく見せたりせず、自分に対してとても素直。周囲に感化されることも少なく、自分の信じる道をまっすぐに歩んでいくことができる人です。性格も清廉潔白で、うそが大嫌い。正義感も強く、自分の気持ちをクリーンに保とうとするところがあります。そのため不正をしたり、悪に加担したりというのは、この人の場合、まずありえません。不正をする人も許せないタイプなので、そういう現実に直面すると、告発やリークすることもありそう。

ただ、あまり自分のことを人に理解してもらおうとしないので、ともすると自分だけの世界や独自の美意識の中にとどまってしまうことも。それではあなたのよさが十分周囲に伝わりません。人と交流を持ち、自分の考えを相手に知ってもらうことも大切です。

また、クリーンで美しい内面を、芸術方面に生かすと才能が花開きます。ブログなどで文章を書いたり、絵画、映像で自分の思いや考えを表現していくと、人々を感動させるような作品ができあがるでしょう。

あなたの愛の形とは？

ありのままの自分を大切にする人です。どんな人の前でも、飾ったり身構えたりすることがありません。愛する人の前でも、等身大の自分のまま向き合っていきます。

同時に相手のこともありのままで愛していきたいと

思っています。たとえ価値観が異なり、それが原因で気持ちがすれ違ったときも、あえて自分を変えてまで愛してもらおうとはしません。また相手の行為が道議的に許せないときには、自分の信念に従います。

その態度が潔すぎるため、相手から「冷酷」といわれたり、責められたりすることもあるかもしれません。また異性からも敬遠されることもあるでしょう。それでも自分自身にうそをつくことは不可能なのです。同じように心のまっすぐな人、自然な生き方を志す人とめぐりあうときは必ず来るはずです。そのときこそ、ありのままの自分で生きることの喜びを全身で感じられるでしょう。

あなたの才能と人生のテーマ

自然の流れ、世界の形をありのままに見つめる純真な心を持った人です。ほかの人にとってはありきたりの風景としか見えないものにも、悠久のときの流れ、あるいは生命のダイナミズムを感じ取ることができるのです。

自然の流れに背くことは、受け入れることができないため、社会の中では経済優先のシステムに疑問を抱くことも。他の人の価値観と合わせることができないので、若いときには孤独な思いをするかもしれません。

それでも自分の世界を築き、その世界を完成させていれば、周囲の評価も変わるでしょう。また人に訴えたいという気持ちが強い場合は、大きく飛躍する可能性も高いはずです。信念を持って自分の好きなことに取り組むことが大切です。

適職は、作家、写真家、画家、伝統工芸家などの芸術方面が向いています。あるいはパイロット、運転士などの仕事にも適性がありそうです。

相性リスト

恋人……………… 9月20・21・22日、11月23・24・25日
友人……………… 3月21・22・23日、7月22・23・24日
手本となる人…… 1月23・24・25日
助けてくれる人… 3月9・10・11日、8月3・4・5日、10月15・16・17日、12月27・28・29日
縁がある人……… 10月21・22・23日、12月24・25・26日

複雑に考えすぎています。
事態はもっとシンプルなはずです

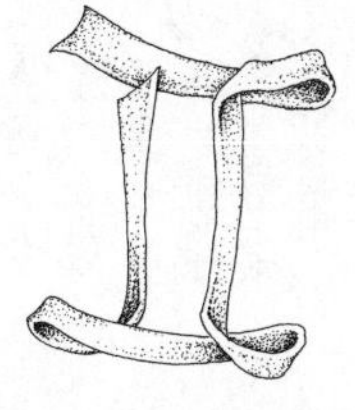

5月25日
双子座
GEMINI

論理と直観を併せ持つ人

長所

理路整然と自分の考えを語れる。直観力が優れている。オリジナリティがあり、人には優しい態度で接する。

短所

人の目を意識しなさすぎる。ぼんやりしている。気が弱い。寂しがりや。困ったことがあるとすぐに人に頼ろうとする。

この日生まれの著名人

荒木経惟（写真家）／小倉智昭（アナウンサー）／葛城ユキ（歌手）／江川卓（野球選手・解説者）／二ノ宮知子（漫画家）／石田ひかり（女優）／上野樹里（女優）／桂小枝（落語家）／西野七瀬（タレント）／清宮幸太郎（野球選手）

とても論理的な思考を持つと同時に、インスピレーションや不思議な直観力も持っている人です。基本的には合理的かつシステマティックに物事を考えて処理していくタイプですが、ときどきピンと勘が働くことがあり、それがとても鋭いのが特徴。無意識のうちに周囲が驚くような発言をすることもしばしばです。また、そうした直感が働いたときには、それに従って行動し、そのため失敗や難を回避できるということもあります。

独特の感受性を持っているので、ものの見方もとても風変わり。人と違った視点で物事を見ることができます。自分の感じたことや考えを最優先させるので、周囲の意見にはあまり左右されません。迷うことも少ないほうでしょう。

どちらかというと天然キャラで、周囲からはおもしろがられることもありますが、人によっては何を考えているのかわからないと思われることも。つかみ所のない個性が魅力でもあるのですが、仕事などの公的な場では、相手が困惑するような摩訶不思議な言動は控えたほうがいいかもしれません。

あなたの愛の形とは？

内面に変化を起こすときには神秘的なインスピレーションに導かれることが多い人です。その一方で、外的な行動を起こすときには、周囲を観察しながら三次元のルールに従います。このため、いつも「天啓を受けた」

としか言いようのない状況で恋に落ちます。その後は相手の好みを調べてファッションを変えるなど、好感度を上げるための現実的な行動に出られるでしょう。

それでも持って生まれた個性は変えることができません。とくに直感に従って生きる言動が異性に理解されないことも多く、そのために誤解されたり悩んだりすることもあるでしょう。しかし、謙虚に、たゆまず、心を磨き続けてインスピレーションがさらに研ぎ澄まされるでしょう。そのときには、本当に自分を理解し、包み込んでくれる相手を心で察知できるため、その苦悩から卒業することができるのです。

あなたの才能と人生のテーマ

超越的なインスピレーションの受信力を持っている一方で、社会との摩擦を軽減させる客観性と冷静さ、謙虚さもある人です。面識のない人の間では、常識的な対応を心がけますが、親しくなるにつれて、独自な表現をしたり奇抜な発想を披露したりすることがありそうです。

社会の中では、実験や再現性を重視するような分野でも活躍はできるはずです。しかしそれ以上に、見えないものを人にわかりやすく説明するような仕事や、人間関係の軋轢で悩む人に、心が軽くなるようなヒントを与えることが得意でしょう。とくに説明のしにくい心を扱うような分野での活躍が期待されるでしょう。直感と論理性を生かせるような分野ではやりがいを感じられるはずです。

適職は、作家、漫画家、占い師、社会福祉士やリハビリテーション師などの福祉系、臨床心理士、セラピストなどの心を扱う仕事などに適性があります。

相性リスト

恋人	9月21・22・23日、11月24・25・26日
友人	3月22・23・24日、7月23・24・25日
手本となる人	1月24・25・26日
助けてくれる人	3月10・11・12日、8月4・5・6日、10月16・17・18日、12月28・29・30日
縁がある人	10月22・23・24日、12月25・26・27日

そのことを紙に書いてみましょう。不思議と次の手が見えてきます

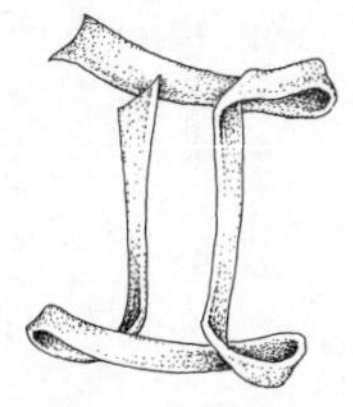

5月26日

双子座

GEMINI

実際的なスキルの人

長所

まじめ。責任感が強い。実務能力に優れている。冷静に物事に対処できる。システマティックな思考ができる。

短所

ステイタスへの執着心が強い。感情や楽しみよりも利益優先でゆとりがない。目的のために手段を選ばないところがある。

この日生まれの著名人

東海林のり子(レポーター)／モンキー・パンチ(漫画家)／レニー・クラヴィッツ(ミュージシャン)／伊東美咲(女優)／和月伸宏(漫画家)／ジョン・ウェイン(俳優)／中村佳穂(ミュージシャン)

極めて現実的な考え方をするのが、この生まれの人。無駄なことは一切しません。目的を達成するにしても、どうすれば最短の時間で、最小のコストでできるか、それをしっかり考えてから取り掛かります。要領がよく、物事を巧みに処理する方法を心得ているタイプですが、決して立ち回りが軽い感じではありません。一度決めたことは最後までやり遂げる粘り強さも持っていて、それだけに言動にも説得力があります。

また、ビジネス感覚も抜群で、時代を見極める目を持っているのも特徴です。仕事に関しても、今、何をどういうふうに動かしていけば成功するか、そうした実際的な能力には目を見張るものがあります。でも、合理性や利益を追求するあまり、感情を無視しやすい傾向が。そのため周囲の人の感情を逆なでするようなことを平気でやってしまうこともあります。そうして知らず知らずのうちに敵を増やしている場合も。現実的な利益の追求ばかりにこだわって、反感を買う場合もあるでしょう。人の心も思いやる気持ちを持つことも覚えましょう。

あなたの愛の形とは？

与えられた今というときを無駄なく過ごし、有限ある人生を効率的に生きる……そんな哲学を持っている人です。それゆえ、割り切り方が人よりもシビアにならざるを得ないところがあるのです。

愛情面でも例外ではなく、恋愛と結婚を切り離して考

える傾向があります。それは恋愛をないがしろにしているからでも、結婚を成功の道具にしようとしているからでもないのです。むしろ恋愛は楽しむもの、結婚は責任ある生活、とその違いを厳密に見つめすぎているから、別個なものとして向き合わなくてはならないと思う人なのです。

しかし、その傾向も若いうちだけでしょう。つき合いが長くなり、情がわいてくると、人間関係が理屈では割り切れないものがあることを知るでしょう。むしろ矛盾の中にこそ、人間の温かさ、偉大さがあると気づいたとき、真実の愛の喜びを感じるようになるはずです。

あなたの才能と人生のテーマ

目標を見つけたらそこに向かって突き進む合理性を持っている人です。さらに目標達成のためのプライオリティを厳密に守ります。その態度がほかの人の目には切り捨て、無駄を排する非常な人と映ることもありそうです。

でもそれは夢がないのではなく、逆に夢を大切にしすぎて、ほかのものが見えなくなることがあるいうことなのです。この日生まれの人の持ち味であるすぐれた実務能力や解析能力をビジネスで生かせば、無理なく成功者の仲間入りもできるでしょう。それと同時にほかの人の気持ちを察することができれば､多くの人から支持され、認められます。そのとき初めて、仕事で人に貢献することの喜びを感じるはずです。

適職は、教育者、会計士、政治家、実業家などです。実務能力が優れているので、どんな仕事についても頭角を現すでしょう。資格が必要で社会的にステイタスが高い仕事での成功率が高いでしょう。

相性リスト

恋人……………… 9月22・23・24日、11月25・26・27日
友人……………… 3月23・24・25日、7月24・25・26日
手本となる人…… 1月25・26・27日
助けてくれる人… 3月11・12・13日、8月5・6・7日、10月17・18・19日、12月29・30・31日
縁がある人……… 10月23・24・25日、12月26・27・28日

あえてビジネスライクに考えてみましょう。思うよりりすんなりいきます

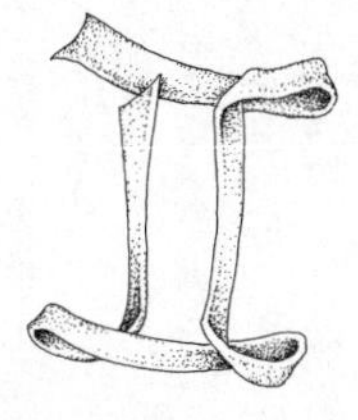

5月27日

双子座

GEMINI

冒険心と好奇心にあふれる人

長所

前向き。行動力があり、パワフル。進取の気性を持っている。変化に敏感。優れた自己アピール力と説得力がある。

短所

目先のことに踊らされる。要領よく立ち回りすぎ、本質を見失うことも。地道な努力を回避しようとする。

この日生まれの著名人

レイチェル・カーソン（作家）／中曽根康弘（政治家）／ダシール・ハメット（作家）／内藤剛志（俳優）／柳沢敦（サッカー選手）／ジョゼッペ・トルナトーレ（映画監督）／山根良顕（アンガールズ）（お笑いタレント）

未知のことに対する好奇心と、火の玉のような行動力を持つのが、この生まれの人。どんなことにも恐れを知らない大胆不敵なタイプで、冒険心にあふれています。退屈を嫌い、常に刺激のある毎日を送ろうとするため、それが行き過ぎると無謀なことも平気でやってしまいます。でも、その果敢な行動力は周囲からも高く評価され、確かな成果を残すでしょう。

鋭い弁舌にも特徴があり、物事の本質をズバリと突く点は見事。口だけでなく実行力も伴っているので、問題点を指摘し、それを解決するために迷わず行動します。

また、要領をつかむのもうまく、飲み込みが早いのも特徴。スポーツでも、趣味や仕事でも、短期間でマスターする才能があります。

ただ、新しもの好きなところがあり、何でも最新の流行を取り入れようとする傾向が。トレンドや最新情報に詳しいのはいいのですが、次々と変わる流行や情報に踊らされると、本質を見失う心配が。新しいものを取り入れる精神は持ちつつも、ひとつの信念は通すという姿勢が見られると、大きな成功を手にできます。

あなたの愛の形とは？

異性の中に眠るダイヤの原石のような輝きを、一瞬で見極めることができる人です。また、その魅力に気がついたときには、相手をもっと知りたい、もっと近くにいたいという気持ちに突き動かされ、情熱的に行動するこ

とでしょう。

思い込んだら堂々とした態度で愛を告げ、相手の好みを知り、それに自分をうまく合わせることも上手です。そのため恋の成就率は高めでしょう。ただ、若いうちには情熱的に相手を求めた後、急激に冷めてしまう傾向がありそうです。珍しいものは欲しがって飽きたら捨てる、という子供のような態度が問題を引き起こすこともよくありそうです。でもいずれ、輝きだけが人の価値ではないと知るときが来るでしょう。本当に必要不可欠な存在は空気のように目立たないと察したとき、別人のように穏やかな恋をするときが必ずやってくるでしょう。

あなたの才能と人生のテーマ

行動的で、迅速な人です。じっと考えている時間があったら、手を動かしてしまうような実際的な能力を持つ人です。先見の明があり、時代の潮流をかぎ分ける鋭い嗅覚を持っています。

飲み込みが早く、要領もいいので、社会に出ると即戦力となる確率が高い人です。流行を察知する能力もあるので、情報を扱う業務などが適しているでしょう。新しいものを次々に求める傾向があるので、自分が流行をつくり上げるというよりも、新鮮な情報を収集したり分析するほうが適しています。

逆にじっくりと取り組むタイプではないので、深遠なものや正確無比なものを求められると、応じきれなくなりそうです。適職は、テレビ、ラジオなどの製作、コーディネーター、WEBクリエイター、スポーツ選手、建築家、自動車製造業などです。生鮮食品などを扱う仕事でも思いがけない才能を発揮できそうです。

相性リスト

恋人……………… 9月23・24・25日、11月26・27・28日
友人……………… 3月24・25・26日、7月25・26・27日
手本となる人…… 1月26・27・28日
助けてくれる人… 1月1日、3月12・13・14日、8月6・7・8日、10月18・19・20日、12月30・31日
縁がある人……… 10月24・25・26日、12月27・28・29日

「退屈」が最大の敵。あなた自身にあなたが飽きないように進んで

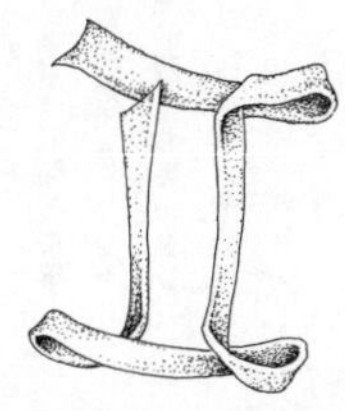

5月28日

双子座

GEMINI

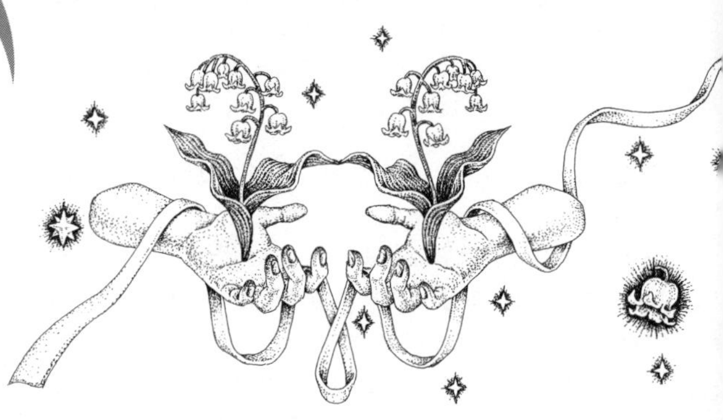

ほがらかな笑顔の人

長所

明るい。プラス思考ができる。いつも笑顔を忘れない。場を和やかにする才能がある。幅広い年代の人から愛される。

短所

考え方が安易。依頼心が強い。ケアレスミスが多く、適当に済ませる。成り行きに任せる。地に足が着いていない。

この日生まれの著名人

立花隆（ジャーナリスト）／筒美京平（作曲家）／辛島美登里（ミュージシャン）／西田幸治（笑い飯）（お笑いタレント）／黒木メイサ（女優）／柴崎岳（サッカー選手）

天性のほがらかさと、ユーモアを持っているのが、この生まれの人です。周囲を明るくさせる雰囲気を持ち、あなたがいるだけでその場がとても和みます。幅広い層の人たちから人気を集め、個性豊かな友人関係を築くことができるでしょう。屈託がなく、伸びやかに自分の個性を表現できるので、運勢も発展的。自分の可能性を狭めることなく、才能を発揮していけます。

唯一、短所を挙げるなら、楽観的すぎる点。自分のやることは何でもうまくいくと考えているところがあり、イージーになりがちです。実際に少々準備や努力が不足していても、うまくいってしまうことが多いだけに、なかなか慎重になれません。でも、その調子で手を抜いたり、安易に考えるクセがついてしまうと、運勢は次第に尻すぼみに。ミスや失敗も多くなってきます。しかも打たれ弱いところがあるので、一度つまずくとそこから立ち直るのに時間がかかりそう。そうなると人生が台無しになってしまいます。それを避けるためにも、日頃から自分に厳しくし、しっかり努力したり、物事のツメをきっちり行ったりする姿勢を失わないようにしましょう。

あなたの愛の形とは？

初夏の陽だまりのような、さわやかな明るさで異性に接する人です。とくにくるくると動く瞳が魅力的な人で、人を楽しい気持ちにさせる罪のないいたずらやサプライズをいつも考えています。友達の恋愛相談に乗って、相

手を励ますことも好きです。

それでも自分の恋になると「大丈夫、なんとかなる」と思い、告白や直接的な行動に出るのを避けようとするところがあります。さらに万一ふたりきりになったとしても、その場の空気の重さに耐え切れず、おどけたりしてその場の雰囲気をこわしてしまうこともありがちです。それでも深刻にならないので、態度を変えることはありません。知的な人なのですが、愛情面でだけはやんちゃな心から脱しきることができない人です。パートナーに選ぶなら、そんな子供っぽさも含めて愛してくれるような心の広い人、素朴だけど大きな愛で包んでくれるような人がいいでしょう。

あなたの才能と人生のテーマ

明るくて、元気で、失敗しても憎めない……。そんな誰からも愛されるキャラクターを持ち、周囲の人の心に光を当てるために、この世に遣わされてきたような人です。人を出し抜いて自分だけが成功を収めても充足感は得られません。逆に多くの人を楽しませ、平和な気持ちにさせると幸福感で満たされるでしょう。

コミュニケーションの巧みさを生かす仕事で人前に出るものなどが向いています。沈んでいる人や困っている人を励ますのもいいかもしれません。しかし、深刻な場面にばかり遭遇するものや悲壮感漂うようなことになると、無力感を感じてしまい、仕事への貢献度が感じられないかもしれません。適職は、ツアーコンダクター、通訳、客室乗務員、司会者、演奏家などです。会社の中では営業、渉外などが得意でしょう。

相性リスト

恋人……………… 9月24・25・26日、11月27・28・29日
友人……………… 3月25・26・27日、7月26・27・28日
手本となる人…… 1月27・28・29日
助けてくれる人… 1月1・2日、3月13・14・15日、8月7・8・9日、10月19・20・21日、12月31日
縁がある人……… 10月25・26・27日、12月28・29・30日

魔法の言葉

大丈夫。歌うように、踊るように、乗り越えていくことができます

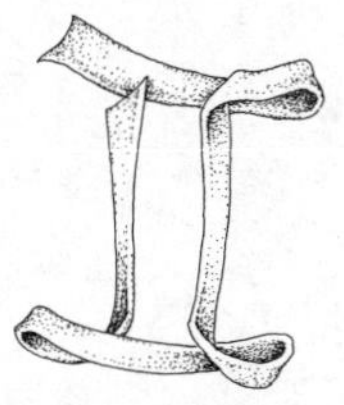

5月29日

双子座

GEMINI

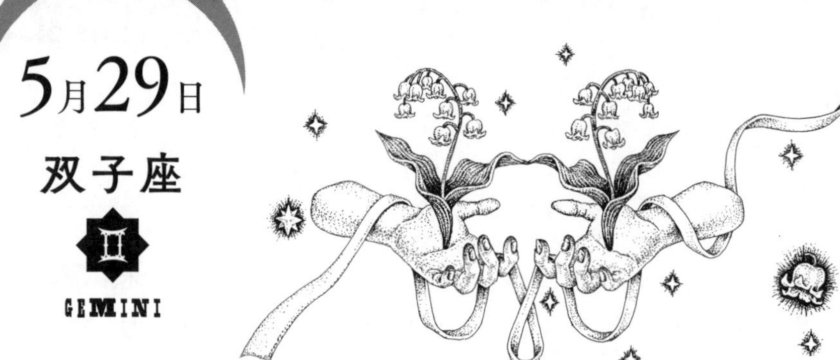

柔軟に相手に合わせられる人

長所

情に厚い。世話好き。平和を愛する。フレキシブルに対応できる。人の気持ちになって考えることができる。

短所

気分の浮き沈みが激しい。後先考えないで感情を爆発させることも。不安定で、愚痴が多い。相手を束縛したがる。

この日生まれの著名人

ジョン・F・ケネディ（政治家）／芦屋雁之助（俳優）／美空ひばり（歌手）／池上遼一（漫画家）／ノエル・ギャラガー〈オアシス〉（ミュージシャン）／片山右京（F1レーサー）／早見沙織（声優）

この生まれの人は、人間関係に抜群の能力を発揮します。相手に合わせて立ち回り、柔軟に対応していくことができるので、誰とでもうまくやっていくことができるタイプです。ちょっと多面的な部分を持っている人で、相手によって自分のキャラクターや個性を変えることができます。例えば、年下の人に対しては面倒見のよいアネゴや兄貴的に振る舞い、年上の人に対しては上手に甘えて、相手の信頼を得る。そういうことができる天性の器用さを生まれ持っているのです。聞き上手で、人に共感する感性を持っているので、相手の心を開かせるのも得意。あなたに悩みを打ち明ける人も多いでしょう。立場の弱い人や後輩をかばったり、その代弁者の役割を務めることもあります。

しかし、ときに気まぐれなところがあるのが最大の欠点。態度がその日の気分で変わることも少なくありません。また、気分の浮き沈みが激しく、家族など親しい人に対しては、それが露に出てしまうことも。ヒステリックになって感情をぶつけることもありそうです。感情のコントロールをしっかり行うことが、この生まれの人の最大の課題でしょう。

あなたの愛の形とは？

求めるものを映し出す魔法の鏡のような態度で、異性に接することができる人です。癒しを求めている異性には、天使のキャラクターで接し、陽気さを求める人には、

明るく元気な恋人として応じます。また、友達の前では楽しい友達に徹することができるので、裏表のある人とか、自分がない人と言われることもあるかもしれません。

でも本心は、孤独でいるのが苦手な、寂しがりやなのです。だからこそ、柔軟さのない態度で愛する人から嫌われるよりも、自分を変えていくほうがいいと思うのです。だから、もし自分を置いていかない人、安心してつき合っていける人だと思えば、無理に自分を変えることなく、安定した人格でつき合っていくことができるでしょう。この日生まれの人にとって大切なのは、信用できる相手を見抜くことと、その人を信じることに尽きるでしょう。

あなたの才能と人生のテーマ

頭の回転の速い人です。その場の状況をすばやく察知し、それに対応できる臨機応変なところがあります。けれど、この人の本当のよさはそれを人に見せないところです。とくに人に合わせるのが上手なので、相手に警戒心を抱かせることなく話を聞きだす話術も巧みです。

この力を社会の中で生かすには、対人関係の中で活躍することがベストでしょう。とくに心を開いてもらうことが必須の職業では、その才能を存分に発揮できるでしょう。問題なのは人の誘いを断るのが苦手な部分があること。仕事を紹介されたらいやでも受けてしまう部分もあります。それで不本意な仕事についてから後悔しないよう、ある程度専門や好きなことを絞っておくといいでしょう。適職は教師、カウンセラー、弁護士、刑事、検察官、サービス業全般などです。企業の中では、秘書、営業などがとくに向いています。

相性リスト

恋人	9月25・26・27日、11月28・29・30日
友人	3月26・27・28日、7月27・28・29日
手本となる人	1月28・29・30日
助けてくれる人	1月1・2・3日、3月14・15・16日、8月8・9・10日、10月20・21・22日
縁がある人	10月26・27・28日、12月29・30・31日

魔法の言葉

本当の意味で変わらないためにこそ「変わる勇気」が必要です

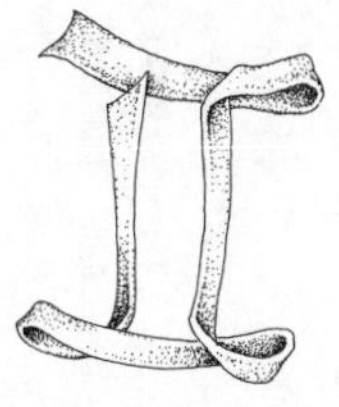

5月30日

双子座

♊

GEMINI

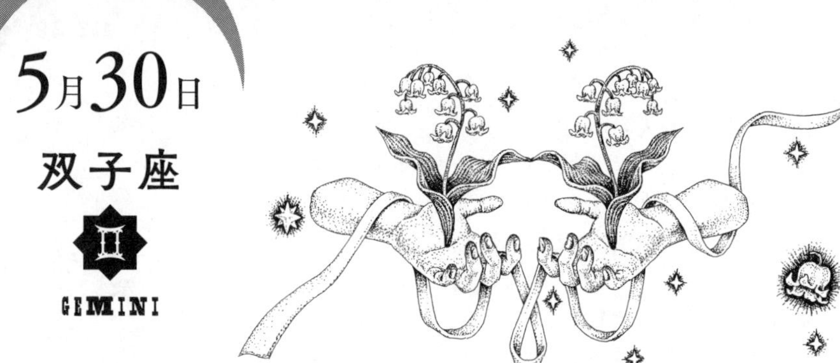

爽やかな知性の人

長所

頭の回転が速い。理解力、判断力、決断力が優れている。周りの人から愛される。伸びやかで柔軟な考え方ができる。

短所

注意散漫。落ち着きがない。身近な人に対してはわがままな暴君になることがある。子供っぽさが抜けない。

この日生まれの著名人

ヒロ・ヤマガタ（画家）／矢口史靖（映画監督）／北村龍平（映画監督）／安岡章太郎（作家）／宮嶋茂樹（カメラマン）／ハル・クレメント（作家）／福士蒼汰（俳優）／髙藤直寿（柔道家）

この生まれの人は非常に賢いタイプ。一言えば十知る人で理解力も十分です。そのうえ、状況判断力が抜群なので、場の空気を的確に読んで行動できます。話し方も明晰でわかりやすく、不思議と人を引きつける会話をするのが特徴です。それでいて大らかで如才ない雰囲気ですから、会うと誰もが魅了されてしまいます。

そうした性質が十分に発揮されていると、人前に出て活躍したり､自然と注目を集めたりするようになります。自分は地味に生活したいと思っていても､担ぎ出されて、表舞台に立たざるを得ないこともあるでしょう。そして周囲から支持され、自分では思ってもみない人生を歩むことになるのが、この生まれの人なのです。

でも、内面には子供っぽい部分を持っていて、それが表に出てしまうと、わがままになったりすることも。あなたの言うことを聞いてくれる人が多いだけに、自分でも気づかないうちに周囲の人を振り回してしまうこともありそう。自分本位にならないよう、十分注意してください。

あなたの愛の形とは？

洗練された態度と物腰、穏やかな会話術が得意。知的で頼りになりそうな印象を与える人です。そのため、この人に近づく人は、思わず高貴な身分を持つ人に対するときのように、控えめな態度で接してしまうことが多いでしょう。

本当のところは、もっと世話を焼いてほしいとか、もっと親しく接してほしいと思うこともあるのに、それを言い出すことができません。そこで、心を許せる人、愛する人ができたときには、その寂しさを一挙に吐き出したり、子供のように甘えたりすることがありそうです。ただ、それまで相手が冷静で知的な一面しか見ていなかった場合、そのギャップの激しさに驚いてしまうこともあるでしょう。

この人の課題は、異性の前で完璧な人物像をつくりすぎないことが幸せにつながる鍵になりそうです。はじめから少し弱みを見せたほうが、親しみやすく感じさせるかもしれません。

あなたの才能と人生のテーマ

どんなときもその場に応じた知性を発揮できる人です。華やかな舞台が似合うタイプの人です。人の視線を一身に集めると、普通の人は緊張してしまうところですが、この人の場合には、適度な刺激になり、いつも以上の実力を出すようなところがあるのです。

外に開かれる眼を持っているので、発展性のある仕事が向いています。例えば、ひとりきりで閉じこもってする仕事よりも、人に会うために外に出るなどです。あるいは外国に関することに取り組んでも、才能を生かすことができるでしょう。ただし自分が心からやりたいと思う分野でなければ、途中で飽きてしまうので、気をつけてください。適職は、外交官、通関士などの貿易関係の仕事、雑誌編集者、などです。企業の中では管理職や、会社のトップなどの地位につくと、実力を存分に出し切ることができるでしょう。

相性リスト

- **恋人**……………… 9月26・27・28日、11月29・30日、12月1日
- **友人**……………… 3月27・28・29日、7月28・29・30日
- **手本となる人**…… 1月29・30・31日
- **助けてくれる人**… 1月2・3・4日、3月15・16・17日、8月9・10・11日、10月21・22・23日
- **縁がある人**……… 1月1日、10月27・28・29日、12月30・31日

答えはイエス。シリアスに考えすぎないこと

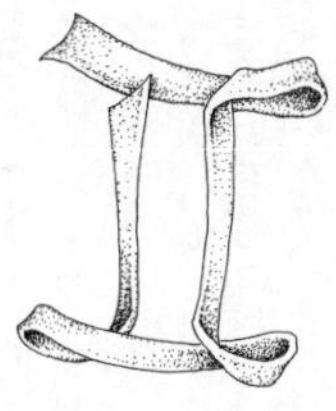

5月31日
双子座
♊ GEMINI

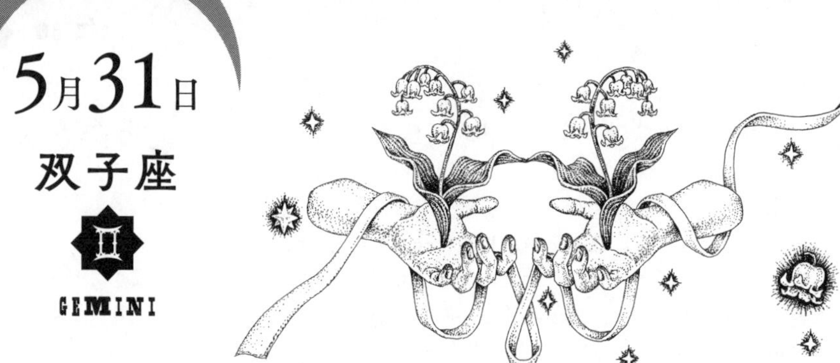

シャープでひらめきのある人

長所

意思が強い。知性があり、冷静に振る舞う。精神の自由を大切にする。権威に屈しない。物質へのこだわりがない。

短所

説明が追いつかない。人と合わせるのが苦手。冷淡なイメージを与える。瞬発力がなく、チャンスを逃しやすい。

この日生まれの著名人

クリント・イーストウッド（俳優・映画監督）／東八郎（コメディアン・タレント）／ブルック・シールズ（女優）／鈴木京香（女優）／有吉弘行（タレント）／伊福部昭（作曲家）／朝井リョウ（作家）／シム・ウンギョン（女優）

この生まれの人は、ひと言で言うなら切れ者。知識が豊富で、何をしても敏腕にこなすタイプです。思考回路が人と異なっていて、思いもよらぬ発想やひらめきの才能も持っています。それがうまく開花すると、発明家になったり、研究で新しい発見をしたり、数学や科学、情報処理、医学といった分野で能力を発揮し、活躍する場合も少なくありません。

ただ、考えていることが非凡すぎて、それを周囲にわかりやすく説明したり、納得させることが苦手。そのため周りの人たちの理解を得られず、変わり者扱いされるケースもありそう。自分の考えをわかってもらえず、ひとり苛立ちを覚えることもあるでしょう。

また、意志は相当に強いので、一度決めたことは何が何でもやり通します。権威的なものにも決してなびかず、目上の人に対しても堂々と意見を述べるところは大したもの。相手が間違っていると思えば、立場が上の人に対しても、断固反対する強さも持っています。世渡りは決して上手なほうではありませんが、そういうところが友人や同僚から信頼され、支持される長所でもあります。長いものには巻かれず、自分の主張を通してください。

あなたの愛の形とは？

感情よりも知性が勝った人です。誰かを好きになるときも、外見や甘い言葉にひかれるのではなく、尊敬できる部分を見つめて愛するのです。だから好きなものは好

き、と堂々と言えます。たとえそれで思いが通じなかったとしても、失望はするけれども相手を恨んだり、自信をなくしたりすることはありません。また、その相手と友達づき合いをすることもできるでしょう。

ただ相手を愛している理由を論理的に説明できるうちは、本当の恋の切なさを知ることはないでしょう。でも、いつかこの日生まれの人も、「なぜこんな人を好きになったのかわからない」と悩むときがくるでしょう。そして、感情に振り回されてしまう自分自身に気づいたとき、初めて人生のおもしろさや恋の甘さに直面することになるのです。そのとき、鋭い知性と豊かな心を持った幅の広い人間としてひと回り成長することになるでしょう。

あなたの才能と人生のテーマ

冷徹な分析力と解析能力を持っている人です。それと同時に普通の人にはまねのできない着想を得ることがあり、このふたつが合わさったときには、驚くべき成果を出す可能性があります。抽象的思考力がとくに優れているので、数学や自然科学から、医学、工学などの才能にも恵まれているでしょう。

とくにやりたいことを持たない場合でも、器用に多方面で活躍することができます。ただ、その場合は興味の方向性が分散するので、小さくまとまってしまいがちです。意思も強くひとつのことをやりとげる粘り強さも抜群です。好きな分野や得意分野を持ち、専門知識を蓄えている場合には、社会的に認められる可能性が高くなるでしょう。適職は、医師や薬剤師、自然科学者、数学者、情報処理の技術者などです。企業に入る場合は、技術者や研究者など、スキルを生かす道がおすすめです。

相性リスト

恋人	9月27・28・29日、11月30日、12月1・2日
友人	3月28・29・30日、7月29・30・31日
手本となる人	1月30・31日、2月1日
助けてくれる人	1月3・4・5日、3月16・17・18日、8月10・11・12日、10月22・23・24日
縁がある人	1月1・2日、10月28・29・30日、12月31日

魔法の言葉

「余白」「間」こそ、幸運の泉。寄り道する贅沢がチャンスを招きます

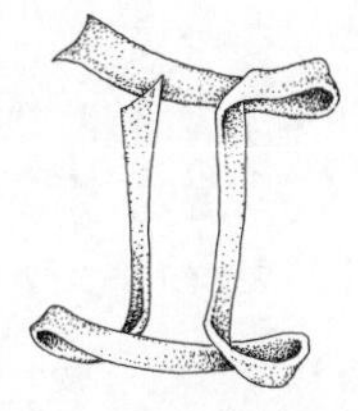

6月1日
双子座
GEMINI

要領のよいヒラメキ人間

長所

バイタリティがある。アイデアが豊富。頭の回転が速い。裏表が少ない。いつでも自分の気持ちを率直に表現できる。

短所

自己顕示欲が強い。どんなときでも主役になりたがる。自分の意見を通そうとする。口ばかりで実行力に欠ける面もある。

この日生まれの著名人

マリリン・モンロー（女優）／モーガン・フリーマン（俳優）／夏川結衣（女優）／坂上忍（タレント）／ノーマン・フォスター（建築家）／千代の富士貢（大相撲力士）／本田望結（フィギュアスケート選手）

　この日に生まれた人はとても頭の回転が速く、しかもその賢さのおかげで多くの人に感謝されます。なにより素晴らしいのは、あなたが生み出すアイデアの数々。本人にとっては単なる思いつきでも、他の人が考えつかない新鮮な発想を、次から次へと思い浮かべているのです。しかも頭で考えるだけではなく、行動力と愛嬌でイメージを具体化するのも得意です。

　そのバイタリティは、自分を惜しみなくさらけ出したいという気持ちをルーツとしています。せっかくのアイデアも、秘密にしていては意味がないということを、本能的に理解しているのです。しかも、持って生まれた知的な視線に親しみやすい笑顔が加われば、誰だって味方になりたいと考えるでしょう。

　ただ、発想と明るさで味方をつくるのはいいのですが、アイデアを出しただけで疲れてしまうことが多いようです。言い出したことを最後まで責任を持ってやり遂げる気持ちがなければ、せっかく集まってくれた人からの信用を裏切ることになってしまいます。

あなたの愛の形とは？

　好きな相手には、天真爛漫な愛情を捧げるでしょう。もともと楽しそうなことを思いついたら、すぐに行動に移す人です。それが恋をしたときには、相手にも自分と同じように行動することを求めてしまうのです。

　確かに、この日生まれの人の発想は独特で、パートナー

に刺激的な体験をさせるのが上手です。しかし、それがどんな人にとっても好ましいかどうかは別問題。繊細なタイプにはついていけないかもしれません。もちろん新鮮だと思ってくれる相手を選ぶことも大切です。ただそうでない相手を愛してしまった場合は、相手の気持ちを尊重することを第一に考えるべきでしょう。その結果、退屈だと思っていた時間が本当は安らぎを感じるひとときだということに気づくかもしれません。

この日に生を受けた人にとって、価値観の違う人との愛は、心を成長させ、見えない世界を見せてくれる絶好の機会になるでしょう。

あなたの才能と人生のテーマ

自由に連想の翼を羽ばたかせることができる人です。さらにフットワークも軽く、思いついたことを実行に移していきます。それが思い通りの結果に終わらなかったとしても、失望することなく、次のチャレンジへとつなげていくバイタリティがあります。

この気質は、社会の中でも輝く存在として注目を集めるでしょう。ユーザーの求めるものを察知し、対応する力があるので、時代の先端を行く情報処理部門や、エンターテインメントの分野などでは、即戦力として重宝されるでしょう。ただ、アイデアを固める段階で、緻密な作業を怠る傾向があります。サポートしてくれる信頼できる仲間を持てるかどうかで、明暗が分かれそうです。

適職は、情報処理関係、タレント、スポーツ選手、銀行、保険などの金融関係の仕事などです。企業の中では、企画制作部門などが適しています。

相性リスト

- **恋人**……………… 9月28・29・30日、12月1・2・3日
- **友人**……………… 3月29・30・31日、7月30・31日、8月1日
- **手本となる人**…… 1月31日、2月1・2日
- **助けてくれる人**… 1月4・5・6日、3月17・18・19日、8月11・12・13日、10月23・24・25日
- **縁がある人**……… 1月1・2・3日、10月29・30・31日

魔法の言葉

みくびってはいけません。その小さなことが驚くほど大きな結果に

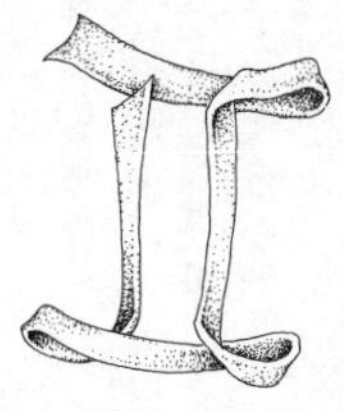

6月2日

双子座

GEMINI

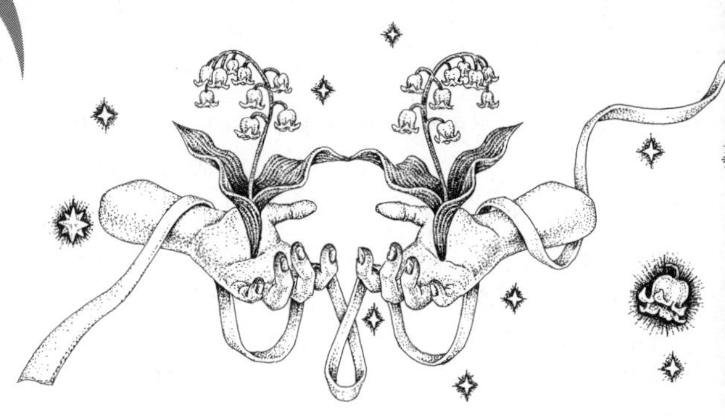

クールなようでいてロマンチスト

長所

気持ちが優しい。感受性が豊か。デリケートで相手の気持ちを考えて発言し、行動する。向上心と知的好奇心がある。

短所

落ち込みやすい。思い込みが激しい。慎重すぎて行動に移せないことが多い。表現が回りくどくてわかりにくいことも。

この日生まれの著名人

マルキ・ド・サド（作家）／カリオストロ（魔術師・錬金術師）／平泉成（俳優）／末續慎吾（陸上選手）／ロベルト・ペタジーニ（野球選手）／又吉直樹（作家・お笑いタレント）／乾貴士（サッカー選手）／小泉悠（軍事アナリスト）

コミュニケーションをするための表面的な自分と、心の中にあるデリケートな自分。このふたつの性格が複雑に絡み合って、この日に生まれた人は奥行きの深い性格に成長していきます。行動や会話などの現実的な部分のあなたは、何にでも好奇心を持ち、しかも合理的に考えるタイプ。知らないことを楽しみながら、必要なことだけを生活や仕事に生かすスマートなキャラクターです。しかし内面は子供のように敏感で、情に厚くて寂しがり。その日の天気に気持ちを左右されるほど、うつろいやすい心を持っています。

じつはこのギャップ、周囲の人にはとても魅力的に感じられるようです。本人は自分の気持ちを理解してもらえないと勘違いしているかもしれませんが、表の性格も裏の性格もそれぞれ本物のあなただから、周囲の人も好意的に受け止めてくれるのです。遠慮なく自分の裏表をさらけ出し、それを理解してくれる人と行動すれば、恋愛でも仕事でも失敗することは少ないでしょう。自分への不安を捨ててください。

あなたの愛の形とは？

最初の印象と、その次に会ったときの印象がかなり変わる人です。初対面では、理知的で、少し冷たい印象を異性に与えるでしょう。でも、その出会いが気になるものであったなら、次に会ったときには、はかなげで、放っておけないようなオーラを放つ人に変わることでしょ

ミッシングピースがありそう。何があるかではなく、何がないか、に注目すること

う。

基本的には、聡明で、強い理性を持っている人です。でも感情の波が豊かすぎるため、理性で抑えておくことができないこともあるのです。そのため二面性があるとか、つかみ所がないと思われることもあるでしょう。

それでも気持ちを抑えようとすればするほど、感情のアップダウンは激しくなるのです。逆にその涙もろさも冷静さも、同時に包み込んでくれる相手とめぐりあったとき、感情の波は穏やかになっていきます。だからこそ、自分を隠そうとしないで、愛する人に見せるようにしてください。

あなたの才能と人生のテーマ

物事を客観的に分析するクールな態度の奥底に、情緒にあふれる心を抱いている人です。興味をひかれることがあれば、徹底的に調べようとする強さとともに、そこに隠されている哀しさを繊細なまなざしで見抜くことができるのです。

この二面性は、この世を重層的に見ることができるという証明のようなもの。社会の中では、皮相的に判断しがちな現代人の価値観にブレーキをかける役目を果たせます。現実を見つめつつ、人の気持ちも思いやる眼は、とくに社会的な弱者をケアするような仕事に最適。これからの社会ではなくてはならない存在として認められるはずです。

適職は、看護師、医療技師などの医療関係、福祉士、ケアマネージャーなどの福祉関係、旅行業などです。とくにチームを組んで何かに取り組めるような仕事の形態で、力を発揮することができるでしょう。

相性リスト

恋人	9月29・30日、10月1日、12月2・3・4日
友人	3月30・31日、4月1日、7月31日、8月1・2日
手本となる人	2月1・2・3日
助けてくれる人	1月5・6・7日、3月18・19・20日、8月12・13・14日、10月24・25・26日
縁がある人	1月2・3・4日、10月30・31日、11月1日

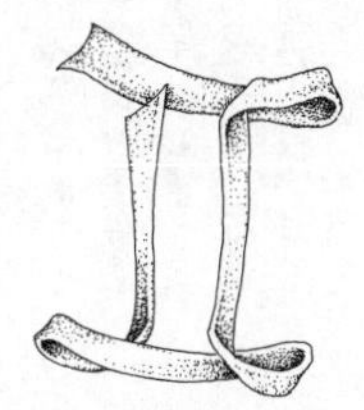

6月3日

双子座

GEMINI

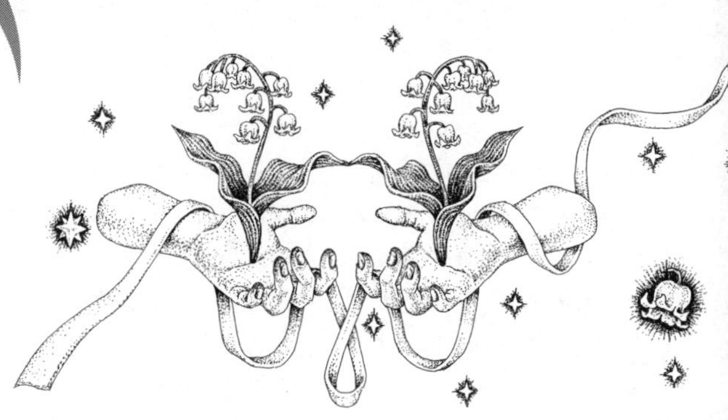

人生に深い意味をもとめる人

長所

人を楽しませることが得意。話題が豊富で、表現力も豊か。コミュニケーション能力が高い。大らかで、屈託がない。

短所

大ざっぱで、ずさんなところがある。めんどくさがりやで、物事を途中で投げ出す。なかなか本心を打ち明けたがらない。

この日生まれの著名人

アラン・レネ（映画監督）／トニー・カーティス（俳優）／唐沢寿明（俳優）／川﨑宗則（野球選手）／長澤まさみ（女優）／鈴木桂治（柔道家）／三浦翔平（俳優）／瑛人（ミュージシャン）

多くの人は、あなたをノリのいい話し上手な人だと受け止めるでしょう。口数が少ないタイプだったとしても、いろいろな分野に知識を持っている、楽しいことが好きな趣味人として覚えられているかもしれません。ところが親しくなるほど、お調子者で気楽な面ばかりではなく、高い理想や本質的なことにも関心を持つ、少し哲学的な人だと気づかされるはずです。

たとえ勉強が苦手でも、図鑑をながめることが好きなあなたは、目の前の現実や生活よりも、空想や遠い国の出来事に自分の知力を使います。生活に必要なことは器用にさっさと終わらせて、興味のある世界について調べたり、旅に出る計画を練ったり、もしくは人生の意味について静かに考えているかもしれません。周囲にも自然と、奥深い話に関心のある人が集まってきます。

しかし軽薄に見られてしまうことが多く、軽く扱われてしまうことも。そんな人たちのことをばかにしないで、広い心で受け止めてあげなければ才能も台無しです。

あなたの愛の形とは？

物事の奥に隠された真理を見つめ、その意味を探ろうとするあなた。気がついたら、空のかなたを見上げながら、愛について、あるいは人が存在する意味について、思いをめぐらすことがあるでしょう。

またあなたは、この世は仮の宿であるという見方を無意識のうちに受け入れているところがあるようです。だから今という時間を、そして相手と過ごすときを楽しもうとするのです。そのため、ときには羽目をはずしたり、はしゃぐこともあるのでしょう。

そんなあなたの目の前には、まず表層的な部分しか見ない軽薄な異性が現れそうです。深遠な世界に共鳴してくれる異性は、それから少し遅れての登場になるでしょう。だから恋の相手を選ぶときには、妥協をしないことが大切です。自分を偽らずに生きていれば、必ず理解してくれる人は現れます。心から肯定できる相手を待ち望むほうがいいでしょう。

あなたの才能と人生のテーマ

深遠な思考や崇高な理想を見つめる哲学的な人です。同時に、慧眼ゆえ『出る杭は打たれる』という人間関係のネガティブな面も熟知しています。そのため、軽さや笑いを装い、攻撃をうまくかわしながら生きていくことが多いようです。

その資質と持って生まれた探究心を生かす仕事で社会に貢献することが、この日生まれの人の役割です。学問や人間探究の世界、あるいは旅や移動機関に関わりのあることでは、その才能をうまく発揮できるでしょう。どんな仕事についたとしても、その仕事に意味を求める傾向があるので、心からやりたいと思える職業を選ぶほうが幸福です。逆にたとえどんなに条件がよくても自分の意に染まない職種は、避けたほうが無難でしょう。

適職は、学者、弁護士、リサーチャー、通訳、外交官、ツアーコンダクター、アナウンサー、宗教者などです。

相性リスト

恋人	9月30日、10月1・2日、12月3・4・5日
友人	3月31日、4月1・2日、8月1・2・3日
手本となる人	2月2・3・4日
助けてくれる人	1月6・7・8日、3月19・20・21日、8月13・14・15日、10月25・26・27日
縁がある人	1月3・4・5日、10月31日、11月1・2日

魔法の言葉

そのことには、あなたが今思っている以上の意味があります

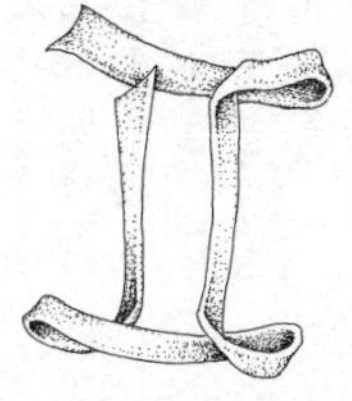

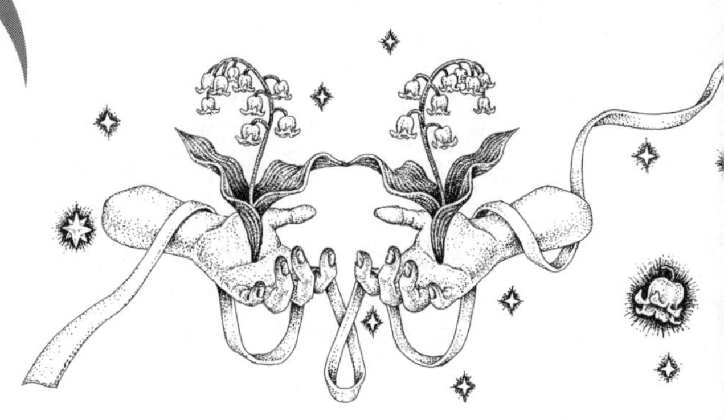

冷徹なまなざしの持ち主

長所

冷静。思慮深い。客観的な思考ができる。常識にとらわれない自由な発想力がある。偏見を持たず、変革の意欲にあふれている。

短所

短気。独善的。計算高く、冷酷なイメージを与える。理屈っぽいわりに、行動力に欠ける。気難しい一面がある。

この日生まれの著名人

アンジェリーナ・ジョリー（女優）／高原直泰（サッカー選手）／庄司陽子（漫画家）／梓みちよ（歌手）／大山倍達（空手家）／和泉元彌（狂言師）／鈴木拡樹（俳優）／久保建英（サッカー選手）／6代目神田伯山（講談師）

目の前の出来事を客観的に判断することについて、この日に生まれてきたあなたの右に出る者はいません。情に流されることなく、また常識のフィルターにだまされることもなく、ひたすら冷静に考える力を持っているのがこのタイプなのです。あなたは、人に流されて何となく行動することもなければ、習慣であってもルールだったとしても、納得がいくまで自分で考えて誰よりも正しい結論にたどり着きます。

この熟慮する力のおかげで、後悔することのない人生を送れますが、冷静すぎる自分にむなしさを感じてしまうこともあるようです。また、他人よりも正しいのに理解してもらえないことが多く、短気でキレやすくなってしまうかもしれません。

しかし本来は、常識を変えてしまうほどの知性を持った人ですから、自分の賢さに溺れることがなければ、どの分野でもパイオニアとして活躍できるはずです。例えば、損得だけではなく、人の心の動きも考えてあげるようにすれば、知性の生かし方も見えてくるでしょう。

あなたの愛の形とは？

行動するときには、数多くのデータを集め、未来を予測する人です。また、先入観にとらわれることなく、独自の判断を下します。この慎重さは、恋愛にも影響を及ぼしています。リスクを避けたいという動機から、つき合う前には、相手の性格や、価値観、将来の方向性など

を吟味します。そして大丈夫と判断したときに初めて前に踏み出す人です。恋する相手は少ないけれど、失敗も少なく、ひとりの人と長くつき合い、平凡でも安定した関係を続けるでしょう。

その適切な判断の陰には、気持ちを押し殺したまま、終わらせてしまうような恋もいくつかあるはずです。辛くても、自分が決めたことは後悔せず、潔く生きていくでしょう。そして、その人生は自分なりに満足のいくものになるでしょう。ただ、月日が流れたときに、「あの若かったとき、別の生き方をしていたら……」と懐かしく、切なく思い出すことがあるかもしれません。

あなたの才能と人生のテーマ

森羅万象の、ありのままの姿を観察する力を持って生まれてきた人です。これは誰もができそうに見えるけれど、簡単には身につけることができないものです。あるがまま、つまり常識や固定観念にとらわれないということは、人の賛同を得にくく、孤立してしまうこともあるためです。

けれども、その孤独に耐え、姿勢を貫くことが肝要です。時代とともに常識が変わるのが世の常です。反対意見を唱えていた人が、率先して賛同の意を示す現場をみることも一度や二度ではないでしょう。そんな状況になっても、過去を蒸し返さず、また新しい真実に眼を向け続けること、それがこの日生まれの人にとって理想的な人生と言えるでしょう。職業的には科学の分野、あるいは心理学などの人文科学系の学究に興味がある場合は、その力を生かすといいでしょう。適職は、自然科学、人文科学などの学者、発明家などです。

相性リスト

恋人……………… 10月1・2・3日、12月4・5・6日
友人……………… 4月1・2・3日、8月2・3・4日
手本となる人…… 2月3・4・5日
助けてくれる人… 1月7・8・9日、3月20・21・22日、8月14・15・16日、10月26・27・28日
縁がある人……… 1月4・5・6日、11月1・2・3日

クールに行きましょう。情に流されては迷いが増えていくだけです

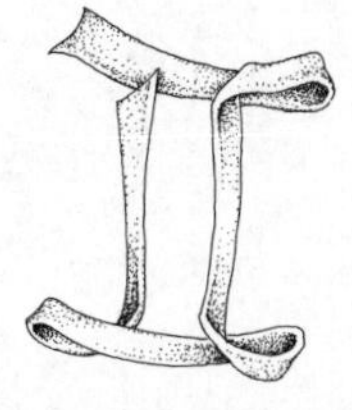

6月5日

双子座

GEMINI

きらめく知性の人

長所

知的。幅広い興味を示す。情報収集能力があり、アンテナを張り巡らせる。応用力がある。巧みな表現能力がある。

短所

移り気。器用貧乏。八方美人。要領がよすぎてずる賢い。忘れっぽい。得意げに知識を振りかざす。知ったかぶりをする。

この日生まれの著名人

北条時宗／アダム・スミス（経済学者）／ガッツ石松（タレント）／壇ふみ（女優）／東ちづる（女優）／鈴木隆行（サッカー選手）／ユリア・リプニツカヤ（フィギュアスケート選手）／福田萌（タレント）

言葉や情報、さらに数字や時間などを、上手にコントロールできる人。この日に生まれた人は、どんなことでも知識として吸収し、必要なら応用し、気に入った相手には教えたがります。あなたは知識や情報をベースにして､コミュニケーションや生活を充実させていくのです。理解力も高く、もの覚えもよく、しかも人と交流して何かを覚えるのが楽しくてしかたがない性格から、マルチな分野で活躍する人も少なくありません。

このように広いキャパシティを持ったあなたですが、その受け皿の広さを発揮できないと、逆に退屈を感じるようになります。何かのエキスパートを目指してストイックになるより、何でも総合的に理解しようとしてください。また、自分のキャラクターを決めつけるのではなく、状況に合わせて変化する自分自身を受け入れてください。それを含めて自分の性格だと考えないと、まるで自分の首を絞めるように、行動範囲や活躍の場所をせばめてしまうことになります。

あなたの愛の形とは？

転がる石は苔むさず、という言葉を体現しているような人です。停滞することを恐れ、人間はもちろん、知識や情報に日々コンタクトをして、新しい自分を見つけ出そうとします。

そしてその人生の傾向は、恋愛にも強く表れます。マンネリ化した関係、約束や束縛の多い関係、そしてなにより失う寂しさだけを恐れて続いている退屈な関係は、この日生まれの人の輝きを損なう原因になります。

自分の心にうそがつけないので、愛を感じない関係には、ピリオドを打とうとします。それが続くと、恋多き人と言われることもあるでしょう。けれど、それは飽きっぽいのではなく、同じことの繰り返しに耐えられないだけなのです。もし、パートナーが同じように、日々新しいものを求める人なら、お互いの存在そのものが刺激となって、長続きする関係を結ぶことも可能なはずです。

あなたの才能と人生のテーマ

言語、映像、音声による情報に敏感な人です。その情報を知恵として活用します。吸収し、応用するその流れの中にいるとき、生きることの充実感を覚えます。逆に感覚が遮断されたようなところでは、叫びだしたいほどの不安に駆られるでしょう。

そのため、この日生まれの人は、活動し、走り続けていなくてはなりません。そしてその気質は、流行をつくり出す分野や情報処理産業などととても相性がいいでしょう。好きなことを続けることが成功の第一歩ですが、ひとつの企業で終身勤め上げることは性に合わないかもしれません。ある程度の変化や冒険を求めることを自分に許しましょう。

適職は、広告業界、アナリスト、情報処理技術者、エンジニア、通訳ガイドなどです。人とのコミュニケーションを求める意味で、サービス業の分野でも活躍が期待されるでしょう。

魔法の言葉

メリハリをつけること、オンオフのスイッチを華麗に、がカギ

相性リスト

- **恋人**……………… 10月2・3・4日、12月5・6・7日
- **友人**……………… 4月2・3・4日、8月3・4・5日
- **手本となる人**…… 2月4・5・6日
- **助けてくれる人**… 1月8・9・10日、3月21・22・23日、8月15・16・17日、10月27・28・29日
- **縁がある人**……… 1月5・6・7日、11月2・3・4日

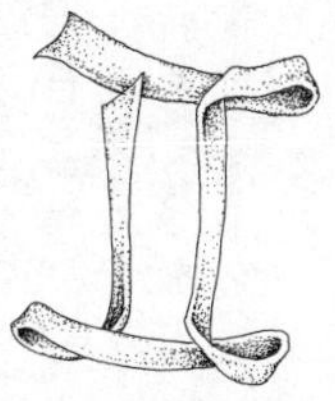

6月6日
双子座
GEMINI

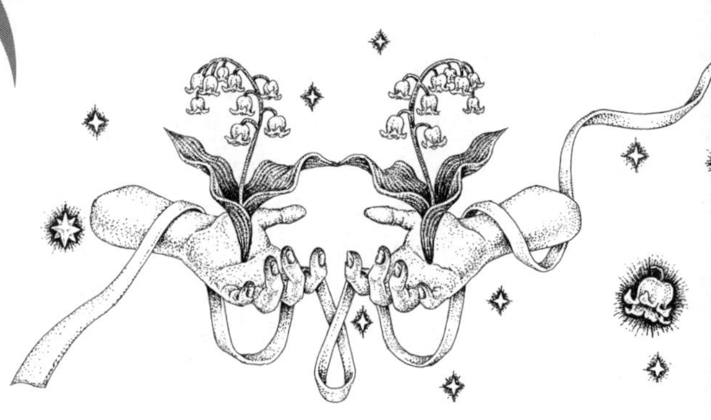

才能あふれるエンターテイナー

—— 長所 ——

人の気持ちを考える。洗練されたユーモア感覚がある。状況判断が得意。独特の美学があり、ゆるぎない自信を持っている。

—— 短所 ——

うぬぼれが強い。自分の趣味にこだわりすぎる。人を表面的な部分で判断する。困難にぶつかると感情的になる。

この日生まれの著名人

トーマス・マン（作家）／ケニー・G（ミュージシャン）／新田次郎（作家）／大滝秀治（俳優）／篠沢秀夫（フランス文学者）／是枝裕和（映画監督）／中尾ミエ（歌手）／高橋幸宏（ミュージシャン）

あなたはときどき、他の人が何でこんなに鈍感なのか、不思議に感じているかもしれません。しかし問題は、他の人の鈍感さではなく、あなたが鋭すぎるところにあるようです。人の心を察してあげて怒らせないように気を使ったり、笑わせてあげたり、心地いい空間を提供してあげたりするのが得意でしょう。

あなたのこういった敏感さと観察力は、人を楽しませることに利用されます。その場の空気を読むことや、大勢の気持ちをつかむ能力は、あなたに与えられた特別な才能です。それだけではなく、流行に敏感で色彩や味覚のセンスに優れ、冗談も得意なあなたは、どんな場所を与えられても自分を輝かせる方法と、人を楽しませる方法を、一種の技術として理解しています。

ただ、やはりあなたは、他の人が何で鈍感なのかを考えるでしょう。本来、考えるべきなのは、鈍感な人にだって長所や愛情や好みがあるということです。あなたがときどき、自分の好みに合わない相手に厳しくしてしまうのは、明らかな欠点と言えるでしょう。

あなたの愛の形とは？

この日生まれの人の心の中が、ひとりの人間でいっぱいになったとき。その瞬間から、相手の喜ぶ顔を見るためにはどうすればいいのかと、そのことばかり考えるようになるでしょう。

どんなことが好きで、どんなことが苦手なのか。何を

求めて何を退けるのか。相手が快いと思うことを、些細な変化から察知します。そしてふたりで過ごす時間に、その成果を披露するのです。報酬は、愛する人の笑顔、または驚いたような表情です。もちろん愛の言葉であれば、さらに喜ぶでしょう。

逆に相手が無反応なら、あるいは冷笑的な態度をとられると、失望してしまうでしょう。また、必要以上に恐縮したり、金銭や物品の対価を支払われたときも、悲しく思うはずです。

この人はただ、「そばにいてくれると楽しい、うれしい」という、その思いを伝えてほしいだけなのです。

あなたの才能と人生のテーマ

この世界のさまざまな喜びに敏感な人です。例えば、眼で見る芸術やファッション、耳で聞く音楽、あるいは舌で味わう美食など、五感を駆使した喜びを探求する才能があります。それが自分の喜びだけにとどまらず、ほかの人を楽しませることができるようになると、成功者への道も開けてくるでしょう。

「お客様に喜びを体験してもらえること」がこの日生まれの人の仕事哲学になるでしょう。このライン上にある仕事で、なおかつ自分が興味を持ち、打ち込むことができるものなら、能力が花開き、高い評価を受けるでしょう。自分だけの価値観を押しつけず、常にユーザーの笑顔を思い浮かべていれば、それは難しいことではないはずです。適職は、芸術家、デザイナー、モデル、パタンナー、レストラン経営などのサービス業全般などです。企業の中では、営業、渉外など、人と触れ合う仕事で実力を出せるでしょう。

相性リスト

- **恋人**…………………… 10月3・4・5日、12月6・7・8日
- **友人**…………………… 4月3・4・5日、8月4・5・6日
- **手本となる人**…… 2月5・6・7日
- **助けてくれる人**… 1月9・10・11日、3月22・23・24日、8月16・17・18日、10月28・29・30日
- **縁がある人**……… 1月6・7・8日、11月3・4・5日

今が夜ならなら答えはイエス。昼なら、もう一度考えてみましょう

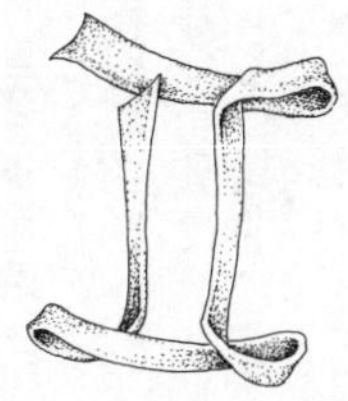

6月7日
双子座
♊
GEMINI

知的な芸術家肌

長所

優しく、穏やかに人に接する。豊かな感性がある。知的で臨機応変な行動ができる。専門性が高く、集中力がある。

短所

感情的になりやすい。被害者意識が強い。依頼心が強く、わかってもらえないとひがむ。ストレスがたまると突然爆発する。

この日生まれの著名人

ポール・ゴーギャン（画家）／岸部四郎（タレント）／プリンス（ミュージシャン）／小林武史（音楽プロデューサー）／荒木飛呂彦（漫画家）／手塚理美（女優）／矢部美穂（タレント）／浅見れいな（女優・モデル）

世の中ではときどき、知性と感受性は正反対のものだと理解されています。しかし実際は、感受性が豊かな人は貪欲に知性を求めますし、知的な人は感性も豊かです。そしてあなたは幸運にも、知性と感性の両方がそなわっています。あなたは多くを知ることで感受性を満たし、自分の感性に従って、多くの情報を求めるのです。その欲望は深く、未知の科学から芸術など、自分を楽しませてくれるなら、どんな分野にも手を出すでしょう。

この傾向がプラスに発揮されれば、自分の好きなものだけに囲まれる、豊かな人生を送れます。しかし貪欲さが恋に向けられたときは要注意。恋や性などに集中すると、それ以外に興味を持たなくなってしまう性格だからです。同じように、特定の好きなものに集中しすぎるマニアックな自分を発見したら、他の日常をおろそかにしていないかを警戒するべきです。せっかくの感性を台無しにしないため、常にアンテナは外に向けて、情報の収集をさぼらないようにしましょう。

あなたの愛の形とは？

知的でありながらロマンティックな感受性を持っている人です。冷静なときには、対象を科学的に見つめる眼も持っています。しかし、美しいものをいとおしむ思いも強く、ひと目で異性に心を奪われてしまう一面もあります。

恋をして感情が高ぶると、神経が研ぎ澄まされ、独特

の心理状態に入り込むことがあります。とくに相手が感受性の強い人であれば、それに共鳴し、ふたりだけの世界をつくり上げようとします。そしてほかのものは一切心から締め出してしまうのです。そんなときには相手の反応に過敏になり、ちょっとしたひとことでひどく傷ついたり、自分を追い詰めたりすることもあるかもしれません。

この日生まれの人が幸せを実感する恋をするには、似たような感性を持つ人より、ゆとりを持ち、寛大に見守ってくれるような人を選ぶといいでしょう。外見の美よりも精神の広さを見つめるようにすることが大切です。

あなたの才能と人生のテーマ

この日生まれの人にはほかの人にはない芸術センスがあります。まるで別世界にアクセスしたような世界を作り出すことができるでしょう。周囲の人を和ませようとする優しさもある人で、自分が見つけてきた美しいもの、心が豊かになるものを贈るのが好きです。

この柔和な感受性を大切に育てれば、芸術家として大成する可能性があるでしょう。企業に就職する場合も、どこかで芸術性やセンスを生かせるような職種を探すといいでしょう。計算能力は高めですが、統計のような実務優先の仕事よりも、美しさや豊かさを提供できる仕事がいいでしょう。新しいものとも相性がいいので、コンピュータで創造できるもので、新たな分野を開拓できるかもしれません。

適職は、演奏家や画家などの芸術家、数理などの学者、映画監督、CGクリエイターなどです。企業の中では、企画開発、総務などの部署で活躍できそうです。

相性リスト

恋人	10月4・5・6日、12月7・8・9日
友人	4月4・5・6日、8月5・6・7日
手本となる人	2月6・7・8日
助けてくれる人	1月10・11・12日、3月23・24・25日、8月17・18・19日、10月29・30・31日
縁がある人	1月7・8・9日、11月4・5・6日

魔法の言葉

ハートが感じていることを頭で言葉にしてみましょう。それが正解へのカギ

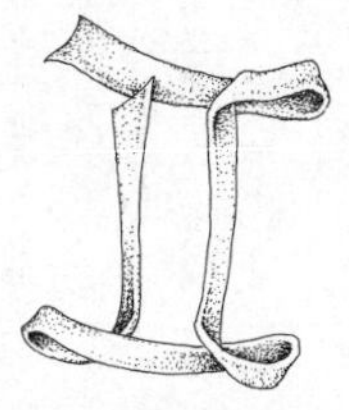

6月8日
双子座
GEMINI

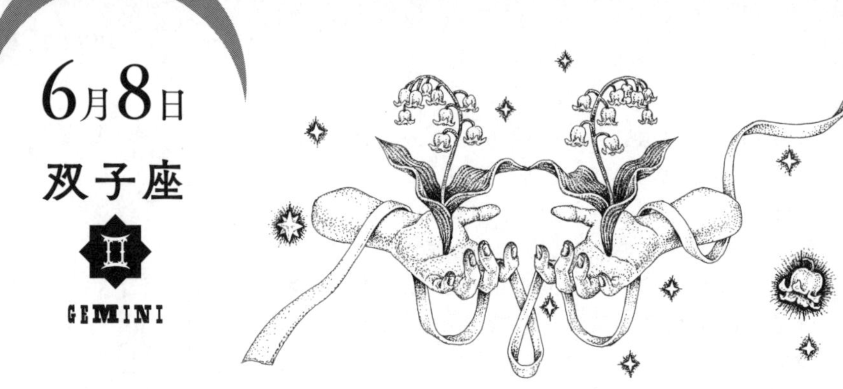

長期的に物事を考えられる人

長所

エネルギッシュ。計画性がある。冷静。目標に向かって地道に努力ができる。打たれ強く、多少のことでは夢をあきらめない。

短所

ステイタスにこだわる。物事を枠にはめて考えたがる。打算的に行動する。意地っ張りなところがあり、頑固。

この日生まれの著名人

ロベルト・シューマン（作曲家）／ジョン・エヴァレット・ミレー（画家）／三村マサカズ（さまぁ～ず）（お笑いタレント）／城島健司（野球選手）／大谷ノブヒコ（ダイノジ）（お笑いタレント）／小関裕太（俳優）

大きな計画を立てると、それは多くの時間を必要とする長い計画になるものです。しかも長い計画ほど途中で変更が必要になり、実現が困難になっていきます。しかしあなたは、大きくて長い計画を実現させるための知性と根気を持ち併せています。

先を見通す冷静さと、それを最後までやり遂げようとするバイタリティのおかげで、大きな目標を確実に成功させられるのです。その目標は社会と結びついていることが多く、自分と世の中全体を比較しながら、誰にも恥じることがないほど正しく、自分が何をするべきかを設定します。そんな堅実さは、多くの人の尊敬を簡単に集めてしまうでしょう。

ただし、壮大な計画を設計するあなたは大器晩成型。若いころは苦労も多く、正直すぎるために苦い経験もたっぷり味わうことになります。目標を見つけるまでは悩みも多いことでしょう。でも、あなたの最大の味方は未来です。大きな困難があっても、理想に着実に向かっていれば、いずれ未来があなたを祝福してくれます。

あなたの愛の形とは？

多角的に対象を分析する知性を持っている人です。それでいて自分の才に溺れず、謙虚に堅実に生きていこうとします。異性を前にしたときも、冷静に相手のことを観察するため、なかなか恋に踏み込めないところがあります。また、好きな人が現れても、恋心はおろか、存在

感もアピールしないでしょう。その姿勢は恋愛面では控えめすぎるとか、消極的な態度と言われることがあるでしょう。実際に「もっと積極的に、もっとスピーディに」とアドバイスされるかもしれません。

でも、押しの強さだけが恋をアピールする方法ではありません。相手の人間性を確かに見つめながら、はぐくんでいく愛情もあるのです。一度愛が実ったときは、その人との関係を大切に抱きしめていくことでしょう。ゆっくりと熟成させた愛情は、電光石火の激しい恋にはない、大人の風格と余裕に満ちているでしょう。

あなたの才能と人生のテーマ

この日生まれの人は、職業を選ぶとき、あるいは社会に出てからも、「どうすればいいんだろう」「自分は何がしたいのだろう」と悩むことがよくあります。自分では意識していませんが、その心に描いている理念は、「世界のために貢献したい」ということなのです。それも実質的に役立つことをすれば、満足できるのです。

だからこそ若いころは、現実に何をすればいいのかわからず、思い悩むことが多いでしょう。しかし、悩むからこそ、人々が求めているものを察知することができるのです。この日に生まれた人が最終的に「この仕事ならやれそうだ」と思って取り組んだものこそが、実際にこの世界に貢献できる職業になるでしょう。

適職は、建築家、精密機械のエンジニア、教育者、演奏家、マッサージ師、政治家などです。企業の中では勤続年数が長くなったときに、やりがいを見出すことができるでしょう。

相性リスト

恋人……………… 10月5・6・7日、12月8・9・10日
友人……………… 4月5・6・7日、8月6・7・8日
手本となる人…… 2月7・8・9日
助けてくれる人… 1月11・12・13日、3月24・25・26日、8月18・19・20日、10月30・31日、11月1日
縁がある人……… 1月8・9・10日、11月5・6・7日

魔法の言葉

すぐにやりたいのなら答えはノー。あなたが「待てる」ならイエスです

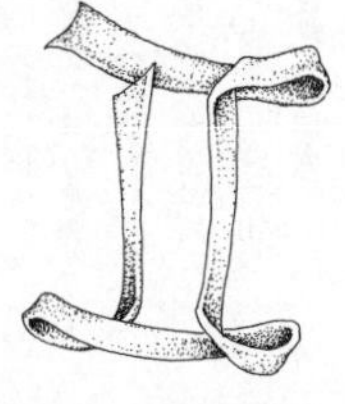

6月9日
双子座
♊
GEMINI

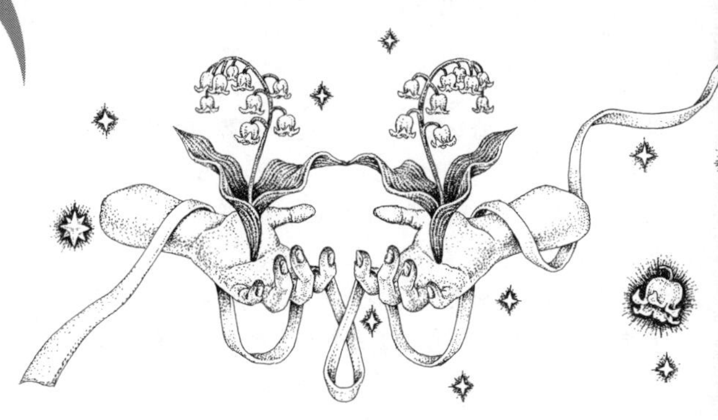

説得力を持つ人

長所

情熱的で、説得力がある。指導力がある。常に前進しようとするポジティブな気質の持ち主。積極的でストレート。

短所

理屈っぽい。わかりきっていることをくどくど語る。飽きっぽいところもある。意見が合わない人を受け入れない面も。

この日生まれの著名人

マイケル・J・フォックス（俳優）／ジョニー・デップ（俳優）／薬師丸ひろ子（女優）／国仲涼子（女優）／ナタリー・ポートマン（女優）／大久保嘉人（サッカー選手）／パトリシア・コーンウェル（作家）／水谷隼（卓球選手）

この日に生まれた人の言葉は、人をコントロールしてしまうほどの恐ろしい力を秘めています。情熱的なのに、どこか冷静で、誰も気がつけなかったような本質的なことをシンプルに表現できるからです。この説得の才能は、おもに人と人を結びつけるために利用されます。例えば誰かを味方につけたり、笑わせて遊びに誘い出したり、代わりに謝ってあげたりといった具合です。そのおかげで、あなたは知らないうちにリーダー的に持ち上げられることや、盛り上げ役として頼られることが多くなるはずです。

この気質は、自分で発見した世の中の法則やメカニズム、人に教えてあげたいという願望からきています。説得力そのものも、それで人を結びつけようとすることも、真実を伝達したいという欲求から生まれているのです。

しかしマイナス面もあります。まずは理屈っぽいことや、言葉のやり取りだけで満足してしまい、気持ちが長続きしないことです。自分のほうが正しいと思い込む頑固な面にも注意しましょう。

あなたの愛の形とは？

人と人との絆を結ぶ、中継地点のような位置にいることが多い人です。友達から恋の相談を受けると、そのために一生懸命力を尽くすような、親切なところもあります。

異性の友達が多く、いつも親しく接していますが、好

きになる相手は、友達ではなく出会ったばかりの人であることが多いようです。恋の芽生えを意識したら、わき目もふらず、相手へのアプローチを仕掛けます。ただし急速に盛り上がりすぎた結果、息切れしてしまい、当初の情熱が早々に冷めて、友達で終わってしまうこともよくあります。それも異性の友達が多い理由のひとつでしょう。

それでも、悲観することはありません。なぜなら人生のパートナーも、友達から見出されることが多いからです。たくさんの異性の友達の中で、一緒にいてくつろげる相手、もっとも自分を理解してくれる人と自然に寄り添い、結ばれる日がくるでしょう。

あなたの才能と人生のテーマ

例えば、邪悪な迷信に支配され、怯える人々がいるとします。そこに、自然のメカニズムを解き明かし、それを教え啓蒙する科学者が現れ、人々を迷いから解き放ったとします。この日生まれの人は、その科学者のような、冷厳な知性と熱い正義感を持っているのです。

この能力は、現代社会の中でも、熱意を込め真実を人々に伝える方向で、生かすことができるでしょう。自己アピールの能力に長けているので、人々もその声に耳を傾けるでしょう。その結果、リーダーとして集団を率いていくことが多くなりそうです。

自分の正しさ、自分の意見だけに執着すると、理想からますます遠ざかります。周囲の人の話にも耳を傾けるようになると、おのずから道が開けてくることを実感できるでしょう。適職は、ジャーナリスト、雑誌記者、冒険家、警備担当者、美容師などです。

相性リスト

- **恋人**……………… 10月6・7・8日、12月9・10・11日
- **友人**……………… 4月6・7・8日、8月7・8・9日
- **手本となる人**…… 2月8・9・10日
- **助けてくれる人**… 1月12・13・14日、3月25・26・27日、8月19・20・21日、10月31日、11月1・2日
- **縁がある人**……… 1月9・10・11日、11月6・7・8日

あなたの言葉があの人を、状況を、動かすことができるときです

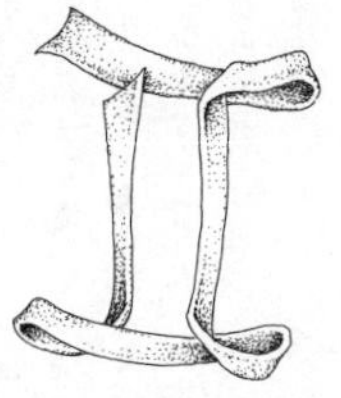

6月10日

双子座

GEMINI

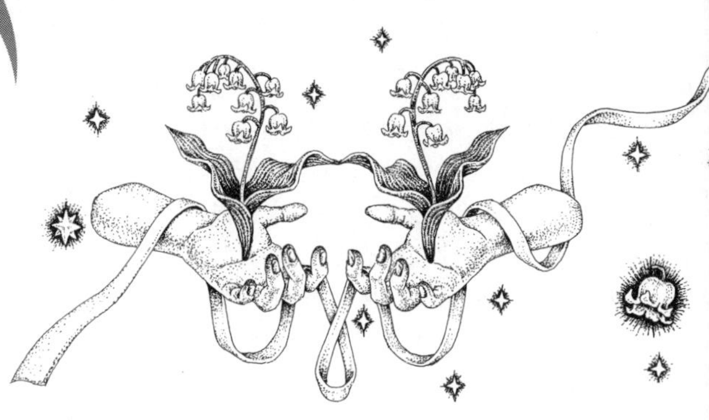

独創的なアイデアの人

長所

素直。誇り高い。創造的で自分の夢に向かって前向きに進む。進取の気性に富んでいる。発想力が豊かで積極的。

短所

自分勝手。わがまま。目立ちたがり屋。無鉄砲。堅実なことを嫌い、目新しさを追求する。横着なところがある。

この日生まれの著名人

ギュスターヴ・クールベ（画家）／ジェームス三木（脚本家）／松たか子（女優）／エリザベス・ハーレイ（女優）／喜納昌吉（ミュージシャン）／ジュディ・ガーランド（女優）／本橋麻里（カーリング選手）／山縣亮太（陸上選手）

この日に生まれたあなたは、目標に対して何通りもの方法を見つける才能を持っています。それまでこだわっていた方法をあっさりと捨てて新しいプランに手をつけたり、他の人が敬遠する方法でもトライしてみたりすることもあります。そして最終的には他の人ではマネできないルートを通って、自分なりの成功をつかむのです。

この才能は、あなたが目標を実現させるだけではなく、自分の能力を周囲に見せつけたい願望が生み出したもの。つまり複数の方法を思いつくアイデアの豊富さは、あなたなりのこだわりが含まれている最善の選択肢なのです。

ただし周囲の人は、あなたの斬新な発想を必ず理解してくれるわけではありません。理解者がいなければ、人を混乱させたり、単なる目立ちたがりだと非難されたりするでしょう。あなたには人と意見をすりあわせる大人の余裕が必要です。

あなたの愛の形とは？

先を見通すような、鋭い洞察力を持っている人です。それがこの日生まれの人の強みでありまた悲劇でもあります。

例えば、ある異性とめぐりあったとします。ある程度会話を重ねるうちに、相手の性格を理解するでしょう。それと同時にこの人は、相手と恋に落ちたときのラブストーリーまで読み取ってしまうのです。物語のおもしろ

さは先が見えないところにあるもの。でも恋愛の未来が見えてしまう場合、そこに待っているのは退屈です。だからこの日生まれの人は、ひとりの人に絞り切れなかったり、恋の遍歴を重ねたりするのです。

でも、この知性に洞察力が加わり、人の心の奥深さに心の目が入るようになると、生き方や愛し方も変わってくるでしょう。この人にとっての真実の恋の相手とのめぐりあいとは、ひとりの人の中に日々変わっていく新しい何かを見出すことだと気づく日が必ず訪れます。

あなたの才能と人生のテーマ

まるで山頂に立つような高い位置から、地平を俯瞰するようなワイドな視点。それがこの日生まれの人にはそなわっています。山も谷も川も峡谷も、すべてを一望できるので、目標地点までには、大胆にして繊細なルートを検索することができるのです。

仕事上でこの力を生かせると、自分やその周辺の人ばかりでなく、組織全体をよりよい方向に導くことが可能でしょう。また周囲の人に影響を与え、注目を集めるキャラクターなので、リーダーとしての役割を求められることもあるかもしれません。ただ、頭の回転が速く、じっくり人に説明することが苦手です。そのため自分の意見を補足説明してくれるような協力者と手を携えられるかどうかが成功の鍵になりそうです。

適職はプランナー、弁護士、登山家、映画俳優、ホテル業務などです。企業の中では、管理職のような仕事で実力を発揮しますが、孤立しないように気をつけましょう。

相性リスト

恋人	10月7・8・9日、12月10・11・12日
友人	4月7・8・9日、8月8・9・10日
手本となる人	2月9・10・11日
助けてくれる人	1月13・14・15日、3月26・27・28日、8月20・21・22日、11月1・2・3日
縁がある人	1月10・11・12日、11月7・8・9日

それは、あなたにしかできないことかもしれません

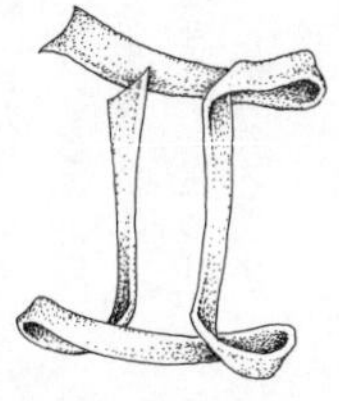

6月11日

双子座

♊

GEMINI

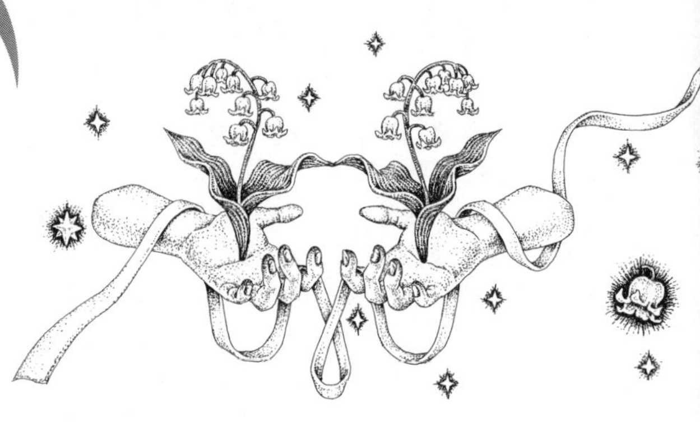

頼りになる献身的な人

長所

心優しく面倒見がいい。気配りができ、心の機微に気づく。人を包み込む温かさがある。伝統を大切にする。

短所

人がよすぎる。頼まれるとイヤと言えず、混乱する。物事の背景までみようとしない。飽きっぽく、信念が長続きしない。

この日生まれの著名人

ジャン・アレジ（F1レーサー）／沢口靖子（女優）／チェ・ジウ（女優）／山口もえ（タレント）／新垣結衣（女優）／土佐礼子（陸上選手）／ジェシー〈SixTONES〉（歌手）／間宮祥太朗（俳優）

人との関わりの多い人生を歩みながら、自分独自の世界も大事にする人です。例えば、接待のとても多い仕事で活躍しつつ、休日は趣味のカメラ片手にひとりで街歩きを楽しむ、といったタイプがこの生まれの典型のひとつです。趣味を持つことが、煩雑な人間関係を切り抜けるためストレス発散法になっている場合が多いでしょう。また、職場を次々に変えていくことで、人生のリフレッシュを図るタイプの人もいます。

他人に対しては非常におひとよしで、どんな仕打ちにあっても恨み続けることはしません。そこに相手の事情を察し、許す寛容さを持っています。自分の利益を優先できず、つい人助けをしてしまうタイプなのです。でも、おかげで多くの人から信用を受けることができるので、商売などで成功する可能性は大。ふとしたことで生まれた人との縁を大事にしていくようにしましょう。短所はがまん強くない点でしょう。大きな夢を叶えたいなら、もう少し忍耐を持つようにすべき。それができるようになれば、世界が今より広がるはずです。

あなたの愛の形とは？

合理的で、氷のような知性の持ち主です。でもそれで冷たいのかと思えば、思いのほか情け深く、自分が傷ついても相手を助けるでしょう。こんなふうにこの日生まれの人は、予測のつかない行動をとることがあります。だから向き合う異性は、戸惑いながらも、その魅力に引

き込まれてしまうでしょう。

実際のところは聡明で傷つきやすい人です。愛する人が仕掛けた巧妙な裏切りやうそも、すぐに見通してしまう眼があります。それでどんなに心を痛めても、この日生まれの人は人間を憎むことができず、相手を許すでしょう。でも、それはけっして報われない愛などではありません。なぜならそんな大きな愛に触れた相手は、よほどの人でない限り心を打たれずにはいられないからです。どんなに傷ついても、許すことで本当の絆を結んでいく。この誕生日を持つ人は、そんなふうに愛を育てるのです。

あなたの才能と人生のテーマ

論理的に物事を人に伝えることが得意で、それでいて相手の気持ちを察する柔軟で優しい心の持ち主です。ただ、心の中には自分ひとりで築き上げたい世界があり、その均衡を上手に取ることで、健やかな精神状態を保つことができるでしょう。

社会の中で光り輝くためには、独自の発想と、専門性を生かすことが肝要です。例えば人と向き合う仕事につく場合でも、現場では人とコミュニケーションをとり、そこを離れたときには、ひとりでこつこつ研究を重ねるような、メリハリの利いた仕事のしかたがおすすめです。また自由を求める気質もあるので、ひとつの組織の中に長くとどまることができません。責任ある仕事を任される場合には、柔軟な仕事のスタイルを保ち続けるほうがいいでしょう。適職は、教師、幼稚園教諭、看護師、臨床心理士、栄養士、福祉士などです。企業では、秘書など誰かをサポートする仕事で力を発揮できます。

相性リスト

恋人……………… 10月8・9・10日、12月11・12・13日
友人……………… 4月8・9・10日、8月9・10・11日
手本となる人…… 2月10・11・12日
助けてくれる人… 1月14・15・16日、3月27・28・29日、8月21・22・23日、11月2・3・4日
縁がある人……… 1月11・12・13日、11月8・9・10日

あれかこれか、ではなく
第3の選択肢があるはずです

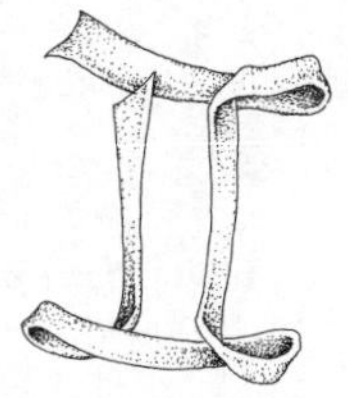

6月12日

双子座

♊

GEMINI

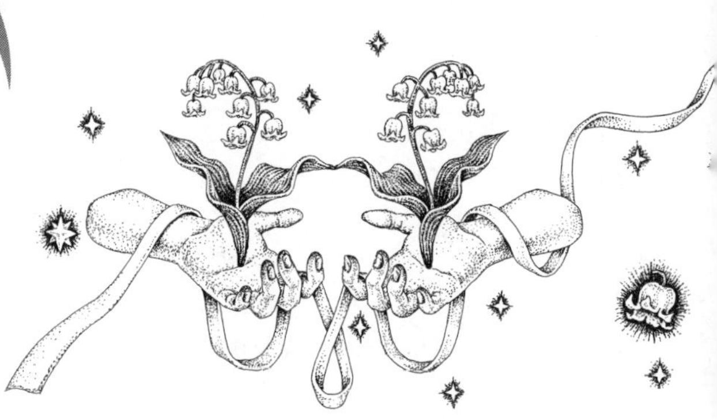

マルチでスケールの大きな人

長所

明るく屈託がない。小さなことにこだわらない。大胆に行動する。失敗してもこだわらず、前向きに歩いていける。

短所

過去に学ばず、反省しない。礼儀知らずのところがある。ムダが多い。計画性がない。不注意によるミスが目立つ。

この日生まれの著名人

アンネ・フランク（『アンネの日記』著者）／茨木のり子（詩人）／江副浩正（リクルート創業者）／宮本浩次（ミュージシャン）／松井秀喜（野球選手）／里谷多英（モーグル選手）／立石諒（水泳選手）

自分と立場の違う相手に臆せず話しかけられるような生まれもっての天真爛漫。それがこの生まれの人の最大の武器でしょう。自然体なその態度が多くの人から愛されるポイントになっているようです。人脈の広いネットワークを生み出せるし、大物からの援助を受けることにつながる場合もあるでしょう。権威を重んじ、対等さを大事にしないタイプの人からは、ぶしつけだと思われることもあるでしょうが、気にすることはありません。そういう相手とは相容れない人生を送るほうが幸せです。

この人にはスケールの大きな生き方が似合います。ある程度、何でも器用にこなせてしまうがゆえに、今の生活、仕事に甘んじがちなところがあるのは確か。でも、小さくまとまってしまう人生にならないようにしたほうがよいでしょう。例えば、思い立ったら仕事を辞めてでも世界一周旅行に出てみる、などの経験をするほうが、人生を豊かにするきっかけがつかめるはず。「このままでも幸せ」と妥協せず、世界を広げるようにしましょう。

あなたの愛の形とは？

恋の相手は自分を映す鏡です。だからこそ、この日に生まれた人は、どこかスケールの大きな人を選ばなくては、恋を長続きさせることができません。

例えば、視野が広い人。いろいろな世界を多角的に見て、教えてくれるような人がいいでしょう。あるいは心が広い人。この日生まれの人の熱意を妨げることなく、バックアップもしてくれる人でもいいでしょう。たとえ、周囲の心無い人から、「そんな人は存在しない」とか、「高望み」などと言われても、妥協してはいけません。なぜなら、この日生まれの人は、自分が成長したいと思うその範囲まで、拡張し続けることができるからです。最初から器の小さい相手を選ぶと、いつかその関係が破綻してしまうでしょう。また相手に合わせて成長を止めてしまうことのないよう、自分自身にふさわしいと思える相手を、堂々と選び取りましょう。

あなたの才能と人生のテーマ

固定観念に縛られないで、行動範囲をどこまでも拡張していく。これが、この日生まれの人の行動様式です。たとえ今の時点で興味が湧かないことでも、可能性や広がりを感じられるものには飛び込んでいく習性があります。また、実際に行動することで、その対象に興味を見出したり、適正を見つけたりすることができる人です。

社会生活でも、現場主義で、考える前に飛ぶところがあります。実際に行動しながら技術や知識を会得します。意欲が湧けば、思いついたときに留学したり、転職して、周囲を驚かせることもありそうです。しかしとっぴな行動であろうと、やりたいことをやったほうが、下手に小さくまとまるよりは、充実感を得られるでしょう。

適職は、ツアーコンダクターなどの旅行会社業務員、通訳、特派員、バイヤー、放送作家などです。留学や海外生活のアドバイザーやコンサルタント業務なども適しています。

相性リスト

恋人	10月9・10・11日、12月12・13・14日
友人	4月9・10・11日、8月10・11・12日
手本となる人	2月11・12・13日
助けてくれる人	1月15・16・17日、3月28・29・30日、8月22・23・24日、11月3・4・5日
縁がある人	1月12・13・14日、11月9・10・11日

魔法の言葉

答えはイエス、です。それがあなたの自由を縛らないのであれば！

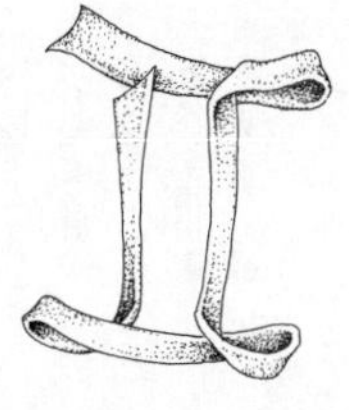

6月13日

双子座

♊

GEMINI

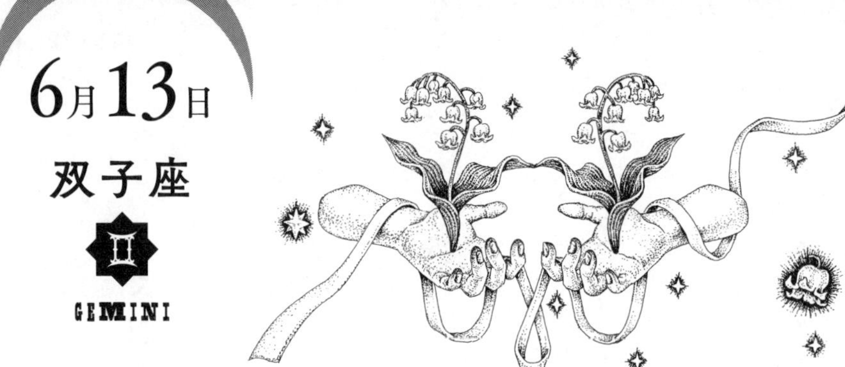

透明な知性とセンスの人

長所

自由を愛する。公平な目で物事を見る。個性的で独自の発想ができる。冷静で、感情に流されない。一貫性がある。

短所

周囲とかけ離れた行動を取る。人に対して冷淡な態度をとることがある。毒舌家。ひとりよがりなところがある。

この日生まれの著名人

山田邦子(タレント)/森口博子(タレント)/トマス・ヤング(科学者・考古学者)/メアリー・ケイト・オルセン、アシュレー・オルセン(女優)/市川実日子(女優)/本田圭佑(サッカー選手)

偏見にとらわれず、自分の頭で物事を考えようとする人です。通俗的なものだとか、ありきたりで常識的なものには興味をあまり示さないでしょう。そのため、身の回りを見渡してみても、関心をひかれるものが見つからず、情熱を傾けるべき仕事を発見するまでに時間がかかるかもしれません。ただ、いったん「これだ！」と思う何かに出会えば、それを突き詰める仕事につき、熱心に働きます。

そういうタイプゆえ、他人に押しつけられた仕事や人生には満足することができません。必然的に自立した生き方を求めるようになるでしょう。人間関係はまずまずスマートにこなしますが､心許せる存在は少なそうです。周りの人間のほうも、この人のことを「何を考えているか分からない」と感じがち。そのため、若いうちは周囲から疎外されているような気がして、落ち着かない気分が続くかもしれません。でも、天職や自分らしい生き方を見つけたあとでは、人から尊敬される存在となるはずです。

あなたの愛の形とは？

「平凡だけど幸せ」。この境地ともっともかけ離れたのが、この日生まれの人です。なぜなら本人にとっては普通と思えることも、ほかの人の目には、このうえなく非凡に映るためです。そんなタイプですから、受け入れ、愛してくれる相手を選ぶとなると、自然非凡でスケール

が大きな人に帰結するでしょう。

また告白されたからというのは、交際をする理由にはなりません。自立心が強いから、愛されるよりも愛することを望むのです。さらに感情に流されることを嫌うので、甘い言葉や親切な態度に酔うこともありません。このような性向のため、恋は数奇な運命をたどりがち。場合によっては孤独の時間が長いかもしれません。

それでもいつか必ず魂が納得できるような相手にめぐりあうことができるはずです。それまで自分の感覚を信じ、心を偽らずに生きていくことが大切でしょう。

あなたの才能と人生のテーマ

ユニークで、なおかつ高邁な世界を見つめている人です。昔の人が持っていた気品と、現代人が持っているとらわれない自由な表現方法を目指しています。そのため、多くの人から認められるタイプにはなりえず、一部の人から熱狂的に支持されることを目指すようになるでしょう。

社会の中では、大衆に省みられることが少ないものの価値を再確認する仕事、または孤独な環境の中で、自分の能力を最大限に発揮する業務などが適しています。感情に左右されず遂行できる能力を生かす現場も向いています。つきたい職業が見つからない場合は、自らそのジャンルのパイオニアになる可能性もあるでしょう。

適職は、オペレーター、音響関係技師、美術評論家、画廊経営者、作家、パイロットなどです。大企業に勤務するよりは、少人数の仲間で起業するほうが、仕事も軌道に乗りやすいでしょう。

相性リスト

恋人	10月10・11・12日、12月13・14・15日
友人	4月10・11・12日、8月11・12・13日
手本となる人	2月12・13・14日
助けてくれる人	1月16・17・18日、3月29・30・31日、8月23・24・25日、11月4・5・6日
縁がある人	1月13・14・15日、11月10・11・12日

魔法の言葉

いったん期限を切ると、また何かが違ってくるはずです

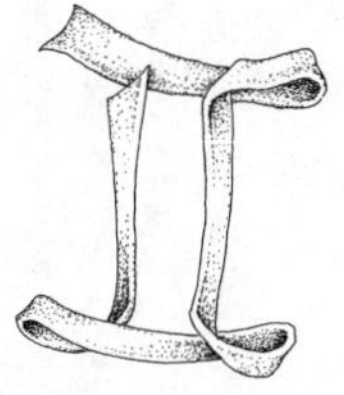

6月14日
双子座
♊
GEMINI

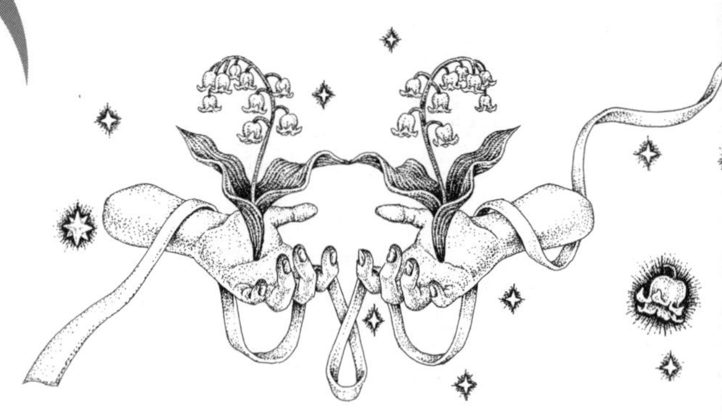

スマートな器用人

長所

割り切りが早い。器用。順応性が高い。話題が豊富。会話が巧みで人をひきつける。斬新な考え方を受け入れる。

短所

打算的。小さなことにこだわる。ずる賢く立ち回る。人を出し抜くことがある。趣味に一貫性がなく、コロコロ変わる。

この日生まれの著名人

川端康成（作家）／チェ・ゲバラ（革命家）／椎名誠（作家）／大塚寧々（女優）／シュテフィ・グラフ（テニス選手）／中川大志（俳優）／藤井風（ミュージシャン）／比嘉愛未（女優）

時代の変化が早い現代を生きるのにピッタリの性質を持つ人です。何かが流行ると、いち早く興味を示しますが、それに執着することがないのです。そのため、「取り残される」という感覚がこの人にはあまりありません。いくつになっても新たな時代、新たな流行に乗っていくことができるでしょう。

ただ、ウェットなタイプの人間には嫌われることも。何かに執着しやすい人から見ると、浮ついた人間に見えてしまうようです。器用であることも、妬みを買いやすい原因のひとつ。例えば職場では、会社の方針や上司が変わると、普通は戸惑うものですが、この人は見事に順応します。それは変わり身の早いカメレオンのように見えるのです。

このように対人関係では苦労することもありますが、自分の特性を押し殺す必要はありません。変化への順応力の高さをうまく利用することを考えて。伝統のある老舗社会や地域など、変わりゆくものを嫌う場所からは離れたほうが成功するでしょう。

あなたの愛の形とは？

自由を愛する人です。そして自分だけでなく、愛する人の自由も尊重しようとする、とらわれのない心を持っています。

例えば、愛する人が新天地を求めて旅立つとしたら、それを笑顔で見送ることができるでしょう。人によって

はそれが冷淡な態度に見えるかもしれません。とくに古典的な感性を持つ人からは、割り切りすぎるとか、ドライと言われることもあるでしょう。

でも本当のところ、この日生まれの人は愛することと、執着することの違いをもっともよく理解できているのです。たとえ寂しさを感じても、愛する人がそれで成長できると思う喜びのほうが大きいのです。何者にもこだわらない、縛られない広い愛を持っているのに、それを理解してくれる人は少ないかもしれません。でも、本当に理解してくれる相手とは、地球のどこにいても、どんな形であっても心で結びつくことができる、最高の愛の形を築くことができるでしょう。

あなたの才能と人生のテーマ

この日生まれの人の心の中は、まるで人格化した才能が何人も住んでいるようなものです。だから一度にふたつ以上のことをこなせる器用さがあります。また常に新しいニュースを受信し続けられるのです。またこの人が、ひとつのものに向かうことができないのも、内部にいる大勢の人々をまとめることが難しいからなのです。

それでも、現代社会では、その器用さ、敏速さ、そして情報をキャッチし、処理する能力を存分に生かせるでしょう。新鮮なものを同時に、しかも複数扱える才能で、一躍時代の寵児になれる可能性すら秘めています。ただし、新しさを求めるといっても、途中で投げ出してばかりいると、何事も成し遂げられないので気をつけましょう。適職は、ジャーナリスト、テレビやラジオのキャスター、雑誌のライター、講師、気象予報士などです。複数の会社を運営する経営者も夢ではないかもしれません。

相性リスト

恋人……………… 10月11・12・13日、12月14・15・16日
友人……………… 4月11・12・13日、8月12・13・14日
手本となる人…… 2月13・14・15日
助けてくれる人… 1月17・18・19日、3月30・31日、4月1日、8月24・25・26日、11月5・6・7日
縁がある人……… 1月14・15・16日、11月11・12・13日

魔法の言葉

そのことの答えは、本当は、あなたには
もうわかっているでしょう?

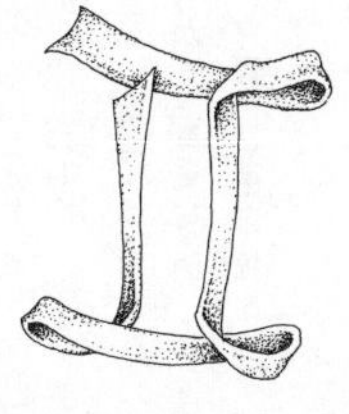

6月15日

双子座

GEMINI

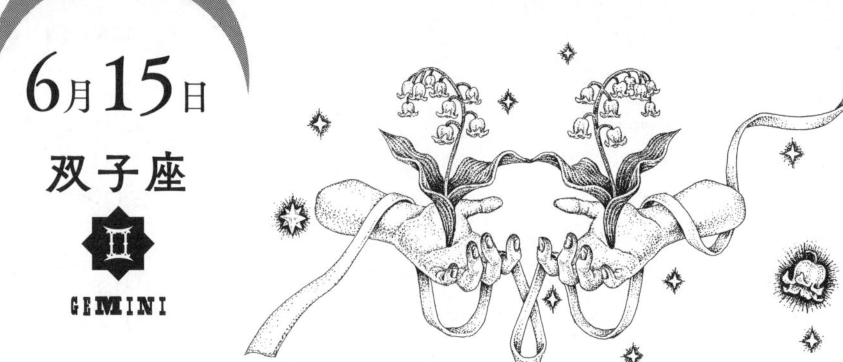

サービス精神が旺盛な芸術家肌

長所

サービス精神が旺盛。エンターテナーの才能がある。感覚が鋭く、人気がある。人が求めているものをキャッチできる。

短所

八方美人。自意識が強く人の目を気にしすぎる。楽しいことばかり追い求めて、地道なもの、苦労を伴うものを嫌う。

この日生まれの著名人

伊東四朗（タレント）／細川たかし（歌手）／岩崎良美（歌手）／オリバー・カーン（サッカー選手）／亀山千広（プロデューサー）／おかざき真里（漫画家）／南沢奈央（女優）／田中樹〈SixTONES〉（歌手）

人を楽しませよう、喜ばせようとする性格の持ち主で、サービス精神がとても旺盛なタイプです。ユーモラスな感覚も持っているので、コメディアン的な成功を収めるかもしれません。でも、「笑わせ屋」ということでは終らないでしょう。この人は芸術的な感性にも優れているので、そちらの才能が開花する可能性もあるのです。

どこにいっても人気者でいられますが、それに溺れてしまうのは危険。いつも人に囲まれていると、孤独でいることに馴れないままで成長することになります。その結果、必要以上に人を持ちあげたり笑わせたりして、孤独を避けようとしがちに。そして自分の気力を使い果たしてしまう心配があります。ときにはひとりになることを習慣にしましょう。そうすれば、それを楽しむ能力が自分にそなわっていることに気づくことができるでしょう。孤独は芸術的感性を磨くための時間にもなります。絵を描いたり音楽を聴いたりする時間に没頭すれば、寂しさも感じなくなるはず。

あなたの愛の形とは？

愛する人を楽しませること、そして何より好きな人から思われることを求めている人です。芸術的なものを好みますが、必ずしも恋人やパートナーの外見にはこだわりません。

この日生まれの人が相手の愛を実感するのは、尽きない会話をしているときです。それも、自分の美しさや才

本音と建て前があって当たり前。すべてを口にする必要はありません

能、または相手にしてあげたことへの感謝を、しっかりと言葉にしてもらうときなのです。問題なのは、賞賛のシャワーを浴びていないと気が済まず、好きではない異性を相手にしてしまうようなところでしょう。その浮わついた気持ちが恋のトラブルを引き起こすこともあります。

持ち上げる言葉ばかり求めず、日常的な会話の中からも愛を見出せるよう注意を払ってください。そうすれば、寂しさを感じることもなく、目の前にいるパートナーとの充実した時間を過ごせるようになるでしょう。

あなたの才能と人生のテーマ

ユーモアのセンスがあり、人を楽しませることが得意です。しかしそれは、ただおもしろおかしいだけではなく、気品や美しさを感じさせるでしょう。あるいは、芸術にまで昇華された喜劇を連想させる、奥の深い笑いを提供することができる人です。

このセンスを生かすには、芸術や芸能の方面が最適でしょう。また、人を楽しませる話術は、サービス業全般で即戦力になるはずです。さらに、その場の雰囲気を華やかに変える力を、インテリアやエクステリアの美化に応用することも可能でしょう。環境的には、人間のぬくもりを感じられる場所が適しています。逆に反応が帰ってこないとやる気をなくしてしまうので、孤独な環境の中での作業はあまりおすすめできません。

適職は、美容師、ファッションモデル、タレント、インテリアコーディネーター、ガーデナーなどです。

相性リスト

恋人……………… 10月12・13・14日、12月15・16・17日
友人……………… 4月12・13・14日、8月13・14・15日
手本となる人…… 2月14・15・16日
助けてくれる人… 1月18・19・20日、3月31日、4月1・2日、8月25・26・27日、11月6・7・8日
縁がある人……… 1月15・16・17日、11月12・13・14日

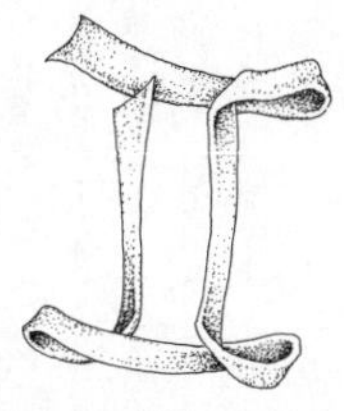

6月16日

双子座

GEMINI

共感する心の人

長所

理性的。筋道立てて物事を考えられる。ときに直感に恵まれることもある。見ず知らずの人のために心を痛める優しさ。

短所

迷いやすい。自信喪失しがち。権威に弱いが、それに従うことにためらいもある。ストレスに弱く、人に甘えられない。

この日生まれの著名人

ねじめ正一（詩人・作家）／Char（ミュージシャン）／ほんこん（お笑いタレント）／大橋歩（イラストレーター）／松本英子（歌手）／村上〈Aマッソ〉（お笑いタレント）／堂安律（サッカー選手）

理性的な知性の力と直感的なイマジネーション力を併せ持っています。頭脳を生かす仕事、感性を生かす仕事、どちらでもやっていける人。でも、この両方を使う仕事についたほうが大成功できるでしょう。能力を偏りなく使うことを目指すべきです。

ただ、人間関係においては、このふたつの能力が混ざり合って発揮されることがトラブルにつながることも。例えば、貸したお金を返してくれないばかりか、筋の通らないいいわけをする相手にも、「それはおかしい」と反論しつつ、結局、苦境にある相手の心境に同情してしまうからです。でも、相手の立場を想像し、それに共感できることは、人から好かれるポイントのひとつ。理性のみで生きるほうが、正論を通しやすいし、ズバズバと人を切り捨てることもできるでしょうが、感性の部分も大事にしてください。自分の中に矛盾した気持ちを抱え込みつつ生きることは、哲学的な問いへの答えを見つけることにもつながっていきます。奥行きのある人間になれるでしょう。

あなたの愛の形とは？

愛する人のわずかな変化も見逃さない注意深さと、彩り豊かな感性とを持っている人です。そのため、恋をしたら、相手の立場に立って考えすぎ、それに振り回されることすらあるでしょう。例えば、恋人のわずかな声の変化から、まずストレスや疲れを読み取るでしょう。そ

人は超能力者ではないのです。言葉で伝えなければ伝わりません

してそれだけにとどまらず、仕事で上司に嫌がらせをされる姿まで、リアルに思い描いてしまうのです。そのために心を痛めて沈み込んだり、また別のときには幸せに満ちた表情をしたりするのです。

このたくましすぎる想像力のせいで、相手からは気持ちが変わりやすい人と思われるかもしれません。退屈させない魅力もありますが、いたずらに不安に陥らせる恐れもあります。愛する人の変化が気になったときには、深く考えず相手に質問しましょう。そして答えを聞いたら詮索しないで、その言葉を信じるといいでしょう。

あなたの才能と人生のテーマ

物事を見極める透徹な目と、豊かなイマジネーションが与えられている人です。多角的に物事を見て、それを色鮮やかに脚色します。それは、例えば些細な出来事から、ひとつの完結した物語を想起するようなもの。ひとつの物事を豊富なバリエーションに膨らませることができる才能があるのです。

この力で、実際にできることは数多くあります。自分で何かをつくり上げることもできますが、人の中の可能性を引き出すことをサポートする道もあるでしょう。とくに理性と思いやりの心をバランスよく持っている資質と、相手の立場に立って物事を考える思考力は、多くの人の心に安らぎを与えるでしょう。

適職は、占い師、カウンセラー、介護福祉士、リハビリテーション師、楽器演奏家、画家などです。企業の中では、企画開発などのプランニングの仕事で活躍できるでしょう。

相性リスト

恋人……………… 10月13・14・15日、12月16・17・18日
友人……………… 4月13・14・15日、8月14・15・16日
手本となる人…… 2月15・16・17日
助けてくれる人… 1月19・20・21日、4月1・2・3日、8月26・27・28日、11月7・8・9日
縁がある人……… 1月16・17・18日、11月13・14・15日

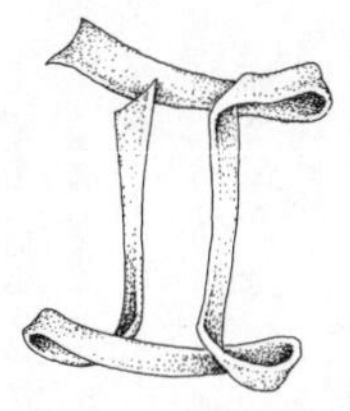

6月17日

双子座

GEMINI

器用でかつ努力の人

長所

多角的に物事に対して興味を抱く。要領よく、コツを吸収する。目標に向かって努力する。努力を惜しまず成功する。

短所

ステイタスを意識する。コンプレックスが強い。負けず嫌いのところがある。人づき合いが表面的になることも。

この日生まれの著名人

マウリッツ・エッシャー（画家）／加藤紘一（政治家）／山寺宏一（声優・俳優）／城彰二（サッカー選手）／ＩＬＭＡＲＩ（RIP SLYME）（ラッパー）／二宮和也（タレント）／麻生久美子（女優）／波瑠（女優）／鈴木福（タレント）

何をやらせてもコツをつかむのがうまい人で、器用さを仕事や人生にうまく生かすことができるでしょう。しかも、その能力に溺れてしまい、器用貧乏で終わるタイプではありません。この生まれの人は努力家でもあるからです。そんなこの人が専門的な技術や知識を身につければ、まさに鬼に金棒でしょう。手先の器用さ、立ち回りの器用さを利用しつつ、コツコツと修練を積み、やがてその分野で成功を収めます。最小のコストで最大の結果を出すための方法を考えるのも得意ですから、商売でも成功するでしょう。

ただ、人づき合いに対しては不器用な面もあります。誰とでもスムーズに親しくなりますが、つき合いを長く続けていける相手は限られているはず。相手の考えやペースなどに自分を合わせるのは得意ですが、それが好きなわけではありません。つき合い続けたほうがメリットになるとわかっている相手であっても、疲れを感じるようになると、自分のほうから離れてしまうようになるのです。

あなたの愛の形とは？

とてもまじめな人です。好きな人の前では、まっすぐな気持ちで向き合います。ただ、ひたむきすぎて、要領が悪いところがウィークポイント。例えば誠実であろうとすればするほど、言葉を選びすぎて何も言えなくなってしまうようなところがあるのです。それで相手は、「気

分を害しているのかな」、と誤解してしまうかもしれません。ほかのことでは器用なのに、恋愛に関しては驚くほどぎこちなくなる人なのです。

だからといって、適当なことを言うことも、いい加減な態度で接することも、この人にはできません。でも、不器用だからといって嘆くことはありません。言葉にしなくても態度で判断してくれる、心の広い人、見る眼のある人は必ずいます。無理をして自分を捻じ曲げるよりも、むしろ、そんな部分をいとおしんでくれるような人を愛するほうが早いでしょう。自信を持って自分を貫いてください。

あなたの才能と人生のテーマ

頭がよく、飲み込みが早い人です。そのうえきちんと確認してから行動に移す慎重な面も持っているので、失敗を未然に防ぐことができます。手先の器用さは、着実な努力の賜物です。ひとつのことをやり遂げる誠意と、効率的に作業を行うことができる知性が最大の強みでしょう。

この着実な性格のため、たいていの分野で大成できる力を持っていますが、やはり自分が興味を持つものに特化させたほうがいいでしょう。ひとつの物事に精魂を込めるので、疑問を持ちながら仕事をすると心身にダメージを受ける恐れがでてきます。逆に好きなことなら、疲れはしても、充実感や達成感が、それをねぎらってくれるでしょう。

適職は、彫刻家、公務員、不動産鑑定士、弁護士、マッサージ師などです。企業に入る場合は、社会への貢献度が高いと自分で納得できる会社がいいでしょう。

相性リスト

恋人	10月14・15・16日、12月17・18・19日
友人	4月14・15・16日、8月15・16・17日
手本となる人	2月16・17・18日
助けてくれる人	1月20・21・22日、4月2・3・4日、8月27・28・29日、11月8・9・10日
縁がある人	1月17・18・19日、11月14・15・16日

もうちょっとだけやってみましょう。うまくいくコツがつかめます

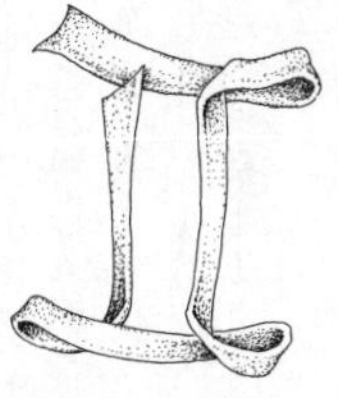

6月18日

双子座

GEMINI

切り替えが早く決断力のある人

長所

臨機応変。パワフル。実行力がある。決断力があり、すぐに行動に移せる。機を見るに敏い。竹を割ったような明快さ。

短所

短気。浅慮。慎重さに欠ける。自己中心的。感情的になりやすい。攻撃的。猪突猛進。人の価値観を受け入れられない。

この日生まれの著名人

横山光輝（漫画家）／ポール・マッカートニー（ミュージシャン）／細川直美（女優）／久保竜彦（サッカー選手）／KREVA（ミュージシャン）／大槻義彦（物理学者）／松村北斗〈SixTONES〉（タレント）

頭の回転が速いうえ、実行力にも長けているので、迷うことの少ない人生を歩みます。ピンと来たものには誰よりもすばやく飛びつき、それを成功させるためにパワフルに動きます。でも、途中で「これはダメかも」と気づいたならば、ここまで注いできた労力がもったいないとわかっていても、スッパリ止めてしまうでしょう。未練がましく無駄な努力にしがみつくことをしない人です。

ウジウジしないサッパリした人柄は、他人に好かれるポイントですが、慎重な他人から見れば、この人はとても衝動的で、短気に映るかもしれません。確かにそういうところはあるし、そのために失敗することも多いでしょう。けれども、失敗からの切り替えの早さは次のチャンスをつかむために重要なもの。忍耐強く続けることだけで成功するタイプではありませんが、この人はその逆に、次から次へとやってくるチャンスをすばやくつかまえることで、必ずいつか成功を手に入れるはずです。

あなたの愛の形とは？

ターゲットを決めたら、そこにたどり着くまでわき目も振らずに行動できる、並外れた集中力を持っている人です。好きな人が現れたら、自分から相手に近づいていくでしょう。そのときにはほかのものが一切見えなくなるので、情熱的な恋をする人と見られるかもしれません。それでも、相手が失望するような性質を持っていたと判

明したときには、周囲が驚くくらいの潔さで、撤退することもあるのです。そして終わった恋のことは振り返ることはないでしょう。

また、いつでも自分がイニシアチブをとっていたいので、愛されることよりも愛することを選びます。相手を追うことしか考えないところがあるため、先に相手から愛され、追われると戸惑ってしまうことが多いでしょう。しかし、それも恋の可能性のひとつです。相手に選ばれて始まる恋も受け入れ、楽しんでみると、別な世界が見えてくるかもしれません。

あなたの才能と人生のテーマ

決断力と未来志向の強さで、運命を切り開く、パワフルな人です。チャンスと思ったら、考える前に行動します。たとえそれで失敗しても、自分の中に残さないでうまく流し、次の機会を狙える人です。その割り切りとレスポンスのよさで好機をつかみます。

仕事をするなら、未来を切り開く分野に活躍の場がありそうです。行動的で自分をアピールする力もあるので、組織やグループのリーダーに推されることも多いでしょう。そんな状況になれば、部下のために力を尽くします。また正義感も強いので、社会的な弱者を救済する職業に興味を示すかもしれません。打たれても、叩かれても、自分が選んだ道であれば、まっすぐに突き進んでいくでしょう。

適職は冒険家、スポーツ選手、フォトグラファー、政治家、福祉事業家などです。業務の形態は、大企業よりも、自由に動けるフリーランスのほうが向いています。

相性リスト

恋人…………………… 10月15・16・17日、12月18・19・20日
友人…………………… 4月15・16・17日、8月16・17・18日
手本となる人…… 2月17・18・19日
助けてくれる人… 1月21・22・23日、4月3・4・5日、8月28・29・30日、11月9・10・11日
縁がある人……… 1月18・19・20日、11月15・16・17日

ためらってばかりでは進めません。
ためらいのループから抜け出るとき

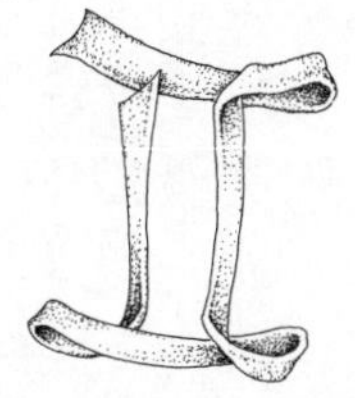

6月19日

双子座

GEMINI

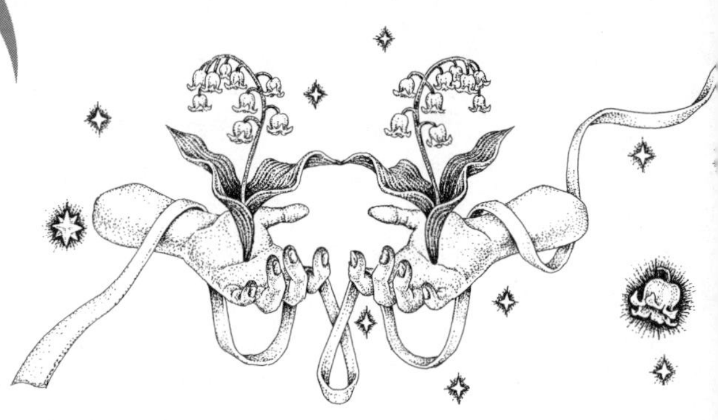

大きく相手を包み込む人

長所

心が温かい。人を許容する力と包容力がある。人の痛みがわかり、共感する能力が高い。偏見や先入観を持たない。

短所

思い込みが激しくだまされやすい。きれいごとだけ見ようとする。計画性がなく、目先のことだけ見る。夢見がち。

この日生まれの著名人

アウンサンスーチー（ミャンマーの民主化指導者）／太宰治（作家）／キャスリーン・ターナー（女優）／温水洋一（俳優）／宮里藍（プロゴルファー）／広瀬すず（女優）

この生まれの人は広い包容力の持ち主です。欠点のある人でも受け入れてしまう懐の大きさが魅力。人の気持ちに同調する共感性が高いうえ、小さなことにクヨクヨしない寛容さをそなえ合わせているからでしょう。

とはいえ、楽観的で人がいいという性格はこの人の短所となることもあるでしょう。細かいことは気にしないせいで、緻密な詐欺にあったりすれば、ひと財産をアッサリ持っていかれてしまうかもしれしません。また、先のことを考えずに浪費して、失敗することもありそうです。他人について、将来について、もう少しじっくり吟味するクセを持てば、思わぬ失敗をすることがなくなるはずです。

ただ、案ずるばかりがよいとも言えません。将来や仕事の展望に対しては、理想を高く持ってください。そのほうが、持ち前の明るくポジティブなパワーが強まり、成功に近づけるでしょう。

この人はタレント性もあるタイプですから、芸能界や表現の世界で活躍することも可能です。多くのファンをひきつけることができるでしょう。

あなたの愛の形とは？

突き抜けた明るさを持つこの日生まれの人。徹底した楽観主義者で、好きになった人の弱点や欠点も、魅力としてとらえます。そこまではいいのですが、これがエスカレートすると、例えば冷たい態度は知的に見えるし、

身勝手な態度も自分に正直だというようになります。つまり、相手を理想化してしまうのです。実際にトラブルが起こっているのに「あの人はそんな人じゃない」といって、問題から眼をそらしてしまうと、自分はもちろん相手も成長できなくなってしまうでしょう。

人間らしさを愛する懐の広さを持った人と、単に「NO」を言うことができない人とは違います。ありのままの事実を見つめる勇気も必要でしょう。その区別をきちんとつけられるようになったとき、持ち前の楽観主義がいい方向で生かされるでしょう。そして、相手のことをありのままに受け入れる、愛の人になれるでしょう。

あなたの才能と人生のテーマ

自ら光り輝くことが、この日に生まれた人が持つ最大のパワーです。華やかなムードづくりが上手で、この人がいるだけでその場の雰囲気が明るく変わるでしょう。また、周囲の人にも活力を与えることができます。人の気分を変えること、そこには大きな可能性が眠っています。暗くなった気持ちを引き立てることで、景気が底上げされたり、社会に希望が生まれたりするのです。

この力を社会の中で役立てるためには、人前に出て活躍するような職業を選ぶことが重要です。縁の下の力持ちのような役割よりも、表舞台で華やかに活動することが似合っています。ただ緻密な計算をしたり、計画を立てることは苦手なので、サポートしてくれる人が必要でしょう。

適職は、俳優、コメディアン、ジュエリーデザイナー、弁護士、映画監督などです。企業に勤める場合は、営業職などで業績を上げることができそうです。

相性リスト

恋人	10月16・17・18日、12月19・20・21日
友人	4月16・17・18日、8月17・18・19日
手本となる人	2月18・19・20日
助けてくれる人	1月22・23・24日、4月4・5・6日、8月29・30・31日、11月10・11・12日
縁がある人	1月19・20・21日、11月16・17・18日

魔法の言葉

もう準備は整っているのでは。一手を出すのはあなたからです

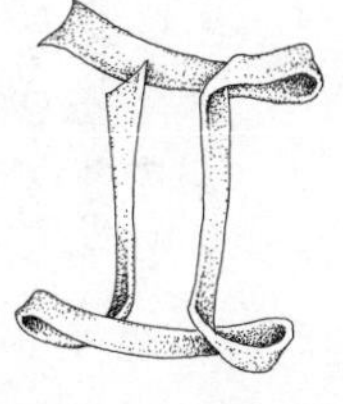

6月20日

双子座

GEMINI

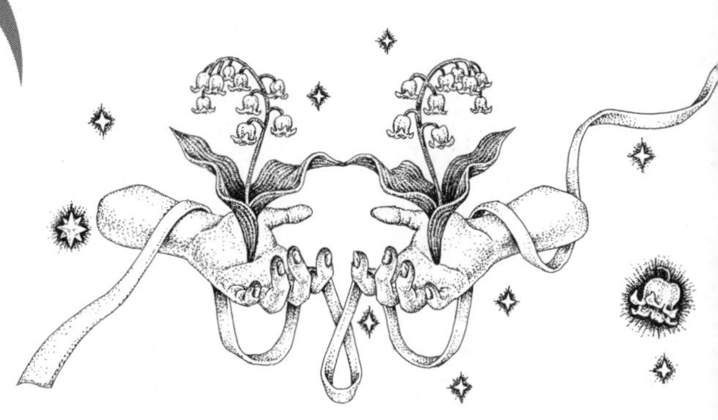

鋭敏なアンテナを持つ人

長所

鋭敏な感覚を持つ。察しがいい。素直で温かい。子供や社会的弱者を厚遇する。サービス精神が豊かで、自分を顧みず尽くす。

短所

言うことがコロコロ変わる。おせっかい。押しつけがましい。八方美人。その場しのぎのいいわけが多い。計画性がない。

この日生まれの著名人

石坂浩二（俳優）／河合その子（タレント）／鷺沢萠（作家）／大坪千夏（アナウンサー）／ニコール・キッドマン（女優）／相武紗季（女優）／ＡＹＡＫＡ〈NiziU〉（歌手）

他人の気持ちや、その場の雰囲気などに非常に敏感なタイプです。よく気が利く人、機転が利く人として、どんな場所でも重宝がられるはず。「かゆいところに手が届く」という言葉通りの働きができるので、サービス業、癒し系の仕事でも成功しやすいでしょう。相手が必要とするものを確実に迅速に与えられるはず。

弱点としては、発言に一貫性がないことが挙げられます。これは、その場の状況だとか、そこに集まっている人の心境などに素早く反応し、そこで期待されている答えを無意識のうちに言ってしまうせいでしょう。そのサービス精神は買いますが、それが逆に他人の迷惑になる可能性もあるものです。「あと、どれくらいかかりますか？」と聞かれれば、相手が「もうすぐです」という答えを待っていると感じても、それが真実でないならば、本当のことを告げる勇気を持つべき。ガッカリした顔を見たくないからと「すぐできます」なんて言えば、あなたの信用が失われてしまうだけです。

あなたの愛の形とは？

もともと知的な人ですが、精緻な感度で人の心を探る力と、また相手を傷つけまいとする優しさも持っています。恋をすると、さらに繊細に、いっそう叙情的になっていくため、普通の場面では考えられないようなナイーブな部分を恋人の前で見せることがあります。

ひとりの時間は、ロマンチストらしさを発揮して、恋人と過ごす時間をイメージして楽しみます。ただし恋への思い入れが強いため、現実離れした夢想につながっていくこともありがちです。現実との格差が大きくなって失望する原因になるので、ほどほどにしておいたほうがよさそうです。

また人の喜ぶ顔を見ることも好きで、好きな人にはよく尽くします。例えば、パートナーが望みそうなものをあらかじめ用意するなど、気が利くところを見せるでしょう。恋の相手は、優しく気配り上手な人よりも、主導権を握って引っ張ってくれる人のほうが似合いそうです。

あなたの才能と人生のテーマ

鋭い観察力と知性を持っている人です。そこに相手を思いやる優しさも加わり、何も言わない相手の気持ちを察知する力が生まれるのです。

この能力は、人との関わりを抜きにして語れないものです。社会の中では、進んで人の輪の中に飛び込んでいく職業を選ぶといいでしょう。相手の気持ちを察知する力は、人の心の悩みを軽くする分野、あるいは望みを叶える手伝いをする分野で生かすことができるでしょう。そこに専門知識を加えると、アドバイザーとして成功することもできるでしょう。

ただ相手の望みを引き受ける仕事は、それだけストレスもたまりやすいもの。いかに気分転換が上手にできるかによって、仕事への満足度も変わってきそうです。

適職は、精神科医、看護師、作業療法士、ケアマネージャー、介護福祉士、心理カウンセラー、アドバイザー、サービス業全般、などです。

相性リスト

恋人	10月17・18・19日、12月20・21・22日
友人	4月17・18・19日、8月18・19・20日
手本となる人	2月19・20・21日
助けてくれる人	1月23・24・25日、4月5・6・7日、8月30・31日、9月1日、11月11・12・13日
縁がある人	1月20・21・22日、11月17・18・19日

リベンジのときが来たようです。今度こそはきっとうまくいくはず

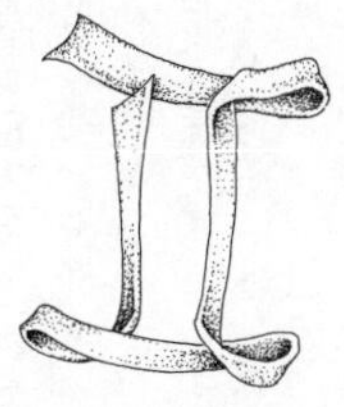

6月21日

双子座

♊

GEMINI

隠し事が下手な明るい人

長所

好奇心が旺盛。率直。自分にも他人にもうそがつけない。深慮遠謀がある。心配りができる。人を安心させる雰囲気の持ち主。

短所

率直過ぎて遠慮がない。飽きっぽい。やりかけたことを途中で投げ出すことが多い。行き当たりばったりのところがある。

この日生まれの著名人

ジャン・ポールサルトル〈作家・哲学者〉／フランソワーズ・サガン〈作家〉／長山藍子〈女優〉／青山剛昌〈漫画家〉／向井康二〈Snow Man〉〈タレント〉／高城れに〈ももいろクローバーZ〉〈歌手〉

　この生まれの人は、知的で賢く、開放的で明るい気質の持ち主。大らかで、とても魅力的なキャラクターです。根が楽天的で、細かいことにはこだわらないので、一緒にいる人はとてもラク。人に気を使わせないところも長所でしょう。周囲からも人気があり、あなたがいるだけで、場が和んだり、楽しくなったりします。自分をオープンに見せるタイプなので、隠しごとはできません。うそをつくとすぐ顔に出てしまい、周囲にバレてしまいます。裏表がなく、自分を飾ることもないので、とても信用できる人です。

　一見、のほほんとした性格に見えますが、意外と哲学的な思考を持っていて、ものの見方や価値観も自分なりの一貫した考えがあります。協調性はあるのですが、周囲に左右されたり流されることは少なく、とてもマイペース。人からどう思われようと、自分のやり方で物事を進めます。新しいものを取り入れる柔軟性も高く、好奇心も旺盛。いろいろなことに興味を抱き、趣味も多様なので、いくつになっても若々しくいられるタイプでしょう。

あなたの愛の形とは？

　知的で軽妙な会話を楽しめる人です。陰湿なところがなく、一緒にいる相手の気持ちを盛り立て、飽きさせないところが魅力です。ただ、そのガラス張りのような心が、恋愛となるとさわやか過ぎるとか、ムードが欠如し

ているという印象を与えることもあるのです。

例えば、好きになったときには「好きだから」と明るく、人前でも言ってしまいます。それが、繊細なタイプの人には無神経に見えたり、あるいは大仰で真実味がないとみなされるかもしれません。

それでも、この人にとってはそれがベストなのです。逆に秘密の多い恋や、陰に隠れてつき合うような関係では窒息しそうになってしまいます。公明正大に太陽の下で愛を公言できるような愛。それを受け入れてくれる人と、さわやかな愛情をはぐくむこと。それがこの日生まれの人にとって、幸せへの最短距離となるはずです。

あなたの才能と人生のテーマ

多方面に興味のアンテナを張り巡らせる人です。またそこで得た知識や情報を人のために役立てるよう、工夫します。ひとつのことにじっくり取り組むよりも、夢を追いかけてより広い世界に出たいと思っています。

その才能で、広く世界をカバーすることを目指していくと、社会的に成功できるでしょう。縮小よりも拡大路線、単線よりも複合路線が似合っています。

また、もしも、守秘義務のある仕事についたとしても、クライアントの秘密を守る常識は持っている人です。ただ、うそがつけないのと同様に隠しごともできないタイプで、どちらかというと知りえたことを公開したい気持ちが強いでしょう。閉鎖的な環境や人の秘密を守る仕事よりも、風通しのよい職場、開かれた環境でできる仕事が適しています。

適職は、通訳、外交官、バイヤー、映画監督、特派員、添乗員などです。

相性リスト

恋人……………… 10月18・19・20日、12月21・22・23日
友人……………… 4月18・19・20日、8月19・20・21日
手本となる人…… 2月20・21・22日
助けてくれる人… 1月24・25・26日、4月6・7・8日、8月31日、9月1・2日、11月12・13・14日
縁がある人……… 1月21・22・23日、11月18・19・20日

策を画(かく)するのはやめましょう。正直さが強さにつながるときですから

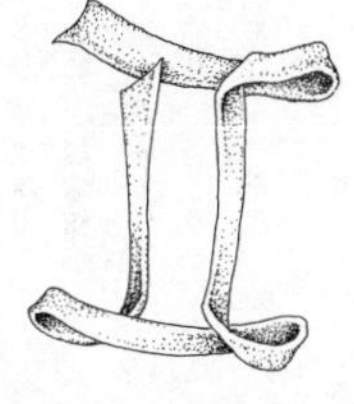

6月22日

蟹座

CANCER

優れた観察眼の持ち主

長所

観察力が優れている。優れた記憶力を持っている。文化に対する造詣が深い。純粋で、人との信頼を大切にする。

短所

傷つきやすく、過去の影を引きずる。プライドが高すぎて、素直になれず、やせがまんする。二面性がある。

この日生まれの著名人

山本周五郎（作家）／メリル・ストリープ（女優）／阿部寛（俳優）／斉藤和義（ミュージシャン）／柳美里（作家）／平野啓一郎（作家）／加藤ローサ（タレント）／伊野尾慧〈Hey! Say! JUMP〉（タレント）

いつまでも子供のような純真さを失わない人です。無邪気で寂しがりやで、自分が信頼できる人といつも一緒にいたい、寄り添っていたいという気持ちがとても強いタイプ。でも、そこに至るまでは、とても慎重で人見知りする傾向もあります。相手が信頼できる人かどうか、鋭い観察眼で相手の言動をチェック。そして信頼できると判断したら、なついていきます。いったん心を許した相手には深い愛情を注ぎ、決して裏切りません。

ただ、それが相手への依存心や執着心につながることも。それが高じると相手から疎まれることもあるでしょう。純粋な愛情の持ち主なので、裏切られたと感じると、深く傷ついてしまいます。

また、誇り高いところがあり、自分の感情を内に隠してしまう場合もあります。そうなると、大勢の中にいるときと、ひとりのときや親しい人といるときとではギャップが出てくることが。自分の本心や本当の姿は、ごく限られた親しい人にしか見せません。

さらに、このタイプは記憶力が抜群。細かいこともよく覚えていて、映画や本の内容なども、細部まで記憶しています。美術や文学に対する独特の才能を持っていることもあるでしょう。

あなたの愛の形とは？

純粋で繊細な精神を失わない人です。自分が選んだ人のことは、完全に信頼し、心を捧げます。その相手がも

し、突然冷たい態度を取ったり、乱暴な言葉を言ったりしたときには、深く傷ついてしまうのでしょう。

でもそれは心が未熟であるということではありません。恋に傷ついたとき、人は心を閉ざしたり、シニカルな態度で異性を見ることがあります。

しかしこの日生まれの人は、たとえどんなに涙を流しても、心の柔軟さまで失うことはないのです。胸の痛みというリスクを背負ってでも、みずみずしい心のまま、人を愛することを選んでいるのです。実際、この日生まれの人は、どんなに心の傷を負っても、それを静かに受けいれ、人に見せることはないでしょう。真の意味で自分を誇りに思っている人なのです。

あなたの才能と人生のテーマ

優れた観察眼と記憶力を持っている人です。言葉や美に対するセンスは卓抜したものがあります。また、繊細な感性を持っているので、自分の心の動きにも、ほかの人の心の動きにも敏感に対応します。

この性質は、人の心を安心させたり、ほっとできる空間を提供するような仕事に向いています。どこか懐かしさを感じさせるもの、安らぎを覚えるものと縁が深いので、先進的でシャープなものを扱う仕事よりも、レトロで温かいものを扱う職業が向いているでしょう。また人の心を和ませたり、変化を微妙に嗅ぎ取ったりするところから、人の心と向き合う仕事につくのもいいでしょう。

適職は、作家、骨董商、サービス業、カウンセラーやアドバイザー。看護師、伝統家具の職人などです。企業の中では、ファイリング業務を主に行う部署や人事部などが適しています。

相性リスト

恋人	10月19・20・21日、12月22・23・24日
友人	4月19・20・21日、8月20・21・22日
手本となる人	2月21・22・23日
助けてくれる人	1月25・26・27日、4月7・8・9日、9月1・2・3日、11月13・14・15日
縁がある人	1月22・23・24日、11月19・20・21日

魔法の言葉

今のあなたは名探偵。冷静になれば一番の急所が見えてくるはずです

6月23日

蟹座

CANCER

上手なまとめ役

長所

繊細。情況判断能力がある。人の話を最後まで聞き、気持ちを察する。情報収集力と処理能力が際立っている。

短所

人の言葉や態度に過敏に反応し、落ち込みやすい。気持ちの切り替えが下手。浮上するまでに時間がかかる。

この日生まれの著名人

織田信長／筑紫哲也（ジャーナリスト）／南野陽子（女優）／ジネディーヌ・ジダン（サッカー選手）／高田みづえ（歌手）／芦田愛菜（女優・タレント）／シシド・カフカ（ミュージシャン・女優）

豊かな感性と、聡明さを併せ持つタイプです。物事や状況を瞬時に把握し、機敏に反応する能力には目を見張るものがあります。しかも、さまざまな情報を集め、話題を整理し、それを人に伝える能力にも長けています。混乱した状況も、あなたがまとめると筋道が通り、すっきり明快になるから不思議。そのうえ、共感力が高く、思いやりもあるので、周囲から頼られ、悩み相談を持ち掛けられることも多いでしょう。相手の気持ちを察し、心の中を整理してあげることができますから、優れたカウンセラーとしての資質も持っています。

ただ、感情や気持ちが不安定なところが弱点と言えます。ちょっとしたことで気分が落ち込んだり、些細なことに悩むことも多いでしょう。気持ちが変わりやすく、意志も弱いので、状況に流されてしまう傾向もあります。また、調子がよいときはいいのですが、一度つまずいたり挫折したりすると、なかなか立ち直ることができません。あなたの場合、少々のことではへこまない芯の強さを持つことが、人生を有意義にするためにも必要なことでしょう。

あなたの愛の形とは？

愛する人とともに生きることを、至上の喜びと感じる人です。大切な人にうれしいことがあったらともに喜び、悲しいことが起こったときには、本人以上に嘆き、涙を流すでしょう。実際この日生まれの人は、本当に相手と

感情や神経を共有しているのではないかと思うほど、相手の気持ちを察知するのに長けています。それは、相手の心理の変化をすばやく見抜く知性の賜物なのですが、その賢さを見せようとしない謙虚なところがあります。それゆえ、相手からも大切にされるでしょう。

ただし控えめになりすぎ、相手のいいなりになって、流されてしまうこともある点は問題です。自分から行動を起こさない場合は、共倒れになってしまうかもしれません。そうならないよう、危険を察知したときには、天から授けられた知性を生かし、踏みとどまれるような強さを身につけてください。

あなたの才能と人生のテーマ

感受性が鋭い人です。でも、感覚だけに頼らず、その受けたひらめきを、具体的に、実際的に応用したり、人に語ることができる人です。とりわけ人に伝える力は群を抜いていて、状況を説明するリアルさや、理解しやすさは定評があるでしょう。また相手に共感できるので、優れた聞き役にもなれるでしょう。

このコミュニケーションの力を生かせば、社会の中で必要不可欠な存在になれるでしょう。ニュースや情報を伝達する人、あるいは人の話を聞いて心を軽くする人、またはふたつの離れた世界をつなぐ架け橋として、活躍することができそうです。

頭がいいので、一生懸命やればどんなことでもできる人です。ただ根気がなく飽きっぽいところには注意してください。何事も腰をすえてやらねば大成しません。

適職は、外交官、編集者、ライター、心理カウンセラー、各種アドバイザーなどです。

相性リスト

- **恋人**…………………10月20・21・22日、12月23・24・25日
- **友人**…………………4月20・21・22日、8月21・22・23日
- **手本となる人**……2月22・23・24日
- **助けてくれる人**…1月26・27・28日、4月8・9・10日、9月2・3・4日、11月14・15・16日
- **縁がある人**………1月23・24・25日、11月20・21・22日

魔法の言葉

もっとそのことを愛してください。あふれるばかりの愛が解決の糸口に

6月24日

蟹座

CANCER

たおやかな感受性の人

長所

温和で、物静か。優れたインスピレーションを受ける。人の気持ちを汲み上げるのが得意。周囲の人を大切にする。

短所

ナイーブ過ぎる。小さなことにこだわり、大局的な見地に立てない。感情的に判断し、客観性にかける。優先順位があいまい。

この日生まれの著名人

ジェフ・ベック（ミュージシャン）／野々村真（タレント）／八木亜希子（アナウンサー）／中村俊輔（サッカー選手）／リオネル・メッシ（サッカー選手）／六角精児（俳優）

感受性が豊かで、人の心の機微に敏感なのが、この生まれの人の特徴。老若男女、あらゆる人の気持ちがとてもよくわかり、どんな人も優しく受け入れる懐の深さがあります。一見、気弱な印象を与えますが、内面は強く、しっかりしています。とくに、愛する人を守ろうとするときには、強靭な精神力で立ち向かい、何ものにも屈しません。それだけ愛情が深く、愛する家族や友人、恋人と強い絆を築いてゆけるタイプなのです。

ただ、自分の味方には甘く、身びいきするところがある反面、嫌いな人や気の合わない人に対しては厳しく接することも。感情で人を判断するようなところがあり、公平に評価できない場合もあります。また、繊細な感受性を持つあまりに、ナイーブで、小さなことが気になったり、すぐ悩んだりもしがち。細かいことはあまり気にしすぎないほうがいいでしょう。

6月24日は聖ヨハネの日であり、ヨーロッパでは魔法とかかわりのある日。その影響を受けるこの生まれの人は、妖精や精霊からのインスピレーションも受けやすいと言われます。直感力が鋭く、勘も働きやすいので、ピンときたら、妖精や精霊が何かサインを送ってくれていると思って、その直感に従ったほうが正解です。

あなたの愛の形とは？

柔和で、温かみのある人です。第一印象は、はかなげで守ってあげたくなるようなイメージがあります。でも、

魔法の言葉

不思議な偶然があなたを導いてくれます。また夢の中にヒントがありそうです

きちんと話をしてみると、本当は温かい胸で相手を包み込む、優しい愛情にあふれている人だとわかるのです。

人を愛したときには、生活の中心が恋愛になってしまうところもあります。でもそれは浮わついた気持ちではありません。たいてい愛する人のために何をしてあげればいいのか考えています。相談事があったら、親身になって話を聞くでしょう。もし、困ったことが起こったときには、身を呈してでも相手を守ろうと悲壮な決意を固めることすらあるでしょう。

愛する人を一番に考えるところがあります。それはいいのですが、自分のことを一切顧みないで相手に尽くすのはやりすぎです。ときには、愛する人の目に自分自身がどのように映るか考えてみることも必要でしょう。

あなたの才能と人生のテーマ

優しく、包容力のある人です。そばにいるだけで、心の暖かさが伝わってくるようなところがあります。また目の前にいる相手が発しているわずかな信号も受け止めるような、鋭い感受性も持っています。

この能力は、人を見守り、育てるような方面の仕事につくことで開花し、多くの人に受け入れられるでしょう。とくに社会的に弱い立場にいる人、これから成長していく人を守り、育成することには情熱を燃やします。あるいは、動物や植物を保護、育成するような分野でも、仕事に生きがいを見出し、成功することができそうです。

ただ、感情的になりやすいところは弱点になるでしょう。冷静になること、客観的な視点を養いましょう。適職は、教育者、幼稚園教諭、保育士、園芸家、農業、獣医師、トリマー、訓練士、動物看護士などです。

相性リスト

恋人……………… 10月21・22・23日、12月24・25・26日
友人……………… 4月21・22・23日、8月22・23・24日
手本となる人…… 2月23・24・25日
助けてくれる人… 1月27・28・29日、4月9・10・11日、9月3・4・5日、11月15・16・17日
縁がある人……… 1月24・25・26日、11月21・22・23日

6月25日

蟹座

CANCER

想像力にあふれた芸術肌

長所

高い芸術性、文学的才能がある。斬新な発想力がある。地に足がついた考え方ができる。気配りが上手で、優しい。

短所

ナーバスになりやすい。言葉や態度に過敏に反応する。人の好き嫌いが激しく、人見知りをする。一度傷つくと長引く。

この日生まれの著名人

アントニオ・ガウディ（建築家）／愛川欽也（俳優）／沢田研二（歌手）／高田文夫（放送作家）／松居一代（女優）／松浦亜弥（歌手）／平手友梨奈（女優）／藤ヶ谷太輔（Kis-My-Ft2）（タレント）

人を癒す力と、芸術性を併せ持っているのが、この生まれの人。芸術的な才能が開花すれば、多くの人の心を打つ作品をつくり上げることができます。天性のアーティスト気質と言えるでしょう。想像力が豊かなので、人が思いもつかないような発想ができ、新しいもの、斬新なものを生み出す能力も突出しています。とくに、ファンタジーや幻想的な感性が抜群ですから、そうした分野では才能を発揮できるでしょう。

ただ、直感力が優れているだけに、周囲のムードや他人の反応にとても敏感。それがプラスに出ると、他人への気遣いがよくでき、TPOに応じて常識的な行動ができるタイプとなります。しかし、マイナス方向に出てしまうと、神経質になったり、人づき合いを避ける面も出てきそう。また、人に期待しすぎるのは欠点。相手が自分の思うように動かないと、裏切られたと感じやすい点は注意すべきです。理論的に考えるよりも、実体験や経験から学ぶことが多いのも特徴です。仕事でも習い事でも、頭で覚えたり教えられたりするより、実際に経験を重ねたほうがよく身につくタイプです。

あなたの愛の形とは？

日常生活では常識的に、堅実に行動しますが、心の中に豊かな理想世界のビジョンを持っています。だから恋をして感情豊かになったときには、理想を追い求める心が抑えきれなくなり、相手に対して過剰な期待をするこ

とがあります。

でも恋する相手は、普通の人間。だから望みどおりのことをしてくれるどころか、この人の気持ちを理解する努力すらしないように見えるかもしれません。この日生まれの人は若いころ、恋や異性に対して失望し、理想どおりにはならないのだとあきらめるところがありそうです。それでも、成長するにつれて現実を受け入れるようになると、恋に別の楽しみや感動があることを発見します。そして自分の中に、想像していた以上の人を思いやる心の温かさ、人を思いやる心の広さがあることを発見します。幼いころ心に描いていた青い鳥が、自分のすぐ隣にいることに気づくでしょう。

あなたの才能と人生のテーマ

この日生まれの人の心象を映すスクリーンには、人の疲れた心を慰め、癒すような、優しく生命力にあふれたイマジネーションが映し出されています。このイメージの喚起力を上手に生かせば、現実の世界で人を力づけることもできるでしょう。しかし、理解してもらえない絵空事、と諦めてしまうと、せっかく授けられた才能にふたをしてしまうことになるのです。

もちろん、芸術家として活躍するのもすばらしいことです。でもそれ以外の道でも、この力を生かすことは可能です。日常生活に使うもの、身につけるものに彩りを与えることもできます。あるいは人間関係の中に応用することもできるでしょう。

適職は、工業デザイナー、化学系の学者、ヒーリングアートの製作者、漫画家、占い師などです。人間と触れ合うことが好きなのでサービス業全般も向いています。

相性リスト

恋人	10月22・23・24日、12月25・26・27日
友人	4月22・23・24日、8月23・24・25日
手本となる人	2月24・25・26日
助けてくれる人	1月28・29・30日、4月10・11・12日、9月4・5・6日、11月16・17・18日
縁がある人	1月25・26・27日、11月22・23・24日

魔法の言葉

あなたのホスピタリティが今の状況をいい方向へ動かします

6月26日

蟹座

CANCER

頼れる人情家

長所

人情に厚い。優れた現実感覚を持っている。安定志向が強く、責任感が強い。実務的な事柄をうまくこなせる。

短所

情に流されやすい。頼まれるとイヤと言えず、身動きが取れなくなることも。行動力と積極性に欠け、チャンスを逃しやすい。

この日生まれの著名人

パール・バック（作家）／ドクター中松（発明家）／具志堅用高（ボクサー）／鳥谷敬（野球選手）／甲本雅裕（俳優）／許斐剛（漫画家）／久保帯人（漫画家）／花江夏樹（声優）

情に厚く、律儀で堅実というのが、この生まれの人の性質。年下に対しては面倒見がよく、年上には礼儀正しく、敬う気持ちを持っています。そのため仲間内からはとても信頼され、あなたを慕ってくる人も多いでしょう。あなた自身も人から頼られることに喜びを感じるタイプです。責任感も人一倍強いので、与えられた役目はしっかり行います。決していい加減なことはしません。グループのまとめ役などは適任で、他の人が面倒がって避けたがる幹事役も上手にこなすことができるでしょう。

考え方は現実的で安全志向。冒険は好みません。安定した生活をキープしたいと考えるので、まじめに働き、着実に生活を向上させます。金銭感覚もしっかりしているので、家計を切り盛りするのも得意です。

ただ、人とのしがらみや、情に縛られやすく、そのために自分を犠牲にしたり、嫌なことをしかたなく背負わされることもありそう。考え方が保守的になりすぎて、チャレンジができずにみすみすチャンスを棒に振るような場面もありがちです。リスクがあっても挑戦する勇気を持つ。それがあなたの人生には必要です。

あなたの愛の形とは？

相手をいたわる情があなたの心にあふれています。しかし、失敗することを極端に恐れる慎重な性格のため、胸の内でどれほど恋の炎を燃やしていても、自分から相手の胸に飛び込むことはできないでしょう。

また、相手のほうから思いを寄せられた場合は、それがとても親しい人物であっても、用心するところがあります。つき合う前から、「将来のビジョンは？」というところまで思いをめぐらすので、恋のタイミングを逃してしまうことがあるのです。傷つくことを恐れず恋に前向きになることが必要でしょう。

それでも、本来こまやかな心遣いと献身的な行動ができるあなた。愛が実ったときには、しっかりとふたりの世界を守るでしょう。堅実な性格は家庭を守るのには最適です。精神的にも実質的にも、安定した関係になればなるほど、幸せを実感することができるはずです。

あなたの才能と人生のテーマ

相手を思いやる情け深さと、着実に物事をこなしていく堅実な姿勢をそなえているあなた。年若いときから経済観念が発達しているので、学校のグループの中で、要所をしっかり押さえる役割を果たすことが多かったはずです。

そんなあなたは社会の中で不可欠な存在として受け入れられるでしょう。地味でも責任ある立場を任されることも多いでしょう。また集団を率いたりまとめたりする力もあるので、グループリーダーのような役割を担うこともあるでしょう。

ただ責任感が強すぎて仕事一辺倒の生活になりやすい傾向は注意が必要です。プライベート部分をおざなりにすると心が枯れやすく、力が出なくなります。人とのふれあいは大切に守っていきましょう。適職は、銀行・保険などの金融関係業務、ファイナンシャルプランナー、建設業、コンピュータ技術者などです。

相性リスト

恋人	10月23・24・25日、12月26・27・28日
友人	4月23・24・25日、8月24・25・26日
手本となる人	2月25・26・27日
助けてくれる人	1月29・30・31日、4月11・12・13日、9月5・6・7日、11月17・18・19日
縁がある人	1月26・27・28日、11月23・24・25日

魔法の言葉

静かな時間を過ごすことがあってもいいものです。冷静になって

6月27日

蟹座

CANCER

強烈な感情の持ち主

長所

バイタリティーがある。アクティブで、信念に向かって突き進むことができる。状況を改革するエネルギーを持っている。

短所

感情の起伏が激しい。いいときと悪いときの落差が大きい。思い込みが強く、冷静で客観的な判断ができないことがある。

この日生まれの著名人

ヘレン・ケラー（教育家・社会福祉事業家）／横尾忠則（美術家）／トニー・レオン（俳優）／吉田敬〈ブラックマヨネーズ〉（お笑いタレント）／ラウール〈Snow Man〉（タレント）／本田翼（モデル・女優）

この生まれの人は、感情の起伏がとても激しいタイプ。表面的には穏やかに見えても、内面には強いエネルギーが渦巻いていて、意外と気性の荒いところがあります。そのため、突然、周囲を驚かせるような行動に出ることもあるでしょう。思い込んだら命がけという面もあります。けれど、そうした激情的な性格が、ときにはものすごいパワーに。それが閉塞感の突破口になったり、無理そうに思えることを成し遂げたりする力になることもあるのです。

ただ、親しい人の前では感情的になりがち。すぐ怒ったり泣いたり、ヒステリックになることも少なくありません。自分の気分が乗らないときは、周りの人にも無愛想になります。相手が気に障るようなことをすると、すぐピリピリ、イライラしそうです。逆に、自分の気分がよいときには、誰にでも優しく接します。そんなふうに気分によって態度が変わりやすいので、身近な人はあなたを扱いにくい人と思っている場合もあるでしょう。自分の感情を常に穏やかに、冷静に保つことが、この生まれの人の課題と言えます。

あなたの愛の形とは？

この日生まれの人には、独占欲が強い面があります。愛する人がほかの異性を見つめているだけで、不安になり心が乱れるでしょう。また自分の話に耳を傾けてくれないと、怒りのあまり頭の中が真っ白になってしまうで

しょう。

でもこれは心が狭いわけではないのです。この日生まれの人は、その瞬間を全力で生きているのです。大切な人と一緒にいるときは、心を込めて、思いを尽くして、相手を見つめているのです。だからこそ、相手にも同じように真剣な態度でいてほしいと望んでいるだけなのです。その心を理解しない相手からは、感情の起伏が激しいとか、嫉妬心が強いとネガティブな評価を下されるでしょう。でも、誠実に見つめている人の眼には、ひたむきでけなげな愛情が見えるはず。パートナーには、この日生まれの人の心の底にまで眼が届くような、注意深さと誠実さを持った人を選ぶことが大切です。

あなたの才能と人生のテーマ

あなたの感情は、潤沢な地下資源のような性質を持っています。一瞥しただけではわかりませんが、それが表に出るときには、強烈なエネルギーとなって放出されるのです。

この気性がマイナス方向に出ると、短気、短絡的、長期的ビジョンが欠如した人とみなされるでしょう。しかし、プラス方向にスイッチするときには、瞬発力、状況を打破する改革力となりえます。社会生活を送る上では、即時の対応が求められる現場、新しさや変革を追求し続ける環境に身をおくと、ほかの人が追随できない力を発揮し、成功することもできるでしょう。逆に安定を求められるような職場では、感情を上手にコントロールすることが必要になってきます。適職は、特派員、新聞・雑誌記者、外科医、メイクアップアーティスト、エスティシャン、システムエンジニアなどです。

相性リスト

- **恋人**……………… 10月24・25・26日、12月27・28・29日
- **友人**……………… 4月24・25・26日、8月25・26・27日
- **手本となる人**…… 2月26・27・28日
- **助けてくれる人**… 1月30・31日、2月1日、4月12・13・14日、9月6・7・8日、11月18・19・20日
- **縁がある人**……… 1月27・28・29日、11月24・25・26日

魔法の言葉

乱気流はときにあるもの。でもそれは長くは続きません。冷静に

6月28日

蟹座

CANCER

実直で優しい人

長所

誠実で優しい。包容力がある。気配りが上手で、相手の気持ちになって考える。困った人のことを放っておけない。

短所

安易に人に同情しやすい。冷静な判断ができない。親しい人に干渉しすぎる。物事を悪いほう、悪いほうに考える。

この日生まれの著名人

ジャン・ジャック・ルソー（思想家）／5代目古今亭志ん生（落語家）／藤原紀香（女優）／水野美紀（女優）／佐野洋子（エッセイスト）／遠藤憲一（俳優）／イーロン・マスク（実業家）／濱田岳（俳優）

誰に対しても優しく、誠実です。気取ったところがなく、気さくで話しやすい性格ですから、多くの人から好かれます。気配り上手で、細部にもちゃんと目を行き届かせることができる人。おとなしい人にも声をかけて輪の中に入れてあげたり、相手が困った様子を見せると、それを察して救いの手を差し伸べたりするでしょう。人当たりがソフトで朗らかではありますが、意外と内面は鋭いタイプです。相手の人間性や本質を見抜く目を持っています。表面からは想像できませんが、警戒心もわりと強いほうでしょう。表面的には当たり障りなく他人とつき合っていますが､安易に本心を見せたりはしません。

もともと母性本能にあふれているので、困った人や弱い立場の人は放っておけないところがあります。自分を犠牲にしてでも、相手のために何かしてあげたいと思うでしょう。

ただ、同情心が強いので、泣き落としに弱かったり、弱者を装った詐欺に引っかかったりすることも。その点には注意が必要です。

あなたの愛の形とは？

初対面のときから、フレンドリーに接する人です。気負うところがなく、笑顔を忘れません。元気をなくしている人を優しく励まし、いきおいがついている人のことを祝福できる、真の明るさを持っている人です。

また、とりわけ身内を大切にするところがあります。

家族、親類、そしてとくに親しい友達のことは、自分を犠牲にしても守ろうと本気で考えています。だからこの日生まれの人が、異性を「特別なパートナー」と意識したときには、まず身内に紹介し、その一員になってもらいたいと思うでしょう。同時に相手の家族や友達の中にも溶け込んで生きたいと思っています。

逆にふたりきりの世界に閉じこもることはできません。また、相手にそれを強要されたら、激しく葛藤するでしょう。パートナーは、同じようにオープンな価値観を持っている人を選ぶほうが、幸せになれるでしょう。

あなたの才能と人生のテーマ

どんな人に対しても分け隔てない態度で接することができる人です。親切で、感じのいい対応ができるので、人から高い評価を得られます。

この才能は社会の中で、人と接することが多い環境で生かすことができるでしょう。また公正な態度を保てるところも好印象につながります。企業であっても、あるいは店舗であっても、とにかく相手と対面し、対話するようなものが向いています。逆にひとりきりの環境や、合理的過ぎる労働条件の会社などでは、ストレスをためてしまうかもしれません。また明るい表情を失わないところや親しみやすい印象を与えるところから、人前に出るような華やかな仕事の分野で才能を伸ばすこともできそうです。

適職はサービス業、公務員、営業、法律関係の仕事、インストラクター、スポーツ選手などです。タレントや司会者のような仕事で活躍する可能性もあります。

相性リスト

恋人	10月25・26・27日、12月28・29・30日
友人	4月25・26・27日、8月26・27・28日
手本となる人	2月27・28・29日
助けてくれる人	1月31日、2月1・2日、4月13・14・15日、9月7・8・9日、11月19・20・21日
縁がある人	1月28・29・30日、11月25・26・27日

魔法の言葉

心の鎧(よろい)を脱ぐ勇気を持つこと。それだけで好転していきます

6月29日

蟹座

CANCER

感情優先で家族思いの人

長所

家庭的。ユーモアセンスにあふれている。温かい心の持ち主。親しい人を大切にする。人に尽くし、感情の変化に敏感。

短所

閉鎖的。人によって態度を変える。おせっかい。愛情の押し売りをする。ちょっとしたことで傷つきやすい。考え方が偏狭。

この日生まれの著名人

サン・テグジュペリ（作家）／柳宗理（インダストリアルデザイナー）／野村克也（野球選手・監督）／倍賞千恵子（女優）／二代目引田天功（奇術師）／井川遥（女優）／橋下徹（弁護士）

この生まれの人は、縄張り意識が強く、自分のテリトリーをとても大事にする人。そのため、自分にとって身近な人、例えば家族や親友、恋人といった人をとても大切にします。一人ひとりと長くつき合い、強い絆を築こうとします。そして、どんなことがあっても愛し抜く強さを持っているのが特徴です。

ただ、ごく身近な人とだけ密に交流し、交際範囲を広げないところが欠点。そのためいつも同じ人とばかり一緒にいて、世界がなかなか広がりません。そうなると、どうしても考え方が狭くなりがちになるでしょう。新しい友達を増やしていくことも、自分のキャパシティを広げていくには必要なことです。

また、このタイプは頭よりもハートで感じる人。どんなに合理的で理論的だとわかっていることでも、感情的に納得できないことはできません。逆に、心情としてわかることは、無駄があったり無理があっても何とかやろうとします。ユーモアセンスにもあふれた人で、ちょっとしたひと言がおもしろかったり、ウイットに富んだ受け答えで周囲を笑わせることもあります。

あなたの愛の形とは？

初恋を貫くとか、生涯の愛という言葉に敏感に反応するのがこの日生まれの人の特徴です。本人も、ひとりの人を永続的に愛し続けるのが理想だと思っています。

もともと観察力が鋭く、敏感な人です。この世の森羅

魔法の言葉

身近な人があなたを応援しています。近くの人をもっと信頼して

万象が変化していくことを見つめ、失われることを悲しむ優しい心をはぐくんできたところがあります。その心情が恋愛にも表れているため、変化を嫌い、閉鎖的な環境をつくろうとするのです。たとえ関係がマンネリ化しても、こう着状態に陥ったとしても、それでも変わらないでほしいと思っているのです。

また日常生活を大切にします。日用品を一緒に買いに行ったり、同じものを食べて同じもので笑い合ったりできるような、平凡でも確実な安心感を与えられると、幸福な気持ちで満たされるでしょう。パートナーは、気取りがなく、同じように小さな日常を大切にできる人を選ぶことが大切でしょう。

あなたの才能と人生のテーマ

この日生まれの人を現すキーワードは家族的であること。人によっては閉鎖的で、変化のない日常を嫌いますが、この人の場合は逆で、絆が確かであること、土台が磐石であることを望んでいます。そしてそのほうが安心して力を発揮できるのです。

古いもの、形が変わらないものをいつくしむところがあるので、過去とゆかりの深い職業につくと、充実します。またユーモアのセンスがあるので、緊張感を緩和させるのが得意です。気の効いたひと言で、クライアントの心をくすぐったり、ほぐしたりすることもあるでしょう。人と向き合って仕事をすることも適していますが、お得意様ばかり優遇する傾向は要注意です。適職は、放送作家、骨董商、古書関係の仕事、サービス業や老舗での販売業など。家族的経営の企業で定年まで勤め上げることができるのも、この人の力量のひとつでしょう。

相性リスト

恋人……………… 10月26・27・28日、12月29・30・31日
友人……………… 4月26・27・28日、8月27・28・29日
手本となる人…… 2月28・29日、3月1日
助けてくれる人… 2月1・2・3日、4月14・15・16日、9月8・9・10日、11月20・21・22日
縁がある人……… 1月29・30・31日、11月26・27・28日

6月30日

蟹座

CANCER

豊かな表現者

長所

生活を楽しむ。大らかで、多趣味。幅広い興味を持つ。意欲的で行動的。心を飾らない。ワールドワイドな視野に立てる。

短所

享楽的。先のことを考えない。浪費が多い。興味がなければ義務を果たさない。人の目がないと怠けることがある。

この日生まれの著名人

マイク・タイソン（プロボクサー）／ラルフ・シューマッハ（F1レーサー）／南伸坊（イラストレーター）／石川直樹（写真家）／矢部太郎（カラテカ）（お笑いタレント・漫画家）／夏帆（女優）／peco（モデル）

感情表現がとても豊かで、非常に存在感のあるタイプです。泣くにしても笑うにしても、表情がダイナミックでチャーミング。人間的な魅力にあふれています。愛嬌があり、人をそらさないので、どこにいっても人気者に。ガーッと怒っても、数分後には豪快に笑っていたりして、感情をあとに引きません。周囲の人を強力にひきつけ、あなたのもとには、いつも人の輪ができ、多くの人が集まってくるでしょう。

ただ、表現がオーバーになりすぎるきらいも。話に尾ひれがついて、誇張されることもありそう。そうなると信用を失いかねないので、気をつけましょう。

また、毎日を楽しく生活する天才で、美味しいものを食べ、気の合う仲間と集い、趣味にも打ち込みます。愚痴をこぼしたり、不平不満もあまり言いません。

反面、享楽的になりすぎて、ともするとラクなほうに流されがち。現状に満足してしまう傾向もあります。そうした生活に慣れてしまうと、向上心がなくなったり、怠け癖がついてしまうことも。自分からいろいろなことに挑戦する意欲を持つことが、運勢を発展させるためにも必要だと星は告げています。

あなたの愛の形とは？

感情表現も、また楽しいことを人に伝える表現も、ユニークで魅力的です。そばにいる人をホッとさせるような大らかさがあり、相手の長所を引き出すのも得意。そ

魔法の言葉

今、顔を上げて。パッと見たものが青い色なら答えはイエス

のため、異性から好かれます。ただし、広い心を持っているのはいいですが、その分、ひとりに絞りきることができず、異性とはあいまいな距離で接してしまう傾向がありそうです。

また愛する人とふたりで過ごすときも、楽なほうへ楽なほうへと流されてしまう傾向があります。例えばデートでも、見晴らしのいい高い山に苦労して登るよりは、そこそこの展望でいいから近くて安直な場所を選ぶところがあるのです。親しみやすさや庶民的なものを求めるのも悪くはありません。でも、それが恋の新鮮味を損ねる原因にもなるので、なるべく感動を求めるよう、努力してみてください。

あなたの才能と人生のテーマ

触覚や味覚、そして嗅覚が鋭い人です。その上、それを言葉や表情で表現することが巧みなので、日常生活を楽しむのがとても上手です。

社会の中でも、興味を引かれるものを探し出し、それを表現する才能を生かせる仕事を選べば、充実した毎日が送れるでしょう。食べるものや着るものなど、日常生活品にかかわる分野で活躍が期待できるでしょう。

人前で自分を表現する才能を、音楽や演劇などの芸術方面で生かす道もありそうです。ただ別のものに興味を引かれるとすぐに心変わりするところは要注意。何事もある程度の専門知識を持たなければ、大成することはできません。適職はバイヤー、料理研究家、評論家、音楽家、舞台俳優など表現をすることで成り立つ職業です。会社に勤務するなら、自社製品の素晴らしさを巧みに表現できる、営業がぴったりでしょう。

相性リスト

恋人……………… 1月1日、10月27・28・29日、12月30・31日
友人……………… 4月27・28・29日、8月28・29・30日
手本となる人…… 2月29日、3月1・2日
助けてくれる人… 2月2・3・4日、4月15・16・17日、9月9・10・11日、11月21・22・23日
縁がある人……… 1月30・31日、2月1日、11月27・28・29日

7月1日

蟹座

CANCER

ユーモア感覚あふれる人情派

長所

気前がいい。サービス精神が旺盛。ユーモア感覚がある。気さくに人に接する。その場のムードを明るく盛り上げる。

短所

横柄。なれなれしい態度で接する。落ち着きがない。はしゃぎすぎる。場と状況をわきまえないで発言する。

この日生まれの著名人

明石家さんま（お笑いタレント）／香山リカ（精神科医）／ダイアナ妃（イギリス皇太子妃）／カール・ルイス（陸上選手）／江頭2:50（お笑いタレント）／桧山進次郎（野球選手）／リヴ・タイラー（女優）

この日に生を受けた人は、まっすぐな心を持っています。どんなときも、素直で素朴で正直な人間として生きようと心に決めているところがあります。体裁を整えるために、自分の心を偽るよりも、笑われてもいいから率直に生きようとする潔さがあるのです。

内面には、複雑で繊細な感受性を宿しているため、もちろん世の中の厳しさを知らないわけではありません。ただうわべを飾り、上手に生きることよりも、素直に自分を表現できることが幸せの本質なのだとハートの深い部分で理解しているのです。

この日生まれの人は気取らない言葉で人の中に飛び込み、その屈託のない笑顔で、人の心をひきつけます。心の底から信頼できる友達も多く、明るく楽天的に人生を楽しむことに情熱を傾けます。

そんな正直さを後ろから支えているものが、豊かなユーモア感覚。自分とかかわる人には楽しい時間を過ごしてもらいたいと願い、工夫を重ねます。そんな抜群のサービス精神が、相手が敷居の高い人だったとしても、素直に心を開ける会話の場をつくり出します。反面、サービスしすぎて自分を孤独にしてしまわないよう、注意してください。

あなたの愛の形とは？

明るく、気さくでざっくばらん。おもしろい話で人を笑わせるのも上手なあなた。でも本当に親しくなった人、

心から信じて愛した人の前では少し違った表情を見せるでしょう。

もちろん持ち前の明るさと親しみやすさ、ユーモア感覚は変わりません。そこに寂しかったこと、辛かったことなど、大人は口にしないような、子供のように素直で素朴な感情を少しずつ話していくようになるでしょう。そうすることで、愛する人と心の深いところで共鳴しようとするでしょう。この生まれの人は理解されなくても、正直であることを後悔しない人です。またそれを心から愛している人と理解し合えるなら、この人にとってこれ以上幸せなことはないでしょう。

あなたの才能と人生のテーマ

率直な生き方を志す人です。でもそれは決して単純だからではありません。実際のところは、ナイーブで傷つきやすく、世界がどれほど一筋縄でいかない事情で満たされているのか、誰よりも知っているのです。だからこそこの日生まれの人は、虚飾を取り去り、本質を見極めて生きたいと願い、それを目指そうとしています。

物事をシンプルに変えていく力があるため、現実社会の中ではリーダーシップをとる機会が多いでしょう。行政や司法など、実際にこの国の行方に大きな影響を与えるような仕事であっても、数名のグループで行う日常生活を支える仕事であっても、あなたは裏表のない正直な人物として評価され、活躍するでしょう。

適職は、政治家、検察官、スポーツ選手、ダンサーなどです。森林の整備や保持に関する仕事、環境保全の仕事には誇りを持てるでしょう。

相性リスト

- **恋人**……………… 1月1・2日、10月28・29・30日、12月31日
- **友人**……………… 4月28・29・30日、8月29・30・31日
- **手本となる人**…… 3月1・2・3日
- **助けてくれる人**… 2月3・4・5日、4月16・17・18日、9月10・11・12日、11月22・23・24日
- **縁がある人**……… 1月31日、2月1・2日、11月28・29・30日

魔法の言葉

心配することはありません。あなたならぜんぶ受け止めることができるはず

7月2日

蟹座

CANCER

繊細なバイブレーションの人

長所

思いやりがある。愛情深い。人の気持ちに敏感。粘り強い。献身的。慈悲深い。周りの人への心配りができる。

短所

変化を恐れる。神経過敏なところがあり、傷つきやすい。寂しがり屋。しつこい、嫉妬深いところもある。

この日生まれの著名人

ヘルマン・ヘッセ（作家）／浅丘ルリ子（女優）／西川きよし（お笑いタレント・政治家）／小柳ルミ子（歌手）／南沙織（歌手）／田口壮（野球選手）／三宅健（タレント）／ミシェル・ブランチ（ミュージシャン）

心や精神に対して、人よりも敏感すぎる感受性を持って生まれてきた人です。自分の気持ちばかりでなく、他の人の気持ちや感情をも、まるで形あるもののように受け止めてしまうところがあるのです。例えば、誰かが悲しんでいると棒で打たれたように身体が反応してしまうでしょうし、人が楽しそうに騒いでいる光景を見ただけで自然と身体が動き出すといった経験もあるでしょう。

そこまで繊細で敏感な人ゆえに、人間関係の中で無防備に放り出されたときには、神経が疲れてしまうでしょう。とげとげしい外部のオーラをシャットアウトしてくれるような環境が必要かもしれません。そのため、心を許した友達や、安心して過ごせる人たちに囲まれていたいと強く思うのです。場合によってはあまりに敏感なので、安心できるはずのグループや共同体にいても疲れてしまうかもしれません。一方、とても孤独に弱いという特徴もあります。けれども、安心を感じたい気持ちと、繊細な感受性が生み出す葛藤により、この人は優しい人間に成長するでしょう。そのことが、芸術家としての才能を開花させるきっかけになることも多いのです。

あなたの愛の形とは？ 

上質のワインが温度の影響を受けやすいように、敏感なあなたの心は、人の体温を敏感に感じ取ります。冷たすぎる態度や言葉では、心が熟成されることはないでしょう。逆に暑苦しいような態度、乱暴な言葉に囲まれ

ている環境では、息をすることができなくなるのです。

寂しがりやでありながら、土足で心に踏み込まれたくないという、その微妙な距離感を理解し、包み込んでくれる人はなかなか見つからないかもしれません。自分の繊細さや敏感さに嫌気がさすこともあるかもしれません。けれども、あなたの言葉は音楽のように、愛する人の心を優しく慰めたり、力づけたりするでしょう。そんな自分の感受性と力に誇りを持ちましょう。そして優しさと思いやりの心を育てていきましょう。その真価を認めてくれる人は存在します。そして必ずめぐりあえるときがきます。

あなたの才能と人生のテーマ

神経の細かさから頼りないタイプに見えますが、大切なものを守ろうとする力の強さでは右に出る人はいません。家族、親しい仲間やグループ、会社組織などに深い愛着の念を持っています。変わらぬ熱意で誠心誠意支えていこうとするでしょう。

そんな性質を社会の中で生かす場合、縁の下の力持ち的存在になりそうです。地味な一面もありますが、代わりになる人がいないと言われるでしょう。あるいは、繊細に人の気持ちを察する能力を生かし、人を癒す仕事につくという選択もあるでしょう。この場合は、グループや組織の壁を超え、多くの人から頼られます。それらの職業について、人から必要不可欠な存在と言われると、充実感を得ることができるでしょう。適職は、食料品店経営者、看護師、保育士、介護福祉士などです。企業の中では総務部のような場所で光り輝きます。

相性リスト

恋人………………	1月1・2・3日、10月29・30・31日
友人………………	4月29・30日、5月1日、8月30・31日、9月1日
手本となる人……	3月2・3・4日
助けてくれる人…	2月4・5・6日、4月17・18・19日、9月11・12・13日、11月23・24・25日
縁がある人………	2月1・2・3日、11月29・30日、12月1日

魔法の言葉

どんなことがあってもあなたはあなた。世界と、そして宇宙があなたの味方

7月3日

蟹座

CANCER

心の広い、豊かな人

長所

心が広く、寛大。度量が広い。人に優しい。物惜しみをしない。繊細でデリケートな感性を持っている。安心感がある。

短所

落ち込みやすい。悲観的に物事を考える。いいところよりも悪いところに目が行く。論理性に乏しい面がある。

この日生まれの著名人

フランツ・カフカ（作家）／深作欣二（映画監督）／トム・クルーズ（俳優）／野口みずき（陸上選手）／西野亮廣（お笑いタレント・絵本作家）／橋本真也（プロレスラー）／賀来賢人（俳優）／稀勢の里寛（大相撲力士）

人をリラックスさせる才能や、直感的に心の傷を察してケアしてあげる気質が、この日生まれの人のもっとも優れた特徴です。

誰かのために尽くせるなら、時間もお金も体力も惜しまず、相手のために捧げてしまうでしょう。一方で、その寛大な心や善意が裏切られると、逆に自分が深く傷ついてしまうデリケートな性格も持ち併せています。

けれどもそれで心にダメージを受けた場合も、この人は相手を憎みきるということができません。基本的に大きな人間愛を持ち、さらに豊かで広い心を持っているので、相手を許そうとするでしょう。

そんなお人よしのような態度に、周囲の人から、「だまされてはいけない」とか「聖人ぶっている」などと忠告されることもあるでしょう。けれどもこの日生まれの人は、人に優しくすることをやめられないでしょう。笑顔と大らかな心を忘れずに、小さな幸福の種をまき続けるでしょう。その愛の種が芽を出し、花開いて、いつか自分にも、周囲の人にも幸福をもたらしてくれることを、この人は誰よりも理解しているからです。

あなたの愛の形とは？

例えば、好きな人がデートに遅刻してきても、気分を損ねるどころか心配したことはありませんか。あるいは、相手が何も言わないのに、必要なものを用意してそっと差し出した覚えはありませんか。この日生まれの人は、

好きな人に対してこんな寛大さで接するのです。それは相手をまっすぐな思いで信じて、まったく疑うことがないからです。

だから、もしその遅刻の原因がほかの異性との密会のせいだったり、せっかく用意してあげたものを粗雑に扱ったりした場合……そのダメージは、ほかの人とは比べものにならないくらい深く、痛々しいものになるでしょう。この日に生まれた人には、芸術的なものや美しいものを愛するところがあります。そのため、表面的な魅力にひかれる傾向があります。けれども、愛する人に限っては、外見の魅力ではなく、誠実さで選ばなくてはなりません。

あなたの才能と人生のテーマ

人間愛、人類愛を行動原理にしている人です。損得を考えず、世界に必要なものであれば、喜んで捧げるところがあります。場合によっては自己犠牲を伴ったとしても、それを受け入れる潔さも持っています。

この性質で社会に出ると、多くの人から利用されてしまいそうに思えますが、圧倒的な幸運の星に恵まれているため、危機をチャンスに変えることができます。さらに周囲の人に信頼され支えられているので、危険なことがあっても助けられることが多いのです。職業は、興味が湧くものを選ぶことも必要ですが、多くの人に必要とされるような職業を選ぶ傾向が強いでしょう。また広いフィールドで活躍する仕事が向いています。

適職は、弁護士、通訳、法学者、大学教授、代議士、宗教家など。企業に勤める場合は、土台のしっかりした、多くの社員がいる会社が望ましいでしょう。

相性リスト

恋人……………… 1月2・3・4日、10月30・31日、11月1日
友人……………… 4月30日、5月1・2日、8月31日、9月1・2日
手本となる人…… 3月3・4・5日
助けてくれる人… 2月5・6・7日、4月18・19・20日、9月12・13・14日、11月24・25・26日
縁がある人……… 2月2・3・4日、11月30日、12月1・2日

ちょっと振り返ってみましょう。あなたが成してきたことを数えて。自信が戻ります

7月4日

蟹座

CANCER

多くの人をひきつけるカリスマ

長所

発想が斬新。自由を好む。聡明で、冷静な判断力がある。個性が強く、常識や因習にとらわれないで行動できる。

短所

わがまま。自分勝手。冷淡なイメージを与える。自分の意思や気分を優先する。頭脳に頼り経験をないがしろにする。

この日生まれの著名人

真野あずさ（女優）／ヒロコ・グレース（女優）／増田貴久〈NEWS〉（タレント）／カズレーザー〈メイプル超合金〉（お笑いタレント）／前山田健一（音楽プロデューサー）／池江璃花子（水泳選手）

とても人気がある人です。とくに若い人や異性の目をひきつける、不思議な魅力を持っています。ときどきエキセントリックな行動に出てしまうこともありますが、それが人によっては抗いがたい引力として感じられるのかもしれません。

ただ、強すぎる陽光が濃厚な陰を落とすように、この人には、気まぐれでわがままで感情のアップダウンが激しすぎる面も。けれども、そんな不安定なところですら、この人の魅力の一部になっている部分があるのです。

またその激しい資質のおかげで斬新なアイデアを思いつくこともあります。それを人にわかりやすく表現してあげる能力にも恵まれています。人気があるだけではなく、大胆な決断力や鋭い判断力を持ち併せているため、必要であれば、自分に心を寄せる人たちをリードしていくカリスマ性もあります。

自分の個性に自分自身が振り回されないよう、制御する力強さもありますが、ときには勢いあまって気まぐれな態度にでることもあります。そんな部分すらコントロールできれば、さらに多くの人に受け入れられて、華やかな人生を歩めるはずです。

あなたの愛の形とは？

誰もがそれぞれ、その人にしかない魅力や才能を持っている——その信念に従って生きています。

もちろん、できれば思う人から思われたいけれど、相

手の好みに合わせて自分の生き方を変えることはないでしょう。自分の魅力を愛してくれないのなら、それはしかたがない、と割り切ることができる人です。

また、愛する人のことも、自分の望みどおり動いてほしいとは思いません。ありのままの相手の輝きをそのまま愛します。それゆえ、相手から愛されることも多いでしょう。しかし残念ながら思いを受け入れてもらえなかったとしても、相手を恨まない潔い一面も持っています。そんなふうに自分の本質に正直に生きるし、相手をまっすぐに見つめます。自分も相手もコントロールしようとする気持ちがまったくないから、この日生まれの人はいつでも輝いているのです。

あなたの才能と人生のテーマ

常識や人の目を気にして、やりたいことを抑圧する人たちにとっては、自由で伸び伸びとしたあなたの生き方が、まぶしく見えるかもしれません。ただ本人は、自分の性質に素直に従って生きているだけなのです。

自分の気持ちに正直ということは、やる気にあふれているときには、仕事にも十二分に力を発揮します。しかし、あまり気が乗らないときには、それなりの内容で終わらせてしまうという傾向があります。だからこの日生まれの人は、好きなこと、やっていて楽しいと思えることを仕事にするといいでしょう。とくに、インスピレーションが鋭く、ひらめきを人の役に立てることや人の心を慰めるものにつくり上げていくことを好みます。自分らしい発想を生かせる仕事を目指すほうがいいでしょう。適職は、俳優、ミキサー、コンピュータのネットワークエンジニアなどです。

相性リスト

- **恋人**…………………… 1月3・4・5日、10月31日、11月1・2日
- **友人**…………………… 5月1・2・3日、9月1・2・3日
- **手本となる人**…… 3月4・5・6日
- **助けてくれる人**… 2月6・7・8日、4月19・20・21日、9月13・14・15日、11月25・26・27日
- **縁がある人**……… 2月3・4・5日、12月1・2・3日

魔法の言葉

満足できる結果となります。
手を伸ばしてもいいときです

7月5日

蟹座

CANCER

優れた直感と知性の人

長所

直感力がある。バランスのとれた知性を持っている。有能でありながら謙虚。落ち着きがあり、物腰が柔らかい。

短所

人の欠点を指摘しすぎる。はっきりモノを言わない。知識に頼りすぎる。物事のとらえ方が針小棒大。落ち込みやすい。

この日生まれの著名人

ジャン・コクトー（作家・詩人）／藤圭子（歌手）／杉山愛（テニス選手）／山田優（モデル）／佐久間大介〈Snow Man〉（タレント）／野田洋次郎〈RADWIMPS〉（ミュージシャン）／大谷翔平（野球選手）

あなたはマルチな才能を持つ人。多くの人は有能な人だと感じ、頼りにするでしょう。このマルチな才能は、心の中にある豊かな感受性と知的で計算高い面が、バランスよく合わさっているために生まれたものです。

知性と感受性のバランスによる性格ですから、例えば仕事をソツなくこなす一方で自分の趣味に興じたり、文系の勉強をしながら理系の知識に興味を持ったりすることもあるでしょう。抽象的になってまとまらない話を上手にまとめることも得意でしょう。相反するふたつのことを頭の中で同時に処理できることが、この日に生まれた人の強みなのです。人の悩みに応える才能もあるため、相談を受けやすいといった特徴もあります。マルチな視線で物事を同時に、多角的にとらえる状況判断ができるため、人の悩みにも適切に答えることができるのです。そのためさらに多くの人の尊敬を勝ち取ることができるのでしょう。

ただしこの強みには欠点があります。鋭い知性と感受性で自分の性格を分析しようとすると、とかく落ち込みやすい人になってしまうのです。そんなときひとりで内省的にならないよう自分から信頼できる人に相談する習慣を持つと、さらに幸せを引き寄せられます。

あなたの愛の形とは？

愛する人を目の前にしても、冷静に学問や経済の話ができるような人です。そのうえ、相手の反応を分析した

り、好みをリサーチしたりするような、実際的な行動に出ることもあります。そのため、ドライな人とか実践的な人などと思われることもありますが、心の奥には叙情性があふれています。愛する人のことを思うだけで涙がこみ上がることも珍しくはないでしょう。

また、この日生まれの人の特徴は、胸の奥には記憶フォルダのようなものがあることです。そこには愛する人が残してくれた思い出の一つひとつが大切に刻まれています。町の中で音楽が流れたときも、風の中に花の香りを察知したときも、「これはあのときの……」と思い起こし、幸せな気持ちになることが多いでしょう。たとえどんなに些細な出来事でも、愛にあふれた思い出をきちんと覚えていて、ゆっくりと愛を育てていく人なのです。

あなたの才能と人生のテーマ

並外れた記憶力を持っている人です。それも数式や数字、一度聞いたメロディまで、難なく覚えることができるでしょう。高い計算能力も持った人で、利益や損益といった経営上の見積もりだけでなく、時流や消費者心理から売れ筋をはじき出すこともできるのです。

その才能ゆえ、物事を一方的な見地から見つめて判断せず、複合的に判断しようとします。長所は偏りなく物事を考えることができるところでしょう。問題点があるとすれば、行動する前に事実や物事のバランスを見てしまうため、瞬発力に欠ける点です。すばやさや迅速な対応だけを求められる職場では、せっかくの広い視野を生かしきれません。じっくり考えてから行動できるような職業につくことが望ましいでしょう。適職は、CMプランナー、ジャーナリスト、会計士などです。

相性リスト

恋人………………	1月4・5・6日、11月1・2・3日
友人………………	5月2・3・4日、9月2・3・4日
手本となる人……	3月5・6・7日
助けてくれる人…	2月7・8・9日、4月20・21・22日、9月14・15・16日、11月26・27・28日
縁がある人………	2月4・5・6日、12月2・3・4日

魔法の言葉

今、感じている小さな「ひっかかり」を大切に。そこにこそヒントがあります

7月6日

蟹座

CANCER

美意識に生きる慈愛の人

長所

美的感覚が優れている。スタイリッシュ。観察力がある。社交的で、幅広い人脈に恵まれる。上品でエレガント。

短所

毒舌傾向がある。神経質。ナルシスティック。優柔不断。誰にでもいい顔をしようとする。物欲に弱い。

この日生まれの著名人

ダライ・ラマ14世／フリーダ・カーロ（画家）／ミヤコ蝶々（女優・漫才師）／荒川修作（美術家）／長塚京三（俳優）／シルヴェスター・スタローン（俳優）／瀬川瑛子（歌手）／とよた真帆（女優）

この日に生まれた人は、この世界にあふれた美しさを全身で感じる能力に恵まれています。例えば絵や音楽のような芸術性には、早期から関心を持つことでしょう。また、人間の、外見だけではなく仕草や言葉の美しさにも敏感に反応するでしょう、さらに自然や風景の中に心安らぐ美しさを見出し、最終的には魂や、優しさや愛情まで、さまざまな美しさを理解し、自分に取り込もうとします。美しいものに心を動かされるだけでなく、細部を観察し、その源流を見つめようとします。その結果、細かいところまで目が届く観察力に恵まれます。

この才能のおかげで、この人は人のうそを見破ることができるでしょう。また、自分の身なりや住環境もきちんと整えることも得意です。愛情が深いことも特徴で、性別や年齢を問わず、一人ひとりに対して親身なコミュニケーションをするでしょう。

欠点は敏感すぎるために、神経質になってしまう傾向があるようです。自分のセンスに合わないものに対して皮肉を言ってしまうところは、言葉づかいがていねいなだけに、痛烈な皮肉として相手に届くこともあります。それが美意識に反する行為にならないよう気をつけてください。

あなたの愛の形とは？

とても細やかな眼を持っています。人間が持っているすべての美しさを敏感にキャッチし、反応します。ただ、

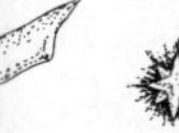

魔法の言葉

大丈夫、あなたは愛されています。
あなたがそれに気づけるかどうかだけのこと

相手に好意や愛情を持ったとしても、積極的に「いい」とか「大好き」と口に出すことはありません。それでも優しいまなざしで見つめたり、相手が困っているようなときには、慈愛に満ちた言葉をかけたりするので相手には愛情深い思いが伝わるのです。

問題点は、誰に対しても同じように慈しみに満ちたまなざしを向けるところです。優しさを求める人ほど、「自分だけを見つめてほしい」と思うもの。だからこの日生まれの人を情熱的に愛する人にとっては、そのまなざしを独占しようという気持ちが起こりがちなのです。

愛する人とはよくコミュニケーションをとり、誤解が生まれる隙がないように気を配るといいでしょう。

あなたの才能と人生のテーマ

温厚できめ細やかな気遣いや気配りができる人です。社会的な弱者と呼ばれる人や小さい子供に対してはいたわりに満ちた態度で接します。この日に生を受けた人は、多くの人の中に愛情や美点を見出す力があるため、喜んでお世話ができるのです。

また自然を愛しているので、不自然なものや矛盾がある心は敏感にかぎ分けます。はっきりと相手に対して「違う」と反論はしません。あるときはやんわりと、またあるときは皮肉っぽく伝えることもできます。

社会の中でこの力を生かすとしたら、福祉関係や自然と触れ合うことの多い職場を選ぶといいでしょう。あるいは美を見つけ出す力で、美容関係もおすすめです。

適職は、フローリスト、メイクアップアーティスト、華道家、美容師、ネイリスト、ブライダルコーディネーターなどです。

相性リスト

恋人……………… 1月5・6・7日、11月2・3・4日
友人……………… 5月3・4・5日、9月3・4・5日
手本となる人…… 3月6・7・8日
助けてくれる人… 2月8・9・10日、4月21・22・23日、9月15・16・17日、11月27・28・29日
縁がある人……… 2月5・6・7日、12月3・4・5日

7月7日

蟹座

CANCER

スピリチュアルな感受性の人

長所

思索的。内面に豊かな想像性を持つ。理想を育てる。スピリチュアル。優しい。人当たりが柔らかい。言葉がていねい。

短所

地に足がつかない。怠惰なところがある。夢想に浸り、現実逃避をする。思い込みが強く、他力本願。

この日生まれの著名人

池澤夏樹（作家）／研ナオコ（タレント）／横山剣（クレイジーケンバンド）（ミュージシャン）／ナンシー関（版画家・コラムニスト）／堤真一（俳優）／MISIA（歌手）／アレッサンドロ・ナニーニ（F1レーサー）

この日に生まれた人は、まるで頭の中がどこか違う世界とつながっているような、不思議な能力を持っています。とくに優れているのが直感力。なくしたものがすぐに見つかったり、人が次に何を言うか、何を考えているのかが根拠もなく理解できたりします。また占いやヨガなどのスピリチュアルな世界に関わることが多く、奥深い考えに共感する傾向があります。

雰囲気は落ち着いていて、物思いにふける文学者を連想させます。にぎやかなことは嫌いではありませんが、静かな場所で親しい人と過ごすリラックスした時間を好みます。そこで自分が普段から感じていることを大切な人と共有し、世の中の流れとは無縁の「本当に正しいこと」に意識を向けるのです。

そんなキャラクターのおかげで心の底から安心できる人間関係を築けますが､自分の世界にこだわりすぎると、受け身で引っ込み思案になってしまうかもしれません。自分から世界を広げていく努力をしていきましょう。また幸運な人だからこそ、運に頼りすぎないよう注意してください。自分の力で道を切り開くことが、さらに運を安定させる秘訣だからです。

あなたの愛の形とは？

透き通った瞳の持ち主です。この人に見つめられると、心の奥までのぞかれるような気がする人が多いでしょう。後ろめたいところがなくても、この人の純粋さの前

魔法の言葉

マジカルな偶然が起こりそうな予感。
セレンディピティを信じて進んで

では、思わずうつむいてしまうかもしれません。

だれかに、異性のどんなところにひかれるかと聞かれると、この人は答えられないかもしれません。性格でもなく、外見や肩書きや生活力のような、わかりやすいものでもないのです。それは相手のスピリットの輝きとか、目に見えない生命力のようなものを感じ取って、そこにひかれてしまうからです。そして言葉や態度によらない愛情表現で相手を包もうとするでしょう。

愛する人が、霊性やこころの世界に興味を持つ人なら、その静かな愛情も察してくれるでしょう。でも、現実に見える世界を抱きしめるタイプの相手には、もっと伝え方を工夫しないとわかりにくいでしょう。

あなたの才能と人生のテーマ

この日生まれの人は、物質的なものよりも、眼に見えない、手で触れることのできないものに価値を置いています。ほかの人の目には実体のないものに見えるものが、この人の心の目には、なにより確かなものとして映っているのです。

仕事を選ぶときのポイントは、「生きるため」「給与のため」という考え方に従うと後悔しそうです。また時流に迎合するような仕事、喧騒の中にいて自分を見失うような生活は、この日生まれの人の感受性を徐々に蝕んでしまうことになるでしょう。それよりも静かに自分が見つめていきたいものを探求し、思索を深めていくほうが向いています。アートや学究などのほか、方向感覚も優れているので、その才能を生かす道もあるでしょう。

適職は占い師、哲学者、芸術家、映画監督、書道家、航海士、音楽家、大学教授などです。

相性リスト

恋人……………… 1月6・7・8日、11月3・4・5日
友人……………… 5月4・5・6日、9月4・5・6日
手本となる人…… 3月7・8・9日
助けてくれる人… 2月9・10・11日、4月22・23・24日、9月16・17・18日、11月28・29・30日
縁がある人……… 2月6・7・8日、12月4・5・6日

7月8日

蟹座

CANCER

優しさと現実性を併せ持つ人

長所

思慮深い。几帳面。粘り強い。観察力がある。コツコツと努力して、地道な前進を続ける。目標達成率が高い。

短所

縄張り意識が強すぎる。白黒はっきりつけたがる。功利主義的。融通が利かない。頑固で刷り込まれると修正できない。

この日生まれの著名人

東山魁夷（画家）／ケビン・ベーコン（俳優）／三谷幸喜（脚本家）／桜沢エリカ（漫画家）／谷原章介（俳優・タレント）／鈴木啓太（サッカー選手）／SUGIZO（ミュージシャン）／八代英輝（弁護士）／石橋静河（女優）

味方にすると心強いけど、敵に回すと怖い人。その典型的な性格を持っているのが、この日に生まれた人の特徴です。自分が身内だと思った人物や友達や恋人のために、自分のすべてを捧げます。大切な人を守ってあげようという気持ちが強く、その純粋な目的を根気強くやり遂げるのです。その方法はとても現実的で、よく働いてまじめに約束を守り、感謝や愛情を形で表わそうとするでしょう。

同じように敵だと感じた相手にも、現実的な方法で屈服させようとします。相手の小さなミスを見逃さず、冷たい態度で接し、自分を優位に立たせようとします。そのおかげで社会での成功や自分のテリトリーを手に入れられるのですが、あまりにはっきりと敵と味方を区別しようとするため心が狭い人と思われがち。小さなグループなら成功しますが、大きなグループでは敵が多すぎて孤立してしまうことがあるようです。

せっかく現実的な感覚を持っているのですから、それを人間関係を円滑にする方向に生かしましょう。理解し合うことは、人間関係を変える第一歩です。もう少し広い心で接したり、相手の話に耳を傾けることも必要です。

あなたの愛の形とは？

親しくなったときと、それ以前で異性に対するときの態度に差が出てくる人です。初対面のとき、あるいはまだ親しくないとき、この日生まれの人は冷静な目で、相

手を観察するでしょう。人によっては異性を値踏みしていると思われることもあるかもしれません。けれども親しくなるにつれ、だんだんそのまなざしは温かみを増してくるでしょう。そしてはっきり愛を意識するような間柄になったときには、相手のために命を懸けることもいとわないような姿勢になっているでしょう。

自分のすべてを懸けて相手を愛する人です。だからそれだけ異性を見る眼は慎重にならざるを得ないのです。大勢のグループの中で、広く浅いつき合いをしているときには、この人の本質を理解することはできません。けれども密接な間柄になったときに初めて、本当の心の熱さが伝わるでしょう。

あなたの才能と人生のテーマ

新しく何かを得るよりも、今、持っているものを守ります。身近な人、周囲にあるものを大切にしたいと考える人です。また、机上の空論よりも、実践を重んずる人なので、やろうと決めたことは必ず形にするでしょう。

この気質を社会の中で有効に生かすためには、身近なものを守ること、今ある貴重なものを大切にすることを目標にするといいでしょう。注意点は、大切な人の幸せを守りたいとか、好きなものを保存したいという気持ちが強すぎるところです。それで仕事で自分を犠牲にしたり、職業上のトラブルでやめたいのに、愛する人のためだけに続ける場面もあるかもしれません。それらの苦行が本当に愛に基づく行為なのか考えてみる必要があるでしょう。適職は、医師、看護師などの医療系の仕事、伝統工芸の職人、セキュリティ関係、自然保護や動物保護の仕事などです。

相性リスト

恋人……………… 1月7・8・9日、11月4・5・6日
友人……………… 5月5・6・7日、9月5・6・7日
手本となる人…… 3月8・9・10日
助けてくれる人… 2月10・11・12日、4月23・24・25日、9月17・18・19日、11月29・30日、12月1日
縁がある人……… 2月7・8・9日、12月5・6・7日

魔法の言葉

一人でするよりも二人、二人よりチームで、という暗示が出ています

7月9日

蟹座

CANCER

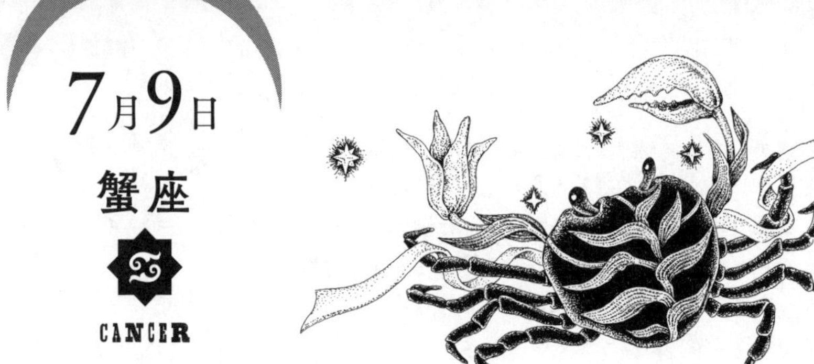

身近なグループのリーダー

長所

面倒見がいい。牽引力がある。気性がまっすぐで、信念を曲げない。大胆にしてデリケート。家族や親しい人を大切にする。

短所

感情に波がある。歯にモノを着せぬ言い方をする。気に入らない相手には攻撃的になる。態度が尊大。

この日生まれの著名人

細野晴臣（ミュージシャン）／エド山口（タレント）／稲垣潤一（歌手）／トム・ハンクス（俳優）／浅野ゆう子（女優）／久本雅美（お笑いタレント）／松下由樹（女優）／草彅剛（タレント）／濱中治（野球選手）／古川雄大（俳優・歌手）

生まれながらにしてリーダーの資質を持っている人です。緻密に考える部分は他の人に任せて、自分は思ったことをスピーディに実行します。機械にたとえるなら、エンジンの役割を担っている人で、目的が実現するまで休みなく、その組織を支える機動力になるでしょう。とくに小さなグループで責任を与えられると、隅々まで目が届くので、その才能を存分に発揮できます。

また行動力の他に、人の気持ちを察してあげられるデリケートさを持っていることが、この日生まれの人をさらに輝かせています。一度信じた人のことを家族のように大切にし、その絆のためなら、本来はおとなしい自分を奮い立たせて全力で闘うでしょう。

しかし感情の起伏が激しいことが玉にキズ。相手との一体感を大切にするあまり、人と自分が違う価値観を持ったり、別の行動をとることが許せないのです。それで自分の思い通りにならないことがあると、大切な人にさえ感情をむき出しにして攻撃してしまうこともあるでしょう。誰より相手を失いたくないのはこの人なのです。つい気持ちが高ぶってしまったときこそ、相手の立場に立ってみることもおすすめします。

あなたの愛の形とは？

この人が恋をすると、それだけでドラマティックな出来事が待っていそうです。例えば愛する人のわずかな心の変化も敏感に察知し、自分の気持ちに正直に行動しま

す。相手が好意的に接すると、喜んで接近するでしょう。逆に突然冷たくなると、何があったのかと問いただそうとするでしょう。つまりこの日生まれの人は、繊細な心を持ちながら、大胆な行動ができる人なのです。心と行動が一致しているので、わずかな動揺が事件にまで発展してしまうことがあるのです。

それでも愛が実ったときには、情熱的に相手に接するでしょう。愛する人が自分だけを見つめていると感じているときは、幸福感で満たされ、この上なく魅力的になります。激しさゆえに相手は苦労するかもしれません。でもその思いの熱さゆえに、密度の濃い、充実した日々を過ごすことができるはずです。

あなたの才能と人生のテーマ

高い理想を心に抱き、そこに向かって歩こうとする人です。到達点を決めたら、一直線に進んでいく推進力を持っています。途中であきらめることは決してしない人です。同時に、大切な人たちも自分と同じところに導きたいと思っています。ときには叱咤激励し、ときには自分が周りの人を背負って歩こうとするので、少々強引なところも出てくるでしょう。でもこの日生まれの人にとっては、それが愛情表現であり、思いやりなのです。

社会に出ても、自分の理想に向かって進んでいこうとします。そこで周囲の人との軋轢や摩擦も生まれるかもしれません。周囲の人たちとの連携を図りながら、仕事を進めていくと、大きな成果を出すことができるでしょう。適職はスポーツ選手、映画監督、銀行員などです。大企業の一員になるよりも、小さな会社で経営手腕を存分に発揮するほうが充実します。

相性リスト

恋人	1月8・9・10日、11月5・6・7日
友人	5月6・7・8日、9月6・7・8日
手本となる人	3月9・10・11日
助けてくれる人	2月11・12・13日、4月24・25・26日、9月18・19・20日、11月30日、12月1・2日
縁がある人	2月8・9・10日、12月6・7・8日

魔法の言葉

思っている以上にあなたの中に熱いものがたぎっています。エネルギーの使い方を考えて

7月10日

蟹座

CANCER

強い意志と同族意識の持ち主

長所

温情がある。堂々としていて、いつも笑顔を忘れない。人を幸せにする努力をする。意思が強く、希望を失わない。

短所

傲岸。自分が中心になろうとする。押しつけがましい。堅実性がない。その場の思いつきでモノを言うことがある。

この日生まれの著名人

吉行あぐり（美容師）／松島トモ子（女優）／布施博（俳優）／村山由佳（作家）／沢村一樹（俳優）／チバユウスケ（ミュージシャン）／小泉孝太郎（俳優）／田中圭（俳優）／前田敦子（女優・歌手）

この日に生まれた人は、家族的な愛情を持っています。人と親しくなって、お互いに対する理解を深め合う喜びを至上の幸せと思っています。

そのため日常生活では、誰かと親密な関係をつくるということに強い関心を抱きます。この日に生まれた人にとって、大切に思える人との関係を強化するということは、自分が全力を出せる環境を手に入れることと同じ意味を持ちます。自分が本当に実力を発揮し、周囲の人と一緒にハッピーになるためには、大きな組織に所属する必要はなく、むしろ自分に適した規模の小さなチームで活動することが大切だと理解しているのです。

また家族との縁が深い人であり、とくに父親からの影響を強く受ける傾向があります。無意識に父親と同じものが好きになっている自分に気づくかもしれません。また旅先では、観光よりも、家族へのお土産を選んでいるときがもっとも楽しい時間だったりするでしょう。

そんな優しさを持っているため、誰からも頼られる存在になります。極端に寂しがりな一面もありますが、それゆえに、親しい人と過ごすことで得られる幸福感はほかに代えがたいものになるでしょう。

あなたの愛の形とは？

いつも明るく、暖かい雰囲気を漂わせている人です。しっかりもので強そうに見えるから、ひとりでも大丈夫と思われるでしょう。けれども本当は放って置かれると

不安になるのです。そのため、愛する人には自分のことを知ってもらいたいという気持ちが強く、今日起こった出来事などを通話やメールで伝えようとします。相手からの反応がなければ、とても不安な気持ちになるでしょう。いつでも愛情を確認したい気持ちが強いようです。

また異性と親しくおつき合いをすることになったら、相手の両親とも家族のように接したいと思うし、自分の両親にも甘えてほしいと考えています。だから、もし愛する人の両親から冷淡な態度をとられると、かなり沈み込んでしまうでしょう。

フレンドリーな態度、アットホームな愛情に支えられていると、幸せを強く感じられる人なのです。

あなたの才能と人生のテーマ

世代を越えて伝えられたかけがえのない何かを、次世代へと伝えようとする気持ちが強い人です。悠久の時の流れを肌で感じとれるような、繊細な心を持っています。受け継いだものがあれば、それを後世へと残そうとしますが、何も身近にないと思ったときには、「自分とは何だろう」「自分は何をすればいいのだろう」と思い悩むことがありそうです。

社会の中でも、使命感を持って仕事をしていきたいという気持ちが強いでしょう。親の職業を喜んで継ぐことができれば幸せでしょう。しかし、そうでない場合、親が望んでいる職業、あるいは進める職業を選ぶ傾向があります。実際に仕事を決めるときは、適性を考えたほうが長続きするのは言うまでもありません。適職は、弁護士、ホテル関係の仕事、検察官、タレントなどです。会社の中では営業職で力を発揮できるでしょう。

相性リスト

- **恋人**……………… 1月9・10・11日、11月6・7・8日
- **友人**……………… 5月7・8・9日、9月7・8・9日
- **手本となる人**…… 3月10・11・12日
- **助けてくれる人**… 2月12・13・14日、4月25・26・27日、9月19・20・21日、12月1・2・3日
- **縁がある人**……… 2月9・10・11日、12月7・8・9日

魔法の言葉

見た目以上の結果がついてきます。
あなたにバトンを渡そうとする人がいます

7月11日

蟹座

CANCER

鋭敏でありながら気さくな人

長所

直観力がある。人の気持ちを察知できる感受性が強い。潔いところがある。思いやりがある。多彩な才能を持っている。

短所

人の意見に左右されやすい。重圧に弱い。優柔不断。ストレスに弱い。ちょっとしたことで不機嫌になりやすい。

この日生まれの著名人

藤井フミヤ（ミュージシャン）／近藤サト（アナウンサー）／古川日出男（作家）／前田亜季（女優）／アーネスト・ホースト（キックボクサー）／加藤シゲアキ〈NEWS〉（タレント・作家）／坂口健太郎（俳優）

この生まれの人は、いろいろなジャンルで成功する可能性があります。感受性と直感力の両方が強いからです。大衆が今どんなものを求めているのかを感じ取ることができるため、ヒット商品を生み出す企画家、マーケッターなどとして活躍するかもしれません。芸術的な分野でその才能を使う場合もあるでしょう。人の気持ちを読み取る能力はセールスマンとしても活かされるはず。このような多才さを秘める人ですが、それゆえ進路には悩むかもしれません。

また、鋭敏な感受性のせいで、ストレスを強く受けてしまうことも。気持ちが優しいという点も、人間関係におけるストレスの原因になるでしょう。例えば、この人は誰かが自分と同じものを狙っていると感じると、サッと勝ちを譲ってしまうようなところがあるはず。「感じやすさ」が強いわりには、プレッシャーには弱いところがあるのです。でも、それは心根の優しさですから、欠点と思う必要はありません。人から愛される長所と思ってください。

あなたの愛の形とは？

愛する人がどんなことを考えているのか、恋人や家族に何を望んでいるのかを敏感に察知する人です。また、大切な人には喜んでもらいたいと思っているので、相手の求めに応じて、自分を変えることができるでしょう。

この日生まれの人には、いろいろな可能性があります。

愛する人の求めによって、知らなかった一面が引き出されていくことに、喜びを感じることもあるでしょう。あるいは、ただ単に愛する人に尽くすことや、うれしそうな顔を見るだけで、幸せな思いに満たされることもあるでしょう。

この態度が相手によっては「受け身の態度」に見えることもあるでしょう。没個性と思う人もいるかもしれません。でも個性とはみせかけの奇抜さでも、単なるわがままな自己主張でもないのです。愛する人に思いやりと優しさを示すこと、それこそがこの人が持っている個性なのです。

あなたの才能と人生のテーマ

人が持っている潜在的なニーズを読み取る力を持っている人です。まだ形になっていない不満や問題点から、それを解決するようなヒントを思いつくことができます。いつも人よりも一歩先を見ることができる人です。

この力を生かして成功する可能性が高いでしょう。ただし、努力をして何かを勝ち取るという経験を積まないで成長するところがあるので、物事を投げ出しやすい一面もあるでしょう。

でも、この生まれの人が「人に喜んでもらいたい」と思ったときは、すべての力が自己実現に向けて発揮されるでしょう。大切な人を喜ばせるような気持ちで、ユーザーの気持ちを考えた仕事をしていくうちに、気づいたら成功を収めていたということがありそうです。

適職は、プランナー、芸術家、マーケッター、栄養士、獣医などです。企業の中では、営業の部署で頭角を現すでしょう。

相性リスト

- **恋人**……………… 1月10・1・12日、11月7・8・9日
- **友人**……………… 5月8・9・10日、9月8・9・10日
- **手本となる人**…… 3月11・12・13日
- **助けてくれる人**… 2月13・14・15日、4月26・27・28日、9月20・21・22日、12月2・3・4日
- **縁がある人**……… 2月10・11・12日、12月8・9・10日

魔法の言葉

独特のセンスが光るときです。周囲の人をちょっとくらい驚かせてもいいのでは？

7月12日

蟹座

CANCER

気取りのない天然キャラ

長所

大らかで素直。発展的。人の輪の中に進んで飛び込む。物怖じしない。正直で、隠し事ができない。裏表がない。

短所

常識がない。空気が読めない。奔放。同じ失敗を繰り返しても反省しない。物事を軽く考える傾向がある。

この日生まれの著名人

アメデオ・モディリアーニ（画家）／中村玉緒（女優）／森永卓郎（経済アナリスト）／上野千鶴子（社会学者）／渡辺美里（ミュージシャン）／イ・ビョンホン（俳優）／百田夏菜子（ももいろクローバーZ）（歌手・俳優）

自分の欲望を素直に表現できる人ですから、幸運をすばやくキャッチすることができます。みんなが遠慮したり、見栄っ張りなやせ我慢をしてしまう場面で、この人は「それが欲しい！」と率直に口にできるタイプなのです。もちろん、そのせいでやっかみを受けることは多いかもしれません。でも、その正直さはこの人の最大の強みです。他人の目は気にしないで、自分の率直さを活かすほうがいいでしょう。

とはいえ、不要な敵を増やさないための努力はしないければなりません。「知らなかったの、ごめんなさい」という素直な謝罪では済まされないことに気をつけて。社会のルールや規範については、人から注意される前に自らが積極的に学ぶことが大切です。常識をわきまえてさえいえば、その飾り気のない性格はどこにいってもプラスに働くようになります。人への思いやりの心は強いほうですから、利益を独占しようとはせず、周囲にも幸運を分けてあげられるはず。

あなたの愛の形とは？

素直で率直な感情表現ができる人です。さらに人の眼や評判もほとんど気にしない人です。だから異性のことを「好き」と意識した瞬間から、うるんだ瞳で見つめたり、「大好き」なんて平気な顔で告げたりするかもしれません。相手に恋心が伝わるのも早いでしょう。

大らかでこだわりのないところはいいけれど、社会的

なルールにも関心を示さないところがあります。わけあり、といわれる関係になり、非難されたとしても、動じないでしょう。場合によっては「人間が人間を好きになって何が悪い」と開き直りそうです。それがトラブルを引き起こす原因にもなりかねません。

自分の幸せばかり追求せず、本来持っている優しい心を生かし、愛する人の幸せ、また周囲の幸せに目を配っていきましょう。それができれば、その素直な気質ゆえ、いつまでも大切な人から愛されるでしょう。

あなたの才能と人生のテーマ

シンプルな生き方が似合う人です。目標を決めたら、そこに向かって進んでいくような生活や仕事スタイルが向いています。また、広い視野を持っている上に、インスピレーションの冴えもあります。この人の手にかかると、複雑な物事でもシンプルに整理することができるでしょう。

見かけにだまされない、本質を見抜く力がある人です。逆に矛盾だらけで虚飾が多いこと、自分の心を偽り続けることで成り立つ人間関係の中では、消耗が激しくなるでしょう。

ひとつのものを極める集中力が優れています。そのため専門性の高い仕事を選ぶと、成功しやすく、また充実感もあるでしょう。

適職はコンサルタント、哲学者、裁判官、大学教授などです。会社に勤める場合は、研究部門が最適。同じ会社でも違う仕事をするより、転職しても同じ仕事を貫くことが大切です。

相性リスト

恋人……………… 1月11・12・13日、11月8・9・10日
友人……………… 5月9・10・11日、9月9・10・11日
手本となる人…… 3月12・13・14日
助けてくれる人… 2月14・15・16日、4月27・28・29日、9月21・22・23日、12月3・4・5日
縁がある人……… 2月11・12・13日、12月9・10・11日

魔法の言葉

予想外の化学反応が起こりそうです。それらを組み合わせてみてもいいのでは？

7月13日

蟹座

CANCER

エキセントリックな天才肌

長所

個性的。客観性がある。相対的な思考ができる。エキセントリック。進歩的。改革を好み過去を振り返らない。

短所

協調性がない。環境に順応するのが苦手。批判的。ドライに割り切りすぎる。ひとりよがりになりやすい。

この日生まれの著名人

堺屋太一（作家）／ハリソン・フォード（俳優）／関口宏（タレント）／中森明菜（歌手）／北斗晶（プロレスラー）／遠藤章造（ココリコ）（お笑いタレント）／鈴木紗理奈（タレント）／のん（女優）

この生まれの人は、独特の個性と豊かな才能を持っています。それを理解してもらえる仕事につくか、同じような才能を持つ仲間に恵まれれば、周囲から一目置かれる存在となるでしょう。ただ、感情の起伏が激しいうえに、エキセントリックな言動を取りがちなので、単なる変人に見られることがあるかもしれません。感受性は非常に鋭いため、自分に向けられた奇異の目をこの人は敏感にキャッチします。そして、孤独にさいなまれたり、自分が人とは違っていることに疑問やコンプレックスを感じたりするでしょう。この生まれの人にとっては、それが一番の人生の悩みとなるかもしれません。

でも、そこのところはある程度、開き直ってしまうべき。人の目を気にするよりも、自分の持つ才能や個性を開花させる道を探ることに力を注いでください。そうすれば、周りは「この人は凡人とは違う天才型の人間なのだ」ということに気づき、受け入れてもらえるようになるでしょう。

あなたの愛の形とは？

高感度の感受性をそなえている人は、同じ刺激を受けても反応が激しくなります。それはわがままなのでも、大げさなのでもなく、それだけ強いインパクトを受けてしまうだけなのです。この日生まれの人の場合、好きな人に会えないだけで、実際に胸が痛くなるのを感じたり、相手の言葉から愛情を敏感にかぎ分けて涙したりするこ

とがあるでしょう。

そんな感じやすい心のせいで、ほかの人よりも苦しく、切なく、また密度の濃いものになっていくでしょう。だから愛する人にも自分と同じような反応を期待すると裏切られます。また、自分が人と違うからといって、あえてその部分を隠そうとすると、今度は辛くなってしまうでしょう。この日生まれの人が大切な人と愛情をはぐくんでいくには、お互いの相違点を見つめ、それをゆっくり受け入れていくことが何より大切になっていくでしょう。

あなたの才能と人生のテーマ

寂しがりやで人間が好き。だけど人と同じことはしたくないし、できない。この日に生を受けた人は、独創性を持ちながら、同時に周囲の人々に愛されることを目指して歩いていく部分があります。妥協して生きることはできませんが、人から無視されることのほうが辛いはずです。

この気質を社会の中でうまく生かしていくには、オリジナリティを求められるもの、新規に開拓し続けるものを扱うことが大切です。敏感で細かい目配りができる人なので、時代の潮流を先読みするような仕事内容でも、才能を発揮できるでしょう。逆に、伝統をかたくなに守り続けるような分野の仕事につくと、息が詰まるような思いを味わうかもしれません。

適職は、芸術家、評論家、写真家、システムエンジニア、家電製品の開発者などです。組織の中では企画開発などの部署で能力を出せるでしょう。

相性リスト

- **恋人**……………… 1月12・13・14日、11月9・10・11日
- **友人**……………… 5月10・11・12日、9月10・11・12日
- **手本となる人**…… 3月13・14・15日
- **助けてくれる人**… 2月15・16・17日、4月28・29・30日、9月22・23・24日、12月4・5・6日
- **縁がある人**……… 2月12・13・14日、12月10・11・12日

魔法の言葉

「規格外」の福があるという暗示です。もっと枠外のことを考えてもいいのでは

7月14日

蟹座

CANCER

知的で人情に厚い人

長所

温情がある。人の気持ちを考えられる。感受性が豊か。知的で、探究心がある。表現力、演出力に秀でている。

短所

言動が大げさ。思い込みが強い。調子がいい。人の視線を気にしすぎる。他人のプライバシーを詮索したがる。

優れた知性の持ち主でありながら、決してドライな性格ではなく、むしろ人情に厚いこの人は、知性を人のために使おうするタイプです。また、それによって成功する人とも言えるでしょう。例えば、自分の言いたいことをうまく表現できない人の代弁者となることで、訴訟問題などを扱う専門家となるかもしれません。複雑な感情や繊細な気持ちを的確な言葉で表現することができるので、文章の書き手として活躍することも可能でしょう。

この人はまた、自分の感情をドラマティックに表現するのも上手です。ただ、その点は気をつけないと「大げさなことを言うタイプ」として、非難される心配も。自分の持つ演出力の大きさをこの人は自覚しておくべき。そうしないと、いつの間にか、社会を扇動するお騒がせ者になってしまうかもしれません。事実は的確に簡潔に述べることを心がけて。ドラマティックな表現を使いたい欲求は、芸術的な趣味に生かすほうがよいでしょう。

この日生まれの著名人

久米宏（アナウンサー）／水谷豊（俳優）／斉藤慶子（女優）／椎名桔平（俳優）／谷口けい（登山家）／桜庭和志（総合格闘家）／岡田克也（政治家）／森喜朗（政治家）／角野隼斗（ピアニスト）／阿部詩（柔道家）

あなたの愛の形とは？

あふれるほどの知性があり、なおかつ心の中の思いもあふれさせてしまう人です。ひとりで夜中に好きな人を思い浮かべながら書いたメールや手紙の文面は、おそらく過度に情熱的でセンチメンタル、そのうえ切ない思いが綴られているでしょう。

本人にとっては、芸術表現のようなものですが、受け取った人の目でみると、「誰の恋物語？」と首をひねり

たくなるほど、濃密な内容になっているかもしれません。

そのあふれ出てしまう知性と慕情ゆえに、相手から「重い」と言われかねないのは残念なことです。むしろ選ぶ相手は、言葉を飾り立てなくてもつき合えるような、素朴なタイプがいいかもしれません。「これいいね」「そうね」、という会話でわかり合えてしまうようなシンプルで飾りのない関係を築いたとき、穏やかな愛の温かみを全身で感じられるはずです。

あなたの才能と人生のテーマ

頭の回転が速く、なおかつ人の心の動きを察知するのが早い人です。また、言語による表現能力に優れています。

もともと心の温かい人で、悩んでいる人を見ると自分の心も痛めてしまいます。そんな人だからこそ、能力を自分の営利のためだけに使っていると、人生の目的を見失いやすいでしょう。しかし、相手が幸せになるように、悩みが少しでも軽くなるように、自分の知性や表現能力を使っていけば、おのずと道が開けてくるでしょう。

向いている分野は、人の心や体を癒すようなもの、または困難な状況に置かれた人の力になれるようなものです。また、優れた芸術作品を送り出すことで、多くの人の心的世界に潤いを与える可能性もあります。

適職は、カウンセラー、弁護士、作家、雑誌のライターなどです。イラストレーター、漫画家としての才能もあります。

相性リスト

恋人……………… 1月13・14・15日、11月10・11・12日
友人……………… 5月11・12・13日、9月11・12・13日
手本となる人…… 3月14・15・16日
助けてくれる人… 2月16・17・18日、4月29・30日、5月1日、9月23・24・25日、12月5・6・7日
縁がある人……… 2月13・14・15日、12月11・12・13日

魔法の言葉

あなたの心がゆれてきています。言葉にならないムードの変化に注意を

7月15日

蟹座

CANCER

純粋な愛情と美意識の持ち主

長所

芸術的な感性が高い。矜持が高く、手を抜かない。家族や愛する人を大切にする。子供や動物に愛情を注ぐ。

短所

狭量。人やモノの好き嫌いが激しい。自分の美意識にこだわりすぎ、融通が利かない。人を見下すところも。

この日生まれの著名人

永瀬正敏（俳優）／柴田英嗣（アンタッチャブル）（お笑いタレント）／小池百合子（政治家）／柱谷哲二（サッカー選手・指導者）／長谷川哲夫（俳優）／森本慎太郎（SixTONES）（タレント）／吉田正尚（野球選手）

高い美意識を持っている人ですが、偏見も強いほう。そのため、この人は自分の美的感覚に合わないものを自分の生活から徹底的に排除しようとしがちです。そのこだわりを仕事に生かせば、プロフェッショナル意識を強く出せば､高い評価を受け続けることができるでしょう。

けれども、プライベートにおける人間関係にまで、強い美意識を持ち込むのは問題かもしれません。趣味の合わない人を寄せつけないようになってしまうと、人間関係の間口が狭まり、小さなコミュニティーの中でしか生きていけなくなってしまうからです。

それでもこの人にとっては、自分が純粋に愛情を注げるモノや人に囲まれて暮らすことこそ幸せなはずなので、人間関係を広げるように無理強いすることはできません。肝心なのは、自分と同じように美意識の高い人々に出会えるチャンスをつくることでしょう。そうすれば、少数であっても素晴らしい人たちとの関係の中で、豊かな暮らしを実現できるはず。

あなたの愛の形とは？

美しいものや心が洗われるようなものに囲まれていると幸せな人です。とくに恋を夢見る純粋な心は強烈で、愛する人との時間が忘れられないひとときになるよう、心を注ぎ込むでしょう。

けれど、その純粋さゆえに、愛する人本人とは一緒にいたいけれど、その家族や友達が受け入れられないとい

う状況が起こる確率も高いでしょう。その場合、どちらを優先しようとしても、葛藤になるかもしれません。自分の気持ちを押し通すと、相手を悲しませることになり、相手の気持ちだけを考えると、自分が耐えられなくなってしまうでしょう。

でも、愛する人の周囲にいる人と、適度な距離感を置いてつき合ったり、柔軟な対応を許してもらえたりする関係を築くことは不可能なことではありません。自分を含め、周囲の人がなるべく快い気持ちでいられる工夫をしていきましょう。

あなたの才能と人生のテーマ

この日生まれの人の心の中には、自分や周囲の人が、気持ちよくストレスなく過ごせることを心の奥底で願っています。そのため、乱れているものはなるべく整理しておこうとするのです。美しい世界で統一したいと思うのは、安らかに生きるための知恵でもあるでしょう。

この人の力は、現実社会を美しく彩りたいという部分で輝きを放ちます。例えば、食事をするときにも、料理そのものに凝るばかりでなく、食器やテーブルセッティング、部屋のインテリアまでトータルで楽しむのが理想です。

この気質を社会の中で活用するためには、生活に彩りを与えることを目指す仕事につくといいでしょう。美意識を追及し続けるので、芸術家としても力を発揮できるでしょう。

適職は、写真家、料理研究家、トータルコーディネーター、ファッションデザイナー、グラフィックデザイナーなどです。

相性リスト

恋人……………… 1月14・15・16日、11月11・12・13日
友人……………… 5月12・13・14日、9月12・13・14日
手本となる人…… 3月15・16・17日
助けてくれる人… 2月17・18・19日、4月30日、5月1・2日、9月24・25・26日、12月6・7・8日
縁がある人……… 2月14・15・16日、12月12・13・14日

魔法の言葉

浄化のとき。もやもやを吐き出してしまいましょう。全てはそれからです

7月16日

蟹座

CANCER

淡々とした強い個性の人

長所

気負いがない。落ち着いている。穏やか。態度が物柔らか。飄々としている。ナチュラルな雰囲気がある。慎みがある。

短所

気迫がない。やる気が感じられない。現実逃避する。目立たない。遠慮しすぎる。自己アピール力が足りない。

この日生まれの著名人

福田康夫(政治家)/6代目桂文枝(落語家・タレント)/松本隆(作詞家)/児嶋一哉(アンジャッシュ)(お笑いタレント)/袴田吉彦(俳優)/シュウペイ(ぺこぱ)(お笑いタレント)/山田哲人(野球選手)

押し出しは強くないのに、自分の主張をスッと通すことができる不思議なパワーの持ち主です。外見からして、静かな自信が瞳にあふれており、そのオーラが他人に伝わると、自然とこの人の話に耳を傾けてしまうのでしょう。けれど、本人はそれを自覚していないかもしれません。自らの道を切り開こうとする野心は強くなく、むしろ静かに淡々と自分の人生、生き方を貫くことを望む人です。

家族や友人など身近な人間は、そんなこの人を見ていると、「もっと野心的になったほうがいいのに」とか「人を押しのける強さを持たないと……」などと言いたくなるかもしれません。でも、この生まれの人の場合、へんな欲や損得勘定を持ち出すと、持ち前の不思議なパワーが働かなくなってしまいがち。「無欲の勝利」を狙うほうが、成功する人生を歩めるタイプですから、自分の姿勢を崩す必要はないでしょう。人にすすめられても、やりたくないことに手をつけるのも止めておくべきです。

あなたの愛の形とは?

心の中に芽生えた純粋な思いを、静かに、着実に育て上げていくでしょう。気になる異性のことは、静かに穏やかなまなざしで見つめるため、それが愛だと気づかれにくいこともあるかもしれません。けれども、まっすぐ思いやりの心を貫くので、気がついたらふたりの心が寄り添うことも珍しくはないでしょう。そして穏やかな関

魔法の言葉

「無欲さ」があなたを勝利に導きます。ありのままを受け入れることがカギに

係を築いていくでしょう。

ただ、これも自分の気持ちに正直になったときの話です。愛の女神は、心の中に不純物が混入した場合には、その微笑みを向けないものです。将来性とか、友達の視線のようなものを気にして相手を選んだ場合、納得できない結果に終わることがありそうです。また周囲とこの人の見方が違っても、愛する人を信じることが大切です。それが純粋な愛なら、最終的に自分の見方が正しかったことが必ず証明されることでしょう。

あなたの才能と人生のテーマ

優れた直観力と、天から授かったようなひらめきに恵まれた人です。到達すべき道を察しているところがあります。そのため「自分が、自分が」と主張することはほとんどありません。柔軟な心、弾力のある姿勢、自在な視野を持って生きていくため、人との衝突がさほどないのです。ただ、現実的な利益を求めるようになると、態度にかたくなさが生まれ、人との衝突を招いてしまうことがあるのです。

この力は何かをつくり出すことに向いています。心がやりたいと思うこと、楽しそうだな、と思うことに集中するといいでしょう。夢中になって何かをやっていると、気がついたときには成功していることが多いでしょう。でも成功を目指して何をしようかと考えると人生は突然辛いものになりそうです。

適職は占い師、ダンサー、作家、漫画家、音楽家、画家、ファッションデザイナーなどです。

相性リスト

恋人……………… 1月15・16・17日、11月12・13・14日
友人……………… 5月13・14・15日、9月13・14・15日
手本となる人…… 3月16・17・18日
助けてくれる人… 2月18・19・20日、5月1・2・3日、9月25・26・27日、12月7・8・9日
縁がある人……… 2月15・16・17日、12月13・14・15日

7月17日

蟹座

CANCER

静かな情熱の持ち主

長所

誠実。良識的。虚飾を嫌い本質を見抜く。正義感が強く、善意にあふれている。まじめで地道な努力をいとわない。

短所

おもしろみに欠ける。頭が固い。融通が利かない。物事を悲観的に考える。正論にこだわりすぎる。権威に弱い。

この日生まれの著名人

丹波哲郎（俳優）／青島幸男（タレント・政治家）／C・W・ニコル（作家）／大竹しのぶ（女優）／ウォン・カーウァイ（映画監督）／北村一輝（俳優）／浅田舞（フィギュアスケート選手）／滝沢眞規子（モデル）

一見すると、おとなくして人の良いタイプに見えますが、この生まれの人は、心の奥に静かに燃える情熱の炎を隠し持っています。それは正義感であるとか、生命への尊重心のようなもの。そのため、不正や自然破壊などに対しては、隠し持った炎を強く燃やし、悪と戦う強さを見せるはずです。

けれども普段は、社会のルールをよくわきまえ、人間関係を大事にし、誠実で穏やかな人として、普通の生活を送ることを望みます。お金に関しても、贅沢を楽しむ時期もあるでしょうが、基本的にはシンプルライフが好き。自然の豊かさを愛する人なので、晩年は自給自足生活を試みる可能性もありそう。動物や植物などを研究する仕事につき、大自然の中で暮らすというのも理想的です。反対に、資産や地位だけで互いを評価し合うような社会での暮らしには向いていないかも。まじめな人柄ですから、社会的成功を収めることはたやすいのですが、それだけでは満たされないものが残るでしょう。

あなたの愛の形とは？

地球を愛し、緑を愛し、動物を愛する人。肥沃な自然のぬくもりを全身で感じることに喜びを覚えます。愛する人の前でも、ナチュラルな自分でいたいと感じています。背伸びをしないで、等身大の自分で愛する人と向き合うことしかできない人です。

資産や経済力のような、人工的な豊かさには心をひか

魔法の言葉

「赦(ゆる)し」がカギになるとき。あの人を、そしてあなた自身を赦してあげること

れません。またお金の力で人の心をコントロールしようとする態度には強い反発を覚えるでしょう。

逆に心ひかれるタイプは、豊かな心を持っている人。未来に向かって伸びていく、緑の若木のような人です。できればその人を支え、自然な方向に伸びていけるよう、サポートし続けたいと考えます。ただし良かれと思ったことは、かなりはっきり口にしてしまうところが長所でもあり問題点でもあります。言わなくてもいいことまで口出しして、気分を損ねないよう注意しましょう。

あなたの才能と人生のテーマ

現実を直視するバランス感覚、細かいところまで見逃さない繊細な視線、そしてまっすぐな心を持ってこの世に誕生してきた人です。その力を生かし、常識的に社会生活を送ることも、堅実な努力で経済的な成功を収めることもできるでしょう。

けれどもどんな生活を送っていたとしても、この人が持っている確かな視線は、人類にとって本当に重要な真実を見極めるようになるでしょう。余計なものをそぎ落とし、必要なものだけを取捨選択できる賢人になっていくはずです。人の道から外れたことは排除していくので、多くの人から慕われ、尊敬される偉大な人物になる可能性もあるでしょう。

そのため何かを壊してつくり上げるよりも、今あるものを大切に守るような仕事につくと力を発揮するでしょう。適職としては、弁護士、骨董商、文化財修復師、学芸員などが向いています。

相性リスト

恋人	1月16・17・18日、11月13・14・15日
友人	5月14・15・16日、9月14・15・16日
手本となる人	3月17・18・19日
助けてくれる人	2月19・20・21日、5月2・3・4日、9月26・27・28日、12月8・9・10日
縁がある人	2月16・17・18日、12月14・15・16日

7月18日

蟹座

CANCER

仲間の力になれる人

長所

連帯感が強い。熱意がある。憎めない性格。リーダーシップがある。パワフルで積極的。行動力がある。

短所

おせっかい。目立ちたがり。その日の気分で行動する。感情の浮き沈みが激しく、周囲を振り回すことがある。

この日生まれの著名人

ネルソン・マンデラ（政治家・弁護士）／浜田麻里（ミュージシャン）／板尾創路（お笑いタレント）／ザ・グレート・サスケ（プロレスラー）／広末涼子（女優）／大倉孝二（俳優）／山本美月（女優）

ひと言で言えば、自分のことより仲間のためにエネルギーを費やす人。それを自分自身の幸せと感じられる人です。その傾向は、純粋な仲間思いの気持ちと、人に何かをしてあげたいと思う衝動のふたつから成り立っています。縁あって自分を取り囲んでくれている人に対する感謝の気持ちも人一倍強いでしょう。

そんなこの人の周囲にいる人間は幸せと言えますが、この人は決して別にみんなの守護神のような全知全能の存在ではありません。ときには「人のため」を思っての行動が他人の迷惑になることもあるでしょう。仲間をひとりでも失うと意気消沈してしまい、周囲を困らせることも。感情の浮き沈みは激しいほうなので、その点でも周りの人間をあたふたさせることがありそうです。けれども、この人の本質は善意に包まれています。だからこそ、失態があっても周りはそれを受け入れてくれるのです。常に自分がヒーローでいなければいけないと意気込むことはありません。自分の「人間らしさ」を愛してください。

あなたの愛の形とは？

細やかでいながら熱い魂を持っています。一度心に恋の炎が灯ったときには、ほかのことが一切見えなくなり、相手に向かってただひたすら突き進むでしょう。その勢いは、自分でも制御することが難しいくらいです。

しかも、高温で燃え続ける心は、冷めることがありま

心配することはありません。不安の八割は実体のない妄想なのですから

せん。受け入れてもらえた場合は、自分のすべてをかけて相手のために尽くそうとします。逆に愛されなかったと思ったときには、激しいダメージを受けるでしょう。

また愛する人を取り巻くものすべて守りたいと思うし、さらに愛されたいと思っています。だから自分の家族、あるいは相手の家族から受け入れられなかったりすると、それを苦にして暴走してしまうこともありそうです。恋に関してはいつも全力投球ですが、持ち前の知性を生かし、上手に立ち回ることができればもっと幸せに近づけるでしょう。

あなたの才能と人生のテーマ

人々のために奉仕したいという思いと、的確な判断力を抱いて、この世に送られてきた人です。そのため親切で、人のためになると思うと多少自分が損をしても、喜んで行動に移すでしょう。ただ、その思いは普通の人よりもひたむきで熱いため、判断力が生かされない場面も出てきそうです。冷静で客観的な判断力を養えば、頼りがいのあるリーダーとしてさまざまなシーンで活躍することができるでしょう。

この気質を社会に生かすには、グループのリーダーになること、人と接し、感謝されるような仕事につくことが望ましいでしょう。つまりたいていの仕事で力量を発揮することができるのです。ただひとりになる仕事では、人に奉仕したい気持ちが空回りしてしまいそうです。

適職は、美容師、マッサージ師、俳優、店舗経営、中小企業の経営、営業など、人と接することが多い職種です。

相性リスト

恋人	1月17・18・19日、11月14・15・16日
友人	5月15・16・17日、9月15・16・17日
手本となる人	3月18・19・20日
助けてくれる人	2月20・21・22日、5月3・4・5日、9月27・28・29日、12月9・10・11日
縁がある人	2月17・18・19日、12月15・16・17日

7月19日

蟹座

CANCER

子供のように明るく素朴な人

長所

純粋。率直。ひねくれることがない。人を尊敬する気持ちを捨てない。人からかわいがられる。信頼関係を築ける。

短所

子供っぽさが抜けない。責任感がない。要領よく立ち回りすぎて真の実力がつかない。単純に考えすぎる。

この日生まれの著名人

三波春夫（歌手）／水野晴郎（映画評論家）／安岡力也（俳優）／ブライアン・メイ（ミュージシャン）／近藤真彦（タレント）／杉本彩（タレント）／宮藤官九郎（脚本家）／藤木直人（俳優）／藤井聡太（将棋棋士）

素朴な明るさがこの生まれの人の最大の魅力でしょう。飾り立てない自分を他人に見せることができる人なので、多くの人から受け入れられ、愛されます。もちろん、若いうちは背伸びをして気取った態度を取ってみたり、見栄を張ったりカッコをつけたり、といったことも試すでしょうが、いずれ「それは自分には似合わない」ということに気づくでしょう。自分の失態をあっけらかんと笑い飛ばし、間違いを犯したら素直に謝る。そんな自分こそ、他人に好感を持たれるポイントなのだと自覚したときから、恐いものなどなくなるはず。そして、持ち前の魅力を活かし、人生を切り開いていけるようになります。

また、古くからしきたりや風習、伝統というものへの崇拝心を持っているので、上の世代の人からも非常に可愛がられるタイプ。そのおかげで、後援者からの引き立てを受けて成功する可能性が高いでしょう。困ったときにも必ず、救いの手に恵まれるタイプです。

あなたの愛の形とは？

子供のような素直さを永遠に忘れることができない人です。建前と本音を使い分けることができません。愛する人の前ではとくにその傾向が強くなるでしょう。好きだと思ったら、相手を信じて疑いません。秘密を守ることも苦手です。この人に対して、割り切った関係や公にできない恋愛をしかけるのは、この上なく酷なことです。

それだけに、愛し愛される相手とめぐりあったときには、家族のような温かい関係を築くことになるでしょう。お互いに一緒にいてくつろげるような空気をつくり出すのが得意でしょう。

愛する人とはいつも一緒にいたいという欲求が強いため、相手によっては束縛されていると言われることもあるかもしれません。そっけないタイプの人よりも、しっかりと抱きしめてスキンシップをとってくれる人を選ぶほうが幸せを感じることができそうです。

あなたの才能と人生のテーマ

虚飾を取り去り、誰の前でも心の素顔を見せる人です。失敗しても隠さないし、身の丈に合わないことを無理して取り入れようともしません。でもこれは単純な性質だというよりも、人から見られても恥ずかしくないまっすぐな精神を持っていることの証明なのです。

こんな気質ゆえに、人からは絶大な信頼を集めます。信頼が基本になっている業務では、欠くことのできない人材と言えるでしょう。また、古いもの、長く受け継がれてきたものを守り、次世代に残していく気持ちが強い人です。伝統文化の継承に携わる仕事につくと、生き生きと仕事に打ち込む自分を発見するでしょう。たとえ、表面的には新しいものに取り組んでも、その内部に脈々と流れる文化のDNAを感じ続けることができるでしょう。

適職は銀行、保険などの金融関係、食品、酒などの醸造関係、映画監督などです。

相性リスト

恋人	1月18・19・20日、11月15・16・17日
友人	5月16・17・18日、9月16・17・18日
手本となる人	3月19・20・21日
助けてくれる人	2月21・22・23日、5月4・5・6日、9月28・29・30日、12月10・11・12日
縁がある人	2月18・19・20日、12月16・17・18日

恥ずかしいことなんかありません。照れや恥じらいを脱ぎ捨てていくことで前進

7月20日

蟹座

CANCER

寂しがりやだけど優しい人

長所

陽気で明るい。慈愛に満ちている。文学的センスがある。ユーモア感覚があり人を笑わせることが得意。

短所

敏感すぎて傷つきやすい。寂しがりや。人の顔色を気にしすぎる。気が小さい。人前とひとりのときの落差が激しい。

この日生まれの著名人

緒形拳（俳優）／間寛平（タレント）／松坂慶子（女優）／小川範子（女優）／石橋凌（俳優）／三都主アレサンドロ（サッカー選手）／カルロス・サンタナ（ミュージシャン）／横澤夏子（タレント）

ユーモア精神と思いやりに満ちているので、どこにいても人気者となりやすい人。そして、相当な「寂しがりや」なので、孤独な作業は嫌いでしょう。そうした性格から、この人にとっては多くの人に囲まれて生きることが幸せの条件と言えそうです。

ただ、感受性の鋭さが災いし、他人からの心ないひと言に傷つくことが多いのも確か。したがって、やみくもに人とのつながりを求めるのはすすめられません。ネット上のコミュニティなど、匿名性が高いゆえに意地悪い人を見抜きづらいところはとくに危険。

もしも、人との関係に傷つき、世間から引きこもりたくなってしまったときは、自分の気持ちを文章で表現することに挑戦してみるといいでしょう。独特のユーモアセンスと表現力があるので、文学やシナリオなどの世界で成功することができるかも。孤独な作業をあえて試してみることは、才能の開花につながるはず。感受性の鋭さをよい方向に活かすことができます。

あなたの愛の形とは？

この日に生を受けた人の愛の望みはひとつだけ。それは「もっとも愛する人から求められる、ただひとりの存在」になることです。愛され、必要とされるとき、この世界に生まれてきた喜びを全身で感じるでしょう。

繊細さと敏感さを同時に持っている人なので、異性の苦しみや悲しみ、寂しさを感じ取る能力に長(た)けています。

ただ、本人は強くたくましく自分を守ってくれるような人の胸で安心したいのに、求めてくるのは傷ついた異性ばかりという現実もあるようです。

それでも情け深い心情のこの人のことです。どんなに弱々しく見えても、慕ってくる人には親切に接するでしょう。そのうち、異性を追いかけるよりは求められることを望む心も手伝って、それが真実の愛に育つこともありそうです。それにその相手が、いずれ真の強さを身に着けることだって、起こりうるかもしれません。

あなたの才能と人生のテーマ

デリケートな感受性を持っている人です。根底に人から温かく迎え入れてほしいという思いがあります。それが楽しい気持ちにさせるユーモアで人に接したり、思いやりのある態度を示したりすることにつながっているのです。

ただ、それは不特定多数の人相手に発揮できるものではありません。一度に大勢の人を相手にするような職業では、神経が磨耗してしまうかもしれません。小さい規模のオフィスに勤務するか、限られた人数の人と対応するような職場での勤務が望ましいでしょう。

またいつもそばに自分の気持ちを理解してくれる人がいると気持ちが安定します。そのため家族経営の仕事などにも向いているでしょう。

適職は、プログラマー、幼稚園教諭、シナリオライター、獣医師などです。ホテルや家族的なおもてなしを大切にするペンション経営の才能もあります。

相性リスト

恋人	1月19・20・21日、11月16・17・18日
友人	5月17・18・19日、9月17・18・19日
手本となる人	3月20・21・22日
助けてくれる人	2月22・23・24日、5月5・6・7日、9月29・30日、10月1日、12月11・12・13日
縁がある人	2月19・20・21日、12月17・18・19日

魔法の言葉

思い出というアルバムが幸運のカギ。迷ったらあの頃の自分にたずねてみましょう

7月21日

蟹座

CANCER

哲学的で視野の広い人

長所

視野が広い。外交的で、興味の幅が広い。活動範囲が広い。前向きで大きな夢を持ち、発展しようとする。

短所

読みが浅い。おだてられるとその気になりやすい。トラブルを招く。調子がよく、考えないでモノを言うことがある。

この日生まれの著名人

アーネスト・ヘミングウェイ（作家）／ロビン・ウィリアムズ（俳優）／岩崎恭子（水泳選手）／田名網敬一（グラフィックデザイナー）／船越英一郎（俳優）／杉本哲太（俳優）／紀平梨花（フィギュアスケート選手）

この生まれの人は、素直でまっすぐな気質の持ち主。楽観的なところもあるので、物事を大らかにとらえるタイプです。人を受け入れる度量が大きく、めったなことでは怒りません。面倒見も良く、思いやりがあるほうなので、誰からも愛される性質です。表面的には目先のことばかり追っているように見えても、案外、視野は広く、世界のことや未来のことを真剣に考えているところがあります。人生について真正面から向き合って考えることもあり、意外と哲学的な側面を持っているのも特徴です。

ただ、人が良いので、おだてにのりやすいとか、だまされやすい面もありそう。そのため損をしてしまうこともあるでしょう。人を見る目が甘いので、他人の悪意を見抜けなかったり、トラブルメーカーに迷惑をかけられたりすることも多いかもしれません。また、友人や愛する人に気を使いすぎる傾向も見られます。あなたの場合は、つき合う人を厳選し、安易に他人を信じないことが、対人トラブルを回避するポイントになります。

あなたの愛の形とは？

いつも明るく、楽しい話をしたり、目の前にいる人の世話を焼いたりすることが多い人です。そのため恋人にはとびきり優しく、なおかつ陽気に接する、と思われることが多いでしょう。

でもこの人は本当に心を許した相手には、案外硬い話をまじめに切り出すようなことがあるのです。悲しい出

そろそろ助走タイムは終わり。ここからジャンプ！のタイミングです

来事に直面したときには「人間はどんな風に生きるべきなのかな」と考え、感動した書物にあったら「読んでみて」なんて相手に渡して感想を求めることもあるかもしれません。そのため、この人の外見的な楽しさを求めて寄ってくる人を恋人にすると、その人との間に微妙な温度差が生まれてしまうかもしれません。逆にこの日生まれの人が「この人なら」と見込んだまじめな人、真剣に毎日を生きている人なら、お互い知的な刺激を与え合い、人間的に成長することができるでしょう。

あなたの才能と人生のテーマ

この世界にあるいろいろなものを見たい、学びたいという思いが根底にある人です。砂地に水が入り込むように、貪欲に知識を吸収することができるでしょう。それと同時に得た知識を多くの人のために役立てたい気持ちが強いでしょう。

ただし、人に尽くす気持ちはあるものの縁の下の力持ち的な存在になることは、あまり適してはいません。自分では陰日向なく働いているつもりでも、その自由さ、考え方の大きさで、どうしても人目についてしまうのです。

実際に人を受け入れる能力が高い人ですから、大勢の人の前に立って、その要求を受け入れたり、処理したりするような仕事が向いているでしょう。

適職は、通訳ガイド、客室乗務員、アナウンサー、DJ、外交官、弁護士などです。哲学者も向いていますが、その場合は大学教授のように人前に立つ立場が望ましいでしょう。

相性リスト

- **恋人**……………… 1月20・21・22日、11月17・18・19日
- **友人**……………… 5月18・19・20日、9月18・19・20日
- **手本となる人**…… 3月21・22・23日
- **助けてくれる人**… 2月23・24・25日、5月6・7・8日、9月30日、10月1・2日、12月12・13・14日
- **縁がある人**……… 2月20・21・22日、12月18・19・20日

7月22日

蟹座

CANCER

おとなしそうに見えて豪胆な人

長所

感受性が強い。霊妙なインスピレーションに恵まれる。意思が強く、いざとなると思いがけない力を発揮する。

短所

感情のアップダウンが激しい。八つ当たりをすることがある。こだわりが強いと他のものが見えなくなることがある。

この日生まれの著名人

エドワード・ホッパー（画家）／原辰徳（野球選手・監督）／森公美子（タレント）／内村光良（ウッチャンナンチャン）（お笑いタレント）／長谷川京子（女優）／吉高由里子（女優）

感受性が鋭く、一種の天才的な能力を持っているのが、このタイプ。何か特殊な技能を身につけることも多く、ひとつのことに打ち込むと、その才能が開花しやすいのが特徴です。

この生まれの人は、人生の節目ごとに、不思議と直感やひらめきに恵まれます。それによって人生が開かれる可能性もとても高いでしょう。もちろん、努力も惜しまずにできる人ですが、迷ったときは自分の直感を信じたほうが、何事もうまくいきます。

一見、おとなしそうで、か弱いイメージに見えますが、じつは、意外と豪胆。内に秘めた芯の強さがあり、いざというときは大胆な決断をし、思い切った行動もとれる人。一度、腹をくくってしまえば、周囲の人をリードするほどのたくましさを見せるでしょう。

ただ、感情の起伏が激しい点がマイナス面。親しい人に対しては、感情をぶつけたりして、相手を振り回してしまうこともあります。それが度を越すと、相手が離れてしまい、大切な人を失ってしまう恐れも。安定した感情を保つことが必要でしょう。

あなたの愛の形とは？

とてもはかなげで、世間の冷たい風に当たると、折れてしまいそうな風情があります。また、感情豊かな人で、愛する気持ちが高まると、それをストレートに相手に告げなくては気がすみません。幼子のようにいたわり続け

ていないと、消えてしまうのではないかという印象すら与えるでしょう。そのため周囲にいる異性は、この人を守ろうとする大胆なタイプの人が多いでしょう。

けれど実際のところはとても芯が強い人です。その強さは苦境に立たされたときに発揮されます。気丈さを誇っていた人が途方に暮れるような状況で、この日生まれの人は、愛するものを胸に抱いて、凛と胸を張り、世界を見据えるところがあるのです。

この気質のために愛情や生活はドラマティックになりがちです。もっと平時から自分の力と相手の愛を信じていれば、平穏な愛情を得ることも可能でしょう。

あなたの才能と人生のテーマ

ひとつのことを極めるために努力する忍耐力にも恵まれています。その上、岐路に立たされたときには不思議な直感を天からは授かる人です。だから人生の初期のうちから好きなことを見つけ、そのことに集中できる環境にあれば、驚くほどの才能を生かす可能性に満ちています。

本質的にはリスクを負った人をサポートする仕事につくと、本来持っている優しさの中の強さが発揮できることは確かです。それでピンとこない場合、好きなことがわからない場合は、人の意見に流されず、自分の直感を信じて行動するほうがいいでしょう。感情的にならず静かに自分と向き合うと、人生を正しくナビゲートするインスピレーションが働くでしょう。

適職は、看護師、マッサージ師などの身体をケアする仕事、介護福祉士ケアマネージャー、リハビリテーション師などの介護系の仕事などです。

相性リスト

恋人	1月21・22・23日、11月18・19・20日
友人	5月19・20・21日、9月19・20・21日
手本となる人	3月22・23・24日
助けてくれる人	2月24・25・26日、5月7・8・9日、10月1・2・3日、12月13・14・15日
縁がある人	2月21・22・23日、12月19・20・21日

魔法の言葉

見た目に騙されてはいけません。意外と歯ごたえのある、本物。軽くは流せません

7月23日

獅子座

LEO

巧みな自己演出の人

長所

頭の回転が速い。状況判断力と瞬発力がある。先見の明があり、社交的でスマート。会話で人の心をひきつける。

短所

目立ちたがりでいつも場の中心にいたがる。自己愛が強い。要領がよく、自分の手を汚したがらない。

この日生まれの著名人

レイモンド・チャンドラー（作家）／ミッキー・カーチス（歌手）／ダニエル・ラドクリフ（俳優）／朝丘雪路（女優）／松方弘樹（俳優）／三上博史（俳優）／倉田真由美（漫画家）／村上淳（俳優）

この生まれの人の一番の特徴は、自分を上手に演出できる点。自分のウリをよくわかっていますから、それを人にアピールするのが得意です。もともと自分に自信があり、人前に立つのも大好き。人をひきつける能力も生まれながらにそなえています。サービス精神も旺盛なので、人を笑わせたり、相手の気分を楽しませたりすることも、とても上手。人間関係も巧みです。誰にでも強い印象を与えるタイプでしょう。

でも、自己顕示欲が強いので、場合によっては、目立ちすぎてひんしゅくを買うことも。自分勝手に思われる場合もあるでしょう。何でも自分が自分がとしゃしゃり出ると、周囲から反感を買ってしまいます。

頭の回転も早く、機を見るに敏なところもあります。その場の状況を察知して巧みに動き回ることも上手です。ただ、損をしそうだと思うと手を出さなかったり、面倒なことはなるべく回避しようとする傾向が。変わり身が早いところもあります。それがあまり表に出すぎると、要領の良すぎるちゃっかりした人に思われることもあるので、気をつけましょう。

あなたの愛の形とは？

自分自身の魅力を輝かせているときが、もっとも充実する人です。ただ、知的な面もあるので、愛する人が現れたとき、どうすれば好感度を上げることができるかなどと策を弄することがありそうです。でも、それは逆効

果。なぜなら、異性が目の前に現れ、愛を打ち明けたとしたら、それはこの人のそんな魅力にひかれているからにほかならないからです。だからその人にずっと愛されていたいなら、輝き続けていることが大切なのです。自分を変えるという行動は、愛を失う引き金になってしまうかもしれません。

考えるとするなら、もっとも自分を引き立たせるファッションで相手を迎えることに全神経を傾けましょう。そしてどんな会話をすれば自分が最高の気持ちになれるか考えましょう。それが洗練されていればいるほど、相手の気持ちをひきつけておくことができるのです。

あなたの才能と人生のテーマ

とにかく頭の回転が速い人です。調子がいいときには、ほかの人の思考の過程、その後に続く行動が、まるで止まっているかのように見えるときがあるでしょう。そのため、現在何が起こっているのかを見極める余裕もあるし、チャンスをつかむことが上手なのです。

その一方で自分が先頭に立って人の注目を集めなくては気がすまないような面があります。自分が考えていることを、世界に向けて発信したいという意欲も強いのです。

社会に出るときには、その気質を生かし、モードの先頭で人々から注視される道に進むといいでしょう。発言や行動が人の目を引けば引くほど評価される世界を目指しましょう。自己演出が過ぎると反感を買いやすいので、そこは知性で抑えてください。

適職は、学者、雑誌の編集者、ファッションデザイナー、WEBクリエイター、ミュージシャンなどです。

相性リスト

恋人	1月22・23・24日、11月19・20・21日
友人	5月20・21・22日、9月20・21・22日
手本となる人	3月23・24・25日
助けてくれる人	2月25・26・27日、5月8・9・10日、10月2・3・4日、12月14・15・16日
縁がある人	2月22・23・24日、12月20・21・22日

魔法の言葉

今の1.5倍の自信があなたには必要です。
それさえあればうまく流れます

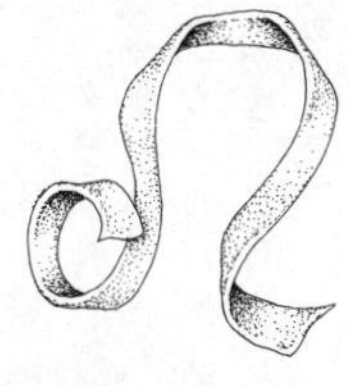

7月24日

獅子座

LEO

生まれながらのエンターテイナー

長所

華やか。人の目をひきつける魅力がある。品性がある。上昇志向があり、夢の実現のために努力をする。

短所

協調性がない。ステイタスに弱い、俗物的なイメージを与える。虚栄心が強く人を経済や肩書きで判断する。

この日生まれの著名人

谷崎潤一郎（作家）／久保田利伸（ミュージシャン）／吉本ばなな（作家）／植草克秀（タレント）／ジェニファー・ロペス（歌手・女優）／坂本昌行（タレント）／水川あさみ（女優）

生まれながらに華やかさと気品をそなえているのが、この生まれの人。才能も豊かで、とくに優れたアーティストを数多く輩出している誕生日でもあります。生まれながらのエンターテイナーで、人前に立つ運命をそなえているのが特徴です。どこにいても、自然と周囲から担ぎ出され、そのグループや組織の中で、人気者となっていく人が多いでしょう。

野心も旺盛で、出世欲や成功願望も高め。自分の理想に向けて、たゆまぬ努力もできます。ただ、信念を強く持っているがゆえに、自分の意を曲げたり、妥協することができません。プライドも人一倍高いので、周囲に合わせるのも不得手。そのため、他人から頑固に思われたり、人の輪からはみ出してしまうことも。その点には注意が必要でしょう。

自分の興味のあるものや、好きになったものを最優先して、人生を楽しむことは上手。あちこち手をつけず、これと決めたことに全力を注いでいくと、その分野で成功を収めやすいでしょう。

あなたの愛の形とは？

華やかに優雅に花開くことを運命づけられているような人です。恋愛も、この人の華麗な人生を彩るためのひとつのステップになる可能性が高いでしょう。例えば、心から愛しているがいて、その人を見えない部分で支える存在になろうとしても、それは無理な話なのです。ど

んなに隠れたつもりでも、周囲の目はこの人に注がれます。気がついたら愛する人は、この人をいっそう美しく輝かせるために存在する人になっているでしょう。それができない場合は、悲しいけれど恋が終わりを迎えてしまうでしょう。

初めから、自分をステップアップさせてくれるような人を選ぶほうが、無理なく幸せをつかむことができる人です。自分が求めている世界、自分がそこにいるのにふさわしい世界の人と恋をすることをイメージすると、いつか理想どおりの人が現れるに違いありません。

あなたの才能と人生のテーマ

興味を持つものや、好きなことに没頭していると、いつの間にか自分自身がその影響を受けて輝く人です。美しいもの、楽しいものに眼を向けることで才能を発揮できる、恵まれた力を持っています。

けれどもそれは楽をしても成功できるということではありません。自分が目指す世界を実現するため、妥協をせずに前進することが必要なのです。ただ苦労を苦労と思わないでそれに打ち込むので、気がついたら成功していたという可能性が高いだけなのです。

とくに芸術的なもの、美しいものをより美的に磨き上げることには超人的な力を発揮します。アーティストにならない場合でも、芸術的センスを仕事に生かすことで、道を切り開いていくことができるでしょう。

適職は、ファッションデザイナー、美容師、俳優、外交官、ピアニストやイラストレーターなどのアーティスト。

相性リスト

- **恋人**……………… 1月23・24・25日、11月20・21・22日
- **友人**……………… 5月21・22・23日、9月21・22・23日
- **手本となる人**…… 3月24・25・26日
- **助けてくれる人**… 2月26・27・28日、5月9・10・11日、10月3・4・5日、12月15・16・17日
- **縁がある人**……… 2月23・24・25日、12月21・22・23日

魔法の言葉

まだ可能性は十分にあります。たとえいくつかを取りこぼしているとしても

7月25日
獅子座
LEO

高みをのぞむ理想主義者

長所

克己心が強く、人には親切。理想に向けて努力をする。自分を見失わない。洞察力があり、真実を見抜くことができる。

短所

自分の気持ちを打ち明けられない。お人よしで、ノーと言えない。人見知りをする。説明が下手で誤解されやすい。

この日生まれの著名人

中村紘子〈ピアニスト〉／ジャガー横田〈プロレスラー〉／高島礼子〈女優〉／たてかべ和也〈声優〉／おいでやす小田〈おいでやすこが〉〈お笑いタレント〉／道枝駿佑〈なにわ男子〉〈タレント〉

この誕生日の人は、完璧な理想主義者。現実に合わせてしかたなく妥協するよりも、たとえ苦しくても、自分の基準や水準を下げないで頑張るほうを選ぶ人です。目先の欲にも左右されないので、理想を追求するあまり、あえて辛い道や損な方法を選択してしまうこともありそう。でも、そうした妥協しない心意気が、周囲の人のハートを打ち、支援者にも恵まれます。また、雑念に惑わされることなく真実を見抜く目も持っています。そのため、人の気持ちが見抜けたり、本当に価値あるものは何かを見極められる、その眼力は確かです。

ただ、社交性があまりなく、一見とっつきにくい印象を与えることもありそう。根本は優しいタイプなのですが、対人関係はやや苦手で、自分の気持ちを素直に表現するのも得意ではありません。でも、時間はかかるものの、いったん心を開いた相手には誠実に接し、深い絆を築いていくことができます。

さらに、頼まれたら断れないという人情深い面も持っています。そのため損な役回りを背負ってしまうこともありますが、人からは信頼されるでしょう。

あなたの愛の形とは？

高い目標を設定している人です。おそるべき克己心でスタイルを完璧に保ち、ファッションも美学を貫くようなところがあります。常に完璧なものを目指すので、愛する人もセンスを重視するように思われるでしょう。け

れどこの人が実際に選んだ相手が、ほかの人を「この人のどこがよかったの？」と驚かせることも珍しくはないでしょう。

それはこの日生まれの人が真実を見極める眼を持っているため、まだ開花していない原石のような相手の魅力を見出すことができるからです。また寂しがりやの一面もあるため、誠実に愛し、大切に扱ってくれる態度にひかれるところもあるかもしれません。

どちらにしても周囲の意見には左右されず、自分の愛の幸せを貫く人です。そして月日が流れたとき、「あのときの選択は正しかった」と胸を張って周囲に言うことができる人なのです。

あなたの才能と人生のテーマ

強く、理想を見失わない、王者のような心を持って誕生した人です。目先の利益に一喜一憂せず、先を見通す眼力を持っています。多少の損失があったとしても、その先にあるベネフィットを確実に見据えているため、動じることがありません。また、その利益をつかむまではあきらめない心の強さも持っています。

それでいて自分を慕ってくる者には、寛大な態度で接します。難題を持ちかけられたときも、余裕で対応し引き受けることが多いでしょう。それがどんなに大変でも手を抜かずにやり遂げる真の力を持っている人なのです。

この超俗的な力は、社会の中では創造的な方面で生かされるでしょう。人のために何かをつくり出すような職業につくと、やりがいも感じ、存分に能力を発揮できるでしょう。適職は、ミュージシャン、芸能関係、写真家、ファッションデザイナーなどです。

相性リスト

- **恋人**……………… 1月24・25・26日、11月21・22・23日
- **友人**……………… 5月22・23・24日、9月22・23・24日
- **手本となる人**…… 3月25・26・27日
- **助けてくれる人**… 2月27・28・29日、5月10・11・12日、10月4・5・6日、12月16・17・18日
- **縁がある人**……… 2月24・25・26日、12月22・23・24日

完ぺきを狙って何が悪いのでしょう。志が高いほど結果がついてくるものです

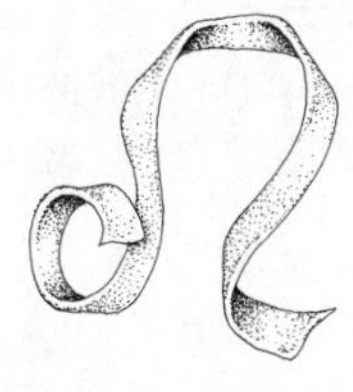

7月26日

獅子座

LEO

重厚な存在感のある人

長所

現実的。実直。まじめで堅実。人から信頼される。控えめながらに存在感がある。落ち着いていて、判断力がある。

短所

不器用。マイペース過ぎて出遅れる。融通が利かない。第一印象が暗い。物事を悪い方向に考えることが多い。

この日生まれの著名人

カール・グスタフ・ユング（心理学者）／スタンリー・キューブリック（映画監督）／ミック・ジャガー（ミュージシャン）／サンドラ・ブロック（女優）／辺見じゅん（作家）／萩原健一（俳優）／秋元才加（女優）

存在感が強く、大勢の中にいてもひときわ目を引くのが、この生まれの人。明るい人ではありますが、決して口数の多いタイプではなく、必要最低限のことしか言わないのが特徴です。しかも、価値観がとても現実的で、浮わついたところがありません。いい加減なことをしたり、軽口を叩いたりもしないので、目立ちはしますが軽薄な印象はなく、質実剛健のイメージを与えます。多くの人から信頼を得るタイプでしょう。

ただ、人に与える影響が強く、良くも悪くもあなたの言動が周囲に強いインパクトを残しそう。そうした影響力があることを意識しておかないと、不用意な言動が人の心をかき乱してしまうこともあるでしょう。

また、この生まれの人は、基本的に不器用。何をするにも、ある程度の時間がかかります。でも、それを根気良く続けると必ずモノになるはず。何事もじっくり取り組み、短期間で芽が出ないからといって投げ出さないこと。それが人生を有意義にするポイントです。

あなたの愛の形とは？

相手を尊敬し、また自分自身も認めてもらえるような関係を望む人です。一緒にいることで、お互いが成長できるような間柄でいるなら、ふたりの絆も強くなるでしょう。

こんなふうにまじめで、軽はずみなところがなく、リップサービスも愛想笑いもしない人なので、異性から「怖

い」とか「かわいくない」と言われることもありそうです。思春期などは、異性への警戒心が生まれたかもしれません。

それでも自分の未来を信じること、妥協をしないことがこの人の愛情を輝かせる最善の方法です。若いときには軽薄な生き方をしていても、大人になって本質に立ち返る人は少なくありません。そのときにこの人の真の価値が相手にもわかるでしょう。また、本人もじっくり時間をかけて相手を選ぶでしょう。それでお互いが認められた存在なら、生涯をかけて愛し抜くこともできるはずです。

あなたの才能と人生のテーマ

はるかかなたを目指して、まっすぐ歩く人。堂々と道を歩いていく人。そんな印象を人に与えます。現実にこの人は、寄り道をしないで道を進んで行きたいタイプで、遊び心がないとか、愛想がないと言われることもありそうです。

けれど、その着実さ、堅実さでは右に出るものはいないでしょう。社会の中では、人の信頼を受けて、その期待にこたえるような比較的堅い職業に就くと、多くの人から認められるでしょう。さらに、人の評判や評価を欲しがらず、ただ淡々とやるべきことをこなす姿勢を貫くため、尊敬を集めることもあるでしょう。華やかな成功を目指していないので目立ちませんが、充実し、人々から支えられた社会生活を送ることができるタイプなのです。適職は、警察官や消防士などの国家公務員、教育者、弁護士や検察などの法律関係の仕事、技術者、実業家などです。

相性リスト

恋人	1月25・26・27日、11月22・23・24日
友人	5月23・24・25日、9月23・24・25日
手本となる人	3月26・27・28日
助けてくれる人	2月28・29日、3月1日、5月11・12・13日、10月5・6・7日、12月17・18・19日
縁がある人	2月25・26・27日、12月23・24・25日

魔法の言葉

口を開く前に考えて。本当に必要なことだけを言葉にすることでよい結果に

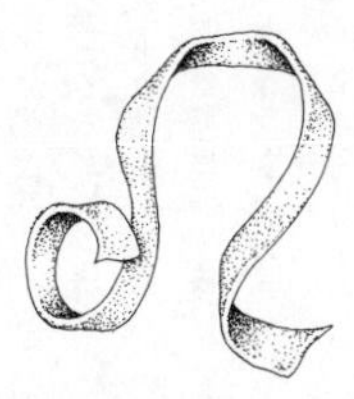

7月27日

獅子座

LEO

誇り高きファイター

長所

誇り高く、胸を張っている。正直で、自分に恥じることがない。面倒見がいい。頼まれごとも快く引き受ける。

短所

好戦的なところがある。好き嫌いが激しく、感情をむき出しにする。自分に非があっても認めようとしない。

この日生まれの著名人

高島忠夫（俳優）／かわぐちかいじ（漫画家）／渡嘉敷勝男（ボクサー）／星野真里（女優）／西岡剛（野球選手）／佐藤栞里（モデル・タレント）／松井玲奈（タレント）

この生まれの人は誇りが高く、みなぎる自信と強さを生まれながらにそなえています。どんなことでも真正面から取り組み、果敢に挑戦していくタイプ。公明正大ですから、アンフェアなことは絶対にしません。どんな場合でも正々堂々と挑みます。でも、自分の誇りを傷つけられたら激怒。どんなことをしてでも相手に一矢を報いないと気がすみません。

また、意外と親分肌、姉御肌なところが。自分を慕ってくれる人に対しては面倒見がよく、どんなことがあっても味方となってかばいます。難しい注文や頼まれごとにもできる限り応じようとするでしょう。でも、いったん敵と判断した人には、どこまでも好戦的な態度を崩しません。自分から歩み寄ることはしないので、関係がこじれると修復が難しくなってしまいます。

一方で、正直すぎるところがあり、自分の気持ちを隠せない面も。嫌な感情も顔に出てしまうので、そのため相手に不快感を与えやすいのが欠点。その点には十分注意しましょう。

あなたの愛の形とは？

自分の心に一切うそがつけない、まっすぐな人です。愛されることにはあまり価値をおきません。どんなに尽くしてくれても、たとえ命を懸けて守ってくれた相手でも、自分の心がイエスと言わない限り愛することができないのです。それは無情のようにも見えますが、愛をほ

かのものに交換できない、純粋さの表れでもあるのです。

そして自分が好きだと思ったら、まっすぐ相手に向かって突き進んでいきます。恋の駆け引きのようなものは一切せず、ただ愛を打ち明けます。たとえ相手に恋人がいたとしても、それがブレーキの条件にはならないのです。

このような激しさを持っているため、この人の恋はドラマティックになりがちで、人間関係のトラブルが多いでしょう。そしていくら年齢を重ねてもその炎は消えません。それゆえ魅力が衰えない人とも言えるでしょう。

あなたの才能と人生のテーマ

気高い信念を持って、熱い心で、この世界を駆け抜けるために生まれてきたような人です。自分の人生にとってチャレンジになることであれば、困難なことでも真正面から取り組むでしょう。裏道や裏技を使うことは、この人の辞書にはありません。たとえそれで敗北したとしても、すっきりした顔で次のチャレンジに挑むだけです。

この潔い資質を社会の中で生かすためには、チームワークが大切になる仕事よりも、リーダーシップを生かせる仕事のほうが適しているでしょう。あるいは、ライバルと戦うことで評価される仕事でもいいかもしれません。敵をつくりたくない場合は、自分の裁量でできるフリーランスの仕事、自営などの職業が向いています。

適職は、個人技を披露できるタイプのスポーツ選手、政治家、フォトグラファー、中小企業の経営者、理容師、美容師などです。

魔法の言葉

小さな見栄、つまらないライバル意識に本当のあなたを邪魔させないで

相性リスト

- **恋人**……………… 1月26・27・28日、11月23・24・25日
- **友人**……………… 5月24・25・26日、9月24・25・26日
- **手本となる人**…… 3月27・28・29日
- **助けてくれる人**… 2月29日、3月1・2日、5月12・13・14日、10月6・7・8日、12月18・19・20日
- **縁がある人**……… 2月26・27・28日、12月24・25・26日

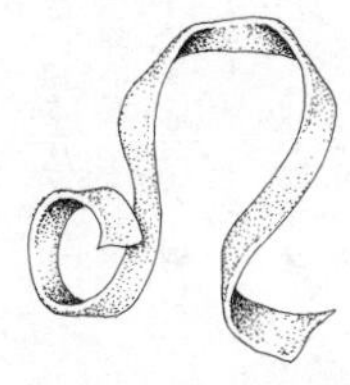

7月28日

獅子座

LEO

力強いリーダー

長所

創造性がある。リーダーシップがある。明るく元気。やりたいことのためには、一生懸命に努力する。

短所

実力が身についていないうちからトップに立ちたがる。押しつけがましい。わがまま。環境への順応性が低い。

この日生まれの著名人

ビアトリクス・ポター（絵本作家）／マルセル・デュシャン（美術家）／渡瀬恒彦（俳優）／セルジオ越後（サッカー解説者）／大瀧詠一（ミュージシャン）／高橋陽一（漫画家）／スガシカオ（ミュージシャン）

堂々としていて明るく、生まれながらのリーダータイプ。あなたが中心となって周囲を引っ張っていけば、みんなの力がひとつになり、どんなことも達成できるほどの強力なリーダーシップを発揮します。人から押さえつけられたり、人に従うことは大嫌い。あくまでも自分が中心になって物事を先導していくほうが向いています。

このタイプは自分が心からやりたいと思うことをしないと、いつまでたっても満足できません。人からやらされたり、納得のいかないことをしていると、人生が不完全燃焼で終わってしまいます。多少リスクを負ってでも、自分が本当にやりたいことを行ってください。

また、この生まれの人にとって、環境はとても重要。ある程度、自分の思うようにできる自由な環境にいないと、気持ちがまったく乗らず、意欲が減退。せっかくの能力もまったく生かすことができません。自分の能力を十分発揮するためにも、自由な環境に身をおけるよう、意識することが大切です。

もともと創造性にあふれたタイプなので、何かクリエイティブなことを始めると、才能が開花し、持てる能力を余すことなく発揮できるでしょう。

あなたの愛の形とは？

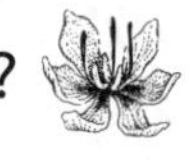

自分が思い描いたイメージの通りに行動することで、人生の喜びと幸せを得ることができる人です。恋をしたときには、相手のリードに任せることができません。デー

トのときも、日時から待ち合わせの場所、コースまで自分が選びたいと思うのです。

その性質のため、相手をリードしたいタイプの異性とは馬が合わないでしょう。逆にあなた任せで何でも「ハイハイ」と従ってくるような気の弱い人には、あまり魅力を感じないかもしれません。

ただし、どんな逆境の中でも自分を生かすような強靭さはありません。そのため、この人にとって幸せになれる相手は、本当に大人の心を持っている人。自分がやりたいと思っていることをゆとりある心で受け入れてくれる人で、さりげなくそのためのお膳立てをしてくれるなら、あなたは最大の魅力を発揮できるでしょう。

あなたの才能と人生のテーマ

暗い部屋のカーテンを開けると、一気に明るい光に満たされます。この人が持っている才能は、こんなイメージに似ています。自ら進んでその場の空気や雰囲気を変え、周囲を明るいムードで包むのです。誰にも知られず、一人でコツコツと岩を掘り進めるような地道な作業には向きません。人々に声をかけて、多くの人の力を合わせて状況を改善したいタイプです。

この能力は、仕事の上で、リーダーシップを取るのに適しています。小グループから、大きな組織のトップまで、多くの人の力を結集し、その方向性を指示して、物事を進めていくことができる人です。または自由に何かをつくり上げることに関しては特異な才能を発揮します。適職は、俳優、ポップスシンガー、WEBデザイナー、ジュエリーデザイナーなどです。企業の中では管理職としての活躍を期待されるでしょう。

相性リスト

- **恋人**……………… 1月27・28・29日、11月24・25・26日
- **友人**……………… 5月25・26・27日、9月25・26・27日
- **手本となる人**…… 3月28・29・30日
- **助けてくれる人**… 3月1・2・3日、5月13・14・15日、10月7・8・9日、12月19・20・21日
- **縁がある人**……… 2月27・28・29日、12月25・26・27日

魔法の言葉

あなた自身の存在が大きくなっています。あなたの声が心を動かします

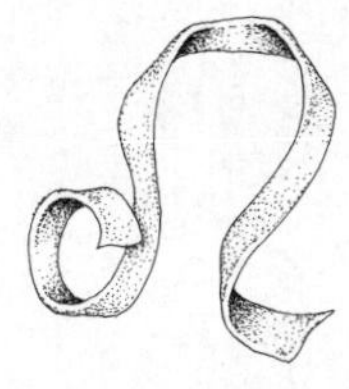

7月29日

獅子座

♌

LEO

相手の気持ちに大きく反応する人

長所

敏感。感受性が強く、人の気持ちを読み取る力がある。穏やかで落ち着いた雰囲気があり、人の心を癒す。

短所

物事を大げさに、深刻にとらえすぎる。抑うつ的。小さなことをいつまでも気にする。冷静さが足りない。

この日生まれの著名人

橋本龍太郎(政治家)／せんだみつお(タレント)／秋吉久美子(女優)／高木美保(女優)／フェルナンド・アロンソ(F1レーサー)／岸田文雄(政治家)／小野リサ(ミュージシャン)／武尊(キックボクサー)

明るい面と細やかさを併せ持つのが､この生まれの人。誰に対しても優しく、人の心の機微にも敏感です。相手の喜びや悲しみなどを、まるで自分のことのように感じとることができるので、相手に感情移入するのもうまいはず。相手の気持ちを整理したり、悩みの解決策を指南する能力にも長(た)けています。そんなタイプですから、あなたの周囲にいる人は、あなたに相談することで、自分の気持ちに気がついたり、癒されたりすることが多いでしょう。

欠点としては、何事も大げさに考えすぎるところが問題。ちょっとしたことで大騒ぎしたり、些細なことも心配する傾向があります。神経が繊細すぎるため、何事にも過剰反応しやすいのでしょう｡気になることがあると、そこにとらわれてしまい、それがなかなか頭から離れません。そういうときはピリピリして、周囲に当たったりもします。それが原因で、対人関係がこじれる場合もあるでしょう。些細なことにはなるべくとらわれないようにし、意識的に物事を大らかに、冷静に考えるよう心がけてください。

あなたの愛の形とは？

相手の気持ちを受け止めて共鳴するような、優しさと細やかさを持っている人です。物静かな人ですが、何も言わず微笑んでいるだけでも、異性の目をひきつけることが多いでしょう。プラチナのような抑えた華やかさが

魔法の言葉

誰かがあなたの反応を、応答を待っています。
サインを見逃さないで

ある人です。

誰かのことを好きになると、すべての感覚はその人のいる方向に向けて開かれます。そのため、相手の一挙手一投足を、意味のある言葉のように受け止めてしまうこともあるでしょう。例えば、相手が顔をしかめただけでも、「具合が悪いのかも」「嫌われてしまったのかも」などと大げさにとらえてしまうこともありそうです。細やかな心遣いができるところはいいですが、行き過ぎると相手は常に気持ちを探られているようで落ち着かなくなってしまうでしょう。好きな人の前だからこそ、日常生活の穏やかさや冷静さを、思い出してみることも必要かもしれません。

あなたの才能と人生のテーマ

相手が発したわずかなサインを受け止め、それを注意深く観察し、わかりやすく提示することができる人です。例えば、寂しさゆえにイライラしている人がいるとします。この人の場合は相手の問題点を指摘するのではなく、その気持ちに共感し、「寂しいよね、わかるよ」と言ってあげられるような、そんな能力を持っているのです。

この才能は、一般的に人の心を軽くするような分野の仕事に生かすと、多くの人から喜ばれ、仕事に対する充実感も抱けるでしょう。あるいは、うまく気持ちが表現できない子供や、人の言葉を話せない動物と交流するような職業などでも、自分らしさや、能力を十分に発揮できるはずです。また、心だけでなく身体を温める飲食を扱う方面に進んでも力を出せるでしょう。適職はカウンセラー、保育士、幼稚園教諭、獣医師、トリマーなどです。シェフやパティシエ、栄養士などです。

相性リスト

恋人	1月28・29・30日、11月25・26・27日
友人	5月26・27・28日、9月26・27・28日
手本となる人	3月29・30・31日
助けてくれる人	3月2・3・4日、5月14・15・16日、10月8・9・10日、12月20・21・22日
縁がある人	2月28・29日、3月1日、12月26・27・28日

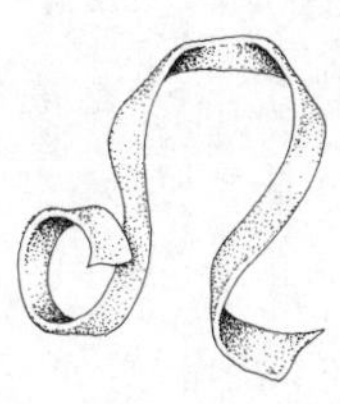

7月30日

獅子座

LEO

王者、女王としての風格のある人

長所

大らか。くよくよしない。前向きで開放的。視野が広く、自分の人生を切り開く気概に満ちあふれている。

短所

尊大な態度に出る。見積もりが甘く、行き当たりばったりの行動が多い。人に迷惑をかけても反省が少ない。

生まれながらに、非常に強い幸運とパワーを授かっています。自然に人が接近してくるという恵まれた運があり、あなたのところにはいつもいろんな人が集まってくるでしょう。そして不思議とあなたのために尽くしてくれます。そんなふうに、まるで王者や女王としての風格をそなえている魅力的な人柄が、この生まれの特徴なのです。年齢を重ねていくと、政治的な力や支配力を持ってくる人もいるでしょう。

ですから、あなたがその気になって周囲を引っ張ったり、堂々と振る舞ったりすれば、自然と周りの人もついてきます。おとなしく人の後についているなんて、もったいない！　少々、オーバーな振る舞いも板について見えるので、臆せずに自己主張して、自らの運勢を切り開いてください。

ただ、王者や女王の気質を持つので、ともすると傲慢になりやすいことも事実。人を見下したり、知らず知らずのうちに不遜な態度をとってしまう場合もあります。黙っていても人がついてくる強運の持ち主なのですから、謙虚な態度を心がけ、自分を立ててくれる人を大事にしましょう。そうすると周囲の人からよりパワーをもらうことができ、運勢が力強く発展するでしょう。

この日生まれの著名人

ヘンリー・フォード〈実業家〉／立原道造〈詩人〉／荒井注〈コメディアン〉／アーノルド・シュワルツェネッガー〈俳優〉／クリストファー・ノーラン〈映画監督〉／ジャン・レノ〈俳優〉／長谷川雅紀〈錦鯉〉〈お笑いタレント〉

あなたの愛の形とは？

内側からあふれる生命力が、抗いがたい魅力につながっている人です。生き物が光の下に集まるように、自

大丈夫です。もうそのことは始まっているのですから！

然に異性が集まってくるでしょう。

その点が、この日生まれの強みですが、同時に恋のつまずきの原因にもなります。本来魅力的なので努力をしないでも、異性がかしずくような状況が当然だと思っています。けれど、すべての異性が崇拝するわけではありません。また尽くされて当たり前と思い、笑顔や感謝の気持ちを忘れると、尊大な人として敬遠されてしまうかもしれないのです。

恋愛の幸せは、愛されたい人から愛されることです。そして恋は基本的に平等なものです。だからこそ、愛してくれる人には、同じ愛を注ぎましょう。謙虚さや素直さを忘れないようにしましょう。それができれば、この日生まれの人が恋に悩むということはありえないはずです。

あなたの才能と人生のテーマ

その場に立っているだけで人の目を引くような輝きがある人で、とくに大きな声で話さなくても、耳目を集めるようなパワーがあります。王侯貴族のような風格を持ち、良くも悪くも周囲の人々に与える影響力は多大です。

一種のカリスマ性があるため、社会の中ではそれ相応の活躍が期待されます。周囲の人は、黙って話を聞くでしょう。その反面小さくまとまったり、ほかの人には許される失敗も許されないという過酷な立場に立たされるかもしれません。それでも要求が高ければ高いほど、意欲を出すのがこの生まれの人。大志を抱き、堂々と胸を張って生きていきましょう。この日生まれの人が自信を持って取り組めば、きっとふさわしい成果を挙げることができるはずです。適職は政治家、会社経営者、エンジニア、パイロット、探検家、特派員などです。

相性リスト

恋人	1月29・30・31日、11月26・27・28日
友人	5月27・28・29日、9月27・28・29日
手本となる人	3月30・31日、4月1日
助けてくれる人	3月3・4・5日、5月15・16・17日、10月9・10・11日、12月21・22・23日
縁がある人	2月29日、3月1・2日、12月27・28・29日

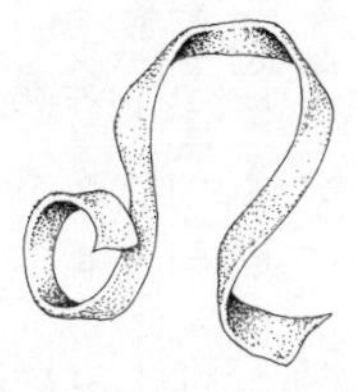

7月31日

獅子座

LEO

切れ味抜群の知性派

長所

知的。直観力がある。柔和でユーモラス。カリスマ性があり、影響力が強い。自由闊達な才気に恵まれている。

短所

独善的。人と変わったことをしようとして無理をすることがある。理屈っぽく、人の話を聞かない。

この日生まれの著名人

柳田國男(民俗学者)/石立鉄男(俳優)/和泉雅子(女優)/J・K・ローリング(作家)/黛まどか(俳人)/中山秀征(タレント)/本田美奈子(歌手・女優)/愛内里菜(歌手)

この誕生日の人は、力強さと切れ味抜群の知性をそなえています。物事に対して極めて鋭い切り口で斬ってゆく傾向があり、そのパワーは強烈。確かな分析力で相手をしっかりと観察したり、物事の本質をズバリ突いてみせたりします。瞬時の直感力もとても鋭いので、自分でも気づかないうちに、勘で物事を処理しているところもあるでしょう。

でも、受ける印象は決してキレ者という感じではなく、陽気でお調子者のところがありそう。シャープな切れ味と、漂う自信、能天気な明るさが混在し、独特の個性が漂います。それにひきつけられる人も多いでしょう。そうしたカリスマ的な魅力もあるのですが、親しくなると独善的な態度をとったり、エキセントリックになりがちに。そういう面が表に出てくると、仲が良かった友達も距離をおいてつき合うようになってしまいます。

また、自分の個性を人に認めてもらいたいという欲求が人一倍強いほう。そのため、わざと人と違うことをやったり、奇をてらったことをしがち。それで成功するケースもありますが、的外れなことも。そんなことをしなくても人と違う個性をアピールできる星の元に生まれているので、自然体でいるほうが運勢も発展します。

あなたの愛の形とは?

堂々とした風格に知性もそなわっているので、高嶺の花、憧れの存在として見られることが多い人です。さら

に持って生まれたプライドの高さに、頭の回転も備わっているので、たいていの異性は、言い負かされてしまうでしょう。あるいは周囲にいる異性を指図したくなることも。それでは恋愛関係というより、戦いか、主従関係のようになってしまうかもしれません。

そんなこの人が、恋の喜びを感じるのは、皮肉にも自分のことを賞賛しない異性に出会ったときかもしれません。強さや賢さの裏では孤独を感じることもあるはず。そんな部分を素朴な眼で見極め、癒してくれる相手。自分の賢さを見せつけようとせず、この人の話を親身になって聞いてくれる異性。そんな人物なら、ほかの異性には見せたことのない愛情と安心感に満ちた表情を見せることもあるでしょう。

あなたの才能と人生のテーマ

この日生まれの人は、鋭角的な知性を持っています。そして注目を集めると、実力以上の力を発揮することができるのです。もし、この日生まれの人が好運の波に乗ったときには、歴史に名を残す人、そうでなくてもその分野では名の通った存在になることは間違いありません。

社会の中で知性を使い、人前に出る仕事に従事することがいいでしょう。とりわけ人を導く仕事が向いています。同時に生涯勉強を続けること、知識やスキルを磨き続けることが求められます。もし、それを怠ったときには、単なる目立ちたがりやになるので注意しましょう。専門分野を広げすぎないで、スペシャリストとして活躍することが望ましいでしょう。適職は、広告業、アナリスト、ジャーナリスト、大学教授、気象予報士など。企業の中では、広報、渉外などの部署が適しています。

相性リスト

恋人	1月30・31日、2月1日、11月27・28・29日
友人	5月28・29・30日、9月28・29・30日
手本となる人	3月31日、4月1・2日
助けてくれる人	3月4・5・6日、5月16・17・18日、10月10・11・12日、12月22・23・24日
縁がある人	3月1・2・3日、12月28・29・30日

魔法の言葉

何があなたを引き留めていますか？
それはただの幻影ではないですか？

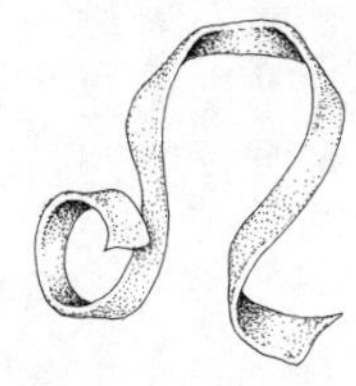

8月1日

獅子座

LEO

ザ・ナンバーワンの人

長所

明朗快活。人望が厚い。向上心がある。人には寛大な態度で接する。華やかで人目を引く。自信に満ちあふれている。

短所

目立ちたがり。ワンマン。わがままで自己中心的。自分の力を過信する。必要以上に地位や名誉に固執する。

この日生まれの著名人

イヴ・サン・ローラン（ファッションデザイナー）／小野武彦（俳優）／田村正和（俳優）／つのだ☆ひろ（ミュージシャン）／長谷川滋利（野球選手）／米倉涼子（女優）／冨永愛（モデル）

まるで真夏の太陽のように、明るく快活で、常に冗談と笑顔を忘れず、誰に対しても気を利かせることができる人です。ときどき暑苦しいと思われてしまうこともあるでしょう。単純ですから失敗も多くなるでしょうし、無茶と言われてもハンデがあっても、そこに飛び込んでしまう無謀さもあるでしょう。しかし、そういった強い風の日も雨の日も乗り越えて、あなたは太陽のような、確かな輝きを放っているのです。

このストレートでエネルギッシュな性格ゆえに、あなたは絶対的な自信をそなえている人に見えるのです。その誰の目も恥じることのない堂々としたオーラは魅力的で、多くの人の目をひきつけます。また、何に対しても怖れることがないため、文系でも理系でも体育会系でも、興味を持てば突き進み、知識や技能など自分にとって必要なものを身につけます。幅広く、複数の特技を身につけることで、さらに魅力が増すのです。

こうして自分の道を突きつめ、最終的にはナンバーワンの自分になること。自分の人生の輝かしい王者として君臨すること。それがこの日生まれの人与えられた使命なのです。

あなたの愛の形とは？

大切な人の前でのあなたは、いつも以上に明るく、陽気になります。そして、愛する人の手を引いて、自分の進みたい方向にどんどん歩いていこうとするでしょう。

二番や三番ではやはりダメ。一番、ナンバーワンでなくてはあなたに似合わないのです

その態度が相手の目には天真爛漫なタイプのように映るかもしれません。ときには、「わがまま」と言われてしまうこともあるかもしれません。

でも、そのことを恐れて自分を偽ることはありません。もしあなたが、異性の気をひきたいばかりにおとなしく物わかりのいい人を演じたとしても、得られるのは息苦しさだけでしょう。さらにあなた本来の魅力はその中で失われていくかもしれません。あなたが輝き続けるための第一条件はあなた自身でいることに他ならないのです。

愛されるためには、まず自分らしさを失わないことです。その上で相手に対する思いやりの心を発揮することだって、あなたならできるはずです。

あなたの才能と人生のテーマ

頂点に君臨すること、ナンバーワンであり続けること。それはあなたがもっともあなたらしくいられるスタンスです。

誇り高く、野心もあり、目標を決めたらそこに到達するまであきらめない忍耐力と推進力にも恵まれています。人々の賞賛と羨望とを集め、最良のものを近くに置いたり身にまとうために、その力を発揮すること、それがあなたのこの世に生きる証のようなものです。それと引き換えに複数の特技を持ち、外側はともかく内側にいたるまで、隙もなく自分を磨き続けることは当然のことです。強い星に生まれたあなたは、その運命を受け入れ、強くたくましく、眩しく生きていくことが求められているのです。適職は、タレント、映画監督、弁護士、裁判官、ジュエリーデザイナー、政治家などです。二足、三足のわらじをはくことも、珍しくはないでしょう。

相性リスト

恋人	1月31日、2月1・2日、11月28・29・30日
友人	5月29・30・31日、9月29・30日、10月1日
手本となる人	4月1・2・3日
助けてくれる人	3月5・6・7日、5月17・18・19日、10月11・12・13日、12月23・24・25日
縁がある人	3月2・3・4日、12月29・30・31日

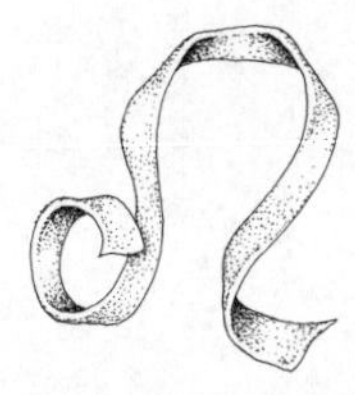

8月2日

獅子座

LEO

優しくても力強さを持った人

長所

穏やか。人情味がある。人当たりが柔らかい。人との信頼関係を結べる。感受性がデリケート。身近な人を大切にする。

短所

独裁的に振る舞うことがある。悲観的に考える。見栄っ張り。本心を言わないことがある。派閥意識が強い。

この日生まれの著名人

中上健次（作家）／ポール牧（タレント）／中内功（ダイエー創業者）／中坊公平（弁護士）／鴻上尚史（劇作家）／柳家花緑（落語家）／紡木たく（漫画家）／友近（お笑いタレント）／柚木麻子（作家）

この日生まれの人の心の中には、男性らしい部分と女性らしい部分が共存しています。それがこの人の性格的な魅力につながっているようです。

例えば、繊細で優しい面があるかと思えば、人を引っぱる頼もしいエネルギーもあります。苦しいときでもへこたれないメンタルの強さと、弱い人に共感できる思慮深さも持ち併せています。優しさと強さという、望ましい両面の資質を併せ持っているため、多くの人から尊敬され、慕われます。性格的にも安定しているため、どんな人たちの間でも、どんな環境でも自分の居場所を見つけることができるでしょう。

ただ、そんな人にも欠点があります。それは自分を支持してくれる人たちに甘えやすく、自分の世界から抜け出そうとしないことです。つい身内をひいきしてしまったり、自分が傷つかないように非難を恐れたり。理想の環境を手に入れると、保守的になり、新しいものに対して攻撃的になってしまうでしょう。その態度は優しさを損ない、せっかくの優しさと強さという美しいバランスが失われることになります。見知らぬものを求める好奇心と、受け入れる心の広さを失わないようにしましょう。

あなたの愛の形とは？

明るくこだわりがない、自信にあふれた人と思われているあなた。でも内面には、驚くほど繊細な心を宿しています。それで大切な人とふたりだけになったときには、

魔法の言葉

使いまわした方法ではうまくいきません。何か新しいやり方がないか考えてみて

別人のように細やかな心遣いで相手に接することができるでしょう。また強そうに見えて、寂しがりやでもあります。ひとりの時間を大切にする面もありますが、放っておかれたり、離れている時間が長くなると、情緒が不安定になりそうです。お互いの時間を大切にしながら、ぬくもりを感じられるような距離にいることがベストでしょう。

プライベートの顔とオフィシャルな顔との差が激しいため、慣れないうちは相手も戸惑うことが多くなるかもしれません。けれど、そのことを気にする必要はありません。愛する人にしか見せないあなたの特別な表情は、相手の心をひきつけて離さない、特別な魅力のひとつなのです。

あなたの才能と人生のテーマ

「いつも堂々としているけど、つき合ってみると心が温かい人」。そんなふうに言われることの多いあなた。強い精神力で自分を厳しく律し、優しい心遣いで他人の気持ちを読み取る才能を持っています。だからこそ、立派な風格と慈愛に満ちた態度で人に接していけるのです。

この姿は、社会の中で理想的な上司や教師のイメージに重なります。知識や技能面の指導、それに加えてメンタルな部分のフォローを同時にできる能力は、さまざまな場所で求められるはず。さらに多くの人から、慕われるでしょう。また強靭さと優しさの両面の力を持つため、さまざまなハンディキャップを背負う人の力になることもできます。適職は、医師、薬剤師、看護師などの医療関係者、大学教授、講師、教師、インストラクター。社内では研修係など人を教える仕事も適しています。

相性リスト

恋人	2月1・2・3日、11月29・30日、12月1日
友人	5月30・31日、6月1日、9月30日、10月1・2日
手本となる人	4月2・3・4日
助けてくれる人	3月6・7・8日、5月18・19・20日、10月12・13・14日、12月24・25・26日
縁がある人	1月1日、3月3・4・5日、12月30・31日

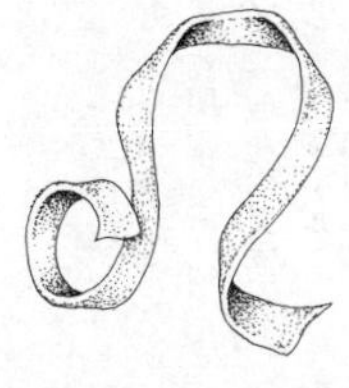

8月3日

獅子座

LEO

強運と指導力に恵まれた人

長所

大胆。豪胆。ポジティブ。アクティブ。チャレンジスピリットがある。過去を振り返らない。

短所

いいかげん。責任感がない。短気。忘れっぽい。欲張り。無計画。無鉄砲。気分のむらが激しく、安定しない。

この日生まれの著名人

藤田朋子（女優）／行定勲（映画監督）／稲葉篤紀（野球選手）／安住紳一郎（アナウンサー）／伊藤英明（俳優）／田中耕一（技術者・ノーベル化学賞受賞者）／アヤカ・ウィルソン（モデル）

この日生まれの人には、生まれつき英雄としての資質をそなえています。例えば、誰もがしり込みするような場面でも、自分が先頭に立って行動することで人に勇気を与えます。また、全体を見通す広い視野と、細部まで目の届く観察眼を持っているため、小さなチャンスを大きな利益に変えて、大切だと思う人たちに分け与えることができるでしょう。

日常生活でも、実際にリーダーとなることで存在感を発揮するでしょう。例えば、組織で「長」がつく役目になることもあるでしょう。また場合によっては、リスキーとも言える行動をとり、組織を破滅から救うこともあるかもしれません。また、難しいプランを実現しようとする人もいるでしょう。けれどもこの人は、持ち前の強運のおかげで、それを成功させてしまうのです。

そう、この日生まれの人の最大の強みは、説明できない運の強さに恵まれているということなのです。そんな英雄の資質に恵まれた人ですが、心の中に眠る豪快さや楽天的な部分のせいで、他人のデリケートさを理解できない面を持っています。ときにはブレーキを忘れず、また自分より立場の弱い人を軽んじないように気を配りましょう。

あなたの愛の形とは？

思いを伝えて、恋を実らせた後、たいていの人はそれで安心してしまい、以前持っていた新鮮さや初々しさを

失くしてしまうものです。でもあなたは、恋愛関係になってからのほうが、自分に厳しくなる傾向があります。さらに上を目指し、努力を重ねていこうとするからです。

もちろん、相手も自分と同じように向上することを望んでいるあなた。励まし、時には叱咤して、高みを目指そうとするでしょう。相手も同じような向上心を持っている場合は、最強の組み合わせとなるでしょう。けれど相手が無理な要求と受け取る場合は要注意。人は、それぞれ自分のペースで歩いていくしかできません。歩みが遅い人が早い人に合わせることは難しいのです。本当に相手が大切ならば、「もっと、もっと」と求めすぎるより、まず相手を無条件で認めることが先かもしれません。

あなたの才能と人生のテーマ

目新しいものがあると確認せずにはいられない、強い好奇心をそなえているあなた。それが失望するようなものだったとしても、また新しい対象を見つけて先を急ぐでしょう。前向きで楽観的なのです。

この資質は、失敗を恐れない勇気ある行動をとることで、最大限に生かされるでしょう。例えば誰も手を出さないジャンルの仕事を創造したり、大胆に投機的な取引を行う場面も見られそうです。ほかの人が二の足を踏むような地帯に足を伸ばすため、成功を手中に収める公算も高くなります。

ただし、運任せに動くようなところがあるので、リスク分析には甘さがあります。冷静かつ客観的な視点を手に入れることができれば、あなたの力は非の打ち所がないものになっていくでしょう。適職は、外交官、探検家、スポーツ選手、放送作家、特派員などです。

相性リスト

- **恋人**……………… 2月2・3・4日、11月30日、12月1・2日
- **友人**……………… 5月31日、6月1・2日、10月1・2・3日
- **手本となる人**…… 4月3・4・5日
- **助けてくれる人**… 3月7・8・9日、5月19・20・21日、10月13・14・15日、12月25・26・27日
- **縁がある人**……… 1月1・2日、3月4・5・6日、12月31日

魔法の言葉

強運があなたを味方しています。アクションを起こすなら今でしょう

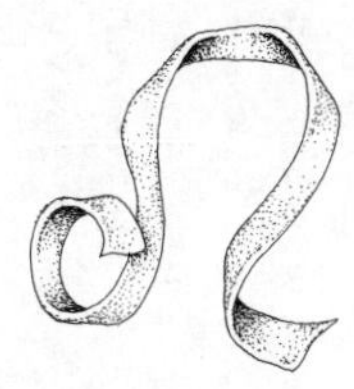

8月4日

獅子座

LEO

「普通じゃない」を畏(おそ)れない人

常に奇想天外な発想を持ち、人を驚かせることが大好きなこの日生まれの人。いつも、「何か変わったことをしたい」とか、「人を驚かせるようなことはないだろうか」と思いをめぐらせるようなところがあります。

多くの人から規格外の変わり者として見られています。でもそれはこの日生まれの人にとっては、賛辞でしかありません。そう思われるような行動をあえてとっているし、むしろ、退屈な環境で過ごすことが何より苦手。平凡な人と呼ばれるのは屈辱なのです。

こうしたインパクトを欲しがる性格は、この人にしなやかな発想と魂の若さをプレゼントします。ときどきやりすぎて、人を驚かせてヒンシュクを買ったり、平凡な会話の中で浮いてしまったりするでしょう。

しかしエキセントリックな発想で人気をつかむこの人には、停滞した状況を切り開くパワーがあります。「普通」を求めすぎ、人の顔色を見すぎて、何も生み出せない状況の中で、この人の若さと大胆な発想は、さわやかな一陣の風のような方向性と期待感を与えるでしょう。そんなときでも、素直に喜ばない「普通じゃない」ところが、この人の最大の魅力なのです。

あなたの愛の形とは？

あなたの全身には、めまぐるしく活動するエネルギーがみなぎっています。そのため恋愛面でも、平凡で退屈なぬくもりよりも、ハードでも新鮮な刺激を求めるよう

長所

自由。形にとらわれない。柔軟性がある。常に新しいものを取り入れる。人の気をそらさない。自分の心に忠実。

短所

ひねくれ者。胆力がない。集中力に欠ける。不平不満が多い。知識を偏重する。自尊心が強すぎる。知ったかぶりをする。

この日生まれの著名人

ルイ・アームストロング（ミュージシャン）／江川紹子（ジャーナリスト）／布川敏和（俳優）／佐々木健介（プロレスラー）／鈴木蘭々（タレント）／クヌート・ハムスン（作家）／檀れい（女優）

なところがあるのです。

約束ごとや暗黙の了承を嫌い、自由に愛を楽しもうとします。大切な人に与えられるものは、何が起こるか分からない新鮮味、若々しさ、純粋な恋愛の楽しさです。柔軟な感覚を持ち、それを望む相手にとっては最高の恋人になるでしょう。逆に、安心感や従順さ、インパクトのない馴れ合いの関係のようなものを望んでいる人、保守的な感覚を持っている人にとっては、ついていけない相手になるでしょう。それでもあなたは相手に合わせて自分を変えることはしない人。それでたとえふたりの関係が終わりになったとしても、後悔することなく胸を張って堂々と生きていくでしょう。

あなたの才能と人生のテーマ

神話や童話に登場する、いたずら者の妖精のような心を持っているあなた。人生の岐路に立ったとき、選択の基準になるのは常に「それはおもしろいか」ということでしょう。成功した人の後追いをするよりも、自分でやりたいことを試してみたいと考えます。仮にそれで失敗だとしても、笑って次のチャレンジに移れる人です。そしてその力は、物語の中でも、社会生活の中でも重要な役割を担っているのです。

集団の中では、柔軟に物事に取り組み、新しい発想や着眼点を提示したり、膠着した状況を打破する役割を期待されるでしょう。流行の先端を行くような職業に適しています。安定性や、伝統を重視したり、売り上げなどの数字ばかり追うような職場では息切れしてしまいそうです。適職は、タレント、WEBクリエイター、インダストリアルデザイナー、作家などです。

相性リスト

恋人	2月3・4・5日、12月1・2・3日
友人	6月1・2・3日、10月2・3・4日
手本となる人	4月4・5・6日
助けてくれる人	3月8・9・10日、5月20・21・22日、10月14・15・16日、12月26・27・28日
縁がある人	1月1・2・3日、3月5・6・7日

魔法の言葉

すべてが変わっていくこの時代。「普通じゃない」を恐れないでいきましょう

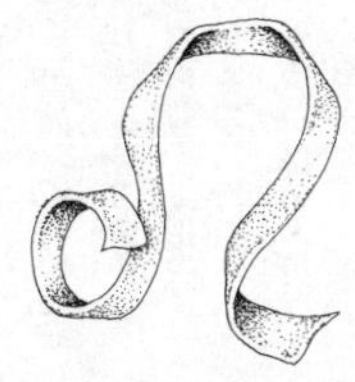

8月5日

獅子座

LEO

全方向にアンテナを向ける人

長所

活発。スピーディ。未来志向。インテリジェンスがある。コミュニケーション能力が高い。メールや手紙のレスが早い。

短所

落ち着きがない。短気でイライラしやすい。頭でっかち。柔軟性がない。適応能力が低く、協調性がない。見栄を張る。

この日生まれの著名人

モーパッサン（作家）／ニール・アームストロング（宇宙飛行士）／藤吉久美子（女優）／マイケル富岡（DJ・俳優）／安岡優〈ゴスペラーズ〉（ミュージシャン）／柴咲コウ（女優）／鎌田大地（サッカー選手）

とても鋭敏な感覚を持っている人です。たとえ限られた環境の中でも、十分な情報をつかみとるほどの、収集能力を持っています。

それというのも、この人が常に全方向型にアンテナを張り巡らせているため。些細な会話や風景から、不必要な情報は削除し必要な情報を得るだけの取捨選択能力にも恵まれているのです。

その結果、貴重なチャンスをつかむことにかけては誰にも負けません。一瞬の機会をつかみ取り、上昇気流の機運をつかむ才覚も持っています。さらに恐れずに踏み込む冒険心があり、頭の回転も速く、急な事態にも冷静に対処できる、まさに反射神経型の成功者と言えます。

この人に与えられた敏感なセンサーを最大限に発揮するには、融通が利かない人々やチームと関わらないようにすることです。仕事では大きな企業や公共性の強いプロジェクトは避け、ネットを駆使した個人事業や、小回りのきくベンチャーに活躍のチャンスを求めましょう。

また人間関係の中では、短気を抑えることも大切。おっとりしたタイプにイライラせず、相手のペースに合わせる心の余裕も身につけてください。

あなたの愛の形とは？

あなたは、運命の恋人が現れるのをじっと待つ……というラブストーリーを受け入れないでしょう。人生も恋愛も、嗅覚の導きにしたがって、獲得するものと思って

いるからです。といっても積極的に迫るのではなく、自然に気持ちが盛り上がる相手とめぐりあえる場所に出向いていくことができる人なのです。

もしも理想的な相手が生活圏内にいなかった場合は、進んで外側に飛び出していくでしょう。もしかしたら年齢、国籍、文化の壁を越えるかもしれません。あるいは旅の途中で偶然に出会うこともあるでしょう。

そして言語感覚に優れたあなたは、「この人！」と確信した相手とは、手紙、メールを通して愛をはぐくんでいきます。そのやり取りの中で、自分の直感が正しかったことを確認し、また直感では感じ取ることができなかった相手の魅力も発見していくことでしょう。

あなたの才能と人生のテーマ

この日生まれの人にとって人生はサーフィンのようなものです。常にめまぐるしく形を変える時流の波をつかまえていなくてはなりません。こんなとき、ゆっくり呑気に「どの波に乗れば安全だろう」とあれこれ見極めている人は、気がついたら乗り遅れて水の中に沈んでしまうでしょう。その点であなたは、成功へと自らを運んでくれる大きなチューブを冷静に予測し、スピーディーに乗り移ることができる人です。

人に振り回されず、自分のセンス、才覚を信じて進めるような仕事が適しています。フリーか小規模の会社にいるほうが、活動しやすいでしょう。逆に上下関係や規律が厳しい会社や共同作業が多い仕事は、才能を発揮できないどころか長続きしないかもしれません。

適職は、通訳、フリーライター、ガイド、気象予報士などです。企業に入るなら独立を視野に入れましょう。

相性リスト

- 恋人……………… 2月4・5・6日、12月2・3・4日
- 友人……………… 6月2・3・4日、10月3・4・5日
- 手本となる人…… 4月5・6・7日
- 助けてくれる人… 3月9・10・11日、5月21・22・23日、10月15・16・17日、12月27・28・29日
- 縁がある人……… 1月2・3・4日、3月6・7・8日

魔法の言葉

心の耳を澄ませてみましょう。研ぎ澄ませたあなたのアンテナにひっかかる何かが答え

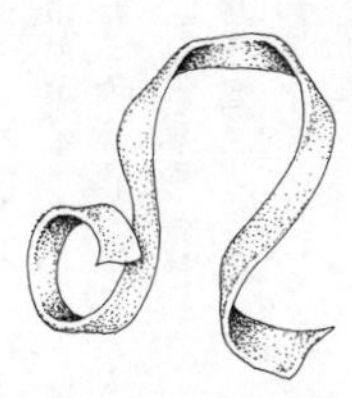

8月6日
獅子座
LEO

優雅さと堅実さが同居する人

長所

雰囲気がゴージャス。スタイリッシュ。美的センスが優れている。芸術感覚がある。社交的で、人気を集める。

短所

派手好き。虚栄心が強い。軽薄。人を外見や入れ物で判断する。地道な努力を嫌う。優柔不断で、些細なことにこだわる。

この日生まれの著名人

原ひさ子（女優）／アンディー・ウォーホル（画家）／堺正章（タレント）／三遊亭好楽（落語家）／辰巳琢郎（俳優）／古田敦也（野球選手・監督）／奥菜恵（女優）／二階堂高嗣（Kis-My-Ft2）（タレント）／窪田正孝（俳優）

優雅で華やかなオーラを身にまとっている人です。美的感覚に優れ、しかも常に人の目を意識して気を抜くことがないため、整然とした雰囲気も漂っています。

ファッションやメイクなどの身の回りを整えることも得意ですし、言葉や仕草で自分をアピールすることでも才能を発揮できます。

また、この人の興味は見た目の美しさだけにとどまりません､純粋に､美しいものや優雅なものへの愛着も持っています。このため、芸能関係やアートの世界で成功できる可能性が高く、とくにダンスや演劇などでも頭角を現わします。さらに優れた美的感覚に加えて、現実的に考えを組み立てる能力もあります。とくに金銭感覚に関しては堅実そのもので、お金をかけるよりも、工夫をすることを選ぶような一面も持っています。そのおかげで、不思議とお金にも困らない人です。

芸術作品には慎重に対応する人ですが､人間関係では、何でも第一印象や見た目で判断してしまう、軽率なところがあるようです。それでチャンスを失うことにもなりかねません。せっかく人が寄ってくるオーラを持っているのですから、それを生かすようにしましょう。

あなたの愛の形とは？

磨き上げられたボディに、ゴージャスなファッションをまとい、優雅に歩く恋人同士。彼らは「選ばれた人」という言葉がふさわしい雰囲気を醸し出し、周囲の人の

魔法の言葉

あなたの美意識とエレガンスが許す選択なら、間違いありません

羨望のまなざしを集める……外国映画のシーンのような恋があなたには似合っています。また、一度美しい恋をイメージしたら、その通りのことを実現させる現実的な才覚も持っています。

ただイメージ優先の恋になるので、選ぶ相手もルックス重視の傾向があります。それでも芸術や美術を心から愛するあなたの理想は、エレガントな恋なので、あまりにも中身のない人相手では、早々に失望してしまうかもしれませんけれども妥協を許さないあなたは、そんな経験も無駄にすることはないでしょう。いつか品性や知性が外側ににじみ出ているような相手を選び、恋愛の理想郷をつくり上げることができるでしょう。

あなたの才能と人生のテーマ

生まれつき華やかさと優雅さを身に着けているあなた。人の心をとろけさせるようなしぐさが自然にできる人です。美しいもの、きらびやかなものを好み、それを現実的に手に入れるパワーも持っています。

社会の中では、美しさや豪華さを武器に、人に夢を与えるような仕事が向いています。具体的には芸能や芸術のような、表舞台に立つといいでしょう。人を喜ばせることが好きなので、喝采を浴びるとそれが張り合いになり、さらにいいものをつくり上げていこうとするでしょう。リーダーとしての素質もあるので、華やかな活動の傍らで経営者としての手腕も発揮するかもしれません。ただそのときには信用の置けるサポーターの存在が不可欠でしょう。適職は、ファッションモデル、ファッションデザイナー、タレント、ミュージシャンなどです。会社の中では営業が適しています。

相性リスト

- **恋人**……………… 2月5・6・7日、12月3・4・5日
- **友人**……………… 6月3・4・5日、10月4・5・6日
- **手本となる人**…… 4月6・7・8日
- **助けてくれる人**… 3月10・11・12日、5月22・23・24日、10月16・17・18日、12月28・29・30日
- **縁がある人**……… 1月3・4・5日、3月7・8・9日

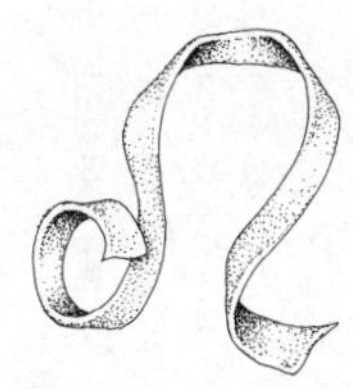

8月7日

獅子座

LEO

大きな夢を見続ける人

長所

イマジネーションが豊富。人に親切で、態度が柔和。清潔感があり、さわやかな印象を与える。いつもにこやかにしている。

短所

夢見がち。現実を直視しない。論理性や客観性にかける。説明を省きたがる。周囲の人に理解されにくい。

この日生まれの著名人

司馬遼太郎（作家）／内田春菊（漫画家・作家）／シャーロット・ルイス（女優）／マサ斎藤（プロレスラー）／橋本大輝（体操選手）／大西流星（なにわ男子）（タレント）

この世界の真理を見つめたいという、高い望みを胸に秘めている人です。大きな理想を持ち、現実社会にドラマティックな展開を好むのは、この日に生まれた人の本能のようなものです。この日生まれの人は、頭の中にスケールの大きな世界を持っていて、将来の話や未来の話を好みます。いつも「人はどうあるべきか」、「自分はどうありたいか」など哲学的なことを考えたり、目の前のものからものの本質を見抜こうとするでしょう。

スケールが大きいものに心をひかれるため、歴史について学んだり、大自然が残る場所で落ちつきを感じたりします。そこで見つけた感動を人に伝えたいという思いが生まれたときには、物語を紡いだり日記を書いたりして、人生に豊かな彩りを添えるでしょう。また冒険心にあふれているので、自分の好奇心を満たすことには勇気を持って飛び込んでいきたいと願うでしょう。

一方、夢見がちすぎて現実のことをおろそかにしてしまうという欠点もあるようです。大きな夢を人に語るだけで満足していては、何も生まれません。イメージを実現するための努力や工夫もお忘れなく。

あなたの愛の形とは？

多くの人は思春期に映画や物語の世界の美しい恋人同士の姿に憧れ、恋に恋をする経験をします。そして実際に誰かを好きになったときには、現実が甘くないことを知って妥協し、大人になるものです。けれどもこの日生

まれの人は、現実の恋の中にも、思春期のころ夢見た甘い恋のイメージを投影させることができるのです。

だからどんなときも「最後の恋」「運命の恋」と思って、一瞬一瞬を燃焼します。愛する人への気持ちを語るときには、詩人のような風情を漂わせるでしょう。

シビアな性格の人からは、思い込みが激しいとか、現実を見ていないと言われるかもしれません。でも、この人が恋をしているときは、この上なく愛らしく魅力的なのです。そんな部分を優しく見つめる、包容力のある相手を選ぶなら、いつまでも恋する幸せな気持ちを保ち続けていられるでしょう。

あなたの才能と人生のテーマ

この日生まれの人は、生まれたと同時に心の中に理想の王国をつくり上げます。そして成長して表現力を身につけるにつれ、その世界を生き生きと語れるようになってくるのです。不毛な現実を、夢のある世界へとつくり変えていくことを望んでいる人です。ただし現実を直視することが苦手で、直接社会を変革させるには力不足な部分があるようです。

けれど、理想の世界を人々に伝えることで誰かをインスパイアすることにかけては、相当の実力を発揮できるでしょう。夢を形にするような仕事につくか、得意分野を見つけ、その中で理想の世界を語っていくような職業が向いています。評価され、社会的に名を上げることもできるはずです。

適職は、作家、童話作家、映画監督、詩人、ピアニスト、漫画家、アニメ映画監督、動物学者などです。歴史への興味から学芸員や歴史学者も向いています。

相性リスト

恋人……………… 2月6・7・8日、12月4・5・6日
友人……………… 6月4・5・6日、10月5・6・7日
手本となる人…… 4月7・8・9日
助けてくれる人… 3月11・12・13日、5月23・24・25日、10月17・18・19日、12月29・30・31日
縁がある人……… 1月4・5・6日、3月8・9・10日

魔法の言葉

答えはイエス。そして、そのことについてあなたができることはもっとあるはずです

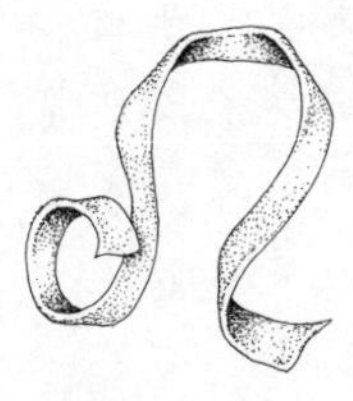

8月8日

獅子座

LEO

現実的でパワー志向の人

長所

誇り高い。陽気で、精力的。周囲の人を導く牽引力がある。目標を達成できる。実際的。地に足が着いた考え方ができる。

短所

権力志向が強い。目的のために手段を選ばない。即物的。実利的。実利一辺倒で夢がない。権威に弱い。ワンマン。

この日生まれの著名人

ダスティン・ホフマン（俳優）／押井守（映画監督）／池畑慎之介〈ピーター〉（タレント）／天海祐希（女優）／東野幸治（お笑いタレント）／金原ひとみ（作家）／伊藤俊介〈オズワルド〉（お笑いタレント）／隈研吾（建築家）

この日に生まれた人が大切にするのはプライドです。しかしそれは表面的なプライドではありません。自分の信念を守り、誇り高く自分に厳しくあろうとする、魂の気高さを意味するプライドなのです。また現実をまっすぐに見つめる確かな観察力を持っています。何をなすべきで、どんな努力をしなければいけないかを、瞬時に理解することができるのです。さらに、口だけで終わることはなく、約束もキッチリ守り、目標があれば一歩一歩確実に進んでいきます。安易に夢を語るような、軽率なことはしません。

この性格は、人を管理する立場に向いています。少し権力や地位に固執しすぎるところもありますが、周囲を管理できる才能に恵まれたこの日生まれの人は、組織の中で貴重な存在として重宝されるでしょう。

また、その才能をさらに伸ばすためには、サポートしてくれる人の存在が不可欠です。この人が見落としてしまう細かい部分をフォローするばかりでなく、心が折れそうになったとき、人との対立に悩んだときに支えてくれる人であれば、完ぺきでしょう。

あなたの愛の形とは？

例えば、何十年もふたりで暖簾を守り続けた老夫婦には、まなざしを交わすだけでわかり合える何かがあります。そんな現実社会の一端を支える、意義のある役目をふたりで担っていけるような関係が、この日生まれの人

が心に抱いている愛の理想です。

この人は仕事、あるいは大切にしているものに貢献します。理想に向かって着実に歩きます。そして現実に結果を出す力があるのです。そしてパートナーに求めるのは、そんな自分の姿を愛し、支えてくれることです。

問題なのはそんな相手に対して上手に甘えられないことです。また相手が甘えてくることも許さないかもしれません。自分を律したい気持ちは立派なのですが、遊びのなさすぎる恋愛関係は窮屈です。恋は仕事ではないのですから、長続きする関係にしていきたいのなら、心のゆとりを大切にして、相手を受け入れていきましょう。

あなたの才能と人生のテーマ

不屈の意志力があり、力をつけて頂点に立ちたいという野心を胸に抱いています。けれども不公正なことを嫌う一本気な性格で、飾り気がなく、不要なものを切り捨てる潔さも持っています。

自分の仕事に誇りを持ち、偽らず、任務を遂行します。この資質は人々の信頼を集めるので、公共性の高い仕事、世のため人のためになる職業で大いに生かされるでしょう。また人の注目を集めることも好きですが、人に知られないように努力をすることも忘れない人です。資格試験を受けてキャリアとして出世の道を駆け上ることも多いでしょう。また企業などではトップに立つまでは権力志向のところもありますが、実際に人をまとめる立場に立つと、優れた管理能力を発揮するでしょう。

適職は、公務員、教育者、図書館司書、実業家、不動産鑑定士、検察官などです。企業の中では管理職が向いています。

相性リスト

- **恋人**……………… 2月7・8・9日、12月5・6・7日
- **友人**……………… 6月5・6・7日、10月6・7・8日
- **手本となる人**…… 4月8・9・10日
- **助けてくれる人**… 1月1日、3月12・13・14日、5月24・25・26日、10月18・19・20日、12月30・31日
- **縁がある人**……… 1月5・6・7日、3月9・10・11日

魔法の言葉

答えは、断然イエス。だってあなたには不可能を可能にする意志の力があるのですから

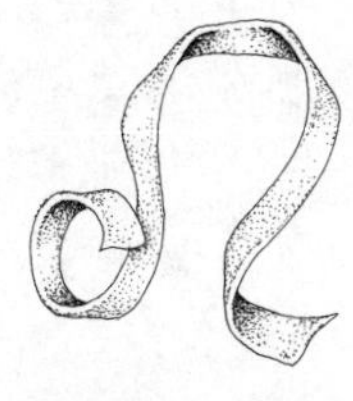

8月9日

獅子座

LEO

不敗のチャレンジャー

長所

意思が強い。行動力がある。積極的。困難があるほど意欲的になる。パワフル。チャレンジ精神にあふれている。

短所

負けず嫌い。優越感を持ちたがる。闘争心が強く、攻撃的。人の気持ちを考えない。協調性がなく、トラブルメーカー。

この日生まれの著名人

黒柳徹子(タレント)/吉行和子(女優)/石橋蓮司(俳優)/田山涼成(俳優)/ホイットニー・ヒューストン(歌手)/池上彰(ジャーナリスト)/阿部一二三(柔道家)/大橋和也(なにわ男子)(タレント)

この日生まれの人の心の奥にあるものはチャレンジ精神です。たとえ終わりが見えないような困難であっても、不屈の精神で立ち向かっていくでしょう。目標までの道のりが遠くてもあきらめず、それを達成するためなら何を要求されても恐れません。

またそのパワーは人間愛や地球への愛が源になっているようです。例えば困っている人を助けたいという願いや、世の中をよくしたい、環境を美しくしたい、といった方向に向かって発揮されるようです。そんな大きな望みでも、この日生まれの人は敗北を知らないタフネスと情熱で、時間がかかっても実現しようとします。

逆に自分の名誉や名声、あるいは経済的な成功が最終目的であれば、たとえ目標を達成できたとしても、どこかで満たされない気持ちを抱えてしまうでしょう。

自分の道を切り開こうとするエネルギーは相当なものですが、退屈で平凡な毎日が続くとイライラしてしまい、実力を発揮する場所を間違えがちです。そして不満のループに入り込んでしまいそうです。自分の真の望みを知って行動を起こせば、ストレスも減り、充実した人生を歩くことができるでしょう。

あなたの愛の形とは？

パワフルな生命力を持っているあなたは、いつもそれを完全燃焼させようとします。中途半端な燃やし方では、くすぶってしまいそうなのです。

うまくいかなかったように見えることが実はそれでよかった、という暗示

恋をするときも情熱的になります。心の熱さでは誰にも負けません。けれどそんな熱い心を持っているからこそ、いつも自分が愛しすぎてしまう、求めすぎてしまう、という関係になりがちなのです。

だからこの人は、手が届かない相手を好きになることがあります。どんなに恋心を燃やしてもかわされてしまうようなそんな相手なら、心を燃やしたいだけ燃やすことができるからです。でも相手も人間だから、そんな情熱にほだされることもあるはずです。そんなときこそ気をつけてください。相手を陥落させるという目標を達成して、拍子抜けしてしまうようでは、いつまでたっても恋の本当の喜びを知ることができなくなります。

あなたの才能と人生のテーマ

鋼鉄のような意思を持っているあなたは、困難なことがあればあるほど、それを乗り越えようと闘志を燃やします。同時に情に厚く、困っている人を放っておけない人です。どこかで災害が起こると、「行って力になりたい」と真っ先に思い、犯罪が起これば、正義感を奮い立たせます。

この人は社会正義を守る仕事、公共性の高い仕事につくことが望ましい気質を持っています。また、ライバルがいて競争をするような職場でも、案外やる気を発揮するかもしれません。ただし変化のない仕事では、ストレスをためる恐れがあります。眼に見える変化が感じられる仕事がいいでしょう。適職は、ジャーナリスト、医師、検察官、技師、警察官などです。会社の中では営業部員として力を発揮します。仕事のかたわらボランティアや人道支援活動を行うと、精神的充足感があります。

相性リスト

- **恋人**……………… 2月8・9・10日、12月6・7・8日
- **友人**……………… 6月6・7・8日、10月7・8・9日
- **手本となる人**…… 4月9・10・11日
- **助けてくれる人**… 1月1・2日、3月13・14・15日、5月25・26・27日、10月19・20・21日、12月31日
- **縁がある人**……… 1月6・7・8日、3月10・11・12日

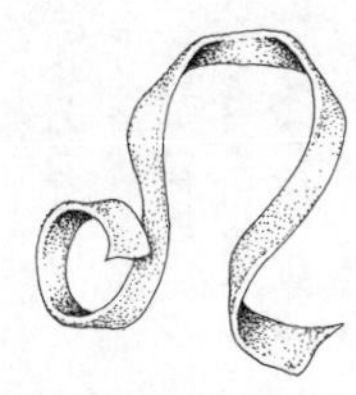

8月10日

獅子座

LEO

風格を持つ強さの人

長所

鷹揚。活動的。明朗快活。総合的な判断力がある。リーダーの器をそなえている。王者の風格がある。人気を集める。

短所

根拠ない自信を抱く。自分を買いかぶりやすい。尊大になることもある。注意力がない。権力志向が強く、見栄っ張り。

この日生まれの著名人

角野卓造（俳優）／三波豊和（俳優）／アントニオ・バンデラス（俳優）／杏子（ミュージシャン）／寛利夫（俳優）／北澤豪（サッカー選手・解説者）／速水もこみち（俳優）／門脇麦（女優）／鶴竜力三郎（大相撲力士）

この日に生まれた人は、人よりも高い位置に高性能のカメラアイを設置しているような、不思議な才能を持っています。その目からは全体を見回しながらも、それぞれの小さなことにも気を配ることができるのです。また大局を見ることができるため未来予測も的確で、人よりも一歩先んじた行動がとれ、人目を集めるでしょう。

多くの人は自然とあなたが「指示を出してくれるもの」と思ってしまうようです。全体を見渡す才能や、目先のことばかりにとらわれない広い視野を持っているため、周囲の人は「この人に従っておけば大丈夫」と感じるのです。知らないうちにこの人の影響を受けてしまう人もいるでしょうし、気がつけば頼りにされていることが多々あるでしょう。

そんな大物としての風格と、優れた大局観を持つこの人ですが、自分の影響力を過信すると、手痛いしっぺ返しが待っています。もともと観察力があるために尊敬を集めた人が、尊大な態度で人を見なくなってしまうと、信頼を一気に失ってしまいます。どんなに人に頼られても、謙虚な態度は忘れないこと、それがいつまでも人に愛され、頼りにされる秘訣です。

あなたの愛の形とは？

きらめきのある人、眩しい人……あなたを知る人はたいていこんな印象を抱くことでしょう。生命力があふれ、周囲の人の目は自然とあなたに集中してしまうのです。

もちろん恋愛の場合も、自然に相手を引き寄せてしまうため、自分から好きになるということは少ないでしょう。

どちらかというと他人の恋愛相談に乗るほうが得意。そのため恋愛のエキスパートのように思われることが多いですが、目先のことで一喜一憂しない広い視野を持っているため、恋愛にのめり込むことにためらいを持ってしまうのです。そのため、本当に好きな人が現れたときには、驚くほど不器用で、傷つきやすくなる一面も見られます。普段堂々としているだけに、その落差は大きいかもしれません。でもたとえ情緒が安定しないときも、温かい心で包んでくれるような、心の広い人のほうが相性もいいでしょう。

あなたの才能と人生のテーマ

力強く、パワフルです。気がついたら、多くの人の前に立っているようなタイプです。人をリードする立場にいるため、良くも悪くも、周囲の人に影響を与えることになるでしょう。

どんな職業についても、社会的な成功を目指して突き進みます。中でも、人前に立つ仕事、脚光を浴びるような仕事で力を出せそうです。先を見る力にすぐれ、成功者として満足できる地点まで到達する可能性が高いでしょう。ただし、名を挙げることのみ気をとられ、実質的な完成度が低い場合は、いずれ自分自身仕事に不満が募り、不本意な日々を過ごすことになりそうです。力を出し切ることを恐れないこと。それが仕事的にも、精神的にも満足のいく結果に結びつける秘訣です。

適職は、映画監督、政治家、舞台俳優、スポーツ選手、インストラクター、経営コンサルタントなどです。

相性リスト

恋人……………… 2月9・10・11日、12月7・8・9日
友人……………… 6月7・8・9日、10月8・9・10日
手本となる人…… 4月10・11・12日
助けてくれる人… 1月1・2・3日、3月14・15・16日、5月26・27・28日、10月20・21・22日
縁がある人……… 1月7・8・9日、3月11・12・13日

魔法の言葉

高い位置から物事を見てみましょう。同じ土俵に立っていてはいけません

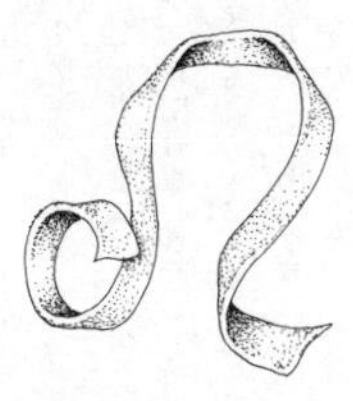

8月11日

獅子座

LEO

ユニークな才能を行動に示す人

長所

アクティブ。エネルギッシュ。陽気。感受性が高く、人の気持ちを考える。表現能力が高い。人を安心させる。

短所

良いときと悪いときの落差が激しい。人やモノに対する執着心が強い。場の中心にいようとする。自己顕示欲が強い。

この日生まれの著名人

吉川英治〈作家〉／小林亜星〈作曲家〉／中尾彬〈俳優〉／孫正義〈実業家〉／手塚眞〈映像作家〉／吉田戦車〈漫画家〉／松村邦洋〈お笑いタレント〉／福田充徳〈チュートリアル〉〈お笑いタレント〉

「何を思いついたとしても、実際に行動しなければ意味がない」という真理をよくわかっているこの人は、まさにアクションの人。そのうえ、感受性も鋭いので、時代の最先端をいく分野で活躍することができます。

生まれつき、個性的な感性の持ち主ではありますが、歳を重ねるほどにこの人の個性は強くなります。あちこち旅して回るなど、その行動力の強さを武器に自分の個性を磨いていくからです。

自分の思いつきを行動に結びつけるだけでなく、この人は周囲の人間の希望や不満を言葉やアクションにして表すことも得意。そのため、社会に漂う不満をすくいあげ、発表するスポークスマンとして活躍する場合もあるでしょう。

ただ、この人は黙っておいたほうがカドを立てずにすむことを、わざわざ口にしてしまうことも多いタイプ。「何でもかんでも表立てるべきではない」という考えを持たないと、正直者であるがゆえに損をする心配が。その点には気をつけましょう。

あなたの愛の形とは？

世の中には、別の世界とつながる回路を持っているとしか思えない、鋭い人がいます。この日生まれの人にもその力がそなわっていますが、ほかの人と違うのは、天啓を受けたら、それを周りに説明する暇もなく、行動に移してしまうところでしょう。

イメージトレーニングはもう十分。現実の世界で試していいときがきています

そのため近くにいる人は、行動が把握できず、振り回されたり逆に置いていかれたりすることもあるでしょう。初めのうちは、それが恋愛の弱点のように思えるかもしれません。

けれども、もし同じような感性を持っている人、あるいは気持ちを察することができる相手なら話は別です。説明しないでも通じ合えるものがあるのです。ほかの人には到達できない心境を共有することができるでしょう。それは真の意味での「ふたりの世界」と言えるはずです。

この生まれの人にとって大切なのは、本当に相性のいい異性を探すことなのです。

あなたの才能と人生のテーマ

思いやりが深い人は、人々の声に出さない声に耳を聞き分ける不思議な聴力を持っています。その中でも人々の気持ちを読み取り、形にするために行動するのがこの生まれの人です。

現実の社会では､「人々が今求めているもの」ではなく、その先に生まれるニーズを察する力を持っています。さらにそれを具現化させる行動力もあります。

その力ゆえに、ヒットメーカーと呼ばれることもあるでしょう。ただしそれで、自分が時代の潮流をつくっていると錯覚すると、次第に人心が離れていきます。たとえ立ち回りが派手でも、この人の原動力が人々への愛であることを忘れてはなりません。ビッグネームになればなるほど、謙虚さを失わないように心がけることが大切です。適職は、ジャーナリスト、作詞家、大学講師、教師、雑誌編集者、弁護士、弁理士、発明家などです。

相性リスト

恋人……………… 2月10・11・12日、12月8・9・10日
友人……………… 6月8・9・10日、10月9・10・11日
手本となる人…… 4月11・12・13日
助けてくれる人… 1月2・3・4日、3月15・16・17日、5月27・28・29日、10月21・22・23日
縁がある人……… 1月8・9・10日、3月12・13・14日

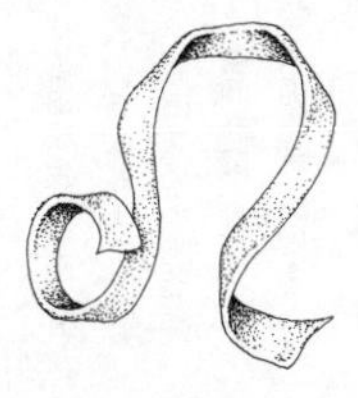

8月12日

獅子座

LEO

瞳に魅力の宿る人

長所

ポジティブ。気性がまっすぐ。素直。行動力があり、自分の気持ちに正直。人気がある。明るく、笑顔を絶やさない。

短所

単純。気持ちが安定しない。不精者。強引。伝統を軽視する。打たれ弱いところがある。安易に他人を信じすぎる。

この日生まれの著名人

淡谷のり子（歌手）／吉田秋生（漫画家）／陣内孝則（俳優）／角松敏生（音楽プロデューサー）／武田久美子（女優）／東幹久（俳優）／吉岡秀隆（俳優）／貴乃花光司（大相撲力士）／MIHI（NiziU）（歌手）

この生まれの人の根底にあるのは「自己表現したい」と願う強い気持ちです。その欲求に従い、自分を表現しているとき、この人の瞳は情熱的に輝き、非常に魅力的な人物となるでしょう。そんな自分の魅力に本人も気づいているため、この人はかなりの自信家です。

ただ、押しの強い性格のせいで、周囲からやっかみの攻撃を受けることも多いよう。そのため、ときどき他人からの批判によって自信を揺るがされることもあるでしょう。いったん自信を失うと、とたんに気弱な面が出てくるのも、この人の特徴のひとつ。ただ、強運の持ち主なので、それで失脚してしまうという心配はなさそうです。

そんなこの人にとって大切なのは、自分に対する自信を認めてくれる存在です。家族や友人、ファンや支援者といった人たちから愛されている限り、人生や仕事でつまずくことがあっても、必ず復活できるはず。ですから、自分に味方してくれる相手を大切に。いつも正直な自分を見せるようにしてください。

あなたの愛の形とは？

悲観論者は、常に攻撃に備えて防御体制を敷きますが、楽観的な人は生きる喜びを高らかに謳いあげています。だからとても無防備です。

この日生まれの人が恋に傷つきやすいのは、異性への警戒心がないからです。自分に向けられる優しさをその

まま受け入れ、信じます。それでだまされることもときにはあるでしょう。普通ならそこで異性不信に陥りますが、この人は、自分を変えることはありません。

なぜなら自分と未来と人々を信じる心が、この日生まれの人の最大の魅力であり、価値なのです。それをよく知っているので、無防備で警戒心ゼロの自分のまま、たくましく強くなっていくことができるのです。たくさん恋をするでしょう。笑ったり泣いたりすることもあるでしょう。でもそうしている間に、いつの間にか、愛の勝利者になっている自分に気づくでしょう。

あなたの才能と人生のテーマ

あふれるばかりの熱意、生命力が内側から輝きあふれています。人前に立つこと、そこで自分を表現することを運命づけられている人です。さらに持って生まれた幸運も手伝って、とくに努力をしないでも、脚光を浴びることが多くなりそうです。

そのことで人からやっかみを受けて、沈んだり自信を失ったりすることも多いでしょう。強運により立ち直ることもできますが、あまりにも気落ちすることが多くなると、魂の輝きそのものが失せてしまうかもしれません。

好きなことに打ち込み、その才能を育てることで、人からの攻撃にも負けない誇りを身につけることができるでしょう。勝ち負けにこだわるよりも楽しさや美しさ、喜びを表現することに集中していきましょう。それが人の心を打つ表現者の真の姿だからです。

適職は、オペラ歌手、指揮者、特派員、スポーツ選手などです。

相性リスト

恋人	2月11・12・13日、12月9・10・11日
友人	6月9・10・11日、10月10・11・12日
手本となる人	4月12・13・14日
助けてくれる人	1月3・4・5日、3月16・17・18日、5月28・29・30日、10月22・23・24日
縁がある人	1月9・10・11日、3月13・14・15日

魔法の言葉

言葉以上に瞳が語るときです。目をそらさないあの人となら大丈夫

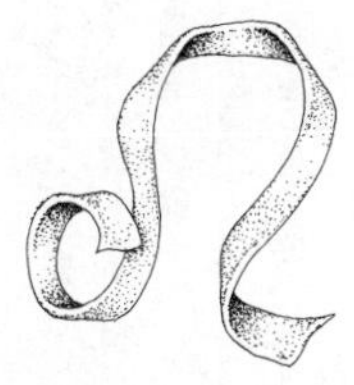

8月13日

獅子座

LEO

強気な甘えん坊

長所

チャレンジ精神がある。枠にはまらない。不思議なかわいらしさを持っている。男女ともに人の心をとらえて離さない。

短所

わがまま。自己中心的。人の気持ちを考えない。思いやりがない。子供っぽい。思い通りにならないとすねる。

この日生まれの著名人

アルフレッド・ヒッチコック〈映画監督〉／フィデル・カストロ〈革命家・キューバ首相〉／高橋ジョージ〈歌手〉／近藤芳正〈俳優〉／篠原涼子〈女優・歌手〉／Saori〈SEKAI NO OWARI〉（ミュージシャン）

基本的には快活でユニーク。その言動はキュートだけれど、ちょっと生意気なところも。そんなこの人は、どこにいても愛されるキャラクターです。ただ、とても寂しがりやなので、自分をチヤホヤしてくれる相手を常に求めてしまうという傾向はあるかもしれません。でも、ひとりでいるのを嫌うくせに、他人に従うことは苦手。むしろ自分のペースを崩したがらないほう。つまり、この人は結構わがままなタイプなのです。

それでもこの人が多くの人から愛されるのは、その場の空気をパッと明るくするようなポジティブなオーラを持つおかげでしょう。わがままな面はあるとしても、この人には卑屈さや暗さがないため、人から嫌われることが少ないのです。

ただ、自分の意見や希望を通そうとして、強引になりすぎてしまうのは悪いところ。無理ばかりを言っていると、友人や支援者を失うことになります。尊大にならないよう、自分をときどき戒めるようにしてください。

あなたの愛の形とは？

天使と悪魔が同居しているような雰囲気を持つ人です。いつも意表をつく行動をする人で、とくに表情が特徴的。挑戦的な燃える瞳で相手を見つめたかと思うと、急に笑い出したりすることもあるでしょう。また寂しがって、甘えた声で人を呼び出したかと思うと、そっけない態度で扱ったりします。こんなことを無意識のうち

にやるので、異性の心は落ち着かず、眼が離せなくなってしまうのです。

この日生まれの人は異性の心をとらえるのが天才的に上手です。けれど長続きさせるのは、相手の恋愛の基礎体力がないと無理でしょう。そのため相手は同年代か若い人では力不足でしょう。年上か、あるいは精神的に成長している苦労人がいいでしょう。ある程度年齢を経ると、静かで落ち着いた恋もできるようになりますが、それでもいたずらっぽい瞳と愛らしさだけは失うことがない人です。

あなたの才能と人生のテーマ

オリジナリティと明るさで、現状を変えていく力を持っています。使い古されたものや、固定化されたものに新しい風を送り込むのが好きな人です。その気質のため、いつも新しいものを見つめます。それは、斬新すぎて、まだ人々が理解できないものの真価を見極めるような力でもあります。

社会の中では、クリエイティビティや思い切った変革を望まれるような場所で働くことが望ましいでしょう。創造を求められないところでも、社風が若いとか、少なくとも新規の意見を握りつぶさないような柔軟性が必要です。十年一日同じような作業をするようなところでは、働く意欲そのものをなくしてしまうかもしれません。収入よりも自分の興味を優先させるので、思い切った転職をすることもありそうです。

適職は、エンジニア、ファッションデザイナー、グラフィックデザイナーなどです。

相性リスト

恋人	2月12・13・14日、12月10・11・12日
友人	6月10・11・12日、10月11・12・13日
手本となる人	4月13・14・15日
助けてくれる人	1月4・5・6日、3月17・18・19日、5月29・30・31日、10月23・24・25日
縁がある人	1月10・11・12日、3月14・15・16日

魔法の言葉

いったん小休止するのも悪くありません。
余裕がないときの判断はリスク大

8月14日

獅子座

LEO

知的でいて自然派

長所

人に親切。活発。向学心がある。好奇心があり幅広い教養を持つ。才気煥発。感受性が鋭く、人の気持ちを理解できる。

短所

知識偏重。親しい人に対しても理論武装をする。完全主義。批判精神が強い。重箱の隅をつつく。臆病なところがある。

この日生まれの著名人

桂歌丸(落語家)/岡村靖幸(ミュージシャン)/ハル・ベリー(女優)/アーネスト・トンプソン・シートン(『シートン動物記』の作者)/マジック・ジョンソン(バスケットボール選手)/鈴木保奈美(女優)

自然を愛し、この世界に満ちるものを愛そうとする傾向が強い人です。この世のすべてのものにたいして健全な好奇心を発揮しますが、決して操作的ではなく、あるがままの世界を見守っていこうとする大きな心を持っています。

想像力も豊かなので、相手の気持ちをちょっとした振る舞いから推し量ることができ、そのおかげで他人から厚い信頼を勝ち得ることができます。また、卓越したコミュニケーション能力があるので、人との話し合いの中から楽しいことを発見することも得意。ひとりでいるより、何人かで議論したときにアイディアが沸くことのほうが多いでしょう。

とはいえ、この人は寂しがりやではありません。常に人といるよりも、ひとりで自然の中を歩き回ったりする時間も欲するタイプです。大切なのは、人との時間と自分だけの時間の切り替えをしっかりすることでしょう。そうすれば、この人の心は常に安定し、自分の才能や知性を十分に発揮できるはずです。

あなたの愛の形とは?

この日生まれの人は、どんなときでも、ナチュラルな心を忘れないでしょう。浮わついた恋愛関係やお祭り騒ぎのような恋のイベントには興味を示しません。自分だけ恋人がいなくても寂しいとも思わないし、周囲の目も気にしません。恋愛はかなりマイペースになるでしょう。

この人がひかれるのは、同じように気負いがなく、なおかつ知性を持った人物でしょう。胸のときめきだけでなく、共感できる人生観や学ぶべき知識や学識を持っていること、自然や人について語り合える相手であることも重要です。つき合った以上は長続きさせたいので、全人的な部分で尊敬し、愛せる相手を求めているはずです。

ただ、どんなに愛する人でも、知的な議論モードに入ると手加減できなくなるところもあります。善悪正邪にこだわって、もっとも大切なものを見失わないように気をつけましょう。

あなたの才能と人生のテーマ

あるがままの自然を愛する人です。でも、不必要なまでに自然を美化するタイプでも、むやみに自然回帰を訴えるタイプでもありません。あくまで冷静に、観察や分析ができる人です。興味の対象は、いわゆる木や湖のような大自然ばかりではありません。人間やその生き様、文明、文化、この世界にある森羅万象を自然としてとらえ、調査の対象にしようとします。

そのため、旺盛な知識欲があります。社会に出ても、その気持ちで真実を見極めようとします。想像力を働かせ、人の気持ちや事柄の推移を推し量ろうとします。そのため、コミュニケーションのセンスと、予想力は抜群です。知的な能力を生かす分野の仕事につくと、存分に才能を発揮できるでしょう。

適職は、作家、編集者、通訳、テクニカルライター、コンサルタント業務、自然科学者などです。企画開発にも適任でしょう。

相性リスト

恋人……………… 2月13・14・15日、12月11・12・13日
友人……………… 6月11・12・13日、10月12・13・14日
手本となる人…… 4月14・15・16日
助けてくれる人… 1月5・6・7日、3月18・19・20日、5月30・31日、6月1日、10月24・25・26日
縁がある人……… 1月11・12・13日、3月15・16・17日

魔法の言葉

ほとんどそれは確実。だから、完全や保証を必要以上に求めないで

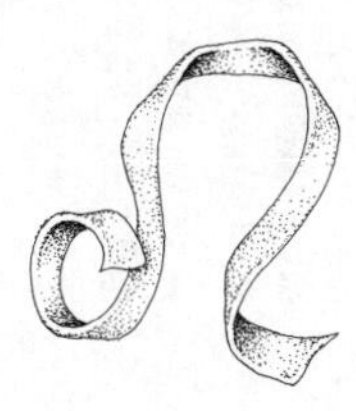

8月15日

獅子座

LEO

並外れたチャームを持つ人

長所

情熱的。アーティスティックなセンスがある。純粋で、自分の心に正直。人の目をひきつけるあでやかな魅力がある。

短所

努力を嫌う。怠け者。一貫性がなく、飽きっぽい。外見ばかりに目を奪われ中身を重視しない。うぬぼれが強い。

この日生まれの著名人

ナポレオン・ボナパルト（フランス皇帝）／宇梶剛士（俳優）／川口能活（サッカー選手）／秋山竜次〈ロバート〉（お笑いタレント）／大橋未歩（アナウンサー）／岡田将生（俳優）／長尾謙杜〈なにわ男子〉（タレント）

まっすぐひたむきな性格の持ち主ですが、地味なタイプではありません。とても華やかなオーラを放つ人です。この人が何かひとつのことに一生懸命になっている姿には、誰もがとりこになってしまうような魅力があるのです。

無理に自分を飾り立てなくても魅力的でいられるというのは、この人が生まれ持った素晴らしいチャーム。ただ、この人は、いつまでたっても結果が見えてこないような地道な努力をするのは苦手です。すぐに成果が表れ、人から賞賛を受けられそうなことにばかりに手を出しがちな傾向があります。人から注目されることに慣れているため、人目につかない努力をするのは、この人にとって難しいことなのです。

けれども、この点を克服していかないと、大きなことを成し遂げられず、器用貧乏な人生を歩むことになってしまうでしょう。一見無駄に見える努力でもやってみることを心がけるべき。そうすれば、よりいっそう華やかな世界で活躍することができるはず。

あなたの愛の形とは？

集団の中にいても、なぜかそこに視線が吸い寄せられるような、不思議な存在感があります。何をしていても蠱惑（こわく）的な雰囲気に包まれていて、それに惑わされる異性も大勢いるでしょう。また、異性から賞賛の言葉を浴びたときは、謙遜もせずえん然と微笑み返すような不敵な

ところもあるため、同性から誤解されることも多いかもしれません。

けれど本質的にはひたむきで、邪気のない性格です。異性の心を弄ぶようなことはできないどころか、本当に好きな人の前では、ほかの人のことは目に入っていません。全身全霊で相手にぶつかっていきます。断られたときなどは手放しで泣くような、いじらしい面もあるのです。

まじめでストイックなタイプにひかれることもあります。幸せになるためには、この世の楽しいものやおいしいもの、きれいなものを一緒に体験してくれる人を選ぶといいでしょう。

あなたの才能と人生のテーマ

たとえて言えば、夏の日の浜辺のような、まぶしい光にあふれ、楽しい声に満たされている世界――そんなイメージを常に追いかけているような人です。とくに気を配ったりしなくても、その場の空気を明るく変える才能を持っています。

この才能は、そのまま社会の中で通用するようなものではありません。けれど何か別の才能と一緒になったときには、一気に成功者への気流に乗れる機動力になるでしょう。とくに、適しているのは食の世界や美の世界など、人間の五感を満足させるものやこの世界に生きることの喜びにつながるような分野です。そこでなら飽きっぽいところのあるこの人も、仕事の喜びやおもしろさを発見するでしょう。適職はアナウンサー、タレント、サービス業、パティシエ、シェフ、ミュージシャン、コスメティック関係の仕事、画家などです。

相性リスト

恋人……………… 2月14・15・16日、12月12・13・14日
友人……………… 6月12・13・14日、10月13・14・15日
手本となる人…… 4月15・16・17日
助けてくれる人… 1月6・7・8日、3月19・20・21日、5月31日、6月1・2日、10月25・26・27日
縁がある人……… 1月12・13・14日、3月16・17・18日

魔法の言葉

少しくらいやんちゃしてもいいのかもしれません。強気で大丈夫

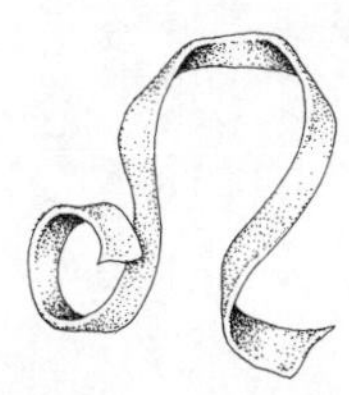

8月16日

獅子座

♌

LEO

異なる立場の人を理解する人

長所

パワフル。存在感がある。公正なものの見方ができる。人の心をつかむ。心に秘めた情熱がある。型にはまらない。

短所

人を外見で判断する。慎重さに欠けるところがある。見切り発車をする。横着で、物事を簡単に済ませようとする。

この日生まれの著名人

ビル・エヴァンス（ジャズピアニスト）／マドンナ（歌手・女優）／菅原文太（俳優）／西田ひかる（タレント）／小木博明（おぎやはぎ）（お笑いタレント）／大沢あかね（タレント）／ダルビッシュ有（野球選手）

バイタリティが強く、さらには、ミステリアスな雰囲気を持っているので、独特の存在感がある人です。無言のままに相手を動かすようなカリスマ性を秘めているとも言えるでしょう。いずれにしても、無意識のうちに他人の心をつかむ才能に恵まれているということには変わりありません。

また、異文化に対して心を開くことができる知性の持ち主で、しばしば、生まれたところとは異なる環境で過ごすことになるでしょう。もちろん、そこでもカリスマ性が発揮されるので、孤立することなく生きていくことが可能です。

こういう性向のおかげで、この人は長く生きるほど、さまざまな立場、環境におかれた他者を理解する能力を深めていきます。その結果、政治家やボランティア活動家として精力的な人生を送ることになるかもしれません。ただ、気をつけないと野心家の人物から強いカリスマ性を利用され、自分が好まない活動のリーダーとして立たされることも。自分の立ち位置には常に気を配るべき。

あなたの愛の形とは？

相手の心の奥まで見通すような瞳が印象的です。さらに誇り高く、堂々としています。そんな魅力を持っているこの日生まれの人に何かを言われると、抵抗できず従ってしまう異性は数多くいるでしょう。

けれど、この人がひかれるのは、知らない世界や、自分が持ち合わせていない何かを持っている人なのです。華やかな魅力を持つ人、興味深い世界を話してくれる人に強く魅了されてしまうでしょう。でも、魅力的な人が必ずしも幸せにしてくれる相手とイコールでつながるわけではありません。自分の中で偶像をつくり上げ、それに恋して傷つくこともあるかもしれません。

けれど、そんな経験を経て、本当の異性の魅力が奥深いところにあると知ったとき、恋のシーンは大きく変化するでしょう。もしかしたら、幸せの青い鳥は、案外身近なところで見つかるかもしれません。

あなたの才能と人生のテーマ

いつも、「ここではない世界」を目指して旅しているような人です。現状に満足せず、新しい何かを求めてエネルギッシュに行動する力があります。それと同時に、自分とは違う環境や習慣、習俗を持った人にも、理解を示すことができます。

この力は、ワールドワイドな環境で活躍するのに適しています。生まれた環境や国を離れ、新天地で活動するような生き方も、この人なら夢ではないでしょう。

また人の心をつかむ才能もあるので、不特定多数の人と接し、ビジネスを展開するような仕事にも向いています。また現実的な世界から離れ、芸術世界に生きる可能性も開かれています。スポットライトを浴びることが好きなので、運をつかめば一気に才能が開花するかもしれません。

適職は、外交官、通訳、旅行・留学コーディネーター、流通業、文化人類学者、音楽家、作家などです。

相性リスト

恋人……………… 2月15・16・17日、12月13・14・15日
友人……………… 6月13・14・15日、10月14・15・16日
手本となる人…… 4月16・17・18日
助けてくれる人… 1月7・8・9日、3月20・21・22日、6月1・2・3日、10月26・27・28日
縁がある人……… 1月13・14・15日、3月17・18・19日

魔法の言葉

今にしがみつくのはかえって危ないもの。変化こそ進化なのですから

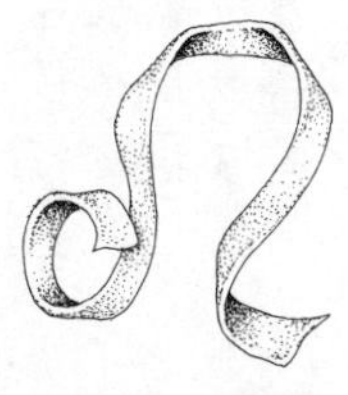

8月17日

獅子座

♌

LEO

野心のなかに謙虚さの見える人

長所

まじめ。バランス感覚が優れている。気配りができる。目標に向かって一歩ずつ前進する。堅実で、努力家。

短所

融通が利かない。依頼心が強い。目標がないと悩みやすい。権威に弱い。ショックを受けるとなかなか立ち直れない。

この日生まれの著名人

ロバート・デ・ニーロ（俳優）／赤井英和（俳優）／ショーン・ペン（俳優）／華原朋美（歌手）／蒼井優（女優）／戸田恵梨香（女優）／ベンガル（俳優）／江沢民（中華人民共和国国家主席）／山本由伸（野球選手）

大きな夢や目的を掲げ、それを叶えるために行動しますが、自分を振り返る謙虚さを持っているので、決して尊大にはならない人。ユーモアと生まじめさがうまく同居しているところも、この人のバランスの取れた性格の源です。

また、この人は自分の立場をわきまえることに長(た)けています。若いうちは後輩として、部下として、つつましく振る舞い続け、年を経ると今度は、賢明な親、上司としての自分の立場を全うしようとします。ただ、そんな役割意識に疲れて、ときどき自分を強く開放したくなることが。それを抑え込むと、人を思いやるゆとりがなくなったり、気分の浮き沈みが激しくなったりする場合があります。

そんなこの人が健全に生きていくには、社会の中での役割とは別のところに、自己表現の場を持つ必要が。仕事を離れて趣味に没頭する時間を持ちましょう。ときどき長い休暇を取って、自分を取り戻す旅に出かけるのもよいでしょう。そうすれば、安定した自己を保つことができるはずです。

あなたの愛の形とは？

異性の前では明るく気さくに振る舞う人です。それでいて、分析力と判断力があり、思慮深いところがあるので、異性からの求愛にも軽率には応じません。本当にその人でいいのか、自分にふさわしいのかどうかを吟味、

熟慮します。意に沿わないと判断した場合は、相手の思いを退けるでしょう。その結果、特定の相手がいない時期も長くなっても、堂々と胸を張っていられるでしょう。

本当は寒がりの心を持っている人です。冷え切ってしまう前に、愛する人を受け入れることが重要です。一度愛した人には、誠実な心で愛し、目の前ではユーモアに満ちた明るい態度で接するでしょう。そして、いつも優しい心で接する、最高の恋人になれるはずです。幸せな恋をするための選択の最大の決め手になるのは、相手が温かく人間味のあふれる人物であるかという点です。

あなたの才能と人生のテーマ

夜空に輝く星を眺め、「いつかあの位置までたどり着く」と心に誓うような野心。それがこの日生まれの人にはあります。けれどその道筋で、身の程を知らずに無謀な冒険に出るようなことはしません。冷静に大局を判断し、どうすればもっとも効率よく実力を生かせるかを考えるようなところがあるのです。

この才能は、社会の中で実務的な職業につくことでもっとも生かされるでしょう。華やかな世界に進んだとしても、そのかたわらで実業家の顔を持っているようなタイプの人を目指すべきです。そのためには、まずスペシャリティを身につけることが大切です。それも人の役に立つような知識やスキルを持つといいでしょう。そのことで、心に強い確信が生まれ、どんなことにも挑戦する勇気が生まれるのです。

適職は、教育者、法律家、演奏家、エンジニア、不動産業、医師などです。

相性リスト

- **恋人**……………… 2月16・17・18日、12月14・15・16日
- **友人**……………… 6月14・15・16日、10月15・16・17日
- **手本となる人**…… 4月17・18・19日
- **助けてくれる人**… 1月8・9・10日、3月21・22・23日、6月2・3・4日、10月27・28・29日
- **縁がある人**……… 1月14・15・16日、3月18・19・20日

魔法の言葉

「控えめ」「謙遜（けんそん）」が周囲には響きそうです。虚勢を張るのは悪手

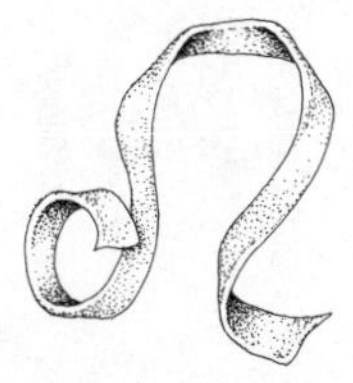

8月18日

獅子座

LEO

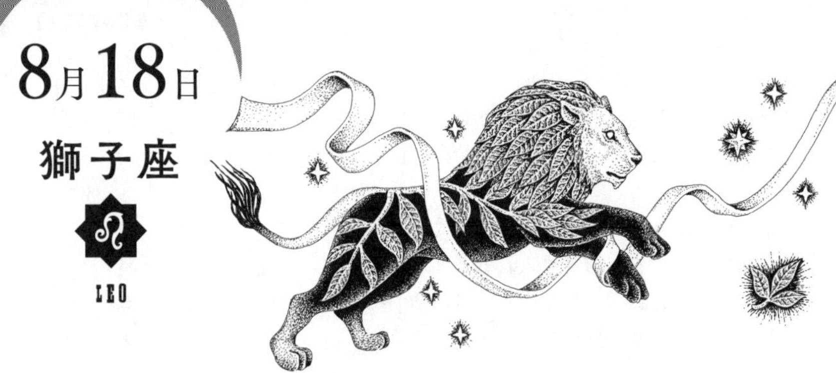

ユーモアとパワーに満ちた人

長所

元気で明るい。ユーモア感覚がある。自信がある。フロンティア精神がある。因習にとらわれず、勇気を持って進む。

短所

衝動的。ルーティンワークが苦手。地道な努力を避けたがる。落ち着きがない。深く考えないで発言する。

この日生まれの著名人

ロマン・ポランスキー（映画監督）／柴田恭兵（俳優）／吉川晃司（歌手）／清原和博（野球選手）／中居正広（タレント）／KEIKO〈globe〉（歌手）／那須川天心（格闘家）／鈴木誠也（野球選手）

鋭い知性と雄弁さ、行動力が何よりも特徴で、強く自分を押し出すパワーの持ち主です。自信にあふれた人ですが、何をするにも衝動的で、周囲の人をはらはらさせることが多いかもしれません。その衝動的な面を抑えるにはスポーツで心身を鍛えることが有効。自分の内側のエネルギーの発散のしかたを学べば、もっと落ち着いて、いろいろなことに取り組むことができるようになります。

パワーの強さは、人がまだ手をつけていないようなことにたいして挑戦していくことに利用を。そうすれば、未開拓の分野で成功するはず。また、リーダーになれる才能もあるので、そのユーモアと知性によって人を楽しませながらまとめていく統率者になる可能性も大。とはいえ、その場合も、まずは性急な自分の性格をコントロールすることは必要不可欠です。考えたり動いたりするまでに時間をかけたがるタイプの人たちにイライラしないよう気をつけて。自分が人一倍パワフルであることを忘れてはいけません。

あなたの愛の形とは？

この日生まれの人が恋をしたなら、同時に何か趣味や楽しみを持つべきです。この人は、優れた表現力を持っています。また何かに熱中すると、それに集中し、突進してしまうところがあります。

そんなパワフルな人が恋をすると……それは恋愛とい

うより「事件」と呼ぶべき様相を呈すでしょう。

会いたいと思うと、その衝動を抑えることができず、夜中であっても悪天候であっても駆けつけようとするでしょう。邪魔者のことは、容赦なく攻撃するかもしれません。さらによほど情熱的な相手でない限り、愛情のアウトプットよりも、相手からのインプットのほうが少なくなり、常に不満を抱えそうです。

それもすべて並外れて強いエネルギーをひとりだけに注ぎ込むために起こることです。けれどもその力を分散すると、生き生きした人に見えるはず。力の配分を考えましょう。

あなたの才能と人生のテーマ

優れた短距離ランナーと同質のエナジーを、この日生まれの人は初めから持っています。目新しいものがあれば、そこに向かって誰よりも早くダッシュできる抜群の瞬発力があります。またそのフォームの美しさでも人の目を引くでしょう。

華やかで人の目を奪う新奇なものをつくり出せる人です。この力を社会の中で生かすためには、時代の先端を行くような分野に進むことが望ましいでしょう。人を喜ばせるものを世界に送り出すことを目指してください。ただし思い込みが激しいところは気をつけるべきでしょう。自分だけがいいと思って突き進んでも、ユーザーが誰もついてこないということもあります。多くの人の意見に耳を傾けると、この行動力がプラス方向に作用するでしょう。

適職は、美容師、雑誌編集者、建築家、システムエンジニア、ベンチャー企業経営者などです。

相性リスト

- 恋人……………… 2月17・18・19日、12月15・16・17日
- 友人……………… 6月15・16・17日、10月16・17・18日
- 手本となる人…… 4月18・19・20日
- 助けてくれる人… 1月9・10・11日、3月22・23・24日、6月3・4・5日、10月28・29・30日
- 縁がある人……… 1月15・16・17日、3月19・20・21日

魔法の言葉

「どちらでもいい」が答え。いずれにしても悪いようにはなりません

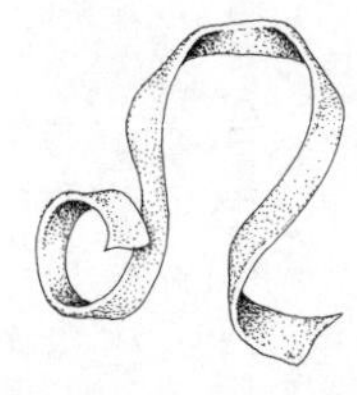

8月19日
獅子座
LEO

陰と陽のバランスの取れた人

長所
心が柔軟。存在感がある。豊かな表現能力がある。人脈を広げるのが上手。自然なイニシアチブを取れる。

短所
感情的になりやすい。主観で物事を決めようとする。自己中心的なところがある。わがまま。目立ちたがり。

この日生まれの著名人
ココ・シャネル（ファッションデザイナー）／八名信夫（俳優）／鈴木敏夫（映画プロデューサー）／ディーン・フジオカ（俳優）／藤原聡〈Official髭男dism〉（ミュージシャン）／木村沙織（バレーボール選手）

強さ、快活さという「陽」の部分と、弱さ、繊細さという「陰」の部分をバランスよく併せ持つ人です。

人間関係においては、「陽」の部分のほうが強く出るので社交的。人をリードする人望もあふれています。ただ、誰か周囲の人に対してネガティブな感情を持ったとたん、独善的な面が出てくるかもしれません。「自分は正しくて、相手は間違っている」という視点からしか物事が見えなくなってしまうのです。これを改めるには、物事を一歩引いたところから見る能力を鍛えることが重要でしょう。

才能面においては、「陰」の部分である繊細な性質を利用して、芸術的な分野で活躍する可能性が。とくに、演技や文筆など、タレント性と芸術性を兼ねそなえた分野での活動は、この生まれの人を成功に導くことになるでしょう。たとえ、自分自身がそのジャンルに進まないとしても、演劇や小説を楽しむのは、この生まれの人にとって、生涯欠かせない趣味となるはずです。

あなたの愛の形とは？

ロマンチストで、わずかなきっかけから、イマジネーション豊かな世界を構築できる、創造性あふれるこの日生まれの人。恋に落ちたその瞬間から、一大恋愛叙事詩の主人公と演出家を兼任することになるのです。

待ち合わせ場所を指定するような連絡のメールも、切ないバラードでも歌い上げるような気持ちを込めて打つ

でしょう。相手と過ごす一瞬一瞬が、美しく映えるように気を配るでしょう。そのためとくに自己主張をすることはなくても、気がつけば相手を自分のペースに巻き込んでしまうこともあるでしょう。

若いときには、自分好みの恋の演出をしようとしがちです。が、大人になってからは、相手のキャラクターも考慮に入れるといいでしょう。そうすることで相手からいい影響を受けられるし、いたわりあい、支えあえるような関係に育てることができるからです。

あなたの才能と人生のテーマ

緻密な思考力と、大胆な行動力。多くの人が望むふたつの動力を併せ持つ人です。この力がうまく作用すると、人々の心を読み取る洞察力と、導いていく求心力に恵まれ、指導者として活躍することもできるでしょう。それは一歩間違うと、人の気持ちを邪推し、周囲を煽ってミスリードする独裁者になる危険性をも秘めています。

この日生まれの人が、幸福な人生を歩むためには、数多くの文学や思想、映画や演劇などに触れることが大切です。バランスのよい人間理解が生まれるでしょう。

その力は社会の中で、芸術的分野、文学的な分野などで生かされる可能性があります。ほかの職業についたとしても、グループや組織のリーダーとして活躍することもできるでしょう。

適職は、作家、作詞家、漫画家、音楽家などの表現者。サービス業や流通業にも活躍の場が限りなくあります。

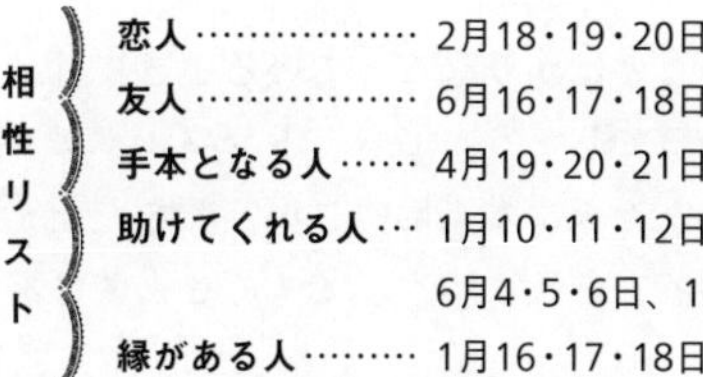

相性リスト

恋人	2月18・19・20日、12月16・17・18日
友人	6月16・17・18日、10月17・18・19日
手本となる人	4月19・20・21日
助けてくれる人	1月10・11・12日、3月23・24・25日、6月4・5・6日、10月29・30・31日
縁がある人	1月16・17・18日、3月20・21・22日

魔法の言葉

強と弱をリズミカルに使い分けるのがカギ。押した後には引く、を心掛けて

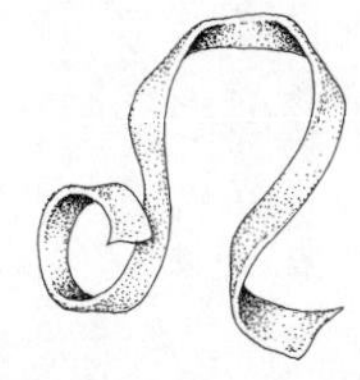

8月20日

獅子座

LEO

おだてに弱いけれど度量の大きな人

長所

温厚。品格がある。寛大。落ち着きがある。興味の幅が広い。器用で多才。多方面で活躍できる。人の言葉を受容できる。

短所

安易に人を信じる。自分を強く押し出せない。すぐに引き下がる。あきらめが早い。人の目や評価を意識しすぎる。

この日生まれの著名人

白川英樹（化学者）／ピーター・バラカン（音楽評論家）／アグネス・チャン（歌手）／梅宮アンナ（タレント）／森山未來（俳優・ダンサー）／司葉子（女優）／森崎ウィン（歌手・俳優）／白石麻衣（女優・タレント）

明るく広い心の持ち主です。器が大きいので、さまざまなものを吸収することができるでしょう。そうして培ったマルチな才能、技術を生かし、幅広い活躍を見せるタイプです。ただ、この生まれの人は、物質的な成功よりも精神的な満足にこそ充足感を得ることができるタイプ。お金がたくさん得られるだけの仕事を選ぶのはおすすめできません。自分の気持ちがスーッと引きつけられる仕事を探すようにすべき。気持ちのこもった仕事をしていれば、最初は儲からなかった商売でも、やがて軌道に乗せられるはずです。

人とのつき合いにおいては、持ち前の心の広さのおかげで、多くの人と親しくなれます。でも、おだてやゴマすりが上手な相手には注意すべき。こうした相手と一緒にいると、自分が偉くなったようで気持ちがいいかもしれません。でも、その錯覚によって相手につけ込まれてしまい、手痛い出費や失敗をさせられる心配が。調子のいい相手を疑ってかかることを忘れがちなので、十分に注意しましょう。

あなたの愛の形とは？

恋をして、楽しいことばかり起こっているときには、どんな人も笑顔でいるでしょう。でも、トラブルやアクシデントに見舞われたとき、本当に優しい笑顔をたたえて相手を支えてあげることは、誰もができることではありません。

この生まれの人の明るさは、悩みに沈んでいるときも失われることはありません。自分が困っているときも、「何とかなるよ」と空を見上げます。優れた洞察力を持っているため、愛する人が苦しんでいるときには、その気持ちをすばやく察するでしょう。でも、一緒になって泣いたり嘆いたりすることはありません。ただ、「一緒にいるからね」と励ますことができるのです。そしてふたりが一緒に辛い思いをしたときでも、おおらかに現状を受け止めます。そして光明が差しているところを探し、そこに向かってふたり一緒に歩いていくことを目指すでしょう。

あなたの才能と人生のテーマ

光の中を歩むことを運命づけられたような人です。それは華やかな世界という意味ではありません。自分の心に正直で、後ろめたさ、下心など、素直さや純粋さからかけ離れたものを持たないということなのです。自分にも他人にもうそがつけない人です。

そのため、社会の中では心が広く、公明正大な人と言われています。相手が求めるものを与えるような仕事をすると力が生かせるでしょう。自分が求められていると思うと、どんな問題でも解決する努力をするので、多方面での活躍が期待できそうです。

逆に真意を隠して行う仕事、駆け引きが多く、透明性の少ない仕事は心の満足度が低いでしょう。たとえ収入が多くても、生きている実感を味わえなくなりそうです。自分の好きなことに集中することが大切です。

適職は、各種カウンセラー、介護や福祉関係の仕事、プログラマー、サービス業などです。

相性リスト

- **恋人**……………… 2月19・20・21日、12月17・18・19日
- **友人**……………… 6月17・18・19日、10月18・19・20日
- **手本となる人**…… 4月20・21・22日
- **助けてくれる人**… 1月11・12・13日、3月24・25・26日、6月5・6・7日、10月30・31日、11月1日
- **縁がある人**……… 1月17・18・19日、3月21・22・23日

魔法の言葉

安心してください。あなたが進んでいる道は光につながっています

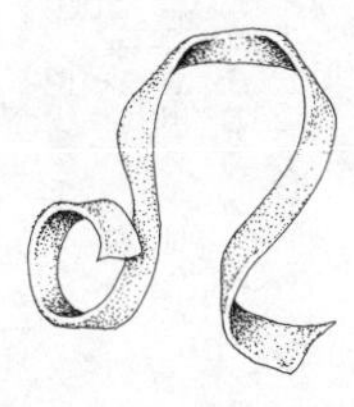

8月21日

獅子座

LEO

泉のような才能の持ち主

長所

才能が豊か。サービス精神が旺盛。新しいことに挑戦する気概がある。フレッシュな感受性。気性がまっすぐ。

短所

猪突猛進。短慮で、人の気持ちを推し量れない。押しつけがましい。遠慮がない。子供っぽく落ち着きがない。

この日生まれの著名人

稲川淳二（タレント）／関根勤（タレント）／円広志（歌手・タレント）／萩原聖人（俳優）／野口健（登山家）／ロベルト・レヴァンドフスキ（サッカー選手）／本田真凜（フィギュアスケート選手）

この生まれの人は、根本的に明るい性質で、幅広い可能性を秘めています。エネルギッシュで、健康的なイメージの人も多いでしょう。ただ、豊かな才能を内に秘めていますが、それが十分に表に出ていない場合もあります。そのため、自分には才能がない……と思っている人も少なくありません。でも、それは才能がないのではなく、食わず嫌いの傾向があるからです。始める前から、「これは苦手」などと決めつけてしまうのは損。どんなことも最初はうまくいかなくても、ちょっと練習すれば才能が芽生え、すぐに上達するのがあなた。楽器やスポーツ、学問など今までやったことのないものでも意欲的に挑戦すれば、きっと新たな道が開けてくるはずです。

また、このタイプは少年・少女のような若々しい価値観を持っています。同時に、いろいろな価値観の人を受け入れる柔軟性もあるので、交際範囲も広がるでしょう。

ただ、ときにストレートすぎる発言で相手を傷つけてしまうことも。純粋でまっすぐすぎるため、融通がきかず、相手と衝突することもありそう。世の中は正論だけで成り立っているわけではないことを理解することが、この生まれの人の幅を広げることにつながります。

あなたの愛の形とは？

知的好奇心が強く、また飲み込みが早いので、多くの知識を身につけるでしょう。それが、魅力の引き出しを無数に持っていると言われる理由です。

「フレッシュさ」がカギ。若い人の声、新しく浮かんできたアイデアに従って

相手の趣味に合わせて話題を提供するばかりでなく、相手の性格に合わせて態度を変えることもできるでしょう。例えば、知的な異性の前では読んだ本の話をするし、おとなしい相手の前ではイニシアチブを取る頼もしい人に変身できます。その結果あらゆるタイプの異性から好感を持たれるでしょう。

もしかしたら、八方美人と言われることもあるかもしれません。けれどもそれを気にすることはありません。この人の愛のコースは、たくさんの異性と接触し、話していく中で、本当に愛する人を見つけて、そこから愛を育てることなのです。批判や中傷に負けない強い心を持ってください。そして堂々と胸を張ってください。

あなたの才能と人生のテーマ

若い魂と、柔軟な頭脳を持っている人です。いくつになっても、興味をひかれることがあれば、試してみたくなるはずです。そしてチャンスに恵まれれば、いろいろなことに挑戦してみるでしょう。ひとつの場に留まるよりもフィールドを広げたい気持ちが強いでしょう。

行動範囲の広さは、守備範囲の広さでもあります。多くのことに手を出すと、器用貧乏になる、などという心配は無用です。ひとつのことに習熟することもいいですが、幅広い知識やスキルが生かせるような仕事につくほうが、この日生まれの人の生き方や興味の方向には合っているでしょう。ただし、中途半端に手を出して終わると何も始まりません。始めたことはやり遂げましょう。

適職は、通訳、翻訳、経営コンサルタント、海外特派員、ツアーコンダクター、客室乗務員やパイロットなどです。

相性リスト

恋人	2月20・21・22日、12月18・19・20日
友人	6月18・19・20日、10月19・20・21日
手本となる人	4月21・22・23日
助けてくれる人	1月12・13・14日、3月25・26・27日、6月6・7・8日、10月31日、11月1・2日
縁がある人	1月18・19・20日、3月22・23・24日

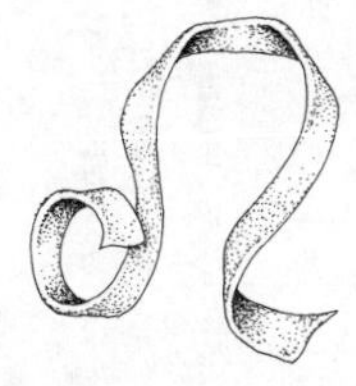

8月22日

獅子座

LEO

幅広い知識の持ち主

長所

独自の個性を育てる。知識を満たす意欲が強い。自分に制限をつけない。壮大なビジョンを持つ。豪放磊落。

短所

打算的。利益だけを追求する。思い込みが激しい。人の意見を受け入れられない。ひねくれ者で口答えが多い。

この日生まれの著名人

クロード・ドビュッシー（作曲家）／みのもんた（タレント）／タモリ（タレント）／菅野美穂（女優）／斎藤工（俳優）／北川景子（女優）／三原舞依（フィギュアスケート選手）

ユニークな才能の持ち主で、独特な考え方をするのが特徴です。とてもマイペースでもあり、他の人の意見に流されることはありません。自分なりの考えで、オリジナルなことをやっていこうとするタイプです。また、知的好奇心が旺盛で、幅広い知識を持っている点も特徴。時事問題から歴史、雑学にいたるまで、あらゆる知識を貪欲に吸収します。それが人生を歩むうえで大きな武器となるでしょう。

この誕生日の人は、ラッキーなことに、大成功を収める可能性を秘めた運勢を、生まれながらに持っています。ですから、小さなことにこだわらず、大志を抱き、自分の潜在能力を信じて前進しましょう。そうすれば夢を実現させたり、大きな成果を手にすることもできるはず。とにかくスケールの大きなことに挑戦してください。

ただ、どうしても目に見える結果だけを追い求める傾向が。そのため打算的に見られることもありそう。結果だけでなくプロセスにも目を向け、結果がすべてでないことも理解しましょう。「失敗は成功の母」というように、結果がうまくいかなくても、そこから得るものがあることもわかるようになると、人生が大きく発展していくでしょう。

あなたの愛の形とは？

同世代の人とは一味違う、独自の恋愛哲学を持っている人です。その照準を今この瞬間ではなく確実な未来に

あてています。周囲から「どうしてあの人を？」と言われるような人を選ぶことも珍しくはありませんが、そんな言葉にはまったく動じることもないでしょう。

魅力を感じるのは、ある種の野望を持っているタイプです。目先のことに一喜一憂せず、多少の障害があってもくじけず、大きな夢に向かって突き進む人でしょう。数年先、選んだ相手が、誰もが驚くような人に成長しているという公算がないと、この人が心を動かされることはないのです。

異性の魅力を経済的な成功、社会的に高い地位という面だけに絞り込むと、小さくまとまってしまう恐れもあります。真の意味で自分を高めてくれる懐の大きな人、野心を持っている人を選ぶと幸せになれるでしょう。

あなたの才能と人生のテーマ

マイペースで独自の発想を、独自の方法で形にする力を持っています。人の後追いや、二番煎じに甘んじず胸を張ってオリジナリティを打ち出していくのが夢です。けれど、独りよがりな世界をつくって満足するような幼さは見られません。それというのも、根底に深い探究心に裏づけられた、人間への理解があるからです。それがなければ、人を納得させるものはつくれないということを、骨の髄から理解している面があります。

社会の中では想像力で挑んでいく職業につくといいでしょう。発明やデザイン、芸術や文学など、ゼロからつくり上げるもの、これまでなかったものをこの世に生み出す仕事には、つくる喜びで満たされるはずです。

適職は、発明家、作曲家、作家、イラストレーター、エンジニアなどです。

相性リスト

- **恋人**……………… 2月21・22・23日、12月19・20・21日
- **友人**……………… 6月19・20・21日、10月20・21・22日
- **手本となる人**…… 4月22・23・24日
- **助けてくれる人**… 1月13・14・15日、3月26・27・28日、6月7・8・9日、11月1・2・3日
- **縁がある人**……… 1月19・20・21日、3月23・24・25日

魔法の言葉

健全な野心が必要なとき。今の自分に収まってしまうのはもったいない

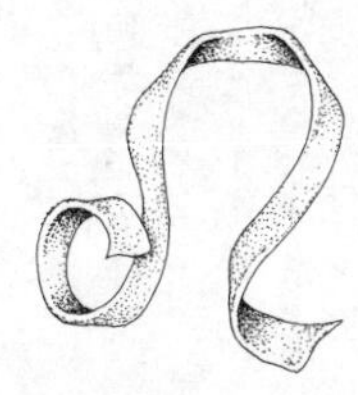

8月23日

乙女座

VIRGO

自己鍛錬の人

長所

繊細。多芸多才。幅広く知識を吸収する。表現力が豊か。几帳面。慎重で、細心。仕事は手を抜かないで仕上げる。

短所

小さいことにこだわりすぎる。不寛容。人の揚げ足を取りたがる。臆病。完全主義者。余裕がなく人を息苦しくさせる。

この日生まれの著名人

リバー・フェニックス（俳優）／ジーン・ケリー（俳優）／岡江久美子（女優）／山田隆夫（落語家）／高橋ひとみ（女優）／EXILE AKIRA（ダンサー・俳優）／DJ松永〈Creepy Nuts〉（DJ・音楽プロデューサー）

前向きな明るさと知性を併せ持つ人です。表面的には人をひきつける大らかな魅力を持っていますが、内面は意外と繊細で、自分を厳しく見つめすぎる傾向が。そのため、常に自分に課題を与え、自己鍛錬を惜しみません。向上心は旺盛なのですが、現状に満足できず、もっともっとと上を目指して励みます。それがいつの間にか自分を追い込んでしまいやすい点には注意が必要です。

しかも、非常に細かいことにまで気を配るので、ストレスもためやすい傾向があります。たまには遊んで気分転換するなど、上手にリラックスすることが大事。生き方にしても、もう少しルーズになってのんびりした方が人生を楽しめるでしょう。ヨガをやったり、エステやサロンで心身ともに寛ぐことは、ストレス発散のためにも効果的です。

また、この生まれの人は非常に多才で、いろんなことに興味を示します。実際何をやらせても飲み込みが早いのですが、あちこち手を広げるよりも、ひとつだけ専門的なことを極めた方が運勢は発展します。自信も得られ、活躍する舞台も自然と広がっていくでしょう。

あなたの愛の形とは？

人の心の機微を理解し、穏やかで柔和な物腰で接することができる人です。それが周囲にいる人であっても、大切な人であっても同じです。ただ、心から愛する人に対しては、優しい顔以外の表情を見せることがあります。

ストイックに行きましょう。一つだけ「我慢」すればきっと成就（じょうじゅ）

この人は高い理想を持ち、そこに到達することが人生の喜びと信じている部分があります。自分を厳しく律するのはもちろんのこと。さらには愛する人に対しても、ストイックになることを要求することもあるのです。

どんなに親しい間柄でも、自分の理想と相手の望みが一致するとは限りません。もし愛する人が求めているものが成長ではなく癒しだったとしたら、一緒に高みに上がるどころか、心は冷えていくばかりでしょう。

もっと相手を信じ、もっと柔軟になることです。そうすればこの日生まれの人は、今よりも恋を楽しむことができるでしょう。

あなたの才能と人生のテーマ

知性の光に照らされた人です。コミュニケーション力があり、人前では明るく、堂々と振る舞います。他方で、ひとりでいるときには、静かに厳しく自分と向き合う一面も持っています。

また、強い知識欲も持っています。あらゆることに興味を示す拡張性と、微細なことにまで神経をいきわたらせる収縮性の方向の異なる才能を持っています。さらにプライドが高いので、同時に満足させようとします。もし、同時に複数のものに手を伸ばそうとしたら、その結果消耗するのは目に見えています。

すべての物事の王者になろうとせず、心ひかれるもの、自分が心から大切にしたいものを選んで、そこに精力を傾けてください。この人の才能は、やりたいことに絞られるとき、最大限に発揮される性質を持っているからです。適職は、公認会計士、薬剤師、翻訳家、雑誌編集者、図書館司書などです。

相性リスト

恋人……………… 2月22・23・24日、12月20・21・22日
友人……………… 6月20・21・22日、10月21・22・23日
手本となる人…… 4月23・24・25日
助けてくれる人… 1月14・15・16日、3月27・28・29日、6月8・9・10日、11月2・3・4日
縁がある人……… 1月20・21・22日、3月24・25・26日

8月24日

乙女座

VIRGO

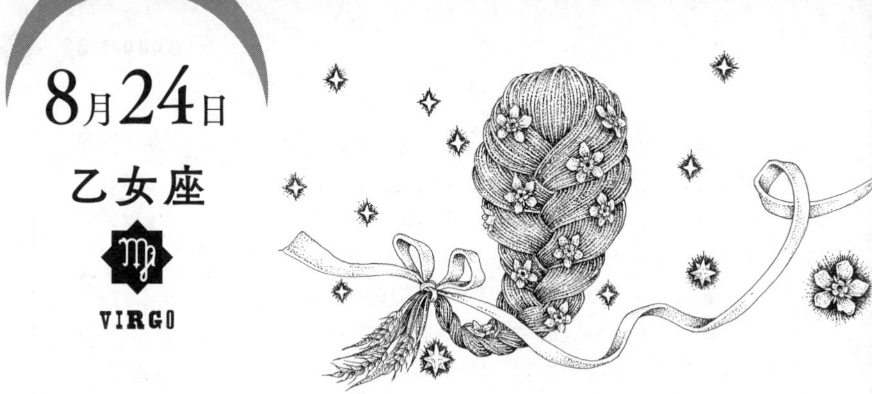

上品なセンスの持ち主

長所

純粋。純情。美意識が強い。芸術的センスがある。筋道を立てて物事が考えられる。自分にも他人にもうそがつけない。

短所

頭が固い。完全主義的で些細なことにこだわり、前に進めない。潔癖すぎる。発想の転換が苦手。

この日生まれの著名人

滝廉太郎(作曲家)／若山牧水(歌人)／高嶋ちさ子(ヴァイオリニスト)／三浦大知(ダンサー・歌手)／ルパート・グリント(俳優)／酒井ミキオ(ミュージシャン)／吉田麻也(サッカー選手)

優れた美意識を持っているのが、この生まれの人。音楽や絵画など、あらゆる芸術を解する心を持ち、ファッションや毎日使う品々にいたるまで、センスの良さが光ります。やや線の細いところもありますが、人の心の機微にも敏感なので、対人関係も問題なくつき合っていけるでしょう。清純なムードを漂わせているので、人から好感を持たれるタイプでもあります。仕事面でも優秀です。細かい配慮ができ、ていねいに物事にあたるので、仕事の完成度は高く、失敗はほとんどしません。

ただ、自分から事を起こすタイプではないので、積極性や行動力には欠けるところがあります。人間関係でも、自分から心を開いていく性格ではないため、なかなか他人との心の距離が縮まらないかも。受け身なので、自分の意見を進んで話すこともあまりなく、そこが周囲の人にとっては何を考えているかわからないとか、自分の主張がない人に思われたりもしそうです。もう少し積極性と行動力が出てくると、より周囲の人々から好かれ、運勢も開けてくるでしょう。

あなたの愛の形とは？

控えめで上品な雰囲気と典雅な物腰を持った、貴族的な雰囲気漂う人です。また会話をすると、清楚な知性がのぞき、それが異性の心をひきつけるでしょう。

それでも自分から好きになった相手には、なかなか積極的になれません。話をする機会があっても、魅力をア

間違いありません。それはあなたの
大切な生活の一部になっていきます

ピールするどころか、ぎこちない対応しかできなくなるかもしれません。けれど、その心は誰よりも一途です。心に刻んだ人のことは、何年も忘れることができません。だからこそ、打ち明けることができなければ、相手のことを忘れることもできません。ただ切ない胸を焦がし続けるだけになってしまうのです。

恋をしたら、勇気を持ちましょう。直接話せなければ、文章でもいいから気持ちを伝えましょう。もしそれで断られたとしても、失うものは、何も言えずに失われていくものよりも、ずっと少ないはずです。

あなたの才能と人生のテーマ

洗練された感覚を持っています。与えられたものは一つひとつていねいに仕上げ、行き届いた配慮ができる人です。その上、高い美意識から生み出される上品なセンスには誰もが一目(いちもく)置くことでしょう。

社会の中では、細微な美的感覚を生活方面に生かせば、活躍の場は限りなくあるでしょう。芸術、美容、ファッション、あるいは「食」に関する職業など、本人が興味を持って打ち込めるものなら、クオリティの高い内容の仕事ができるでしょう。

ただし慎み深いので、自分からその才能を積極的に売り込むこともありません。厳しい生存競争の中で勝ち抜く道よりも、選ばれた人に好まれる少数ながら珠玉の逸品を、ていねいにつくり上げていくような仕事環境が向いています。

適職は、料理研究家、化粧品の研究員、宝石デザイナー、茶道・華道師範、栄養士、芸術家、陶芸作家などです。

相性リスト

恋人	2月23・24・25日、12月21・22・23日
友人	6月21・22・23日、10月22・23・24日
手本となる人	4月24・25・26日
助けてくれる人	1月15・16・17日、3月28・29・30日、6月9・10・11日、11月3・4・5日
縁がある人	1月21・22・23日、3月25・26・27日

8月25日

乙女座

VIRGO

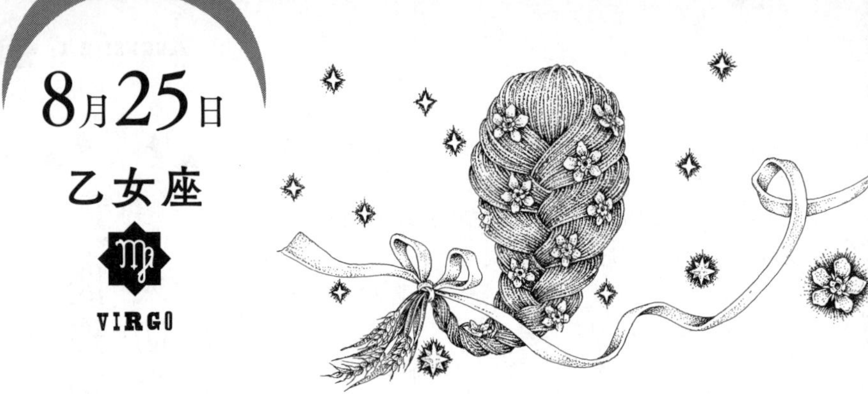

夢を描き続ける人

長所

繊細で、想像力が豊か。緻密で几帳面。表現が的確。観察力がある。適切な状況判断ができる。仕事がていねい。

短所

妄想癖がある。思い込むとしつこい。話がくどい。口ばかりで行動力、実践力が不足している。素直になれない。

この日生まれの著名人

ショーン・コネリー（俳優）／山村美紗（作家）／きたろう（俳優）／エルビス・コステロ（ミュージシャン）／ティム・バートン（映画監督）／岡田武史（サッカー指導者）／石井琢朗（野球選手）

この誕生日の人は、想像力が豊かでイマジネーションが次々と湧いてくるタイプです。アイデアがどんどん浮かびますから、新しいものをつくり出したり、何かを企画したりするのは得意中の得意。そんなあなたが描くヴィジョンは夢と希望にあふれ、多くの人をひきつけることでしょう。また、直感力と理論性、ともに優れているので、物事を推理したり洞察したりする能力にも秀でています。一見、押しが弱そうに見えますが、駆け引きは意外と上手。いつの間にか、自分の要求を相手に飲み込ませ、プレゼンや交渉もうまくこなしていくはずです。

ただ、このタイプは夢を形にする実行力が不足ぎみ。せっかくよいアイデアを持っていても、それを行動に移して実現させなければ意味がありません。描いた夢を夢だけで終わらせないためにも、一歩を踏み出す実行力を身につけましょう。

また、あなたは、何事も時間をかけたほうがうまくいきます。リサーチや情報収集に時間を割き、先の見通しを立ててから事を起こすとよい結果を得られるはず。短時間でササッとやろうとしたり、準備不足のまま見切り発車すると暗礁に乗り上げやすいので注意してください。

あなたの愛の形とは？

派手なアピールや情熱的なアプローチとは無縁の人です。それでも、夢を見ることの楽しさを知っているこの日生まれの人は、出会った異性の心に、忘れられないき

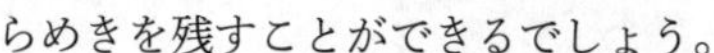

らめきを残すことができるでしょう。

そんなこの人が恋をした場合は、相手の笑顔を見るために、どうすればいいのか考えるでしょう。相手をよく観察し、それで相手の好みに合わせた行動案や会話などを練ってから、本人に近づいていくでしょう。けれどそんな努力をする前に、すでに相手の心がこの人に傾いていた、ということも多いかもしれません。

恋が実れば、相手のことを理解しようとする気持ち、相手を喜ばせようとする純粋な気持ちに、洞察力も手伝って、いい関係を育てていくことができるでしょう。ふたりの間の雲行きが怪しくなったとしたら、この人の手抜きを疑うべきでしょう。

あなたの才能と人生のテーマ

際限なく湧き出る想像力、イマジネーションがこの人の最大の強みです。才能は十分にそなわっています。それなのにこの人が目指しているのは自分や周囲の人を楽しませることなのです。そのためなら、念入りに準備をして最大の効果を出せるでしょう。一方、野心を持って社会的に君臨しようとか、仕事で大成功を収めて、人がうらやむ大邸宅を建てようとか、そんなモチベーションでは、指一本も動かすことができないでしょう。

もし、社会的に成功することが、周囲と自分の喜びになるという僥倖（ぎょうこう）に恵まれた場合は、この日生まれの人がビッグネームになることもあるでしょう。その可能性に賭けたいなら、夢中になれる仕事を探し、それを十分に楽しむことしかありません。

適職は、占い師、音楽家、映像作家、ダンサー、ファッションデザイナー、ソムリエなどです。

相性リスト

- **恋人**……………… 2月24・25・26日、12月22・23・24日
- **友人**……………… 6月22・23・24日、10月23・24・25日
- **手本となる人**…… 4月25・26・27日
- **助けてくれる人**… 1月16・17・18日、3月29・30・31日、6月10・11・12日、11月4・5・6日
- **縁がある人**……… 1月22・23・24日、3月26・27・28日

魔法の言葉

それは叶います。
ただし、毎日続けることができるなら

8月26日
乙女座

VIRGO

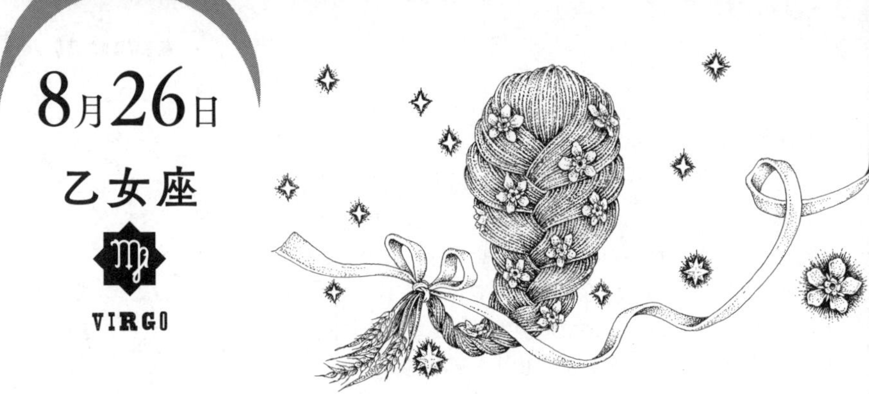

徹底したリアリスト

長所

堅実。努力家。計画性があり、着実に前進する。律儀。誠実。義理堅い。几帳面で、克己心が強い。安定感がある。

短所

ペシミスティックなところがある。慎重すぎて行動を制限されやすい。小さくまとまりがち。人のあら探しをする。

この日生まれの著名人

いがらしゆみこ（漫画家）／マコーレー・カルキン（俳優）／内海賢二（声優）／武村正義（政治家）／今江敏晃（野球選手）／曽我部恵一（ミュージシャン）／重岡大毅（俳優・タレント）／菊池亜希子（モデル・女優）

繊細さと現実性の両方を持っているのが、この生まれの人。緻密に計算して堅実に動くので、安定した人生を送ることができます。現実をしっかりと見据えて、努力を怠らず着実に自分のプランを実現していきますから、人生の目標をしっかりと描くことができれば運勢は順風満帆。多少時間はかかっても、最終的には目標を達成し、勝利を手にすることができるでしょう。

ただ、少しばかり悲観的なところがあるのが欠点。物事を悪いほうに考えるクセがあります。批判的な目も持っているので、何でもマイナスに見てしまう傾向も大。人間関係でも相手の欠点ばかりを見てしまいがちです。そういう点を改善できれば、あなたを信頼してついてくる人は増え、援助してくれる人も出てきます。

また、ストイックになりすぎる点にも注意が必要。あまり自分を律すると、遊び心がなくなったり、心の余裕が失われたりしそう。「こうでなければいけない」というようなルールに縛られてしまうこともありそう。そうなると辛くなるだけ。ときには自分を縛っている縄をほどくことも大切です。

あなたの愛の形とは？

堅実で用心深く、人の意見に流されることもなく、目標に向かってまっすぐ歩く人。この資質は、公的な生活ではとても好ましいものと言えます。けれど恋愛のスタートダッシュのときには、この性格がマイナスに作用

することもありそうです。例えば、誘いも断ったり、よく知らない異性には警戒心をむき出しにしたり、ということも考えられます。

この用心深さは、本人にとってコンプレックスかもしれません。自分には魅力がないと思い、失望することもあるでしょう。けれど、悲観することはありません。愛の育て方は人それぞれです。慎重で堅実な部分を評価してくれる人なら、信じ合えるパートナーとして生涯ずっと連れ添っていける可能性も高いでしょう。その場合、この人の用心深さは、ふたりの幸せを守る頼もしい資質になるはずなのです。未来を信じることが大切です。

あなたの才能と人生のテーマ

大地にしっかりと足を下ろした人です。生き方も、考え方も現実的で、浮わついたところがありません。また、とても繊細で細かいところまでよく気がつくので、冒険をすることもなく、いつも慎重に行動します。

表面的な華やかさはなく、地道で目立たないと言われることがあるかもしれません。けれどこの人の力は、実利的で、規律を守り、安定を確保するような方面の仕事につくことで生彩を帯びてきます。信頼できる人、誠実な人として多くの人から迎え入れられるのです。

逆に政治レースのような一種の生存競争が日常茶飯事の仕事は、仕事の喜びどころか生きる目標まで見えなくしてしまう恐れがあります。自分がアンフェアだと思うもの、社会で有用だと思えない仕事は避けたほうが賢明です。

適職は、教師、弁護士、エンジニア、建築家、経済コンサルタントなどです。

相性リスト

恋人………………	2月25・26・27日、12月23・24・25日
友人………………	6月23・24・25日、10月24・25・26日
手本となる人……	4月26・27・28日
助けてくれる人…	1月17・18・19日、3月30・31日、4月1日、6月11・12・13日、11月5・6・7日
縁がある人………	1月23・24・25日、3月27・28・29日

揺るがないで。今のあなたはしっかりと根を張り、枝を伸ばしています

8月27日
乙女座
VIRGO

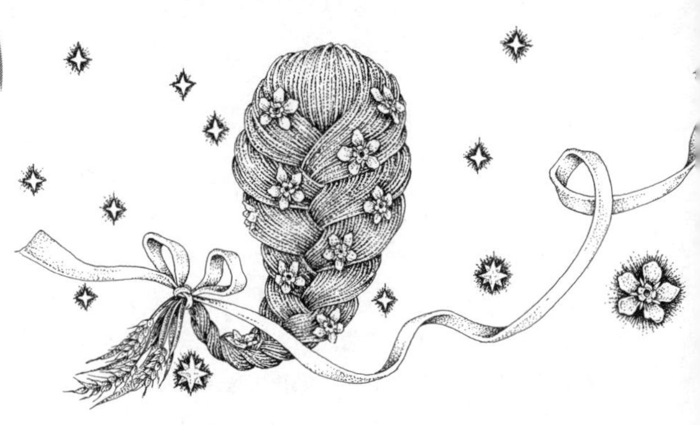

義を貫く人

長所

知的。正義感が強い。論理的思考ができる。人情味が暑い。最後まで希望を捨てない。まじめで頼りになる。

短所

往生際が悪い。頭が固く融通が利かない。その場の空気が読めない。意固地になりやすい。批判精神が強い。

この日生まれの著名人

宮沢賢治（詩人・童話作家）／山岡久乃（女優）／田中星児（歌手）／金村義明（野球解説者）／津田寛治（俳優）／井上亘（プロレスラー）／デコ（サッカー選手）／剛力彩芽（タレント）

この生まれの人は、曲がったことが大嫌いで、何事も自分の中の「正義」を貫くタイプです。清らかなものを好み、独自の哲学やスピリチュアリティを持っています。知性的で、理論的に物事を考え、客観的に判断するのも大きな特徴。「しかたない」と妥協して物事を受け入れるよりは、どんなことでもしっかりと考え抜いて、自分の納得のいく形で進めないと気がすみません。ただ、そうした性質が、ときに完璧主義に偏ってしまう場合もありそう。何でも自分でやらないと気がすまないとか、100％でないと満足できないとなってくると、対人面や仕事面にも支障が。人に任せることも覚え、何事も７割できたらよしとする寛容さを持つように心がけましょう。

清廉潔白な人生を生きたいという気持ちが強い人ですが、そのきまじめさのために、周囲の人と、ときには軋轢が生まれてくることもあります。肩の力を抜いて、あまり四角四面にならず、柔軟に物事を考えるよう意識することが、運勢を発展させることにつながることを忘れないでください。

あなたの愛の形とは？

不要なもの、汚れたものを焼き尽くす炎のような、熱さと清廉な心を宿している人です。曲がったもの、間違ったものは退けたいという気持ちが強いため、言動はストイックになりがちです。例えば、仕事を休んで恋人と旅

答えはイエス。それはあなただけではなく、きっと相手も周囲も望んでいること

行に行くような状況は、他人なら糾弾したくなるし、自分が誘われたら拒否するでしょう。恋よりも迷わず正義を選ぶタイプなのです。

そのきまじめさゆえに、若いうちは異性から敬遠されたり、つき合っている人との間に距離が生じたりしてしまうかもしれません。でも、この人は恋のために正義と自分を曲げることができないのです。

この人が大人になり、また周りにも分別がついてくるようになると、それまでの生きづらさ、恋の苦さが和らぎ、楽につき合えるようになるでしょう。そのときになって恋の甘さや喜びを体感できるはずです。

あなたの才能と人生のテーマ

正義を愛する心と、物事を最後まで仕上げようとする律儀さを持って、この世に誕生してきた人です。その上論理的に思考を組み立てる知性と、私情を挟まず状況を判断する力がそなわっています。エネルギッシュで、いざというときには抜群の行動力を発揮します。

この資質を生かすためには、公共性の高い仕事につくことが望ましいでしょう。責任感が強いので与えられた仕事は、きちんとやり遂げるでしょう。その一方で完全主義なところがあります。人に任せることができず、ひとりで抱え込んでしまうと、自分を苦しめるか、仕事全体の流れを滞らせることになります。その点に注意をすれば、組織やグループの中で信頼を得るでしょう。

適職は、国家公務員、地方公務員、医師、医療技師、マッサージ師、アスリートなどです。あるいはベンチャー企業の経営者などにも向いています。

相性リスト

恋人	2月26・27・28日、12月24・25・26日
友人	6月24・25・26日、10月25・26・27日
手本となる人	4月27・28・29日
助けてくれる人	1月18・19・20日、3月31日、4月1・2日、6月12・13・14日、11月6・7・8日
縁がある人	1月24・25・26日、3月28・29・30日

8月28日

乙女座

VIRGO

まっとうな生き方を追求する人

長所

気持ちが優しい。正直で一本気。マイペースで公明正大。物わかりがいい。いくつになっても柔軟性を失わない。

短所

頑固。昔のことを根に持つ。臆病で、自分の枠からはみ出さない。被害者意識が強く、他人を鋭く批判する。

この日生まれの著名人

ゲーテ(作家)/ターシャ・テューダー(絵本画家・園芸家)/城戸真亜子(タレント)/香西かおり(歌手)/高橋洋子(歌手)/鈴木慶一(ムーンライダーズ)(ミュージシャン)/福原遥(女優)

心が温かく、公明正大で、物事にまっすぐ取り組もうとするのがこの生まれの人。しっかりとした自分の生き方や方針を持っていて、自分流のスタイルを崩しません。いったんこうと決めたら、それをやり遂げる信念を持ち、いつも自分に正直に、まっとうに生きようとするタイプです。いつまでも新鮮な気持ちと好奇心を失わないところも、この生まれの人の長所です。

でも、一見、柔和なように見えますが、じつはけっこう頑固。周囲の意見や忠告に耳を貸さなかったり、自分の考えを意固地になって貫こうとすることもありそう。そうなってしまうと、人生の舵取りを誤る場合もあります。広くいろんな人の意見を聞いて、客観的に判断することを忘れないようにしましょう。

また、気持ちがまっすぐでピュアなところがあるがゆえに、一度傷ついてしまうと立ち直りが遅いことも。挫折を経験すると、それがトラウマになってしまう場合もあるでしょう。一度や二度の失敗で落ち込まないたくましさを養うことが、この生まれの人の課題と言えそうです。

あなたの愛の形とは?

人を疑うことを知らないまっすぐな心と、繊細な感受性を持っている人です。言い換えれば、簡単に人を信じる心と、言葉の中にある鋭いトゲにも敏感に反応する感性がある人なのです。

思春期を過ぎた時点ですでにその心には深い傷が刻まれているかもしれません。異性を信じられなかったり、恋に積極的になれなくなっている懸念もあります。

けれど、この日生まれの人はもともと情が深く、誰かを愛さずにいることは不可能なのです。これまでの傷は、心が強くなった証です。また本当に理解し合える相手を見出すようになるための、ひとつのプロセスです。

相手には、同じ方向を向いて歩いていける人、穏やかで、包容力のある人を選ぶことです。そうすればこの人の持ち味であるまっすぐな心と繊細な感性は、長く愛される魅力のひとつになるでしょう。

あなたの才能と人生のテーマ

優れた知性を持ちながら、シンプルに生きることを目指す人です。隠しごとができない性質なので、裏表もあるはずがないのです。逆に不透明なこと、複雑に入り組んだ人間関係などは、この人がもっとも苦手とするものです。

公明正大、誰に見られても恥ずかしくないこの資質を生かすには、社会の中で、多くの人の視線を集める仕事につくことが望ましいでしょう。コミュニケーションの力もあるので、言葉やせりふで多くの人に発信していくという道もあります。また気持ちがまっすぐなので、虚栄心を満足させるよりも、子供たちに夢を与える人物になることのほうが、成功のための強い モチベーションになるでしょう。適職は、教師、映画俳優、スポーツ選手、歯科医、バイオテクノロジーの学者などです。大企業よりも気の合う人たちと起業するほうが、充実した仕事ができそうです。

相性リスト

恋人	2月27・28・29日、12月25・26・27日
友人	6月25・26・27日、10月26・27・28日
手本となる人	4月28・29・30日
助けてくれる人	1月19・20・21日、4月1・2・3日、6月13・14・15日、11月7・8・9日
縁がある人	1月25・26・27日、3月29・30・31日

魔法の言葉

変化のサイクルに入っています。
今の望みや願いにこだわりすぎないで

8月29日

乙女座

VIRGO

人の気持ちを汲み取る人

長所

繊細。心理に敏感。思いやりがある。観察眼がある。表現力が豊か。知識を吸収する意欲がある。探究心が強い。

短所

頭が固い。まじめすぎておもしろみに欠ける。口うるさい。人の欠点に不寛容で、すぐに指摘する。常識にとらわれすぎる。

この日生まれの著名人

八代目市川雷蔵（歌舞伎役者）／八代亜紀（歌手）／マイケル・ジャクソン（歌手）／YOU（タレント）／ペ・ヨンジュン（俳優）／辛酸なめ子（漫画家）／川上未映子（作家）／YONCE〈Suchmos〉（ミュージシャン）

人の気持ちがわかる優しさと思いやりを持つのが、この生まれの人。相手のしぐさや敏感な表情からも、自然とその気持ちを汲み取る感性をそなえています。そのうえ、機転が利き、細かい配慮が行き届きますから、人間関係はとてもスムーズ。この生まれの人なら、どんな人とも合わせられるでしょう。

また、気持ちを行動や文章で表現するのも得意。さりげない行動で自分の意志や考えを伝えたり、ちょっとしたメールにも気持ちが込められていたりして、相手にちゃんと思いが届いているはずです。

ただ、何をさせてもソツがなく優等生に見えるので、その理知的なイメージが嫌味に映ってしまうことも。いつも自分を崩さないところが、周囲に近寄りがたい雰囲気を与えていることもあります。なかには、あなたが何でも見透かしているように思えて、親近感を抱くことができない人もいそう。ときにはハメをはずしたり、自分の失敗談を愉快に話せるようなユーモアが持てると、より好かれるはずです。それが幸運のきっかけを運んでくれるでしょう。

あなたの愛の形とは？

とても優しく、思いやりにあふれた人です。表現方法もていねいで、初対面の人にも、周囲にいる人にも、同じように親切に接することができます。もちろん好きな人にも、愛情と思いやりを示します。

ここだけは譲れない、ということを一つ決めましょう。それが軸になります

ただし、恋人には、ほかの人には見せない知性の冴えを披露することがあるでしょう。相手が間違えたり、望ましくない行動をとったりしたときなどは、遠慮なくその非を指摘するところもありそうです。でもその態度は、相手のプライドを傷つけ、ふたりの仲を冷やしてしまう恐れがあります。北風と太陽の童話ではありませんが、強く指摘するよりも優しく気持ちを伝えるほうが、相手の心に響くものなのです。

相手には今以上の思いやりある態度で接していきましょう。そして難しい言葉で正論を伝えないでも相手を動かせるような、真の知性を身につけていきましょう。

あなたの才能と人生のテーマ

人の気持ちを読み取る精度の高いセンサーを持っているような人です。さらに高い知性でその欲求や感情を分析します。同時に人には柔らかい姿勢で接するので、相手はこの人の前で心を開かずにはいられないでしょう。

この才能は、商業に生かすと大成するでしょう。大衆の欲求や希望を正しく解析することができれば、ミリオンヒット商品を生み出すことも夢ではありません。あるいは、優れた表現力もあるので、自分自身のキャラクターを商品する人気商売も可能性としては考えられます。

またコミュニケーションの力、文章を書いたりまとめたりする力もあるので、出版や著述の方面で才能を生かす道もあるでしょう。

適職は、サービス業、流通業、ライター、作家、漫画家、放送作家、タレントなどです。会社の中では商品企画などの部門で活躍が期待されるでしょう。

相性リスト

恋人……………… 2月28・29日、3月1日、12月26・27・28日
友人……………… 6月26・27・28日、10月27・28・29日
手本となる人…… 4月29・30日、5月1日
助けてくれる人… 1月20・21・22日、4月2・3・4日、6月14・15・16日、11月8・9・10日
縁がある人……… 1月26・27・28日、3月30・31日、4月1日

8月30日

乙女座

VIRGO

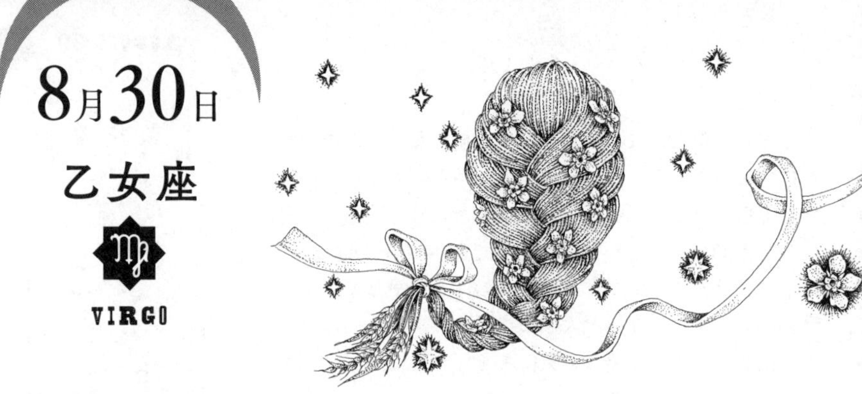

青春の輝きを放つ人

長所

芸術的な才能がある。さわやかで若々しい雰囲気を失わない。人当たりがまろやかで、人脈を広げるのが得意。

短所

高望みしすぎる。依頼心が強い。オーバーアクション。うぬぼれが強く、裏づけのない自信を持っている。

この日生まれの著名人

テッド・ウィリアムズ（野球選手）／井上陽水（ミュージシャン）／大野豊（野球選手）／キャメロン・ディアス（女優）／佐藤アツヒロ（俳優）／吉沢悠（俳優）／松本潤（タレント）／西矢椛（スケートボード選手）

チャーミングで、清潔感のある魅力があふれるタイプです。この生まれの人は、いつまでも若々しく、青春の輝きを忘れないところが特長。いくつになっても初々しい魅力が漂い、すれたところが感じられません。根はとてもまじめで、自分をしっかりと磨き、着実にステップアップしていきます。とても冷静で、主観的にならず、いつも自分で自分を客観視しようとする面もあるようです。他人に対してはとても好意的で、相手のよいところを積極的に認めようとします。それが周りの信頼を獲得し、あなたに敵意を抱く人も少ないはずです。また、音楽やエンターテイメントの分野での才能を持つことも多く、その世界で成功する人もいるでしょう。

ただ、ややナルシシズムに陥りやすい傾向があります。自己愛が強く、自分をよく見せようとしたりすることも。美容やメイクに凝ったり、エステやサロンにハマったりもしそう。いき過ぎると過度なダイエットや美容整形を繰り返すというケースもあるので、気をつけましょう。

あなたの愛の形とは？

明るい展望を胸に抱いている人です。それもただ漠然と未来を夢見るのではなく、近い将来をベストな状態で迎えるためにはどうすればいいのか、冷静に考えて行動するタイプです。恋をしたときも、最高の恋人と呼ばれるよう、自分のブラッシュアップに励みます。ファッションや美容ばかりでなく、内面的な知性も磨いていこうと

するでしょう。

そこまではいいのですが、自分の理想像になかなか達しない場合、自分を責めることもあるかもしれません。あるいは、理想の恋人像に相手が合致しない場合、高い要求をするかもしれません。

高みに向かい努力をすることもときには必要です。でも変えることができない部分も人間にはあるのです。自分や愛する人の中にある、その核心の部分を見つめていくようにすれば、もっと安らかで幸福な関係をつくることができるでしょう。

あなたの才能と人生のテーマ

どんな技術や知識を身につけていても、現状で満足することができない人です。いつも一歩先を見つめて、前進を続けていくでしょう。そんな心根を持っているため、この人の人生はいつも若々しく明るさに満ちています。

当然仕事面でも、この前向きさはプラスに作用することが多いでしょう。生来の明るさゆえ、人々の心に明るい気持ちを呼び起こすようなもの、または新鮮さが必要とされる方面の仕事が向いています。音楽やエンターテインメントに関する仕事につけば、持っている力を存分に注ぎ入れることができるでしょう。気をつけたいところは、仕事が趣味になってしまう傾向があるところです。オンとオフの切り替えをしましょう。そのほうが斬新な発想が浮かびやすくなるでしょう。

適職は、ミュージシャン、音響技師、作曲家、放送作家、脚本家、映画監督、WEBクリエイターなどです。

相性リスト

恋人	2月29日、3月1・2日、12月27・28・29日
友人	6月27・28・29日、10月28・29・30日
手本となる人	4月30日、5月1・2日
助けてくれる人	1月21・22・23日、4月3・4・5日、6月15・16・17日、11月9・10・11日
縁がある人	1月27・28・29日、3月31日、4月1・2日

魔法の言葉

チャンスの波が次々にやってきそうです。
さあ、乗りこなす準備を

8月31日

乙女座

VIRGO

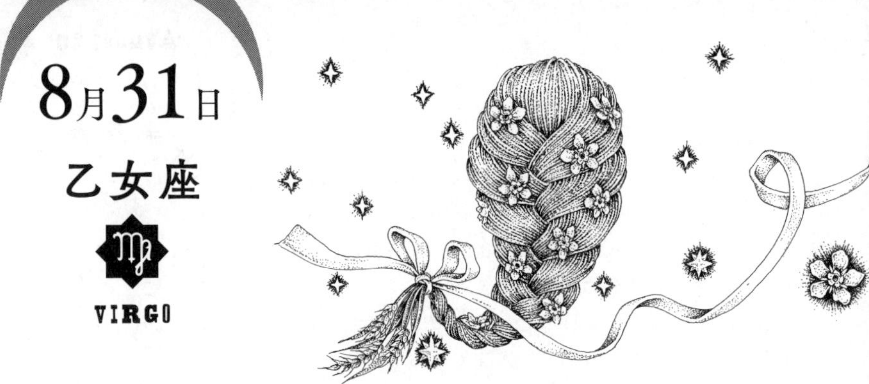

マニアックさが武器になる人

長所

専門性が高い。マイペース。個性が強く独自の世界を築く。観察力がある。一種の目利き。雰囲気がスマート。

短所

閉鎖的。局所的な世界に生きようとする。協調性がない。好き嫌いが激しく、好きな人の許容範囲が極端に狭い。

この日生まれの著名人

青木功(プロゴルファー)/アニマル浜口(プロレスラー)/大島弓子(漫画家)/リチャード・ギア(俳優)/小林よしのり(漫画家)/杏里(ミュージシャン)/野茂英雄(野球選手)/森七菜(女優)/崎山蒼志(ミュージシャン)

この誕生日の人は、生まれつき観察眼が鋭く、独創性が豊か。非常に凝り性で、自分がこれだと思うものには徹底的に打ち込みます。一種の天才肌のタイプで、何か特別に専門的な才能を持っていることが多いのが特徴です。それが極端に出ると、マニアックでオタク的な面が強く表れてしまいますが、その専門性が生涯にわたって武器となる可能性も非常に高いでしょう。

このタイプは自分のやりたい道を追及することが開運につながります。嫌々やっていることや、誰かにやらされているという状態では、才能が開花しません。変わり者だと思われても、自分の世界をしっかり持ち、周りが何と言おうとやりたいことをトコトン追求する。その姿勢を貫くことが大事です。

ただ、ひとつのことに没頭すると、周囲が見えなくなる点には注意。そのため思わぬ敵に足元をすくわれたり、落とし穴にハマったりしてしまう危険性もあります。意識的に俯瞰で物事をとらえるようにし、全体や周りを見る目も養うようにしてください。

あなたの愛の形とは?

好きなことを見つけると、その地点に集中し、最深部まで切り込んでいく人です。若いうちは、恋愛もこの姿勢で臨みます。その相手も、同じような趣味を持つ人を選ぶ傾向が強いでしょう。けれどひとりの人間を見つめすぎると、傷つけ合う結果に終わることが多いのです。

マニアックでもこだわりを持つのが大事。それが大きな武器になります

見たくない部分まで見えてくるし、相手も見られすぎて居心地が悪くなるのです。また相手との共通点を意識した恋愛は、違う部分を見つけると不安になることがあります。

けれどもそんな段階を超えると、恋に安らぎを求めるようになるでしょう。共通の趣味がなくても、ただそばにいるだけで気持ちが落ち着くような人。そんな人とのひとときを何よりも大切にするようになるでしょう。この日生まれの人にとっての真実の愛は、言葉で表現できないぬくもりを持つ人の、心の中に見出すことができるはずです。

あなたの才能と人生のテーマ

何事もソツなく器用にこなすような、スマートだけどおもしろみのない人生はこの人には似合いません。独創性があり、物事を緻密に観察する才能を持っている以上、好きなことだけに取り組む、一点豪華主義の人生観を貫くほうが、この人らしいのです。

好きなことが得意なことに直接結びつく人です。趣味と思われていたことが、いつの間にか職業になり、その道のスペシャリストになっていることもあります。また、別の仕事についていても、それが好きなことをするための手段なら苦痛を覚えないでしょう。けれどもたんにお金のために働くとなると、労働は責め苦のようになりそうです。

心から楽しいと思えることに、時間を忘れて取り組むこと。それがこの日生まれの人が自己実現をする第一歩になるでしょう。適職は、発明家、プログラマー、システムエンジニア、造形作家などです。

相性リスト

恋人……………… 3月1・2・3日、12月28・29・30日
友人……………… 6月28・29・30日、10月29・30・31日
手本となる人…… 5月1・2・3日
助けてくれる人… 1月22・23・24日、4月4・5・6日、6月16・17・18日、11月10・11・12日
縁がある人……… 1月28・29・30日、4月1・2・3日

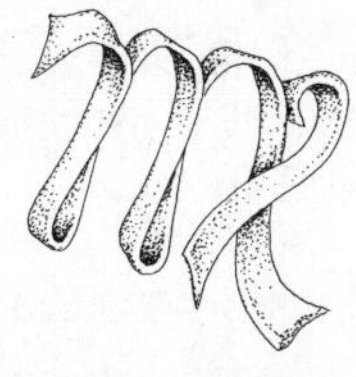

9月1日
乙女座
VIRGO

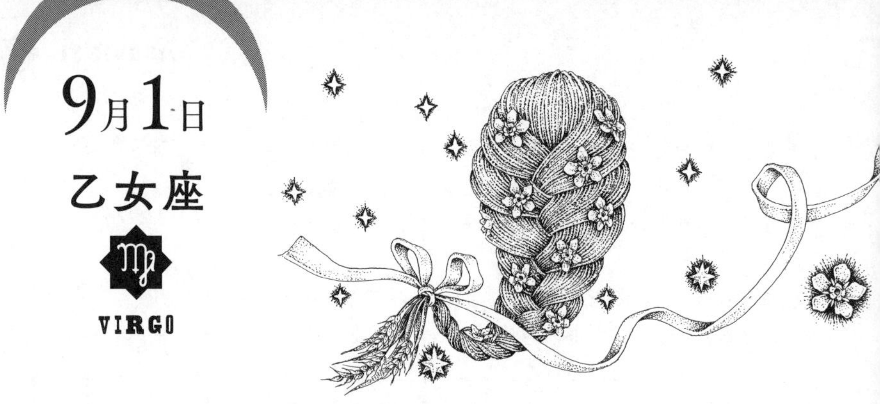

明るい現実主義者

長所

冷静。聡明。夢を現実的な方法で実現させる努力をする。けなげでひたむき。多少困難なことがあってもやり遂げる。

短所

冷淡なイメージがある。理屈っぽく、しつこい。常識的に振る舞うが、じつは自意識過剰。注目されないとひがむ。

この日生まれの著名人

石井ふく子（プロデューサー）／小澤征爾（指揮者）／土田晃之（お笑いタレント）／三浦理恵子（タレント）／福西崇史（サッカー選手）／反田恭平（ピアニスト）／ジョングク〈BTS〉（歌手）

この日に生まれた人に与えられているのは、正確に目の前の現実を理解する能力。情況や原因を分析する能力があります。また、そのままの事実を冷静に受け止めることが得意です。しかも、それがどんな事実だったとしても、過剰に落ち込むことや自信を失うことがありません。緻密な理解力と洞察力があるうえに、どんなときでもまっすぐな明るさを失わない、健康的な理性を持ち併せているのです。

明るさと緻密さ。この優れた資質を発揮すれば、世の中の成功に向かってまっすぐに進むことができるでしょう。賢くて明るい人は多くの人から指示され、受け入れられるでしょう。また必要とされる場所はいくらでもあるはずです。それゆえ、地位や収入にも順調に恵まれるからです。欠点としては、物事を明晰に考えるためか、慎重になりすぎるところがあります。目標が定まれば強みを発揮できるのですが、それが決まるまでには、やや優柔不断なところもあるようです。ともあれ、焦らずじっくりと自分のペースで将来を見定めることが、幸運と成功につながります。

あなたの愛の形とは？

何をするにも丹念な事前準備を欠かしません。とりわけ時間をかけて正しい状況判断をするでしょう。その後、一気に加速してテイクオフをするのが、この人のやり方。恋をしたときも同じで、相手の性格や将来性、そして肝

心の気持ちまで推し量ってから、タイミングを見て飛び出して行くでしょう。

でも、人の気持ちは複雑怪奇です。今日大丈夫だと思ったものも、明日に姿を変えるかもしれません。また本人の気持ちにも微妙な変化が生まれてくるかもしれません。だから心に芽生えた思いが途中でしぼんでしまうことも、何度あったかもしれません。機会を失ったまま封印した思いもあったでしょう。

けれども、本当にこの人と思い定めた相手なら、多少の逆風も計算済みとばかりに、前進を続けるでしょう。愛情が安定した気流に乗るときまで、上昇を続けるでしょう。

あなたの才能と人生のテーマ

この日生まれの人は、まっすぐな心を持って生まれてきました。そのため、目の前の世界をストレートに見つめる、優れた観察力を持っています。さらに細かいものを見落とさない微細な眼も持っています。そのため物事を見るだけでなく、そこにどんなものがあるのかを見極める解析力を身につけているのです。

この才能を仕事に反映させるなら、オンブズマンやウォッチャーのような役割を果たすことが望ましいでしょう。それも持って生まれた未来志向のため、ただ状況から問題点を拾い上げて悲観的に騒ぎ立てるだけにはとどまらないでしょう。問題解決の道筋を模索しつつ、現状を観察する人となるでしょう。その力が認められれば、どんな分野でも欠くことのできない存在になれるはずです。適職は、自然科学者、気象予報士、獣医師、論説委員、司法書士、公証人などです。

相性リスト

- **恋人**……………… 3月2・3・4日、12月29・30・31日
- **友人**……………… 6月29・30日、7月1日、10月30・31日、11月1日
- **手本となる人**…… 5月2・3・4日
- **助けてくれる人**… 1月23・24・25日、4月5・6・7日、6月17・18・19日、11月11・12・13日
- **縁がある人**……… 1月29・30・31日、4月2・3・4日

魔法の言葉

「まじめ」が一番の処方箋。早道をしようとしないことがショートカット

9月2日

乙女座

VIRGO

デリケートで純粋な人

長所

純粋。デリケート。美意識が強い。芸術的センスもあるが、常識的。人の気持ちをうまく察知できる。親切心がある。

短所

落ち込みやすい。悲観的に物事を考える。良いところよりも悪いところに目が行く。論理性に乏しい面がある。

この日生まれの著名人

なかにし礼（作詞家・作家）／矢崎滋（俳優）／原哲夫（漫画家）／キアヌ・リーブス（俳優）／横山めぐみ（女優）／細川ふみえ（タレント）／国分太一（TOKIO）（タレント）／エミリアーノ・マルティネス（サッカー選手）

例えば細かい装飾が美しい銀細工や、顕微鏡で見た雪の結晶のような、内面に繊細で緻密なハートを持っているのが、この日に生まれた人です。言葉づかいや礼儀作法、自分の目標やファッションに至るまで、それが美しく整えられていること、細やかな部分まで気配りが行き届いていることを好みます。人からの評価も高く、常識的で自分に厳しい性格から、どんな場所でも通用する人物として尊敬を集めます。

さらに心の奥をのぞいてみると、人の気持ちを察する優しさを持っています。繊細な心を持っているがゆえに、相手に失礼のないように、傷つけないように、柔らかい羽でなでてあげるようなコミュニケーションができるのです。少ない言葉や小さな仕草を見逃さず、相手の心情を察することも得意です。

しかし独特の倫理観や美意識、安定することへの欲求から、他人にも自分と同じようなルールを押しつけたくなる傾向もあります。そんな気難しさを抑えられるかどうかが、人生を大きく左右するはずです。人を許せる心の余裕があれば、さらに理想の生き方に一歩近づくことができるでしょう。

あなたの愛の形とは？

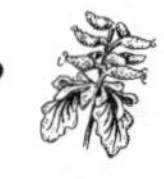

敏感すぎる心と、精細なところまで行き届く観察力を持っているため、人間関係でストレスを感じることが多いでしょう。その反動で、好きな人と、安心できるふた

りだけの世界を築こうとするところがあります。

ふたりにしか理解できない話や用語で語るようになったり、ふたりだけの秘密が増えていくでしょう。この傾向がエスカレートすると、排他的になり、ほかの人たちとの交流が持てず孤立してしまうかもしれません。

もともと言葉を介さなくても理解し合えるような、感覚の鋭い人以外は好きにならないタイプです。相手のことも、そして自分のことも信じて、精神的な自立を果たしていくようにしましょう。そうすることで、ふたりの仲も閉塞間のあるものから開かれたものに変わっていきます。また、新鮮味が増し、愛が息づいてくるのを感じられるでしょう。

あなたの才能と人生のテーマ

繊細さと感受性の強さを持っています。家庭的で整理整頓が上手な部分もあります。なにより、人に接するときの優しく、温和な態度がこの日生まれの人の最大の特徴と言えるでしょう。どちらかというと女性的な力が強い人です。だから自分を売り込んだり、頂上を目指すためにライバルを倒し続けるような、男性的な強さはありません。そのため社会の中では、誰かを癒したり、慰めたり、何かを美しく整えるような分野で才能を伸ばしていくことが求められるでしょう。

なかでも倫理観と美意識が強さで、様式美や伝統美とかかわるような仕事につき、その真髄を世に知らせる仕事を選ぶのもいいでしょう。小さいものへのいたわりの気持ちから、教育や養護の方面に進んでも活躍できるでしょう。適職は、礼法や作法の師範、保育士・幼稚園教諭、伝統工芸、カウンセラーなどです。

相性リスト

恋人……………… 1月1日、3月3・4・5日、12月30・31日
友人……………… 6月30日、7月1・2日、10月31日、11月1・2日
手本となる人…… 5月3・4・5日
助けてくれる人… 1月24・25・26日、4月6・7・8日、6月18・19・20日、11月12・13・14日
縁がある人……… 1月30・31日、2月1日、4月3・4・5日

魔法の言葉

意外なことがつながってきて一つの星座をつくろうとしています。無駄はありません

9月3日

乙女座

VIRGO

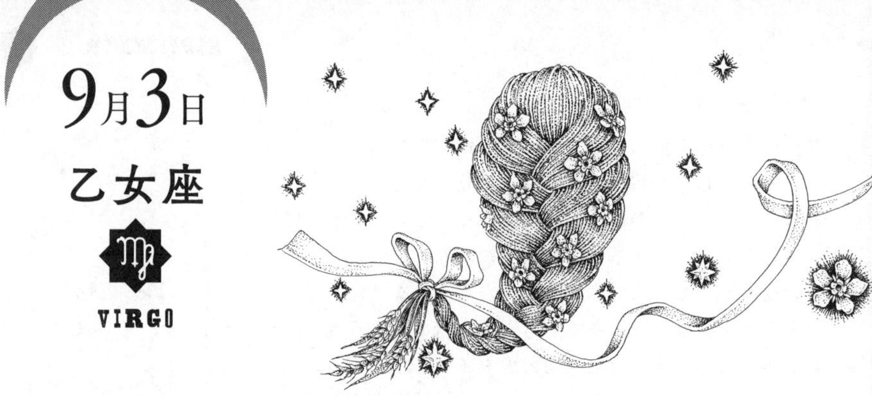

知性の輝きに満ちた人

長所

ユーモアのセンスがあり、明るい。知的好奇心が旺盛で、いろいろなことを吸収する。基本的にはまじめ。

短所

いろいろなことに手を出しすぎて、中途半端になりやすい。広く浅い人間関係になりがち。瑣末なことにこだわる。

この日生まれの著名人

フェルディナント・ポルシェ（自動車工学者）／楳図かずお（漫画家）／野田聖子（政治家）／チャーリー・シーン（俳優）／吉田秀彦（柔道家）／中田久美（バレーボール解説者）／梶裕貴（声優）

この日生まれの人に与えられているのは、知性と穏やかさ。頭のよさを鼻にかけるのではなく、それを他人や自分のために有効に利用しようとする優しさです。それに加えて、場の空気を読む敏感さと、人の気持ちを察する鋭い洞察力があります。

本質的には理性的な人で、知識に対する欲求が高く、好奇心も旺盛です。ただし本人はとても穏やかな性質なので、知識を人前で見せることはありません。ただし、毎日の雑務をこなしながら、興味がある分野の研究を続けたり、同じ趣味の仲間を集めてサークルを主催したりするような、地道ながらも積極的な知識の吸収は続けるでしょう。

この穏やかさは、この人が人に対して誠実に接し、相手との信頼関係を大切にしているために生まれるのです。その反面で、裏切りや不信に対して厳しい人になります。欠点を見抜く批判能力と几帳面さを持ち併せているため、もし相手が信頼できないとわかったときは、一瞬たりとも気を抜かないでしょう。そして必要であれば、鋭い批判をすることがあるでしょう。ただし、知的な人なので不用意に敵をつくることはなく、常識の範囲内で問題を解決していくはずです。

あなたの愛の形とは？

大らかな心と健全な知性を併せ持つ、バランスの取れた人です。たとえ、魅力的な異性に出会ったときも、後

先考えずに恋に落ちることは、この人に限ってはありえません。まず信頼が置ける相手であるかどうかを判断します。でもそれをクリアした段階では、まだ友達としてつき合って行けるレベルでしかありません。恋人として意識するには、そこにさらにプラスアルファの魅力がそなわっていることが必要なのです。

けれど、決して好みがうるさいわけではありません。基本的には心を開いてつき合える人、健康的な態度で接する人に対しては、好ましい印象を抱くでしょう。逆に優れた頭脳を持っていても、シニカルな態度や偏った知識を持つ人は、敬遠するでしょう。この人にとって幸せな恋ができる相手とは、健全で大らかな人、つまり自分とよく似た人である可能性が高いのです。

あなたの才能と人生のテーマ

勉強とスポーツ、仕事と家庭、仕事と趣味、あるいは理系と文系……この世には両立させるのが難しいものが数多くあります。けれどもこの人は、そんな相反するように見えるものに取り組み、同時進行させる器用さを持っています。この能力を仕事のみに費やせば、複数の仕事を持ち、華やかに活動する人になるでしょう。場合によっては複数の会社を経営したり、本業とタレント業をこなすような多忙な人になるかもしれません。

けれど有意義な人生を送るためには、社会に奉仕する仕事と、自分の理想を実現させるための活動の両方のバランスをとるといいでしょう。マルチな才能を持つ人ですが、あまりにも裾野を広げてしまうと、収拾できなくなってしまいます。自分の限界を知っておくべきでしょう。適職は、弁護士、タレント、通訳、翻訳家などです。

相性リスト

恋人……………… 1月1・2日、3月4・5・6日、12月31日
友人……………… 7月1・2・3日、11月1・2・3日
手本となる人…… 5月4・5・6日
助けてくれる人… 1月25・26・27日、4月7・8・9日、6月19・20・21日、11月13・14・15日
縁がある人……… 1月31日、2月1・2日、4月4・5・6日

魔法の言葉

誰かのために少しだけ力を貸してあげて。
必ずそれはあなたのためになります

9月4日

乙女座

VIRGO

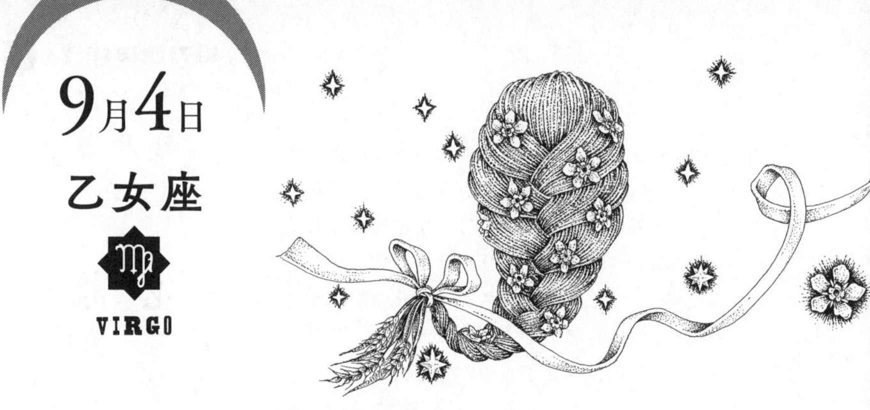

まっすぐに未来を見つめる人

長所

リアリスト。現実的で、実行力がある。無駄を省き、効率的に行動する。まじめで安定している。落ち着きがある。

短所

功利的で計算高い。安定志向が強く、自分のカラを破れない。権力志向が強く、長いものに巻かれるところがある。

この日に生まれた人は堅実で野心的。長い目で将来のことを考え、自分の目標のためにコツコツと努力を繰り返します。とくに堅実な性格が特徴的です。何が損で、何が得なのかを、きっちりと頭の中で計算してから行動に移すところがあります。絵に描いたモチや机上の空論にだまされることなく、現実的に通用するのかどうかを考えられるので、損や失敗とは縁がありません。

自分の目標を満たそうとするパワーも相当なもので、5年や7年といった時間をかけて、ひとつのことに集中できます。このおかげで、年齢が低いうちは地味で芽が出ることもないでしょうが、年を重ねるごとに成功に近づいていく人です。

問題があるとすれば、あまりに損得勘定をしてしまうので、気持ちの交流が苦手になってしまうこと。とくに人間関係は、利益や不利益だけで図れるものではありません。本能や直感、または人間らしい感情が鈍くならないよう、ときには、ムダと思えることも新鮮な目で見つめ直してみましょう。また、小さな思いつきを大切に生かすと、心が豊かになるのを感じられるでしょう。

この日生まれの著名人

藤岡琢也（俳優）／小林薫（俳優）／宍戸開（俳優）／田丸麻紀（女優）／ビヨンセ・ノウルズ（歌手・女優）／中丸雄一（KAT-TUN）（タレント）／梶原一騎（作家）／長濱ねる（タレント）

あなたの愛の形とは？

恋は未知の分野に挑むようなものです。慎重になるし、傷つかないようにと防御する気持ちが強くなるのはしかたがないことです。とくに、繊細な心の持ち主であるこの日生まれの人は、恋愛のような先の見えないフィール

そのことはまだ始まっていません。焦らずに時間をかけて準備をしましょう

ドに踏み込むときは、細心の注意を払うのです。

異性とつき合うとき、この人は損得を計算して行動するところがあります。それも言ってみれば、傷つくことを回避する無意識の行動のようなものです。でも愛は投資ではありません。見返りを求める気持ちが強すぎると、計算づくのアクションしかできなくなってしまうでしょう。けれども、この人が一緒にいることの温かさや安らぎを感じる相手とめぐりあったときには、考え方が一変します。決め細やかな感受性を持った人です。損得を忘れ、愛する人と過ごす一瞬一瞬を大切に抱きしめることでしょう。

あなたの才能と人生のテーマ

胸に大望を抱いている人です。そこに向けて粛々と歩みを進めるのが人生のテーマでしょう。たとえその道筋が、気の遠くなるような長い道筋であっても、延々と続く地道な作業の積み重ねであっても、くじけることはないでしょう。

仕事上では、量よりも質を追求します。たとえ時間がかかっても、質のいいものに仕上げようとするでしょう。この姿勢を貫くことで、本来の力が現れるのです。いわば、職人肌のワーキングスタイルと言えるでしょう。

逆に質を落としてまでも、スピードを求められるような職種には不向きでしょう。また一過性の流行を追うもの、表面的な華やかさだけを求めるものも同じです。見た目に惑わされず、本質で勝負できるような仕事を探すようにしましょう。

適職は、教師、会計士、薬剤師、図書館司書、エンジニア、陶芸家、伝統工芸家などです。

相性リスト

恋人	1月1・2・3日、3月5・6・7日
友人	7月2・3・4日、11月2・3・4日
手本となる人	5月5・6・7日
助けてくれる人	1月26・27・28日、4月8・9・10日、6月20・21・22日、11月14・15・16日
縁がある人	2月1・2・3日、4月5・6・7日

9月5日

乙女座

VIRGO

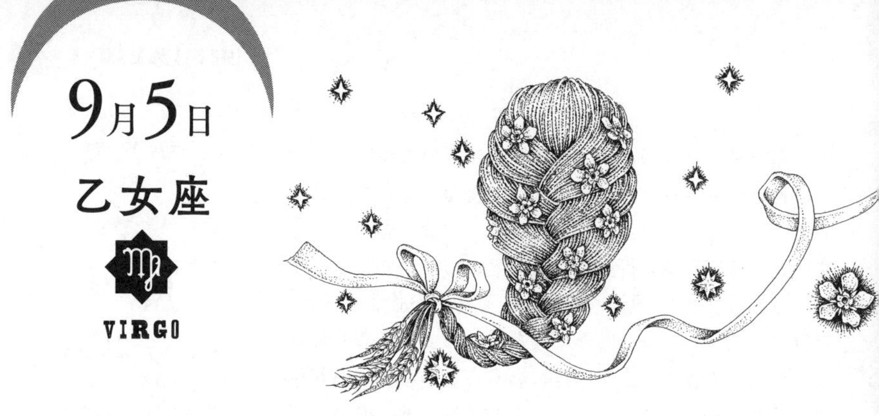

X線的な眼力を持つ人

長所

知的。分析力と推理力に恵まれている。頭の回転が速い。礼儀正しく品格が漂う。人にものを教えるのが上手。

短所

因習にとらわれすぎ、口うるさい。要領がよすぎて、実力が身につかない。人が見ていないところでは手抜きをする。

この日生まれの著名人

ルイ14世（フランス国王）／フレディ・マーキュリー（歌手）／草刈正雄（俳優）／仲村トオル（俳優）／棟方志功（版画家）／齊藤京子（モデル・タレント）／伊達みきお（サンドウィッチマン）（お笑いタレント）

先に結論を言うと、あなたより頭がいい人は滅多にいないということです。知識や情報量、推理力と分析力、知的な雰囲気など、どれをとっても優秀です。例えば、人の話を半分まで聞けば結論を理解できたり、他の人が答えられないクイズに自分だけ答えられたり。また、結論が出ない会議や議論に鋭い意見を提案して、話し合いをコンパクトに終わらせてしまうといった経験はないでしょうか。これらはすべて、あなたの頭脳の優秀さがもたらす恩恵の、たった一部なのです。

だからといって情緒のない人というわけでもありませんし、変わり者というわけでもありません。マナーやユーモアにも基準を持っていて、人と交流をしたい気持ちも充分にあります。

ただ、頭の回転が速すぎて、少ない努力でコツをつかんでしまうところがあるため、苦労を軽んじてしまう傾向があります。せっかく優秀な知性を持って生まれてきたのですから、人生のハードルを高く設定してみましょう。努力する自分を失わないようにすると、さらに大きなフィールドが目の前に現れてくるでしょう。そのとき、この人の人生は一段と充実するはずです。

あなたの愛の形とは？

理知的な雰囲気が外見にも現れた人です。感情や情緒に訴えず、理性で話そうとします。そのため異性には、冷たい印象を与えることもありそうです。

でもそれは、冷徹な性格ゆえではありません。本当は心の中には熱い思いが隠されているのです。けれども感じやすい心を持っているため、ダイレクトに心を伝えるような、無神経なことができないだけなのです。

この日生まれの人にとって、理想的なのは、平安時代の貴族たちが行っていたような、高度な知性の中に慕情を託すような、恋のやりとりでしょう。抑制のきいた上品な会話の中に、燃えるような恋心を込めることができるのです。それだけの知性や感性を持つ相手でなければ、この人と恋に落ちることは難しいでしょう。典雅な趣味を通して知り合う人や、共通の興味を持つ人が相手として望ましいかもしれません。

あなたの才能と人生のテーマ

一を聞いて十を知るような利発な子供時代を経て、知性あふれる人へと成長してきました。物事を観察しただけでその仕組みを理解する優れた分析力、見えない部分にまで思考をいきわたらせる推理力があります。また言葉に対する感覚が鋭く、多言語にも興味を持つ人が多いようです。

この才能は、言葉を使うジャンルでとくに生かされるでしょう。また社会の中で、隠れていたものを明るみにするような業績を残せば、多くの人から高く評価されるでしょう。ただ、問題点はとても要領がよく、とくに努力しないでも仕事を完成させられる点です。それでは仕事に飽きるのも早いでしょう。充実感や達成感を体感するためには、より高いものを目指して、自分を奮起させることも必要です。適職はジャーナリスト、新聞記者、雑誌編集者、文学の研究者、教師、翻訳家などです。

相性リスト

恋人……………… 1月2・3・4日、3月6・7・8日
友人……………… 7月3・4・5日、11月3・4・5日
手本となる人…… 5月6・7・8日
助けてくれる人… 1月27・28・29日、4月9・10・11日、6月21・22・23日、11月15・16・17日
縁がある人……… 2月2・3・4日、4月6・7・8日

魔法の言葉

まだわかりません。
明らかになっていないことがありそうです

9月6日

乙女座

VIRGO

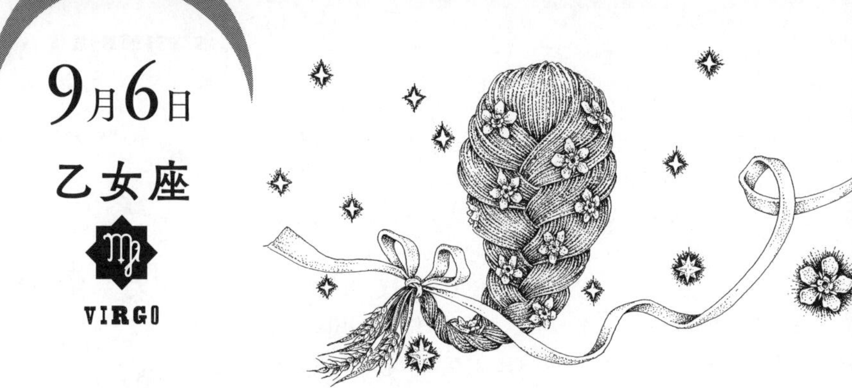

きめ細かさと美意識の持ち主

長所

多感。細やかな感性がある。知的で、アーティスティックなひらめきがある。上品。TPOをわきまえている。

短所

人を外見で判断する。人に気を遣いすぎて必要なことも遠慮する。ひがみやすい。悲観的になりやすい。線が弱い。

この日生まれの著名人

星新一（作家）／西村京太郎（作家）／永井豪（漫画家）／市毛良枝（女優）／大江千里（ミュージシャン）／伊藤理佐（漫画家）／谷亮子（柔道家）／氷川きよし（歌手）／阿部勇樹（サッカー選手）／澤穂希（サッカー選手）

多くの人が求めても、満足に得ることができないコミュニケーションの奥義。それを生まれつき身につけているところが、この日生まれの人の最大の強みです。

ボキャブラリーが豊かであったり、外国語に対しての興味も高いでしょう。また、何も言わなくても、相手の気持ちを察することもできるでしょう。そればかりでなく、目の前にいる人が思っていることを代弁してあげたり、その場のムードをつかんで誰もが快適な空気に変えることも難なくできそうです。この人は、まるで人の心を読んでいるかのような、鋭いコミュニケーションができるのです。また人に対しても気さくな態度で接し、さっぱりした雰囲気を漂わせています。また何かに取り組むときの、真剣なまなざしが人を安心させます。

問題は、そのセンスを発揮しすぎて、人疲れしてしまうこと。気を遣いすぎて、自分ばかり消耗するといった状況に苦しめられます。しかし人づき合いのセンスを隠して、人との距離を置くだけでは、この人の長所が発揮できなくなります。人に合わせるだけではなく、リラックスできる空間や自分を解放できる場を持って、バランスを維持することが大切です。

あなたの愛の形とは？

センスのいいロマンチストです。自分を取り囲むものに対して、きめの細かい愛情を注ぐ人です。だから、ファッションや身の回りの品に気を配るばかりでなく、

言語感覚にも鋭い冴えが見られます。

恋をすると誰にも言われたことのないような愛の言葉をささやかれることを好みます。それも、ただ好意や愛情を伝えられるだけでは満足しません。外見的なことをほめられても、それほど喜ばないでしょう。求めているのは洗練された会話。言葉にその人の芸術性、あるいは文学や哲学の素養を見出せれば、心が躍るでしょう。

気になるのは、そのほかに外見にこだわりすぎるところがある点です。言葉が巧みで外見が好みでも、心が伴わない相手との恋は、新たな悩みをもたらすからです。なにげない会話の中から、相手の心に宿る誠実さを見極められるようになれば理想的です。

あなたの才能と人生のテーマ

優雅な雰囲気をたたえ、優れたコミュニケーションの能力もそなえています。とくに会話は上品で、洗練されています。その場の雰囲気に応じた話題を提供することも得意でしょう。

人との交流の中で自分を高めていくことができる人です。社交的な仕事、多くの人と触れ合うような職業を選ぶと、その才能を生かして大きく伸びていくことができるでしょう。また発達した五感があり、自分が楽しむことも人を楽しませることも好きです。とくに繊細な味覚を持っているので、食に関する仕事も向いています。

逆に静寂を求められる仕事や、ひとり、もしくは少人数の閉じられた世界にいる職場では、ストレスをためてしまうでしょう。適職はサービス業、流通業、レストラン経営、料理研究家、パティシエなどです。企業の中では、営業部門に活躍の場がありそうです。

相性リスト

恋人	1月3・4・5日、3月7・8・9日
友人	7月4・5・6日、11月4・5・6日
手本となる人	5月7・8・9日
助けてくれる人	1月28・29・30日、4月10・11・12日、6月22・23・24日、11月16・17・18日
縁がある人	2月3・4・5日、4月7・8・9日

魔法の言葉

答えはイエス。丁寧に一つずつやっていけば想像以上の結果に

9月7日
乙女座

♍

VIRGO

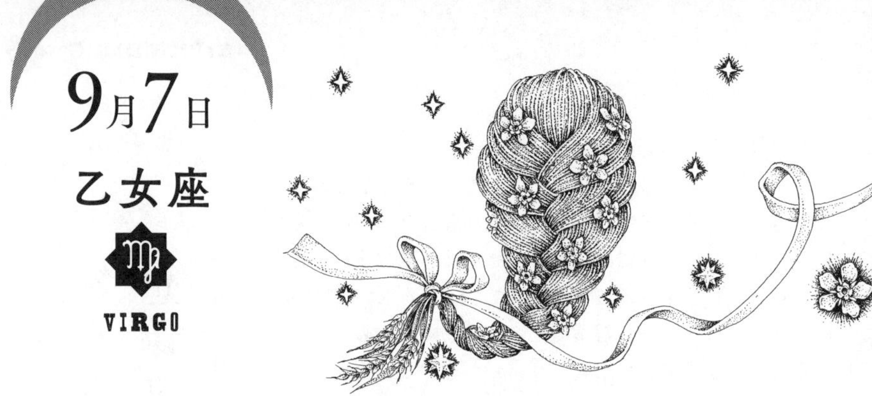

理想主義を抱く潔癖症

長所

細かいところに配慮できる。繊細。誠意がある。きれい好き。ていねいで手抜きをしない。計画性がある。

短所

極端。細かいところにこだわる。関心のないことには大ざっぱ。細かいことを気にしすぎ、感情的になることも。

この日生まれの著名人

長渕剛（ミュージシャン）／テイ・トウワ（ミュージシャン）／岡崎朋美（スピードスケート選手）／的場文男（騎手）／アンディ・フグ（格闘家）／山﨑賢人（俳優）／小坂菜緒（日向坂46）（歌手）

この日に生まれた人は、とても律儀な心を持っています。自分が必要とされるなら、たとえ、誰もやりたがらないような面倒なことでも進んで実行するでしょう。雨の日も風の日も、与えられた仕事を完璧にこなし、理想を忠実に再現しようと努力を重ねていきます。

自分にも他人にも厳しいため、強力なリーダーとして歓迎されるのが、あなたの完成型。もっとも自分らしさを発揮できるポジションです。秩序やルールを大切にする性格から、頼りになる人として人望を集めます。気に入らなかったら何回もやり直し、しかも決められた時間内に仕上げようとする性格は、監督役として適任です。

しかし、あまりにも完ぺきさを求めようとすると、行きすぎることが多くなります。妥協を知らないため、人と折り合えず衝突してしまうでしょう。責任感の強さから、プレッシャーに苦しめられることも増えます。自分の理想が周囲に理解されずに孤立し、孤独感にさいなまれることもあるかもしれません。

それでもこの人は理想に向かって歩みを進める人。誇らしく目的を達成し結果に満足できれば、人間的にも成長できるはずです。

あなたの愛の形とは？

この人には、中世の修道士たちのように、至福を目指し、潔癖に生きることを願っている部分があります。つまり理想だけに眼を向けほかのことには関心を示さない

細かいことにくよくよしてはいませんか。大きな目で見ればすでに成功しています

面があるのです。

愛する人には一途な思いを捧げますが、それ以外の異性とは口も利かないようなことになるかもしれません。これは極端な例ですが、状況が許せば、興味のない異性とはあまり接点を持ちたくないのが本音でしょう。

また愛する人から受け入れられなければ、もう恋はしたくないとまで思いつめるところもあるでしょう。ひとすじに思い続けることは美しいけれど、人生の様相はこの人が思っているよりも、もっと重層的です。表面的な結果に惑わされず、まっすぐな心で、今できる最良のことを行いましょう。その姿勢が恋愛においても、人生においても、いい結果をもたらすことになるはずです。

あなたの才能と人生のテーマ

理想を抱くこと、そして、そこに到達する手段として秩序を守ること。このふたつを信条として日々を送るまじめな人です。

管理能力がすぐれているので、社会の中では統率者としての力が発揮できます。一度決めたことはやり遂げるので、周囲の人の人望も厚いはず。どんな仕事についても、人から管理されるよりも、自分が指揮権を発動できるようなポジションを目指しましょう。

けれど一歩間違えると、プレッシャーに耐え切れず、口やかましいリーダーになってしまう恐れもあります。しっかりしたビジョンを持ち、自分の都合ばかりでなく、多くの人の利益を考えて行動しましょう。そうすれば、必ず周囲の人の理解を得られるようになるはずです。適職は、教師。医師、歯科医師などの医療系。ケアマネージャー、社会福祉士などの福祉系、写真家等。

相性リスト

恋人……………… 1月4・5・6日、3月8・9・10日
友人……………… 7月5・6・7日、11月5・6・7日
手本となる人…… 5月8・9・10日
助けてくれる人… 1月29・30・31日、4月11・12・13日、6月23・24・25日、11月17・18・19日
縁がある人……… 2月4・5・6日、4月8・9・10日

9月8日

乙女座

VIRGO

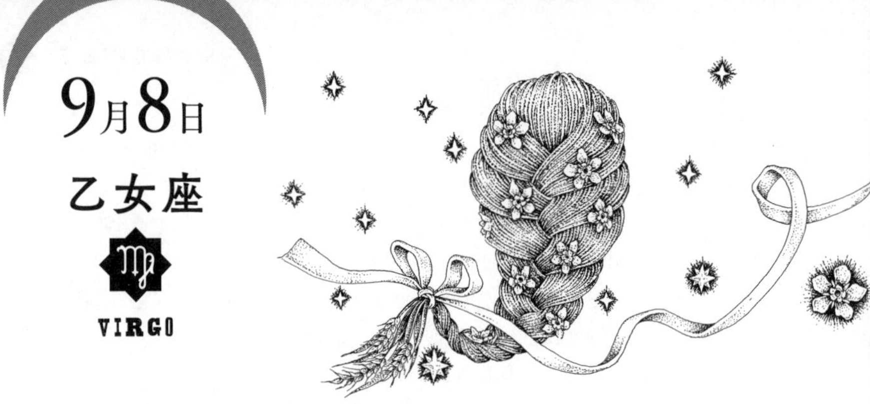

毒舌だけど優しい人

長所

頭の回転が速い。個性が強い。心が温かい。独特の発想ができる。物事をシステマティックに展開させる。

短所

シニカルで、歯に衣着せぬ言い方をする。つむじまがり。誤解されやすい。素直に本心を言わない。

この日生まれの著名人

アントニン・ドヴォルザーク（作曲家）／福井謙二（アナウンサー）／鈴木亜久里（F1レーサー）／紺野美沙子（女優）／松本人志（お笑いタレント）／山口一郎〈サカナクション〉（ミュージシャン）

この日に生まれた人は、心の奥底に鋭い哲学の目を持っています。真実や本質には大きな力があり、人は自分でも気がつかないうちにその真実に動かされた行動をしてしまうことを知っているのです。どんなときも、物事の奥底にある心理を見抜こうとする人です。

この洞察力が持って生まれた賢さとあいまって、普通の人では思い抱けないような真実を発見できる力を持っています。その影響から、はたから見ればエキセントリックな人に思われがちです。また、不条理な出来事からも目をそらすことがないため、世の中を斜めに見ることも多くなります。

とても辛辣な言葉を使うのも特徴です。その賢さで愛情の本質も理解していますから、人の温かさや、優しさも大切にしつつ、厳しい言葉で周囲にインパクトを与えます。

もちろん、皮肉を口にしすぎて、人から遠ざけられてしまうこともあるでしょう。優しい人なのに非難を受けて、孤独を味わう人も少なくありません。そんな目にあっても、優しさと真実から目を背けない強さを持っているのが、この日に生まれた人の強みなのです。

あなたの愛の形とは？

知性と、卓越した現実感覚を持っています。虚偽を見抜く眼力はずば抜けていて、それを指摘しようとするあまり、シニカルな口調になることが多いのです。

恋愛面では異性の気をひこうとして、見え透いたお世辞を言うことはありません。こびることもありません。だから異性の好感を持って迎えられることも多くはないでしょう。見方によっては不器用な生き方ですが、自分を曲げるくらいなら、寂しさを甘んじて受け入れる潔さもあります。

でも、実際のところはとても優しく、情に厚い人です。口は悪いけれども、相手のことを心底大切にします。だから恋の相手は、知り合ったばかりの相手よりも、長く友達関係を続けた人のほうがよさそうです。人柄を知り、それを認めてくれた相手となら、この日生まれの人も、穏やかな気持ちで過ごせることでしょう。

あなたの才能と人生のテーマ

鋭いまなざしで、社会の中の矛盾を指摘することができる人です。とくに胡散臭いこと、表面だけ取り繕ってはいるけれど、実体のないものなどには、懐疑的な眼を向けています。ただ、賢いタイプなので、正面から攻撃を仕掛けることはないでしょうが、痛烈なユーモアで皮肉ることは忘れません。

この真実を見抜く眼と、巧妙な立ち回りはビジネスの世界でもユニークな存在として光るでしょう。とくに、建前だけでは解決できない問題を、本音でフォローするような分野では活躍できそうです。また人々の間にたまったストレスをガス抜きするような方面の仕事もいいでしょう。真実を見つめているからこそできる仕事で業績を上げることができそうです。ただ、ビジネス会話では毒舌は控えたほうが有利でしょう。適職は、探偵、マッサージ師、ジャーナリスト、不動産業などです。

相性リスト

恋人	1月5・6・7日、3月9・10・11日
友人	7月6・7・8日、11月6・7・8日
手本となる人	5月9・10・11日
助けてくれる人	1月30・31日、2月1日、4月12・13・14日、6月24・25・26日、11月18・19・20日
縁がある人	2月5・6・7日、4月9・10・11日

魔法の言葉

耳に痛いことを言ってくれる人がいます。聞く耳をもつことが幸運のカギに

9月9日
乙女座
♍
VIRGO

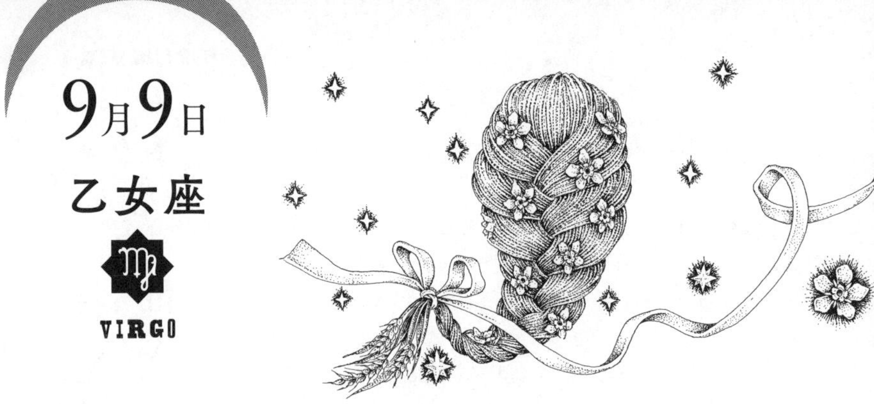

細かく相手の考えを見抜く人

長所

寛大。人の話に耳を傾ける。周囲に左右されない。自分の信じる道を進む。決断力、実行力がある。信念を貫く。

短所

負けず嫌い。二面性がある。退屈に弱い。素直になれず、本心を口にできない。人目を意識しすぎる。りこうぶる。

この日生まれの著名人

トルストイ（作家）／カーネル・サンダース（実業家）／ヒュー・グラント（俳優）／谷隼人（俳優）／石井一久（野球選手・監督）／酒井若菜（女優）／大塚愛（ミュージシャン）／ルカ・モドリッチ（サッカー選手）

この日に生まれた人は、いつも多くの人に囲まれているような印象を与えます。同じような考え方を持った人から、まったく正反対の性格や個性を持った人まで、ほんとうにいろいろなタイプの人と親しくつき合うことができるのです。

この日生まれの人は、自分の価値観だけを重視しません。相手の話に耳を傾けることが上手で、さまざまな価値観を受け入れられる、幅の広い人格が魅力です。よく整理された知性を持っているおかげで、自分と違う考えの人でもスムーズに同調、理解してあげることができます。人の心を把握し、考え方やその発想法を取り入れることで自分の引き出しを増やし、さらに知性に磨きをかけていくことができるのです。

しかし、誰とでも合わせるように見えて、じつは自分の中に強い芯を持っている人です。負けずぎらいで自分に厳しく、一度決めたことは最後までゆずらないでしょう。そんな内面を持っているからこそ、人の考えを吸収しても、自分らしさを失わないでいられるのです。その厳しさが極端になりすぎて、オーバーワーク気味にならないように気をつけましょう。

あなたの愛の形とは？

話し上手でいつも楽しい話題を提供できる人なので、異性から人気があります。けれど、この人のもっとも優れたところは、心の橋梁が広いところです。この人は相

一人でやりきろうとすることはありません。あの人が相談してくれるのを待っています

手の話にきちんと耳を傾けます。その全身で話を聞いてくれる姿勢に心を打たれる人は、この人がそばにいることを本気で切望することでしょう。

最良の聞き役であるということはまた、最良の恋人を選ぶ絶好のポジションにいることでもあります。話す内容は、相手の人間性を隠さず伝えるでしょう。また知的な人なので、どんなに話を取り繕っても、相手の本心を見抜くことができるでしょう。

もともと前向きで向上心の強いこの人は、自分と同じように、努力をして前に進もうとする人に心を寄せるでしょう。そうして選んだ人とは励まし合い、支え合い、常に優しい態度で接していくことでしょう。

あなたの才能と人生のテーマ

一人ひとりが、それぞれの人生の主役。このことを心の底から理解できている人です。違う考え方や生き方を持っている人の意見にも、耳を傾けます。けれども、それにむやみに従うわけではありません。受け入れながら、自分も含めたそれぞれの人が個別の道を歩ける最良の方法を、模索していくのです。

この姿勢で社会に出た場合は、全体主義的な傾向の強い職場では、苦労するでしょう。個性や独自性、そしてある程度の自由度がある環境でなら、伸び伸びと仕事ができるでしょう。克己心が強く自分に負けることを恥じるので、どんな内容の仕事でも、達成するまで手を抜きません。とくにフリーや独立した業態で、大成する可能性が高い人です。適職は、フォトグラファー、新聞記者、ベンチャー企業経営者、理容師などです。企業の中では営業、企画開発などが適任です。

相性リスト

恋人	1月6・7・8日、3月10・11・12日
友人	7月7・8・9日、11月7・8・9日
手本となる人	5月10・11・12日
助けてくれる人	1月31日、2月1・2日、4月13・14・15日、6月25・26・27日、11月19・20・21日
縁がある人	2月6・7・8日、4月10・11・12日

9月10日

乙女座

VIRGO

誠実さが評価されて人望を得る人

長所

多感。誠実。あふれる知性がある。フットワークが軽い。細心に計画し、大胆に行動する。周囲への影響力が強い。

短所

野心が強い。権威に弱い。知識偏重の傾向がある。好調時と不調時の落差が激しい。自分の本心を抑圧する。

この日生まれの著名人

ジョルジュ・バタイユ（作家・思想家）／綾戸智絵（歌手）／斉藤由貴（女優）／ミルコ・クロコップ（格闘家）／R－指定〈Creepy Nuts〉（ラッパー・俳優）／内博貴（タレント）／田中碧（サッカー選手）

内面的には、繊細で知的なタイプ。計画的で、物事の細かい部分にまで目が届きます。やるべきことは着実に、誠実な態度でこなしていくでしょう。

その一方で、活発な行動力も持っています。フットワークが軽く、おもしろいことや必要だと思ったことなら、どん欲に吸収しようとするでしょう。その結果、いろいろな事象を正確に判断し、またそれを適切に表現したり分析したりする力が身につくはずです。

その知性により、多くの人に影響を与えます。アドバイスを求められたり、相談をされたりするのです。正確に現状を把握しながら、提案は大胆なので、ときに人を驚かせます。そのアドバイスで成功する人や、心の平穏を見つける人もいるでしょう。

行動力があって知的な人というのは、そんなに多くいませんから、尊敬を受けるのは自然なことです。ただ、上手に自分の気持ちを伝えようとするあまり、表現が大げさになってしまうことがあります。誇張が入っていると相手に思われた場合は、信頼をなくすことになりかねません。重要だと思う話ほど、肩の力を抜き、自然体で話すように心がけてください。

あなたの愛の形とは？

明るく、楽しいことが大好きです。本当は、寂しがりやで傷つきやすい面もあるのですが、笑顔でいるイメージが強いでしょう。いつも冗談で人を笑わせ、その場に

弾んだ空気を運び入れるのが得意です。

好きな人がいると積極的に接近します。大勢の人の前で、堂々と自分をアピールするでしょう。けれど、なぜか二人きりになると、心の奥底に潜んでいた、内気で繊細なもう一人の自分が姿を現すようになるのです。そうなると本来の明るさが出せなくなり、ぎこちない態度になったり、上手に話せなくなったりしそうです。

相手を楽しませよう、自分を魅力ある人物に見せようと思うと、よけいに緊張してしまうでしょう。だから本当に好きな人には、内気な面もろともぶつかるようにしましょう。「どちらの自分も同じ自分」、と開き直るほうがうまくいくかもしれません。

あなたの才能と人生のテーマ

この日生まれの人が、人生の中で漠然と目指していることは、光が届かない部分にも丹念に日の光を当て、身の回りを明るくすることでしょう。例えば、周囲に沈んでいる人がいれば、そこに行って気持ちが切り替わるようなアドバイスをし、表情が明るくなるのを確認するようなことが好きです。

この力を社会生活の中で生かせば、人々に影響を与え、導くオピニオンリーダーになれそうです。細かいところまで眼が届く注意力と、大局を見て判断する総合力をそなえている人です。常に正確な状況判断を心がけながら、人々に信頼されるリーダーを目指してください。職業的には、人前に出る仕事、大勢の人に触れ合うことができる現場が向いています。体を動かす仕事のほうが力を発揮できそうです。適職は、タレント、政治家、ホテル産業、通訳、裁判官、映画スタッフなどです。

相性リスト

- **恋人**……………… 1月7・8・9日、3月11・12・13日
- **友人**……………… 7月8・9・10日、11月8・9・10日
- **手本となる人**…… 5月11・12・13日
- **助けてくれる人**… 2月1・2・3日、4月14・15・16日、6月26・27・28日、11月20・21・22日
- **縁がある人**……… 2月7・8・9日、4月11・12・13日

魔法の言葉

大げさに考えすぎていませんか。
平常心で向かい合うとうまくいきます

9月11日

乙女座

VIRGO

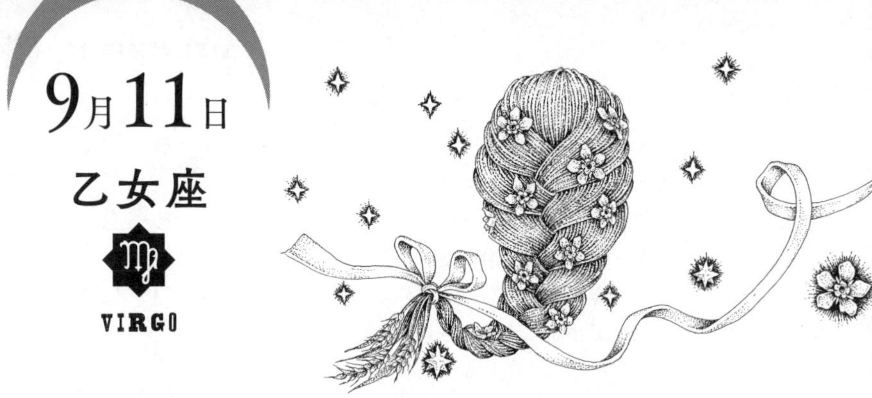

笑顔の下にガラスの繊細さを持つ人

長所

心優しい。人当たりが柔らかい。繊細。感覚が鋭い。五感と六感が発達している。人に共感する能力が優れている。

短所

些細なことで傷つく。過剰防衛的になる。環境の変化に過敏で、適応能力が低い。過去の思い出にしがみつく。

この日生まれの著名人

泉ピン子〈女優〉／涼風真世〈女優〉／虻川美穂子〈北陽〉〈お笑いタレント〉／矢作兼〈おぎやはぎ〉〈お笑いタレント〉／安田章大〈関ジャニ∞〉〈タレント〉／磯村勇斗〈俳優〉

とても庶民的で親しみやすい雰囲気を持っています。しかし、その内側にはガラスのような繊細さを秘めているはず。そんな自分を他人に悟られるのが怖くて、仮面の笑顔を浮かべているということが多いのです。繊細な神経の持ち主ゆえ、ヤワな自分を押し隠そうとしてしまうのでしょう。「弱いと思われると、他人から攻撃されるかもしれない」と思ってしまうのは、用心深い性質ゆえです。

でも、この人は軟弱ではありません。もし、人から中傷されたり批判されたりすれば、たちまち鋭く反撃するでしょう。他人の本質を見抜く目があるため、この人の反撃はときとして相手の胸に深く突き刺さります。悪いのは攻撃してきた相手だとしても、口論の際は気をつけましょう。自分を守るために他人を深く傷つけないように。相手がかなり鈍感なタイプのほうが、傷つけ合わずにすむため、長くつき合えるかもしれません。神経がずぶとい相手を仕事のパートナーに持つというのも正解です。

あなたの愛の形とは？

研ぎ澄まされた感覚を持っている人です。まず人の気持ちを察する力があるので、愛想良く振る舞います。また言葉の感覚が人よりも敏感なので、乱暴な言葉や心ない文言が胸に突き刺さってしまうことがよくあります。繊細なこの人にとって現代社会は粗雑で荒々しく、いつ

も気持ちが張り詰めているでしょう。

だからこそ、恋の相手はオアシス的な存在が望ましいでしょう。といっても、同じように繊細な相手だと、気配りし合うことになって余計に疲れそうです。むしろ正反対の性格を持つ人がいいでしょう。例えば、キツイことを言われても、それがいやみであることにも気がつかないくらい、朴訥で、頑丈な心を持った人です。体も頑健であるほうがいいでしょう。そんな相手の強さからエネルギーをもらえば、この人のナイーブな心に、しなやかさが生まれてくるでしょう。

あなたの才能と人生のテーマ

ほかの人なら見逃してしまいそうな微細な変化も見逃さない、高性能のセンサーのような感受性を持っている人です。事象の移り変わりから、人の微妙な心理まで読み取る才能を持っています。

この変化を見逃さない力を純粋に研究や仕事に注ぎ込めば、大きな成果を挙げることができるでしょう。ただし、満足ができる結果を出すためには、それに集中できる環境づくりが大切になります。もしも、人間関係が煩雑な職場にいる場合は、心理分析が得意なだけに、敵をつくらないよう防御することに神経を使ってしまうところがあります。

もし、人間関係で悩むような職場にいる場合は、なるべくリラックスするよう心がけましょう。雑音が聞こえたとしても、自分は自分、人は人と割り切ることも必要でしょう。

適職は、化学方面の研究者、作家、ジャーナリスト、薬剤師、調香師などです。

相性リスト

- **恋人**……………… 1月8・9・10日、3月12・13・14日
- **友人**……………… 7月9・10・11日、11月9・10・11日
- **手本となる人**…… 5月12・13・14日
- **助けてくれる人**… 2月2・3・4日、4月15・16・17日、6月27・28・29日、11月21・22・23日
- **縁がある人**……… 2月8・9・10日、4月12・13・14日

魔法の言葉

少しだけ疲れているかもしれません。お風呂でゆったりするくらいの時間はもって

9月12日

乙女座

VIRGO

異なる価値観を受け入れる人

長所

大らか。集中力がある。冒険心に満ちている。バランス感覚がいい。全体像を見回しながら、細部にも目が行き届く。

短所

好き嫌いが激しい。一度に多くのことをやりすぎて中途半端になることがある。イエスマンばかり周囲に集めたがる。

この日生まれの著名人

藤田弓子（女優）／レスリー・チャン（俳優）／戸田恵子（声優・女優）／田中美奈子（女優）／丸山茂樹（プロゴルファー）／三船美佳（女優）／ＲＭ〈ＢＴＳ〉（歌手）／松本まりか（女優）／長友佑都（サッカー選手）

非常に大らかな人ですが、この人の性格の「大らかさ」は決して「大ざっぱさ」とは結びつかないものです。物事の細部にまで意識を配らせるので、微細なことを観察する能力、細やかな作業に集中する能力に長(た)けています。細部を見つつ、大局を見失うことのないこの人は、国際的な活躍する可能性を強く持っていると言えるでしょう。比較文化研究などは、この人の得意領域のひとつでしょう。異文化を受け入れる広い心を保ちつつ、自国の文化と他国の文化の違いを見極める観察眼があるからです。また、翻訳や通訳などとして、その能力を発揮する場合もありそう。

いずれにしろ、この人の魅力は対立するものの間に立てるところにあります。身近な人間関係の中においても、常に全体の潤滑油的な存在となっているはず。ただ、自分のことに関しては無関心な面もあるので、健康には注意が必要。自己の不調を見逃すと、病を悪化させるままに放置してしまうかもしれません。

あなたの愛の形とは？

人は、若いときには誰もが自分のことで精一杯。人の気持ちを顧みる余裕を持ちません。そうでなければ誰かの影響を受け、自分をなくしてしまうこともあるでしょう。けれどこの人は、年齢とは無関係に寛容な心を持ち、人を受け入れます。それでいながら自分をしっかり持っている人です。

基本的に他人同士が寄り添うのが恋だと理解しています。だから好きになった人との間に、年齢差があっても、生活習慣がことごとく異なったとしても、平然としてそれを受け入れるでしょう。違いが問題視されること自体理解できないかもしれません。相手との間に意見の相違があったとしても、難なく乗り越えていくでしょう。

ただ、どんな相手でもいいわけではありません。精力的に活動するタイプなので、パートナーを自分の手元に置いて束縛しようとする人とだけは、相性が悪いでしょう。

魔法の言葉

あなたと反対の意見がヒントになります。シャットアウトしないで

あなたの才能と人生のテーマ

真摯な態度で一つひとつ物事に取り組む人です。それでいて近視眼的にならず、世界を広く俯瞰できる眼をそなえています。この力は、異なる性質を持つふたつ以上のものをつなぐ橋渡し役として活躍できるでしょう。また広い世界を見たい、実のある体験を積み重ねたいという知的好奇心が強い人です。閉塞的な環境の中にいると、息が詰まってしまうでしょう。

この力は、世界平和への貢献から、文化人類学探求、国際交流など、グローバルな舞台で生かすことができるでしょう。実際、知的でコミュニケーション能力が高いので、広い世界での活躍が望まれます。あるいは、海外とは関係のない仕事についたとしても、旅行や幅広い人との交流が、あらゆる面でプラスに作用することになるでしょう。

適職は、外交官、国連機関の職員、通訳、翻訳、特派員、旅行ガイドなどです。

相性リスト

恋人	1月9・10・11日、3月13・14・15日
友人	7月10・11・12日、11月10・11・12日
手本となる人	5月13・14・15日
助けてくれる人	2月3・4・5日、4月16・17・18日、6月28・29・30日、11月22・23・24日
縁がある人	2月9・10・11日、4月13・14・15日

9月13日

乙女座

♍

VIRGO

波はあるけれど芸術的感性の持ち主

長所

繊細。因習や常識にとらわれない。のびのびしている。精神的活動が得意。芸術的なセンスに恵まれている。

短所

感情の起伏が激しい。周囲と足並みをそろえられない。実行力が乏しく、発想を行動に移すことができない。

この日生まれの著名人

山田洋次（映画監督）／安藤忠雄（建築家）／玉置浩二（ミュージシャン）／松坂大輔（野球選手）／芦原すなお（作家）／マイケル・ジョンソン（陸上選手）／せいや（霜降り明星）（お笑いタレント）

この生まれの人はリベラルな考えの持ち主であることが多く、社会の常識や規範に従って生きることを息苦しく思いやすいタイプ。また、この人の持つ非常にデリケートな心身も、社会活動を営むうえでのネックとなっているでしょう。例えば、満員電車にむせ返る人の熱気を浴びるだけで心身がグッタリしてしまうようなところが、この人にはあるのです。その一方、非常に鋭いセンスで前衛的な芸術にかかわることは得意。つまり、サラリーマン的な生き方より、芸術家的人生のほうが性に合っているのです。

ただ、そういうあなたの性質をよく理解し、受け入れてくれる人が周囲にいれば、どんな仕事でも成功できます。会社員の仕事に芸術家の側面がまったく必要ない、なんてことはありえないのですから。「自分はこの人たちとは違う」というように、自らを他者から排除しないように。そういう考えでいると他人を遠ざけてしまい、生きづらさを募らせることになってしまいます。

あなたの愛の形とは？

この誕生日の人が、常に実年齢よりも若く見えるのは、自由で何者にもとらわれない心を持っているからです。ファッションも、生き方も、オリジナリティにあふれています。恋愛も、ほかの人とは違う観点で異性を眺め、愛するのです。

自分と同じように、制約されない心を持った相手にひ

かれることが多いでしょう。けれども魅力ある相手は、わがままで人のことを気遣うことが少ないもの。そんな人を追っているうちは、この人にとっての恋は心休まらない、苦しく切ないものになるでしょう。

もしもそんな相手に疲れたときは、寛大な人と向き合うことをおすすめします。そんな人との恋は、心を暖めて、安心させてくれるでしょう。孤独になりやすいこの日生まれの人は、自分のよき理解者とめぐりあうことで、それまで感じたことのない、恋の喜びを体験できるはずです。

あなたの才能と人生のテーマ

クリアな視界を持っている人です。その眼で社会の矛盾点や、常識のむなしさを感じ取ることができます。またユニークで活気に満ちた発想ができる人です。

このパワーは、固定化した世界に風穴を開ける威力があります。けれども、人との衝突を嫌うので、実行役ではなく、参謀役にとどまることが多いでしょう。

また鋭敏な感覚を持っているため、芸術センスを発揮することもあります。大衆の好みを意識しないので、一部の人から熱狂的に受け入れられるタイプの表現者になるでしょう。本人も、そのスタンスで満足しそうです。ただ、ほかの人にはない優れたオリジナリティを持っているので、時代がこの人に追いついた場合は、記録的な成功を収める可能性もあるでしょう。

適職は、画家、漫画家、科学者、劇団員、フォトグラファー、コメディアンなどです。

相性リスト

恋人	1月10・11・12日、3月14・15・16日
友人	7月11・12・13日、11月11・12・13日
手本となる人	5月14・15・16日
助けてくれる人	2月4・5・6日、4月17・18・19日、6月29・30日、7月1日、11月23・24・25日
縁がある人	2月10・11・12日、4月14・15・16日

いい波と荒れている波が極端なとき。
うまく合わせていきましょう

9月14日

乙女座

VIRGO

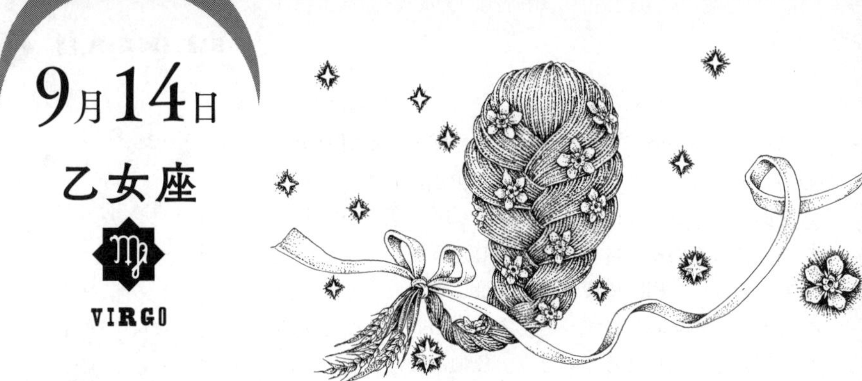

繊細さの仮面の下に情熱を隠した人

長所

ピュアマインドを忘れない。清潔でさわやかな雰囲気が漂う。知的で精神的に向上しようとする。きれい好き。

短所

潔癖で心が狭い。現状を認めず、理想にこだわる。ひがみっぽい。人目を意識しすぎる。本心を打ち明けたがらない。

この日生まれの著名人

赤塚不二夫（漫画家）／矢沢永吉（ミュージシャン）／福澤朗（アナウンサー）／二代目中村獅童（歌舞伎役者・俳優）／安達祐実（女優）／上戸彩（女優）／MIYAVI（ギタリスト）／宮田俊哉〈Kis-My-Ft2〉（タレント）

この生まれの人をひと言で表すなら「青春という言葉が似合う人」ということになりそう。10代後半の若者が持つ独特の情熱と、恥ずかしいほどの純真さを、ずっと持ち続けているのがこの人なのです。何事にもやみくもに突っ張ってしまうところがあり、その分、人より傷つくことも多いかも。でも、そういう経験を乗り越えていくほどに幅のある人になるはずです。

野心的ではありますが、しかし同時に「世の中はこうあるべきだ」という強い気持ちを持っているために、大人の世界の慣習になじんでしまうことはありません。いくつになっても理想を追求するパワーにあふれた人です。そういう気持ちを生かせる仕事につくことが人生の充実度を上げるポイント。惰性でやっていけるような仕事を続けることは避けましょう。人間関係においては、ピュアな情熱に共感してくれる相手との関係を重んじることが大切。冷めた人や、物事を斜めに見るようなタイプとは合わないはず。

あなたの愛の形とは？

思春期の、感じやすく、純粋な心を大人になっても忘れない人です。恋をしたときには、相手のことを100％信じるし、会いたいと思ったら、いろいろなことに気を回さず会いに行くでしょう。

この純粋さは、大人の分別を身につけてしまった相手の目には、非常識なものと映るでしょう。その誤解を解

こうとして気持ちを伝えようとすればするほど、相手は間違った確信を強めるだけでしょう。

この生まれの人には、社会の中で心が堅くなってしまった人は似合わないのです。不器用でも純粋な人、理解してもらえなくても、きちんと心を開いて向き合ってくれる人を選ぶべきでしょう。同じ魂を持っていると、確信できることが重要です。そんな相手とふたりなら、生きにくいと感じるこの現代社会が、少しずつ豊かな世界に変わっていく実感を覚えることでしょう。

魔法の言葉

答えはイエス。本当の答えはきっとあなた自身がもう出しています

あなたの才能と人生のテーマ

偉人と呼ばれる人の中には、幼いころの夢を大きくなっても捨てない人が大勢います。彼らはたとえ周囲に笑われても、胸の中の大志を捨てることはありませんでした。

この日生まれの人にも、そんな思いが宿っています。一生をかけて理想を実現化することができたら本望でしょう。若いころになりたかったものをヒントに、職業を探すといいでしょう。

もし幼いころの夢を忘れてしまった場合は、夢中になれることを追求するといいでしょう。常識や習慣にとらわれず、自分の心に忠実に生きること、好きなことを仕事にすることが、充実した生活を送る鍵になります。

あるいは、社会の欺瞞を糾弾するような職業を選ぶかもしれません。この場合は、優れた言語感覚が力強い武器になることでしょう。

適職は、ミュージシャン、画家、文芸評論家、放送作家、ジャーナリストなどです。

相性リスト

恋人……………… 1月11・12・13日、3月15・16・17日
友人……………… 7月12・13・14日、11月12・13・14日
手本となる人…… 5月15・16・17日
助けてくれる人… 2月5・6・7日、4月18・19・20日、6月30日、7月1・2日、11月24・25・26日
縁がある人……… 2月11・12・13日、4月15・16・17日

9月15日

乙女座

VIRGO

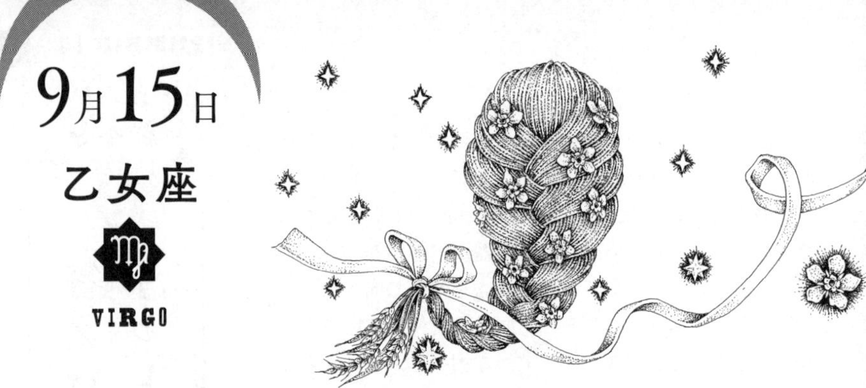

胸の内に愛されたいという想いを抱く人

長所

ひたむき。まっすぐな心の持ち主。おしゃれでセンスがいい。いつも身ぎれいにしている。芸術的な才能を持つ。

短所

寂しがりや。臆病。注目を集めたがる。依存心が強く、何もしてもらえないとひがむ。被害妄想を持ちやすい。

この日生まれの著名人

アガサ・クリスティ（作家）／オリバー・ストーン（映画監督）／竹下景子（女優）／小宮山悟（野球選手）／酒井順子（エッセイスト）／ロバート・キャンベル（日本文学研究者）／井浦新（俳優）

人から愛されたり、関心を向けてもらうこと、あるいは深くかかわってもらいたいという気持ちがとても強い人。それなのに、意識的に自己アピールをするのは苦手で、まるで柱の陰でコッソリと自分の魅力を見せる練習をしているような、そんなかわいらしさを持っている人です。

少しだけ自分の殻を破ることができれば、たくさんの人からの賞賛、関心を得られるはずなので、羞恥心を捨て去るように心がけてみては？　自分の考えを言葉にして伝えるのも得意なはずなので、ブログなど始めてみると、多くの人気を集められる可能性があります。そうなれば、自己アピールへの抵抗感が消えていくかもしれません。

また、ファッション関係の仕事にも適性があるはずです。大切なのは、「自分を見てもらいたい」という気持ちを、まず自分が認めること。そういうあなたを肯定してくれる友人や恋人を持つことも自己の殻を破るキッカケとなるでしょう。

あなたの愛の形とは？

天使や妖精のような優雅さと清潔な印象を、会う人に与える人です。人から見つめられると逃げてしまうけれど、しばらくすると自分の方から姿を見せるようなところがあります。本当は異性から見つめられていたいし、愛されたいのです。でもいざというときには、どんなふ

うに振る舞えばいいのか、わからなくなってしまうのでしょう。

気になる異性の前では、いつも以上に上手に話せなくなってしまいそうです。会ったときに話そうと話題を用意しても、言いたいことの半分も言えないこともあるでしょう。それで余計に自信をなくしてしまうかもしれません。

そんなときもあきらめないで、電話やメールで、落ち着いて自分の気持ちを伝えてください。どう思われるかなどと考えすぎないで。この日生まれの人が一生懸命考えた言葉には、力が宿っていることを信じましょう。

あなたの才能と人生のテーマ

美的感覚と言語感覚が優れている人です。華美なものよりも、可憐なもの、清楚なものを好むし、またこの人自身もそれが似合うでしょう。

そのため、社会の中でも、かわいらしいもの、愛らしいものを世の中に送り出すような仕事が向いています。人の眼を楽しませたり、美しくなるサポートをすることも得意分野のひとつでしょう。

見かけよりもガッツがあるので、好きなこと、やりたいことがあったら、ひたむきに努力を続けるでしょう。そしてある程度の成果を挙げるまで、工夫を重ねていける人です。

ただ多少押しが弱いところがあるので、勇気を出して自己アピールしていくように、心がけてください。本来堂々と自分の気持ちを表現できる力があるのですから。

適職は、デザイナー、詩人、編集者、ビューティーアドバイザー、カラーコーディネーター、美容師などです。

相性リスト

恋人……………… 1月12・13・14日、3月16・17・18日
友人……………… 7月13・14・15日、11月13・14・15日
手本となる人…… 5月16・17・18日
助けてくれる人… 2月6・7・8日、4月19・20・21日、7月1・2・3日、11月25・26・27日
縁がある人……… 2月12・13・14日、4月16・17・18日

魔法の言葉

今思っている以上の結果になりそうです。それを受け止める心の準備を

9月16日

乙女座

VIRGO

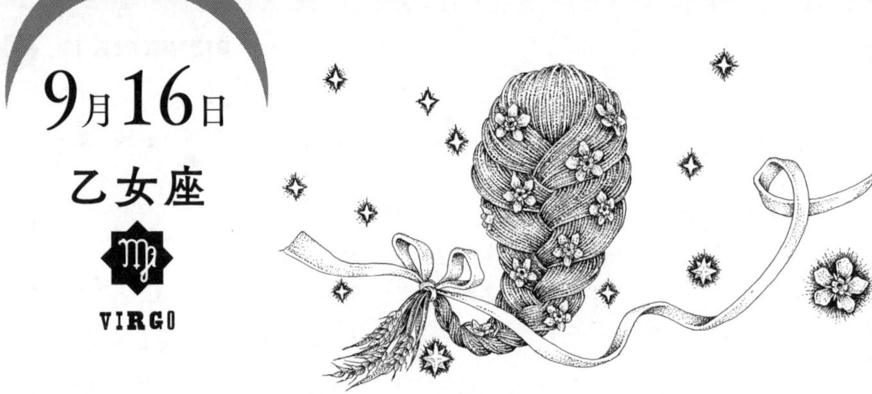

実行力のあるロマンチスト

長所

心優しい。慈悲深い。繊細で霊的なインスピレーションを受ける。行動力がある。小さいグループのリーダー的存在。

短所

心配性。人にレッテルを貼りたがる。現実世界を直視したがらない。自分の世界にこもる。関心がないことは人任せ。

この日生まれの著名人

竹久夢二（画家）／緒方貞子（国際政治学者）／ミッキー・ローク（俳優）／東国原英夫（そのまんま東）（政治家・タレント）／内野聖陽（俳優）／宮川大輔（お笑いタレント）／横浜流星（俳優）／折坂悠太（ミュージシャン）

かなりのロマンチストで、自分の描く夢想の世界に遊ぶ人です。少し少女趣味的なところもあり、この世界にはないようなものに憧れる面を持っているでしょう。マンガやアニメーションのキャラクターなどにも、実在の人間と同等のリアリテイを感じる感受性があります。なにかしら霊的なインスピレーションを持っていることもあるかもしれません。

もちろん、そんな夢想の世界だけがこの人の生きる領域ではありません。この人は、そんな自分の能力を社会の中で利用して、現実的な成功を収める可能性が高いのです。例えば、アニメーションの世界で有名になるかもしれないし、霊的な感性を芸術的表現に変えて発表することもできるはず。

また、この人は貧困や闘争といった「現実の厳しさ」に直面すると、大きく心が揺さぶられるタイプです。そのため、人助けをすることに生涯をかけるような人生を歩んでいく場合も。ただ、その場合はコツコツと前進することを心がけるべき。

あなたの愛の形とは？

澄んだ心に、豊かなイマジネーションが与えられているこの日生まれの人。思春期のころには、夢想と現実の区別が上手につけられないかもしれません。魅力的な異性がいると、相手を偶像化し、いわゆる恋に恋する状態になりそうです。もちろん、その幻想は見事に打ち砕か

れることが多いでしょう。

大人になったときには、現実世界を、理想世界に近づけようとする気持ちが高まります。だから相手の美点だけではなく、欠点も認めたうえで、愛する人になるでしょう。ただしこの傾向が強くなると、同情から恋につながるケースも見られるようになるでしょう。もともと心が温かい人だけに、困っている人を見ると、「自分が何とかしなければ」という使命感に目覚めてしまうのでしょう。それが行き過ぎると辛いだけの恋になります。尊敬できる部分がない異性に会ったときは、冷静になりましょう。

あなたの才能と人生のテーマ

この日に誕生した人の心の中には、愛と夢の世界が鮮やかに息づいています。発想力が豊かで、また注意力もある人です。だから芳醇なイマジネーションを、細部にいたるまで緻密に表現できる力を持っているのです。そのため、社会の中ではクリエイティブな仕事で活躍する可能性が高いでしょう。

あるいは、現実世界を確かに見つめたいと思った場合は、社会的な弱者を救済するための活動や仕事に貢献するようになるでしょう。

この才能は方向性が異なるように思えますが、心の中の理想世界を、この世界に実現させるために尽力するという意味では同じです。職業選択は技術や手先の器用さ、興味の方向を吟味して、自分に合った世界で活躍することが望ましいでしょう。適職は、ファンタジー作家、ゲームクリエイター、漫画家、映像作家、看護師、医師、社会保険労務士などです。

相性リスト

- **恋人**……………… 1月13・14・15日、3月17・18・19日
- **友人**……………… 7月14・15・16日、11月14・15・16日
- **手本となる人**…… 5月17・18・19日
- **助けてくれる人**… 2月7・8・9日、4月20・21・22日、7月2・3・4日、11月26・27・28日
- **縁がある人**……… 2月13・14・15日、4月17・18・19日

魔法の言葉

答えはイエス。ただし、誰かを傷つけたりしないのならば

9月17日

乙女座

♍

VIRGO

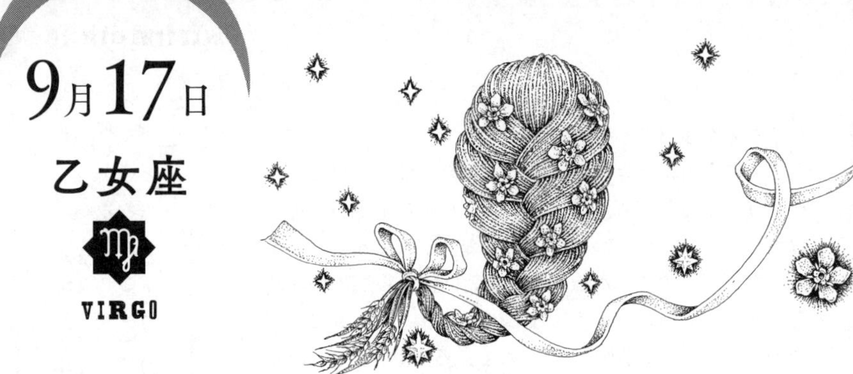

自分を厳しく見つめる人

長所

まじめ。責任感が強い。物事をきちんと仕上げる。整理整頓が上手。知的で、向学心が強い。努力を惜しまない。

短所

四角四面で堅苦しい。協調性がない。うるおいがない。窮屈。自己アピールが苦手。人を批判したがる。

この日生まれの著名人

橋爪功（俳優）／ちあきなおみ（歌手）／蝶野正洋（プロレスラー）／石川遼（プロゴルファー）／なかやまきんに君（お笑いタレント）／北山宏光（Kis-My-Ft2）（タレント）／中村アン（女優）

高い観察力とシャープな知性を併せ持つ人です。過去の資料を読みこんだり、先人の発見した世界を勉強することにエネルギーを惜しまないので、大変な物知りとなるでしょう。また、そうすることで自分の能力を最大限に引き出そうとする野心家でもあります。どんな仕事につこうと、自分がすべきこと、できることをガッチリと生涯を通じてやり抜こうとする傾向が出るはず。

しかし、その潔癖なまでのエネルギーの使い方が自分を追い詰めることになってしまいがち。ストレスをためこんで、過労にならないよう、自分の身体に注意することを忘れてはいけません。

また、他人についても自分の基準を持ち出すのはやめましょう。個人差というものを考慮に入れることを忘れてしまうのが、あなたの欠点。自分には簡単にできることでも、他人には簡単ではないことだってあるものです。「自分に厳しく、他人に優しく」ということを心がければ、どこにいっても尊敬を勝ち得ることができるでしょう。

あなたの愛の形とは？

異性に対する評価が辛らつだったり、複数の異性の友人がいるのに、なかなかひとりに絞り込まなかったり……と恋愛に真剣に取り組む姿勢をなかなか見せない人です。

でもそれは、誠意がないのではありません。逆にこれと決めたことには、真剣そのものの態度で取り組む人な

のです。けれどその真摯さが「重い」と見なされてしまうのが現代社会です。知的で人を見る眼のある人だから、表面上その風潮に合わせているだけなのです。

ただそれは、この人に見合うだけの相手がいない場合のこと。本気でこの人の真情に向き合う相手がいれば、打って変わって、まじめで誠実な本心を見せる人になるでしょう。そして全身全霊で、愛情を注ぐことでしょう。生涯ともに過ごすパートナーのつもりでつき合うので、多少のトラブルがあっても、辛抱強く乗り越える努力をするはずです。

あなたの才能と人生のテーマ

知的でまじめな人です。現実を直視し、あいまいなことやいいかげんなことはできるだけ自分の周囲から退けようとする合理的な精神も持っています。同時に手抜きを知らない一徹なところがあり、人から与えられたことも、自分で自分に課したこともやり遂げます。

この完ぺき主義的な性向のため、社会に出るとどんな職に就いても、仕事に情熱を注ぐ仕事人間になる公算が強いでしょう。必要なことはとことん調べあげるのはもちろん、黙っていると頼まれていないことまで、調べることがあります。それはある意味頼もしいのですが、場合によっては恐れられる人になるかもしれません。

向いている職業は、公共性の高い仕事、論理的な手順を踏んで行える仕事です。

適職は物理学者、教育者、公認会計士、学芸員、エンジニア、不動産業、検察官、国家公務員などです。

相性リスト

恋人	1月14・15・16日、3月18・19・20日
友人	7月15・16・17日、11月15・16・17日
手本となる人	5月18・19・20日
助けてくれる人	2月8・9・10日、4月21・22・23日、7月3・4・5日、11月27・28・29日
縁がある人	2月14・15・16日、4月18・19・20日

魔法の言葉

表情、背中、こわばっていませんか？
リラックスすると案外、答えが見つかります

9月18日

乙女座

VIRGO

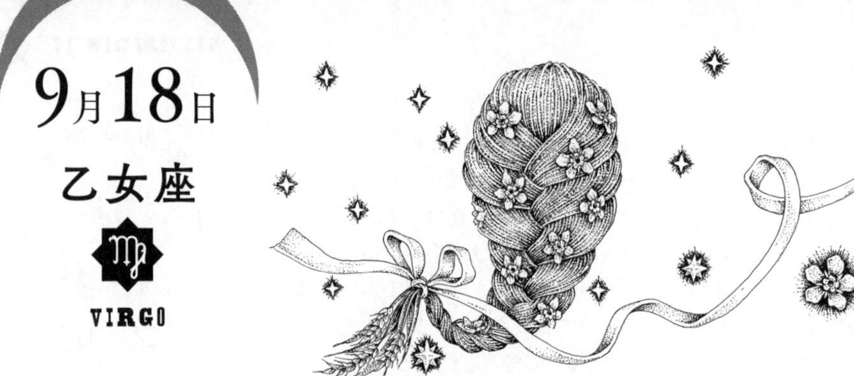

情熱的でありながら緻密な人

長所

意思が強い。いつも一生懸命で手を抜かない。感覚が鋭い。開拓精神がある。緻密に計画する。行動力がある。

短所

権力欲が強く打算的。自分が損になることには手を出さない。攻撃的で闘争心が強い。自己中心的。功名心が強い。

この日生まれの著名人

森本毅郎〈キャスター〉／神谷明〈声優〉／中井貴一〈俳優〉／井原正巳〈サッカー解説者〉／稲本潤一〈サッカー選手〉／杉野遥亮／大貫亜美〈PUFFY〉〈歌手〉

興味を持ったことには、トコトン真剣に取り組む人です。意志がとても強いうえ、自分の置かれた状況を見渡し分析する力も抜群。頭脳ゲームに優れている人だと言えるかもしれません。普段はとても冷静ですが、目標到達を焦る状況に置かれたとたん、冷静さを失うところが欠点でしょう。場合によっては目的のために方法を選ばないということもあるかもしれません。

また、気持ちが急(せ)いているときは、発言にも注意をしなければなりません。鋭すぎる言葉で相手を傷つけてしまうこともあるからです。

こうした短所を差し引いたとしても、この人は優秀な人物に変わりありません。どこにいてもリーダー格として周囲を牽引する仕事ぶりを見せるでしょう。ひとりで黙々とこなす仕事についたとしても、手抜きのない仕事をしつつ、きっちりと締め切りを守ります。ただ、神経を尖らせ続ける職場環境では、きつい面が顔を出しがちになりますから、ゆとりを持った働き方をするように心がけて。

あなたの愛の形とは？

いつも理性的に行動する、とても知的な人です。けれどもその内側には、マグマのような途方もないエネルギーが渦を巻いています。一度、エネルギーに方向性が与えられたら、莫大な推進力が生まれるでしょう。自分の気持ちを知ってもらいたい、という衝動が起こると、

その気持ちを熱く、理路整然と相手に伝えるでしょう。

だからこの日生まれの人は、恋をすると前後が見えなくなってしまうことが多く、愛情表現しているつもりが攻撃的な口調になってしまうことがあるのです。

恋心はどんなに隠しても伝わるほどの力を持っています。あえてパワフルに表現しなくても、相手に届くものなのです。詰め寄っていくと相手は後退します。でも自分が退くと間にスペースができて、相手が歩み寄ってくるのです。この呼吸を覚えると、この日生まれの人の恋は少し楽になるでしょう。

あなたの才能と人生のテーマ

ただ前進あるのみ。一歩も後退することを許さない、勇猛果敢な魂を持って生まれてきた人です。それに緻密な頭脳を持っています。わずかな隙間を見つけると、心のアクセルを踏み込み、周囲の人を抜いていくアグレッシブな人です。さらに、自分が信じるもの、大切なものを守るためには、容赦をしない厳しい面も持ち併せています。

この性格は、競争社会で生き抜くのに適しています。時代の最先端を歩む職業や、激動の多い業界でこそ、やりがいを感じることもありそうです。

また信じたことを貫く性格、正義感の強さを生かし、隠れた不正を暴くような仕事にも、力強く取り組んでいくでしょう。

適職は、ジャーナリスト、外科医師、ベンチャー企業経営者、IT企業の起業家、エンジニアなどです。企業の中では、営業などで大きな業績を挙げるタイプです。

相性リスト

恋人	1月15・16・17日、3月19・20・21日
友人	7月16・17・18日、11月16・17・18日
手本となる人	5月19・20・21日
助けてくれる人	2月9・10・11日、4月22・23・24日、7月4・5・6日、11月28・29・30日
縁がある人	2月15・16・17日、4月19・20・21日

魔法の言葉

戦うことを恐れてはいけません。あなたが正しいと思うことを貫きましょう

9月19日

乙女座

VIRGO

ひとつのジャンルでリーダーになれる人

長所

繊細で、バランス感覚が優れている。専門性が高い。物事をていねいに緻密に組み立てる。穏やかで、良識がある。

短所

消極的。とげとげしい。枠をはみ出さない。いいわけが多い。自分に厳しくしすぎて疲れることがある。

この日生まれの著名人

高橋是清（政治家）／小柴昌俊（物理学者）／一条ゆかり（漫画家）／島田歌穂（女優）／西川貴教（T.M.Revolution）（ミュージシャン）／夏川純（タレント）／細田守（アニメ映画監督）／野村謙二郎（野球選手・監督）

良識を何よりも大事にする人です。自分のやるべきことをしっかりと果たそうとする役割意識にも長けています。そのマジメさは他人からの信頼を得ることにつながるので、職場でもレジャーや行事のシーンでも、責任あるポジションを任せされることが多いでしょう。仕事では、自分の専門ジャンルを定め、それにまい進すれば、この人は社会の中でまたたくまに頭角を現すはず。いろいろなことに手をつけるより、ひとつのことを専門的に極めていくほうが向いている人です。

人生の歩みを進めるうえでは、進学、就職、結婚といった一般的人生の正規ルートを外れないようにしたほうがいいでしょう。自分がまっとうに生きていると思えるときは自信を持つことができるけれど、自分が「道を外している」と感じたとき、この人は自分への誇りを失いがちになるからです。裏街道より表街道を歩くほうが性に合っているし、そうしてこそ、他人には成し得ない偉業を達成できるはず。

あなたの愛の形とは？

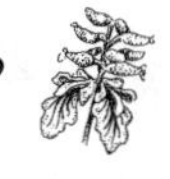

とてもまじめで、人の気持ちを考えて行動する人です。日常生活では頼りにされることも多く堂々としています。けれども恋愛となると、相手の気持ちを考えすぎたり、楽しい話題を提供できずに焦ったりするでしょう。それで前に踏み出すことができず悩むこともあるでしょう。打ち明けられないまま、消滅してしまう恋を経験し

たこともあるはずです。新たな出会いを求めるよりも、友情から始める恋のほうが向いています。

真剣さと誠実さでは誰にも負けません。いったんその人柄が理解され、交際が始まったときには、相手を幸せにすることに勢力を傾けます。だから絆は強く長くなります。恋人がそのまま生涯のパートナーになることも多いでしょう。そして結婚後はよき家庭人として、家族を温かい思いで支えていくでしょう。

あなたの才能と人生のテーマ

もし、この日生まれの人が手編みのセーターを編んだとしたら……。まず編み目の一つひとつがきちんとそろっているのです。そして、セーター全体のバランスも整い、着る人の体型にもぴったり合うという、完全な仕上がりになるでしょう。つまり、緻密さと全体的な調和の両方を満足させられる力を持っているのです。

だから複数の仕事を同時進行させることはできません。一つひとつの仕事をていねいにこなすことで、この人の持ち味、能力が発揮されるのです。だから自分の好きなこと、得意なことに絞り、そのことを突き詰めていけば、必ず社会で頭角を現すでしょう。

また、独創的なものへの尊敬の念を持っています。貴重なものの権利を守るような仕事には誇りを持って取り組めるでしょう。

適職は宝飾デザイナー、著作権関係の弁護士、検察官、修復師などです。

魔法の言葉

心配はいりません。どちらにしてもよい結果になります

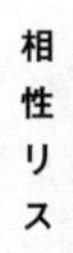

相性リスト

恋人………………	1月16・17・18日、3月20・21・22日
友人………………	7月17・18・19日、11月17・18・19日
手本となる人……	5月20・21・22日
助けてくれる人…	2月10・11・12日、4月23・24・25日、7月5・6・7日、11月29・30日、12月1日
縁がある人………	2月16・17・18日、4月20・21・22日

9月20日

乙女座

VIRGO

心優しき純粋な人

長所

純粋。思いやりがある。感情がきめ細かい。繊細。ロマンチスト。美的感覚が発達している。きれい好きで上品。

短所

影響を受けやすい。神経質。精神的なもろさがある。度量が狭い。夢見がちで現実に対処する力量が乏しい。

この日生まれの著名人

ソフィア・ローレン（女優）／麻生太郎（政治家）／小田和正（ミュージシャン）／一青窈（歌手）／安室奈美恵（歌手）／伊藤由奈（歌手）／大本彩乃〈Perfume〉（歌手）

心根が優しいうえに、汚れのない精神を持っています。人を信じようとする気持ちが強く、疑うよりも信頼に身をゆだねることに安寧を求めるタイプ。周囲には優しい人、思いやりの深い人が集まりやすいでしょう。この人から無条件に信頼されてしまうと、何かしらの魂胆を持って近づいてきた人さえも、つい善人になってしまうかもしれません。それは、この人の純粋さに相手が感化されるためです。

とはいえ、社会全体に悪がはびこっているような猥雑な雰囲気の漂う場所では、さすがに生まれつきの純真さも押しつぶされてしまいます。治安の悪い地域だとか、権力争いの激しい職場などに身を置くことはできるだけ控えたほうがいいでしょう。そういうところにいると、憂うつな気持ちから抜け出せなくなってしまうはず。その反対に、美しい建築や音楽、美術などに囲まれた暮らしをすれば、美意識が発達し、それを生かした職業に就き、成功することができるでしょう。

あなたの愛の形とは？

人を疑って安全に生きるよりも、信じて傷ついたほうがいい。これがこの人の人間を見るときの基本姿勢です。人をだますことも疑うこともできない純真な心を持っている人です。その分、影響を受けやすく、好きになった相手の言葉には、そのまま従ってしまう傾向があります。

だから若いときには、恋人の価値観を最良だと信じ、

好きな音楽や生活スタイルに自分を合わせようとします。相手の好みに染まることが幸せだと思うでしょう。けれど、実際は誰よりも高い美意識を持っている人だから、いずれ人に合わせることができないことを知ることになるのです。

自分の価値観を確立し、精神的に自立した恋ができるようになると、この日生まれの人の世界は、それ以前よりももっと豊かになるでしょう。またそのころになると、自分の価値観に合った人を選ぶようになるでしょう。

あなたの才能と人生のテーマ

まじめで細かいことによく気がつく、常識的な人です。でも人には見せない部分では、とても繊細で、美しいものに囲まれ、洗練された空気を吸って生きていたいタイプの人なのです。

社会に出た場合、気をつけなくてはならないのは「好きなことを仕事にする」ということです。例えば音楽が好きだから、音楽の道を歩くということになったとします。すると業界の裏側のどろどろした部分も見ることになり、嫌気が差してくるかもしれません。人よりも純粋なだけに、大切なものの裏側を見ると強い衝撃を受けてしまうのです。

ただ、それでも好きなことを貫きたいという強い欲求があるなら、持ち前の美意識や感受性を生かし、成功することができるでしょう。好きなことを仕事にするなら、それ相応の覚悟が必要です。

適職は、デザイナー、出版、翻訳、美術評論家などです。

相性リスト

恋人	1月17・18・19日、3月21・22・23日
友人	7月18・19・20日、11月18・19・20日
手本となる人	5月21・22・23日
助けてくれる人	2月11・12・13日、4月24・25・26日、7月6・7・8日、11月30日、12月1・2日
縁がある人	2月17・18・19日、4月21・22・23日

魔法の言葉

ふだん交流のない人に尋ねてみましょう。曇りのない目が答えをくれるかも

9月21日

乙女座

♍

VIRGO

宇宙と自然に想いをめぐらせる人

長所

叙情的。器が大きい。スケールの大きなものへの憧れを示す。社交家。人の中に飛び込んでいく。発想力が豊か。

短所

遊び好き。依頼心が強い。集中力が不足。落ち着きがない。自信過剰。功名心が強い。現実認識が足りない。

この日生まれの著名人

スティーヴン・キング（作家）／松田優作（俳優）／安倍晋三（政治家）／二代目桂ざこば（落語家）／デニー友利（野球選手）／ビル・マーレイ（俳優）／二階堂ふみ（女優）

非常に鋭い感性の持ち主です。発想力が豊かで、大きな空に広がっていくように自由に伸び伸びとした考え方をします。この世の狭い世界に縛られず、壮大なスケールで物事を考え、宇宙や自然のことにまで想いをはせるタイプ。この世界の神秘や謎についても深い興味を持っていることでしょう。

基本的には外交的で、外の世界に関心が向くほう。平凡な毎日では退屈してしまい、家で静かに過ごす生活ではもの足りません。刺激や変化のある環境を好み、積極的に表に出て行こうとします。けれど、根本には繊細な感受性を持っているので、ちょっとしたことで心を揺さぶられてしまうことも。人間関係でも、相手の気持ちを考えすぎてしまったり、人の意見に左右されたりする面もありそうです。

大らかな性格ですが、親しい人に対しては要求が多くなったり、無意識のうちに自己中心的なところを出してしまうのが欠点。親しい人にこそ優しく接することができると、より支援者も増えるでしょう。

あなたの愛の形とは？

果てしなく自由を求める心は、この人の恋愛観の中にも確実に息づいています。常識にとらわれることも嫌います。週末や将来の約束も、場合によっては行動を束縛されるような気持ちがして、不愉快になることもあるでしょう。

今思っていることは単なるノイズかもしれません。明日もう一度考えて

けれど、この人は自由に伴う責任や、孤独の冷たさも理解している人です。だからこそ、愛する人には、自分の拠点になってもらいたいと願うのです。自分が思うとおりに突き進み、疲れたときにはその胸に帰ることを望むのです。そういう自分自身は、その身勝手な要求に見合うほどに魅力的でいるよう努力するでしょう。そして相手のことを心から大切にするでしょう。

恋人に選ぶのなら、大きな手のひらの上で遊ばせてくれるような、懐の広い人がいいでしょう。あるいは、どんなこともおもしろがってくれるような、精神の若さを忘れない人でもいいでしょう。

あなたの才能と人生のテーマ

ミクロからマクロまで。これが、この日生まれの人の人生観や才能を表す言葉です。わずかな変化も見逃さない顕微鏡的な目線で物事を見つめたかと思うと、宇宙の秘密や、世界の成り立ちといった、日常生活の常識の枠を超えた世界に興味を示します。これが、この人にとってはちょうどいいバランスなのです。

社会生活の中では、実務的なものを好み、実際にその方面でめざましい活躍をするでしょう。しかし、いったん仕事を離れたときには、常人が理解できないことに強い関心を示すかもしれません。自分自身が心から楽しめる趣味を持つといいでしょう。まったく接点がないと思われることが、この人の中で結びつき、壮大なSFドラマになったり、新しい発明となって世に送り出される可能性もあるはずです。

適職は、作家、司法書士、弁護士、探検家、スポーツ選手などです。

相性リスト

恋人……………… 1月18・19・20日、3月22・23・24日
友人……………… 7月19・20・21日、11月19・20・21日
手本となる人…… 5月22・23・24日
助けてくれる人… 2月12・13・14日、4月25・26・27日、7月7・8・9日、12月1・2・3日
縁がある人……… 2月18・19・20日、4月22・23・24日

9月22日

乙女座

VIRGO

控えめでいて鋭い感性の人

長所

独特の個性を生かす。克己心が強く、困難を克服しようとする。ユニークな表現力に恵まれる。常識に縛られない。

短所

消極的。好き嫌いが多い。自分の気持ちを偽る。悲観的になりやすい。コンプレックスが強い。周囲から浮きやすい。

この日生まれの著名人

岡田眞澄（俳優）／鈴木雅之（ミュージシャン）／石井竜也（ミュージシャン）／緒形直人（俳優）／ロナウド（サッカー選手）／渋谷すばる（タレント）／今井絵理子（歌手・政治家）／ナヨン（TWICE）（歌手）

この生まれの人は、とても個性的で、独自の発想で物事を進めるタイプ。成長するにつれ、独特の美意識を持つようになり、何事においても自分なりの哲学や考え方を見せるようになるでしょう。その発想は人々を感心させることが多く、誰も思いつかないようなアイデアを披露します。

性格的には控えめで、自分の考えや意見を周囲に押しつけることはありません。状況に応じて的確な対応をとることができ、場の空気を読むセンスも抜群。あなたの賢い応対や発言に、周囲の人も一目置くことさえあるでしょう。あなた自身は自分を押し出すのは苦手だと思っているかもしれませんが、積極的に意見を述べ、できるだけ自分を打ち出していくようにすると、周囲からも認められ、運勢も発展します。

また、この生まれの人は傷つくことや失敗を恐れて、何事も一歩を踏み出すのに躊躇する傾向があります。でも、それでは独自の発想を開花させることはできません。傷つくことや失敗など恐れずに、勇気を持って自分の考えを実行すれば、成功の道が開けてくるでしょう。

あなたの愛の形とは？

その場にいる人のわずかな心の変化さえ読み取ってしまうような、繊細な感受性を持っています。とくにむき出しの感情をぶつけられるとどうしたらいいのかわからなくなってしまいます。

こんな人だから、誰かを好きになって、自分から愛情表現を示す段になると途方にくれてしまうのです。ナイーブな感性ゆえに、自分の言葉が相手の気に障った場合、あるいは黙殺されてしまったときなどのネガティブな場面の細かい状況を想定し、萎縮してしまうからです。

どうしても出ない勇気を無理に引き出すことはありません。それより恋愛をテーマにした数々の芸術作品に自分の思いを託して、相手に渡してみるといいでしょう。本人が思っている以上に、ストレートに思いが伝わるはずです。好きになる相手は、そんな芸術や美意識を理解してくれるような、教養のある人が条件になりそうですが。

あなたの才能と人生のテーマ

その場の空気を読むソーシャルスキルに加えて、独自の意見を生み出す発想力があります。それがこの人の最大の強みです。この力が正しく生かされた場合、活躍できるフィールドは無数にあるはずです。ただ、繊細な人にありがちな、悲観的状況判断をする傾向があるので、多少押しの弱いところがありそうです。周囲に、実力がなくても、アピール力だけがある人材がいる場合は、能力を発揮するチャンスに恵まれないかもしれません。

でも、突然自己顕示欲を増大させるような方法はありません。だからこそ、日ごろから自分の考えを周囲の人に話すなど、簡単なことを習慣づけるようにするといいでしょう。才能以前に、日常生活をどのように過ごすかということが、この人の社会的明暗を分ける鍵になりそうです。適職は劇作家、作家、オペレーター、エンジニアなどです。

相性リスト

恋人……………………	1月19・20・21日、3月23・24・25日
友人……………………	7月20・21・22日、11月20・21・22日
手本となる人……	5月23・24・25日
助けてくれる人…	2月13・14・15日、4月26・27・28日、7月8・9・10日、12月2・3・4日
縁がある人………	2月19・20・21日、4月23・24・25日

魔法の言葉

そのことはきっとあの人も、そして周囲の人も感心させます

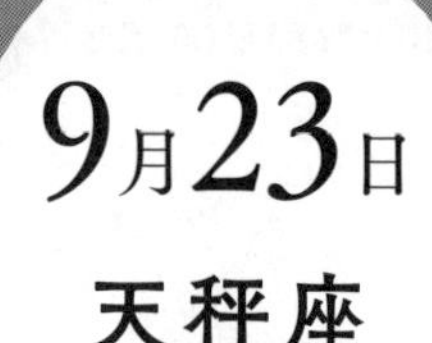

9月23日

天秤座

LIBRA

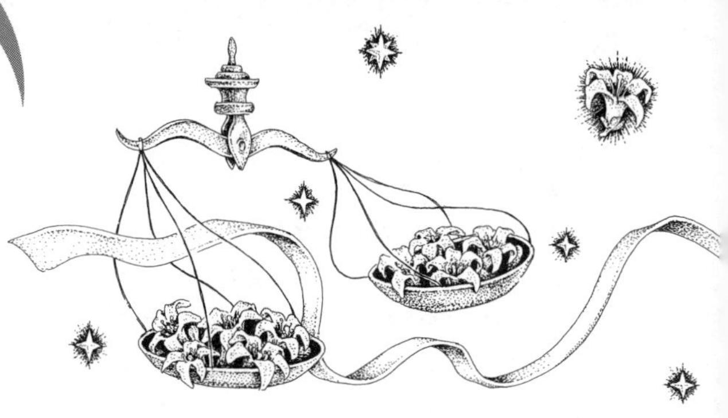

美を追求する人

長所

美的感覚が鋭い。生活や人生を楽しむ心の余裕がある。自分の気持ちに正直。相手を喜ばせることを言う。

短所

華美。贅沢。浪費家。自己顕示欲が強く、ナルシスティック。上昇志向が強く、人を肩書きや外見で判断する。

この日生まれの著名人

レイ・チャールズ（ミュージシャン）／フリオ・イグレシアス（ミュージシャン）／川平慈英（タレント）／稲葉浩志（B'z）（ミュージシャン）／中山雅史（サッカー選手）／叶美香（タレント）／川澄奈穂美（サッカー選手）

人間関係に独特のセンスを持っている人です。相手の気持ちを敏感に察知することができ、相手のことを考えたうえで、自分のこともアピールできるので、人からはとても好かれます。物事に対してもまっすぐに気持ちを向けることができ、素直で一途なところがあります。

才能にもあふれていて、音楽やスポーツ、芸術など、人生の楽しみごとに独自の能力を発揮することもありそう。ただ、人があまり興味を示さないものに関心が向くことも少なくなく、子供のころは、その感性やセンスがなかなか周囲に理解されないかもしれません。でも、大人になるにつれて、自分の独自性を表現する力もつき、周囲からわかってもらえるようになります。焦らずにじっくりと人生に取り組んでいきましょう。

また、少しナルシストなところもありそう。人から見られる自分を意識し、自分のルックスにもこだわります。そのため、ダイエットなどにも関心が強く、ストイックに体型を維持しようとしたり、体調をコントロールしたりするタイプです。やりすぎると健康を損なうので気をつけましょう。

あなたの愛の形とは？

この日生まれの人にとって、人生は芸術です。楽しいこと、美しいことに満ちていることを望んでいます。もちろん苦しいことや悲しい出来事も起こるでしょう。でもそれは、感動のクライマックスを迎える前の、山場の

ようなものだと信じます。ドラマチックな出来事も楽しめる、心の強い人なのです。

こんな人だから、恋をする相手も、夢を持って追いかけるような人でしょう。経済力や名声は必要ではありません。その人の生き方に、あるいはセンスに、ほかの人にはない輝きを見つけることができれば、それだけで幸せな気持ちに満たされそうです。

また、自分自身も人生を彩るための努力を欠かさない人ですから、それに気づいてくれない相手なら寂しい思いをすることでしょう。逆に、賞賛の言葉をかけてくれる人であれば心を開いて優しく接してあげるでしょう。

あなたの才能と人生のテーマ

この日生まれの人は、たいてい子供のころから、好きなことに集中すると、ほかのものが見えなくなる傾向があるでしょう。そして、好きなことをするためなら、勉強や家の手伝いを課せられても、嫌がらずにやるようなところがあるのです。

その好きなことを大人になるまで続けられた場合は、その分野で実力を開花させることができるでしょう。とくに芸術やスポーツ、音楽などの技術を育て続けた人は、並外れた才能を発揮する人になっている可能性が高いでしょう。また途中で目標を変えたとしても、何かに夢中になったその知識や時間が、かならず何かの役に立つでしょう。

この日生まれの人が社会で成功するためには、自分が心のそこから楽しめるもの、感動できるものとつながっていることが必要です。適職は、外交官、音楽家、作家、イラストレーター、学芸員、翻訳家などです。

相性リスト

恋人…………………1月20・21・22日、3月24・25・26日
友人…………………7月21・22・23日、11月21・22・23日
手本となる人……5月24・25・26日
助けてくれる人…2月14・15・16日、4月27・28・29日、7月9・10・11日、12月3・4・5日
縁がある人………2月20・21・22日、4月24・25・26日

魔法の言葉

相手の目線、周囲からの目で考えてみることが解決のカギに。自分自身をモニタリング

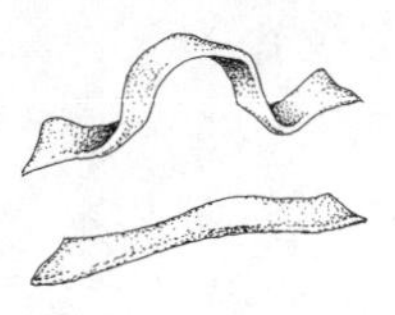

9月24日

天秤座

LIBRA

軽やかに人生を歩く人

長所

気配りが上手。エレガント。美的感覚が鋭い。アーティスティックなセンスがある。憎めないキャラクターの持ち主。

短所

調子がいい。面倒なことは人任せにする。甘えん坊。コンプレックスを刺激されやすい。人と自分を比較したがる。

この日生まれの著名人

長新太（絵本作家）／筒井康隆（作家）／田淵幸一（野球選手）／真行寺君枝（女優）／KAN（ミュージシャン）／羽田美智子（女優）／永野芽郁（女優）／早乙女太一（俳優）

この生まれの人の最大の特徴は、類いまれなる美的センスと美意識。自分が美しいと思うスタイル、美しいと思うものを、何よりも大切にします。ファッションやインテリア、食器や生活雑貨といったものにまで美的センスを発揮。きれいなものに囲まれ、優雅に過ごすことが、この生まれの人の最上の喜びなのです。

人と人とのつながりもとても大事にするタイプで、周囲の人への対応もとても細やか。気配りが上手で、一見したイメージよりもずっと親しみやすく、多くの人に自分から心を開きます。誰にでも公平に優しく接し、人の好き嫌いもあまり表に出しません。ただ、ドロドロした人間関係は苦手。ちょっとでも関係が悪くなると、自分から引いてしまうところがあります。だから、相手の深いところには踏み込もうとせず、一定の距離を保って関係を築きます。そのため、何でも本音を言い合える友達がいなかったり、表面的なつき合いになりがちな面も。多少ぶつかることがあっても、そこから本物の信頼関係が生まれてくることもありますから、衝突を恐れずに人間関係を紡いでいくことが、あなたには必要なことでしょう。

あなたの愛の形とは？

精神の貴族であるこの日生まれの人にとって、恋愛は人生最大の心の冒険のようなものです。恋が生み出す切なさや情熱などの喜びを抽出し、味わい、楽しもうとし

ます。

例えば表面的には冷静な態度をとったり、気のないふりをする相手がいたとします。でもその裏では、綿密な計画を立てて、相手とかならずすれ違うコースを取ったり、思わず動揺するような目線を送ることもあるでしょう。メールを送るタイミングも絶妙。恋の駆け引きにかけては、天才的な技を繰り出すでしょう。

でも、それは決して遊びではありません。恋愛を仕掛けて終わらせることもありません。相手のことは、誰よりも熱く真剣に向き合います。その瞬間を燃やし尽くそうとします。人を愛することを通して、生きることの喜びや悲しみ、人間の姿を学んでいくのがこの日を誕生日に持つ人の生き方なのです。

あなたの才能と人生のテーマ

卓越した美的センスを持っている人です。とくに身の回りを美しいもので埋め尽くしたい願望が強いため、美術や芸術、装飾やデザインには並々ならぬ関心を持っています。また、その方面では知識を吸収するのも早く、早くから才能の萌芽を感じさせるでしょう。

美しいものを偏愛するということは、醜いものを遠ざけようとする人です。例えば覇権争いのような事柄からは、もっとも離れていようとする人です。けれどもどんな世界にも、影の部分はあるものです。いやだからといって逃げていると、何をやっても大成しません。多少の人間関係のトラブルには眼をつぶり、好きなことをやり遂げる根気を身に着けるといいでしょう。

適職は、タレント、ファッションデザイナー、美容師、アンティークショップの経営者などです。

相性リスト

- 恋人……………… 1月21・22・23日、3月25・26・27日
- 友人……………… 7月22・23・24日、11月22・23・24日
- 手本となる人…… 5月25・26・27日
- 助けてくれる人… 2月15・16・17日、4月28・29・30日、7月10・11・12日、12月4・5・6日
- 縁がある人……… 2月21・22・23日、4月25・26・27日

魔法の言葉

重く考えすぎているのでは？
「天使は自分を軽く考えているから飛べる」のです

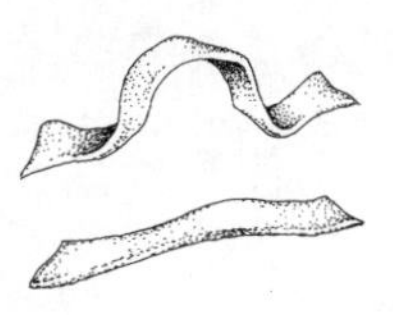

9月25日

天秤座

LIBRA

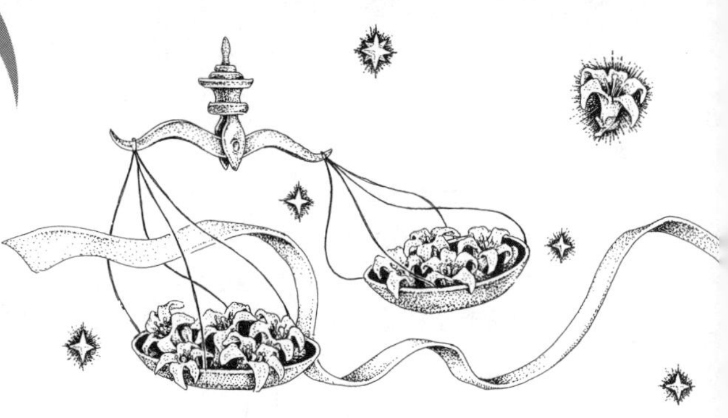

合理性と神秘を併せ持つ人

長所

美意識が強く、インスピレーションに恵まれる。直観力と論理性を生かす。観察力があり、バランス感覚がいい。

短所

人の目を意識しすぎる。八方美人。自分の気持ちを素直に口にできない。臆病で心配性。人に振り回される。

一風変わったセンスを持つ人で、鋭い直観力にも恵まれています。一見、ボーッとしているように見えますが、その背後には非常に透徹した知性があり、相手の気持ちをきちんと分析しているところがあります。なかなか侮れないタイプでしょう。

芸術的な感性を持ち、物事を直感で瞬時にとらえる能力を持つ反面、とても論理的で合理的な思考もできる人。どこか浮世離れした神秘的な感性と、科学的な思考力を併せ持つ二面性があり、それがこの生まれの人の特徴になっています。その両面から物事をとらえることができるので、物事の裏側まで奥深く読み取ることができ、同時に客観的な判断力や分析力も確かです。

ただ、どうしても人に嫌われたくないという思いが強いところが弱点。強い人の意見に引きずられたり、頼まれるとノーが言えない面があります。自分のことを後回しにして人のことばかり優先してしまうことも。そうなると、人から甘く見られたり、損をすることも出てくるので気をつけましょう。

この日生まれの著名人

魯迅（作家）／グレン・グールド（ピアニスト）／豊原功補（俳優）／浅田真央（フィギュアスケート選手）／MEGUMI（女優）／あばれる君（お笑いタレント）／ヒョンビン（俳優）／幾田りら〈YOASOBI〉（ミュージシャン）

あなたの愛の形とは？

愛する人のことを静かに眺めることを好みます。ただ相手の行動を見ているだけで、心の奥が温かくなるような気がするからです。優れた直観力を持っているこの人は、人の行動を見ているうちに、考え方や心の温度を感じ取ることができる力を持っています。そんな力を持っ

た人が認めた相手は、本物の人なのです。

けれど、その気持ちを口にするまでには時間がかかるでしょう。どんな観察力を持った人も、観察できないのが自分自身だからです。自信を持てず、嫌われるのが恐ろしくて、勇気を出せずにいるのです。それでも本当に愛している人なら、一歩、いえ半歩でも、前に進んでいきましょう。相手の気持ちを考え、思いやることができる力は、好きな人に向き合わなければ、生かすことができません。知的な人だからこそ、そのことは誰よりも理解しているはずです。

あなたの才能と人生のテーマ

科学的な仕事をしながらスピリチュアルなものに傾倒したり、芸術的な活動をしながら、合理的に物事を割り切るような不可解なところがある人です。でもそれこそがこの人の才能の奥深さとも言えるのです。

明晰な科学的思考と、神秘的な霊感。論理性と芸術性。これらは相反する資質と思われることが多いものです。けれどもそのふたつのものの一致とは、例えば、フランス王宮の幾何学庭園のような、計算されつくされた至上の美をつくり出せる偉大な力でもあるのです。

この人の持つ才能は、簡単に人前で披露できるような性質のものではありません。人から理解されないかもしれません。けれど、それであきらめてしまうと、何もつくり出すことができないのです。自分を信じ、好きなことに取り組んでいきましょう。

適職は、作家、大学教授、デザイナー、建築家などです。

相性リスト

恋人	1月22・23・24日、3月26・27・28日
友人	7月23・24・25日、11月23・24・25日
手本となる人	5月26・27・28日
助けてくれる人	2月16・17・18日、4月29・30日、5月1日、7月11・12・13日、12月5・6・7日
縁がある人	2月22・23・24日、4月26・27・28日

直感こそ大事にするべきとき。理屈のない小さな感覚もスルーしないこと

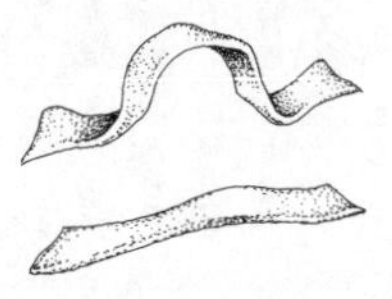

9月26日

天秤座

LIBRA

土台のしっかりした価値を求める人

長所

様式美を愛する。品性がある。落ち着いている。にじみでる貫禄。一本筋が通ったすがすがしい魅力を漂わせる。

短所

権威主義。因習にとらわれがち。小さなことをとがめだてする。口やかましいところがある。うぬぼれが強い。

この日生まれの著名人

T・S・エリオット（詩人・作家）／牧伸二（漫談家）／木根尚登（ミュージシャン）／天童よしみ（歌手）／池谷幸雄（体操選手・タレント）／佐藤藍子（タレント）／光石研（俳優）／セリーナ・ウィリアムズ（テニス選手）

この生まれの人は、もともと伝統的なものに対しての敬意が高く、長い歴史のあるものをリスペクトするタイプです。常識的で慣習やルールもしっかりと守り、古風なところがあります。伝統芸能やバレエ、クラシック音楽など、機能美、形式美をそなえた芸術を好み、またそうしたものに才能を持っていることも多いでしょう。

性格的には、やることに無駄がなく、現実的に物事を考えられるタイプ。安定感があり、安心して物事を任せられる人です。行動はきびきびした動きが特徴で、いつも背筋をピンと伸ばし、颯爽と歩いているような雰囲気があります。自分の立場をよくわきまえていて、周囲の人が自分に何を求めているかをしっかり理解し、その期待に応えるべく行動しますから、周りからの信頼も厚いでしょう。とくに年上からのウケがよく、上の人から引き立てられる運勢を持っています。

ただ、与えられた課題はきちんとクリアしますが、あまり自由な環境だと何をしたらいいのかわからず、自分の能力を生かすことができないかも。ある程度、枠のある環境にいたほうが、持てる能力を発揮できるでしょう。

あなたの愛の形とは？

一本筋が通ったような潔い生き方を貫きます。自分がこうと決めたら、簡単に翻すことができないし、それをしないことが、この人の美意識です。だからどんなことでも、決断するときは慎重にならざるをえないでしょう。

恋に対しても、例外ではありません。相手の胸に飛び込むまでに、何度もためらうでしょう。それは、相手を値踏みしているわけでも、猜疑心（さいぎしん）あふれる眼で見ているわけでもありません。性格的に誠実で、信頼できる人でなければ、この人が心を寄せることはまずないからです。問題なのは、自分自身の気持ちです。相手を長く愛し続けることができるか、その覚悟ができているかということに絞られてくるでしょう。

それでも意を決して相手の懐に飛び込んだ後は、心が揺れていたことは微塵も感じさせません。静かな安定した関係を築き上げていくでしょう。

あなたの才能と人生のテーマ

現実に即した考え方ができる人で、年齢を積み重ねるにつれ風格が出てきます。精神的な土台がしっかりしているため、人々に安心感を与えることができます。次第に信頼も厚くなっていくでしょう。

与えられた仕事には真摯に取り組み、立派に責任を果たしていきます。この資質は経営者として欠くことのできないものでしょう。社会の中では要職と言われる部署につくのが適任です。あるいは、これまで脈々と受け継がれてきたもの、様式美を持つ完成されたものを次世代に確実に受け渡す役割も適しています。とくにこの伝統継承の仕事には誇りと使命感を持って取り組むことでしょう。

適職は、銀行員などの金融業、伝統芸能継承者、茶道、華道師範、流通業、不動産業などです。企業の中では、経営者や管理職として、人々から信頼されるにポストにつくでしょう。

相性リスト

恋人……………… 1月23・24・25日、3月27・28・29日
友人……………… 7月24・25・26日、11月24・25・26日
手本となる人…… 5月27・28・29日
助けてくれる人… 2月17・18・19日、4月30日、5月1・2日、7月12・13・14日、12月6・7・8日
縁がある人……… 2月23・24・25日、4月27・28・29日

魔法の言葉

それはもう要らないものかもしれません。
整理すれば新しい展開が

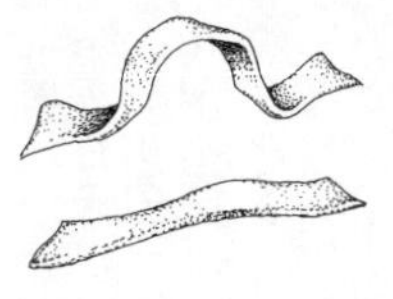

9月27日

天秤座

LIBRA

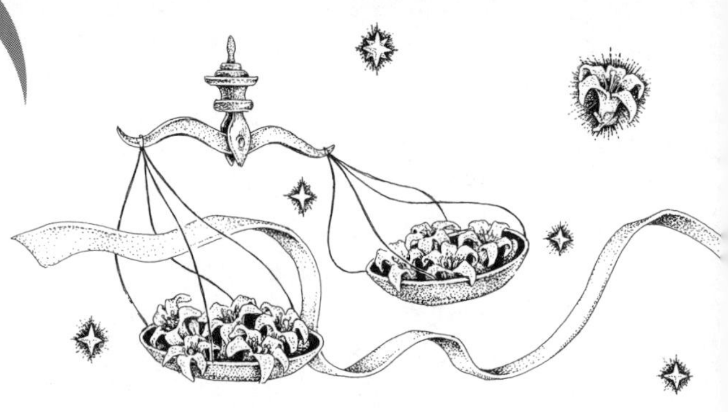

冷静さと闘志を持つ人

長所

シャープ。冷静。クレバーな頭脳を持つ。先を見通す目がある。計画性があり、効率よく目標に到達できる。

短所

不遜な態度に出ることがある。自分の才知に溺れる。負けず嫌い。流行に振り回される。闘争心が強い。

この日生まれの著名人

大杉漣（俳優）／辺見庸（作家）／アンディ・ラウ（俳優・歌手）／羽生善治（将棋棋士）／八嶋智人（俳優）／小野伸二（サッカー選手）／朝青龍明徳（大相撲力士）／中田敦彦（オリエンタルラジオ）（お笑いタレント）

この生まれの人は、一見、穏やかで冷静なタイプ。でも、意外なことに内面には激しい闘志を秘めています。冷静に相手を分析し、観察する能力も十分ありますから、自分と合わない相手とは衝突も辞さないところがあります。いったんぶつかったら、激しい戦いを繰り広げます。敵に回したら怖いタイプでしょう。魅力的な人ですが、気安く近づくとピシャリとはねつけられる、そんな気性の激しい面も持っているようです。

ただ、決して熱くなりすぎるタイプではなく、冷静に人生を生き抜くことができる人。目標が決まれば、コツコツと努力し、淡々とした態度で自分が得たいものを手に入れていきます。

また、ゲーム感覚にも優れたタイプで、賭け事やマネーゲームなども得意。熱くなりすぎず、冷静に勝ちにいくことができます。マネージメント能力にも優れているので、人間関係を操るのも得意。でも、自分の本心を簡単には明かさない面があるので、本当に心を許せる人は意外と少ないかもしれません。

あなたの愛の形とは？

冷たいかと思ったら、突然熱いまなざしを見せるような、人をドキリとさせる行動を、絶妙なタイミングで起こせる人です。あるいは、触れるだけで陥ちそうな風情を漂わせ、近寄ると逃げてしまうこともあるかもしれません。異性の心を惑わせる、魔性に近い魅力を持ってい

ます。相手は翻弄されていると知りながら、目を離すことができないのです。
　本当は、熱い心を持ち、気持ちを許せる人を待っている、いじらしい面があるのです。強がっているけれども、寂しがりやでもあるのです。でも、鋭い観察眼で相手のうそを見抜いたときには、毅然とした態度ではねつけるでしょう。拒否された側から見れば魔性の人かもしれません。けれど本心は、愛に妥協をすることができない人。自分にも人にもうそがつけない、まっすぐな気持ちを持った人なのです。

あなたの才能と人生のテーマ

　冷静に状況を判断し、チャンスが訪れると大胆な行動を起こせる人です。競争相手がいても必要以上に熱くなりません。脅されても、怖気づくことはありません。真の意味での勝負強さを持っていると言えるでしょう。
　この気質は、単調な仕事や変化のないルーティンワークには向きません。状況判断も得意ですが、長期的展望を占うよりも、短期に絞り込んで予測したいタイプです。
　どちらかというと変化が激しい、一秒先に何が起こるかわからないような、刺激的な職場が適しています。瞬発力があり、目立つ存在なのでリーダーに望まれることもありますが、その場合はワンマンにならないよう、とくに注意しましょう。
　適職はアナリスト、スポーツ選手、建築家、手品師、新聞記者などです。企業の中ではベンチャー企業の経営者、凄腕の営業部員になれる才能もありそうです。

相性リスト

恋人	1月24・25・26日、3月28・29・30日
友人	7月25・26・27日、11月25・26・27日
手本となる人	5月28・29・30日
助けてくれる人	2月18・19・20日、5月1・2・3日、7月13・14・15日、12月7・8・9日
縁がある人	2月24・25・26日、4月28・29・30日

魔法の言葉

無駄な争いはやめましょう。負けるが勝ち、ということもあるはずです

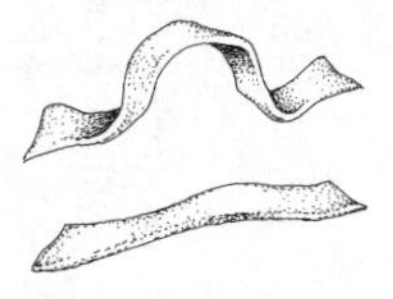

9月28日

天秤座

LIBRA

生まれついての慈愛の人

長所

慈悲深い。穏やかな態度で人に接する。人のために尽くす。社交的で人懐っこい。ひたむきでいつも一生懸命。

短所

感情的に行動する。善意を押しつける。人によく見られようとして無理をする。本当は嫉妬深いところがある。

この日生まれの著名人

ブリジット・バルドー（女優）／ミカ・ハッキネン（F1レーサー）／渡辺美奈代（タレント）／伊達公子（テニス選手）／吹石一恵（女優）／ヒラリー・ダフ（歌手・女優）／ナオミ・ワッツ（女優）／ホラン千秋（キャスター）

社交性が高く、平和主義で、人をはぐくむ能力を持っているのが、この生まれの人。この人は本来、人を受け入れ、愛することを強く求めています。表面的には感情的になることもあり、荒々しく衝動的な面も見せるでしょうが、その本質は心優しく、慈愛に満ちた愛情を持っています。人の心に敏感で、相手の気持ちを自分のことのように理解できる感受性もあります。ときには相手のためを思い、愛情を持って叱ることもできる人。そのため、天性のヒーリングパワーを持っていて、人の心を癒す力がそなわっているのです。

ただ、やや言葉が強いところがあり、その口調が人に誤解を与えてしまうことも。気分に波があり、機嫌のよいときと悪いときとで、周囲の人への態度が違ってしまうこともあるでしょう。そういう面は意識的に改善していかないと、気分屋に思われてしまうので気をつけてください。また、あなたの心の温かさは、相手とじっくりと話すことで伝わります。大事にしたい相手とは、些細なことでもじっくりと話し合う姿勢を持つことが、愛情を深めることにつながります。

あなたの愛の形とは？

人生の中での恋愛や愛する人の占める役割が大きいため、それだけ真剣に相手と向き合おうとします。例えば、些細な言葉の真意を問いただしたりする一面も見られるでしょう。また、愛する人が道義的に問題のある行動を

とったときには、本気になって怒ることもあるでしょう。そんな気性のせいでアグレッシブな人と思われることも多いのですが、それらの行動は災いの種があるなら、早々と摘んでおきたいため。本心では平和に、安らかに愛する人との毎日を送りたいのです。

だから、知り合ったばかりのころ、あるいはつき合いを始めて日の浅いころには、気性の激しさに目が向くでしょう。けれど、心が寄り添うにつれて、愛する人にも心の温かみ、瞳の奥の優しさが伝わるでしょう。それを理解し合えたとき、本当のこの人の愛情深さが、相手にも理解できるでしょう。

あなたの才能と人生のテーマ

相手の気持ちを理解したい、困っている人の役に立ちたいという気持ちが強い人です。優しい心に、機敏な行動力をそなえているため、出番が来たときには、即座に駆けつける、頼もしい人です。

社会の中でこの力は、福祉や慈善活動、樹木、動物などの育成、人材を管理するような仕事に向いています。なかでも福祉や多くの人を癒したり、励ますような方面の仕事には、熱意を持って取り組むことができそうです。とくに助けを求めている人や、苦境に立たされている人に向き合ったときには、自分でも信じられないくらいの力が出せるでしょう。自分が必要とされていると思うと、キャパシティを超えることも引き受けてしまうので、客観的になるといいでしょう。

適職は、サービス業全般、看護師、介護福祉士、旅行業、獣医師、臨床心理士、カウンセラーなどです。

相性リスト

恋人	1月25・26・27日、3月29・30・31日
友人	7月26・27・28日、11月26・27・28日
手本となる人	5月29・30・31日
助けてくれる人	2月19・20・21日、5月2・3・4日、7月14・15・16日、12月8・9・10日
縁がある人	2月25・26・27日、4月29・30日、5月1日

魔法の言葉

答えはイエス。だって、そのことを愛しているのでしょう？

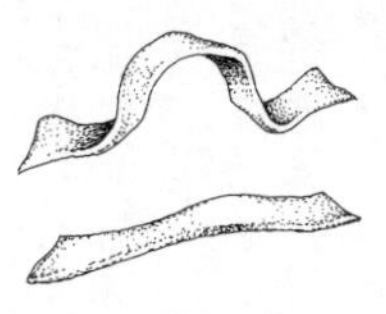

9月29日

天秤座

LIBRA

小さな種を大きく育てる人

長所

理性的。泰然自若。独自の才能を生かす。客観的に自分を見つめられる。思慮深く、慎重に行動する。

短所

気難しい。自分の本心を隠す。冷淡なイメージがある。理屈っぽい。偽悪的。口先ばかりで行動力がない。

この日生まれの著名人

ウォーレン・クロマティ（野球選手）／福岡伸一（生物学者）／ビビる大木（お笑いタレント）／榎本加奈子（タレント）／林隆三（俳優）／ryuchell（タレント）／岸優太〈King & Prince〉（歌手）

この誕生日の人は、生まれながらにして、独創性と芸術性の両方がそなわっています。これがうまく開花すれば、一種の天才肌のタイプとなります。とくに、幼いころ見たヴィジョンが、大人になって豊かな形で結実することがあるので、子供のころの夢は失わないこと。小さな夢を大きく育てることもできる人なので、自信を持ってトライすることが大事。そうすれば、運勢は大きく発展していくでしょう。

また、この生まれの人は、日々の生活に追われてしまうと、運勢が尻すぼみになってしまいます。お金を稼ぐためだけにあくせく働くのは性に合いません。やりたいことが仕事になればベストですが、それが無理なら、余暇に自分の好きなことをしたり、趣味の時間を持つことが必要でしょう。

性格的にはソフトに見えますが、内面はけっこう気難しいところがありそう。表向きは人の話を聞いていても、自分の考えは変えなかったりします。物事を斜めから見るような面もあり、心の奥では、いろいろなことについて批判的な目を向けていたりもします。外見と内面がかなり違っているとも言えるでしょう。

あなたの愛の形とは？

生活の一瞬一瞬が、映画のシーンのように美しくあることが理想です。だから人前では、好感を持って接してもらえるよう、自分を律することができるのです。好き

な人の前でも心を装うことが多いようです。泣いたり、荒々しい声を出したり、またぎこちない態度になるかもしれないと思うと、怖くてなかなか素直になりきれないのでしょう。だから、節度を持った異性の友達のままで終わらせてしまう思いもあるでしょう。

けれども、本当は豊かな心や感情を持っている人です。大切な人の前で、いつまでもかたくなな態度をとっていることはできません。親しくなって、ふたりの心の距離も近くなったときには、強い絆を結ぶことができる人です。心を開ける人は選びますが、本当にこの人と思った人のことは、広い心で受け入れることができるでしょう。

あなたの才能と人生のテーマ

美意識と独創性があり、それを表現しなければ気がすまない魂を持っています。この日生まれの人を言い表す言葉は、芸術家肌、ということに尽きるでしょう。

音楽や美術、文芸方面での素質があるので、それを職業にできれば幸運でしょう。けれども、芸術は時代の気分や大衆の要求と合致しないと、仕事として成立しません。そして、この人は、大衆に迎合することを拒否するところがあります。独創的すぎる感性を持った場合は、芸術的な才能をそのまま仕事で生かすことは難しいかもしれません。

ただ、芸術的なセンスを実務に生かすことは可能です。実利一辺倒の仕事よりも、どこかで美的な部分を強調できる職業を選ぶようにしましょう。

適職は、デザイナー、舞台俳優、美容師、美術評論家、交易関係の仕事、WEBクリエイター、ゲームクリエイター、バイヤーなどです。

相性リスト

恋人……………… 1月26・27・28日、3月30・31日、4月1日
友人……………… 7月27・28・29日、11月27・28・29日
手本となる人…… 5月30・31日、6月1日
助けてくれる人… 2月20・21・22日、5月3・4・5日、7月15・16・17日、12月9・10・11日
縁がある人……… 2月26・27・28日、4月30日、5月1・2日

魔法の言葉

まずはやってみましょう。最初はどんなものでも小さいのです

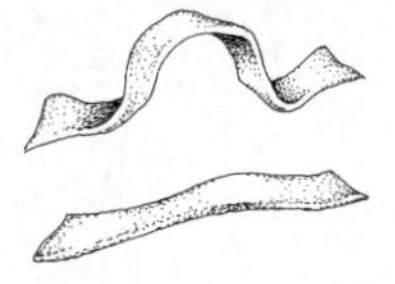

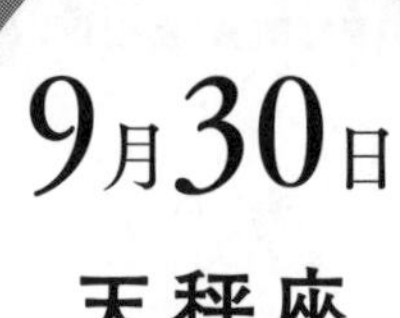

9月30日

天秤座

LIBRA

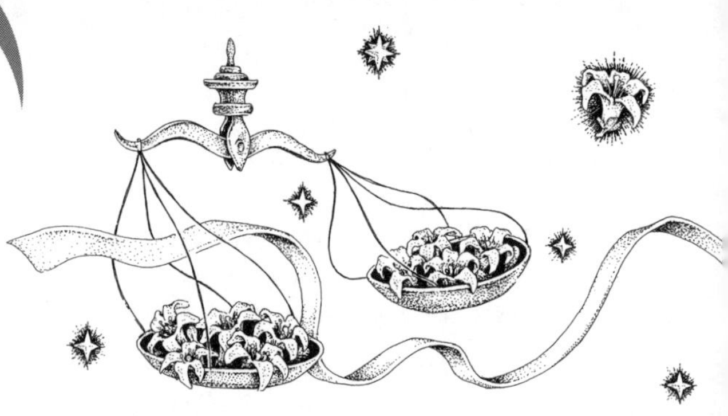

重厚な風格を持つ人

長所

大らかでエネルギッシュ。くよくよしない。物事を肯定的にとらえる。知的で広く教養・向学心がある。哲学的。

短所

自分の意見にこだわる。独善的なところもある。自分が中心になりがたる。なんでも自己流に解釈してしまう。

この日生まれの著名人

石原慎太郎（作家・政治家）／五木寛之（作家）／東山紀之（少年隊）（タレント）／トルーマン・カポーティ（作家）／内田樹（思想家）／マルチナ・ヒンギス（テニス選手）／潮田玲子（バドミントン選手）

この生まれの人は、社会や人生に対しての意識がとても高い人です。社会はこうあるべき、人はこう生きるべきという哲学を持っています。そのため、政治や社会的な活動に興味を持つ場合も多く、そういう場を得ると大きな活躍をする人もいるでしょう。自分の生き方に忠実であればあるほど、自信を深め、大きなことを成せるタイプです。

また、知識欲も旺盛で、教養を高めることに熱心。よく勉強もします。そうしたことが自分の自信となり、年齢を重ねるにつれて周囲からの評価も高まっていきます。

もともとこの誕生日の人には不思議な風格がそなわっていて、そこにいるだけで人が従ってしまうような力をそなえています。それがプラスに発揮されれば、よきリーダーシップを発揮し、トップに立ってみんなを引っ張っていくことができます。が、その風格が威圧的なものとなって出てしまうと、周囲は煙たがって離れていきます。そうならないよう周りに対してソフトな態度で接することが、運勢を発展させるうえでも大事でしょう。

あなたの愛の形とは？

深い教養がある人ですから、恋愛でも古今東西の史実や、物語を通して、恋愛の理想的な形をイメージしています。そしてその方法論の通りに行動することで、人間は幸せになれる、と確信しています。好きな人が現れた

ときに、この日生まれの人が恋のイニシアチブをとろうとするのは、根底にそんな事情があるからなのです。

たしかにそれは幸せになるための近道であるでしょう。ただし恋は、一つひとつがオリジナルで、同一ストーリーは存在しません。この人にとっては大きな失敗が、予想もできない喜びに結びつくかもしれないのです。

もちろん相手をリードする恋愛スタイルは貫いてもいいでしょう。けれども、完全を目指さないこと、先の見えないストーリーを楽しむことを意識するだけで、この人の恋は今以上に豊かで、明るいものになっていくはずです。

魔法の言葉

答えはイエス。思っていたこととは違うかもしれないけれどいい結果が

あなたの才能と人生のテーマ

常に、社会や人生の質を向上させることを念頭に置いて行動するような、意識の高い人です。またその発想もひとりよがりではなく、幅広い知識と、深い考察に裏づけられているので、信頼性があり説得力も持ちます。

この力は、リーダーとしての地位につくと、いい方向に発揮できるでしょう。逆に補佐的な役割を要求されるポストでは、常にリーダーを突き上げるような印象を与えて損をすることになります。大きな組織の中では、幹部への道を早くから歩くことになるので、敵も多くなるかもしれません。そこで全体の利益を考えず、自分の保身だけを考えると、この人の持っている美点が失われてしまいます。常に全体と個人のバランスを心がけるようにしていきましょう。

適職は、通訳、外交官、映画監督、弁護士、書記官、大学教授などです。組織の中では管理職タイプでしょう。

相性リスト

恋人……………… 1月27・28・29日、3月31日、4月1・2日
友人……………… 7月28・29・30日、11月28・29・30日
手本となる人…… 5月31日、6月1・2日
助けてくれる人… 2月21・22・23日、5月4・5・6日、7月16・17・18日、12月10・11・12日
縁がある人……… 2月27・28・29日、5月1・2・3日

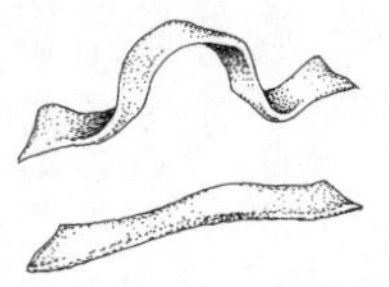

10月1日

天秤座

LIBRA

品のよさと強さを併せ持つ人

長所

公明正大。芸術的センスがある。争いを好まず、平和的にことを解決する。穏やかなリーダーシップがある。

短所

主観的に判断する。ひとりよがりなところがある。事なかれ主義。外見を気にしすぎる。本心を口に出したがらない。

この日生まれの著名人

ジャン・ジャック・アノー（映画監督）／うつみ宮土理（タレント）／中村正人〈DREAMS COME TRUE〉（ミュージシャン）／神田沙也加（タレント）／滝川クリステル（アナウンサー）／大谷亮平（俳優）

あらゆるバランスを調整しようとする力が、この日生まれの人には授けられています。優れた美意識とバランス感覚を元に、チームワークを支えたり、トラブルを解決したりするメンタリティーを持っています。これはこの日生まれの人が、常識や人間関係の調整に高い関心を寄せ、成長するにつれ人をリードすることへの自信を身につけるようになるからです。

この人はほとんど無意識に、自分の中にある正しさを人に伝えて、そのたびに人を導く機会やリーダーとしてできる舞台を与えらます。しかも美意識やセンスにも優れたものを発揮します。気の利いたカルチャーの話や、そつのないファッションに身を包んでいるおかげで、人間関係を調整しながらも、人から軽んじられたり疎まれたりすることがありません。

ただし、その調整能力を発揮しすぎて、損な役回りを押しつけられないように注意しましょう。とくにあなただけが犠牲的精神を発揮することで場を収めようとしますが、それではお互いの成長になりません。人間関係は平穏なばかりではなく、ときにはぶつかり合うことも必要なのです。

あなたの愛の形とは？

あなたが森を描くなら、木々の葉脈を見ると同時に、森全体を見渡しておこうという気持ちになるでしょう。そして恋をしたときも、その立場を貫くところがあるの

魔法の言葉

無理に押さないほうがいいかもしれません。
少し引くと向こうが動きます

です。

例えば、愛する人との絆の間に、第三者の異性が入り込んだとします。そのときあなたは感情を強く揺さぶられながらも、少しはなれた場所にいて、人間関係を客観的に見てしまうことがあるのです。もちろん、自分が幸せになるための努力はするはずです。けれども場合によっては、「自分さえ我慢すれば丸く収まる」と判断し、あえて自分が傷つく道を歩むことになるでしょう。波風を立てない生き方、周囲の人から「大人」と評価される生き方が上手な人かもしれません。けれど、感情を置き去りにしないようにしてください。感情のほうが、理性よりも自分を幸せにする道を知っていることがあるのです。

あなたの才能と人生のテーマ

理性的に物事を見られる眼と、バランスを整える力をそなえているあなた。入り組んだ物事を解決させることができる力を持っています。また先見の明があるので、物事を正しいほうに導く力も持っています。ただ自分の意見を主張することはなく、冷静に状況を説明できます。

この人は社会の中で、相反する意見を持つ人々の調整役や、グループを先導するリーダーとしての役割を求められることがあるでしょう。感情に引きずられないで判断できる冷静さが高く評価されるはずです。そのため、どんな職業についてもこの力を生かすことはできるでしょう。ただし、人間である以上、すべてのバランスを整えるということは無理です。完全さを求めすぎると人の心が離れるので注意しましょう。

適職は、弁護士、政治家、外交官、調停委員など。企業では商社、組織では営業が適しています。

相性リスト

恋人	1月28・29・30日、4月1・2・3日
友人	7月29・30・31日、11月29・30日、12月1日
手本となる人	6月1・2・3日
助けてくれる人	2月22・23・24日、5月5・6・7日、7月17・18・19日、12月11・12・13日
縁がある人	2月28・29日、3月1日、5月2・3・4日

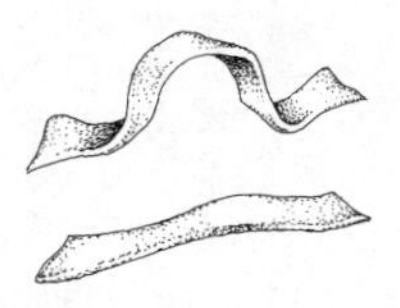

10月2日

天秤座

LIBRA

透明な美意識を持つ人

長所

人に優しく接する。温厚。感覚が鋭敏。アーティスティックな感覚を持っている。ボランティア精神にあふれている。

短所

過敏で傷つきやすい。小さなことを気にする。排他的。人見知りが激しい。自己アピールが苦手。嫉妬深いところがある。

この日生まれの著名人

マハトマ・ガンディー（インド独立運動家）／ダナ・キャラン（ファッションデザイナー）／山瀬まみ（タレント）／浜崎あゆみ（歌手）／七代目尾上菊五郎（歌舞伎役者）／福元美穂（サッカー選手）／杉咲花（女優）

この日生まれの人の心の世界は、すべてが繊細で美しいもので彩られているようです。その内側の光が外見にも反映され、この人の周囲にはいつも夜に光を放つ夜光虫や夜光植物のような、幻想的で神秘的なイメージが漂っているのです。それが多くの人をひきつける魅力で、この人の周囲には、気がついたら多くの人がひきよせられるように集まってくるでしょう。

人はこの人の、柔らかい感受性や敏感さを尊重し、大切にしてくれるでしょう。そんな繊細さに加えて、人当たりもソフトでデリケートです。感受性の高さはアート方面の才能に結びつきますし、人を大切にしたい気持ちから平和への関心も高いでしょう。周囲に安心感を与えるおかげで、自然と人から一目置かれる存在へと落ち着きます。しかしデリケートなこの人は、社会の汚れた部分に対して敏感すぎる面や、考えすぎて自分を傷つけてしまうこともあるようです。傷つきやすさのせいで、心の底から人を信用しないことも、自身の価値を下げてしまいます。目の前の相手の鈍感さや社会を許してあげられる、心のキャパシティーも持ってください。

あなたの愛の形とは？

あなたの人当たりの柔らかさ、上品な会話は、異性の心をひきよせるでしょう。でも、もし強引に接近しようとした場合、あなたは不意に心を閉ざしてしまうことがあるでしょう。その物腰の柔らかさは、自分が傷つきや

すいために、相手にも優しく接するところがあるのかもしれません。愛することを恐れないあなたが、たとえ、そこに愛があったとしても乱暴なものを遠ざけようとするのは、繊細な心が、痛めつけられることを恐れてのことかもしれません。

けれども、もし傷ついたとしてもその気品や美しいものを愛する心までが奪われることはないのです。傷ついてもなお、愛する人を受け入れることで、さらにその心が高貴な光を発することもあるでしょう。

愛されることを恐れないこと。愛情を迷わず受け入れること。その課題をクリアしたとき、あなたの新しい恋の形が見えてくるはずです。

あなたの才能と人生のテーマ

たとえ、みんなと同じものを見つめていても、ほかの人には見ることができない角度で物事を見ることができるあなた。同時に、ほかの人よりももっと細かく、鋭い深度を持っているでしょう。

その力は、とくに芸術系や表現する方向で生かされます。社会の中でも実際に芸術家として活躍する才能を持っているでしょう。ただし、あなたの場合は警戒心が強く、自分を前面に押し出そうとはしません。また争いを嫌い、平和を愛するため、自分を前面に押し出す勇気が多少不足しています。もしアートや表現の道を目指すなら、心を強くして自己アピールを心がけてください。もちろん、ほかの業種でその芸術性を反映させることも可能で、その道でも高い評価を受けることでしょう。

適職は、インテリアコーディネーター、作詞家、作曲家、美容師、メーキャップアーティストなどです。

相性リスト

恋人……………… 1月29・30・31日、4月2・3・4日
友人……………… 7月30・31日、8月1日、11月30日、12月1・2日
手本となる人…… 6月2・3・4日
助けてくれる人… 2月23・24・25日、5月6・7・8日、7月18・19・20日、12月12・13・14日
縁がある人……… 2月29日、3月1・2日、5月3・4・5日

魔法の言葉

誘い水をかけるだけでいいのです。相手の、そのことの流れに乗れます

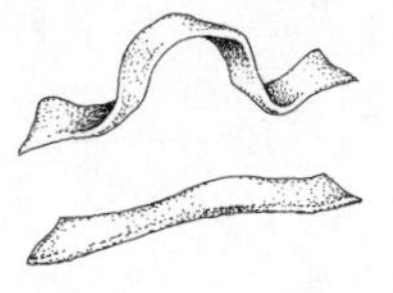

10月3日

天秤座

LIBRA

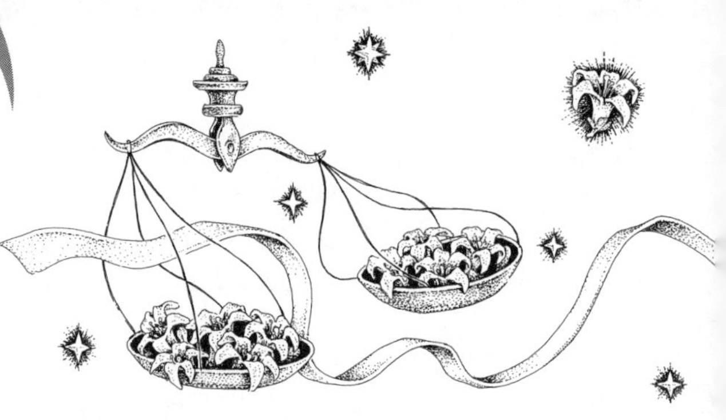

この世界すべてを愛する人

長所

心が広い。友好的。バランスのいい正義感を持つ。生活を楽しむゆとりがある。他人の意思や存在を尊重する。

短所

自意識が強すぎる。人の視線を気にする。八方美人。享楽的。お調子者。浮気っぽい。優柔不断。決断力が乏しい。

この日生まれの著名人

ピエール・ボナール（画家）／山本耀司（ファッションデザイナー）／槇村さとる（漫画家）／大沢誉志幸（ミュージシャン）／田口ランディ（作家）／石田ゆり子（女優）／蛯原友里（モデル）／三浦瑠麗（国際政治学者）

大らかで純粋な人です。人の心には善が宿っていることを信じて疑わないところがあります。そのせいで人に対しては優しく温かく接します。そしてその善意の輪を広げて、さらにたくさんの人とコミュニケーションの橋を渡したいと思うタイプです。そんな博愛主義的な考えを持っているおかげで、敵をつくることなく、人の輪を広げていくことができます。相手の立場や弱さを思いやり、必要だと思えば、喜んで手を差し伸べるでしょう。だからといって自分を見失うこともなく、バランスのいい協力関係を築いていくことでしょう。

また楽しいことが大好きなエピキュリアンであり、しかも優雅な雰囲気に包まれることを望みます。そのために多少面倒なことがあっても喜んで行動するでしょう。だから、あなたと一緒にいる人は不思議とハッピーな気分になれるようです。ただしその裏返しとして、極端に人目を気にする傾向もあるようです。単に人の視線ばかりを気にして八方美人になるのではなく、公平で客観的なあなたなりの正義感を持つことで、芯の強さと社会的な成功を手に入れられるでしょう。

あなたの愛の形とは？

バランス感覚にあふれ、さらにこの世界の楽しいもの、美しいものを味わいつくそうとします。その生命力の輝きは多くの異性をひきつけるでしょう。またその異性と接することにより、あなたの魅力はより味わいを増して

いくことでしょう。極端な場合、複数の異性から同時に愛を告げられることもあるかもしれません。

ただ、選択肢が多すぎるということは、決して「うれしい悲鳴」のようななまやさしいものではありません。迷いが多くなり、誰かを選んだとしても、そこに後悔が残るかもしれないのです。

大勢の異性の中から､光るものを持つ相手を選ぶこと、そしてその人にターゲットを絞ってみること、それがあなたの課題です。華やかさや楽しさには欠けるかもしれません。それでもひとりの人を愛し抜くことは、ほかには変えがたい深い喜びをもたらしてくれるでしょう。

あなたの才能と人生のテーマ

あなたの心は偏りがなく、公正なものの見方ができるでしょう。また、遠くをまっすぐに見つめる眼を持っているので、的確な判断ができるでしょう。

その力を社会の中で反映させるためには、フェアで客観的な立場に立って物事を判断できるような仕事につくといいでしょう。責任ある仕事、社会的な認知度が高い仕事であれば､意欲的に取り組むことができるはずです。

たとえどんなに多忙であっても、仕事一辺倒の生活にならないように、気を配りましょう。ウイークデイはひとつの仕事に打ち込んだとしても、オフのときには多彩な趣味を持ち、そこで人生を楽しむようにしましょう。そのバランスを保つことで、あなたの毎日は輝き始め、仕事もプライベートも充実させることができるはずです。

適職は、外交官、裁判官、評論家、大学教授、翻訳者、代議士などです。

相性リスト

- **恋人**……………… 1月30・31日、2月1日、4月3・4・5日
- **友人**……………… 7月31日、8月1・2日、12月1・2・3日
- **手本となる人**…… 6月3・4・5日
- **助けてくれる人**… 2月24・25・26日、5月7・8・9日、7月19・20・21日、12月13・14・15日
- **縁がある人**……… 3月1・2・3日、5月4・5・6日

魔法の言葉

チャンスが巡ってきています。急いでください。すぐに捕まえましょう

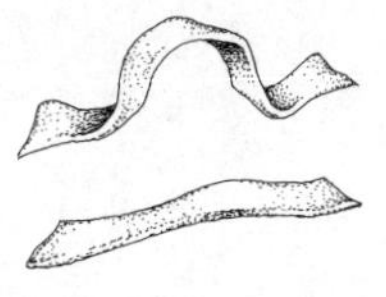

10月4日

天秤座

LIBRA

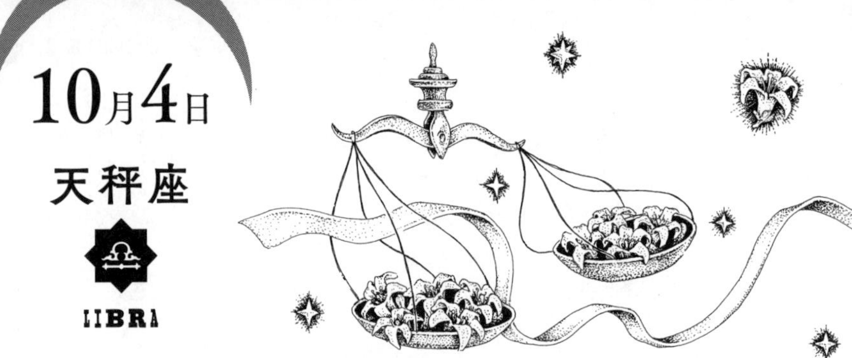

時代を先取りするセンスの持ち主

長所

言語感覚が優れている。発想力がある。人脈を大きく広げることができる。進歩的な考え方を取り入れられる。

短所

独善的。冷淡なイメージがある。実践力が伴わない。自分の手を汚したがらない。負けず嫌いで、虚栄心が強い。

この日生まれの著名人

ミレー（画家）／チャールトン・ヘストン（俳優）／日野原重明（医師）／北島三郎（歌手）／前田愛（タレント）／辻仁成（作家）／会田誠（現代美術家）／上田竜也〈KAT-TUN〉（タレント）

オリジナリティあふれる感性で時代をとらえる才能が、この生まれの人に与えられた最大の武器であり、個性と性格を特徴づける核心的なパーツです。誰にでもわかりやすく、しかも新しいものは、なかなか簡単に見つかるものではありません。そんな斬新さを発見できるあなたは、かなり貴重な人材です。

この日生まれの人の頭の中には、ほかの人が思いもよらないようなアイデアが詰まっています。その才能は豊かでいろいろな可能性が開かれています。例えば、コピーライターや作家といった職業に向いているほか、遊びの企画を立てて仲間を盛り立てたり、鋭いセンスで流行の先を見抜いたり。そんな形で自分の感性を世の中にアピールしていくたびに、成長と活躍の機会を得られるでしょう。巧みなユーモアのセンスのおかげでコミュニケーションも良好です。

ただ、表面的な人懐っこさにひかれて近づいた人が、鋭すぎるセンスや、的を射すぎた表現に驚かされることもあるようです。そんなときでも、自分の感じたことは我慢しないでください。あくまで感受性を伸ばすことが、あなたの価値を高めてくれるのです。

あなたの愛の形とは？

会話もファッションも、そして知性も、鋭く洗練されたセンスを感じさせる人です。上品なオーラも漂わせています。だから多くの異性はこの人に対して、自分には

手の届かない存在というイメージを持ってしまうことがあるようです。そのために本当は気難しい人ではないのに、勝手に相手から誤解されるかもしれません。その結果なかなか異性と親密な関係になれず、せつない思いをするかもしれません。けれど勇気を出して近づいた人は、この日生まれの人が、案外異性に対して寛大で、心が温かい人であることを知るでしょう。

相手から選ばれることを待っていると、なかなか近づいてくれない相手にもどかしい気持ちを抱き続けるかもしれません。向こうからのアクションを待たず、自分から接近してみる勇気。それがこの日生まれの人の愛のシーンを変えていきます。

あなたの才能と人生のテーマ

時代の一歩先に焦点が当たる眼を持っています。それでいて、多くの人にも受け入れられるものをつくり出そうとします。それはあなたが、快適なものや平和な場所を求めるため、自分はもちろん、人々にとって居心地のいいものを提供しようと思っているからなのです。

頭の回転がとても速く、あたかも天啓のような一瞬のひらめきの形で、ヒントがもたらされることがあります。あらゆるビジネスチャンスや、あるいは周囲の人を楽しませる方向が浮かんでくることがよくあるでしょう。インスピレーションを形にできるような仕事につくと持っている力を発揮できます。ただひとつのことを完成させないうちに次に気持ちが移ると何も成し遂げることはできません。そこは気をつけましょう。

適職は、放送作家、シナリオライター、WEBデザイナー、ミキサーなどです。

相性リスト

恋人……………… 1月31日、2月1・2日、4月4・5・6日
友人……………… 8月1・2・3日、12月2・3・4日
手本となる人…… 6月4・5・6日
助けてくれる人… 2月25・26・27日、5月8・9・10日、7月20・21・22日、12月14・15・16日
縁がある人……… 3月2・3・4日、5月5・6・7日

怖がらなくていいのです。どんな人でも「初めて」を何度も繰り返しているのですから

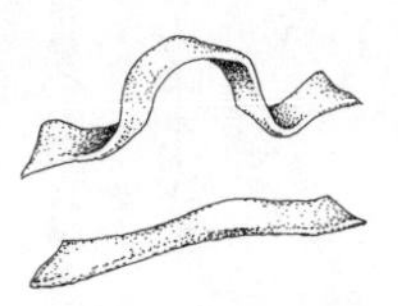

10月5日

天秤座

LIBRA

軽快な知性と鋭い感受性の持ち主

長所

知性がある。コミュニケーション能力に恵まれている。話題が豊富。人をひきつける会話術を身につけている。

短所

心理的に過剰防衛する。人と深くコミットすることができない。好き嫌いが激しい。自分の美意識にこだわりすぎる。

この日生まれの著名人

辺見マリ（歌手）／黒木瞳（女優）／橋本聖子（スピードスケート選手・政治家）／田臥勇太（バスケットボール選手）／吉田沙保里（レスリング選手）／井口理〈King Gnu〉（ミュージシャン）

この生まれの人に与えられているのは、ピッタリな言葉を選ぶ才能です。華やかな場ではふさわしい言葉で雰囲気を盛り上げ、悲しい場面では、引き締まった言葉を選ぶでしょう。また抽象的な気持ちを的確な言葉で表現するのも巧みです。会話をするほどこの人の価値が認められ、その知的な考え方や美的感覚が人に受け入れられていきます。頭の回転が速く、広範囲に渡る好奇心のおかげでセンスやフットワークも抜群。相手の気持ちをつかむような話術と、わかりやすくてアイデアに満ちた言葉選びで、どこにいっても人気者になれる人です。

これは、人と心を通い合わせたいという気持ちと、言葉を上手に使える才能がバランスよく発揮されるため。相手が欲している言葉を投げかけることで、この人にかなう人はほとんどいません。

しかし、ものの意味や言葉にこだわりすぎると、感情的な触れ合いを遠ざけてしまうことがあります。本来の目的と相反する結果が生まれるのです。人に伝わりにくくても、心に浮かんだことをそのまま表現してみると、気持ちの交流にも慣れていけるでしょう。

あなたの愛の形とは？

相手が喜ぶ話題を引き出す巧みな会話力、そして魅力をアピールする力がある人です。異性の心をくすぐる力に恵まれています。天才的に恋の駆け引きが上手なのです。

だから多くの人と知り合い、楽しい時間を過ごせるでしょう。でも駆け引きは気持ちの探り合いであって、真心の交換ではありません。心の中では、相手の胸の中で泣いたり、無条件に愛される喜びに心震わせてみたい、という気持ちがあるはずです。でもこの日生まれの人は、上品に微笑むだけで、初めの一歩が踏み出せないところがあるのです。

高い美意識のため、感情をむき出しにすることは美しくないと決めつけているのではありませんか。でも、クールなだけが美しさではありません。どんなに泣いても笑っても、あなたの美しさが損なわれることはないという事実に、もうそろそろ気づいてもいい頃でしょう。

あなたの才能と人生のテーマ

相手の気持ちになって考える推理力と、自分の気持ちを筋道立てて説明する知力を持っている人です。さらに、その場の状況を判断、解析する客観性も持っています。そして、それらの能力を言語というツールを使い、表現する力に恵まれている人です。

論理性と豊かな表現力は、執筆活動にも向いています。また、弁舌もさわやかなので、人の前で演説することで、多くの人に感銘を与える力に恵まれているかもしれません。先見の明もあるので、有用な意見として耳を傾ける人も多いでしょう。自分の中にあるものを、人々にわかりやすく何かを伝えることで力を出す人なので、多くの人にとって有益であり、なおかつ専門的な知識を身につけておくことが必要でしょう。適職は、司会者、言語学者、作家、評論家、通訳、翻訳業などです。企業の中では、広報なども適しているでしょう。

相性リスト

- **恋人**……………… 2月1・2・3日、4月5・6・7日
- **友人**……………… 8月2・3・4日、12月3・4・5日
- **手本となる人**…… 6月5・6・7日
- **助けてくれる人**… 2月26・27・28日、5月9・10・11日、7月21・22・23日、12月15・16・17日
- **縁がある人**……… 3月3・4・5日、5月6・7・8日

大丈夫、だんだんなじんでいきます。
そう、あのお気に入りの靴のように

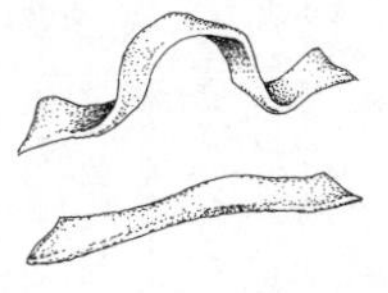

10月6日

天秤座

LIBRA

理想を追い求めるロマンチスト

長所

スタイリッシュ。ものごしが優雅で上品。高い美意識を持っている。アーティスティックなセンスを生かせる。

短所

わがまま。自分の主観にこだわる。客観的な思考ができない。優柔不断。秘密主義。事なかれ主義。非活動的。

この日生まれの著名人

ル・コルビュジエ（建築家）／平田篤胤（国学者）／芦川いづみ（女優）／佐藤允彦（ジャズピアニスト）／松田美由紀（女優）／リュ・シウォン（俳優）／堀北真希（女優）／朝比奈彩（モデル・女優）

この生まれの人は、優れた芸術家や音楽家達と同じように、ただ頭の中にあるイメージを、絵に描いたり楽器で演奏したりするだけで、印象に残る世界をつくり出せる力を持っています。頭の中で眠っている世界を形にすることで、時代をリードできるほどの評価を得られる可能性もあります。それだけ圧倒的な感受性と美的感覚を持っている人。その才能を生かせるかどうかによって、この人の人生は大きく左右されるでしょう。

そのセンスは、ファッションに発揮されることもあれば、味覚や視覚の世界で成功することもあります。つくるということだけではなく、楽しむという点でもセンスが発揮されるので、快楽を追いかける人生になってしまうこともあります。しかしこの人は、自分の中にある理想を、どんな道具を使っても実現してみることで、深い満足と高い評価を得られるはずです。

また、あまりにロマンチストであるため、お金や生活に対する感覚が発達しないこともあるようです。目の前の相手や世の中のいやな面から目をそむけていると、壁は越えられません。どんなことも受け入れる、大きな度量を手に入れてください。

あなたの愛の形とは？

眼に映るものや手に触れるものが美しくあってほしいという願いを持っている人です。もちろんバランス感覚にもすぐれている人だから、現実の厳しさや理想との

魔法の言葉

どちらに「キラキラ」を感じられますか？
そう、それが答えです

ギャップについては、理解しているでしょう。けれど頭で理解していても、無意識のうちに美しいものを壊したくない気持ちがあるのです。例えば自分の美意識と合わない行動を相手がしたときに、つい冷たい眼を向けてしまうこともあるかもしれません。もしも恋に傷ついたことがあるなら、その原因は美しさを求めすぎていることにありそうです。

けれど、嘆くことはありません。この人の目はいつか表面的な美しさから、内面的な美しさへと深化を増していく傾向があるからです。相手の心の中にある風景にこの人が心を奪われたとき、愛と美しさが両立する完全な世界をその手で抱きしめることができるのです。

あなたの才能と人生のテーマ

もともと完成度の高い美意識を持っている人です。そのため幼いころや若いころ、子ども扱いされたり、意に反したものを与えられ、心外に思ったことがあるかもしれません。

また成長してからも、この人の美に対する意識が周囲に温かく迎え入れられることはないでしょう。時代の先端を行き過ぎていたり、感覚が鋭すぎて、理解されなかったりすることがあるのです。それでも好きなものに囲まれているほうがいいでしょう。たとえ生活のための仕事はしても、趣味で自分の美意識にあった何かをつくることとは続けたほうがいいでしょう。その姿勢が才能を伸ばします。さらに、運と人脈に恵まれることができれば、芸術やデザインの方面で名を挙げることもできるかもしれません。適職は、デザイナー、美容師、メイクアップアーティスト、タレント、イラストレーターなどです。

相性リスト

恋人……………… 2月2・3・4日、4月6・7・8日
友人……………… 8月3・4・5日、12月4・5・6日
手本となる人…… 6月6・7・8日
助けてくれる人… 2月27・28・29日、5月10・11・12日、7月22・23・24日、12月16・17・18日
縁がある人……… 3月4・5・6日、5月7・8・9日

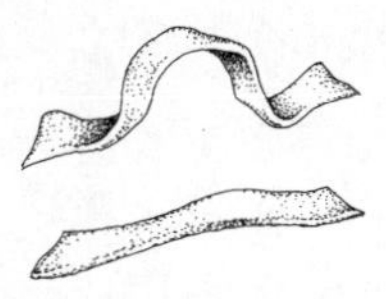

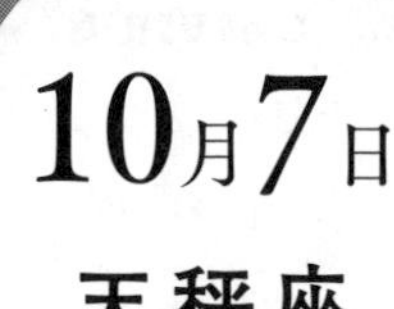

10月7日

天秤座

LIBRA

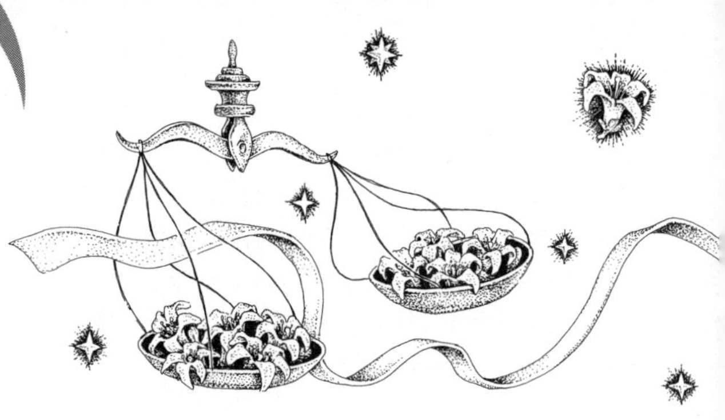

見えないものを大事にする人

長所

霊的なインスピレーションがある。心が優しい。人を言葉で慰めたり癒せる力を持つ。独特の表現手段を持っている。

短所

人見知りをする。二面性がある。自分の世界に引きこもりやすい。依頼心が強く、ちょっとしたことで傷つく。

この日生まれの著名人

坂田利夫（お笑いタレント）／ヨーヨー・マ（チェリスト）／桐野夏生（作家）／氷室京介（ミュージシャン）／叶恭子（タレント）／トム・ヨーク（Radiohead）（ミュージシャン）／生田斗真（俳優）

見えない存在の価値を敏感に感じとれる力を、この日生まれの人は潜在的に持っています。場合によっては天使や妖精たちが棲むような世界を、感じ取る能力があるかもしれません。また、そこまで行かなくても、人が気がつかないような神秘的な情景や耽美な世界、幻想的なものを感覚的に理解できる才能を持っているのです。

その、もうひとつの世界への憧れが強すぎる場合は、現実的なことを考えるのが苦手な傾向も出てくるようです。何を考えているのかわからないとか、現実離れしていると言われることもあるでしょう。それで現実社会がよけいに辛く感じられるかもしれません。

けれどもこの日に生まれた人の強みは、この三次元世界と、その上にある世界との境界線を飛び越えてしまうほどの敏感さを、この世界で上手に使えることなのです。例えば直感的に人の気持ちを察することができるでしょう。また親しくなりたい人と苦労しないで親密になれたりします。人が無意識のうちに美しいと思えるものに関心が高いため、デザインの世界での活躍も期待できます。思ったことを言葉で伝える努力をしてみましょう。

あなたの愛の形とは？

冷静で穏やかですが、どこかに謎めいた雰囲気がある人です。それが大人になるにつれて、柔らかいイメージが加わってくるでしょう。

また一度ならずも「異性の好みが一定しない」などと

友達に言われることがあったはずです。確かに外見上の好み、あるいは趣味上から、この人が愛した人を見ると、バラバラで一貫性も何も感じられないでしょう。そしてこの人にひきつけられる相手にも、やはりさまざまなタイプがいるように思われるでしょう。

だから心無い人からは、ポリシーがないとか、気分で変わる、と言われることもあるかもしれません。でもこの人はそんな意見にはまったく耳を傾けることはありません。なぜなら、心の目を開くことができる人はわかっているのです。その異性たちを見たときには、同じトーンの色彩、同じような明るさの心の光を放っているのですから。

あなたの才能と人生のテーマ

五感で確認できるものばかりがすべてではないという信念を持っている人です。理屈では説明できないルートでひらめきを得ることがあり、それが真実を突いていることもあるでしょう。それでもこの日生まれの人はアンフェアな立場を好まないため、自分が得た答えは、なるべく論理的に説明しようと努力します。

この気質ゆえ、社会の中では心に関する仕事、言葉にならない思いや気持ちを汲み上げるような仕事に適しています。それは決して隠そうとしているものを暴きだすような荒々しい性質のものではありません。むしろ聞いてもらいたがっているひそかな声を漏らさず拾い上げるようなものでしょう。明るく楽しいものばかりではないけれども、それはこの人にしかできない仕事なのです。

適職は、心理カウンセラー、獣医師、看護師、臨床検査技師、ケアマネージャーなどです。

相性リスト

恋人	2月3・4・5日、4月7・8・9日
友人	8月4・5・6日、12月5・6・7日
手本となる人	6月7・8・9日
助けてくれる人	2月28・29日、3月1日、5月11・12・13日、7月23・24・25日、12月17・18・19日
縁がある人	3月5・6・7日、5月8・9・10日

魔法の言葉

必要でもない重荷を担う必要はありません。
身軽にいけるかどうかがカギ

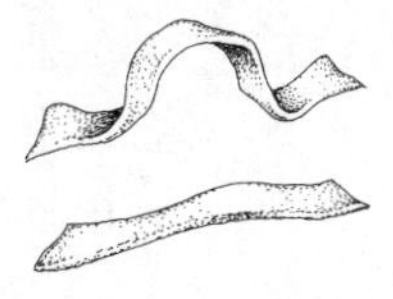

10月8日

天秤座

LIBRA

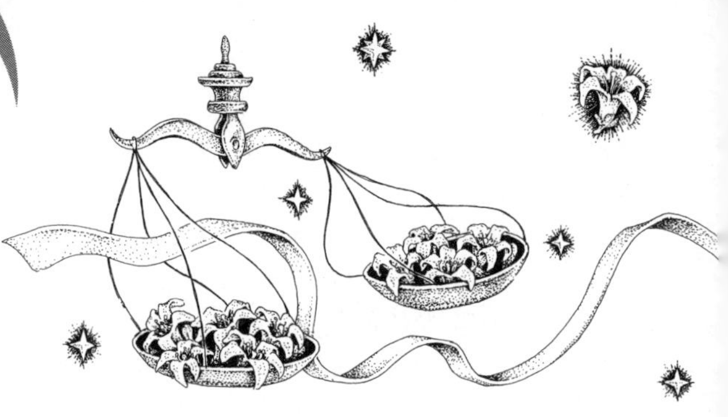

心理の機微を知る人

長所

社交性がある。積極的に人脈を広げられる。マネジメントの才能を持つ。手先が器用。約束をきちんと守れる。

短所

表面的には柔和だが、中身は頑固。融通が利かない。人の評判を意識しすぎる。謙虚すぎて卑屈な言い方になる。

この日生まれの著名人

宮澤喜一（政治家）／三田佳子（女優）／吉井和哉（ミュージシャン）／室伏広治（ハンマー投げ選手）／ウエンツ瑛士（タレント）／高梨沙羅（スキージャンプ選手）／玉城ティナ（モデル・女優）

この生まれの人は人間関係を敏感に判定し、ていねいに整理して、身内の人たちや社会のために役立てる能力を持っています。

それは普段から、人の性格や特技、細かい言動などを注意深く見ている証拠であり、人の心理を察して、客観的に上手にコントロールしてあげたいという願望の表れです。理想に片寄っている人には現実的な行動力を、焦っている人には目標までの足取りを教えてあげたくなるでしょう。

そんな冷静な観察眼を持ちつつ、人当たりはいたってソフト。相手を傷つけない言葉を選んで話すタイプです。むしろコミュニケーションがていねいすぎるために優柔不断に思われることもあるかもしれません。

しかし内面的には理想が高く、その理想に向かってコツコツと努力を繰り返すことや、軽い返事はしない誠実さも忘れません。人間への深い関心と、それを現実に役立てようとする意志の強さがあるために、信頼が必要なリーダー的立場や、政治的な場所に立たされる機会が多くなります。考えすぎて決断が遅くなる傾向には注意してください。

あなたの愛の形とは？

あなたは、基本的に聞き上手です。それに異性の話を聞くとき、じっと相手の瞳の奥を覗き込むようなところがあります。それでもし、相手の話に共鳴する部分があ

ると、素直な感想を伝えるでしょう。それも相手が言ってほしいところに共感できる、ほめ上手でもあります。

その姿勢は多くの異性を少しだけ惑わせます。ある人は「触れるだけで陥ちそう」と思ったり、またある人は「自分に従わせてみせる」とうぬぼれたりするでしょう。でもこの人は、最終的には自分の気持ちに正直で、驚くほどはっきりと愛の意思表示をするでしょう。愛している人にも、残念ながら愛することができない人にも、誤解のないようにきっぱりと思いを伝えることができる人です。基本的に誠意ある態度で接するので、思いが通じた人のことは、長く愛し続けることができるでしょう。

あなたの才能と人生のテーマ

この人の心の中には、バランスの取れた理想世界が息づいています。それと同時に現実世界の中の偏りや隔たりについても、正面から見つめることができる人です。そして粘り強く、現実を理想に変えるためのプランを練っていくのです。

社会生活の中では、人間関係の調整役に適任の力があると言えるでしょう。対立する人々がいた場合、円満な関係が理想であると思えば、合意に向けての努力をするでしょう。逆に停滞してしまった人間関係の中には、活性化するように働きかけるでしょう。人間関係の中で磨かれ、力をつけていくと着実なキャリアを得ることができるでしょう。

逆に孤独を強いられるような環境では、思うように力を出すことができないかもしれません。

適職は、教師、外交官、弁護士、公務員、実業家、コンサルタントなど。企業の中では、渉外部門が最適です。

相性リスト

恋人	2月4・5・6日、4月8・9・10日
友人	8月5・6・7日、12月6・7・8日
手本となる人	6月8・9・10日
助けてくれる人	2月29日、3月1・2日、5月12・13・14日、7月24・25・26日、12月18・19・20日
縁がある人	3月6・7・8日、5月9・10・11日

魔法の言葉

今のままでも大丈夫ですが、その気になればもう少し磨きをかけることもできます

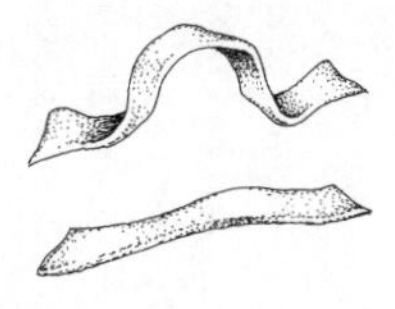

10月9日

天秤座

LIBRA

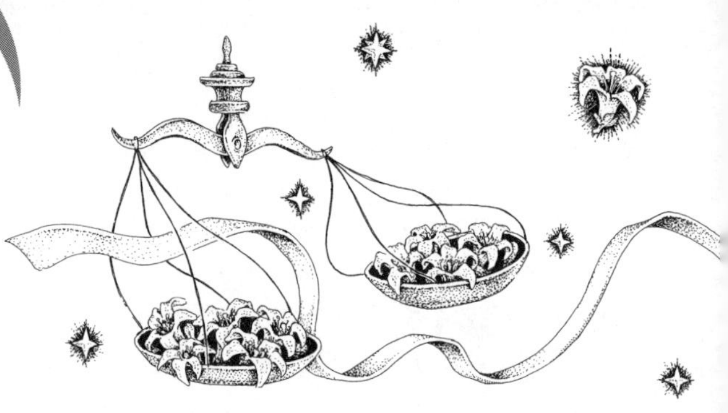

平和を愛する戦士

長所

才気煥発。正義感が強い。初志貫徹する。情熱的で、実践力がある。打たれ強く、少々のことで弱音を吐かない。

短所

感情のアップダウンが激しい。物欲に弱く、手に入れると飽きてしまうところがある。攻撃的で闘争心が強い。

この日生まれの著名人

ジョン・レノン（ミュージシャン）／水前寺清子（歌手）／ドン小西（ファッションデザイナー）／なだぎ武（お笑いタレント）／長野博（タレント）／夏川りみ（歌手）／高橋真麻（アナウンサー）

革命家のような激しい魂を抱いてこの世に現れた人です。強烈な信念や、ずば抜けた行動力があります。とくに、世の中がどうあるべきかという、はっきりとしたビジョンを持ち、それをこの世界に実現させようと、意欲を燃やします。情熱家でロマンチストで、しかも高い美意識と理想を持っているのです。そのイメージを実現するためには、努力を惜しまないでしょう。結果的に自分の人生の時間を浪費することになっても、あるいは人を傷つけたりすることになっても決して躊躇しません。

そんな強引な性格を併せ持っているため、行動が極端になりがち。ひとつのジャンルに爆発的な集中力を発揮して、天才的な才能を開花させる人や、周囲がビックリするようなエキセントリックな人物に成長する人も珍しくありません。

しかし、根本的には正義感が強く、自分の意志や目標のためなら、どんな犠牲でも払う覚悟があるエネルギッシュなタイプです。曲がったことが大嫌いで、その場の雰囲気やルールを乱す人を見つけると、つい口を出してしまうでしょう。その性格のため、人生がドラマチックになりやすい人です。

あなたの愛の形とは？

運命の人とめぐりあった瞬間のあなたは、冷ややかとも言えるまなざしを相手に投げかけるでしょう。理性の強さゆえに、簡単に異性に対して心を開けるようなこと

ができないのです。けれども、心を動かされる何かを相手に見出したとたん、あなたは情熱の人に変わるのです。たとえそれが出会って間もない相手だとしても、愛する気持ちを封じ込めておくことができません。

けれども、どんなに熱い思いに身を焦がしていても、あなたからバランス感覚を取り除くことは不可能です。恋する人であると同時に演出家になり、相手の心に響くようなアプローチを試みることでしょう。例えば周囲に人がいるときには冷静に振る舞い、ふたりきりになるときでは炎の人になるという具合にです。熱い気持ちを快く受け入れる度量の広い人を選べば、必ず幸せな関係を築けます。

あなたの才能と人生のテーマ

誰もが心に理想郷を持っていますが、多くの人はそれを夢見るだけで終わらせることが多いでしょう。けれどもあなたは、多少の痛みを覚悟で、それを実現させようとする強い意志と闘争心があり、それがパワフルな行動力を生み出しています。さらに高い美意識があり、何かをつくり出す気持ちが強い人です。

この才能を生かせば、見る人に元気を与える力あふれるものをつくり出すことができるでしょう。美意識を生かし、アートやファッション、インテリアのような仕事でもいいでしょう。あるいは実業にその力を向けた場合は、美しさと勢いを兼ね備えた、個性ある存在として注目を集めるでしょう。人に従うよりも、あなた自身が頂点に立つような環境で働くことが望ましいでしょう。

適職は、ファッションデザイナー、インテリアコーディネーター、実業家などです。

相性リスト

恋人……………… 2月5・6・7日、4月9・10・11日
友人……………… 8月6・7・8日、12月7・8・9日
手本となる人…… 6月9・10・11日
助けてくれる人… 3月1・2・3日、5月13・14・15日、7月25・26・27日、12月19・20・21日
縁がある人……… 3月7・8・9日、5月10・11・12日

魔法の言葉

もう一押し。その一押しする強引さが突破口を開くことになります

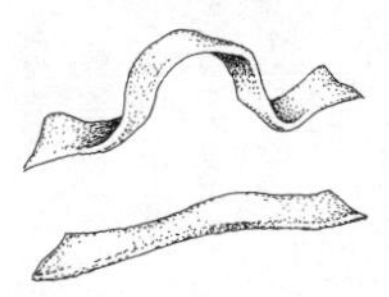

10月10日

天秤座

LIBRA

ソフトな指導者

長所

洗練されている。英知がある。柔和で優しい。バランスがよい。調和を大切にする。物静かでも牽引力がある。

短所

ひそかに野心家である。興味がないことには冷淡になる。人から賞賛されたがる。気取っている。特権意識を持っている。

この日生まれの著名人

ジュゼッペ・ヴェルディ（作曲家）／エド・ウッド（映画監督）／野坂昭如（作家）／菅直人（政治家）／森山大道（写真家）／高橋留美子（漫画家）／小沢一敬（スピードワゴン）（お笑いタレント）／栗山千明（女優）

柔よく剛を制すという表現がふさわしい人。大きな目標を持っていて、しかし焦ったりあわてたりすることなく、柳のように柔軟に状況に対応しながら、自分のゴールに進んでいきます。表面的な性格は知的で社交的。おとなしい物腰のわりに、誰もが驚くほど大きな野心を胸の内に抱えているのです。また、野心があるということは、自分の方向性や人生観が定まっているということで、揺らぎのない信念に基づいた行動が取れる人なのです。

そんな意志の強さと人間的な優しさを兼ねそなえているおかげで、気がつけば多くの人に慕われ、尊敬されるようになるでしょう。

しかも、あなたを見込んで集まった関心を柔らかく受け止められるので、リーダーとしての資質が成長していくことでしょう。そのソフトさを持ったまま、自分の目標にまっすぐに生きることが、あなたの魅力を引き出します。

ただし、自分の影響力の大きさに自信を持ちすぎると、何でも思い通りになると勘違いして、他人を低く見るようになってしまいそうです。その力を保つためにも、謙虚な気持ちを忘れないようにしてください。

あなたの愛の形とは？

穏やかで物静かな雰囲気をそなえているあなた。さらに知的で気配りができ、ファッションも華美にならず、上品なセンスのよいものを好みます。会話も、相手の話

魔法の言葉

やわらかに、しなやかに接しましょう。
不思議に扉が開きます

を穏やかに聞く人です。人によっては、あなたを強引にリードしようとするでしょう。けれど、意に沿わない異性の場合、あなたは話を合わせながらも、相手のアプローチを上手に交わす技を身につけているのです。

本当は強い野心を持っているあなたは、尊敬できない相手に恋心を抱くことはできないでしょう。また、同じくらいの高みを目指せるような相手でなければ、尊敬することはできないのです。

おそらくあなたが選ぶ人は、だれよりも物静かで控えめに見えるでしょう。頼りないと言われることもあるかもしれません。けれどもその実あなたに負けないくらいの強い理想を胸に抱いている相手のはずです。

あなたの才能と人生のテーマ

人の輪の中に進んで飛び込んでいくあなた。相手の話にも耳を傾け、そのエッセンスを吸収しようとします。それでも相手に迎合せず、重要な部分では、自分の信念を貫こうとするでしょう。そして思い通りの世界を築くまで、手を休めることはないでしょう。

リーダーとして望ましい気質を持っている人です。社会の中でも、指導者やグループの代表者として迎え入れられることが多いでしょう。ただし影響力を持ちすぎた場合は気をつけましょう。守勢に回って、反対意見を抑えようとすると、人望を失ってしまいます。

またあなた自身が表舞台に立つような仕事も向いていますが、影響力を持つ人を育成する職業などでも頭角を現しそうです。適職は政治家、プロデューサー、司法書士、外交官、支配人、スポーツ選手、コーチなどです。組織の中では管理職などがいいでしょう。

相性リスト

恋人……………… 2月6・7・8日、4月10・11・12日
友人……………… 8月7・8・9日、12月8・9・10日
手本となる人…… 6月10・11・12日
助けてくれる人… 3月2・3・4日、5月14・15・16日、7月26・27・28日、12月20・21・22日
縁がある人……… 3月8・9・10日、5月11・12・13日

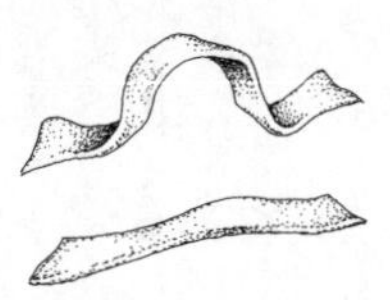

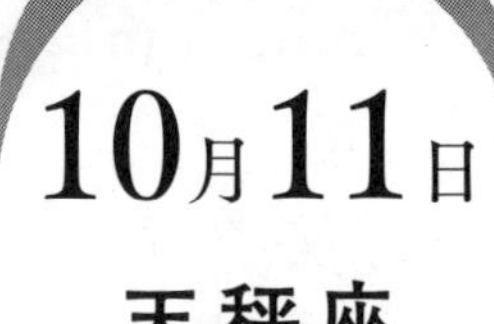

10月11日

天秤座

LIBRA

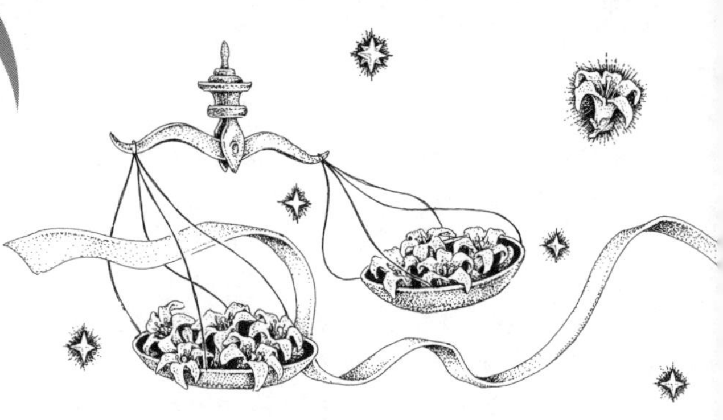

あらゆる境界を乗り越える人

長所

偏見を持たない。自分の心情に正直。人の心の機微に敏感。興味の幅が広く、ボーダーレスな活躍ができる。

短所

落ち着きがない。言うことが変わりやすい。支配的。主観だけで物事を決め付ける。ナルシスティックで客観性がない。

この日生まれの著名人

榎本健一（喜劇俳優）／麻丘めぐみ（女優）／川久保玲（ファッションデザイナー）／ケイン・コスギ（俳優）／金城武（俳優）／高畑淳子（女優）／秋川雅史（歌手）／秦基博（ミュージシャン）／泉里香（モデル）

この生まれの人は、世間の常識だとか固定観念のフィルターを通して物事を見ようとするのをとても嫌います。自分の見たこと、感じたことを何よりも大事にするタイプなのです。

人前では、口数は多くないかわりに、正直な意見をズバリと口にするでしょう。そのため、本音を言われると怒るタイプの人間とはつき合っていきづらいかもしれません。また、「たてまえ」が重視される世界では「はみ出し者」と見られる可能性もありそう。正直でいることを許される環境に身を置くほうが幸せだと言えます。

そのかわり、国際的な社交のシーンなど、偏見を捨てることが大事な世界では、おおいに活躍できるでしょう。どんな人と接するときも、国籍や性別、職業などで安易に人を判断しようとせずに、相手の人柄とストレートに関わっていくことができるからです。また、常識を打ち破る必要のある先端の研究分野などにも活躍の場があるはず。自分の個性が生きる世界を見つけることが大切です。

あなたの愛の形とは？

固定観念を手放している人だから、異性に対しても柔軟な態度で接します。たとえ周囲にいる同性の友達が敬遠するような人とも、臆せず向き合っていくでしょう。けれども、決して理想が低いわけではありません。そして妥協することもない人です。

この生まれの人は、本来自分を幸せにできる相手の条件を知っているのです。だからこそ、それに合致する相手を狭い範囲から探すのは不利だということを察知しているのです。

だからこの人は、幅広い人と知り合おうとします。あまりにも個性的なため、理解されないことも出てくるかもしれません。妥協を進められることもあるでしょう。理想どおりの人がいなければ、シングルでも気にすることはないでしょう。さらに選んだ相手が、周囲の人が驚くような人である可能性も高いでしょう。この人の場合は信念に従って生きるほうが、幸せになれるはずです。

あなたの才能と人生のテーマ

グローバルな視野を持っている人です。それでいながら、自分のアイデンティティはしっかりと確立しています。だからこそ、どんな場所でも卑屈にならず、堂々と自分の意見を表明していくことができるのでしょう。

この力ゆえに、枠を超えた分野での活躍が期待されるでしょう。例えば国境という枠を取り去った、国際舞台での活躍です。あるいは、既存の概念を超える、最先端の科学分野、常識を超える製品の製造の可能性もあるでしょう。人の目や意見を気にしないで、自分が興味を持ったものに取り組まないと、思い通りの力を出せないでしょう。さらにその専門知識だけでなく、周辺をカバーする幅広い知見をもつことが、成功への第一歩になるのは間違いないでしょう。

適職は、外交官、国連組織の職員、自然科学者などです。外資系企業や、企画開発部門にも適性がありそうです。

相性リスト

- **恋人**……………… 2月7・8・9日、4月11・12・13日
- **友人**……………… 8月8・9・10日、12月9・10・11日
- **手本となる人**…… 6月11・12・13日
- **助けてくれる人**… 3月3・4・5日、5月15・16・17日、7月27・28・29日、12月21・22・23日
- **縁がある人**……… 3月9・10・11日、5月12・13・14日

魔法の言葉

適切な距離をとりましょう。「ほどほど」が幸福へのキーワード

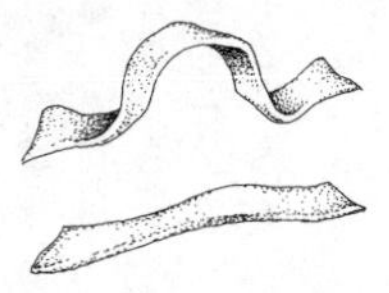

10月12日

天秤座

LIBRA

チャーミングで素直な人

長所

バランス感覚が優れている。ポジティブで前向き。人なつっこく、好かれる。類型を破る勇気がある。ストレートな気性。

短所

常識を知らない。傍若無人。欲張りすぎて中途半端になりやすい。落ち着きがない。人の意見に流されやすい。

この日生まれの著名人

レイフ・ヴォーン・ウィリアムズ（作曲家）／真田広之（俳優）／東儀秀樹（雅楽師）／鹿賀丈史（俳優）／三浦雄一郎（登山家）／中山律子（ボウリング選手）／土屋伸之〈ナイツ〉（お笑いタレント）

他人に対する親和性が強い人です。誰とでも親しみやすく、相手の価値観や考えを素直に受け入れることが得意。その素直さゆえ、多くの人から愛されるでしょう。

この生まれの人が、他人の意見を簡単に拒絶しないのは、物事の多様性を信じているからです。言い換えれば「答えはひとつではない」というのが、この人の信条。どんな意見を聞いても、「そういう考え方もある」と思えるから、さまざまな価値観を持つ人を受け入れることができるのです。

ただ、そういう中庸の精神を持つがゆえ、特定の分野や人と深く繋がっていくことは難しいかもしれません。一気にいろいろなことに手を出し、趣味も仕事も人間関係も煩雑になりすぎる傾向があるのは確かでしょう。この人の課題は、自分の方向性を絞り込むことにあります。一番大切にすべき相手は誰か、自分が優先すべき仕事は何か。それを考えるのを忘れると、「八方美人」とか「器用貧乏」というレッテルを貼られてしまうかも。

あなたの愛の形とは？

この日生まれの人は、たとえて言うなら、心に幸せの種をたくさん持っているような人です。自分自身もその種を育てて、美しい花を咲かせることができます。それと同時に出会う人、出会う異性にもその種を手渡してあげられる人なのです。だから一緒にいると、自然に微笑が浮かんでくるとか、温かい気持ちになれると言われる

ことが多いでしょう。

誰に対しても優しい人ですが、好きな人に向けるまなざしは、特別なものがあるようです。そして比較的素直に思いも打ち明けるでしょう。

ただその愛情表現が明るく、ムードがないと言われることもあるかもしれません。またあまりにも公明正大な態度なので、信頼されないこともあるかもしれません。それでも自信を失わず、明るい気持ちで接していることが大切です。その微笑みが、どんな誤解もとかしてくれるでしょう。

あなたの才能と人生のテーマ

この日生まれの人は、眼に見えるものすべての存在意義を無意識のうちに認め、抱きしめようとします。好きになれないものも、嫌いという理由で排斥することができない、心の温かい人なのです。だから、人を受け入れることと、いろいろな可能性を広げることに関しては、並外れた力を発揮するのです。

すべてが大切で意義がある、という思いは、現代社会の中では、何かに絞りきれないとか、取捨選択ができないと言われることもあるでしょう。当然、プライオリティを意識することは、仕事の効率の上でも、成功のためにも必要です。けれど、自分を生かしながら他者を生かそうとする根本的な気持ちは忘れないようにしてください。職業や人生に迷ったときには、「共生」という選択が、この日生まれの人を正しい方向に導くでしょう。

適職は、通訳、翻訳、大学教授、代議士などです。

魔法の言葉

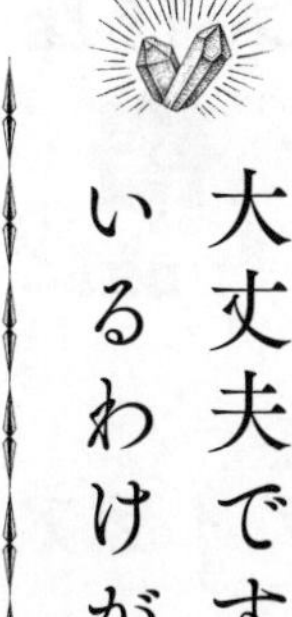

大丈夫です。あなたを嫌う人なんて、いるわけがないのですから

相性リスト

恋人……………… 2月8・9・10日、4月12・13・14日
友人……………… 8月9・10・11日、12月10・11・12日
手本となる人…… 6月12・13・14日
助けてくれる人… 3月4・5・6日、5月16・17・18日、7月28・29・30日、12月22・23・24日
縁がある人……… 3月10・11・12日、5月13・14・15日

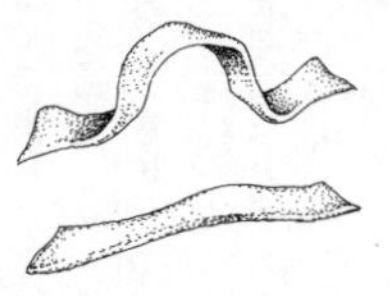

10月13日

天秤座

LIBRA

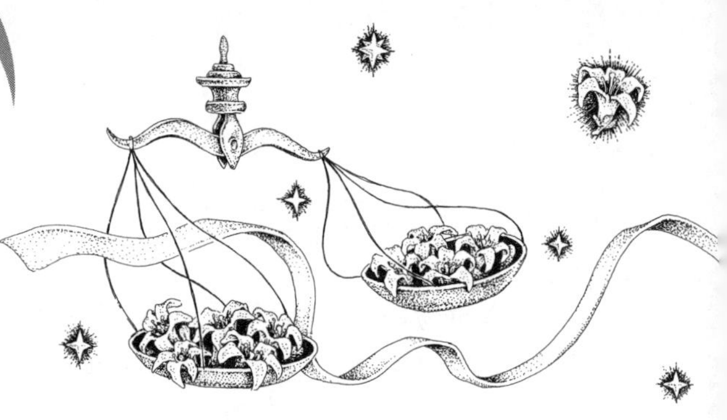

アイデアを形にする人

長所

個性的。前衛的。優れた発想力がある。状況判断力が優れている。物事を客観視できる。人との連帯感を大切にする。

短所

冷淡。古いものを軽視する傾向がある。知識偏重。二面性がある。身勝手。他人に命令したがるが指図されるのを嫌う。

この日生まれの著名人

マーガレット・サッチャー（政治家）／ポール・サイモン（ミュージシャン）／森昌子（歌手）／松嶋菜々子（女優）／生瀬勝久（俳優）／ジミン〈BTS〉（歌手）／Fukase〈SEKAI NO OWARI〉（ミュージシャン）

この生まれの人は、常に客観的な視点で物事を冷静に見ようとします。「現状のどこが悪くて、どこを改良すべきか」ということを、偏りのない目でクールに分析できるため、そこから新たな発想が生まれてくることが多いでしょう。形になりえる実際的なアイデアを生み出すことのできる人だと言えます。

人間関係においても、この人は自分と他人の距離を上手に取っていこうとするタイプ。自分の意見を抑え込んでまで、他人に合わせようとはしませんが、ある程度の妥協をすることはできるので、とてもうまく人とつき合っていけるでしょう。ただ、その姿が計算高く見られてしまうことはあるかもしれません。また、仕事の人間関係においては、優秀さゆえに周りの人間から妬まれてしまう場合もありそう。ときどき、そういう状況に悩まされるでしょうが、そういうときにもアイデアで乗り切っていくことはできるはず。妬みを買わない方策を考えてみるといいでしょう。

あなたの愛の形とは？

客観的な観察眼と偏らない判断力とを持っているこの日生まれの人は、相手のことだけではなく、自分自身も客観的に見つめていこうとするのです。

もちろんその心の中には、豊かな感情が脈打っています。だから人を愛するときには純粋でひたむきな思いを相手に向けるでしょう。けれど、それと同時に「感情的

になりすぎてはいないか、束縛して相手の負担になってはいないか、執着心を持っていないか」というチェックリストを手に、自己確認を行っているところもあるのです。そのためこの人の恋は抑制の効いた節度あるものになりがちです。

失敗しないということも大切です。でも、この人が“醜さ”と思っているものが、じつは人間らしさ、親しみやすさに結びつくことがあるのです。それが人間なのです。自分の飾らない気持ちを、ときには愛する人に差し出してみてもいいでしょう。

あなたの才能と人生のテーマ

何台ものカメラを設置して、多角的にこの世界をとらえようとする映像表現があります。そこには、ひとつのカメラアイだけで、丹念に対象を追う緻密さはありませんが、高度に複合的な目を持つことができます。この日生まれの人に与えられている才能は、その総合的な判断力なのです。

適している仕事は、ミクロの眼ではなくマクロの眼を生かすものがいいでしょう。例えば、専門店よりも総合商社のような性質です。執筆であれば個人の感情を綴る詩や小説よりも、新聞や雑誌などのマスメディアが合っています。とにかく規模の大きいもの、視野の広いもの、広範囲のものをカバーするものを扱っていく職業を選ぶといいでしょう。

適職は、ディレクター、映画監督、政治家、評論家、指揮者、気象予報士などです。企業の中では総務や管理職などが適しているでしょう。

相性リスト

恋人	2月9・10・11日、4月13・14・15日
友人	8月10・11・12日、12月11・12・13日
手本となる人	6月13・14・15日
助けてくれる人	3月5・6・7日、5月17・18・19日、7月29・30・31日、12月23・24・25日
縁がある人	3月11・12・13日、5月14・15・16日

思っている以上にポテンシャルはあります。
まずは温めてみましょう

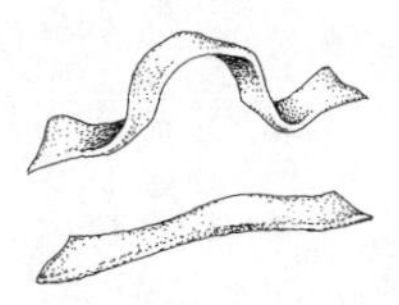

10月14日

天秤座

LIBRA

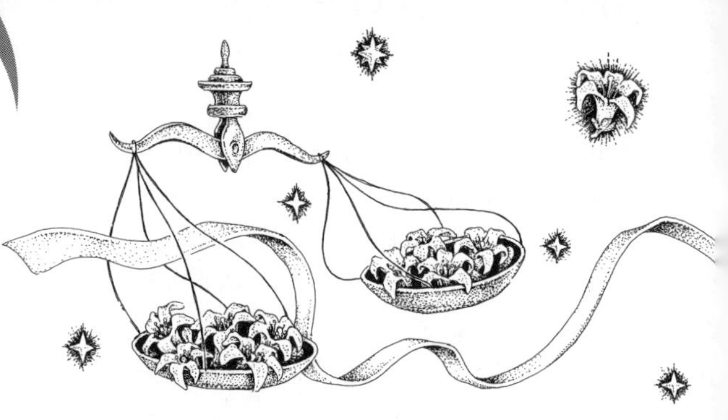

クールだけれど人の気持ちもわかる人

長所

優れた理解力がある。平衡感覚を持っている。社会性があり、人の中に進んで飛び込める。ゆるぎない自己を確立する。

短所

二面性がある。自分の知性に溺れやすい。細かいところにこだわる。小心。心配性。自分の枠からはみ出す勇気がない。

この日生まれの著名人

正岡子規（俳人）／トニー谷（コメディアン）／ロジャー・ムーア（俳優）／堺雅人（俳優）／永作博美（女優）／岩沢厚治（ゆず）（ミュージシャン）／不動裕理（プロゴルファー）／鈴木伸之（俳優）

あなたは不必要に感情的になることを嫌います。もめごとが起きたときでも、持ち前の高い知性を活かして、物事を冷静に処理しようと努める人です。その姿はクールに見えますが、他人の気持ちに鈍感だったり、温かい心を持っていなかったりするわけではありません。むしろ、人の気持ちを理解するのは得意で、それを活かしてサービス業やセールスなどの仕事で大きな成功を収めるタイプでしょう。相手の話にきちんと耳を傾け、相手の求めるものに応えようとする誠実さを持っています。

ただ、ビジネスでの成功を維持することに必死になると、クールさが裏目に出てしまい、取引先の相手などから「冷静沈着で隙のない人」というふうに悪く見られてしまうかもしれません。そうなると、人間関係がギスギスしてくるでしょう。ときには失敗を犯すのもご愛嬌だと考えるゆとりを失わないようにしてください。そのほうが人脈に助けられて、事業がうまくいくこともあります。

あなたの愛の形とは？

この日生まれの人の恋は、恋愛観が人生の明暗も変えてしまうものになるでしょう。なぜなら、この人は聡明で、人の心を見抜く眼力もあります。それに加えて自己アピール力も巧みで、会話の流れで相手の気持ちを操作することも、その気になれば簡単にできるからです。

もしここで人の心をゲームのように弄ぶようになると

問題です。初めはおもしろいかもしれませんが、だんだん飽きてきてさらなる刺激を求めるようになるでしょう。またいくら才知があるといっても限度があります。自分の才能を過信して人を見下していると、やがて周囲の人にも見限られてしまうでしょう。

けれど本気で相手を尊敬し、その人の生き方から何かを学ぼうとする気持ちがあれば、この人の心は豊かになっていくでしょう。そして相手とは強い絆で結ばれ、人生そのものが好転していくことを実感するはずです。

あなたの才能と人生のテーマ

人間心理を分析する能力に長けています。けれどもそれは、研究対象を見るような冷徹なまなざしではありません。人間への理解と愛情に支えられた目で、優しく相手の行動を見守っているようなところがあります。眼を離さないけれども踏み込まないというスタンスで見守られた人は、安心して行動することができるのです。

このまなざしは、ビジネス上でも人との交流の中で生きる力になります。顧客と供給者の関係であっても、あるいは同じ仕事をする協力関係者であっても、この人に安心感や信頼感を見出すことができるでしょう。それはほかの人にはない独自の強みと言えるでしょう。どんな職業についても、この人の真価が発揮されるのは、自分自身と相手に誠実に生きるときです。

適職は、営業職、販売業、サービス業全般、各種コンサルタント、カウンセラーなどです。

相性リスト

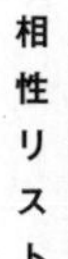

- **恋人**……………… 2月10・11・12日、4月14・15・16日
- **友人**……………… 8月11・12・13日、12月12・13・14日
- **手本となる人**…… 6月14・15・16日
- **助けてくれる人**… 3月6・7・8日、5月18・19・20日、7月30・31日、8月1日、12月24・25・26日
- **縁がある人**……… 3月12・13・14日、5月15・16・17日

魔法の言葉

ゲーム感覚でいきましょう。楽しむことができれば必ずよい結果が

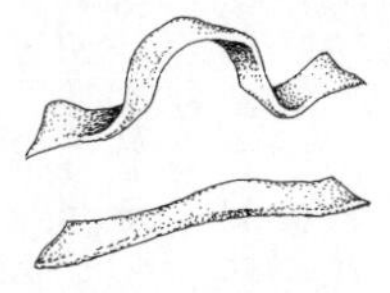

10月15日

天秤座

LIBRA

美に生きようとする人

この日に生まれた人は、たぐいまれなる美意識の持ち主だと言えるでしょう。そして、必ずやその美意識を活かすための仕事につくことになるはずです。というよりも、それ以外の仕事はできないタイプと言っていいかもしれません。何よりも自分の美意識を優先させようとする傾向を生まれつき持っているからです。ただし、その美意識の高さは万人に受け入れられるものではありません。そのため、天性の才能があるとしても、成功までの道のりでは苦労することになるでしょう。クライアントや世間から求められる仕事と、自分の美意識との溝が大きすぎて、その差に悩むタイプと言えます。

ただ、人間関係に対する優れたセンスを持って生まれた人でもあるため、周囲の理解を得るための努力さえしていけば、やりたいことができる環境はいつか必ず手に入るはず。賛同者を得るための人づき合いに使う時間を惜しまないようにしてください。あなたの才能をわかってくれる人は、きっと現れるはずです。

あなたの愛の形とは？

いつも冷静で、他の人の視線を意識して行動するような、冷静さを持っている人です。その場の状況をよく見て、的確な判断をします。その上で人を喜ばせる会話をしたり、その場を美しく整えたりすることが得意でしょう。いやみを言われてもさらりとかわし、感情的に振る舞うことはほとんどありません。異性の前でも、また同

長所

エンターテインメントの才能がある。芸術や教養に深い関心を持つ。愛情深い。食や生活文化に対するセンスがある。

短所

わがまま。浪費的。秘密主義的。ナルシスティック。コンプレックスが強く、弱点を必要以上に隠そうとする。

この日生まれの著名人

ニーチェ（哲学者）／蜷川幸雄（演出家）／真木よう子（女優）／水原希子（モデル・女優）／村上（マヂカルラブリー）（お笑いタレント）／ヒコロヒー（お笑いタレント）

性の前でも羽目をはずすことはそれほどない人です。

ただし、自分のことでは客観的になれますが、愛する人のことでは真剣になる傾向があります。例えば愛する人が窮地に陥ったり、その人との愛を引き裂かれそうになったときには、周囲の人が驚くほどに、勇猛果敢な姿勢で立ち向かいます。そして敵とみなした人と向き合うでしょう。この日生まれの人は、自分にとって大切なこと、価値があると思ったことのためには、身を投げ出すような潔さも持っているのです。

あなたの才能と人生のテーマ

振る舞いが優雅な人です。美に対する関心が高く、イメージの喚起力も強い人です。何かをつくるための試行錯誤は不要で、すでに完全に近い設計が頭の中にあり、それに向けて行動しようとするタイプです。

この気質は社会の中で、人の目を楽しませること、物事を美しく仕上げることで生かしていけるでしょう。ただし、どんな美的センスを持っていても、必ずしも、時代や大衆に受け入れられるものをつくり出せるとは限りません。またこの人は、ほかの人の要求に従うことや、命令されることが嫌いで、自分の美意識を曲げようとしないところがあります。それが孤立する原因になるので気をつけてください。できれば信頼できる職業上のパートナーと組んで、相談しながら何かをつくり上げるといいでしょう。

適職は、ファッションデザイナー、美容師、化粧品のアドバイザーなどです。

相性リスト

恋人	2月11・12・13日、4月15・16・17日
友人	8月12・13・14日、12月13・14・15日
手本となる人	6月15・16・17日
助けてくれる人	3月7・8・9日、5月19・20・21日、7月31日、8月1・2日、12月25・26・27日
縁がある人	3月13・14・15日、5月16・17・18日

魔法の言葉

エネルギーのかけどころは、そこで本当にいいのですか？

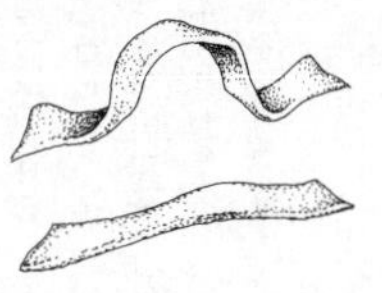

10月16日

天秤座

LIBRA

清らかな魂の人

長所

ロマンチスト。親切で人の気持ちになって考える。思いやりがある。純粋で清潔感が漂っている。表現能力がある。

短所

被害者意識を持ちやすい。落ち込みやすい。考えるだけで実行力が伴わない。逆境に弱い。現実感覚が薄い。

この日生まれの著名人

伊藤博文（初代内閣総理大臣）／林寛子（タレント）／ティム・ロビンス（俳優）／大山のぶ代（声優）／石川亜沙美（女優）／ユージン・オニール（劇作家）／大坂なおみ（テニス選手）／瀧本美織（女優）

とても清らかな魂を生まれながらに持つタイプ。この日に生まれた人は、天使のようなオーラを持っていると言えます。普通とは違う感じ方、物事のとらえ方をする傾向がありますが、そのせいで他人を遠ざける心配はありません。この人の奇抜さは、他人から見れば「天然な感じ」に思えるだけで、人の警戒心をあおり立てる種類の奇妙さとは違っているのです。

むしろ、この人の突拍子もない発言は、その場の人を和ませたり、笑わせたりすることのほうが多いはず。それがこの人の持つオーラの力であり、清らかな魂のパワーだとも言えます。どんなに破天荒なことを言い出しても、それは心の底から湧いてきた正直な気持ちのはず。他人をだまそうとか、操ろうとかといった意図はまったくないのです。

そうはいっても、普通の会社組織などでは、その奇抜な言動が敬遠されることもあるでしょう。できれば芸術や芸能分野など、個性を売り物にできるジャンルで活躍する道を選ぶほうが幸せかもしれません。

あなたの愛の形とは？

美しさに敏感で、なおかつ不思議な直感力を持っている、この日生まれの人。恋に落ちたとたんに、世界はファンタジーワールドに変貌するでしょう。例えば、気になる人と同時に同じ言葉を言いかけたり、約束もしていないのに思いがけない場所で会ったりするなど、数々の不

魔法の言葉

格好ばかりつけてもいいことはありません。
ありのままの自分でいきましょう

思議な偶然に遭遇するでしょう。また見るもの聞くものが美しい絵画、壮大なシンフォニーのように感じられてくるでしょう。

そのために目の前の人を「運命の相手」と思い込んでしまうことがありそうです。それはとても素敵な考え方なのですが、あまりにも自分の未来を「運命」や「宿命」に押し込めてしまうと、せっかくの柔軟さが失われてしまうことになりがちです。未来はどうなるかわからないけれど、今このときを楽しむくらいの気持ちで、熱くなりすぎず、恋と向かい合ってみてください。

あなたの才能と人生のテーマ

まだこの世界のどこにも、形として存在しないものを、五感で感じられるものにつくり変えていく力を持っている人です。そしてでき上がったものは、整然とした美しさをたたえているでしょう。

この人の持つこの力は、とくに音楽とかかわりが強いでしょう。社会の中では、音楽とどこかで関わっているスタンスにいると、人生をより深く豊かにすることができるはずです。

もちろん、作曲や作詞、またはシンガーや演奏家になってもいいでしょう。またそれを世の中に送り出す組織にいてもいいでしょう。まったく縁がなくても悲観することはありません。生活の中で音楽を楽しむ環境にいるだけでいいのです。仕事に疲れたときには力を、ヒントが欲しいときには発想できる力を、音楽は与えてくれるはずです。

適職は、音響関係の仕事、作曲家、レコードや放送業界です。

相性リスト

恋人……………… 2月12・13・14日、4月16・17・18日
友人……………… 8月13・14・15日、12月14・15・16日
手本となる人…… 6月16・17・18日
助けてくれる人… 3月8・9・10日、5月20・21・22日、8月1・2・3日、12月26・27・28日
縁がある人……… 3月14・15・16日、5月17・18・19日

10月17日

天秤座

LIBRA

隠れた努力家

この生まれの人は努力を重んじる精神を持っています。運命が偶然に与えてくれる幸運ではなく、自分の努力によって得る確実で計画的な幸福を目指し、人生を送るタイプです。ただ、その努力を他人に見せびらかすということは決してしないでしょう。努力というのは、水面下で力強く動き続ける脚のようなもの。表面上は白鳥のごとく、優雅に振る舞うのが、この人の特徴なのです。

人生上、何かトラブルが起こったときも、冷静かつ迅速に対処するし、与えられた仕事にも、人には見せない努力でもって、大きな成果を挙げるでしょう。

そんなこの人の問題点は、人に弱みを見せられないという点にあるのかも。「あなたはなんでも軽々こなしていていいね」などと言われてしまうこと、努力や苦労を他人と分かち合うことができずに孤独に陥ること、などがあるはず。そんな自分の一面をさらけ出せる相手を見つけることが、精神的な喜びを得るためには不可欠かもしれません。

長所

冷静。客観的な視点を持っている。俯瞰できる。目標があるとそれに向けて着実な努力をする。相手の気持ちを考える。

短所

計算高い。理屈っぽい。保守的すぎて、変化を取り入れられない。スロースターターでチャンスを逃しやすい。

この日生まれの著名人

エミネム（ミュージシャン）／賀来千香子（女優）／もたいまさこ（女優）／谷村有美（ミュージシャン）／柄本時生（俳優）／黒沢かずこ〈森三中〉（お笑いタレント）／松坂桃李（俳優）／大島優子（女優）

あなたの愛の形とは？

自分のことを大切にしてくれるから、幸せにしてくれるから……そんな理由で人を愛する人は大勢います。けれどもこの日生まれの人は、ただ相手がそこにいるだけでいとしいと感じることができる人です。その人のいる立場も、長所だけではなく短所も含めたその人のすべてを受け入れられないなら、愛することはできないと考え

る人です。

だから愛の対象にめぐりあうまでに時間がかかるでしょう。さらに、その人との関係をつくり上げるのにも、長い期間を必要としそうです。それは恋というより、人生のパートナーを探すような作業に似ています。そのため、ひとりでいる時間も長く、寂しい気持ちをかみしめるときもあるでしょう。華やかな恋に酔うこともないでしょう。それでも恋が実ったときには、多少のことでは壊れない、強く安定した絆をつくり上げることができるはずです。

あなたの才能と人生のテーマ

客観性と観察力で、目の前の事象を丹念に見極めます。また、抜群の集中力を持っています。このためこの人は、専門分野を持って、その研究を深めていくことで、偉業を成し遂げることもできる力を持っているのです。

自分が好きだと思えば、どんなことに取り組んでも、その分野で成功する力は持っています。ただし、その対象が意義を見出せないものの場合は注意が必要です。たとえどれだけ収入がよくても、名声を得ることになっても、仕事そのものにむなしさを感じてしまう危惧があるからです。できれば、人々や生物や環境に有益だと思えるもの、永続性を感じるようなものに取り組んでいくようにしてください。自分自身と仕事そのものに誇りを持てるなら、その世界で必ず満足できる実績を挙げることができるでしょう。

適職は、建築家、公務員、エンジニアなどです。

相性リスト

恋人……………… 2月13・14・15日、4月17・18・19日
友人……………… 8月14・15・16日、12月15・16・17日
手本となる人…… 6月17・18・19日
助けてくれる人… 3月9・10・11日、5月21・22・23日、8月2・3・4日、12月27・28・29日
縁がある人……… 3月15・16・17日、5月18・19・20日

魔法の言葉

新しい夢とビジョンが生まれつつあります。古い夢は手放してもいいのでは?

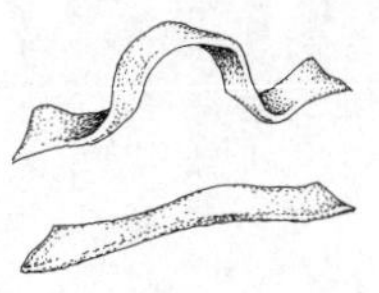

10月18日

天秤座

LIBRA

美にこだわるファイター

長所

明朗で、華やかな雰囲気がある。自己演出が巧み。行動力、企画力が優れている。新しいことに進んで飛び込んでいく。

短所

熱しやすく醒めやすい。ものの見方が偏狭。負けず嫌いで、人と自分を比べたがる。優越感にひたるのを好む。面食い。

この日生まれの著名人

郷ひろみ（歌手）／マルチナ・ナブラチロワ（テニス選手）／ジャン・クロード・ヴァン・ダム（格闘家・俳優）／蜷川実花（写真家）／京野ことみ（女優）／仲里依紗（女優）／森泉（モデル・タレント）／大橋悠依（競泳選手）

自分の身体のイメージに対して、強い愛着があり、おしゃれをしたり、体を鍛えたりすることに熱心なタイプが多いでしょう。そういう面には強い集中力を発揮します。ただ、成果が表れにくい事柄に関しては、意欲を継続できないところは欠点かもしれません。

また、人間関係においては、表面上では誰にでもソフトに合わせていける人。でも、かなりの負けず嫌いなので、自分よりも美しい人、強い人に、こっそりライバル心を燃やすことが多いでしょう。

この人が成功するためには、自分のこだわる分野の仕事につき、ライバルを「よき競争相手」と見なして、やる気をかき立てていくことがポイントになるでしょう。「あの人より美しく、強くなりたい！」という気持ちこそ、このタイプの生きがいとなるはず。それをマイナスな思考に結びつけ、人を蹴落とそうとする傾向や、人を羨み自分を卑下する傾向が強まると、持って生まれた才能を開花できずに終わってしまうこともあります。

あなたの愛の形とは？

この人にとって信じられないのは、多くの人が口にする「理想の恋人」の存在でしょう。どんな立派な履歴書を書き上げられても、またどんな素晴らしい技能を持っていても、それだけでこの人の心を動かすことはできません。

この人にとって、恋は理屈などではありません。たと

えていうなら、内側に秘めた生命力の躍動感そのものなのです。だから不意に、衝動的に訪れることもあるでしょう。自分が制御できなくなることもあるでしょう。そしていくつになっても、人を愛した瞬間の情熱が色あせることはないでしょう。

だからこの人の恋は、いつもちょっとした騒ぎになってしまうこともありそうです。自分の気持ちを抑えられないので、もしかしたら、友達を巻き込む可能性も高いでしょう。それでも誰かを愛しているときほどこの人が輝くときはないでしょう。

あなたの才能と人生のテーマ

この人を言い表す言葉は、とにかくエネルギッシュということです。またいい意味での目立ちたがりやです。人の視線を浴びているときには、実力以上の力を出せるほど、本番に強い一面もあります。

この気質は、常に人の注目を浴びるような環境で、存分に生かすことができるでしょう。とくに自分を輝かせること、または美しさに関連する事柄では、ダイナミックな活躍が望めそうです。ただし人が見ていないとたんに萎えるところは問題です。どんな分野でも成功するためには、日ごろの研鑽が必要なのは言うまでもありません。目標を持ったなら、それに協力してくれるような人、常に成長するために励ましてくれるような心の広いパートナーを見つけるといいでしょう。

適職は、タレント、映画俳優、美容師、メイクアップアーティスト、ビューティーアドバイザーなどです。

相性リスト

恋人……………… 2月14・15・16日、4月18・19・20日
友人……………… 8月15・16・17日、12月16・17・18日
手本となる人…… 6月18・19・20日
助けてくれる人… 3月10・11・12日、5月22・23・24日、8月3・4・5日、12月28・29・30日
縁がある人……… 3月16・17・18日、5月19・20・21日

魔法の言葉

どうせ迷うのなら、もっともっと、心ゆくまで迷いましょう。答えは出ます

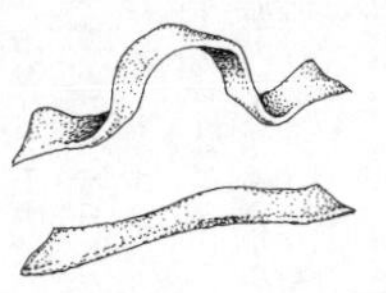

10月19日

天秤座

LIBRA

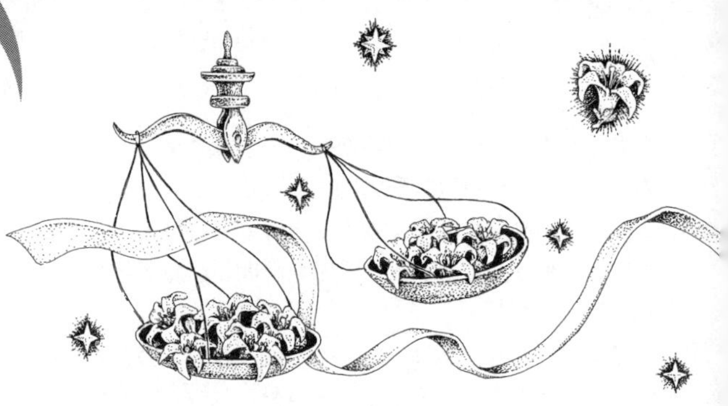

優雅で本物志向の人

長所

協調性がある。陽気で、場の雰囲気を明るく盛り立てる。ユーモア感覚がある。気さくな態度の中に気品が漂う。

短所

上昇志向が強く負けず嫌い。虚栄心が強い。特権意識を持つ。我を通そうとする。表現がオーバーになりがち。

この日生まれの著名人

林家木久扇（落語家）／ラサール石井（タレント）／野村真美（女優）／金子賢（俳優）／杉山祥子（バレーボール選手）／今田竜二（プロゴルファー）／羽田圭介（作家）／遠藤聖大（大相撲力士）／木村文乃（女優）

協調性が強く、明るい性質なので、人から好かれ、周囲のムードメーカーとなる人です。誰に対しても自分を卑下せず優雅に振る舞いますが、お高くとまることは決してなく、気さくにつき合おうとします。ユーモアを解する能力にも長(た)けているため、人を笑わせることも得意。でも、この人は「場を盛り上げるピエロ」的な存在ではありません。本人も十分、人とのつき合いや、人を笑わせることを楽しんでいるはずです。

一方、仕事のシーンでは、この人はまじめで優秀なビジネスマンとなるでしょう。フェイクを見抜き、本物を好む傾向が強いため、インチキな商売には決して馴染むことがありません。よいものを良心的な姿勢で売ること、そして、その商売を楽しむことが生きがいであり、生きる喜びになるはず。ブランド品を売るセールスマンとなるならば、素晴らしい成績を残します。また、企業家となっても、量産を好まず、良品を手間ひまかけてつくり、売ることを好むはずです。

あなたの愛の形とは？

優雅で洗練された風格が誰よりも似合う人です。もしも昔の王侯貴族のような暮らしを突然送ることになったとしても、この日生まれの人なら違和感なく受け入れることができそうです。

そんな誇り高い人だから、恋の相手に求めるものも、一流の品格でしょう。会話やしぐさにも上品さが感じら

れなくてはなりません。もちろん性格も向上心があり、知的なタイプに限ります。

これがこの人の偽らない恋の理想。でも聡明なこの人のこと、本心を周囲の人に告げることはないでしょう。でもただ夢に見るだけではありません。本当にそんな理想の異性が現れてもいいように、自分を高めていくパワーがこの人にはあるのです。始めは、とてもつりあわないような相手であっても、歩みを進めることで、いつかその人にふさわしい人になることはできるでしょう。この人には、そんな力があるのです。

あなたの才能と人生のテーマ

先のことを見越す知性と眼力が授けられている人です。例えば、複雑な過程を経て製作された巧みの技と、形だけまねた量産品とがあったなら、この人は、ユーザーに渡った後の製品の運命にまで思いを寄せるでしょう。長く愛されるものを見続けていたいという思いが、この日生まれの人が本物志向になっていく理由でしょう。

ビジネスでは、品質の確かなものや、優れたものを扱うようなものに向いています。確かな鑑定眼を備えているうえに、誠実な態度で人に接するので、クライアントからも信頼されるでしょう。いわゆる高級品はもちろんのこと、まだ人々に認知されていないけれど、多くの人から長く愛されるものに育つものを発掘する人にもなりそうです。

適職は、貿易関係の仕事、サービス業、呉服商、宝石関係の仕事、アンティークショップの経営者などです。

相性リスト

恋人	2月15・16・17日、4月19・20・21日
友人	8月16・17・18日、12月17・18・19日
手本となる人	6月19・20・21日
助けてくれる人	3月11・12・13日、5月23・24・25日、8月4・5・6日、12月29・30・31日
縁がある人	3月17・18・19日、5月20・21・22日

魔法の言葉

もう決まっているのでしょう？
あとは理由を探すだけなのでは？

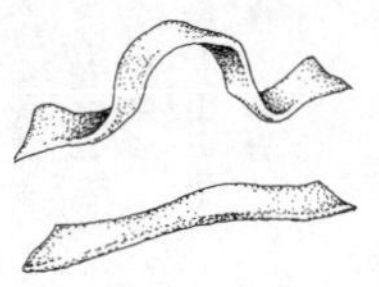

10月20日

LIBRA

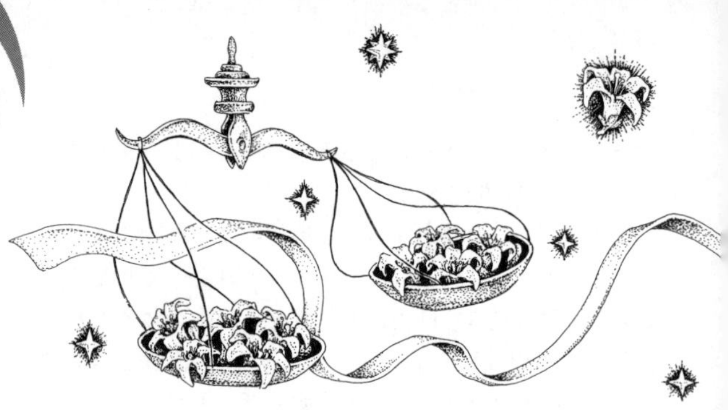

クールさの背後に優しさを持つ人

長所

親切で、人当たりが優しい。人の話に耳を傾ける。センスがよく、おしゃれ。面倒見がよく、親しい人によく尽くす。

短所

傷つきやすい。愛情の押し売りをする。ひがみっぽい。好き嫌いが激しく、嫌いな人には冷淡な態度を取る。

この日生まれの著名人

杉田玄白（蘭学者）／坂口安吾（作家）／上皇后美智子（皇族）／茂木健一郎（脳科学者）／山口智子（女優）／ヴィゴ・モーテンセン（俳優）／山田孝之（俳優）／三浦透子（女優）／平野ノラ（タレント）

他人に対して笑顔やお世辞を振りまくタイプではないので、非常にクールな印象を与えます。そのうえ、自分の失敗を他人にさらすのも嫌がる人。でも、それらは傷つきやすい自分を守るための仮面なのかも。

「別にそんなことは気にしていないから」という態度をこの人が取っているとき、実のところは傷ついていたり、悩んでいたりする可能性があるということです。他人に弱みを見せないため、ひとりで苦悩しやすいタイプですが、その分、人には優しいはず。ほかの人が同じように「強がり」を言っていると、鋭くそれを見抜き、相手のプライドを傷つけないよう、こっそりと援助の手を差し伸べようとするでしょう。

そのような性格ゆえ、この人のことを真に理解できるのは、同じようにナイーブな面を持つ人か、あるいは何かの機会に助けてもらうことになった人だけ。それ以外の人間は、この人のことを「クールで冷徹」とか、「悩みなしの能天気」という目で見ることが多いかもしれません。

あなたの愛の形とは？

人は誰もが、いくつもの顔を持って、それを無意識のうちに使い分けているものです。もちろんこの日生まれの人も例外ではありません。ただこの人の場合は、それぞれの表情が驚くほど違っています。

一番外側にある顔は、スタイリッシュでクールです。

魔法の言葉

素直になりましょう。
嘘やとりつくろいはどうせばれるのですから

物に動じないし、とげのある言葉もセンスのいい会話でかわすことができます。その下にある顔は、周囲にいる親しい人にしか見せることはありません。それは優しく親切な顔で、思いやりのある言葉をかけたり、親しく接したりするでしょう。

その下には、恋人だけに見せる、慈愛に満ちた表情があります。相手のことを包み込み、ひたむきに尽くすでしょう。でも本当は傷つきやすく、繊細な人なのです。もしも恋人がそんなこの人の素顔に気づいて支えてくれるなら、この人は愛に安らぎを見出すことができるでしょう。

あなたの才能と人生のテーマ

傷つきやすさや敏感さは、強さと対極にあると思われることが多いでしょう。とくに現代社会では、声が大きく、押しが強いことが力だと考える人が大勢います。

けれどもこの人の場合は、繊細さと傷つきやすさが強みになっているのです。客観的にものを見る眼と、冷静に観察する力があるので、たとえ人の言葉で心にダメージを受けたとしても、被害者意識を持たないで、事実をありのままに見ることができます。また敏感なので、心にとげが刺さっているのに、気づかないままさらに傷口を広げる人のこともきちんと見ることができるのです。

この力は、傷ついた人をケアする仕事で生かすことができます。また人の気持ちを読む力で、サービス業や人に向き合う職業でも、才能を発揮できるでしょう。

適職は、福祉・介護関係やカウンセラー、サービス業全般、営業部門などです。

相性リスト

- **恋人**……………… 2月16・17・18日、4月20・21・22日
- **友人**……………… 8月17・18・19日、12月18・19・20日
- **手本となる人**…… 6月20・21・22日
- **助けてくれる人**… 1月1日、3月12・13・14日、5月24・25・26日、8月5・6・7日、12月30・31日
- **縁がある人**……… 3月18・19・20日、5月21・22・23日

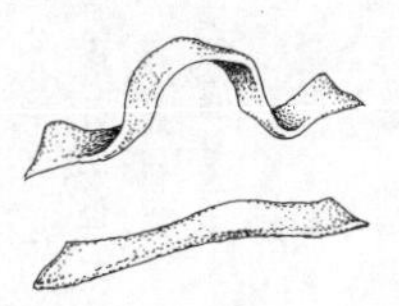

10月21日

天秤座

LIBRA

広いネットワークを持つ人

長所

多芸多才。好奇心が旺盛で、幅が広い。適応力が優れている。大らかで開放的。細かいことにはこだわらない。

短所

野心が強く、成り上がろうとする。手を広げすぎて収拾がつかなくなる。八方美人。言うことがコロコロ変わりやすい。

この日生まれの著名人

アルフレッド・ノーベル（化学者）／江戸川乱歩（作家）／五月みどり（女優）／蛭子能収（漫画家）／渡辺謙（俳優）／乙一（作家）／伊藤美誠（卓球選手）／サヘル・ローズ（タレント）／道端ジェシカ（モデル）

抜群の協調性と開放的な心を持つのが、この誕生日の人。柔軟性があり、どんな人にも適応できるところが長所です。もともと人に対する好奇心が旺盛なので、いろいろな人とネットワークをつくり、その人脈を大切にしながら人生をわたっていきます。親しみを感じさせる人柄で、目上の人や大物に対しても意外と物怖じせずに接近。その結果、有力者から引き立てられたり、年長者から恩恵を授かることも多いでしょう。人を介することで、自分のやりたいことを実現させられる運勢を持っているので、何でも人に相談したり、提案していくことが開運のポイントになります。

また、この生まれの人は多芸多才。何をやらせても器用にこなし、すぐ自分のものにしてしまう才能があります。趣味をいくつも持っている人もいるでしょう。ただ、根気不足な点が弱点。ちょっと壁にぶつかると投げ出してしまったり、ある程度できるようになるとそこから先は努力を怠ったりする傾向が。根気よく積み重ねることができさえすれば、複数の分野で成功する可能性を秘めています。

あなたの愛の形とは？

自分の可能性を広げることで喜びを見出す人です。また物事の明るい面を努めて見ようとするところもあります。人なつっこく元気で、新しいことをやってみたい気持ちに駆られると自分を押しとどめることができませ

ん。また、そんなアクティブなときのこの人ほど魅力的なものはないでしょう。

そんなところのあるこの日生まれの人にひかれる人は大勢いるでしょう。でもついていくことができる人は、相当に力のある人でなければ無理かもしれません。体力だけでなく、知力も必要になるからです。

だからこの人の相手は、ステイタスの高い人、実力のある人であることが多いのです。あるいは年上という可能性もあるでしょう。普通なら萎縮しそうな相手でも、この日生まれの人は持ち前の好奇心と向上心で、物怖じするどころか、まっすぐ向き合うことができるでしょう。

あなたの才能と人生のテーマ

この人の武器になるのは、好奇心と枠をはずして考えることができる力です。それでもバランス感覚と相対的に考える冷静さを失わないので、どんなことを思い描いても、現実離れした夢想に終わることはないでしょう。

この力は、社会の中で新しく有益なものをつくり出す仕事で生かすことができるでしょう。実際に自分がつくらなくても、その発想を提供するという形で貢献するかもしれません。

ただ好奇心が強すぎるところはいいけれど、それが行き過ぎると問題です。いろいろなことに手を出そうとして、一つひとつのものの完成度が低くなるかもしれません。この人が成功できるかどうかは、専門性を高められるかどうか、または集中力を養えるかどうかにかかってきそうです。

適職は、通訳、大学教授、弁護士、探検家、スポーツ選手、編集者、ツアーコンダクターなどです。

相性リスト

- **恋人**……………… 2月17・18・19日、4月21・22・23日
- **友人**……………… 8月18・19・20日、12月19・20・21日
- **手本となる人**…… 6月21・22・23日
- **助けてくれる人**… 1月1・2日、3月13・14・15日、5月25・26・27日、8月6・7・8日、12月31日
- **縁がある人**……… 3月19・20・21日、5月22・23・24日

魔法の言葉

お金をかけるところには、かけてもいいのかもしれません

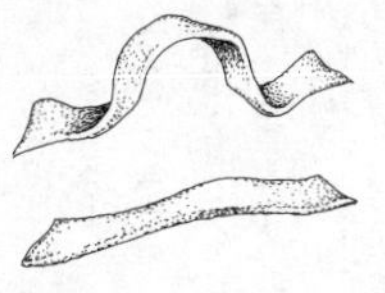

10月22日

天秤座

LIBRA

人をひきつけてやまない人

長所

独創的な才能がある。エキセントリック。微細なインスピレーションを生かす。表現が巧み。意思が強い。センスがいい。

短所

気難しい。自分のルールを人に押しつける。協調性がなく、集団行動ができない。変わり身が早く、節度がない。

この日生まれの著名人

フランツ・リスト（作曲家）／カトリーヌ・ドヌーヴ（女優）／クリストファー・ロイド（俳優）／タケカワユキヒデ（ミュージシャン）／草笛光子（女優）／イチロー（野球選手）／石橋貴明（タレント）／朝比奈沙羅（柔道家）

この誕生日は、才能豊かで魅力的な人物を数多く生み出しています。人をひきつける独特の個性があり、人から憧れられる存在になるタイプです。自分では意識していないかもしれませんが、あなたの一挙手一投足に周囲の注目の目が注がれています。非凡な才能にも恵まれ、ほかの人があまり興味を持たないようなことに関心を抱くのも特徴。しかも一度興味を持ったことには、周囲が何と言おうとじっくり時間をかけて取り組みます。その結果、最終的にはその道の第一人者になってゆく。そんな運命の持ち主なのです。

表面的には柔和に見えますが､内心は意外と頑固です。自分の考えを貫こうとし、独自のスタイルにこだわります。一度決めたことは簡単には変えません。それがプラスに表れれば強い意志で初志貫徹する人となりますが、マイナスに表れると融通の利かない、頭の固い人になることも。状況に応じて、自分の考えを変えたり、周囲に合わせたりすることも必要です。

あなたの愛の形とは？

エキセントリックな魅力を持った人です。ファッションも、生き方も独自のもので、人の目を意識することがありません。

恋をすると、とてもロマンチストになります。美しい風景の中で時を過ごすことや、優しい愛の言葉を聞くことを望みます。また驚くほど詩的なメールや手紙を愛す

る人に送ることもあるでしょう。その反面、少しでも束縛されていると感じたり、頼られたりすると、激しい拒絶反応を示します。相手の立場から見ると、この上なく扱いにくい恋人になるでしょう。

恋の経験が浅い人や性格的に素朴な人の場合は、この日生まれの人の個性の強さに振り回され、疲れてしまうかもしれません。でも人によっては、その扱いにくさこそが、この人の魅力と思うかもしれないのです。幸せな恋をするためにも、相手には、心の度量が広い人を選びましょう。

あなたの才能と人生のテーマ

独自の世界、独自のスタイルを持っている人です。誰かが敷いたレールの上を行くよりも、自分が険しい道を開拓するほうがいいと考えます。

そのため、社会の中では世間一般の価値観とは合わないかもしれません。人が成功と思うことが、この人にとっては退屈そのものに見えてしまいそうです。逆にこの人が目指すものが、人々から受け入れられないことも考えられるでしょう。

独創性を貫くだけでは人々の心から離れてしまう恐れもあります。この人の場合は、人の意見に耳を傾け、参考にするような柔軟性が身に着けられるかどうかが、明暗を分ける鍵になりそうです。それでもどこかで自分らしさを忘れないでいられるなら、それが個性につながるでしょう。そして目の前に明るい道が開けるでしょう。

適職は、作曲家、評論家、作家、カウンセラー、グラフィックデザイナーなどです。

相性リスト

恋人	2月18・19・20日、4月22・23・24日
友人	8月19・20・21日、12月20・21・22日
手本となる人	6月22・23・24日
助けてくれる人	1月1・2・3日、3月14・15・16日、5月26・27・28日、8月7・8・9日
縁がある人	3月20・21・22日、5月23・24・25日

魔法の言葉

上るだけではなく、下ることにも別な味わいがあるものです

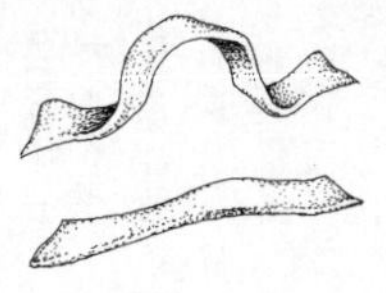

10月23日

天秤座

LIBRA

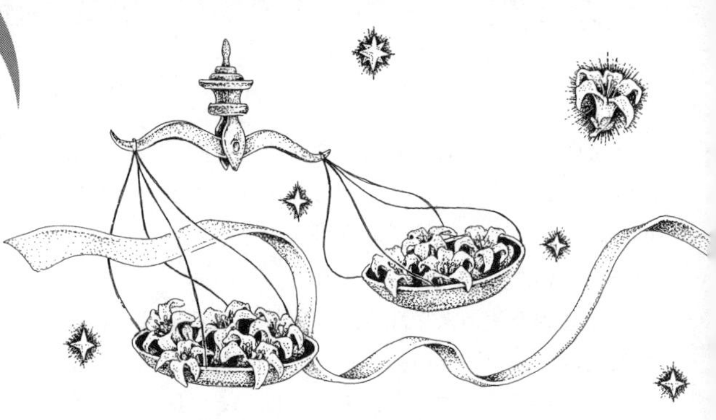

相手を引き込む力のある人

長所

集中力、洞察力がある。ユニークな発想力があり、コツコツと努力する。自制心が強い。物静かで、大人の風格が漂う。

短所

執念深い。人の揚げ足を取りたがる。野心的で、功利的。目的のために人を利用することもある。ずる賢く立ち回る。

この日生まれの著名人

ペレ（サッカー選手）／坂口良子（女優）／矢部浩之（ナインティナイン〈お笑いタレント〉）／松井稼頭央（野球選手）／磯山さやか（タレント）／ジャニー喜多川（ジャニーズ事務所創業者）／渡辺直美（お笑いタレント）

人を射抜くような視線を持ち、相手を引き込むような力強さがあります。おとなしく見えても、いろいろなことを複雑に考えていて、人の心の奥底を見抜くような洞察力をそなえているのが大きな特徴です。この生まれの人の前では、相手はうそをつけません。必ず見破られてしまいますし、相手に思わず本心を言わせてしまうような底知れぬパワーもそなわっているのです。

話し方にも説得力があり、相手を自分のペースに引き込むのが上手。穏やかそうな人柄でありながら、心の奥底には野心も秘めており、その野心を実現させるためのプランニングもしっかりできます。そしてその計画を着々と実行し、やがては成功を手にすることができるでしょう。

ただ、理知的なだけに、策に溺れやすい点には注意が必要です。あまり策を講ずると、複雑になりすぎて、うまくいくものも失敗することが。何事もシンプルに考えることが、成功への秘訣でしょう。

あなたの愛の形とは？

この生まれの人に出会った異性は、衝撃的な体験をするかもしれません。穏やかに知的な対話をしているはずなのに、その瞳だけは強い光を放ち、心をとらえるのです。

さらに恋心を隠すのが上手です。誰を愛しているのか周囲にはわからないように振る舞います。だから誰を

思っているのか、さらにどうして気持ちを隠そうとするのか、それは周囲にいる異性の誰にもわからないでしょう。そのため、この人の気持ちを確かめるために、絶望的なアプローチをする異性が絶えないのでしょう。

逆にこの日生まれの人は、なぜ思わぬ人から思われ、思う人から思われないのかと首をひねることあるはずです。そしてどうすればいいのか混乱するでしょう。

そんなとき、この人がすべきことはひとつしかありません。自分の気持ちに正直になり、ほかの異性ではなく、愛する人だけを見つめることです。

魔法の言葉

パワーがあるとき。相手を、周囲を巻き込んでいきましょう

あなたの才能と人生のテーマ

この日生まれの人は、自分の確固とした考えを持ちながら、周囲の人の意見を聞くタイプです。でも気がついたときには、ほかの人の意見は、この人のプランを完成させるための布石になっていることが多いでしょう。

もしもこの人に社会的な強い野心、つきたいポストがあれば、この才能を使って成功を収めることもできるでしょう。でも、それが社会の中で見つからない場合、多くの人の意見に耳を傾けすぎ、混乱してしまう恐れもあります。自分がやりたいことを見つけて、その道に進むことがこの人にとっては好ましいでしょう。

とくに知的な分野、言葉や表現をする力を生かせるような職場では、周囲の人の協力も得やすく、早く目標に到達することもできそうです。

適職は、雑誌編集者、秘書、図書館司書、大学教授などです。企業の中では広報などが適任です。

相性リスト

恋人……………… 2月19・20・21日、4月23・24・25日
友人……………… 8月20・21・22日、12月21・22・23日
手本となる人…… 6月23・24・25日
助けてくれる人… 1月2・3・4日、3月15・16・17日、5月27・28・29日、8月8・9・10日
縁がある人……… 3月21・22・23日、5月24・25・26日

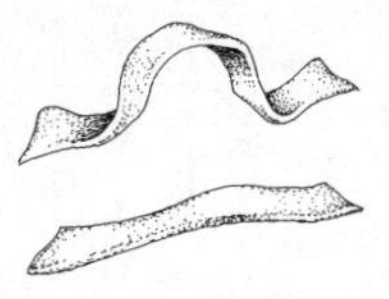

10月24日

蠍座

♏

SCORPIO

官能的な魅力のある人

長所

コケティッシュ。官能的。思慮深い。哲学的。詩的な表現能力を持っている。粘り強く、意志を最後まで貫く。

短所

目的のために人を利用する。過去のことを根に持つタイプ。主観だけで判断する。大局的な判断力に欠ける。

この日生まれの著名人

ダニエル・スワロフスキー（スワロフスキー創業者）／宇津井健（俳優）／渡辺淳一（作家）／小林カツ代（料理研究家）／及川光博（俳優）／木村カエラ（歌手）／Ado（歌手）

この生まれの人はセクシーで妖艶な魅力を持っています。ちょっとしたしぐさにも色気が漂い、とても官能的。思わず異性がひきつけられてしまうはず。目に力があり、目でものを語ることもできます。物静かではありますが、芯はしっかりしていて、自分の考えはちゃんと持っています。人生の本質的な問題に対して、あれこれ考える面があり、考えすぎて決断できなかったり、行動に移せないというところもありそうです。その反面、表には出しませんが、意外と野心は強く、出世願望も強いほう。余計なことを考えず、目標に向けて一心不乱にがんばることができれば、かなりの底力を発揮でき、成功へとつながります。

芸術や芸能、芸事といった才能もそなえていて、そのジャンルで活躍することもできそうです。アートに関する感性も豊かで、音楽、映画、絵画などから刺激を受けることが多いでしょう。そこから生きるうえで重要なことを学ぶ場合もあります。迷ったり悩んだり、行き詰まりを感じたときは、ぜひアートに触れてみましょう。

あなたの愛の形とは？

光があればそこに影ができるように、ひとりの人を愛するときには、強い感情や欲望が生まれてきます。人は表向きエロティックな衝動を秘めたり隠したりするものですが、この日生まれの人は、正々堂々と、それを求めようとします。

魔法の言葉

大丈夫です。あなたの魅力に抗(あらが)える人なんてたぶんいませんから

この人にとって精神的な愛と、官能的な愛は同じ価値を持ちます。それは愛する人のことを残さず知りたい、もっと深く結びつきたいという思いが強いためです。また心の奥底では、愛から生まれるものはすべてが美しいという信念を持っています。心を寄せ合うことも、言葉を交わすことも、肌を通して睦み合うこともすべてが重要。だから、愛する人にすべてを差し出し、そしてすべてを求めようとするのです。

精神的にも肉体的にも精力的な人です。どんなときもフルコースの愛を求めます。恋の相手もそれなりにタフであることが第一条件になるでしょう。

あなたの才能と人生のテーマ

異性をひきつけるなまめかしい魅力にあふれている人です。人生の喜びをそのまま味わい尽くそうとする意欲が強いタイプでしょう。さらに美しさに対して敏感で、人を楽しませることも好きです。

実社会の中でこの資質は、人々の眼や耳、あるいは舌に快感を授けるような職業につくと、大成する可能性が高いものです。芸術方面や、エンターテインメント関係、または食に関する仕事などでも才能を発揮できるでしょう。また無条件に異性をひきつけることから、人前に出るような仕事についても力を出せるでしょう。気楽そうに見えて、じつは野心を持っている人です。どんな職業についても、粘り強く歩み続けることで、必ず芽を出すことができるでしょう。

適職は、タレント、俳優、サービス業、オペラ歌手、調理師、レストラン経営者、楽器や舞踊など伝統芸能の継承者などです。

相性リスト

恋人……………… 2月20・21・22日、4月24・25・26日
友人……………… 8月21・22・23日、12月22・23・24日
手本となる人…… 6月24・25・26日
助けてくれる人… 1月3・4・5日、3月16・17・18日、5月28・29・30日、8月9・10・11日
縁がある人……… 3月22・23・24日、5月25・26・27日

10月25日

蠍座

SCORPIO

サイキックな勘の持ち主

長所

霊妙なインスピレーションを授かる。芸術的な表現能力がある。人に優しく、穏やかな態度で接する。神秘性がある。

短所

自分の世界にひたりたがる。秘密主義。コンプレックスが強い。感情的になる。論理性に乏しい。行動力、実践力不足。

この日生まれの著名人

ヨハン・シュトラウス2世（作曲家）／パブロ・ピカソ（画家）／土門拳（写真家）／野沢雅子（声優）／日野皓正（トランペッター）／キートン山田（声優）／松本大洋（漫画家）

この生まれの人は、感性とインスピレーションが非常に鋭いのが特徴。そのせいか、一種のサイキック的な能力も秘めており、予知夢を見たり、霊的な世界と縁がある人もいます。そこまでいかなくても、非常に勘が鋭く、ピンときたことはたいてい当たるほうでしょう。また、普段はおとなしい人でも、いざというときには周囲を驚かせるような大胆なことをすることもあります。普通の人と発想が違っていて、独自のセンスと誰にもまねできないような表現力で、人生をパワフルに切り開いていく資質にも恵まれています。

ただ、その独特の感性が周囲に理解されないこともありそうです。そうなると、ちょっと変わった人と思われがちに。でも、それをそのままにするのは決してよいことではありません。周りの人に自分を理解してもらう努力をすることも大事。周囲の理解を得られるようになると、もともとそなえているカリスマ的な魅力が開花するでしょう。あなたの味方やファンも増えて、人がついてくるようになります。そうなれば人生がより発展するはずです。

あなたの愛の形とは？

この生まれの人は、別の世界からの啓示というべき不思議なインスピレーションを感知することがあります。例えば、出会う前に、夢で愛する人の名前を知った……などのエピソードには事欠かないでしょう。

もっと自信をもって。あなたの代わりは誰もいないのですから

　ただ、この日生まれの人は、直感力が鋭いだけに、非活動的になってしまうところがあります。いくら運命的な出会いであっても、天使や神様が告白してくれたり、メールの文面を考えてくれたりするわけではありません。また、本当に運命の相手であっても、何もしないでただ見守っているだけでは、咲きかけた恋のつぼみもしおれてしまうのです。

　恋の悩みや喜びを大切にしましょう。小さなことで一喜一憂しながら、相手との距離を縮めていきましょう。自分自身が一歩踏み出すことで、自信がつくでしょう。それが相手の心をさらにひきつける魅力になるのです。

あなたの才能と人生のテーマ

　誰にも思いつかないようなユニークな発想が、次々と湧き出てくるでしょう。また並外れた集中力も持っています。

　その力を社会の中で生かすと、成功することもできるでしょう。どんな仕事についても、一目置かれる存在になるか、頭角を現すことができます。それが好きな仕事であれば、幸せでしょう。けれども、そうでない場合は問題です。もともと我慢強い体質なので、本当は本人には向いていない仕事であっても、それを完ぺきにやろうとするのです。そして評価されるまで、仕事が完成するまで、手を休めることはありません。どんなに味けない、やりがいを感じることの少ない仕事であっても、です。

　仕事選びのときは、人の意見を聞くのもいいでしょう。でも最終的な決断は自分の心と相談してからにしてください。

　適職はクリエイター、音楽家、作家、などです。

相性リスト

恋人……………… 2月21・22・23日、4月25・26・27日
友人……………… 8月22・23・24日、12月23・24・25日
手本となる人…… 6月25・26・27日
助けてくれる人… 1月4・5・6日、3月17・18・19日、5月29・30・31日、8月10・11・12日
縁がある人……… 3月23・24・25日、5月26・27・28日

10月26日

蠍座

♏

SCORPIO

不屈の意志の持ち主

長所

意思が強い。押しが強く、打たれ強い。根気があり、目標を決めたら、高い確率で到達できる。実務的な能力がある。

短所

話し方がくどい。押しつけがましい。了見が狭い。執念深い。昔のことを蒸し返す。デリカシーに乏しい。

この日生まれの著名人

ヒラリー・クリントン（政治家）／櫻井よしこ（ジャーナリスト）／北方謙三（作家）／小倉久寛（俳優）／向井秀徳（ミュージシャン）／千秋（タレント）／マツコ・デラックス（タレント）／RIKU〈NiziU〉（歌手）

この生まれの人は、不屈の意志を持ち、非常に強いパーソナリティを発揮する人です。どんなことがあっても自分の夢やヴィジョンをあきらめず、自分の可能性を信じて突き進みます。現実性もそなえているので、夢を夢で終わらせず、実現するための手段もしっかり考えられます。決して要領がよいほうではないので、多少、遠回りにはなりそうですが、着実に目標を達成することができるタイプです。しかも、逆境や障害など、困難な状況ほど意欲を燃やすところが強み。ストレスに強く、むしろストレスのある環境のほうが、内在したパワーを出し尽くすことができます。生ぬるい環境にいると、パワーが空回りしたりして、実力を存分に発揮できません。

周囲の人に対しては、有無を言わせぬ無言の圧力を与えるタイプ。自分の意見や考えを、不思議と相手に認めさせてしまえる人でしょう。ただ、それが相手によっては威圧的な態度に映る場合もありそう。とくに立場の弱い人に対しては意識的に優しく接することが必要になるでしょう。それが無用な対人トラブルを避けることにもつながります。

あなたの愛の形とは？

集中力と忍耐力があり、夢をあきらめることのない人。このひたむきさは素晴らしい素質でありながら、恋愛では痛々しい結果に終わることもあります。

相手との呼吸が合わない場合は、重い執着心のように

受け止められることがあります。相手が振り向いてくれないときの「あきらめない」は絶望的です。わかっていても、誰かのことがあきらめきれないという経験をしたことがあるでしょう。でもそんなときは、ほかのことに注意を向けてみましょう。肩の力を抜いて楽しいことを探してみましょう。

不思議なことに、完全にリラックスができたとき、本当の恋が不意にやってくることがあるのです。そしてその相手は、この人のひたむきなところを何よりも高く評価してくれる人でしょう。本当に必要なものは、何かを手放したときにその手に落ちてくるものなのです。

あなたの才能と人生のテーマ

目標を決めたら、その実現のために一歩一歩着実に歩みを進めることができる人です。また役に立つ人間でありたいという気持ちを心の奥底に抱いている人です。

この資質は、社会の中でどんな分野の仕事についても、力を発揮することができるものでしょう。

気をつけたいことは、仕事内容です。この日生まれの人は、仕事に意義を感じなければ、実力を十分に発揮することができないのです。もちろん仕事を選ぶときには、収入も大きな要因になるでしょう。けれどそれだけで選んだ仕事、社会や人々に貢献していると感じられない仕事は、この人の原動力である目標を失わせる要因になってしまうでしょう。公共性の高い仕事、専門性やニーズの高い仕事につくと、気持ちも仕事も安定するでしょう。

適職は、自然科学の研究者、公務員、薬剤師、医師、検査官などです。

相性リスト

恋人	2月22・23・24日、4月26・27・28日
友人	8月23・24・25日、12月24・25・26日
手本となる人	6月26・27・28日
助けてくれる人	1月5・6・7日、3月18・19・20日、5月30・31日、6月1日、8月11・12・13日
縁がある人	3月24・25・26日、5月27・28・29日

まだへこたれるときではありません。
強い意志を持って続けて

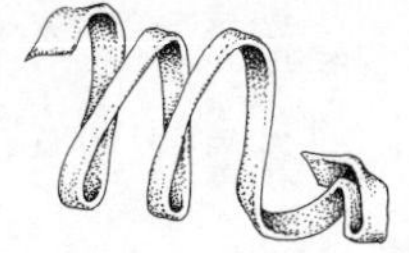

10月27日

蠍座

SCORPIO

挫折を通して強くなる人

長所

情熱的。エネルギッシュ。発展的。意志力が強い。リスクをバネにして成長する。マネジメントの才能がある。

短所

挑発的な言動が多い。闘争を好む。出世願望にとりつかれている。嫉妬深い。自分が一番になりたがる。

この日生まれの著名人

ジェームズ・クック（探検家）／大屋政子（タレント）／半村良（作家）／堀内孝雄（ミュージシャン）／渡辺いっけい（俳優）／高嶋政伸（俳優）／小西真奈美（女優）／塚本高史（俳優）／矢野沙織（アルトサクソフォーン奏者）

深くて強いエネルギーとパワフルな行動力を持つのが、この誕生日の人。心の内にはマグマのような熱い思いが煮えたぎっていて、自分の中に確固たる信念があります。一度、こうと決めたら、それを実現するためにどんなこともやろうとします。ただ、柔軟性に欠ける面があり、一度突っ走ったら方向性を変えたり、軌道修正することができません。そのため、人生で何度か挫折を経験することもあるでしょう。でも、そうした危機を乗り越えていく強さをそなえており、それをクリアすることで実力がついてくるタイプなのです。

対人面では、政治的なかけひきが巧み。相手の心理を読むのも得意で、交渉や契約などの場でも自分に有利な展開に持ち込むのが上手でしょう。人心掌握術も見事です。根回しやコネを使うのもうまいので、それを巧みに駆使して出世することもできるでしょう。基本的には根がまっすぐで、曲がったことが嫌い。その面がプラスに出れば周囲の人からの信頼も集まります。

あなたの愛の形とは？

アグレッシブな魂を持っている人です。誰かのことで心がいっぱいになったら、迷わずその人に向かって突き進んでいくでしょう。たとえ反応がなかったとしても、あきらめないのがこの人の信条です。忘れられないから、相手をひきつけたいから、無意識に自分を磨き続けるでしょう。

延長戦、あるいは二回戦、三回戦で逆転できる可能性大。負けなければ勝ちます

ただ恋愛の場合は、相手によってはどうしても受け入れられないという場面にも遭遇することがあるでしょう。でも、この人は思いを遂げられなかったとしても、投げやりになることはありません。いつかはきっと、心を燃やせる相手とめぐりあい、情熱的な恋をすることを心に誓うのです。

だからこそ、この生まれの人は、誰かを愛して傷ついたら、それだけ魅力的になっていくのです。最初に愛した人とうまくいくよりも、傷ついた末に実った恋のほうがより幸せになることが多いのです。

あなたの才能と人生のテーマ

成功するための確実な方法は、心に決めたことに向かって、着実に歩みを進めることでしょう。言葉で言うのは簡単ですが、実行するのは大変なことです。けれどもこの生まれの人は、目標に向かって、同じ情熱を注ぎ続け、粘り強く前に進むことができます。

たとえ一度や二度、うまくいかなかったとしても、それを「失敗」とは認めません。そしてうまくいく方法を見つけるまで、試行錯誤を繰り返すのです。あとはもう、この人に残された道は、成功するしかないでしょう。

ただ長い人生のうちには、この人も途方に暮れることもあるはずです。そんなときは「目標に向かい進むだけ」という本来の力を思い出してください。そして、前に向かって進んでいってください。

適職は、新聞記者、作家、プロデューサーなどです。企業の中では営業などの部署で、この情熱と力を発揮できます。

相性リスト

恋人	2月23・24・25日、4月27・28・29日
友人	8月24・25・26日、12月25・26・27日
手本となる人	6月27・28・29日
助けてくれる人	1月6・7・8日、3月19・20・21日、5月31日、6月1・2日、8月12・13・14日
縁がある人	3月25・26・27日、5月28・29・30日

10月28日

蠍座

♏

SCORPIO

人を導く力のある人

長所

パワフル。チャレンジ精神が旺盛。明るく、リーダーシップがある。ダイナミック、気前がいい。フレンドリーな態度。

短所

自信過剰。傲慢。わがまま。人の話を聞けない。子供っぽい。節操がない。欲張りだが、すぐに飽きてしまう。

この日生まれの著名人

ビル・ゲイツ（マイクロソフト創設者）／大嶽秀夫（政治学者）／蟹江敬三（俳優）／ジュリア・ロバーツ（女優）／倉木麻衣（歌手）／オーギュスト・エスコフィエ（料理人）／矢口高雄（漫画家）／菜々緒（女優）

この誕生日の人は、他人に対して強い影響力を発揮するのが、最大の特徴です。とくに目立つわけでも、弁が立つわけでもないのですが、どんな状況でも周囲に流されず、自分を貫く意志を持ち、それを明確に表に出すことができます。そんなあなたの態度が、周囲の人に安心感や信頼感を与え、あなたについていきたいと思わせるのです。ですから、意識的にリーダーシップを発揮することが、人生を発展させることにつながります。だまって人の後についていくだけでは、運勢は活性化しません。

本来、あなたはチャレンジ精神が旺盛で、新しいことに次々挑戦していくことで、自分の本領を発揮していけるタイプ。毎日同じことだけをやるような生活では満足できません。常に向上心を持ち、難しいことにも挑戦していきましょう。

ただ、他人への影響が強いだけに、言動には注意が必要です。軽く言ったひと言が相手の心を傷つけたり、なにげない態度が相手を不愉快にさせることもあるかもしれません。あなたの言動が大きな反響を呼ぶこともあるので、気をつけましょう。

あなたの愛の形とは？

この生まれの人が恋をすると、その相手のことで頭がいっぱいになり、ほかのことが入る隙がなくなってしまうようなところがあります。とくにまだ相手に思いを打ち明けていないとき、あるいは、ふたりの恋が始まった

ばかりのときには、相手のことが知りたくて、言いなりになってしまうように見えるかもしれません。

けれども、基本的にこの生まれの人はしっかりと自分を確立しているのです。どんなに感情の波に流されても、相手のことしか見えなくても、無意識のうちにリーダーシップを発揮し、相手を自分の理想に導いていくところがあるかもしれません。

もし好きになった相手がリードしたいタイプなら、少し控えめな行動をしたほうがいいかもしれません。逆に相手の心が広く、この日生まれの人のイニシアチブを許してくれるなら、とても円満な関係が結べるでしょう。

あなたの才能と人生のテーマ

フロンティア精神と粘り強さ。この両輪がうまく駆動した場合には、これまで存在しなかった新しい何かが、そこに誕生するはずです。その天賦の才に恵まれているのがこの日生まれの人。チャレンジする気持ちと意志力で、必ず何かをつくり上げて育てることができるでしょう。

この力は、古いものを壊し、新しいものをつくり上げるのに適しています。社会の中でも自由に行動できる余地を残した環境で、十分に発揮されるでしょう。リーダーシップがあるので、自分が新しくスタートさせ、多くの人を率いることに適しています。

逆に伝統的な拘束力の強い環境、古きよきものを大切にするような場所では、思い通りの力を発揮できず、焦りやいらだちを感じるかもしれません。

適職は、ベンチャービジネスの経営者、ダンサー、スポーツ選手、IT企業のクリエイターなどです。

相性リスト

- **恋人**……………… 2月24・25・26日、4月28・29・30日
- **友人**……………… 8月25・26・27日、12月26・27・28日
- **手本となる人**…… 6月28・29・30日
- **助けてくれる人**… 1月7・8・9日、3月20・21・22日、6月1・2・3日、8月13・14・15日
- **縁がある人**……… 3月26・27・28日、5月29・30・31日

魔法の言葉

まるごと受け止める覚悟と勇気があれば、すべてうまくいきます

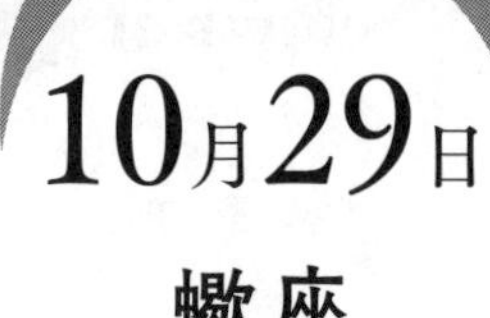

10月29日

蠍座

SCORPIO

人に安らぎを与える人

長所

態度が穏やか。勘が鋭い。人の気持ちを察知する能力がある。ほかの人の心を癒す力がある。純粋で一途。ひたむき。

短所

傷つきやすい。過去の傷をいつまでも引きずる。嫉妬深い。感情のアップダウンが激しい。内気で引っ込み思案。

この日生まれの著名人

周防正行（映画監督）／高畑勲（アニメ映画監督）／高嶋政宏（俳優）／つんく♂（音楽プロデューサー）／ウィノナ・ライダー（女優）／金城一紀（作家）／前園真聖（サッカー選手・タレント）／堀江貴文（実業家・タレント）

まるで月が映った湖のように、澄んだ深みのある感情をたたえているのが、この生まれの人。あなたの前ではどんな人も、自分の素直な感情をさらけ出してしまう。そんな不思議な魅力を持っています。懐が深く、人に安らぎを与え、癒す能力をそなえているので、誰もがあなたと友達になりたがるでしょう。そして人のために施したことが、必ず自分に返ってくるという運勢を持っています。

多くの人が癒しを求めてあなたの周りに集まってきますが、その分、あなた自身の対人ストレスがたまりやすくなるのも事実。それがときどき爆発しそうになります。それを回避するためにも、あなたにはひとりになる時間が必要。ひとりで趣味や読書、やりたいことに没頭したり、ひとり旅をしたりすると、精神的にも落ち着きます。

また、精神を解放することが運勢を上げることにつながるので、自分の気持ちを抑えたり、周囲に合わせたりするのはあまりよくありません。なるべく自分の気持ちのままに自由に行動するようにし、精神を抑圧しないことが大事でしょう。

あなたの愛の形とは？

この日生まれの人は、愛する人が何を考えているのかとても気にするところがあります。

それはこの人が、相手のすべてを受け入れて愛したいと思っているからなのです。もしも恋が実ったときは、

愛する人と人間関係的にも、精神的にも、そして魂のレベルでも、あらゆる階層でふたりの絆が結ばれているかどうか確かめたくなるでしょう。だから、たとえ好きな人の腕の中で満ち足りたときを過ごしていても、その心の深部まで探りたいという気持ちは募るばかりでしょう。

でも、それでどんな結果が出たとしても、とくに悲観することはありません。この人は、好きになった人のことをずっと愛し続ける人です。長い時間をかけて、愛を完成すればいいと思っているのです。だからたとえ今が満点ではなくても、絆を深めていけることを心から信じているのでしょう。

あなたの才能と人生のテーマ

この人の前に出ると、人は穏やかな気持ちになります。そして心と外界を隔てていた壁が取り払われるのを感じ、少しずつ自分の気持ちを話すようになるのです。

この日生まれの人の優れている点は、相手の話を聞く力があるところです。だから相談を持ちかけられたり、悩みを打ち明けられたりすることもあるでしょう。

けれどもこの人は相手にアドバイスを与えて導くタイプではありません。たとえて言えば、まるで相手の姿を映し出す鏡のような人なのです。相手は、話すことで本来の自分の姿に気づき、そこから解決の糸口を自分で引き出せるのです。

この積極的に人の話を聞き出す力は、心を扱う仕事、人の気持ちを楽にするような職業につくと、存分に発揮できるでしょう。適職は、カウンセラー、教師、看護師、ケアマネージャー、サービス業などです。

相性リスト

恋人	2月25・26・27日、4月29・30日、5月1日
友人	8月26・27・28日、12月27・28・29日
手本となる人	6月29・30日、7月1日
助けてくれる人	1月8・9・10日、3月21・22・23日、6月2・3・4日、8月14・15・16日
縁がある人	3月27・28・29日、5月30・31日、6月1日

魔法の言葉

勝負をかけるなら今。ただし、持久戦になるかもしれません

10月30日

蠍座

♏

SCORPIO

大きな幸運に恵まれる人

長所

大らか。屈託がない。冒険心にあふれている。ワールドワイドな視野と関心を持つ。実際的な問題にもうまく対処できる。

短所

目が行き届かない。猪突猛進。感情が高ぶると手がつけられない。人前とひとりのときの態度の差が激しい。

この日生まれの著名人

フョードル・ドストエフスキー（作家）／ディエゴ・マラドーナ（サッカー選手）／仲間由紀恵（女優）／鬼束ちひろ（ミュージシャン）／小松亮太（バンドネオン奏者）／神宮寺勇太〈King & Prince〉（歌手）

生まれながらにして、強運を持っています。運を呼び込むパワーがあり、チャンスと見たら迷わず飛び込み、どんなことも成功へと導くことができる人です。性格的には、どっしりとした安定感があり、自分の中心軸が決してぶれない人。大きなヴィジョンを抱き、高い理想を掲げ、自分の能力を最大限に発揮しようとするタイプです。冒険心もある一方で、地に足のついた現実性も併せ持つので、勝負に出るところと堅実に運ぶ部分とのバランスも絶妙。運勢を発展させるための舵取りがとても上手なので、人生は順風満帆でしょう。

ただ、寛大な点は長所なのですが、何でもかんでも受け入れてしまうところは問題。そのため、トラブルメーカーに迷惑をかけられたり、背負い込まなくてもいい難題を担うことになる恐れもあります。そういうことを毅然とした態度ではねつける強さを持つことは大事です。対人関係にしても、自分にとってプラスの人を受け入れ、マイナスになる人は遠ざけるべき。そうすれば、人々に支えられて運勢もより発展していくでしょう。

あなたの愛の形とは？

ひとりでいるときも、好奇心と冒険心を忘れない人です。けれども愛する人と心を合わせたときは、心が強くなるのを感じるでしょう。そして目の前に新しい世界が広がるのを実感するのです。

とくに幸福を感じるのは、ふたりで実際に未知の世界

に足を踏み入れるときです。例えば、行ったことのない場所や地域を旅することは、大きな喜びになるでしょう。とくに旅先では愛する人を新鮮な気持ちで見つめることができるでしょう。

そしてその経験はふたりが共有する思い出、ふたりだけの秘密としていつまでも大切にするのです。

絆が強くなればなるほど、ふたりの世界に入ろうとする傾向が強い人です。ある程度ほかの人との交流も大切にしてください。けれどもそれと同時に、恋の相手には、ふたりだけの世界をつくることに違和感を感じないでくれる人を選ぶことが必要です。

あなたの才能と人生のテーマ

高い理想や壮大な夢を心の中に持っている人です。それでいて、しっかりした現実感覚も持っている人です。もし、この日生まれの人が確実な地歩を固めながら、目標に向かって進んでいくなら、周囲が驚くような成功を手にすることも起こりうるのです。

ただ、気になるのは心が広く、いろいろなことに興味を持つところです。何かを成し遂げるためには、ひとつのことに集中し、それを完成させるのが早道です。逆に複数のことに同時に手を出すと、結実する時期は遅れます。もし、成功したいのなら、専門性を高め、好奇心を抑えることが必要でしょう。反対に好奇心を満足させることを優先させるなら、社会的な成功は後回しになってしまうかもしれません。

適職は、翻訳家、編集者、外交官、通関関係の仕事、バイヤー、エンジニア、ツアーコンダクターなどです。

相性リスト

恋人	2月26・27・28日、4月30日、5月1・2日
友人	8月27・28・29日、12月28・29・30日
手本となる人	6月30日、7月1・2日
助けてくれる人	1月9・10・11日、3月22・23・24日、6月3・4・5日、8月15・16・17日
縁がある人	3月28・29・30日、5月31日、6月1・2日

魔法の言葉

信じられないくらいの幸運に恵まれそう。まずは動き出してみて

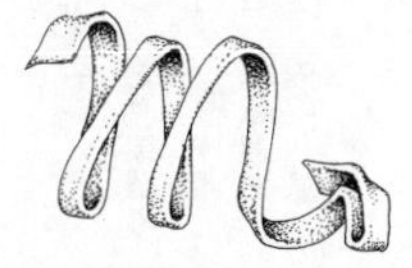

10月31日

蠍座

♏

SCORPIO

魔術的な力のある人

長所

人の目を気にせず自分の世界を築く。一途でひたむき。勘が鋭く、人の気持ちを察知できる。

短所

極端なところがある。頑固。好き嫌いが激しく、それが表情に出る。協調性がない。人の話を聞かない。ひとりよがり。

この日生まれの著名人

ヨハネス・フェルメール（画家）／ザハ・ハディッド（建築家）／岡部幸雄（騎手）／齋藤孝（教育学者）／六代目中村勘九郎（歌舞伎役者）／山本耕史（俳優）／須田亜香里（タレント）

　この誕生日の人の最大の特徴は、神秘的な魔力を持っているところ。どこか浮世離れしていて、つかみ所がありません。周囲の人からは何を考えているのかわからないと思われることもありそう。人にはあまり見せませんが、じつは世の中を独自の視点で見ているタイプで、考え方や着眼点がとてもユニークなのです。周りの人には想像もつかない突飛なことを考えていることもあります。また、なぜか想像したことがその通りになったり、予言が当たったりすることもあるので、これは不思議としか言いようがありません。念じたことが実現するというミラクル体験をした人も、なかにはいることでしょう。

　一見、とっつきにくいイメージですが、自分の懐に飛び込んできた人は、とても大切にします。人情味もあり、信頼した相手を裏切ることもありません。ただ、自分を表現することが苦手なので、意識的に自己開示をしないと、他人に自分を理解してもらうことができないかも。自分の考えや意見を強く表に出すほうではないので、こだわりがなさそうに見えるのですが、じつは自分の生き方には徹底的にこだわる人。独自の道を淡々と歩みながら自分のやりたいことだけを追求していきます。

あなたの愛の形とは？

　この日生まれの人が、恋をした相手に伝える言葉は、独創的でオリジナリティにあふれているでしょう。もし相手が繊細な感受性を持っていれば、気持ちが伝わるの

も早く、また心の結びつきも強いでしょう。逆に相手の感性が荒い場合は、その愛情自体に気づいてもらえないかもしれません。それゆえ、恋に傷ついた経験もいくつか重ねてきたでしょう。

でも実際には、繊細な気持ちやインスピレーションを理解してもらえない人との恋は、単調で、この日生まれの人を疲れさせるだけです。だから恋心は、たとえわかりにくいと言われても、自分の言葉で伝えることが大切です。それが自分にふさわしい恋人を探すための、最適な試金石になるかもしれません。その難関を通り抜けるような人を愛したとき。この人は、相手との心の結びつきを感じ、徹底的に愛し抜くでしょう。

あなたの才能と人生のテーマ

独自の発想、神秘的な強い個性がこの人の最大の特徴であり、長所です。とくに、現実的なものの見方とはかけ離れたインスピレーションに恵まれています。

その力は、実用性に乏しく現実社会で生かすのが難しいと思うかもしれません。また人と考え方が違いすぎて、受け入れられないと思うかもしれません。

けれど、すべての人が同じ見方、同じ発想をしているなら、新しいものは生まれてこないのです。違う発想力、新しい切り口で物事を見ているからこそ、何かが生まれてくるのです。この日生まれの人は、芸術や創造の分野で活躍することができます。けれど、もっと実務的な、生活に即した分野でも、その発想力を買われることがあるでしょう。どうぞ大いに自信を持ってください。

適職は、作家、フォトグラファー、詩人、発明家などです。企業では企画開発などに適しています。

相性リスト

恋人	2月27・28・29日、5月1・2・3日
友人	8月28・29・30日、12月29・30・31日
手本となる人	7月1・2・3日
助けてくれる人	1月10・11・12日、3月23・24・25日、6月4・5・6日、8月16・17・18日
縁がある人	3月29・30・31日、6月1・2・3日

魔法の言葉

マジカルな力を使えそうなとき。テレパシーを送ってみませんか？

11月1日

蠍座

♏

SCORPIO

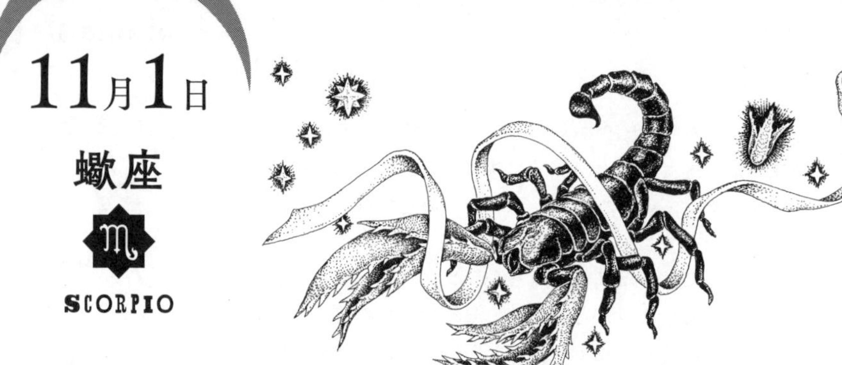

プレッシャーに負けない精神力の人

長所

誇り高い。根気がある。不屈の闘志を燃やす。落ち着いた大人の風格がある。はっきりした目的意識を持っている。

短所

頑固。自分勝手。横暴な態度に出ることがある。しぶとい。粘着質。思い込みが強すぎ、人の意見を聞き入れない。

この日生まれの著名人

亀井静香（政治家）／いかりや長介（タレント）／大村崑（喜劇俳優）／服部克久（作曲家）／古内東子（ミュージシャン）／西原理恵子（漫画家）／ジョン・カビラ（タレント）／福原愛（卓球選手）／田中将大（野球選手）

どんな高い波があっても安定して航路を守り続ける大きな船のような人です。黙っていても周囲の注目を集めるような、深い落ち着きと粘り強さがあります。周りの人と一緒になって騒ぐというよりも、それを少し遠くから見守りながら、温かい笑顔を浮かべているタイプでしょう。その奥深い魅力は、人を安心させたり、不思議と本心を話したくなったりといった形で、その場に独特の空気をつくり出します。これらの雰囲気は、この日生まれの人の中にある、芯の強さから生み出されるものです。ほかの人だったら逃げ出したくなるようなプレッシャーにも、正面から受け止める覚悟ができているでしょう。また、混乱があってもこの人だけは冷静でいられるでしょう。

その代わり、少し頑固な面があるようです。例えば自分が正しいと思ったことは決して人にゆずらなかったり、もしくは、本心から心配してくれる人のアドバイスを軽んじたり。意見がかみ合わないときには、本気で腹を立ててしまうこともあるかもしれません。けれども自分の意見だけが正しいとは限らないのです。柳のようなしなやかさも身につけましょう。

あなたの愛の形とは？

静かな笑顔を浮かべて異性の話に耳を傾けるあなた。「自分が、自分が」と我を張ることもありません。それでも、相手の心に、強い存在感を残すことができる人です。

恋をしたときにも、表面的には相手を立てるし、話もきちんと聞くでしょう。けれども実際に相手の言いなりになることはないでしょう。自分が納得しなければ、行動に移すこともしません。逆にどうしてもこの人が叶えたいと思っている夢があったら、気がつかないように水面下で相手をコントロールすることもできるでしょう。あなたにはそんな力がそなわっているのです。

ただ、あなた自身、自分の言いなりになる人にはそれほど魅力を感じません。自由な魂を持ちながら、心が寄り添う恋を求めているのです。幸福な関係を持続させたいなら、好きな人に対する隠れた影響力を行使しないようにしましょう。

あなたの才能と人生のテーマ

あなたはトラブルの渦中でも、穏やかな日々にも、変わらない微笑を浮かべているでしょう。もちろん緊張したり、重圧感に押しつぶされそうになったりすることはあるでしょう。けれども、目的地が心にあるなら、それを目指して粛々と進んでいくことができる人なのです。

社会の中では始め、表立った存在になることはないでしょう。けれども、その分野で少しずつ実績を積んでいくうちに、誰もがその力や周囲に与える影響力を認めざるを得ない存在になってくるのです。

多くの人とかかわる仕事でも、逆に個人の力が求められる仕事でも与えられたことはかならず仕上げる力を持っています。ただ年功序列型会社よりも、実力主義の環境の中で、本来の力を発揮できるのは確かでしょう。

適職は、タレント、カウンセラー、コンシェルジュ、弁護士などです。

相性リスト

恋人………………	2月28・29日、3月1日、5月2・3・4日
友人………………	1月1日、8月29・30・31日、12月30・31日
手本となる人……	7月2・3・4日
助けてくれる人…	1月11・12・13日、3月24・25・26日、6月5・6・7日、8月17・18・19日
縁がある人………	3月30・31日、4月1日、6月2・3・4日

魔法の言葉

プレッシャーを感じていてOK。成功が近いしるしです

11月2日

蠍座

♏

SCORPIO

デリカシーに包まれた信念の人

長所

人の心の機微を汲み取る。芯が強く、一本気。人に誠意を示す。表現力が巧み。慎重に行動する。

短所

嫉妬深い。疑心暗鬼になりやすい。本心をなかなか言わず、ひがみっぽい。情念が強く、思い込みが激しい。

この日生まれの著名人

マリー・アントワネット（王族）／ワレン・G・ハーディング（第29代アメリカ合衆国大統領）／横山大観（日本画家）／平田満（俳優）／深田恭子（女優）／ホセ・フェルナンデス（野球選手）／AI（ミュージシャン）

不思議な直感に恵まれている人です。単なる直感と呼ぶには、感じ取ることはあまりに敏感に思われるでしょう。まるで予言や神託のように、未来がクリアに見通せてしまう感覚を味わったこともあるかもしれません。

とくに人の敵意や好意を察することにかけては、相手が口を開かなかったとしても、何を求めているのかを理解してしまうほどでしょう。鋭敏な直感力に加え、繊細な感性を持っているために、心の細やかな動きを追いかけてしまうのです。

この直感力と繊細な思いは、この人の内側ばかりでなく外見も優しい雰囲気で包むでしょう。また、足りない言葉を直感で補う飲み込みのよさももたらすでしょう。その一方で、心の中のわずかなすきまにも敏感になります。それを埋めようとして、人とのつながりを強く求める傾向もありそうです。情の深さも相当なものです。相手に誠意を見せる純粋さを持ちつつ、相手にも同じような熱意と誠実さを要求するようになります。その感情のディープさは、ときにこの人を苦しめるかもしれません。寂しさを人のぬくもりで埋めようとせず、まっすぐに心を見つめる勇気も必要です。

あなたの愛の形とは？

繊細な感受性を持ったあなた。誰に対しても優しく接し、大声で主張したり、感情にまかせて後先考えない行動をとることもないでしょう。

けれどもはかなげに見えても、恋をしたら一途で、気持ちを変えることはないでしょう。そしてひたむきに相手のことを見つめ続けるでしょう。気持ちを伝えるときには、飾らない言葉を選びます。けれどなにげないその言葉は、不思議に相手の心に優しく柔らかい余韻を残すことでしょう。そんな細やかな愛情を受け入れてくれる人であれば、穏やかな関係を築けそうです。

ただ問題点を挙げるとすれば、恋に夢中になりすぎ、相手のことばかり考えてしまうところです。また愛する人がほかの異性と話すだけでも、胸が苦しくなってしまうかもしれません。心にゆとりがなくなると、恋がやせてしまいます。大らかな心で相手のことを信じましょう。

あなたの才能と人生のテーマ

大切なものを守りたいという気持ちが強いあなた。打ち込めるものがあると、それを守り、育てていこうと力を尽くすでしょう。

実社会の中でこの力は、物事を突き詰める能力として評価されます。だからあなたの場合は、大切なもの、専門的に打ち込めるものがあるということは、それだけで充実した生活を送れることにつながるのです。けれどそれがなければ、仕事は単なる生活の手段になってしまうでしょう。その場合は、誰かに必要とされる仕事につくといいでしょう。あるいはたとえ小さなことでもいいから、仕事の中に喜びや得意なことを見つけ、それに取り組むようにしてください。ほかのことを忘れて取り組めるものがあるとないとでは、生活や仕事の張り合いがまったく違ってくるのです。適職は教師、看護師、検査技師などの医療系、介護士などの福祉系の仕事です。

相性リスト

恋人	2月29日、3月1・2日、5月3・4・5日
友人	1月1・2日、8月30・31日、9月1日、12月31日
手本となる人	7月3・4・5日
助けてくれる人	1月12・13・14日、3月25・26・27日、6月6・7・8日、8月18・19・20日
縁がある人	3月31日、4月1・2日、6月3・4・5日

あなたの感受性を信じましょう。
あなたがいま感じているその感覚を大事に

11月3日

蠍座

♏

SCORPIO

闇の中に光を見る人

長所

屈託がない。遠くを見つめる。清濁併せ呑む。未来志向。くよくよしない。博愛精神があり、フレンドリー。

短所

鈍感なところがある。約束や取り決めにルーズになりやすい。無責任。行き当たりばったり。注意力が散漫。

この日生まれの著名人

手塚治虫（漫画家）／外山滋比古（英文学者）／山崎豊子（作家）／柄本明（俳優）／錦戸亮（タレント）／堤幸彦（映画監督）／北村匠海（俳優）／佐々木朗希（野球選手）

この日に生まれた人は、人の心の奥の闇を敏感に察することができる人です。けれども、そのことでネガティブになったり、それを克服させせようとしたり、無理にポジティブに転じさせようとすることもありません。

ただこの人は、人間の暗い部分を理解し、気持ちを察することができるのです。失敗や醜さなど、いろいろなことを許せる大らかな人間に成長しようとしているのです。目の前にある小さなことにこだわらず未来を見つめようとするのです。

人からは、のんきでゆったりした性格の人だと思われるかもしれません。しかし内面は哲学的な考えをする傾向があり、深みのある発想力を持っています。その発想力を上手に発揮できれば、豊かな創造力と懐の広さのおかげで、不自由のない生活が送れるはずです。

反面、大らかであることが足を引っぱることもあるようです。例えば鈍感になりすぎて人からの好意に気がつかなかったり、おとなしいために実力を認めてもらえなかったり。ただ、大らかさのおかげで幸運に恵まれた人でもあるので、ピンチのときでも不思議と誰かが助けてくれるといった経験をするかもしれません。

あなたの愛の形とは？

清濁を併せ呑む、という言葉は、まさにこの人の恋愛観を言い表しているようなものです。「人間には美しい部分もあれば、人に見せられない部分もある。両方ある

からこそ、人間らしく生きられる」という、達観した気持ちで異性を見つめます。その上、温かい思いで好きな人のことを支え続けるのです。

そんな姿勢が人の心を打たないはずがありません。おそらくその愛に、真剣に応えようとした人もいたはずです。けれど、なぜかこの人は相手が送ってくる愛のサインに気づかないことが多いのです。それはあたかも相手が伝える愛の言葉に耳をふさぎ、「報われなくてもいい、好きだから！」と泣きながら叫んでいるようなものです。辛いコメディを演じるのをやめて、そろそろ恋の明るい部分にも目を向けてみましょう。この人が思う以上に世界は幸福に満たされているはずです。

あなたの才能と人生のテーマ

ほかの人を幸せにする、という気持ちが胸に湧き起こったとき、この人の創造性のスイッチが入ります。そして誰かのために何かをつくることで、最終的に幸福を引き寄せることができるでしょう。

こんな才能を生かすには、例えば社会の中で弱い立場に立たされた人を見つめたり、ケアしたりするといいでしょう。あるいは、人の役に立つもので、これまで存在しなかったものをつくり出すという道もあるでしょう。とにかくキーワードは「誰かのために、考える」ことです。この人は自分のためだけに生きようとか、才能を役立てようとすると、息苦しくなってしまうでしょう。でも人のことを考えて行動するようになると、充実感に満たされ、伸び伸びと活動する自分を発見するでしょう。

適職は、発明家、通訳、外交官、教師、代議士、人間を見つめる哲学者、作家などもいいでしょう。

相性リスト

恋人	3月1・2・3日、5月4・5・6日
友人	1月1・2・3日、8月31日、9月1・2日
手本となる人	7月4・5・6日
助けてくれる人	1月13・14・15日、3月26・27・28日、6月7・8・9日、8月19・20・21日
縁がある人	4月1・2・3日、6月4・5・6日

魔法の言葉

そのまま進んで大丈夫。
小さな、でも確かな光が遠くに見え始めています。

11月4日

蠍座

♏

SCORPIO

自分のスペースを大事にする人

長所

自立心が強い。冷静。判断力がある。個性的で、独特の感性を持っている。こだわりがない。客観性がある。

短所

縄張り意識が強い。常識をわきまえない。欲望に身を任せる。自分勝手。人の気持ちや都合を勘定に入れない。

この日生まれの著名人

西田敏行（俳優）／リリー・フランキー（イラストレーター）／名倉潤〈ネプチューン〉（お笑いタレント）／NOKKO（ミュージシャン）／池内淳子（女優）／尾野真千子（女優）／村主千香（フィギュアスケート選手）

ほかの人にはない抜群の個性が、この日生まれの人にそなわっています。それは単にほかの人とは違った行動をするという意味でもありますし、斬新な考え方と天才的な発想ができる人という意味でもあります。

社会や世間の常識に縛られず、常にオリジナルな考え方をするため、自分では普通にしているつもりでも、際だった存在として周囲に認められるでしょう。しかも、ただアイデアを生み出すだけではなく、それを執念深く実現しようとする情熱を持っていることが、この日生まれの人を優れた存在にしています。

また、多くの理解してくれる人よりも、自分だけの時間を持った方が、気持ちが安定してくるタイプです。ひとり旅をしてみたり、若いうちに自立して心の底からくつろげる住居をかまえたり。そんな行動があなたの才能を伸ばしてくれます。

気をつけたいのは、周囲の人が自分の発想についてきてくれないからといって、ひがんだり落ち込んだりしやすいことです。人への信頼感をなくし、自分だけで何でもしようとするせいで、人との間に高い壁をつくりがち。それは自分の行動力を狭める原因にもなるので気をつけましょう。

あなたの愛の形とは？

約束を守ってくれるとか誠実であるとか、優しくしてくれるような人のことを、恋の相手に望ましい資質と思

魔法の言葉

誰かのお節介にあなたの邪魔をさせてはいけません。ぶれない軸をキープして

う人は大勢いるでしょう。けれども型にはまることと、小さくまとまることができないあなたの場合は、同じように個性的な人にひかれる傾向があります。優しさ以上に、魂の強さ、生命力のようなものにひかれ、愛するようになるでしょう。

もしかしたら、同世代の人から理解されないようなタイプの人かもしれません。あるいは、遠距離での恋、あるいはわけありの恋にも抵抗を感じないかもしれません。

けれどもあなたは、そんなことを気にすることはないでしょう。むしろいつもそばにいて、干渉し合う関係でいると、息苦しさを覚えてしまうかもしれないのです。

お互いの自由を尊重し、ある程度の距離感を持って生きることが、幸せな恋につなげる秘訣になるでしょう。

あなたの才能と人生のテーマ

躍動的な魂を持つあなたが､存分に力を発揮するには、狭いところに大勢の人がひしめいているところよりも、自由に行動できるフィールドが似合います。

とくに恵まれているのは独創性という才能です。これはどんな職種についても、アイデアを出すことで、評価される性質のものです。けれども、横並び意識が強い環境や、変化を望まない組織などでは、その才能は異物として排斥されるかもしれません。だから自分を生かすためには、環境選びが大切になります。人に合わせなくてもいい、自分自身を生かせる場所、伸び伸びと手足が伸ばせる環境を選ぶようにしてください。

適職は、作曲家、フォトグラファー、発明家、映画監督などです。企業の中では企画開発などの業務が適しています。

相性リスト

恋人	3月2・3・4日、5月5・6・7日
友人	1月2・3・4日、9月1・2・3日
手本となる人	7月5・6・7日
助けてくれる人	1月14・15・16日、3月27・28・29日、6月8・9・10日、8月20・21・22日
縁がある人	4月2・3・4日、6月5・6・7日

11月5日

蠍座

♏

SCORPIO

知性の剣をきらめかせる人

長所

知的。人の気持ちを汲みあげる優しさがある。探究心がある。秩序を大切にし、節度のある行動がとれる。謙虚で控えめ。

短所

細かいところを指摘したがる。言葉にトゲがある。自信過剰。神経質。臆病で、自分からは行動したがらない。

この日生まれの著名人

ヴィヴィアン・リー（女優）／平良とみ（女優）／天地真理（歌手・タレント）／富野由悠季（アニメーション監督）／佐藤愛子（作家）／把瑠都凱斗（大相撲力士・政治家）／渡辺翔太〈Snow Man〉（タレント）

この日生まれの人が持っている長所は、使い方を間違えると周囲の人を傷つけてしまう凶器にもなってしまいますので、とても慎重にならなければいけません。しかし正しい使い道を覚えれば、人生を切り開いたり、人を優しく包み込んであげたりできるはずです。

その長所とは、言葉とコミュニケーションの力。鋭い洞察力と知性を持つこの人は、真実を言葉に代えて、それを伝える能力に恵まれています。理解力も高く、見失いがちな問題を指摘したり、目を背けていた間違いを察して、それを正したりすることができます。

ただし、どんなに自分にとっては真実であり、人に伝えることが必要だと思う事柄であっても、すべてストレートに表現していたら、煙たがられることもあるでしょう。痛いところを突かれてショックを受ける人もいるでしょう。しかしこの日生まれの人は、洞察力と知性だけではなく、深い優しさも持っています。鋭い言葉だけではなく、温かい気持ちを相手に伝えたいという本音もあるのです。鋭さに隠された、この人の奥深い愛情を理解してくれる人に出会えれば、その才能を人や自分のために役立てる方法を学べるでしょう。

あなたの愛の形とは？

あなたは、本当は優しく温かい心の持ち主。けれど、鋭い洞察力を持っているため、人の心の中の闇に気づいてしまったかもしれません。あるいは、まっすぐな思い

に傷をつけられたこともあったかもしれません。そのため、異性に対して、身構えてしまうか、自分の気持ちにブレーキをかけるところがあり、さらに知性のひらめきもあるので、理論武装をしてしまう一面もあります。

だから好きな人を相手にしても、恋愛表現がシニカルになりがちです。もし相手があなたの言葉を額面どおりに受け取った場合、行き違いに悩むことがあるかもしれません。本当に愛して心を許した人には、自分自身の気持ちを率直に伝えられるように工夫したほうがいいかもしれません。内面の豊かさを理解してもらえる相手なら、もっと深く、もっと温かく、心を通わせることができるでしょう。

あなたの才能と人生のテーマ

相手の気持ちを察する力と、隠していることを見抜く洞察力を持っているあなた。さらにそれを言葉で表現する能力と、論理的に再構築する知性を持っています。

この才能は、物事を深く理解することに適しています。タイプとしては学究肌で、粘り強さもあるので、ひとつのことを研究し、極めていくような仕事につくといいでしょう。ひとりでコツコツ実績を積み重ねることも得意です。もちろん協力者と力を合わせて、さらに規模の大きなものをつくることも可能でしょう。ただしその場合は、相手と四六時中一緒にいると煮詰まってしまうことが多いでしょう。共同で何かを開発したり研究したりする場合は、別の分野にいる人とコラボレートするほうがよさそうです。

適職は、評論家、編集者、学芸員、銀行員、翻訳家、通訳などです。組織の中でも研究者が適しています。

相性リスト

- **恋人**……………… 3月3・4・5日、5月6・7・8日
- **友人**……………… 1月3・4・5日、9月2・3・4日
- **手本となる人**…… 7月6・7・8日
- **助けてくれる人**… 1月15・16・17日、3月28・29・30日、6月9・10・11日、8月21・22・23日
- **縁がある人**……… 4月3・4・5日、6月6・7・8日

魔法の言葉

シャープな判断ができます。本当に必要なことだけを考えましょう

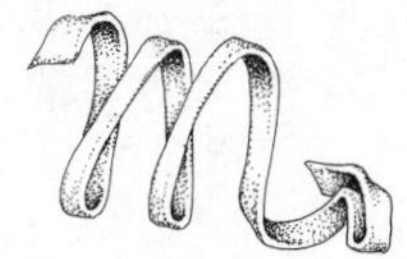

11月6日

蠍座

♏

SCORPIO

遊び心を持ちながらも堅実な人

長所

きめ細かい愛情を寄せる。優しく人に応対する。集中力と持久力がある。決めたことは最後までやり遂げる。

短所

妄想を抱きやすい。情欲や情念の言いなりになる。嫉妬深く、人を束縛する。自分の世界に強く執着する。

この日生まれの著名人

アドルフ・サックス（楽器製作者）／伊原剛志（俳優）／松岡修造（テニス選手・タレント）／小田茜（女優）／窪塚俊介（俳優）／マイク・ニコルズ（映画監督）／鮎川義介（実業家）／濱家隆一〈かまいたち〉（お笑いタレント）

この日に生まれた人は、美しさに敏感です。それも外見ばかりでなく内側の美にも目を向けることができる人です。魅力的に振る舞うことやファッションセンスや話術を磨くことに関心が高いだけではなく、人を深く愛することや誠実であり続けることにも価値を感じます。外見を美しく整えることもできるうえ、奥深い内面を持っているまれな人物と言えるでしょう。

きらびやかなもので身を固めたいという気持ちが強いために、ちゃらちゃらしているように見られることがあるかもしれません。けれどもその一方で、人との関係を、時間をかけて育てる情の厚さも魅力的です。人に優しくするために、自分が犠牲になることもあるでしょうし、自分自身の正しい生き方にこだわりを持って、最後までその主義を貫こうとするでしょう。

人に対する理解力にも深いものがあり、ありのままを受け止める度量があります。外見に気を配るだけあって、センスや感受性も相当なものです。しかし自分への関心が高くなりすぎると、単に人から誤解を受けるだけで終わってしまいがちです。どんなときも人への思いやりを忘れないようにしましょう。

あなたの愛の形とは？

柔和で優しい雰囲気にあふれているあなた。とても素直な心を持っているので、この世界の美しいものを目の前にすると、眼を奪われてしまうでしょう。そんなとこ

ろから、華美なものを好むと思われるかもしれません。でも、あなたは外見の美しさだけに眼を奪われているのではありません。例えば花ならその奥にある生命を、モノならそれにかかわった人々の手のぬくもりや思いを、大切にしたいと思っているのです。

だから、愛する人のことも表面ばかり見ているわけではありません。精神、魂の深いレベルのところまで心を通わせたい、受け入れたいと思っているのです。

だから一度愛した人とは、長く確かな絆を結びたいと願っています。そのために自分が犠牲になることがあっても、胸を張り、まっすぐ顔を上げて愛する人を見つめるでしょう。それがあなたの愛情の形なのです。

魔法の言葉

まずは自分が楽しむことを考えましょう。自然と周囲にもその楽しさが伝わります

あなたの才能と人生のテーマ

楽しいものや、人の眼を楽しませるものを見つけ出す力を持っているあなた。輝きを発見する能力は卓越しています。けれど、あなたの本当の優れた点は、それで自分が満足したり、楽しんだりするだけで終わらないところです。さらにどうすれば人々が喜ぶのかと真剣に考え、それを形にしようと努力する点なのです。

社会の中では、この力を発揮して多くの人を幸せにするための努力を続けるでしょう。この力は、どんな職業についても生かすことができるでしょう。ただ、利益だけを追求し、それ以外のものを無駄だと切り捨てるところでは、力が生かせないどころか、砂をかむような無力感に襲われそうです。よい環境にいることで成功できるタイプです。

適職は、デザイナー、美容師、化粧品関係のアドバイザー、イラストレーター、WEBクリエイターなどです。

相性リスト

恋人……………… 3月4・5・6日、5月7・8・9日
友人……………… 1月4・5・6日、9月3・4・5日
手本となる人…… 7月7・8・9日
助けてくれる人… 1月16・17・18日、3月29・30・31日、6月10・11・12日、8月22・23・24日
縁がある人……… 4月4・5・6日、6月7・8・9日

11月7日

蠍座

SCORPIO

魂の深みを知る人

長所

直感力がある。豊かな表現力がある。正義感が強い。社会的弱者にいたわりの目を向ける。気持ちが柔軟で温かい。

短所

思い込みが激しい。いつまでも悩む。割り切りが下手。現実を受け入れられない。夢想の中に逃げ込みたがる。

この日生まれの著名人

マリー・キュリー（物理学者）／アルベール・カミュ（作家）／チャーリー浜（コメディアン）／長瀬智也（タレント）／笑福亭笑瓶（タレント）／伊集院光（タレント）／村上佳菜子（フィギュアスケート選手）

子供のような感性を持ち、豊かな感受性と奇跡的な直感力に恵まれている人です。その力のために、この人の周りでは、まるで魔法のような出来事が起こることもあるでしょう。

例えば、初対面の人の心にすんなり溶けこんだり、まっすぐでにごりのない瞳で信用を勝ち取ったり。もしくはほかの人では考えつかないようなイマジネーションを発揮して、独自の芸術的な世界を築き上げることもできるでしょう。悪意を持つ人を直感的に見分ける人でもありますので、自分はとても正直に振る舞いますし、誠実ではない人からうまく逃れることもありそうです。こんなことはこの日生まれの人にとっては当たり前かもしれません。でもほかの人にとっては、まるで不思議な力を授けられたとしか思えないような出来事なのです。

そんなこの人にも弱点があります。それは、純粋さゆえに人にだまされやすいということ。損な役回りを押しつけられたり、利用されたりしがちです。そこで人間不信にならず、客観的に人を理解できるようになってください。クールな視点を持てるようになれば、感受性の生かし方も自然に見えてくるはずです。

あなたの愛の形とは？

あなたにとっての恋愛は、清らかな魂同士の結びつき以外の何者でもありません。外見が清潔感にあふれていて、また言うことがどれだけ美しかったとしても、心が

澄んでいなければ、意味がありません。優れた直感力を持っているため、表面を飾っても見抜いてしまうのです。

でも、並外れた直感の鋭さは、喜びばかりをもたらすわけではありません。外見だけを飾り立てる異性の前でむなしい気持ちになるかもしれません。清らかな魂を持っていた人が、いつしか変わっていくのを目の当たりにして、寂しい思いをするかもしれません。

それでたとえ孤独を感じたとしても、あなたは同じような質の魂を持った人でなければ、愛することはできないでしょう。そんな人が現れるのを待ってばかりいないで、傷ついても失望しても人の中に出て行くことが大切なのです。

あなたの才能と人生のテーマ

冴えた直感力と、豊かなイマジネーションを持っているあなた。また、何者にもとらわれない、子供のようなまっすぐな視線で物事を見ることができるでしょう。そのため、斬新な発想をしたり、人が見落としていたようなことに着目して、成功することも可能でしょう。

ただ、純粋すぎる眼は、正義感の強さも生みます。それは同時に融通が利かないことも意味します。社会の慣習や商習慣のようなものにひとりで無謀な戦いを挑んだり、反発して、ビジネスをやりにくくする一面も出てきそうです。幅広く人や物を流通させるようなところでは、神経をすり減らしてしまうかもしれません。専門性が高い仕事や、芸術センスを生かせる仕事を選ぶといいでしょう。

適職は、占い師、モデル、作家、漫画家、化学系の研究者、ダイバー、水族館関係の仕事などです。

相性リスト

恋人	3月5・6・7日、5月8・9・10日
友人	1月5・6・7日、9月4・5・6日
手本となる人	7月8・9・10日
助けてくれる人	1月17・18・19日、3月30・31日、4月1日、6月11・12・13日、8月23・24・25日
縁がある人	4月5・6・7日、6月8・9・10日

魔法の言葉

今見えている通りだとは限りません。目を凝らすと奥に何かが浮かび上がります

11月8日

蠍座

♏

SCORPIO

強く静かに人を導く人

長所

堅実で粘り強い。意志力が堅固。目標を最後までやり抜く精神力がある。実践力、構築力がある。存在感がある。

短所

嫉妬深い。目的のためなら手段を選ばないところがある。実利主義者。しぶとい。したたか。腹に一物ある。食わせもの。

この日生まれの著名人

マーガレット・ミッチェル（作家）／アラン・ドロン（俳優）／カズオ・イシグロ（作家）／平田オリザ（劇作家）／坂口憲二（俳優）／オカダ・カズチカ（プロレスラー）／高橋メアリージュン（モデル・女優）

カリスマとは、この日生まれの人のためにあるような言葉。とくに意識しないで人と向き合っても、また自分の気持ちを強く訴えなくても、この人は、不思議と人に慕われるところがあります。1回顔を合わせただけでも、人はこの人に強い印象を植えつけられ、ハートを見透かされたように感じることさえあるでしょう。

実際に優れた洞察力を持ち、人の心の奥まで見通すことができる人です。さらに、一度決めたことを最後まで貫こうとする強い意志も兼ねそなえています。しかしそれ以上に、目的のためなら手段を選ばないようなダーティな雰囲気を見せたり、異性を引きつけるようなセクシーな表情を見せたりするなど、多彩な表情を持っているので、人の目をひきつけずにはいられないでしょう。

そのカリスマ性に自ら溺れることなく、上手に才能を発揮できるようになれば、多くの人を動かす指導者的な役割を持ったり、政治的なセンスを発揮できるようになるでしょう。ただしその性質が裏返ると、多くを手に入れようとするどん欲さに結びつき、人の心が離れてしまうかもしれません。常に客観的に自分を見つめ、コントロールしていくようにしてください。

あなたの愛の形とは？

欲しいものは、必ず手に入れるという強い意志を持っているあなた。それは子供のような気まぐれな欲求ではありません。対象を深く確かに見つめた末の決断なので

す。だから相手を手に入れるためなら、多少の無理も強引に通してしまうところもありそうです。

そして恋を実らせたときには、離さないように努めるでしょう。心が離れていく要因があったら、それを目の前から消していこうとするでしょう。それはひとりの人をずっと愛し抜こうとする意思の表れでもあるのですが、その姿勢は人によって独占欲の強さと見られることもありそうです。誤解は人の心を冷やします。本来の望みからかけ離れた結果を招いてしまうことにならないように、上手に立ち回ることも必要になるでしょう。ずっと一緒にいるコツは、相手を縛らないことです。それでいて眼を離さないことです。

あなたの才能と人生のテーマ

あなたが現れただけで、その場の空気が変わっていく……。きっとあなたの周囲にこんなふうに思っている人がいることでしょう。そんな不思議な存在感を持ったあなたは、人の心を引き寄せ、影響力を与える力を持っています。また、やろうと決めたことを実行する意志力もあります。

この力は、社会の中で政治的な駆け引きを要求される現場で、重宝されるでしょう。ひとり仕事よりも、多くの人と出会えるような環境が向いています。また隠れた影響力を持っている人です。あなたが定めた目標が、いつの間にか、集団の目標として浸透していることもあるでしょう。目先のことにこだわらず、集団や組織の利益を考えて行動できるようになると、ひと回りグレードアップした存在として認められるようになるでしょう。

適職は、政治家、教師、弁護士、楽器の演奏家など。

相性リスト

- **恋人**……………… 3月6・7・8日、5月9・10・11日
- **友人**……………… 1月6・7・8日、9月5・6・7日
- **手本となる人**…… 7月9・10・11日
- **助けてくれる人**… 1月18・19・20日、3月31日、4月1・2日、6月12・13・14日、8月24・25・26日
- **縁がある人**……… 4月6・7・8日、6月9・10・11日

魔法の言葉

もう少し強くアピールしてみませんか。あの人にもあなた自身にも、それは届きます

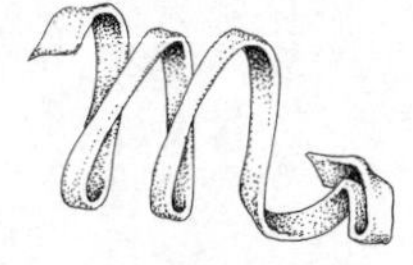

11月9日

蠍座

♏

SCORPIO

いざというときに大きく跳ぶ人

長所

落ち着いている。大らか。自由奔放。決断力がある。一度決めたら思い切りがいい。アクティブでエネルギッシュ。

短所

とっぴな行動に出る。秘密主義。負けず嫌い。人と同じことをしたがらない。じつはサディスティックなところがある。

この日生まれの著名人

野口英世〈細菌学者〉／えなりかずき〈俳優〉／アレッサンドロ・デル・ピエロ〈サッカー選手〉／梅沢富美男〈俳優〉／栃東大裕〈大相撲力士〉／松陰寺太勇〈ぺこぱ〉〈お笑いタレント〉／モモ〈TWICE〉〈歌手〉

いつでも真剣勝負なこの日生まれの人。表面的には物静かで考えが深い人なので、おとなしい人物だと思われがちかもしれません。しかし、心の中にある情熱と集中力は相当なもの。ほかの人の集中力がライターの火だとしたら、あなたの内面に眠っているエネルギーは核爆発のように強力です。

その集中力は、専門性が高いことや、少しマニアックだけど関心が高いような分野に発揮されます。深く狭い世界の中で、丹念に時間をかけて知識と技術を蓄積し、エキスパートとしての自分を確立することに喜びを感じられるはずです。しかし、この日生まれの人の情熱は、専門的な方向だけにとどまりません。ここぞといったときに大胆な決断力を見せるのも、この人のもうひとつの顔なのです。例えば海外に飛び出したり、大きな表舞台に登場したりするなど、周囲をおどろかせるほどの大ジャンプをやってのけます。

逆にその激しさを胸の内にためすぎると、毎日がストレスだらけになるかもしれません。自分の激しさときちんと向き合い、エネルギーを効率よく燃やしていく生き方を模索してください。

あなたの愛の形とは？

例えば、ある異性のことが気になりだしたとき。あなたはすぐに「これは恋だ」などと思い立って、接近したり告白することはしないでしょう。最初は相手のことを

ただ、眺めているだけかもしれません。同時に、自分自身の気持ちを確かめます。あまりにも慎重なので、周囲にいる人にも、恋心を悟られることもほとんどないかもしれません。

けれどもその後、その思いが本物で、相手への思いが変わらないとわかったとき。あなたの恋心は堰を切ったように、愛する人に向かって流れ始めるでしょう。

つまりあなたにとっての愛とは、ひとつの強い決意なのです。心が決まれば、全精力を傾けて、相手に近づいていくでしょう。強い忍耐力で、愛を実らせる努力をするでしょう。ただの情熱家ではない、強くて息の長い愛情をずっとはぐくんでいくことができるのです。

あなたの才能と人生のテーマ

好きで得意なことには、粘り強く着実に取り組むあなた。何か行動を起こすときには、慎重に準備し、大胆に行うでしょう。また、何よりも優れているのは、その決断力です。あらゆることを調べて分析し、いざというときには人が驚くような行動をとるでしょう。

この力は、あらゆるビジネスシーンの中で生かすことができるはずです。それも調査と行動力が必要とされる、法曹界、マスコミ、建築関係などのダイナミックな世界で活躍が期待できます。もちろん、向いていることよりもあなた自身が興味を持って取り組めるものが一番です。専門性を高めることで実力が発揮しやすくなります。的はひとつに絞りこんだほうがいいでしょう。

適職は、新聞記者、雑誌記者、弁護士、裁判官、建築士、設計技師、インテリアコーディネーター、中小企業の経営者などです。

相性リスト

恋人……………… 3月7・8・9日、5月10・11・12日
友人……………… 1月7・8・9日、9月6・7・8日
手本となる人…… 7月10・11・12日
助けてくれる人… 1月19・20・21日、4月1・2・3日、6月13・14・15日、8月25・26・27日
縁がある人……… 4月7・8・9日、6月10・11・12日

これまでの延長や繰り返しではなく、思い切った方向転換を考えてみるとき

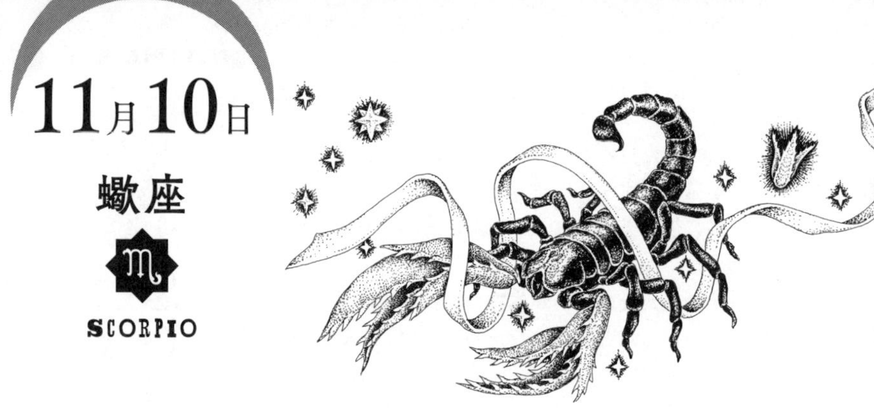

11月10日

蠍座

SCORPIO

明るいカリスマの持ち主

長所

陽気。明朗快活。企画力や発想力がある。物事を順序だてて組み立てることができる。前向きで行動力に恵まれている。

短所

自己中心的。うぬぼれが強い。負けず嫌いで、相手を打ち負かすための努力をする。権力志向が強く、鼻っ柱が強い。

この日生まれの著名人

マルティン・ルター（神学者）／ローランド・エメリッヒ（映画監督）／原日出子（女優）／山城新伍（俳優）／糸井重里（コピーライター）／川島なお美（女優・タレント）／デーモン小暮（ミュージシャン）／三浦貴大（俳優）

この日生まれの人の心の中には、とても大きな引き出しがあります。その引き出しの中には、世の中のあらゆることに対する好奇心や、試してみたいこと、やってみたらおもしろそうなことが詰まっています。周囲の人は、この人の引き出しの中に、どんな楽しいことが眠っているのかを期待して、周囲に集まってくるはずです。その楽しげな雰囲気や好奇心は、この日生まれの人の最大の武器。人をひきつけ、斬新なプランを発想し、周囲を丸ごとハッピーにしてしまう特別な才能です。

これは、本人が自分を強く認め、自信を持つことで生まれてくる能力です。いつも前向きな気持ちを持っているから、カリスマ性と企画力を発揮できるわけです。

ところが、自分に対する自信は、ときに自己中心的な考えを生み出すことがあります。場合によっては自分の思い通りにいかないと何でも投げ出したくなるような、わがままさに結びついてしまうかもしれません。常に輝き続けるためには、人の関心を集めるだけではなく、集まった人たちにも好奇心のアンテナを向けてみましょう。人間の幅が広がり、人生がより輝き出します。

あなたの愛の形とは？

あなたは生まれつきのエンターティナー。話術や笑顔、そして強い好奇心や知識を披露するのも好きです。周囲の人に与えるあなたのインパクトはかなり強いでしょう。異性に対しても、まずあなたはサービス精神を発揮

するでしょう。そして多くの異性の視線を全身で受け止めるでしょう。

でも恋愛というものは多くの異性から見守られているうちは、進展しないものです。選択肢が多すぎて選べなかったり、ほかの人の目が気になって、好きな人がいても接近できなかったりするかもしれません。もし周囲に多くの異性がいるのに、特定の相手がいない場合はとくに、絞れないための悲劇をまねいているのかもしれません。もともとあなたは、何かに絞り込むことで喜びを見出すタイプなのです。愛する人がいるなら、その人との間に秘密を持ち、それを育て上げることを目標にしてください。

あなたの才能と人生のテーマ

自分の中に眠っている可能性を愛しているあなた。楽しいことや、おもしろそうなことの種があれば、とにかく収穫して、それが開花するのを待ちます。つまり自分でも何が向いているのか、どんなことをすれば成功できるのか、決めようとしないところがあるかもしれません。

ただ、多方面に興味を示すのは賛成ですが、いつまでもその姿勢でいるわけにはいきません。あなたの場合は、何かひとつのことに打ち込むと、飛躍的に実力を伸ばすことができるからです。人の視線を集めるのはいいけれど、いつまでも同じことを繰り返していては、飽きられてしまうのです。少しずつ変化し、何かを極めていくことがあなたにとっての成長です。集めた知識の中から、専門性を高める何かを探す努力をしてください。

適職は、タレント、映画関係の仕事、ホテル業務、ダンサー、銀行家などです。

相性リスト

恋人	3月8・9・10日、5月11・12・13日
友人	1月8・9・10日、9月7・8・9日
手本となる人	7月11・12・13日
助けてくれる人	1月20・21・22日、4月2・3・4日、6月14・15・16日、8月26・27・28日
縁がある人	4月8・9・10日、6月11・12・13日

魔法の言葉

大丈夫です。あなたの引き出しにはまだまだ色々なものが入っています

11月11日

蠍座

♏

SCORPIO

何があっても自分を貫く人

長所

自己をしっかり確立している。揺るぎない信念を持っている。独立心が強く、何でもひとりでやっていける自信がある。

短所

協調性がない。自信過剰。井の中の蛙。秘密主義。異なった価値観を拒絶する。ネガティブマインドを持っている。

この日生まれの著名人

レオナルド・ディカプリオ（俳優）／養老孟司（解剖学者）／吉幾三（歌手）／田中美佐子（女優）／デミ・ムーア（女優）／中西圭三（歌手）／首藤康之（バレエダンサー）／手越祐也（タレント）

わき目をふることはほとんどなく、「これが好き」「これがしたい」と思うものに全力で取り組むことのできるタイプです。自分のすべきことをやり抜くためには、周囲の目を気にすることさえ、ほとんどしないかもしれません。独立心が旺盛なので、何でもひとりでやるのが好きでしょう。

けれども、異なる価値観を持つ人と交流すること、人と共同して何かに取り組むことも忘れてはなりません。そうしないと、「高慢」だとか「排他的」などの独善的な性質に見られてしまうからです。

そういう誤解を受けて、損をするのは自分自身です。他人から避難や反対意見を向けられたとき、「どう思われても構わない」なんて考えないようにしてください。他人の意見を謙虚に受け止める姿勢を見せるべきでしょう。やりたいことを貫くためには、周囲を味方につけるほうが得策です。そのようにして好感度を高める努力を忘れずにいれば､社会での成功を手にしやすくなるはず。

あなたの愛の形とは？

いつまでも、若く、みずみずしい雰囲気をたたえている人です。いくつになっても恋をすると初恋のようなときめきを感じることができるでしょう。その心の若さゆえに、恋愛には夢中になりがちです。恋を実らせたときには、迷わずふたりの世界を築き上げようとします。

相手と、同じ価値観で生きていたいと思うところがあ

るのです。たとえ、どんなに相手にとって大切なものであっても、自分が好きになれないことは、受け入れることができないかもしれません。その結果、自分に似ている人を好きになることが多くなりそうです。

でも、それではふたりの世界はますます閉塞して退屈なものになってしまいます。新しい発見は、新しい喜びにつながることも多いのです。また恋を長続きさせるためには、わずかな変化や刺激も必要です。違う価値観を取り入れ、恋を柔軟に保ってください。

あなたの才能と人生のテーマ

とにかく自分が持てる限りの力を発揮したいという、強い欲求に動かされている人です。好きなことがあればそのために、大切な人がいればその大切な人のために、努力し、奮闘し、熱中したいと思っています。さらにこの日生まれの人は芯からマイペース。自分と価値観が違う人に意見や主張を押しつけようとはしません。

だから仕事の上で､専門的に取り組めるものがあれば､実績を重ね、結果を出すことができるでしょう。けれど関心が仕事以外に向いている場合は、社会とのかかわりそのものが希薄になってしまうかもしれません。どんなことでもいいから、仕事をするときには、夢中になれる何かを探してみてください。きっとそれがこの人の仕事生活に彩りを与えてくれるでしょう。

適職は、研究者、薬剤師、リサーチャー、会計士、カウンセラーなどです。

魔法の言葉

それを受け入れても大丈夫。
あなた自身は本当のところで何も変わりません

相性リスト

恋人	3月9・10・11日、5月12・13・14日
友人	1月9・10・11日、9月8・9・10日
手本となる人	7月12・13・14日
助けてくれる人	1月21・22・23日、4月3・4・5日、6月15・16・17日、8月27・28・29日
縁がある人	4月9・10・11日、6月12・13・14日

11月12日

蠍座

SCORPIO

優しさとスケールの大きさが同居する人

長所

優しい。スケールが大きい。頭の回転が速い。偏見がなく、どんなところにも進んで飛び込んでいく。視野が広い。

短所

頑固。自分の思い通りに物事を進めようとする。無用心。注意散漫。失敗や過去の教訓が身につかない。

この日生まれの著名人

オーギュスト・ロダン（彫刻家）／ミヒャエル・エンデ（児童文学作家）／俵孝太郎（キャスター）／岩崎宏美（歌手）／高野文子（漫画家）／寺島進（俳優）／アン・ハサウェイ（女優）／高良健吾（俳優）

強い信念の持ち主ですが、それ以外の部分には寛容で、器の大きい人でしょう。「これだけはゆずれない」というものができると、そこへのこだわりは人一倍強くなります。でも、その大筋とは関係のない枝葉に対して固執することはありません。

そんなこの人の言い分は、いつも筋が通っているので、人を感心させることができます。ジャーナリスト的な活動や学問の世界で成功する可能性がありそう。ただ、こだわりを持つ分野が世間的にマイナーなものであれば、大きな成功は望めません。まず自分の関心を世間一般に広く持つことを心がけたほうがいいでしょう。そうすれば、大きな仕事を成し遂げられるはず。

対人関係を広く持つことも、この人の成功の秘訣です。さまざまな性格、職業の人とつき合えば、刺激をたくさん受けられるでしょう。ただ、意見のぶつかる相手には、頑として自分の主張を押し通そうとする傾向が出てしまうので注意してください。

あなたの愛の形とは？

自分にとって何が大切なのかをよく知っている人です。そして、それ以外のことにはあまり口出しをしないような、大らかな心を持っています。

好きな人がいると、まず温かい心で接するでしょう。また相手が望むことを一生懸命叶えようとする、心優しい面もあります。ただし、自分の信条と好きな人の意見

が対立したときには、これが同一人物かと思うほど、頑固になるところがあります。また自分の意見を通すためなら、別離もいとわないという態度に出ることもありそうです。これがこの人にとっての恋の弱点。できれば愛する人とは末永くいたわり合う関係をつくりたいのに、自分でそれを壊してしまうことがあるのです。

もともと大きな視野を持っているのですから、相手の意見も自分の意見と同じように、優しい態度で接してあげましょう。柔軟な耳で相手の話を聞けば、状況はかならず変わってくるはずです。

あなたの才能と人生のテーマ

強い信念を持ち、スケールの大きなことをやり遂げる人です。同時に、鋭い感受性と、洞察力にも恵まれています。

つまりこの日生まれの人は、まずひとりで自分の心と十分に向き合い、目標やヴィジョンをつくり上げるでしょう。そしてそれが固まってきたときに、周囲に意見を伝えるのです。そうすることで、大きな成果を成し遂げる——その流れがこの日生まれの人の力をもっともよく生かせる方法です。

プランを練り、それを指揮するような作業で、社会の中で活躍することができるでしょう。逆に人の言うことを忠実に守るような仕事、自分の意見が反映されないようなところでは、やりがいを感じられないかもしれません。自分を生かせる環境、職業を選んでいきましょう。

適職は、外交官、貿易関係業務、代議士、大学教授、ジャーナリスト、ノンフィクション作家などです。

相性リスト

恋人	3月10・11・12日、5月13・14・15日
友人	1月10・11・12日、9月9・10・11日
手本となる人	7月13・14・15日
助けてくれる人	1月22・23・24日、4月4・5・6日、6月16・17・18日、8月28・29・30日
縁がある人	4月10・11・12日、6月13・14・15日

魔法の言葉

「これだけは！」のこだわりを守り、あとは手放すこと。それで前進できるはず

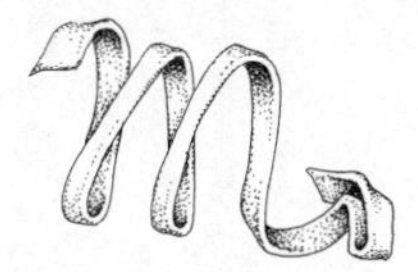

11月13日

蠍座

SCORPIO

なすべきことを知っている人

長所

鋭い感覚がある。責任感が強い。集中力がある。我慢強く、最後まで物事をやり遂げる。克己心が強く努力家。

短所

ひとりよがり。人を受け入れられない。秘密主義。世間が狭い。理屈っぽい。ひと言多く、いやみな物言いが目立つ。

この日生まれの著名人

岸信介（政治家）／由紀さおり（歌手）／ウーピー・ゴールドバーグ（女優）／木村拓哉（タレント）／倖田來未（ミュージシャン）／山本文緒（作家）／MAYUKA（NiziU）（歌手）／清塚信也（ピアニスト）

シャープな感性の持ち主で、他人から求められている「自分がなすべきこと」を、常に強く意識する人です。義務の感覚も強いので、「自分がしている仕事が世間にどういう影響をもたらすか」ということへの責任意識も忘れません。

そんなこの人が優秀であることは、誰の目にも明らかでしょう。ただ、自分に対してだけでなく、他人に対しても厳しいタイプなので、共に仕事をする相手からは敬遠されがちになる場合も。また、仕事に没頭しすぎて、家庭生活などをないがしろにしてしまう傾向もありそうです。

でも、この人に「天命」ともいうべき「なすべき仕事」が見えている場合は、小さなことに文句を言っても無駄でしょう。努力を決して怠らない姿を賞賛してあげるべき。ただし、過労には注意しましょう。何かに集中し始めると寝食も忘れてしまう人ですから、健康への配慮は常に必要です。ときには神経をゆっくりと休める時間を持つことを忘れずにいて。

あなたの愛の形とは？

自分の夢や好きなこと、大切なもののことを、熱く語る人がいます。その一方、自分の心の中の話はほとんどしない人もいます。この生まれの人は明らかに後者で、話を聞いてもそっけない答えが返ってくるだけ。とくに恋愛の話は、ほとんどこの人の口から聞かれることはあ

りません。

けれども、恋に関心が薄いわけではありません。むしろ逆で、愛する人とは真剣に、毎日新鮮な思いで向き合おうとするのです。またひとりの人を末永く愛し続けたいのです。

本気だからこそ、他人に口出しされたり、うわさの種になることを避けようとするのです。その気持ちが強すぎると、閉鎖的とか、秘密主義だと言われることがあります。周囲を警戒しすぎると、気持ちが裏目に出てしまうことがあります。愛する人と同様、周りの人を信じてあげましょう。

あなたの才能と人生のテーマ

責任感の強さに加えて、集中力がある人です。引き受けたことは最後までやり遂げようとします。そのため社会の中では、信頼され、責任ある任務を任されることもあるでしょう。期待されるとさらに力を注ぐ人でもあります。さらに、その仕事が意義のあるもの、自分が信じるものや大切にしたいものに貢献できるものであれば、喜びをもって仕事ができそうです。

しかしその逆、営利を追求すること以外に何も意義を見出せないものであれば、自分でも気づかないうちに、ストレスをためる恐れがあります。できれば、仕事を選ぶときには、給与の額や社会的知名度、設備ばかりでなく、内容にも気を配ってください。自分らしく生きられる仕事につくことが、社会生活を充実させる決め手になるでしょう。

適職は、航空関係の仕事、エンジニア、地方公務員、政治家などです。

相性リスト

- **恋人**……………… 3月11・12・13日、5月14・15・16日
- **友人**……………… 1月11・12・13日、9月10・11・12日
- **手本となる人**…… 7月14・15・16日
- **助けてくれる人**… 1月23・24・25日、4月5・6・7日、6月17・18・19日、8月29・30・31日
- **縁がある人**……… 4月11・12・13日、6月14・15・16日

魔法の言葉

それは本当にあなたでなければいけないことですか？

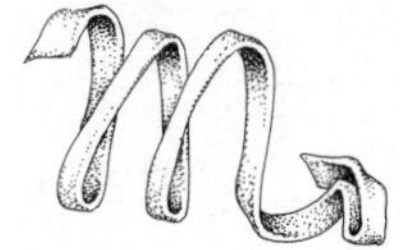

11月14日

蠍座

♏

SCORPIO

沈着冷静な知性の人

長所

表現力がある。ユーモア感覚を持っている。知的。冷静で、探究心がある。ひとつの物事をとことん極めようとする。

短所

ネガティブに考える。考え方が極端。シニカルで毒舌的。冷淡な印象を与える。昔のことをいつまでも覚えている。

この日生まれの著名人

ロバート・フルトン（発明家）／クロード・モネ（画家）／力道山光浩（大相撲力士・プロレスラー）／阿藤快（俳優）／チャールズ3世（イギリス国王）／中野浩一（競輪選手）／パックン（パックンマックン）（お笑いタレント）

極めて冷静な視点を持っていて、そのうえ知性に長けたタイプ。そのため、自分の感じたことを正確に、かつユーモラスに表現することができるでしょう。同じ時代に生きる人から賛同、賞賛を得られやすいタイプだと言えます。表現形態が何であっても、オリジナリティのある仕事をすることができるでしょう。

ただ、成功を収めていても、心には孤独を抱えがちです。それは、この人が物事をあまりにも冷静な目で見つめるせい。浮かれ騒ぎの最中であっても、どこか冷めた目で客観的にその状態を見つめてしまい、その結果、むなしさを感じてしまうことがあるのです。孤独感を振り払うには、スポーツやダンスなどで、頭をカラッポにして体を動かす時間を持つのが有効かもしれません。また、そんな時間にこそ、新たなひらめきも訪れるはず。

人間関係では、相手を頼ることを心がけると吉。何でも自分で解決しようとする傾向が他人を遠ざけてしまう原因になりやすいからです。

あなたの愛の形とは？

非常に冷徹な知性を持っている人で、将来を見通す炯眼を備えています。何かに力や心を注ぐのなら、それに賭ける価値のあるものを選んで、取り組みたいと思うところがあります。その点で、恋や夢には確実なものがありません。すべてを捧げたとしても、泡になってしまうことだって少なくはないでしょう。人生を見通す優れた

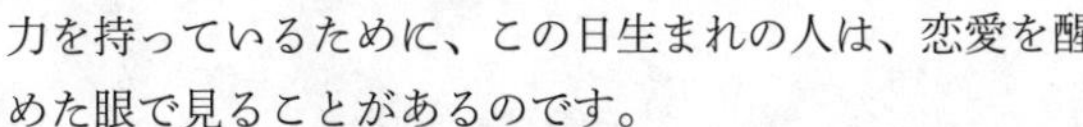

力を持っているために、この日生まれの人は、恋愛を醒めた眼で見ることがあるのです。

けれども、有限だからこそ美しいもの、価値のあるものもあると悟る日がいつかは来るはずです。そのときがきたら、持ち前の知性と優しさ、心の温かさで愛する人に向き合うでしょう。もしかしたら、恋に関しては遅咲きのところがあるかもしれません。けれどもいずれ開くときには、だれも予想しないほど見事な、大輪の花を咲かせる人なのです。

あなたの才能と人生のテーマ

クールで知的な人です。また物事の本質を見抜く鋭い眼の力も持っています。だから単なるおもしろみのない情報も、この人が収集して再構築したとき、有益で、ためになる話に生まれ変わることがあるでしょう。また先入観に左右されない冷静で公正な眼を持っているので、感情に翻弄されたり､情報に流されることもありません。

この力は、社会の中で情報に携わる仕事や、言葉と関係が深い仕事、また人と人をつなぐコミュニケーターのような仕事につくと、躍動感のある働き手になるでしょう。独自の視点で、自分なりの作業を進めていくでしょう。ひとりで閉じこもって作業を進める仕事できる人です。ただし基本的には人と接しながら力を磨き上げる業務のほうが向いています。

適職は、編集者、外交官、通訳、旅行コンダクター、インターネット関係の仕事などです。

相性リスト

恋人	3月12・13・14日、5月15・16・17日
友人	1月12・13・14日、9月11・12・13日
手本となる人	7月15・16・17日
助けてくれる人	1月24・25・26日、4月6・7・8日、6月18・19・20日、8月30・31日、9月1日
縁がある人	4月12・13・14日、6月15・16・17日

魔法の言葉

落ち着いて。世界の終わりではありません。次もあります

11月15日

蠍座

SCORPIO

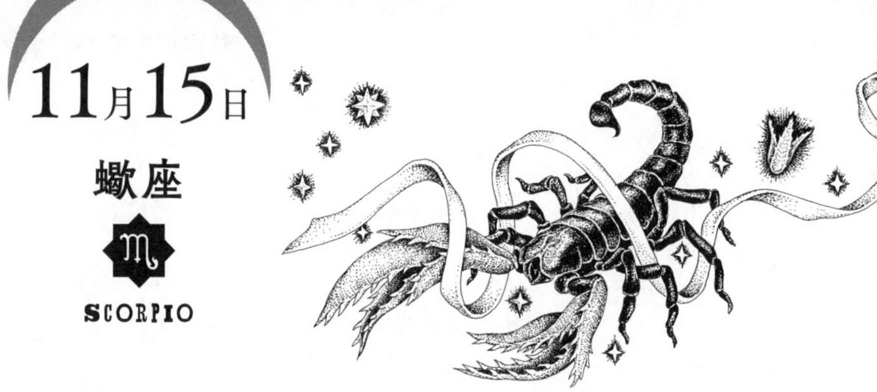

セクシーな魅力がこぼれる人

長所

自分のスタイルを確立している。物事に独特の価値観を見出せる。趣味の世界を有意義に広げる。妖艶な雰囲気がある。

短所

猜疑心が強い。自分の世界に入りやすい。排他的。思い込みが激しい。好きなことには執着する。束縛したがる。

この日生まれの著名人

内田康夫（作家）／小早川毅彦（野球選手）／パトリック・エムボマ（サッカー選手）／白石みき（タレント）／平井理央（アナウンサー）／本郷奏多（俳優）／津田大介（ジャーナリスト）／渋野日向子（プロゴルファー）

生まれつきセクシャルな魅力が強いタイプ。でも、同時に品格も持ち併せています。そのおかげで、どんなスタイルをしていても「下品」には見えません。魅惑的に見えるでしょう。

性格的には、好き嫌いがハッキリしていて、自分の趣味を貫こうとする傾向が強いようです。美的感覚が必要な仕事につくほうが、生き生きと働くことができるし、才能を認められる可能性も高いでしょう。

ただし、人間関係に好き嫌いの感情を持ち込むと、仕事に支障が出るかもしれません。また、「相手を信用すべきかどうか」を単なる自分の好みで決めてしまう傾向があるので注意を。重要な契約をする場合などには、「この人なら信頼できる」と思った根拠が何なのかを、自分に問い改める必要があります。もしかすると、その直感は単なる相手の表面的な印象から来ているのかも。その逆に、第一印象が悪かっただけで、相手を信用ならないと決めつけてしまうこともないように気をつけて。

あなたの愛の形とは？

物静かで気品が漂う人です。それでいて、どこかなまめかしい雰囲気をたたえている人で、何もしないでも異性の視線を集めてしまうようなところがあります。

もともと心優しい人なので、異性には親切にしたいし、愛する人であれば、ひたむきに一筋に思い続けるのが理想です。それに必要ならばほかのことを犠牲にしても、

その人に尽くそうとするところもあるでしょう。

だからこそ、異性から好意を寄せられたときには、ためらってしまうところがあります。相手が自分の表面的な魅力に吸い寄せられているのか、あるいはその心を愛してくれているのかわからないと、前に進むことができないのです。

それでも一歩前に踏み出したときには、生活が恋愛一色に染まります。幸せな恋ならもちろん、たとえ不本意な恋でも、後悔しないほど思いを燃焼しつくす人でしょう。

あなたの才能と人生のテーマ

もしかしたらこの日生まれの人は、子供のころから心ひかれるものや好きなものを何時間もじっと見つめていることがあったかもしれません。大人になっても、美しいものを見つめていたいという純粋な気持ちは変わることはないでしょう。むしろ子供のころよりも積極的に美にかかわるようになるはず。自分自身も、それを取り囲む環境も、トータルで美しくしたいという野心を持っています。

その資質を生かすために最適なのは、身の回りのものを美しくつくっていく仕事でしょう。身に着けるものやインテリアばかりでなく、姿勢や言葉、しぐさや態度まで気を使う人になりそうです。生き方そのものが輝いている美のカリスマと呼ばれる日も、近いうちに訪れそうです。

適職は、フローリスト、美容師、ファッションモデル、ビューティーアドバイザー、インテリアデザイナーなどです。

相性リスト

恋人………………	3月13・14・15日、5月16・17・18日
友人………………	1月13・14・15日、9月12・13・14日
手本となる人……	7月16・17・18日
助けてくれる人…	1月25・26・27日、4月7・8・9日、6月19・20・21日、8月31日、9月1・2日
縁がある人………	4月13・14・15日、6月16・17・18日

魔法の言葉

大人のあなたにしかできないこともあるかもしれません

11月16日

蠍座

♏

SCORPIO

相手をあるがままに見ようとする人

長所

豊かな想像力と発想力がある。心に美しい理想の世界を持っている。現実を見極める。心が優しく芸術センスがある。

短所

人を見かけで判断する。依存心が強い。人に甘える。自己中心的。肝心なところで本心を打ち明けない。孤独になりやすい。

この日生まれの著名人

井上ひさし（作家）／オール巨人（オール巨人・阪神）（漫才師）／二谷友里恵（女優）／内田有紀（女優）／新田真剣佑（俳優）／ひろゆき（実業家・Youtuber）

想像力がとても豊かで、詩的な感受性に満ち満ちている人でしょう。この世界の美しい面を汲み取る能力に長けた人だと言えます。また、この生まれの人は非常に現実的な価値観の持ち主でもあります。

一見すると、この二つは矛盾する要素に思えるかもしれません。でもそれは、この人が人間心理の本質を見抜くために役立っているのです。本来、矛盾したものである人間の心や言動不一致を、この人は自然に受け入れて、それに対処していると言えます。つまり、この人は「決めつけ」で相手を見ようとせず、相手のあるがままの姿をしっかり受け止められるわけです。

いっぽう、この人の欠点は、ひとつの主張を押し通すことができない点でしょう。「それについては、こうも言えるし、こうも言える」というように、物事を多数の視点で判断するため、意見がなかなか定まりません。強い自己主張が必要な仕事には向いていないかも。芸術的な分野のほうが成功しやすいでしょう。

あなたの愛の形とは？

本物を見極める鋭い英知を持っている人です。その中で、美しいもの、価値のあるものだけをすくい取る、優れた目を持っています。

だから恋愛面でも、外見のみにひかれることはありません。つき合ってみたら中身のない人だとわかって失望することもないでしょう。もともと最初から、心が豊か

魔法の言葉

無理に変えようとしても難しいもの。あるがままを受け入れて

な異性しか見ていないところがあるからです。そのうえで、姿かたちを美しく整えている人、身だしなみに気を遣う人を愛します。つまり心の美しさが外側に表れている人にひかれるところがあるのです。

人の気持ちを見抜けない人からは、外見で判断すると言われることもあるかもしれません。また、インスピレーションで愛するので、好きになった理由も答えられないかもしれません。でも、そんなことを気にすることはないのです。胸を張って自分の愛を貫いてください。

あなたの才能と人生のテーマ

人間心理への鋭い洞察力と深い理解がある人です。人の心の闇の部分を正面から見つめるから、弱さも悲しさもきちんと理解しています。そのうえで、心の気高さ、美しさを追い求める人なのです。この人にとって人間とは、魂の高みを目指し、努力をすることを続ける存在であってほしいのです。

この純粋な思いを現代社会の中で貫くことは、並大抵のことではありません。人によっては理想主義と言われることもあるでしょう。けれどもこの人の試みは、水面に投げた小石のように、静かな波紋を広げていくことになるでしょう。芸術的な仕事や教育の仕事など、人の心に訴えるような環境で、理想を伝えていくことが大切です。いつかその思いが報われる日が必ず来るでしょう。

適職は、教職、臨床心理士、各種アドバイザー、占い師、楽器演奏家、作曲家、画家などです。

相性リスト

恋人	3月14・15・16日、5月17・18・19日
友人	1月14・15・16日、9月13・14・15日
手本となる人	7月17・18・19日
助けてくれる人	1月26・27・28日、4月8・9・10日、6月20・21・22日、9月1・2・3日
縁がある人	4月14・15・16日、6月17・18・19日

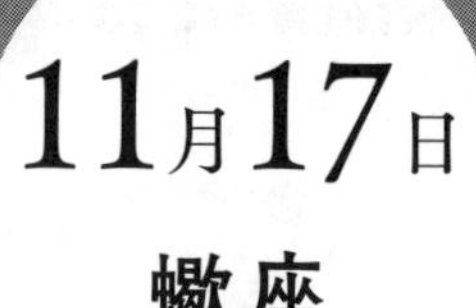

11月17日

蠍座

SCORPIO

計算しつくされた行動の人

長所

現実的。堅実。目標を決めたら、そこに向かって着実に進む。実利的。結果を出す。成功するまであきらめない。

短所

執念深い。功利的。計算高い。冷酷な行動も辞さない。手段を選ばない。打算的。虚栄心が強く、利己的。

この日生まれの著名人

本田宗一郎〈本田技研工業創業者〉／イサム・ノグチ〈彫刻家〉／内田裕也〈ミュージシャン〉／城島茂〈TOKIO〉〈タレント〉／ユン・ソナ〈女優〉／亀田興毅〈プロボクサー〉／岡田圭右〈ますだおかだ〉〈お笑いタレント〉

潜在的なパワーを肉体のうちに秘めているので、生命力に満ち満ちているでしょう。また、野心もかなり強いタイプ。自分の才能をこの社会の中でしっかりと発揮しようという意思を持っているはず。政治的な駆け引きを楽しむこともできる人です。

その反面、実利に結びつかないことには力を入れたがらない傾向が強いはず。それはこの人が「役に立たないものには価値がない」とか「力を持たないと何もできない」という観点で世界を見ているからです。

その世界観は、この人をしっかりとした出世街道を歩ませるのに役立つものに違いありません。けれども、目先の目標を見失うと、とたんに燃え尽き症候群に陥ったり、無常感に悩まされるようになったりする心配があります。

一見役に立たない趣味や、無意味に思える人づき合いなどにも、もう少し興味を持つように心がけてください。そうすれば、人生をもっと楽しむことができるようになるし、「折れない強さ」も手に入るはず。

あなたの愛の形とは？

この日生まれの人にとって、恋は感情の揺らぎではなく投資のようなものです。目の前の異性の魅力だけでなく、素質、将来性、性格など全人的な視線で相手を吟味します。場合によっては経済的な要素も加わるかもしれません。その選別の眼が厳しいため、打算的と言われる

基本方針はそれでいきましょう。あとはその都度、微調整で

ことあるかもしれません。

でも、この人がここまで抑制をきかせるのは理由があります。それは心の奥底には情熱があり、自分がOKサインを出すと、とことん突き進んでしまう性質のエネルギーが眠っているからなのです。だから本当に感情のままに動くと、恋に溺れて、何も見えなくなってしまうかもしれないと、心の奥底で諭す声が聞こえているのです。

ほとばしる情熱に突き動かされる恋は短命に終わりがちです。けれども長い眼で相手を見ることにより、長く愛する可能性も生まれてきます。

あなたの才能と人生のテーマ

目標を見つけたらまっすぐに進むのがこの生まれの人の特徴です。さらにあらゆることをシステマティックに理解する力を持っています。そのため、目的にいたるまでのルートを研究し、もっとも自分に合った方法、あるいは時流に乗った方法で、そこにたどり着こうとするでしょう。

さらに野心もあるので、社会の中で成功者と呼ばれる地位につく確率が高いでしょう。ただしどんなに計算能力が優れた人でも、人間である限りミスを冒します。この日生まれの人が慎重に行動しているときには、そのリスクまで計算できているので、誤りも少ないでしょう。けれども自分の才に溺れてしまうと、基本的な点検の手が緩んできます。物事が好調に進んでいるときこそ、気持ちを引き締めることが必要です。

適職は、建築家、経済学者、経営コンサルタント、不動産関係の仕事などです。

相性リスト

恋人……………… 3月15・16・17日、5月18・19・20日
友人……………… 1月15・16・17日、9月14・15・16日
手本となる人…… 7月18・19・20日
助けてくれる人… 1月27・28・29日、4月9・10・11日、6月21・22・23日、9月2・3・4日
縁がある人……… 4月15・16・17日、6月18・19・20日

11月18日

蠍座

SCORPIO

クールさの影に強い力を持つ人

長所

冷静な判断力と大胆な行動力を持つ。情熱と根気強さで目的を達成する。リーダーの器がある。逆境に強い。

短所

自己顕示欲、権勢欲が強い。二面性がある。ワンマンで、支配的。静かだが、突発的に怒ることもある。

この日生まれの著名人

カール・マリア・フォン・ウェーバー（作曲家）／森進一（歌手）／渡辺満里奈（タレント）／岡田准一（タレント）／千葉涼平〈w-inds〉（歌手）

控えめに見えてもじつは人をひっぱっていく力のある人。隠れたところにリーダーシップ能力を秘めているうえに、辛いときでもがんばり続ける強さを持っています。そのため、共同体が危機に陥ったときなどに、急遽としてトップに立って人を先導していくことになるかもしれません。

元来とても負けず嫌いなので、逆境にあっても、自分のやっていることを投げ出そうとはしないでしょう。高い目標を立て、そこへ向けてやるべきことをどんどん進めていくときに、強い生きがいを感じるはずです。

でも、この人は「ぬるま湯状態」に浸かっている限り、そんな自分の潜在能力に気づかない傾向があります。もし、自分のことを「たいした能力のない人間」だと思っているなら、人生に訪れる逆境こそが強いパワーに目覚めるチャンスのときとなるかもしれません。そういうときこそ自分を信じて、恐れることなく目の前の困難に立ち向かってみてください。本当の力が発揮されるはず。

あなたの愛の形とは？

いつも冷静で、醒めた眼で世界を眺めている印象のある人です。めったに取り乱すこともなく、気丈な人と異性からは思われているでしょう。

けれどもこの日生まれの人は、一度思いを寄せた人とは、情念を燃やすような恋をします。好きな人と過ごすときには、生命力そのものを注ぎ込むような激しさを見

せます。自分がそれだけ強い思いを寄せているのだから、相手にもそうであってほしいと願っていることでしょう。もちろん、裏切りは許さないし、自分以外の異性を眺めたときも心穏やかではいられないでしょう。

恋をしたときと日常のギャップが激しすぎるので、相手によっては戸惑ったり、引いたりすることもあるかもしれません。この生まれの人が恋で幸せをつかむためには、心理的にも愛情的にも、そして体力的にもタフな人を選ぶ以外に方法がないでしょう。

あなたの才能と人生のテーマ

エネルギッシュで、アピールする力の強い、いわゆる熱血タイプであることが、リーダーの条件のように思われることが多いもの。その人物像から比べるとこの日生まれの人は、物静かで冷静で、とくに自己主張をすることもありません。リーダーらしい振る舞いをすることはないでしょう。けれども、その内面には、強い闘志が潜んでいます。そして目標を決めたら、地を這うような緻密さと推進力で、必ずそこにたどり着くことができるでしょう。この秘めた力が周囲に影響を与えないはずはありません。組織の中でこの人をリーダーに迎えたグループは、目立たないながらも着実な成果を挙げることができるでしょう。

この秘められたリーダーシップは、どんな部門、どんな組織でも生かすことができるでしょう。

適職は、ベンチャービジネスの経営者、エンジニア、営業職などです。

魔法の言葉

驚くような力をこれから発揮できそうです。まだいけるはずです

相性リスト

恋人……………… 3月16・17・18日、5月19・20・21日
友人……………… 1月16・17・18日、9月15・16・17日
手本となる人…… 7月19・20・21日
助けてくれる人… 1月28・29・30日、4月10・11・12日、6月22・23・24日、9月3・4・5日
縁がある人……… 4月16・17・18日、6月19・20・21日

11月19日

蠍座

SCORPIO

深く相手を受け止める人

長所

繊細。人の気持ちを察する力がある。親しみやすい。自分をしっかり持っている。大勢の人の意見を取りまとめられる。

短所

物事を大げさに考える。被害者意識を持ちやすい。勘定を優先しすぎる。抽象論が苦手で論理的に考えられない。

この日生まれの著名人

メグ・ライアン（女優）／ジョディ・フォスター（女優）／カルバン・クライン（ファッションデザイナー）／松任谷正隆（音楽プロデューサー）／松崎しげる（歌手）／安藤優子（キャスター）

自分の深い関心を、外の世界に対して寄せる傾向が強い人です。それはこの人が敏感かつ繊細な感受性を持っているから。世界の悲惨な状況や、他者に助けを求める声などを、この人は強くキャッチし、それに応えようとするのです。環境問題や、子供や動物の問題など、無力なものの助けになる運動には意識的に参加しようと心がけるはず。

身の回りで起こったトラブルに対しても、見て見ぬフリはできない人です。自分が力になれる限り、何かをしたいと考えるでしょう。無関心な周囲の人に怒りを示すこともありそう。普段は温厚なタイプですが、いったん怒りが表れると、なかなか消えていかないので注意が必要。他者への怒りで自分の心身状態を悪くしないようにして。

でも、年を取るにつれて、人を動かすためには怒りではなく、理解を求める活動が必要だと考える賢明さが出てくるはずです。そのため、政治的な世界に乗り出していくことになる場合もありそうです。

あなたの愛の形とは？

この人の目の奥には優しい光があります。また、相手を受け入れるような温かさがあります。だから本人は、とくに異性に働きかけることはないのに、道に迷った旅人が灯火を求めるように、周囲に異性が吸い寄せられてくるのです。

複数の異性に頼られ、癒すことが習い性になっているかもしれません。それで人に尽くすことはあっても、いたわられたり、慰められたりすることが少ないでしょう。だから、突然心優しい異性が現れ、この人を力強く包み込んでくれたら、おそらく慣れないことに戸惑ったり、驚いたりするかもしれません。

けれど、捧げることだけではなく、受け入れる愛の形を知ることも人間には必要です。愛するだけ、守るだけの恋から、愛し愛されることの喜びを知ったとき、この人の心の中の世界は、本当の豊かさに満たされることでしょう。

あなたの才能と人生のテーマ

親しみやすさと優しさがこの日生まれの人の最大の魅力です。困った人、社会的に弱い立場に立たされている人のために、相手の気持ちを理解しながら、力を尽くそうとする人です。

けれども、この人はただ優しいだけの人ではありません。根底を支えるのは、大切なものや失ってはならないものを守ろうとする力です。だから政治や教育、環境問題なども研究しているうえ、高い問題意識も持っています。必要なら戦士の心を持つこともあるでしょう。

世のため人のためになるような仕事をするといいでしょう。それを専業にしてもいいし、ほかの仕事のかたわらボランティアのように参加する形でもいいです。とにかくあふれる愛を注ぎ込む対象を持つと、人生が色鮮やかに感じられることでしょう。

適職は、教師、政治家、看護師、介護福祉士、ソーシャルワーカーなどです。

相性リスト

恋人	3月17・18・19日、5月20・21・22日
友人	1月17・18・19日、9月16・17・18日
手本となる人	7月20・21・22日
助けてくれる人	1月29・30・31日、4月11・12・13日、6月23・24・25日、9月4・5・6日
縁がある人	4月17・18・19日、6月20・21・22日

魔法の言葉

そんなふうにはなりません。もう少し様子を見てみましょう

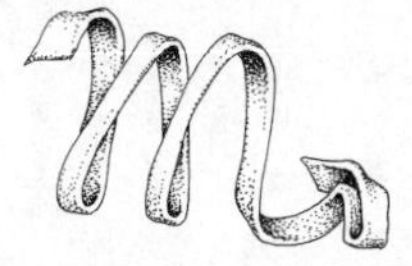

11月20日

蠍座

♏

SCORPIO

深く強い絆を求める人

長所

精神力が強い。心の問題に深くかかわる。リスニング力がある。直感が鋭い。カリスマ性があり、人の心をひきつける。

短所

猜疑心が強い。やきもち焼きで、束縛したがる。影響力はあるが、本人には行動力がない。論理性に欠ける。

この日生まれの著名人

市川崑（映画監督）／エミリオ・プッチ（ファッションデザイナー）／セルマ・ラーゲルレーブ（作家）／浜美枝（女優）／猪瀬直樹（作家）／YOSHIKI（ミュージシャン）／小池栄子（女優・タレント）

生まれつき非常に強いカリスマの持ち主であり、人を自然に集めてゆく力を持っています。深い直感の持ち主で、物事の本質をパッとつかんでしまうところがあり、それが人をひきつける魅力となっているはずです。

ただ、この生まれの人には、他者との深いつながりを求める願望があります。自分の魅力に引き寄せられてきた相手でも、それが本当に深い絆が持てる相手かどうかは慎重に見極めようとするでしょう。したがって、いつも人に囲まれているとしても、心の中には孤独を抱えたままでいるかもしれません。この人が求めているのは「大勢からの賛同」ではなく、「ただひとりの相手との深い交わり」なのです。

孤独感が募ってくると、この人は宗教的なこと、スピリチュアルなことに関心を深めるかもしれません。それがますます神秘的なカリスマ性を強めることになるので、大きな組織をまとめるトップに押し上げられることになりやすくなるでしょう。

あなたの愛の形とは？

人の話を聞くことは誰にでもできます。けれどもその偽らない心の声を聞くこと、相手が本当に言いたいことを聞き分け、感じ取ることができる人は、多くありません。

この日生まれの人は、愛する人の本当の声に耳を傾ける人です。楽しい話を聞こうとするのでもなく、自分の

耳に心地よい愛の言葉を求めるのでもなく、ただ相手が発した心のメロディに黙って聞き入るのです。

もちろん情熱的な関係になったり、楽しい時間を過ごすこともあるでしょう。けれどもこの人が本当に望んでいるのは、相手と静かに寄り添い、一緒にいることなのです。相手が喜んでいるときには、うれしさと共にいるでしょう。悲しんでいるときには、悲しみを分け合うでしょう。ただ一緒にいて相手の存在を全身で確認すること、それがこの人の最大の恋の喜びなのです。

あなたの才能と人生のテーマ

静かな心で物事を見つめること。そのものの本質を見極めること。それがこの日生まれの人に与えられた力です。粘り強く、決めたことはやり抜く力もあります。

この力は、実社会の中で何かを研究する、じっくりと観察するような仕事につくと、自己実現ができるでしょう。自分が好きなものを研究の対象にするのもいいでしょう。けれどこの日生まれの人は、たとえ人から与えられたテーマであっても、興味深くそれに取り組むことでしょう。知的好奇心が強く、知識を増やすことは苦痛どころか喜びにつながるはずです。

慎重なので、自分の気持ちを強くアピールすることが苦手なようです。けれどこの人にとっては、仕事での実績を重ねることで、強く自己主張をしたほうが、説得力につながるでしょう。

適職は調査員、研究者、宝石鑑定士、自然科学者、臨床検査技師などです。

相性リスト

- **恋人**……………… 3月18・19・20日、5月21・22・23日
- **友人**……………… 1月18・19・20日、9月17・18・19日
- **手本となる人**…… 7月21・22・23日
- **助けてくれる人**… 1月30・31日、2月1日、4月12・13・14日、6月24・25・26日、9月5・6・7日
- **縁がある人**……… 4月18・19・20日、6月21・22・23日

魔法の言葉

答えはイエス。そしてその影響は長く続くでしょう

11月21日

蠍座

♏

SCORPIO

まっすぐなまなざしの持ち主

長所

率直。正直。バランス感覚が優れている。こだわりがない。まっすぐな瞳で未来を見つめる。伸びやか。哲学的。

短所

誇大妄想ぎみ。根拠のない自信家。注意散漫。自分勝手な行動が目立つ。周囲の人への依存心が強い。

この日生まれの著名人

ヴォルテール（哲学者）／ヒクソン・グレイシー（格闘家）／服部隆之（作曲家）／古賀稔彦（柔道家）／池脇千鶴（女優）／ビョーク（ミュージシャン）／指原莉乃（タレント）／大宮エリー（作家・脚本家）

この誕生日の人は、自分に正直な人。いつでも曇りひとつない、まっすぐなまなざしで物事を見つめ、自分の気持ちを素直にのびのびと表現します。自分に対してとても肯定的で、自分の可能性を最大限に引き出そうとするタイプです。その心の奥には、この世界は善意に満ちているという確信があります。だからこそ、まっすぐに自分の信じる道を突き進むことができるのです。

ただ、ときとして、それが過度な楽観主義に陥ることがありそう。物事をいいほうへと解釈しすぎて、世の中のダークな面を見落としてしまうことも。そのため、悪い人にだまされる場合もなきにしもあらず。また、深刻な状況でも「なんとかなる」とイージーに考え、事態をさらに悪化させてしまうこともあるでしょう。

理想に燃える熱い気持ちは、人一倍強いタイプ。その熱き思いが、周囲の人の心を動かし、大きな力となって物事を動かします。が、大きすぎるヴィジョンに押しつぶされて、自分自身が疲弊してしまうことも。理想を実現するには、ときには妥協も必要です。理想と現実との折り合いを上手につけられるかが、この生まれの人の課題でしょう。

あなたの愛の形とは？

この日生まれの人は、なにげない出来事を大きなチャンスに変えることが上手な人です。恋も、ただ激情に流されるだけのものではなく、自分を高めていくきっかけ

魔法の言葉

気持ちはもう固まっているのでは？
そのままいきましょう

にしたいと思っています。

だから、相手の好みに合わせてファッションや生活を変えることはとてもできません。むしろ、自分らしく生きることを望み、自分らしさを際立てようとします。またこの人自信も、相手を自分に合わせようとはしないでしょう。ふたりの違いを興味深く見つめるでしょう。まるで異文化を見つめるような、発見の喜びを体験することでしょう。その刺激が知的好奇心や、人間理解につながるのを喜びます。また自分にない知識を相手から得ようという気持ちもあります。だから恋人には、自分と同じように、個性やその人らしさを生かそうとする、前向きな人を選ぶといいでしょう。

あなたの才能と人生のテーマ

大局を見通す視野と、物事を突き詰める焦点、この双方から世界を眺めることができる人です。理想的なのは、若いときに広い世界を見渡して、経験を重ねてから対象を絞り込み、その道を極めることでしょう。あるいは若いときに「これしかない」と思い込み、ある程度の年齢に達してから、広い世界に目が向くこともあるでしょう。この場合は、専門知識を別の世界で応用することになるでしょう。

この気質を理解していないと、自分でも悩みそうです。専門性を極めるだけでも、広く浅く知識を得るだけでも、満足できない自分を見出すかもしれません。仕事を選ぶときも、理想と現実、あるいはマクロとミクロの両方の世界があるということを意識するといいでしょう。

適職は、通訳、大学教授、翻訳者、代議士、スポーツインストラクターなどです。

相性リスト

恋人	3月19・20・21日、5月22・23・24日
友人	1月19・20・21日、9月18・19・20日
手本となる人	7月22・23・24日
助けてくれる人	1月31日、2月1・2日、4月13・14・15日、6月25・26・27日、9月6・7・8日
縁がある人	4月19・20・21日、6月22・23・24日

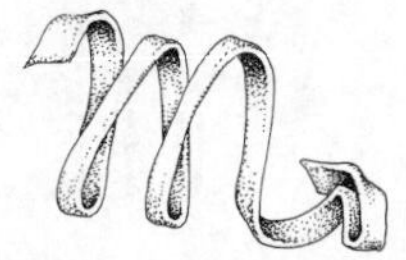

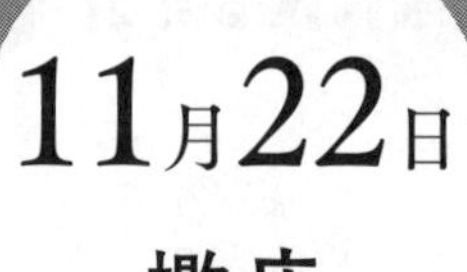

11月22日

蠍座

SCORPIO

激情と理性の間で揺らぐ人

長所

ユニークな個性がある。信念に従う。気持ちを貫く。理性的。頭脳明晰。自分にも他人にも正直でうそがつけない。

短所

気分の浮沈が大きい。机上の論理だけで物事を進めようとする。瞬発力がない。決断力に欠け、迷いやすい。

この日生まれの著名人

シャルル・ド・ゴール（フランス大統領）／倍賞美津子（女優）／尾藤イサオ（俳優）／岸朝子（料理記者）／絲山秋子（作家）／スカーレット・ヨハンソン（女優）／aiko（ミュージシャン）

激しい感情と冷静な理性、その両方を持ち、そのはざまで揺れ動くのが、この生まれの人の特徴。自分の中にどうすることもできない激しい思いがあり、それが何かのきっかけで吹き出すと、周囲が驚くようなことをやってのけます。同時に、周りの人や世の中を冷静に見つめる目も持っていて、自分の理性的な判断や考え方には絶対的な自信があります。その激情と理性がうまくかみ合うと、強い信念で物事を成し遂げるパワーが出てきます。自分の信じたことをとことんやり通す強さが生まれ、たとえ周囲の反対を押し切ってでもやり通し、見事に達成。ただ、それが世間からはズレていて、周囲から理解されないこともありそう。周りからは変わっていると思われることもあるでしょう。また、思い込みが強すぎて、自分の考えだけで進めてしまい、周りの意見に耳を貸さないことも。そうなると、失敗も多く、周囲からも浮いてしまいます。

感情の浮き沈みが激しい点は、注意すべきところ。気分がいいときは上機嫌ですが、何か嫌なことがあると、黙り込んだり、ふさぎこむ傾向もあります。それがひどく表に出てしまうと、周囲から扱いにくい人物に思われるので気をつけましょう。

あなたの愛の形とは？

ふだんはこの上なく怜悧な目で世界を見つめることができる人です。類まれな理性で感情を抑圧するような、

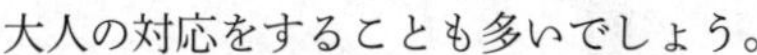

大人の対応をすることも多いでしょう。

けれども、心の中には熱い情熱があります。強く心を動かされたときには、本来の率直な自分が姿を現し、感情を制御できなくなるところもあるのです。

そのためか、仕事相手には冷静沈着な人を望みますが、恋の相手はエキセントリックな人や際立った個性を持った人であることが多いでしょう。相手の反応を待たず、自分からアプローチしていくこともできる人です。

冷静な姿、情熱的な姿、どちらもこの日生まれの人の飾らない素顔です。使い分けをすれば人生も充実するでしょう。ただどちらかというと、恋をしているときのように、ありのままの自分を表現できるときのほうが、生き生きとして魅力的に見えるようです。

あなたの才能と人生のテーマ

感情を排して、客観的な視野を持つと、物事を正確に、合理的に進めていく力を発揮できます。

社会の中では、どんな職場、どんな職業でも実績を上げることができる人です。必要であれば、抜本的な改革も行えるため、逆の立場にいる人からは、冷血とか、目的のために手段を選ばない人とか言われることもあるでしょう。でも、本当は熱い心を持っているので、真意を理解してもらえず、悩むことも出てくるかもしれません。

また本人も、自分の気持ちを伝える前に行動してしまうところもあり、それが誤解を招く原因にもなっているのでしょう。周囲の人にもきちんと説明することができるようになれば、仕事がやりやすくなる面も出てくるでしょう。適職は、裁判官、エレクトロニクス方面のエンジニア、オペレーター、司法書士、会計士などです。

相性リスト

恋人……………… 3月20・21・22日、5月23・24・25日
友人……………… 1月20・21・22日、9月19・20・21日
手本となる人…… 7月23・24・25日
助けてくれる人… 2月1・2・3日、4月14・15・16日、6月26・27・28日、9月7・8・9日
縁がある人……… 4月20・21・22日、6月23・24・25日

魔法の言葉

逆張りをするのもいいかもしれません。
幸運はニッチなところに

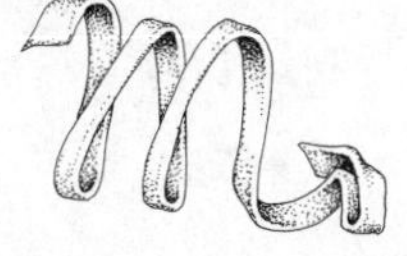

11月23日

射手座

SAGITTARIUS

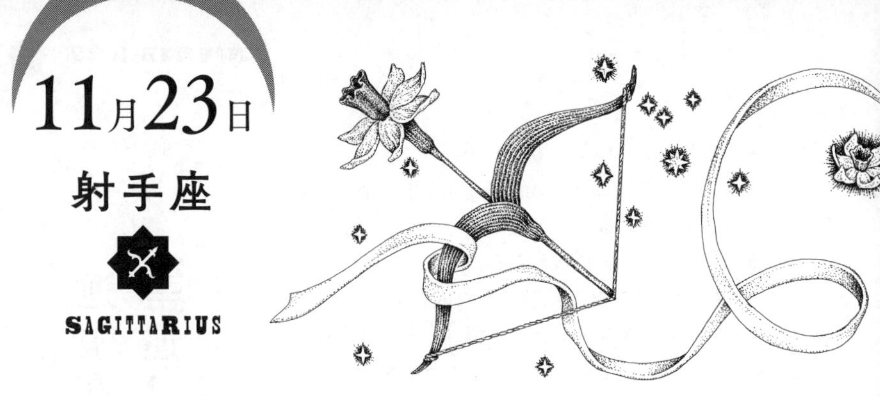

活発な神経細胞の持ち主

長所

クリアな頭脳の持ち主。交際上手で、人の気持ちをそらさない。洗練された会話ができる。好奇心の幅が広く旺盛。

短所

落ち着きがない。情報だけ集めて満足する。注意力が散漫。あれこれ手を出して中途半端になりがち。

この日生まれの著名人

田中邦衛（俳優）／たこ八郎（タレント）／十朱幸代（女優）／綿引勝彦（俳優）／畑野ひろ子（女優）／岩崎ひろみ（女優）／林田健司（ミュージシャン・作曲家）／田中みな実（タレント・女優）

フットワークが軽く、行動範囲が広いのがこの生まれの人。行動面に関しての神経細胞がとても活発で、ひとつの所にじっとしていることができません。やりたい、行きたいと思ったら即行動に移さないと気がすまないでしょう。機動力も抜群。状況に応じて機敏に動き、ネットワークもどんどん広げていきます。要領が良いので、一度にたくさんのことを同時進行できるのも特徴です。頭の回転が早く、一を聞いて十を知るタイプですから、物事の習得やのみ込みも早いほう。当然、それもスピーディーにこなします。

そうした能力を持っているのですから、ひとつのことだけにとらわれていては損。好奇心のおもむくままに、たくさんのことに手を広げましょう。国際的な活躍もできる人ですから、狭い日本だけに縛られず、世界を視野に入れて行動すると、人生がより発展します。

注意すべき点は、忍耐力や根気がなくて、物事を途中で投げ出しがちなところ。我慢や辛抱が足りずに、あと少しで完成するのに中途半端で終わってしまうこともあります。また、よく考えずに見切り発車しやすいところも欠点。大事なことはよく熟考してから決断したり行動しないと、失敗しやすいので気をつけてください。

あなたの愛の形とは？

この日生まれの人は、急流のような性質を持っています。あるときは奔放に、またあるときはスピーディーに、

魔法の言葉

「だって」「でも」と言いたくなっているのなら
もちろん答えはノー

変化を続けながら躍動しています。そしてその心は澄み切っているのです。自分の気持ちに正直なので、気になる人がいたら、迷わず、時間をおかず、近づいていくでしょう。そして堂々と自分の気持ちを伝えるでしょう。また自分に対するゆるぎない自信を持っているので、明るくアピールするでしょう。

ただ気になるのは、自分の気持ちに正直すぎる点です。たとえ恋愛中でも、別に好きな人がいれば、気持ちを抑えることはありません。心が動いたら、それは行動のサインなのです。そのため恋愛がドラマチックに展開することが多いでしょう。それでも自分にうそをつくより、激しさの中に身を置くほうが、ずっとこの人らしいこと。

あなたの才能と人生のテーマ

頭の回転が速く、視野も広い人です。知的好奇心が強く、幅広いことに関心を寄せます。また理解が早いため、博学の人と言われることも多いでしょう。

この資質は実社会の中では、機敏な行動をすることで生かされます。考えてから行動するのではなく、行動しながら考えることを要求されるような仕事でも、成果を挙げることができるでしょう。時流を読んだり、または出来事を解析したり、流行を予測するような仕事ではとくに実力を発揮できるでしょう。

ただし、いくら広い知識が必要といっても、無目的にあれこれ手を出すばかりでは器用貧乏になってしまうかもしれません。とくに興味あることに絞り込み、専門性を高めてみたり、興味に方向性を持たせることも必要になります。適職は、新聞記者、ジャーナリスト、教師、翻訳家、銀行員などの金融関係の仕事などです。

相性リスト

恋人……………… 3月21・22・23日、5月24・25・26日
友人……………… 1月21・22・23日、9月20・21・22日
手本となる人…… 7月24・25・26日
助けてくれる人… 2月2・3・4日、4月15・16・17日、6月27・28・29日、9月8・9・10日
縁がある人……… 4月21・22・23日、6月24・25・26日

11月24日

射手座

SAGITTARIUS

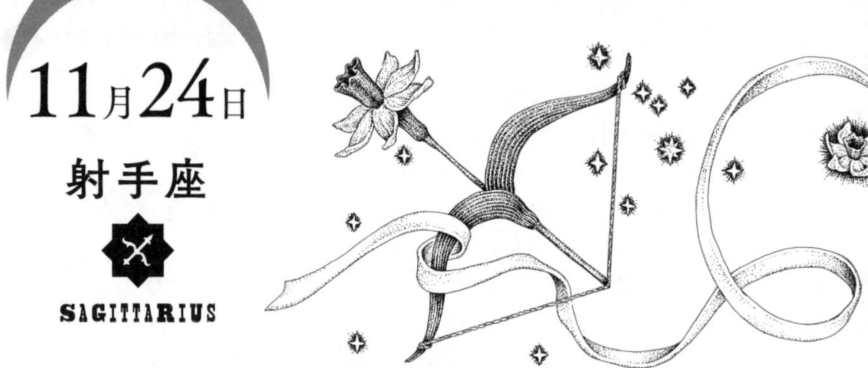

さわやかな美の感覚を持つ人

長所

活動範囲が広い。おしゃれ。芸術のセンスに恵まれている。交際上手で、ボーダーレスな人脈を広げる。理想が高い。

短所

主観だけで物事を判断する。感情的になりやすい。わがまま。経済観念が乏しい。自己顕示欲が強く、身勝手なところも。

この日生まれの著名人

スコット・ジョプリン（作曲家）／清川虹子（女優）／加藤治子（女優）／山本太郎（俳優・政治家）／エミール・クストリッツァ（映画監督）／井之脇海（俳優）

この生まれの人は、表現力が豊かで、美しいものを愛する人です。もともと美意識が高く、美的センスも抜群。求める美の方向性はさわやかですっきりとしたものです。自分が美しいと思ったものを素直に表現し、それを世間に広める力を持っているのも大きな特徴。埋もれた美術品や名もない芸術家を発掘して世に出したり、無名のブランド品を広めたり。あなたが手がけたものは誰もが美しいと感じるはずです。それによって幅広い人間関係をつくることができ、海外にも有力な人脈を持つことができるでしょう。ですから、芸術も含めて高尚なことに関わっていくと、人生が大きく発展します。

ただ、現実的なことは苦手で、例えば実務作業やお金の管理、家事といった現実にやらなければならないことは後回しになりがち。細かいことをやるのも面倒に思うタイプです。自分ひとりの問題ならかまいませんが、そういうルーズなところが人に迷惑をかけるようではいけません。意識的に直すよう心がけましょう。

あなたの愛の形とは？

愛や芸術には国境がないと言われます。この人にとっては、それに限らず心を動かされるものや美しいものにはすべて国境も制限もないと思っています。さらに機敏な行動力があるので、心に訴えるものがあればどんどん前に飛び出していくでしょう。

こんな人だから、恋をしたときにはさらに活動的にな

るでしょう。相手が遠く離れていても、また言葉や習俗の違いがあっても、心を動かされたならじっとしていることができません。大らかな心で相手を受け入れ、愛するでしょう。ただし、清冽な正義感も持った人で、自分の中の信義に反する場合は、どんなに好きな人でも抵抗感を示すでしょう。そして気持ちも冷めていくかもしれません。

この日生まれの人にとっても恋のイメージは、太陽の下で、伸びやかに愛し合う姿、自然の美のありかたに近いものかもしれません。

あなたの才能と人生のテーマ

芸術的センスと、美意識に恵まれたこの日生まれの人。人生のテーマは、より美しいものを見つめ、さらに高みを目指していくことになりそうです。

この資質は実社会の中で、芸術家や表現者を目指すことが望ましいでしょう。けれどもそれはすぐに認められ、力を伸ばせるものではないかもしれません。ただ、これはどんな人にも言えることですが、与えられた仕事を言われたとおりに仕上げるだけでは、飛躍的に伸びることはできません。自分にしかできないプラスアルファをつけ加えることで、人の注意を引くことができるのです。どんな場所にいても、美意識や芸術性を高めることを目標にしてください。その思いと努力を続けさえすれば、必ずどこかで報われることでしょう。

適職は、デザイナー、メイクアップアーティスト、外交官、写真家、画家、楽器演奏家、作曲家などです。

相性リスト

恋人	3月22・23・24日、5月25・26・27日
友人	1月22・23・24日、9月21・22・23日
手本となる人	7月25・26・27日
助けてくれる人	2月3・4・5日、4月16・17・18日、6月28・29・30日、9月9・10・11日
縁がある人	4月22・23・24日、6月25・26・27日

魔法の言葉

本当の採点基準はあなただけのもの。他からの評価に左右されすぎないこと

11月25日

射手座

SAGITTARIUS

高い精神性を持つ人

長所

見えない世界への理解がある。善意にあふれている。理想を広げて現実に結びつける努力をする。思慮深い。

短所

現実感覚が薄い。夢見がちで、感化されやすい。人の目がないと怠惰になりやすい。甘えん坊で、依頼心が強い。

この日生まれの著名人

カール・ベンツ（自動車技術者）／寺門ジモン（ダチョウ倶楽部）（お笑いタレント）／椎名林檎（ミュージシャン）／塚地武雄（ドランクドラゴン）（お笑いタレント）／伊藤淳史（俳優）／太田雄貴（フェンシング選手）

この誕生日の人は、高いスピリチュアリティを持っています。自分のことだけでなく、世界のこと、地球のこと、人類の未来といったことにも、きちんと思いを馳せることができる人。無農薬や有機栽培の食品を買うようにしたり、無駄遣いをしないようにしたり、環境問題にも関心が強く、自分なりにエコロジーな生活を実践していくタイプです。

また、物事に熱中するパワーがとても強いのも特徴。夢中になりすぎて、周りが見えなくなることもありますが、そのパワーは大したもの。とくに、ボランティアなど善意による活動には燃えるところがあります。もともと正義感が強く、高い理想に向かってひるむことなく進んで行けるタイプですから、あなたのもとに同じ志の人が結集すれば、世の中を大きく変えるようなこともできるはずです。

ただ、そうしたパワーが屈折した方向に表れてしまうと、浮世離れした人になってしまうことも。人間関係がうまくいかず、人とあまり交流を持たなくなる場合もあります。自分と同じ考え方の人と交流し、コミュニティーを持つことができれば、そこを基盤に自分の能力を存分に生かすことができるでしょう。

あなたの愛の形とは？

恋はときに人を利己的にします。自分と愛する人が幸せであれば、それでいいと思うことがあるでしょう。け

れどもこの生まれの人は、自分たちが幸せでも、それだけでは満足できないのです。周囲の人、あるいは見知らぬ地域の知らない人たちが苦しんでいると思うと、心を痛めるでしょう。恋の相手を大切にするのは当然ですが、困っている人を助けるか、またそれができなくても理解したいと考えています。つき合っている相手が、この気持ちを理解してくれる人であれば、その恋は充実したものになるでしょう。けれどももし相手が自己中心的で、「自分だけを見てほしい」というようになると、思い悩んでしまうかもしれません。でもどんなに愛している人でも最終的には理想をとるようなところがあります。恋人を選ぶなら、同じような志を持った人がいいでしょう。

あなたの才能と人生のテーマ

この日生まれの人の心の中には、完成された理想のかたちがあります。そして現実社会を、その理想通りであってほしいと願っているのです。そして、この世界から紛争や差別がなくなるよう、心を砕くでしょう。

といっても、実際に紛争地帯で平和のための運動をするというような具体的な行動に出るタイプではなさそうです。あくまでも言葉や思想で、平和について、愛について、考えていこうとするタイプです。

したがって仕事は、哲学や思想、芸術活動などを選ぶかもしれません。自分がやりたいと思ったことがあれば、それに集中するでしょう。ただ、あまりにも自分の理想にこだわりすぎると、現実と離れてしまい人々の共感を得られなくなります。人との対話を広げ、現実を見つめるようにしましょう。適職は、作家、思想家、大学教授、医師、看護師などです。

相性リスト

恋人……………… 3月23・24・25日、5月26・27・28日
友人……………… 1月23・24・25日、9月22・23・24日
手本となる人…… 7月26・27・28日
助けてくれる人… 2月4・5・6日、4月17・18・19日、6月29・30日、7月1日、9月10・11・12日
縁がある人……… 4月23・24・25日、6月26・27・28日

魔法の言葉

答えはノー。でもそれは今のあなたには実は必要なことかもしれません

11月26日

射手座

SAGITTARIUS

理想を掲げた重厚な人

長所

高い理想を持っている。現実感覚がある。中庸の精神で、折り合いをつける。将来性を重視する。努力をする。

短所

悲観的。卑屈になりやすい。問題に直接チャレンジしない。「自分さえ我慢すればいい」と思う。打算的に行動する。

この日生まれの著名人

カルーセル麻紀(タレント)／下条アトム(俳優)／大野智(タレント)／丸山隆平(関ジャニ∞)(タレント)／四代目市川猿之助(歌舞伎役者)／tofubeats(DJ、トラックメーカー)

この生まれの人は、非常に高い理想を持つと同時に、現実的な感覚も失わないタイプ。自分の生活を理想に近づけるための努力ができる人です。向上心が高く、興味を持ったことはコツコツと学び、掲げた理想を目指して精進します。浮わついたところがないので、重厚などっしりした印象を人に与えますが、決して気難しいタイプではなく、見た目よりずっと大らか。対人面でも相手の気持ちを考え、自分勝手なことはしません。人柄もよく、一度親しくなると交流が長く続き、まめに連絡をとって相手を大切にします。ふだんはおとなしくても、意志は強く、ときおり周囲がびっくりするような大胆なことをすることもあります。若いうちはその魅力を十分発揮することができないかもしれませんが、経験を積むごとに存在感が増してくるタイプでしょう。

ただ、自分の考えや感情を表に出すことが苦手。そのため他人から誤解されやすいところがあります。何を考えているのかわからないと思われてしまう場合もあるでしょう。もう少し、自分の思っていることや感情を素直に表に出せるようになると、みんなから好かれ、人間関係も広がってくるでしょう。

あなたの愛の形とは？

冒険心があり、未知の世界に出かけることを好みます。また人との出会いを大切にする人です。だからその恋はたいてい突然に、思いがけない形で目の前に降ってくる

でしょう。けれども、とても魅力的な相手と運命的に出会ったとしても、それに酔いしれて旅先だけの恋で終わらせるような人ではありません。

相手が考えていることや将来性、性格などをできるだけ短い接点の中から見極めようとします。そして長続きする恋ができそうな人とわかったときには、果敢に相手とのコンタクトを取り続けようとするでしょう。

たとえ今の段階で、多少アラがあったとしても、将来大きく花開く才能であれば、温かく見守ることができる人です。そして、長所を伸ばすよう、励ましたり、必要なら苦言を呈することもあるでしょう。言い換えれば、愛する人を育てる才能がある人なのです。

あなたの才能と人生のテーマ

崇高な志を持っていますが、決して現実を見失うことはありません。その理想を実現させるために、少しずつ着実な努力を積み重ねていく人です。とくに資格取得のための勉強をしたり、語学を習得するのが得意です。

表現能力はあるのですが、自分のこととなると、控えめに慎重になるときがあります。目立たないところで地道な努力を続けている姿は、若いときには周囲から注目されることも少ないでしょう。

けれどその積み重ねが形になり、誰の目から見てもその進化が理解できるようになったとき、この人の世界は根本的に変化していくでしょう。注目されたり、規模の大きな事業を任されることもあるかもしれません。それでも実績に裏づけられた自信があるので、ひるむことなく、仕事をやり遂げるでしょう。適職は、教育者、弁護士や検事など法律関係の仕事、実業家、不動産業など。

相性リスト

恋人	3月24・25・26日、5月27・28・29日
友人	1月24・25・26日、9月23・24・25日
手本となる人	7月27・28・29日
助けてくれる人	2月5・6・7日、4月18・19・20日、6月30日、7月1・2日、9月11・12・13日
縁がある人	4月24・25・26日、6月27・28・29日

魔法の言葉

昔から好きだった曲を思い浮かべて。その曲の歌詞に大きなヒントがあります

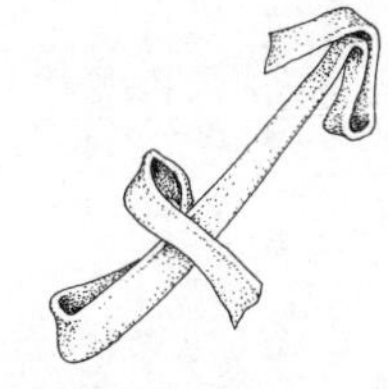

11月27日

射手座

SAGITTARIUS

果敢にして不動の精神を持つ人

長所

精神力が強い。めったなことでは夢をあきらめない。壮大なビジョンを胸に抱く。冒険心があり、後ろに引かない。

短所

無軌道、無計画。引くべきところで引かない。イエスマンのいうことしか聞かない。発言が挑発的。好戦的。

この日生まれの著名人

松下幸之助（実業家）／藤田嗣治（画家）／ブルース・リー（俳優）／村田兆治（野球選手）／ジミ・ヘンドリックス（ギタリスト）／浅野忠信（俳優）／杉田かおる（女優）／小室哲也（音楽プロデューサー）

強いカリスマ性を持ち、周囲を圧倒するパワーを持つのがこの生まれの人。自分のやりたいことや目標が明確で、若いうちから迷いなく人生を突き進んでいきます。精神力も強く、自分の考えがそう簡単にはブレません。才能が開花するのも早く、自分の生きる道が早くに決まるのが特徴です。生まれながらの強運なので、一か八かの賭けにもとても強い。またそういうリスクのあることをしたがる傾向もあり、それでも成功をつかんでしまうタイプでしょう。

ただ、自分のことばかりが先に立ち、他人に対する心配りに欠ける点は短所。傍若無人な態度をとったり、自分の信念を貫こうとして他人の意見を無視したりしがちです。知らず知らずのうちに相手を傷つけるようなことを言ってしまう場合もあります。そういう態度をとっても周囲が許してしまうほどの強い個性を持ってはいるのですが、他人のことも考えられるようになればベスト。もっとファンや理解者も増え、あなたのカリスマ性はより強力に。人生もより豊かになっていくはずです。

あなたの愛の形とは？

何もしないで後悔するよりも、行動して後悔することを迷わず選ぶ人です。異性のことが気になった時点で、その人に向かって果敢にアプローチをしていくでしょう。相手がどう思うかとか、告白して断られたらどうしよう、などという心配とは無縁の人です。ダメでもとも

議論することを恐れないで。摩擦の中からこそ生まれることも

とという、潔い態度で、好きな人に接します。

とはいえ、本来勝負強いところがある人です。恋愛でもタイミングをとらえて接近し、告白することが得意でしょう。知らず知らずのうちに自分のペースに巻き込んでしまうこともあり、気がついたら恋を獲得していることも珍しくはないでしょう。

ただいつも自分がイニシアチブをとらなければ気がすまない、人に指図されるのは嫌いという性格のため、争うことも多くなるかもしれません。本当に大切にしたい人なら、ときにはこちらが折れることも必要でしょう。

あなたの才能と人生のテーマ

理想に向かって進む推進力がある人です。目標を設定したら、そこを目指してまっすぐに突き進むところがあります。ただし、日々同じことの繰り返しでは飽きてしまうとか、ルーティンワークに向かない性格のため、一攫千金を狙うとか、一か八かの勝負に出ようとするところがあります。

堅実さと着実な努力を求められる職種よりも、ギャンブル的な要素がある仕事や、新奇なものに恵まれた職業のほうが向いています。しかたなく堅実な企業に勤めた場合は、仕事の喜びを見出せない恐れもあります。ただ、どんな仕事でも、着実に仕上げなくてはならない場面は出てきます。そんなときも地道に見える仕事にも変化を見出そうとする誠意を示しましょう。そうすれば、道はおのずから開けてくるはずです。

適職は、エンジニア、外科医、スポーツ選手、IT関係企業の経営者などです。

相性リスト

恋人……………… 3月25・26・27日、5月28・29・30日
友人……………… 1月25・26・27日、9月24・25・26日
手本となる人…… 7月28・29・30日
助けてくれる人… 2月6・7・8日、4月19・20・21日、7月1・2・3日、9月12・13・14日
縁がある人……… 4月25・26・27日、6月28・29・30日

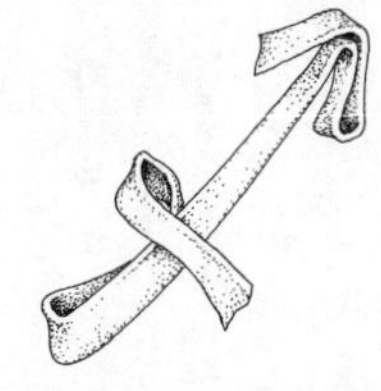

11月28日

射手座

SAGITTARIUS

想像力と知性を結びつける人

この誕生日の人は、イマジネーションが豊かで、ここにはない異世界に対する憧れが強い人。空想癖があり、いつもいろんなイメージが頭の中に湧いてくるタイプです。ウイットに富み、ロマンチストで、どこか子供のような感性を持っています。このタイプは、豊かな想像力を知的な分野に活用することができます。例えば合理的な世界に関心を持つと、科学や生物、物理など理科的な分野に興味を示し、いろんな発見や発明をすることもできるでしょう。一方、情緒的な方面に関心を持つと、芸術的なことに興味を示すようになります。そこでも想像力を活用し、他人がまねできないような秀逸なものをつくります。いずれにしても、そうした能力が存分に発揮できるようになるには、幼いころから、想像性を高めるために読書をしたり、浮かんだイメージを語ったり絵にしたり、自由に表現できる場を持って育つと、その才能が開花します。

欠点としては、突然、言行不一致になるところ。口にしたことと違うことをやってしまい、周囲から不評を買うことがあります。また、気まぐれな点にも注意が必要です。

あなたの愛の形とは？

この日生まれの人の脳裏には、広大無辺な世界が広がっています。そこには、現実社会には見たことがないような、ユニークな存在たちが生き生きと息づいている

長所

明晰な頭脳に裏づけられた創造力がある。科学的でロマンチスト。バランスがとれている。発想が自由で楽しい。

短所

お天気やその日の気分で発言が変わる。無責任。思いつきでものを言う。ライバル意識が強い。注意力が散漫。

この日生まれの著名人

寺田寅彦（物理学者）／向田邦子（作家）／松平健（俳優）／あべ静江（女優）／堀内健（ネプチューン）（お笑いタレント）／大貫妙子（ミュージシャン）／原田知世（女優）／バカリズム（お笑いタレント）

のです。ほかの人から見ると平凡に過ぎていく一日であっても、この人の目でみると、ロマンに満ち、起伏に富んだ恋の日々でしょう。それもそのはず、この生まれの人は、愛する人との日常をドラマチックに演出するなど、新鮮味を保つための努力を惜しまないのです。例えば、予告なしに高価なプレゼントを贈ったり、偶然のように見せかけて相手を待つなど、恋を活性化させるサプライズのアイデアは尽きないでしょう。

ただし、恋を楽しもうとする気持ちばかりが先行して、相手の悩みや悲しみのサインに気づいてあげられなくなると、ふたりの絆は細くなってしまいます。持ち前の優しさで相手を見守ることも必要です。

あなたの才能と人生のテーマ

この創造性は現実社会のどんな場所でも生かすことができるでしょう。想像力を物語や芸術作品に仕上げる可能性もあります。あるいはこれまでなかった製品をつくり出し、名声を得ることもできるかもしれません。いずれにしても成功をするためには、関心を持っている分野を極めることが必要です。ただ、この日生まれの人は、自分の気持ちに正直で、物事に新鮮味を求めるところがあります。形になる前に放り投げてしまうと、社会的にも人間的にも中途半端になるので気をつけてください。

適職は、作詞家、演奏家、漫画家、発明家、自然科学の研究者などです。企業では企画開発の部門にいると存在が光ります。

魔法の言葉

痛みと喜びが、ともにやってくるでしょう

相性リスト

恋人	3月26・27・28日、5月29・30・31日
友人	1月26・27・28日、9月25・26・27日
手本となる人	7月29・30・31日
助けてくれる人	2月7・8・9日、4月20・21・22日、7月2・3・4日、9月13・14・15日
縁がある人	4月26・27・28日、6月29・30日、7月1日

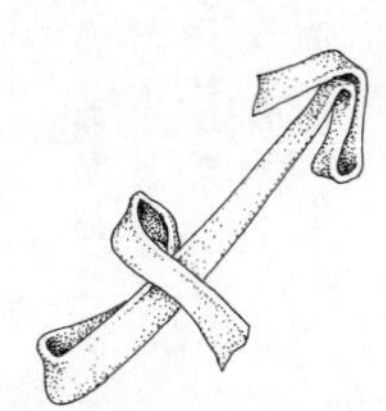

11月29日

射手座

SAGITTARIUS

個性を開花させようと努力する人

長所

個性的。純粋で理性的。裏表がない。正義感が強い。公正な態度で人に接する。健全な自己愛を持っている。

短所

度量が狭い。敏感すぎて、些細なことをオーバーに受け取る。思い込みが激しい。独善的で人を裁きたがる。

この日生まれの著名人

C・S・ルイス（作家）／勝新太郎（俳優）／林家ぺー（タレント）／沢木耕太郎（作家）／定岡正二（野球選手）／舛添要一（政治家）／尾崎豊（ミュージシャン）／田口淳之介（タレント）／照ノ富士春雄（大相撲力士）

優れた才能と豊かな可能性を持って生まれてきたのが、この誕生日の人。自分に対して強い自信があり、自分の個性を強く前面に出そうとします。そして自分の能力をフルに生かそうとするのが、この生まれの特徴です。自分の腕一本、能力ひとつで勝負するところがあり、そのための努力も惜しみません。また、とても正直で、うそがつけないタイプ。好き嫌いもすぐ顔に出てしまいます。自分に自信があることも隠さないので、それが生意気に思われることもありそう。

でも、内面には意外とデリケートな部分も持っています。ちょっとしたことで傷ついて、悶々と悩んだりする面もありそう。自分の予想外のことが起きたりすると動揺して、どうしていいかわからなくなることも。根が純粋でまっすぐなだけに、社会の荒波にもまれると耐えられず挫折してしまうこともあります。せっかく豊かな才能を持っているのですから、もう少し精神的にたくましくなって、処世術もうまく使えるようになると、才能を生かすチャンスも広がるはずです。

あなたの愛の形とは？

この日生まれの人は、実年齢よりも若く見られることが多いでしょう。それは心がいつも若々しく、柔軟さを保っているからと言えるでしょう。

恋をしたときには、その弾力性はさらに際立ってくるでしょう。そのうえ気持ちが優しく、感受性も豊かです。

自分の意思や意向よりも、相手の気持ちを察して行動するところもあります。その行為が、悲しみや寂しさにつながることになったとしても、それが相手の望みであれば、甘んじて受けようとするでしょう。でも、繊細な心はいつまでも悲しみに持ちこたえることができません。

できれば、この人の幸せを望んでくれるような心の広い人、温かい人を恋人に選ぶようにしましょう。片方に犠牲を強いることなく、お互いを生かせるような恋。そんな愛情関係を結んだとき、この人は本来の輝きを取り戻すことでしょう。

あなたの才能と人生のテーマ

ひとつのことに心を決めたらまっすぐに突き進む人です。けれど、その目標設定にいたるまでは、少し時間がかかりそうです。まず、この人の心の中には多彩な可能性や個性が息づいています。その中で何を生かすか、どんな風に生かすかと考え始めるときりがないのです。またその反面、とても緻密に、あらゆる問題点やリスクを考慮します。だから物事にとりかかるときは、スロースターターと言われることがあるかもしれません。

ただし、期限を切られると、この人は突然人が変わったように行動的になるでしょう。何もないときでも、自分で期限や締め切りを設定するといいでしょう。そうすれば仕事面でも、生活面でも、早く決断し、すばやく目標を達成できる、頼もしい人になれるはずです。

適職は、教師、サービス業、ツアーコンダクター、プランナーなどです。

損得より、あなたが一番納得できるかたちを考えて

相性リスト

恋人	3月27・28・29日、5月30・31日、6月1日
友人	1月27・28・29日、9月26・27・28日
手本となる人	7月30・31日、8月1日
助けてくれる人	2月8・9・10日、4月21・22・23日、7月3・4・5日、9月14・15・16日
縁がある人	4月27・28・29日、6月30日、7月1・2日

11月30日

射手座

SAGITTARIUS

信じたものを追いかける人

長所

信念が強い。向上心を持っている。観察力があり微細な変化も見逃さない。発展的で、行動力があり、物怖じしない。

短所

単純。大ざっぱ。分別が浅い。社会のルールに従わない。無秩序。気まぐれ。すぐに何かに手を出すが長続きしない。

この日生まれの著名人

マーク・トウェイン（作家）／ウィンストン・チャーチル（政治家）／初代林家三平（落語家）／リドリー・スコット（映画監督）／土井たか子（政治家）／田口トモロヲ（俳優）／宮崎あおい（女優）／満島ひかり（女優）

自分が信じたものを徹底的に追いかける人です。それが仕事であれ、趣味であれ、遊びであれ、自分がいいと思ったものにはとことんのめり込みます。周囲がやりすぎだとか、やめたほうがいいというようなことでも、ストップがききません。でも、豊かな知性をそなえており、その知性に裏打ちされた判断力があるので、自分をダメにするほどのめり込むことはありません。

好奇心も旺盛ですから、自分が知らない未知の世界には興味津々。知識欲も旺盛なので、なんでも吸収していきます。が、そうした傾向が強く出てしまうと、あれもこれも興味の向くままに手をつけてしまい、収拾がつかなくなることも。飽きっぽくなって、すぐ次のことに興味が移ってしまいがちです。そうなると成果も得られません。ひとつのことを徹底的に突き詰める姿勢を失わないことが、人生を豊かにするためのポイントでしょう。

また、やや軽卒なところがある点にも注意が必要。よく考えず安易に行動したために、あとで後悔したり、周囲の信頼を失うこともありそう。たった1回の軽はずみな行動で、人生が大きく狂ってしまうこともあります。くれぐれも言動は慎重に。

あなたの愛の形とは？

自分の心に制約を設けない人です。いつも伸び伸びとした気持ちでいるので、人に関しても寛大です。だから一緒にいるだけで安心したり、自信を取り戻すという異

答えはイエス。幸運の大きな波がやってきそうな予感がします

性も多いことでしょう。でも本人はかなり理想が高いので、アプローチにも簡単にOKサインを出すことはないでしょう。

ただし、思い通りのタイプか、それに近い部分を持った人が現れた場合は別。心が舞い上がり、相手のことしか考えられなくなるかもしれません。普段は冷静に判断できるのに、相手を美化しすぎて問題点を見過ごしてしまうかもしれません。現実と理想のギャップが大きければ、傷つくこともあるでしょう。でも、それでも心がタフなこの人は、そんなことで失望することはありません。理想の異性像を修正し、本当に幸せになれる恋の相手を見つけるまで、冒険を続けることでしょう。

あなたの才能と人生のテーマ

冒険こそが、この日生まれの人を動かす原動力。じっとしていると生命力のレベルが低下し、疲れてくる人です。逆に行動すればするだけ、力がみなぎってくるのを感じるでしょう。

この体質は、狭い国内にとどまっているよりも、広く海外に出たり、つながったりすることで、力を出すでしょう。興味ある国や文化を、調べたり求めたりするのもいいでしょう。でもそれ以上にこの人におすすめなのは、これまで注目してこなかった地域や国へ関心を広げることです。一種のカルチャーショックを受けることで、この日生まれの人の世界は格段に広がり、新しい何かをつくり出すことができるでしょう。

適職は、冒険家、通訳ガイド、同時通訳、特派員、客室乗務員などです。貿易関係の仕事や、総合商社勤務などもお勧めです。

相性リスト

恋人	3月28・29・30日、5月31日、6月1・2日
友人	1月28・29・30日、9月27・28・29日
手本となる人	7月31日、8月1・2日
助けてくれる人	2月9・10・11日、4月22・23・24日、7月4・5・6日、9月15・16・17日
縁がある人	4月28・29・30日、7月1・2・3日

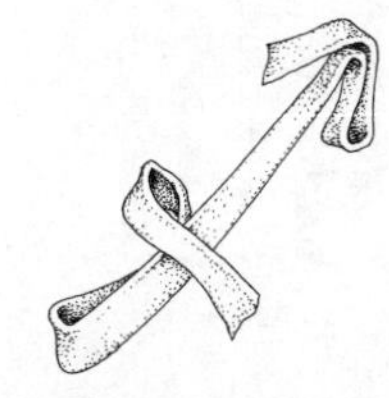

12月1日

射手座

SAGITTARIUS

未来を信じることができる人

長所

前向き。視野が広く、大らか。伸び伸びとしている。未来を信じる。見聞を広めることに喜びを感じる。

短所

ミーハー。詮索好き。責任感がない。その場のはずみで物事を決める。むら気。移り気で、気分が一定しない。

この日生まれの著名人

武田信玄／藤子・F・不二雄（漫画家）／根津甚八（俳優）／九代目林家正蔵（落語家）／梨元勝（芸能レポーター）／長谷川理恵（タレント）／竹内海南江（タレント）／愛子内親王（皇族）

心の中に、崇高な理想を宿している人です。それは人によっては「途方もない夢物語」と一笑に付されるような性質のものかもしれません。けれどもこの人は、夢や希望を真剣に見つめます。そして気がついたら目標に到達していることも珍しくないでしょう。それはこの日生まれの人が正しく到達できるような地図を正確に描くことができる力を持っているからです。

また非常に楽天的で、困難があっても笑いながら乗り越えられる性格も強みです。それは精神的な強さというよりも、いずれなんとかなるという信念に基づいていたり、苦しみながらもほかのことに目を向ける広い視野を持っていたりするおかげ。その明るさは、多くの人に支持されます。ムードメーカー的な役割から、リーダーシップを要求されるポジションまで、多くの場面で必要とされる人材でしょう。

しかしときには理想に片寄りすぎて、前後を省みないで行動してしまうことも。目立つ存在のため、周囲を巻き込んで恨まれることさえあるでしょう。思い切った行動をする前には、周囲の人の意見を聞く余裕があれば、誤解も避けられるはずです。

あなたの愛の形とは？

この世界を、そして自分自身の運と未来を信じて疑うことがない人です。だからいつも屈託なく異性に接することができます。もし、誰かのことを愛したときには、

その人との明るい未来を夢見るでしょう。そしてその理想の実現に向けて、確実な一歩を踏み出そうとするのです。この日生まれの人は、愛する人と未来のためと思うだけで、目覚しい行動力が生まれてくるようです。

けれども恋はひとりだけで進められるものではありません。相手との思いに食い違いが生まれるかもしれません。それでも、この人は、打ちのめされたり、自分はダメだと卑下することはないでしょう。失敗はさらに明るい未来のための修行くらいに思い、理想を適切と思う形に修正していくでしょう。何があってもあきらめないため、最終的には愛の理想を実現させることができる人なのです。

あなたの才能と人生のテーマ

この日に生を受けた人は、目立つ存在になるでしょう。まず積極的でじっとしていることができません。行動半径が広く、活動範囲も大きいでしょう。さらに、人の目をひきつける天性の魅力があります。自分を印象づけるのも巧みで、発言には影響力があります。

この才能は、人前に出ること、表舞台に立つことで生かされるでしょう。政治の世界やマスコミのような、常に人の注目を集めるような場にいても、ストレスを感じることはないでしょう。むしろそれをエネルギーの源ととらえ、いっそう精力的な働きをするタイプでもあります。縁の下の力持ちのような仕事、誰かの補佐的な仕事よりも、自らが脚光を浴びるような仕事につくことが望ましいでしょう。適職は、タレント、映画俳優、ディレクター、代議士、司会者などです。営業部員としてもやり手になれそうです。

相性リスト

恋人……………… 3月29・30・31日、6月1・2・3日
友人……………… 1月29・30・31日、9月28・29・30日
手本となる人…… 8月1・2・3日
助けてくれる人… 2月10・11・12日、4月23・24・25日、7月5・6・7日、9月16・17・18日
縁がある人……… 4月29・30日、5月1日、7月2・3・4日

魔法の言葉

答えはイエス。一回り、二回りあなたが大きくなりそうです

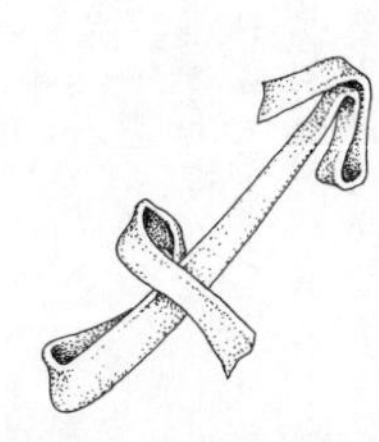

12月2日

射手座

SAGITTARIUS

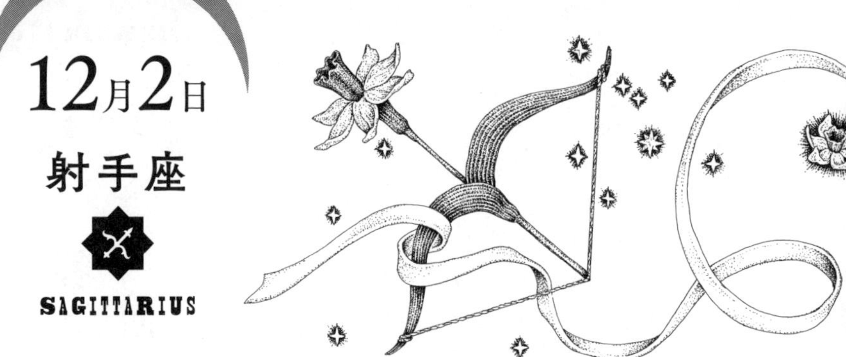

優しさと温かさで相手の心を溶かす人

長所

現状に満足しない。大胆で若々しく活動的。前進あるのみで、後ろを振り向かない。前途洋々のイメージを持っている。

短所

無鉄砲。いつも何かに不満を持っている。贅沢。反省しない。実力もないのに挑戦したがる。節操がない。

この日生まれの著名人

高峰三枝子（女優）／マリア・カラス（オペラ歌手）／太地喜和子（女優）／ジャンニ・ヴェルサーチ（ファッションデザイナー）／山崎努（俳優）／八乙女光（Hey! Say! JUMP）（タレント）

この日に生まれた人は、とてもデリケートな感情を持っているため、その場の雰囲気や人の感情を読みとることが得意です。空気を読むのが上手なタイプと言えるでしょう。相手にとっては、言葉はもちろん、態度にも現していないつもりでも、考えていることがこの人に伝わってしまうと感じることもあるかもしれません。また自分と大きくかけ離れた相手にも共感の感情を抱かせることができます。ほぼ初対面の相手の心に、すんなりと溶けこむこともできます。共感する力が強いだけではなく、人当たりがソフトで温かい印象を与えるので、人と人との間にある壁を簡単に飛び越えられるのです。

その才能をコントロールできれば、多くの味方や協力者に囲まれて、幸運な人生を歩めます。例えば相手の気持ちを汲むばかりではなく、自分は理解者だとアピールすることで、親密なコミュニティをつくれるでしょう。

ただ、争いを避けようとするタイプの平和主義者のため、強い調子で自己アピールを避けようとする面があります。場面によっては自己主張をすることも必要でしょう。人の気持ちを察しやすい反面、人に感化されやすい傾向にも注意してください。

あなたの愛の形とは？

この日生まれの人は、制約されることを好みません。それと同時に、ほかの人に対しても、先入観や固定観念で判断することはありません。自分の目を信じるので、

どんな人が相手でも自然な対応ができるのです。そのうえとても優しく、相手のことを考え、労ろうとする気持ちが強いのです。とくに傷ついた異性がいると、優しく受け入れるでしょう。頑なになっている人の心も、過去の傷に心を閉ざしている人の心も、この人の優しさ、温かさはゆるめ、ほぐしていくことができるのです。

また明るく楽観的、柔軟な心は持っていますが、純粋なゆえに傷つくことも。とくに無神経な言葉や態度には、敏感に反応します。だから恋の相手としては、自信に満ちた強引なタイプよりも、同じように柔軟で感じやすい心を持った人のほうが安心できるでしょう。

あなたの才能と人生のテーマ

心が優しく、温かい態度で人に接することができる力を持っています。また敏感な感受性と、とらわれない心を持っているので、相手が話さないことでも、その気持ちを読み取る、鋭い洞察力も持っています。

温かみと思いやりが必要とされるような環境の中では、なくてはならない存在になれるはずです。具体的には癒しや心を扱う仕事、社会的に弱い立場に立たされている人をサポートする仕事がいいでしょう。

逆にこの力は、誰かを蹴落としたり、自分だけが上にはい上がろうとするような熾烈な競争社会の中では、光を失ってしまいます。もし、何かで戦う必要があるとすれば、傷ついた人をさらに傷つけようとする曲がった力に対し、断固として反対の意を示すような場合に限られるでしょう。

適職は、看護師、検査技師、介護士、ケアマネージャー、カウンセラーなどです。

相性リスト

恋人	3月30・31日、4月1日、6月2・3・4日
友人	1月30・31日、2月1日、9月29・30日、10月1日
手本となる人	8月2・3・4日
助けてくれる人	2月11・12・13日、4月24・25・26日、7月6・7・8日、9月17・18・19日
縁がある人	4月30日、5月1・2日、7月3・4・5日

魔法の言葉

あなたに、受け入れてもらいたい、と思っている人がいます

12月3日

射手座

SAGITTARIUS

いつももう一歩、遠いところを目指す人

進取の気性に富んだこの日に生まれた人は、いつでも「よりよいもの」や「新しいもの」を考え、それを探し続けています。現状に満足することなく、何よりも変化や進歩、時代の最先端に触れることを望んでいるタイプです。現状に満足しない姿勢は、楽天的な性格に端を発しています。まるで好奇心にあふれた純真な子供のように、もっと発展したもの、優れたものがあるはずというパターンで、物事を考えるのです。たとえ自分がつくり上げたものでも、古いと思ったときには新しいものと取り替えるような潔さもあります。

そのチャレンジ精神と、新しいものを取り入れるパワーのおかげで、かなり幸運な人生か、めまぐるしく変化する生活を送る人が多いようです。知らないものに対する興味が強いために、海外での仕事や生活に縁がある人もいるでしょう。

そのたくさんの変化の中、新しいものばかりを追い求めるあまり、本当に価値があるものを手放してしまう恐れもありそうです。ときには自分と向き合い、本質的なものを探っていくことも必要です。

あなたの愛の形とは？

いつも自分を駆り立てるようなところがある人です。今よりも少しでもいいから向上していきたいと思っています。

その上昇志向は、恋の相手にも向けられます。憧れる

長所

穏やかで心が優しい。人の警戒心を溶かす安心感がある。家庭的で温厚な雰囲気がある。友情に厚く、義理堅い。

短所

慎重すぎて、自分の枠を超えられない。落ち込みやすい。被害者意識を持つ。ひがみっぽい。身内自慢が激しい。

この日生まれの著名人

ジャン・リュック・ゴダール（映画監督）／篠山紀信（写真家）／長州力（プロレスラー）／古田新太（俳優）／イルカ（ミュージシャン）／高岡早紀（女優）／壇蜜（タレント）／京本大我〈SixTONES〉（タレント）

魔法の言葉

もっと遠くに手を伸ばしていいはずです。今ここではなく、「その先」へ

人は、今現在の自分より、グレードやステイタスの高い人でしょう。そしてその人に近づこうと努力を重ねるでしょう。その結果釣り合いが取れたと思ったときに、自信を持って気持ちを告げるでしょう。

でも気がついたら、自分よりも上だと思っていた相手を抜いてしまう勢いがあるのです。そしていつまでも同じ位置で満足しているように見える相手を、叱咤激励してしまうかもしれないのです。たとえ相手がそれを望んでいなくても……。幸せになるためには自分と同じような向上心を持つ人を選ぶといいでしょう。でも本当は、上昇だけが愛なのかという価値観を考え直してみることも必要かもしれません。

あなたの才能と人生のテーマ

あらゆる挑戦する気概と、知的好奇心を持った人です。たとえ、今は目の前にあることに夢中になっていても、満足できるレベルまで理解が及んだら、別の何かに心を奪われるところがあります。この気質は移り気とか、集中力がないと言われることもあります。だから社会の中でも、専門性を高めたほうが成功しやすい分野の仕事を選ぶと、力不足に悩まされるかもしれません。けれどこの人の良さというのは、そのとらわれないところにあるのです。自由な魂を持っているからこそ、何かに拘束され動けなくなってしまうことを恐れるのです。

いつも新鮮なものを追い求めるような業種、業界で、常に新しいものに挑戦し続けるような生き方、仕事を目指してください。

適職は、放送業界、ファッション業界、飲食店経営、発明家、コメディアン、スポーツ選手などです。

相性リスト

恋人	3月31日、4月1・2日、6月3・4・5日
友人	1月31日、2月1・2日、9月30日、10月1・2日
手本となる人	8月3・4・5日
助けてくれる人	2月12・13・14日、4月25・26・27日、7月7・8・9日、9月18・19・20日
縁がある人	5月1・2・3日、7月4・5・6日

12月4日

射手座

SAGITTARIUS

創意工夫の精神に満ちた人

長所

合理的な考え方ができる。聡明で、頭脳明晰。常識にとらわれない。現状を変革する気概にあふれている。

短所

不平不満が多い。ひとりよがり。理論優先で実績が伴わない。現実感覚が気迫。経済観念がない。時間にルーズ。

この日生まれの著名人

与田剛（野球選手）／永井真理子（歌手）／浅香唯（タレント）／中川剛〈中川家〉（お笑いタレント）／田村淳〈ロンドンブーツ1号2号〉（お笑いタレント）／宮村優子（声優）／ジン〈BTS〉（歌手）

この日に生まれた人は、新しいものを見つけることや工夫を凝らすことに強い関心を抱きます。ありきたりの日常よりも、見たことがないものや画期的なものに情熱を傾ける性格でもあります。その発想は自由で斬新なうえに、どこかロジカル。自然科学や合理的な考えもできるので、アイデアを絵空事にしない頭のいい人だという印象を与えるでしょう。もしも、この人が生み出した工夫やアイデアに価値が与えられた場合、重大なことを発見した人や、世の中を変えてしまうほどの発明をした人と並んで、歴史にその名前を刻むこともあるかもしれません。

またこの人はありきたりの方法で物事に取り組むことを嫌います。もし何かの役割を与えられても、風変わりな方法を見つけて､周囲をあっと言わせます｡プライベートでも職場でも、何かに行き詰まってしまったとき、この生まれの人が決定的な打開策を編み出してピンチを乗り越えられるのです。

そんな才能を使いこなすには、スタンダードで当たり前のことも軽んじないまじめさが必要になります｡また、大らかすぎて自分を甘やかしてしまう傾向にも気をつけたほうがいいでしょう。

あなたの愛の形とは？

常に活力にあふれ、知的に行動する人です。恋愛面でも、自信にあふれ、洗練された会話で恋を楽しむだろう

と思われがちです。けれども、誰かを好きになった直後のこの人は、話をしても口ごもったり、おかしなことにこだわり始めるなど、挙動不審な態度になりそうです。

もともと、自分の思い通りに物事を進めたい気持ちが強い人です。しかし恋は、コントロールしようとしても、自分の気持ちが制御できなくなるという不測の事態。そんな状態に陥ったとき、この人はある意味完全なフリーズ状態に陥ってしまうのです。けれども、常に前に進むこと、自由に生きることがこの人のモットーです。いったん恋愛感情を意識したときには、どうすれば相手の前で魅力的に振る舞えるかとか、恋を楽しめるかという前向きな方向転換をしていくことができるでしょう。

あなたの才能と人生のテーマ

大胆で、何事にも縛られない発想ができる人です。それと同時に、物事や自分自身を客観的に見つめる力も持っています。このふたつの才能が望ましい方向に向かうと、パラダイムを変えるような、壮大な英知とつながることができるかもしれません。

実社会では、自然科学や物理などの分野で活躍できる人になるでしょう。研究者や教育者として化学の発展に寄与したり、あるいは企業の研究者として、新しい何かをつくり出すような仕事にも向いています。この人にとっては常識も、一般の人にとってはまだまだ非常識の部分が多いので、なかなか理解されないかもしれません。けれども時代がこの人に追いついたときには、予想もしなかった成功や賞賛がもたらされるはずです。

適職は、物理学者、発明家、プログラマなどです。企業内では研究者、企画開発部などで活躍できそうです。

相性リスト

恋人……………… 4月1・2・3日、6月4・5・6日
友人……………… 2月1・2・3日、10月1・2・3日
手本となる人…… 8月4・5・6日
助けてくれる人… 2月13・14・15日、4月26・27・28日、7月8・9・10日、9月19・20・21日
縁がある人……… 5月2・3・4日、7月5・6・7日

魔法の言葉

うれしいサプライズがありそうです。ちょっとした偶然を喜べるとさらに幸運が

12月5日

射手座

SAGITTARIUS

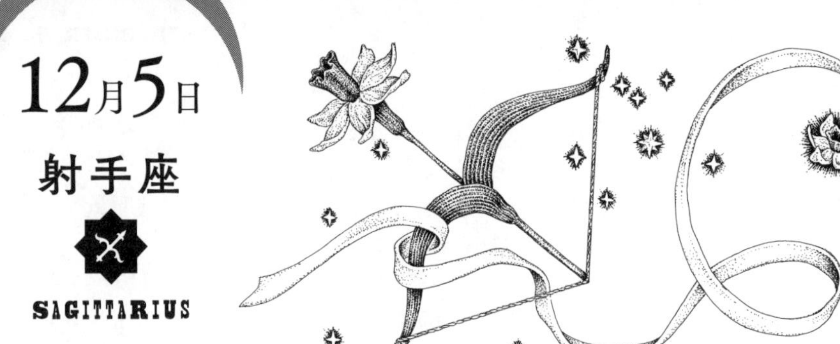

知る喜びを知っている人

長所

向学心にあふれている。明晰な頭脳を持っている。言葉遣いのセンスがいい。教養にあふれ、いろいろなことを知っている。

短所

二面性がある。器用貧乏。三日坊主になりやすい。気まぐれ。暗示にかかりやすい。ずる賢く立ち回る。

この日生まれの著名人

ウォルト・ディズニー（映画監督）／香川京子（女優）／群ようこ（作家）／川中美幸（歌手）／観月ありさ（女優）／山田五郎（コラムニスト）／岩井志麻子（作家）／道端アンジェリカ（モデル）／ユリ（少女時代）（歌手）

知識欲が旺盛な人で好奇心にあふれているのが、この日に生まれた人。知らないことを放っておくことができず、危険なことに首を突っ込みたくなるかもしれません。また、大らかで隠しごとが嫌いなので、知っていることは周囲の人にも伝えたいと思うでしょう。

知的で情報量が多く、知ることに貪欲で、表面的には無邪気だったとしても、頭の中では哲学的な考え方をしていることでしょう。明るく知識をためようとするので、本を読んだりネットにかじりついたりするだけではなく、自分で経験したがるところも長所のひとつ。決して頭でっかちなタイプではないのです。生きた知識はコミュニケーションや将来設計に役立てられ、豊かな人生を歩む原動力となってくれるでしょう。

問題があるとすれば、興味があることなら寝る間を惜しんで吸収するのに、関心がないことに対してはまったく本気を出せないというところです。好奇心のせいで気持ちが駆り立てられてしまい、集中してひとつの物事に取り組めない一面もあります。成果を出す前に手放すと何事も完成しません。必要なことにはまじめに取り組むようにしてください。

あなたの愛の形とは？

知的好奇心にあふれている人です。知らない世界の扉を開けること、いつもわくわくするような環境に身を置くのも好きです。そのため、恋に関しては早熟なところ

もあったでしょう。ただ知識に対して貪欲なので、実際に異性関係が豊富であるとは限らないようです。

また本当に好きな人のことは、何でも知りたいと思うタイプです。片思いのときには好きな異性のタイプや趣味を、そして恋が実ったときには、今考えていることから将来の夢、あるいは過去のことまで、知りたいと思うでしょう。

もちろんそれは純粋な知的探究心に動かされてのこと。けれども相手によっては、プライバシーに踏み込むと思われることもあります。初めは相手が話したがっていることだけに耳を傾けましょう。そうすればいずれ、知りたいことを上手に聞き出せるようになるはずです。

あなたの才能と人生のテーマ

好奇心を羽ばたかせることができる人です。知りたいと思うことがあれば、自ら制限を課すということがありません。どんなところにも踏み込み、どんなことも調べたいというのが、この人の心願なのです。

この思いは、実社会の中でも、徹底して調査をするような方面の仕事で才能を発揮するでしょう。緻密なところに気づき、人が見落とすようなこともきちんと確認する周到なところもあります。また、記憶力がよく、大切なことはいつまでも忘れません。

またこの人の心の中では、ひとつのことを徹底して調べたいという気持ちと、多くのことを知りたいという野望が拮抗することがあります。いつまでも岐路で迷っていると、時間を浪費し、中途半端になってしまいます。どちらか一方に道を定めましょう。適職は、会計士、薬剤師、研究職、探偵、作家、考古学者などです。

相性リスト

- **恋人**……………… 4月2・3・4日、6月5・6・7日
- **友人**……………… 2月2・3・4日、10月2・3・4日
- **手本となる人**…… 8月5・6・7日
- **助けてくれる人**… 2月14・15・16日、4月27・28・29日、7月9・10・11日、9月20・21・22日
- **縁がある人**……… 5月3・4・5日、7月6・7・8日

魔法の言葉

答えはイエス。そのことはあなたの知識と経験を育んでいきます

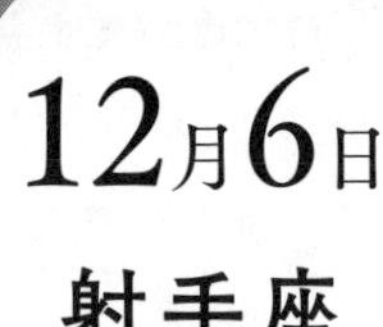

12月6日

射手座

SAGITTARIUS

贅沢の喜びを知る人

長所

生活の美学を持っている。感覚が俊敏で、チャンスを逃さない。明るい未来を信じる。個性的なおしゃれを楽しむ。

短所

快楽に走りやすい。過食傾向がある。地道な努力を軽視する。贅沢で、浪費しやすく、経済観念がない。

この日生まれの著名人

久石譲（作曲家）／露木茂（アナウンサー）／宍戸錠（俳優）／車だん吉（タレント）／星由里子（女優）／十三代目市川團十郎（歌舞伎役者）／キダ・タロー（作曲家）／林遣都（俳優）

人生を楽しむことなら、この生まれの人は達人といっても過言ではありません。いつもアンテナを張り巡らせ、どんなことが楽しいのか、何をすれば今を楽しく過ごすことができるのか、探っていくのが大好きなのです。

最大の長所は、恵まれた感受性とイマジネーションです。このおかげで、何をすれば自分が満足できるかをよく理解しています。厳しい日常の中でもリラックスできる時間を見つけられますし、幸せそうなムードは人を集める魅力に変わります。克服しなければいけないことにも、楽しみながら取り組めるはずです。しかも自分のセンスに正直なので、自分にとって価値があるものを見極められます。とくに心地よいもの、自分を満足させられるものを発掘する鑑識眼は秀逸です。芸術的なセンスにも恵まれているので、あなたがいいと思ったものが後年になって価値を認められるような例も珍しくはないでしょう。

人生を楽しむことが上手で人間関係にも恵まれますが、楽しみを追求しすぎて浪費しやすい傾向や、わがままになりやすいという欠点もあるようです。しかし興味の対象を自分の将来にも向けることで、この欠点をフォローできるでしょう。

あなたの愛の形とは？

例えば、おいしいものを食べるためなら、多少離れた場所にも行く。美しいものを見るためなら、煩雑な手続

きをするのも気にならない……そんなふうに人生を楽しむことに貪欲になれるのがこの人です。自分の気持ちに正直で、型にはめられることを何よりも嫌います。

たとえ恋をしたからといって、突然ストイックになれるはずはありません。恋もこの人にとっては人生の喜びのひとつだから、恋人と一緒に、美と喜びのすべてを開拓したいと願うでしょう。

だから、その相手が人の目を気にして行動を抑制するタイプだったり、恋人だからといって何かの枠にはめようとすると問題です。最初は相手に合わせていても、いずれこの人は枠の中に納まりきれなくなってしまうでしょう。この人にとって恋の相手は、同じように人生を楽しんでくれる、度量の広い人に限られるようです。

あなたの才能と人生のテーマ

おいしいもの、美しいもの、楽しむこと、生きることが好き……という生命の躍動感にあふれた人です。同じ人生なら、ちょっとした工夫で味わいや彩り深い毎日を送るほうがいいという哲学を持っています。

誰かが敷いたレールの上を、ただ黙々と歩くのは性に合わないでしょう。価値観を押しつけられることも苦手です。社会の中でこの資質を生かすとしたら、人生をほんの少し楽しくするようなエッセンスを、人に伝えるような仕事を目指していくといいでしょう。自分自身で工夫して、道を切り開くような生き方が向いています。最初はなかなか日の目を見ないかもしれませんが、あきらめず、未来を信じて歩いていきましょう。きっと幸運の女神が味方をしてくれるはずです。適職は、料理研究家、デザイナー、イラストレーター、フローリストなどです。

相性リスト

恋人………………	4月3・4・5日、6月6・7・8日
友人………………	2月3・4・5日、10月3・4・5日
手本となる人……	8月6・7・8日
助けてくれる人…	2月15・16・17日、4月28・29・30日、7月10・11・12日、9月21・22・23日
縁がある人………	5月4・5・6日、7月7・8・9日

魔法の言葉

ちょっとくらい、贅沢なことをしてもいいのでは？

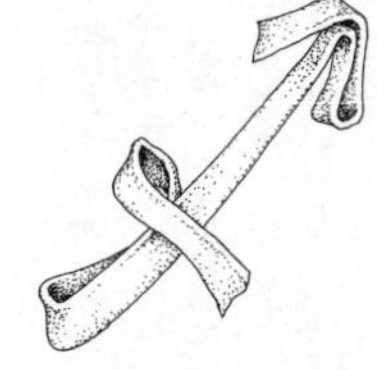

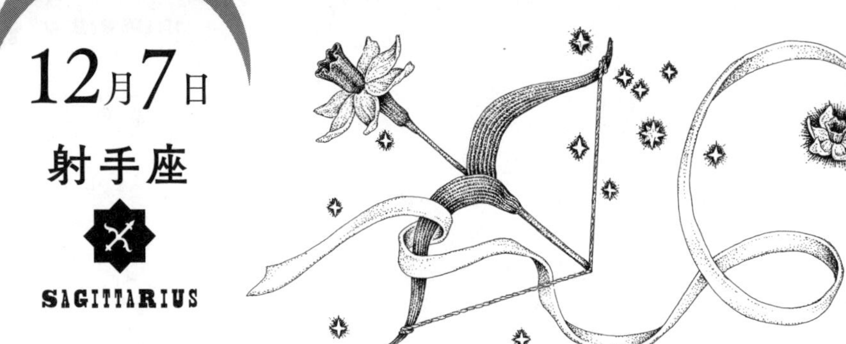

12月7日

射手座

SAGITTARIUS

誰かのために尽くす人

長所

繊細。人間愛に満ちている。見返りを求めないで相手に尽くす。笑顔を忘れない。善意の人で、他人を疑わない。

短所

お人よし。単純。理想が高すぎる。現実に対処できない。妄想癖がある。自己アピールが苦手で言いたいことが言えない。

この日生まれの著名人

与謝野晶子（歌人）／古舘伊知郎（キャスター）／森博嗣（作家）／尾美としのり（俳優）／伊藤かずえ（女優）／羽生結弦（フィギュアスケート選手）／畠中悠（オズワルド）（お笑いタレント）／清水希容（空手家）

天使のような優しい心と、純粋な愛情を心に抱いてこの世界に降り立ってきた人です。とくに感情の動きを敏感に察知できるので、目の前にいる人が何をしてほしいのか、ほとんど無意識に理解できるタイプ。そしてそれを差し出すことに至上の喜びを見出すでしょう。

悲しむ人に共感するばかりでなく、喜んでいる人に共鳴する力も持っているため、親切で優しく、また人を明るい気持ちにさせる人柄に成長するのです。相手に喜んでもらうほど幸福な気持ちになれる、深い慈愛の心を持っている人です。そのため周囲の人からも無条件に慕われるでしょう。さらに大らかな雰囲気を持っており、一緒にいる人をなごませる才能も持っています。それだけ尽くすタイプなのに、見返りを期待しないさっぱりしたキャラクターも魅力的に映ります。

共感する力のおかげで、多くの親密な友人に囲まれ、おおむね幸せな人生を歩めるようです。もし不幸なことがあるとすれば、情け深すぎて、人を疑うことができないので、人にだまされたり、利用されたりといったとき。人のために尽くすばかりではなく、きちんと自分の立ち位置を確保する精神的な強さを身につけましょう。

あなたの愛の形とは？

博愛の精神を持っている人です。その心の奥底には、人々の喜ぶ顔が見たい、困っている人の力になりたいという強い愛の気持ちがあります。生き方そのものが、奉

仕の精神に満ちあふれているのです。

もちろん恋をしたら愛する人のために尽くします。愛する人の笑顔を見ることが何よりの幸せになるでしょう。ただ問題は、恋は当事者にとって閉鎖的であるほど燃え上がる性質を持っています。ふたりの世界をつくることが喜びである場合もあるのです。けれどこの人の人類への愛情は、恋愛によって色あせるようなものではありません。それが相手の独占欲を傷つける恐れも出てくるでしょう。できるならば、恋か人類愛かの二者択一を強いられるような環境に置かれないようにしたいものです。心の広い相手を恋人に選ぶか、そうでなければ根気強く相手を説得するようにしましょう。

あなたの才能と人生のテーマ

大きな何かとつながりたいという気持ちが強い人です。自分が世のため人のためになることを行っていると実感すると、喜びを感じるでしょう。

これは公益性の強い仕事につくことが望ましい資質です。ただし、現実社会は、どんなに奉仕しても力が及ばないことがいくらでもあります。社会の実情を知れば知るほど、焦燥感や無力感に苛(さいな)まれることもあるでしょう。そのうえ心優しい人だからこそ、人を優先して自分を二の次にしてしまうこともあるかもしれません。

必要以上にがんばりすぎないことと、できないことにはNOと言うことを忘れないでください。この人の存在は、多くの人にとってかけがえのないものになるはずですから、自分のことも大切にしてあげてください。

適職は、医師、看護師、介護士、カウンセラー、サービス業、国連などの人道支援団体の職員などです。

相性リスト

恋人……………… 4月4・5・6日、6月7・8・9日
友人……………… 2月4・5・6日、10月4・5・6日
手本となる人…… 8月7・8・9日
助けてくれる人… 2月16・17・18日、4月29・30日、5月1日、7月11・12・13日、9月22・23・24日
縁がある人……… 5月5・6・7日、7月8・9・10日

魔法の言葉

ユニークなほう、ちょっとマイナーなほうを選ぶのもいいかもしれません

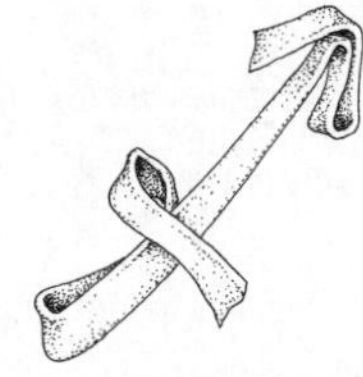

12月8日
射手座
SAGITTARIUS

夢と現実を両方見据える人

長所

大胆な企画力がある。綿密な実行力をそなえている。周囲の人との距離のとり方がうまい。人を見る目がある。

短所

悩みやすい。権勢を誇りたがる。力みすぎて疲れやすい。表現がオーバーで信頼されない。手段を選ばない。

この日生まれの著名人

ジャン・シベリウス（作曲家）／藤村俊二（俳優）／キム・ベイシンガー（女優）／稲垣吾郎（タレント）／安田顕（俳優）／三石琴乃（声優）／大竹一樹（さまぁ～ず）（お笑いタレント）／EXILE TAKAHIRO（歌手・俳優）

この日に生まれた人は、毎日コツコツと積み重ねる根気と、普通ならあきらめてしまう目標を設定するポジティブな精神の持ち主です。希望を胸に抱くと同時に、現実での取り組み方やその道筋を考えられる、とても器用な人です。思慮深いのに雰囲気が明るいおかげで協力者にも恵まれ、いずれ夢をつかめます。

心の奥には哲学的な面も隠れていて、人間や世の中の本質を直感的に理解することも得意です。目の前の壁をクリアするだけでは、完全な幸せは得られないと、日ごろから考えているかもしれません。そんな深く広い視野を持っているから、夢物語に過ぎない目標を持っていたとしても、それを実現させるために、勇敢に立ち向かい、そして実際に結果を出すこともあるでしょう。

しかしどんなときも物事がうまくいくとは限りません。ときには、現実と理想のギャップに悩まされることもあるようです。相反する2つの価値に悩んだときは、結論をあわてないで時間をかけて考えてみるといいでしょう。自分と自分の未来を信じることが、この日に生まれた人のエネルギーの源です。いつか必ず納得できる答えが出せるでしょう。

あなたの愛の形とは？

夢見る力と、現実を直視する勇気を持っている人です。誰かを好きになったときには、その人との明るい未来を夢見るのと同時に、恋が実らなかったときの身の処し方

などを考えてしまうところがあるのです。

シビアな目があるため、軽はずみな恋に身を任せることはありません。けれども逆に相手にアプローチをする絶好のタイミングが到来しても、「でももし……」とマイナス要因を考えてしまい、前に進めなくなってしまうこともあるでしょう。

ただ、いつまでも手をこまねいて見守るのはこの日生まれの人の哲学に反します。たとえ一度や二度それで好機を逃したとしても、あきらめないで次のチャンスを狙うだけの心の強さがあるはずです。いつか絶対に夢を叶えるという信念と、粘り強さがあれば、この人は必ず幸せな恋をつかむことができる人なのです。

あなたの才能と人生のテーマ

多くの人は若いころには両手に余るほどの大きな夢を持ち、成長するにつれて夢破れていくものです。けれどもこの人は、幼いころから壮大な夢を持っていても、実現化できる確率を計算するしたたかなところがあったでしょう。実現できない夢をいつまでも持つより、実現化できる夢を新たに見出すほうがいいという思いを持っている人です。大きなビジョンも持ちながら、それを実用化させる方法もきちんと考えられるこの力は、社会の中でも実務的な分野で生かすことができるでしょう。

ただし、遊び心には欠ける面も。人を楽しませようとしても、どこかで経済効率を考えるところがあるので興ざめになるのです。エンターテインメントの方向よりも、実用的な分野で働くほうが、力を生かせるでしょう。適職は、発明家、会計士、政治家、弁護士、エンジニアなどです。

相性リスト

恋人	4月5・6・7日、6月8・9・10日
友人	2月5・6・7日、10月5・6・7日
手本となる人	8月8・9・10日
助けてくれる人	2月17・18・19日、4月30日、5月1・2日、7月12・13・14日、9月23・24・25日
縁がある人	5月6・7・8日、7月9・10・11日

魔法の言葉

足場はかなり固まっています。
スタートはその地点から！

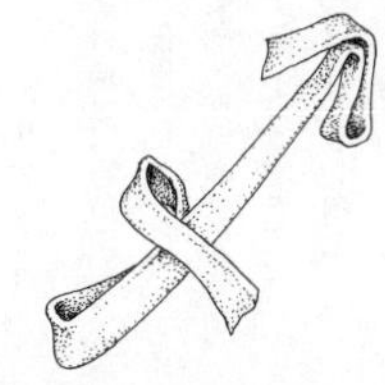

12月9日

射手座

SAGITTARIUS

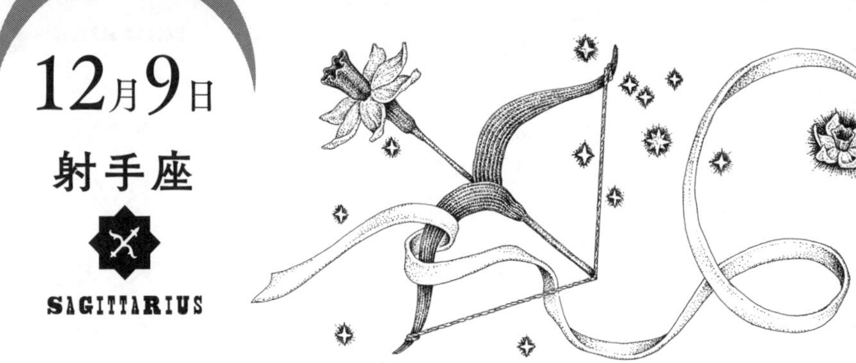

夢のためのリスクをいとわない人

長所

壮大なビジョンを持って、果敢にチャレンジする。フロンティアスピリッツを持つ。大胆不敵で思いのままに生きる。

短所

言動に一貫性がない。新し物好きだが、すぐに飽きる。退屈に弱い。深慮遠謀がない。気性が激しすぎる。

この日生まれの著名人

佐田啓二（俳優）／落合博満（野球選手・監督）／渡辺裕之（俳優）／ジョン・マルコヴィッチ（俳優）／春風亭昇太（落語家）／上村愛子（モーグル選手）／ISSA（DA PUMP）（歌手）／岡本綾（女優）／高橋一生（俳優）

この日に生まれた人は、根っからの冒険家。普通の人はリスクを恐れて手を出さないようなことでも、そこに道の沃野（よくや）があれば乗り込んでいこうとする人です。たとえ着地する場所がわからなくても、危険があることを承知していても、目標を見つけたら、大胆な行動に出るタイプです。

思いついたことは実行してみないと気がすまない性格ですから、無謀な挑戦にも平然と立ち向かいますし、結果を得るまでの苦労も行動力で克服していきます。その目標を持つようになったきっかけも、きっと楽しいに違いないとか、なんとなく興味があるといった漠然としたものかもしれません。人が聞いたら驚愕するような軽い動機であっても、ほんの少しでも可能性があるなら、遠慮せず飛びこんでしまいます。

この楽観的な姿勢と行動力のおかげで、多くの体験をすることが、この日に生まれた人の幸運を支えます。この人には失速は許されません。持ち味を生かすには、日常が退屈になっても大きなビジョンや夢を見失わないでいること。常に冒険心を忘れないことで、爆発的なエネルギーを維持できるでしょう。

あなたの愛の形とは？

この日生まれの人は何よりも自分の心に正直です。異性と出会い、その人にひかれたときには、後のことは考えないでまっすぐに突き進むでしょう。そのアプローチ

は大胆で、ときに官能的ですらあります。また世間の常識にもとらわれないので、出会った数時間後であっても、自分がいいと思ったら行動を開始するくらいの勇気があります。

ただ、考える前に行動するところが、傍目から見ると危険極まりない行為に見えるでしょう。また相手をすぐに信じてしまうところも心配要因のひとつでしょう。けれど、いつもひたむきなところが魅力的な人です。また不思議な幸運に見守られているところもあります。もちろんあまりにも無謀な相手との危険な恋には歯止めをかけるべきです。けれども通常の範囲内であれば、心に忠実に恋をしたほうが、いい結果につながりそうな人です。

あなたの才能と人生のテーマ

心の底からポジティブなパワーにあふれている人です。やりたいと思う気持ちこそが、この日生まれの人の原動力なのです。だから仕事も、生活のために働くのではなく夢のために働きたいと思っています。そして、実際にそのチャンスが与えられたら、見事な瞬発力で、目標に向かって突進していくでしょう。

もちろん夢だけで食べていくのは難しいことです。けれどもこの人の場合は、一応やってみなければ生涯悔いを残すことになるでしょう。たとえ、何かの事情で仕事と夢が別の道になっても、やりたいことは趣味として残しておくほうがいいでしょう。

またどんなことでも途中で投げ出してしまうと、不完全燃焼になり自信をなくします。やりかけたことは最後までやり遂げましょう。適職は、タレント、建築家、作家、翻訳家、代議士、大学教授、弁護士などです。

相性リスト

恋人……………… 4月6・7・8日、6月9・10・11日
友人……………… 2月6・7・8日、10月6・7・8日
手本となる人…… 8月9・10・11日
助けてくれる人… 2月18・19・20日、5月1・2・3日、7月13・14・15日、9月24・25・26日
縁がある人……… 5月7・8・9日、7月10・11・12日

選択するなら一番、高い目標を狙っていきましょう

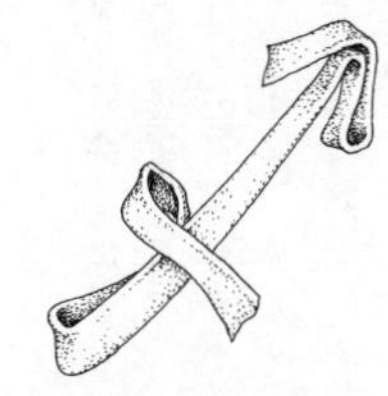

12月10日

射手座

SAGITTARIUS

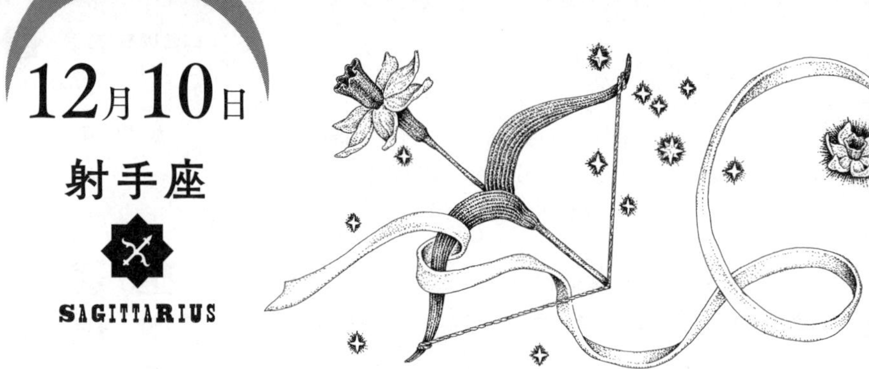

大きな夢を持ち続ける人

長所

明朗快活。大らか。澄んだ瞳と心を持つ。いくつになっても清らかさを失わない。夢の実現のために奮起する。

短所

いつまでも大人になれない。現実感覚が乏しい。向こう見ずで、注意力が散漫。遊び好きで努力を嫌う。

この日生まれの著名人

エミリー・ディキンソン（詩人）／寺山修司（劇作家）／桂文珍（落語家）／坂本九（歌手）／荻野目洋子（歌手）／有森也実（女優）／佐藤浩一（俳優）／福本伸行（漫画家）／野村忠弘（柔道家）／宇山賢（フェンシング選手）

　この日に生まれた人は、子供のままの感性を心の内に秘めているタイプ。素直でストレートな性格に加え、途方もない夢を持ち続けたり、思いついたことを即座に行動してしまう奔放さも魅力のひとつです。

　愛嬌も抜群で、とかく人から愛されるキャラクターです。あまりにストレートなので周囲を冷や冷やさせることもあるでしょう。けれども、危機一髪というときになると、不思議と誰かが助け船を出してくれる幸運な体質を持っています。子供のような感受性は独特の行動様式とセンスを生みだし、個性的な人物だという印象を与えるはずです。本人は地味に堅実に生活しているつもりでも、無意識に人の目を集めてしまうでしょう。

　楽天的で無神経に見られることもありますが、気持ちがまっすぐであるため、悩むときには本気で悩み、落ち込んでいるときは徹底的に沈むところです。自分をごまかすことができないので過去の失敗のせいで極端なほど臆病になってしまうかもしれません。けれども、基本的には自分を信じる強さを持っている人です。多少沈み込むことがあったとしても、それを乗り越えたときには、素直な心を持ったまま、ひと回り大きく輝く人になるでしょう。

あなたの愛の形とは？

　飾らない心で恋をする人です。誰かのことが好きになったら、その瞳を見たら、誰もが恋をしていると見抜

いてしまうほどでしょう。自分にも他人にもうそがつけないところと、泣きたいときには素直に泣き、うれしいときには満面の笑みを浮かべるところが、最大の魅力です。ただ、その純粋さ、疑うことを知らない正直さがこの人の恋の弱点でもあります。本心を隠した甘い言葉を見抜くことができず、酔いしれてしまうこともあるでしょう。

自分の感性だけを信じていると、人の本心を見極めることが難しくなります。本を読んだり、人の話を聞いたりして、この世界は、美しいものだけで成り立っているわけではないことを頭に入れておきましょう。

あなたの才能と人生のテーマ

この人の才能を例えるなら､直球勝負のピッチャーや、短距離ランナーのようなものでしょう。勝つための策をめぐらすようなことはなく、ストレートな力を出し切って、走りぬくのです。

豊かな個性と冒険心、それに説明のつかない幸運に恵まれている人なので、自分の好きな道を歩けば、実力を発揮できるはずです。仕事でも、自分が楽しいと思えることなら、多少の困難は気にせず取り組むでしょう。

けれども、人間関係が複雑な職場や、しきたりを重視する環境など、仕事以前の要素が入ってくると混乱してしまいそうです。もちろん実社会は、好きなことだけをやらせてくれるほど親切ではありません。けれど自分自身でなるべくシンプルに物事を整理していく必要があるでしょう。

適職はタレント、大学教授、スポーツ選手、エンジニアなどです。

相性リスト

恋人	4月7・8・9日、6月10・11・12日
友人	2月7・8・9日、10月7・8・9日
手本となる人	8月10・11・12日
助けてくれる人	2月19・20・21日、5月2・3・4日、7月14・15・16日、9月25・26・27日
縁がある人	5月8・9・10日、7月11・12・13日

魔法の言葉

幸運があなたをサポートしています。
でも幸運に甘えすぎないで

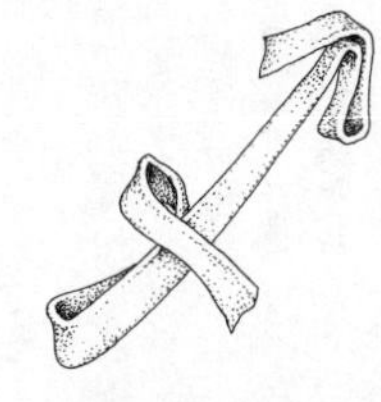

12月11日

射手座

SAGITTARIUS

自分のスピリットを信じる人

長所

飾り気がない。精神の高貴さを持っている。自分の価値観を大切にする。個性が強く、自分を見失わない。

短所

頑固。意地を張りやすい。引きこもりがちで臆病。警戒心が強く、人見知りが激しい。行動力、実践力が乏しい。

この日生まれの著名人

モーリス・ルブラン（作家）／加賀まりこ（女優）／谷村新司（ミュージシャン）／秋本治（漫画家）／原由子（ミュージシャン）／宮崎美子（女優）／広瀬アリス（女優）／石川祐希（バレーボール選手）

この生まれの人は自分の持つ信念を貫く強さを持っています。「こうしたい」「こうなりたい」という願望を持つと、それに向かって一心不乱に突き進もうとするでしょう。その結果、しっかりと自分の夢を叶えることができるはずです。

成功体験を重ねるほどに、この人は強さを増していくタイプ。不可能に思える壁に突きあたっても、「私は過去に難しい課題をクリアした経験があるのだから、この壁も乗り越えられないはずはない！」と考えることができるので、簡単には音(ね)を上げません。ポジティブなスピリットを武器にして、次々と新たな壁をクリアしていけます。

ただ、この人の強気は対人関係における摩擦を引き起こすことが多いでしょう。仕事では、強引に自分の企画をねじ込もうとしたり、他者を押しのけようとしたりするので、ライバルから嫌われることも。しかし、そんなブーイングさえ、ものともしない強さを持つのがこの人。どんなジャンルでも活躍が可能です。

あなたの愛の形とは？

この誕生日生まれの人の心の中には、いつまでも初恋の人の面影が宿っています。その鏡像は、だんだん薄れてきてぼんやりとしていますが、その中の人が、恋の行方を決めてしまうことがあります。

例えば、好きになれないタイプ、または好ましくない

行動をとる人なのに、なぜだか気になってたまらなくなることはありませんか。あるいは、誰かに恋を打ち明けられ、とくに問題がなさそうなのに「この人ではダメ！」と不意に拒絶したくなることは？　もしかしたらそれは、心の中にいる人に似ていたり、あるいは違いすぎたりするからなのかもしれません。

初恋の人、または忘れられない人から、恋のイニシアチブを取り戻しましょう。ほかの部分では、前向きに新しいことを取り入れる人なのだから、心の窓を開いて風を入れてください。新しい価値観を受け入れましょう。

あなたの才能と人生のテーマ

迷いは、同じくらいの比重を持つ、複数の可能性を前にしたときに、生まれるものです。けれど、この日生まれの人は、例えばおびただしい数の選択肢を前にしても、まず迷うことを知らない人です。心の中に確固とした目標があり、そこに向かうことだけを考えている人だから、潔いのです。

職業面では、自分が決めた道をひたすら突き進む、専門性の高い仕事が向いています。さらに実力に応じてキャリアアップできるような、実力主義的な社風の環境でも実力を発揮できるでしょう。ライバルや敵を前にしたときには、果敢に戦おうとしますが、味方だと思った人や言うことを聞いてくれる人には、とても親身になって接するところがあります。敵愾心（てきがいしん）を表に出しすぎると足を取られることがあるのでほどほどにしましょう。

適職は、スポーツ選手、ブローカー、銀行員、国家公務員などです。

相性リスト

恋人	4月8・9・10日、6月11・12・13日
友人	2月8・9・10日、10月8・9・10日
手本となる人	8月11・12・13日
助けてくれる人	2月20・21・22日、5月3・4・5日、7月15・16・17日、9月26・27・28日
縁がある人	5月9・10・11日、7月12・13・14日

魔法の言葉

どちらを選んでもルートが違うだけ。同じところにたどり着くでしょう

12月12日

射手座

SAGITTARIUS

大きなスケールを持つ人

長所

大胆不敵。活発で行動力がある。常に夢を追い求める。多少のハードルを乗り越えるガッツにあふれている。哲学的。

短所

イチかバチかの勝負に出たがる。気分にムラがある。攻撃的になることも。わがままで我を押し通す強引さがある。

この日生まれの著名人

エドヴァルド・ムンク（画家）／小津安二郎（映画監督）／フランク・シナトラ（歌手）／舟木一夫（歌手）／西村まさ彦（俳優）／瀬戸朝香（女優）／貫地谷しほり（女優）／V・I〈BIGBANG〉（歌手）

小さなことにくよくよせず、失敗してもへこたれず、常に明るい未来を見ようとする性質です。ただ、細かいことについては非常に大ざっぱで、その点については周囲の人間をイライラさせることも。例えば、待ち合わせの時間や仕事の締め切りなどについて、きちんと守ろうとしないなどの問題が見られるかもしれません。

でも、この生まれの人の持つ欠点は、ほかの長所によって補うことが可能です。長いスパンと広い視野で物事をとらえられるので、将来は事業主や経営者として活躍することができるはず。若いうちは規則破りで怒られることが多いけれど、それでもくじけない人なので、出世していくことができるでしょう。実力を試されるポジションまでたどり着けば、その後は快進撃を続けます。大らかな性質ゆえ、部下や後輩からの人気も出てくるに違いありません。

ただ、規律や時間に厳格なタイプな人とは、どうしても合わないはず。その点はあきらめたほうがいいでしょう。

あなたの愛の形とは？

「お互いが好きで、ふたりの間に深刻な事態が起こっているのでもないなら、もう十分！」これがこの人の恋愛観です。愛があればそれでいいとか、幸せならほかに何もいらない、などというせりふは、通常の場合はレトリック、または軽い冗談だと思われてしまうでしょう。でも

魔法の言葉

一つ終わらせることは敗北ではなく勝利。
あなたが自由になるのですから

この日生まれの人は、本気でこの言葉を言ってしまえる人なのです。

だから、デートのときに遅刻をしたり、約束していたことをきれいに忘れてしまうことがあっても、あまり深く反省することもなく、同じ間違いを繰り返すでしょう。

けれども同時に相手にも要求することがそれほどなく、ミスや人間的な弱さも認めてあげるような度量の深さがあるのです。

表面的なことよりも、心と心のつながりを大切にしてくれる人と結びついたとき、この生まれの人は心から恋の喜びを知ることになるでしょう。

あなたの才能と人生のテーマ

広く世界を俯瞰できる目を持つ人です。物事に対して客観的に対応することができます。また好奇心も強く、自分にとって必要な事柄があれば、野性的に追求するタイプです。この力はマクロ的視点から、全体像を把握して、方向性を決めるようなダイナミックな仕事が向いているようです。あるいは海外に広く飛び出すようなものも向いています。

逆に微細なことを大げさに取り扱うような、仕事内容で生かすことは無理でしょう。細かい雑務を次々とこなすことはできません。それに手をとられると、ストレスで仕事に支障が出るかもしれません。何もかもひとりでやらなくてはならない小規模経営よりも、大企業などで専門的な仕事を任されたほうが充実した仕事ができるでしょう

適職はプロデューサー、海外特派員、発明家、冒険家、映画監督など。企業では総合商社などが適しています。

相性リスト

- **恋人**……………… 4月9・10・11日、6月12・13・14日
- **友人**……………… 2月9・10・11日、10月9・10・11日
- **手本となる人**…… 8月12・13・14日
- **助けてくれる人**… 2月21・22・23日、5月4・5・6日、7月16・17・18日、9月27・28・29日
- **縁がある人**……… 5月10・11・12日、7月13・14・15日

12月13日

射手座

SAGITTARIUS

まっすぐに物事に取り組む人

長所

勘が鋭い。さっぱりしている。知的で、最先端の情報に通じている。物静かで落ち着いている。確かな自我。

短所

うぬぼれを持っている。能力をひけらかす。反抗的。冷笑的。理屈っぽい。自分から進んで事を起こそうとしない。

この日生まれの著名人

仲代達矢（俳優）／織田裕二（俳優）／樋口可南子（女優）／永山瑛太（俳優）／おのののか（タレント）／横峯さくら（プロゴルファー）／角田晃広（東京03）（お笑いタレント）／パク・ジニョン（音楽プロデューサー）

過去の因習だとか、偏った価値観などに囚われることのないタイプです。物事をまっすぐな目で見て、自分なりの判断を下し、それを元にして正しいことをなそうとするでしょう。「自分ができるベストな選択とは何か？」ということが直感的にわかるタイプなので、人生における寄り道をすることも少なそう。

また、この人は未来的なものにひかれる傾向があるので、最先端のテクノロジーや建築、アートなどの分野に天職を見出しやすいと言えます。

人づき合いにおいては、大らかさを発揮するので、さまざまなタイプの人と交友することができるでしょう。ただし、物事を偏見の目で見やすいタイプの人間は苦手なはず。自由な発言ができない集まりにいると気詰まりを感じて逃げ出しやすい面もあるでしょう。こうした傾向のせいで、自分より上の世代とのつき合いは希薄になるかもしれません。一方、下の世代とは気楽に交わっていけるでしょう。

あなたの愛の形とは？

冒険的な人生を選びがちなこの日生まれの人。恋愛においてもやはりチャレンジャーであることは否定できません。基本的に、好きになる人、心ひかれる人は、ユニークな人でしょう。強い個性があって、周囲の人には理解できない行動をするけれども、誰にも理解できない情熱や知性を持っている人には、理由なく共鳴することがで

きるでしょう。

逆に空気を読むのが上手で、異性に対してもスマートな態度で接する隙のないタイプ、何事もほどほどにそつなくやり遂げるような人には、心を動かされることがありません。なぜなら、壁や障害があってもそれを乗り越え、大きなものを手に入れることがこの日生まれの人の理想だからです。恋の相手も、同じような生き方をし、理解し合える人であってほしいと望んでいるのです。そしてお互い励まし合って前に進んでいきたいと願っているのです。

あなたの才能と人生のテーマ

人通りが多い広い道と少ない狭い道があった場合、多い道を行くほうが安全そうに見えます。けれどもこの日生まれの人は、なんのためらいもなく少ない道を歩きます。

この傾向は仕事選びにおいて顕著になります。多くの人が望む安定しているように見える道、たくさんの人から評価を受ける職業にはあまり興味を示しません。それよりも、まだ誰も手をつけていない分野、人がやりたがらないような仕事に目を向ける傾向があるのです。そのため、進む道は自然、最先端の分野、革新的な世界であることが多いでしょう。さらに自分がいいと思ったものを、人に判りやすいように表現する力もあります。そのためこの人が当初選んだ狭い道が、気がついたときには人が大勢歩いている広い道になることもあるでしょう。

適職は、工学系エンジニア、カウンセラー、通信関係の仕事などです。

相性リスト

恋人	4月10・11・12日、6月13・14・15日
友人	2月10・11・12日、10月10・11・12日
手本となる人	8月13・14・15日
助けてくれる人	2月22・23・24日、5月5・6・7日、7月17・18・19日、9月28・29・30日
縁がある人	5月11・12・13日、7月14・15・16日

魔法の言葉

思いもかけないことが待っています。考えすぎず流れにのっては？

12月14日

射手座

SAGITTARIUS

透徹したまなざしを持つ人

長所

澄んだ瞳と心の持ち主。深い知性を持っている。探究心が強い。柔和で穏やかな態度。手先が器用で技術力がある。

短所

小さなことにこだわり先に進めない。自分の殻を破れない。人を批判したがる。小心者で追い詰められると感情的になる。

この人の言動は常に一貫していると言えます。高い知能を持っているうえ、行動力も抜群。そのため、自分で考えたことをすぐさま実行に移せるので、「言ったこと」と「やること」の間に乖離(かいり)がないのです。本物の「有限実行の人」だと言えるでしょう。そのため、この人は高い信頼を周囲から得られるはず。約束は必ず果たすし、できないことはできないとキッパリ口にしてくれる。そういう信頼感をみんなが抱いているに違いありません。

ただ、そのことがこの人にとってプレッシャーとなることもありそう。「周囲からの期待に応えなければならない」という気持ちが強まりすぎてしまうと、さすがのこの人でも重圧に苦しんで、実力を発揮できなくなるでしょう。いつもいつも期待に応える必要はありません。疲れてきたらリラックスする時間を取りましょう。うまく気を抜くことを覚えれば、どんな分野でも最終的な成功を収めることができるはずです。

この日生まれの著名人

ノストラダムス（医師・占星術師）／錦野旦（歌手）／阪東妻三郎（俳優）／世良公則（ミュージシャン／マイケル・オーウェン（サッカー選手）／勝間和代（経済評論家）／高畑充希（女優）／坂本勇人（野球選手）

あなたの愛の形とは？

落ち着いたまなざしを持っている人です。けれどもその瞳の奥を覗いてみると、若さの泉が湧き出ているのがわかるはずです。そのみずみずしさの理由は、いつも知的な刺激を感じていることにあります。当然異性も、何時間、いえ何日語り続けても飽きない人にひかれるでしょう。そしてその次に会ったときには、今度は違うテーマでの会話を楽しめる人なら、まさに理想の相手になる

魔法の言葉

足し算ではなく引き算の発想で。いらないものをそぎ落とすと答えが

でしょう。

だから、ただまじめなだけで話題が少ない人は退屈してしまいます。また感情的なだけで、機知も知性も感じられないような相手は、どれほど外見的に完ぺきでも、関心を抱かないでしょう。

実際に危険な地域に行くようなアドベンチャーは無理でも、知的な冒険を共有できる若い心を持った人であれば、この日生まれの人と、ずっと胸を弾ませながら歩いていくことができるはずです。

あなたの才能と人生のテーマ

この日生まれの人が何かをしているときに声をかけても、気づかないこともあるでしょう。それだけ目の前にあるものを､集中して見つめることができる人なのです。けれども、偏狭な考え方にとどまるタイプではありません。大局的な視野に立ちながら、自分が行っているものを客観的に見つめる真剣さがあるのです。

そのため、自分が突き詰めたいと思うことで成功する確率が高いでしょう。また、高い専門性を通して、いろいろな世界に応用させることもできるため、枠を超えたフィールドで活躍することもあるかもしれません。ただこの人が、打ち込めるものを持たないと、世界を漂流するような寂しさを覚えそうです。好きなものがない場合は、それを探すことから始めたほうがいいでしょう。

適職は、生物学者、医師、学芸員、薬剤師、国家公務員、教師などです。

相性リスト
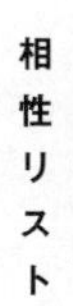

恋人……………… 4月11・12・13日、6月14・15・16日
友人……………… 2月11・12・13日、10月11・12・13日
手本となる人…… 8月14・15・16日
助けてくれる人… 2月23・24・25日、5月6・7・8日、7月18・19・20日、9月29・30日、10月1日
縁がある人……… 5月12・13・14日、7月15・16・17日

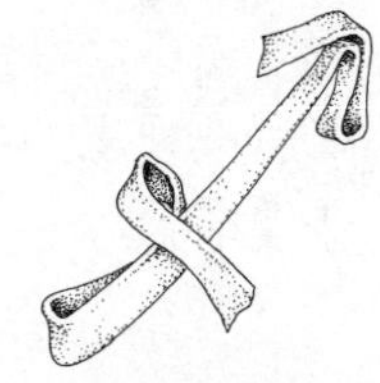

12月15日

射手座

SAGITTARIUS

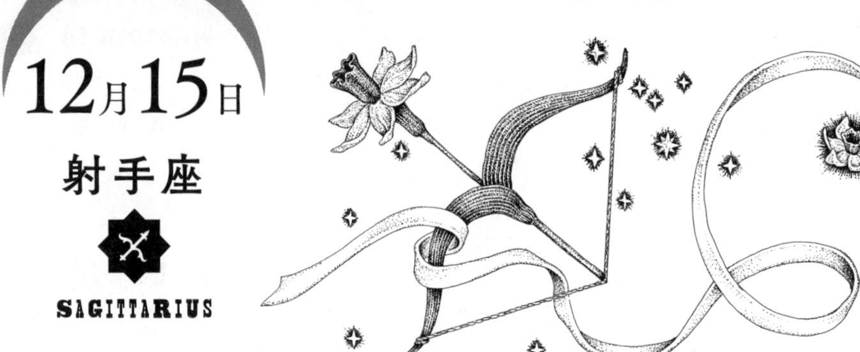

オープンさと品格を両方持っている人

長所

オープンマインド。品性があり社交的。自己表現が巧みで、説得力がある。生活や人生を楽しみ、ゆとりを持っている。

短所

快楽に溺れる。欲望に弱い。誘惑に弱い。貪欲で人が持っているものを欲しがることもある。型にはまりやすい。

この日生まれの著名人

ギュスターヴ・エッフェル（建築家）／いわさきちひろ（画家）／谷川俊太郎（詩人）／松尾スズキ（劇作家）／細川俊之（俳優）／高橋克典（俳優）／柏木陽介（サッカー選手）／新木優子（モデル・女優）

この生まれの人は自分の感情や思考を隠しておくことができません。欲しいものは欲しいと言うし、他人に反する意見でも、自分の考えていることを率直に口にします。

こういうタイプはともすると、その率直さゆえに「あつかましい人間」と見られがちですが、この人には不思議な品格があるので、非難を受けることは少ないはず。むしろ、オープンな人柄に好感が集まるでしょう。そういう意味では「得なタイプ」と言えるかも。ただし、周囲の人間がいつも好感を持って接してくれるため、「人に嫌われる」ということに慣れないまま育ってしまうことには問題もあるでしょう。ライバルや敵対者が現れると、この人は相手の反感を避けるため、あっさりと勝ちを譲りがちなのです。したがって「がめつさ」だとか「意地」といった性質が必要な競争社会では、なかなかうまくやっていけないかもしれません。品格を保つことのできる穏やかな社会にいるほうが、この人は幸せなはず。

あなたの愛の形とは？

愛が芽生えたとき、この人の心は好きな人のことでいっぱいになります。生活のすべてを恋愛に傾けてしまうところがあります。けれども不思議なことに、その態度は息苦しいものではなく、とても優雅で上品なものに見えるでしょう。

また、この日生まれの人は恋を楽しむことが上手です。

愛する人の声や香りや抱擁を、一流の芸術作品を前にしたときのように堪能するのです。思う人のことを語るときのこの人は、かなり大胆なことをためらいもなく話すことがあるでしょう。それでもその言葉は、人間の温かさ、優しさを感じさせるものになるはず。

ただし、この人が注いでいるのと同じくらいの恋の情熱を相手に求めると、その温度差に傷つくことがあるでしょう。同じくらい情熱的な人を探すのが難しければ、最初から人には違いがあることを受け入れるほうがよさそうです。

あなたの才能と人生のテーマ

五感の感覚が人よりも優れている人です。身につけるものや口に入れるもの、または目に入ってくるものに敏感に反応します。それだけではなく、問題を感じたならどうすれば、もっと快適になるかということを常に思い巡らし、それを追求しようとする強い信念も持っています。

もちろん、このアンテナを自分の生活だけに反映させることもできるでしょう。けれども、多くの人の暮らしのために、それを生かすことができたら、この人自身にとっても、もちろん人々にとっても望ましい結果が待っているでしょう。

この人にとっては、毎日の生活の中に、いくらでも成功へのヒントが隠されています。自分が実際に手にしたり口にしたりするものの中で、もっとも快適に整えたいと思うものの中に、活躍の場があるはずです。

適職は、工業デザイナー、調香師、シェフ、パタンナーなどです。

相性リスト

- **恋人**……………… 4月12・13・14日、6月15・16・17日
- **友人**……………… 2月12・13・14日、10月12・13・14日
- **手本となる人**…… 8月15・16・17日
- **助けてくれる人**… 2月24・25・26日、5月7・8・9日、7月19・20・21日、9月30日、10月1・2日
- **縁がある人**……… 5月13・14・15日、7月16・17・18日

魔法の言葉

技術や熟練の技がいりそうです。足りないものを持っている人に頼っては？

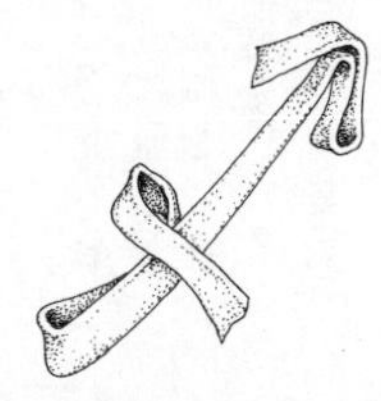

12月16日

射手座

SAGITTARIUS

愛の神秘に酔う人

長所

思いやりがある。人当たりが柔らかい。素直に善意で行動できる。インスピレーションに恵まれている。表現力が豊か。

短所

夢想に溺れる。だまされやすい。教訓を生かせない。自分の勘に頼りすぎて失敗する。感情的になり冷静さを失う。

この日生まれの著名人

フィリップ・K・ディック（作家）／松山千春（ミュージシャン）／細川茂樹（俳優）／辺見えみり（タレント）／桐谷美玲（女優）／柄本佑（俳優）／パク・ソジュン（俳優）／橘慶太〈w-inds〉（歌手）

この世界のポジティブな面を、どんなときでも信じ続けることのできる人です。なかでもとくに愛や美や正義といった「善なる世界」を、この人は強く信じ、求めているので、求道者のような存在になることも。

世のため人のためになることなら、お金や時間、苦労などを惜しまずに注ごうとするでしょう。その姿は尊いものですが、実際、この人は偽善ではなく本気で「よき世界」のために活動をしているはずです。ただ、現実主義者から見ると、この人がやっていること、信じていることは、少し楽観的に過ぎるように思えるのです。

でも、そんな現実主義者でさえ、この人と一緒にいるうちに、だんだんと世界のポジティブな側面を信じられるようになっていくかもしれません。それほど、この生まれの人には強力な善的パワーがあるのです。

唯一の欠点は忍耐力に欠けることです。ひとつの取り組みを続けるのが苦手でしょう。飽きっぽさを克服するように心がけてください。

あなたの愛の形とは？

この日生まれの人は、好きになった相手の話や価値観を、そのまま受け入れているように見えます。だからその周りにいる人たちはよく「だまされるのではないか」とか「そんなに相手は甘くない」と進言をしたくなるでしょう。

けれどもこの人にとって、相手がうそをつくことや人

を欺くことはそれほど問題ではないのです。この生まれの人は目の前にあるものの、その奥を見据えようとする洞察力を持っています。たとえ、恋する相手がうそをついたとしても、それは相手の人生の成長にとって、何かの役割を果たしていることを見極めているのです。

もちろん、相手に欺かれて泣くこともあるでしょう。けれどもそれで人を信じることをやめないのがこの人の心の強さ。相手の美しさも醜さも受け入れていこうとする魂の愛。この日生まれの人はそれを目指しているのでしょう。

あなたの才能と人生のテーマ

この日生まれの人の才能は、人間らしさやポジティブな思考に基づいたクリエイティヴィティです。人を幸せにする、あるいは地球や生物たちのために尽くせるような仕事に従事すると、多少の困難な現実を前にしても、くじけることなく仕事をやりとおせるでしょう。またそんな自分や職業にも誇りを持てるでしょう。

逆にもっともふさわしくない道は、人間のぬくもりのない世界、ドライでただ合理的で、机上の計算だけで物事が進んでいくような環境です。

現実には、ふさわしくない職業のほうが多いかもしれません。合わない仕事に従事することもあるかもしれません。でもそんなときには、仕事以外のところで、人類愛に基づいた行動をするといいでしょう。それで心のバランスが取れるはずです。

適職は、楽器演奏家、写真家、看護師、ケアマネージャー、獣医師などです。

相性リスト

恋人	4月13・14・15日、6月16・17・18日
友人	2月13・14・15日、10月13・14・15日
手本となる人	8月16・17・18日
助けてくれる人	2月25・26・27日、5月8・9・10日、7月20・21・22日、10月1・2・3日
縁がある人	5月14・15・16日、7月17・18・19日

魔法の言葉

逃げないことがカギ。もう少しふんばる甲斐はあるはずです

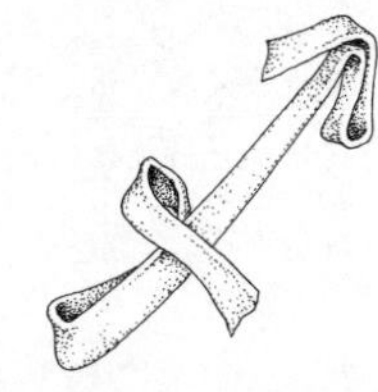

12月17日

射手座

SAGITTARIUS

最後まであきらめないペースメーカー

長所

論理性がある。大きな夢を持つ。目標を決めたら最後まであきらめず、努力する。粘り強く、ペース配分が上手。

短所

往生際が悪い。本音と建前の間で葛藤しやすい。虚栄心が強い。寂しがりやだが本心を打ち明けることができない。

この日生まれの著名人

夏目雅子（女優）／有森裕子（陸上選手）／ミラ・ジョヴォヴィッチ（女優）／西村知美（タレント）／水野良樹（いきものがかり）（ミュージシャン）／岩橋玄樹〈King & Prince〉（歌手）／宇野昌磨（フィギュアスケート選手）

まるでマラソンの一流ランナーのように、自分のペースで一貫して人生を駆け抜けていく。それがこの生まれの人の性質であり、同時に生き方でもあります。

成熟期以降どんどん大物になっていく大器晩成型と似ていますが、この人は若い頃から活躍が始まるので、「なかなか芽が出ない」といった時期に悩むことはなさそう。むしろ、早くから頭角を現すはずです。その状態をずっとキープしていくことができるので、スポーツなど、ランキングがつく世界では、生涯ずっと上位を保っていくでしょう。楽観的な視点を持ちつつも、警戒心も十分に持っているのが、この人の強み。また、この生まれの人は途中で挫折したり、転向したりすることなく、自分の生きる道で活躍を続けることが多いようです。

人づき合いも安定しています。いったん友達になった相手とは生涯つき合っていくタイプ。リーダーシップにも優れていて、人を引っ張っていくことができるでしょう。

あなたの愛の形とは？

明るくさっぱりした気性なので、人気があります。いつも大勢の異性に囲まれている人です。気になる異性が現れたときには、自分から積極的に接近するでしょう。そして相手が振り向くまで、粘り強く自分をアピールする大胆さがあります。

そして恋を実らせたときには、今度はそれを長続きさ

魔法の言葉

ペースを崩さないこと。
自分のタイミング、時間感覚、そしてリズムで

せるように努力の方向を切り替えていくでしょう。相手を幸せにしようと頑張り、多少苦労をしても笑顔を見ればそれが報いられると思うけなげなところがあります。

ただ問題なのは相手の意見を聞くのではなく、自分がいいと思ったことを押しつけることがあることと、ふたりの絆を長続きさせようと一生懸命になり、守りに入っていくことがある点です。もともと明るく大胆なところも魅力だった人です。恋の未来ばかりを見つめないで、今のこのときを楽しむようにしましょう。

あなたの才能と人生のテーマ

この日生まれの人には、もともと大胆な行動力と強い責任感という、リーダーにふさわしい素質がそなわっています。そのため学生のころから、周囲には行動するときにこの人の意見を聞こうとする人がいたでしょう。

社会に出てもその傾向は強く、自分がやろうと思ったことは、果敢になおかつ高い完成度で仕上げることができるでしょう。その結果、周囲にはその力にあやかろうとする人たちが集まってくるはずです。

ただし本人は集団の頭となって組織を管理する役割に回るより、ずっと現役で自分の仕事を続けたい人です。大企業の中で管理職になるよりも、少人数でも専門性の高い仕事をずっと続けていくほうが適しているでしょう。そうすれば自分らしさも仕事への誇りも失うことがないはずです。

適職は、弁護士、大学教授、美容師、建築家、作家、スポーツ選手などです。

相性リスト

恋人	4月14・15・16日、6月17・18・19日
友人	2月14・15・16日、10月14・15・16日
手本となる人	8月17・18・19日
助けてくれる人	2月26・27・28日、5月9・10・11日、7月21・22・23日、10月2・3・4日
縁がある人	5月15・16・17日、7月18・19・20日

12月18日

射手座

SAGITTARIUS

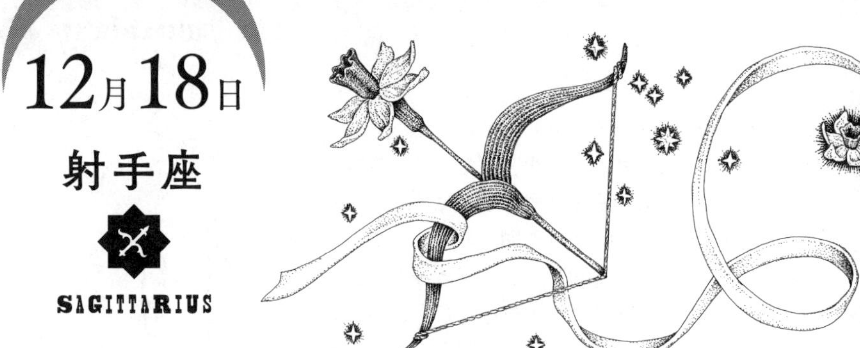

可能性に向けて戦いを挑む人

長所

度胸がある。勇壮。勝負運が強い。気後れしない。夢のために人生をかける。開拓精神にあふれ、失敗をばねにする。

短所

強情で強引。人の気持ちを考えず、自分の都合で押し通す。血気盛んで、闘争的。せっかちで落ち着かない。

この日生まれの著名人

スティーヴン・スピルバーグ（映画監督）／池田理代子（漫画家）／ブラッド・ピット（俳優）／小雪（女優）／安藤美姫（フィギュアスケート選手）／クリスティーナ・アギレラ（ミュージシャン）／絢香（ミュージシャン）

チャレンジ精神が高いうえ、勝負ごとにも強いので、競争的な社会で成功しやすいタイプです。スポーツ選手になれば、土壇場で勝敗をひっくり返すような活躍をするでしょう。営業マンになった場合は、大口の契約ひとつで成績目標を達成してしまうようなパワーを見せるかもしれません。

コツコツと努力を積み上げるのは苦手だし、この人には向いていないはず。とはいえ、いつもいつも本番一発勝負のような生き方をしていると、窮地に立たされることも多くなります。ある程度は地道な努力をすることも心がけるべき。

対人関係は華やかで幅広いほうですが、ケンカや争いごとも派手にしてしまう傾向が。話し合いですませられることを法廷沙汰にしてしまうようなところがあります。でも、身近な相手とは親密な関係を築くでしょう。親友や家族のピンチには積極的に力を貸そうとするので、周りの人間からはとても頼りにされているはず。チームリーダー的な立場をまかされることも多いでしょう。

あなたの愛の形とは？

誕生日やふたりの記念日など、節目の日に、もし相手がその準備をおざなりにすると、この人は本気になって怒るでしょう。また、日常やりとりされるメールでも、いい加減な返事や誠意の感じられない文面が来たときには、放っておくことができません。

相手が恋愛に積極的でない人の場合は、このうえなく扱いにくい恋人になるでしょう。それでも、この日生まれの人は、自分の気持ちを曲げることはできません。もともと地球が明日滅亡しても後悔しないくらい、100%の気持ちで生きる人。もちろん恋愛も真剣勝負そのものです。あいまいな気持ちで適当に受け流すよりも、トラブルがあっても正直でありたいと思うだけなのです。それでももしこの人が、要求をする恋から、相手を受け入れる恋に気持ちを切り替えたら、どんな相手とも理想的な絆を結べることになるでしょう。

あなたの才能と人生のテーマ

大胆さと勢いを持ってこの世に生まれてきた人です。じっとしているのが嫌いで、いつも何か新しいことに挑戦したい気概に満ちています。またやることも大胆で、人が踏み固めた道を用心深く歩くことはできません。危険があっても未踏の地に進みたいタイプです。

安定よりも冒険を選ぶ気質から、仕事をするならたとえ収入が不安定でも、新規のもの、将来性があるものに賭けたい気持ちが強いでしょう。またライバルがいると燃えるため、競争の激しい業界でも自分を生かすことができそうです。目立つことも好きなので、華やかな環境に身をおく可能性もあるでしょう。逆にどれほど収入がよくても、伝統的な職業やルーティンワークには魅力を感じにくいかもしれません。

適職は、ベンチャービジネスの経営者、冒険家、美容師、スポーツ選手、タレント、政治家、広告業界などです。

相性リスト

- **恋人**……………… 4月15・16・17日、6月18・19・20日
- **友人**……………… 2月15・16・17日、10月15・16・17日
- **手本となる人**…… 8月18・19・20日
- **助けてくれる人**… 2月27・28・29日、5月10・11・12日、7月22・23・24日、10月3・4・5日
- **縁がある人**……… 5月16・17・18日、7月19・20・21日

魔法の言葉

まだチャンスはあるはず。ただし狙いは絞ること!

12月19日

射手座

SAGITTARIUS

豊かで素直な感受性の人

長所

感受性が豊かで、優れた表現力を持つ。素直で初々しい心を失わない。いつまでも若々しい。情緒あふれる心を持つ。

短所

話を脚色したり誇張する傾向がある。細かいことを気にしすぎる。頼まれると「NO」と言えず、後で困ることに。

この日生まれの著名人

エディット・ピアフ（歌手）／岡本麗（女優）／反町隆史（俳優）／佐藤江梨子（タレント）／朝吹真理子（作家）／石井慧（格闘家）／三浦皇成（騎手）／松丸亮吾（タレント・謎解きクリエイター）

ひと言でいえば感激やさん。うれしいときは飛び上がって、その喜びを周囲に示すし、悲しいときも世界の終わりのような大騒ぎのしかたで、精一杯の悲しみを表現する人です。もちろんこの日生まれでも、感情の豊かさがこうした態度に表れないタイプもいますが、そういう人は文章を書くと、非常に豊かで個性的な感情の持ち主であるということがわかります。

したがって、あなたは演劇やダンス、作家や詩人などとして生きていくことに適性を見出しやすいはず。自分の感じたことを得意分野で表現していけば、多くのファンをひきつける芸術家となるでしょう。

ただ、人間関係においてはオーバーな感情表現がトラブルを生むこともありそう。とくに、恥ずかしがりやなタイプは、あなたの言動が衆目を受けやすい傾向を嫌がるので、ぶつかりやすいでしょう。また、その逆に自分と同じようなオーバーアクションタイプとは派手なケンカをしやすいはず。周囲を巻き込み、大騒ぎになることも。

あなたの愛の形とは？

この日生まれの人は、とても敏感です。多少正義感が強く、世の中の悲しみや不公正に対して、無関心でいることはできません。それに心優しく、寛大な心も持っています。だからこそ、ちょっとしたぬくもりや優しさが心にしみるのです。

あなたを応援しようとしている人がいるはずです。周囲を見渡して

とくに恋をすると感情の起伏が激しくなるでしょう。交際中でも、優しくされると感激して涙を流すこともありそうです。また、つれなくされるとひどく落ち込むこともあるでしょう。一週間のうちに数回「別れる！」といって泣くこともあるかもしれません。

でも、この人がそんなに激しい態度をとるのは、本当に相手を信じたいからなのです。激情家の自分をそのまま受け入れてくれる人に、抱きとめていてもらいたいからなのです。ただし、いくら寛大な人でも試されていると思うと心を閉ざします。まず相手を信じることが大切です。

あなたの才能と人生のテーマ

プライドが高く、アクティブな精神を持っている人です。華やかなものや、きらびやかなものに対する憧れがあり、自分がその輝かしい存在になる夢を持っています。そして、それに向かってひたすらに突き進む、直線的な気質を持っている人です。

もともと命令されることを嫌うため、組織の中では上手に順応することが難しいかもしれません。ただし、自分の夢がその先にあるとわかった場合は、喜んで人の命令も聞くようなところもあります。

また、夢にもっと興味深いものが出てきた場合は、人が驚くほど早くスイッチを入れ替える面もあります。ただ社会的な成功を収めたい気持ち、あるいはその分野での一人者になろうとする思いは強く、それをあきらめることはないでしょう。

適職は、タレント、映画監督、ジュエリーデザイナー、金融関係、アルピニストなどです。

相性リスト

恋人	4月16・17・18日、6月19・20・21日
友人	2月16・17・18日、10月16・17・18日
手本となる人	8月19・20・21日
助けてくれる人	2月28・29日、3月1日、5月11・12・13日、7月23・24・25日、10月4・5・6日
縁がある人	5月17・18・19日、7月20・21・22日

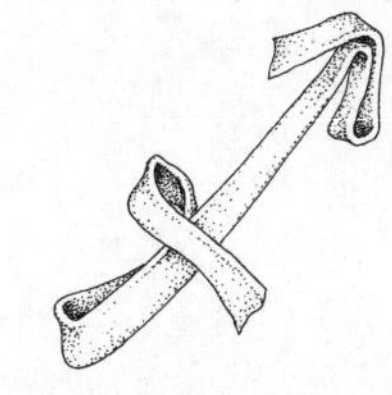

12月20日

射手座

SAGITTARIUS

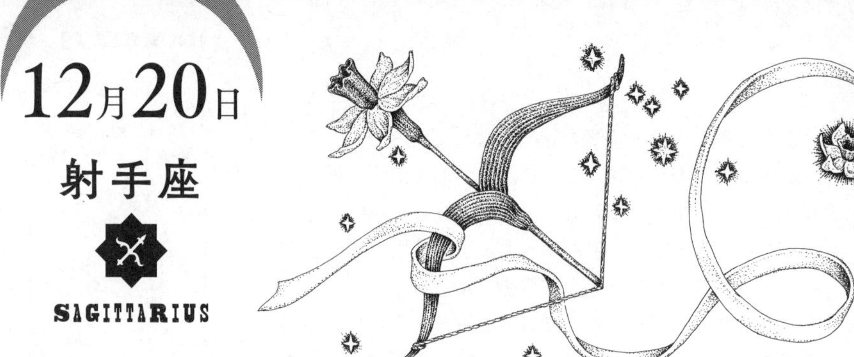

優しさを素直に表現できる人

長所

柔和で穏やかな人柄。相手の気持ちを推し量る。人の心を癒す力がある。表現能力がすぐれ、感覚がみずみずしい。

短所

人の顔色を気にしすぎる。愛情の押し売りをする。おせっかい。心配性。細かいところを気にしすぎて先に進めない。

この日生まれの著名人

ユリ・ゲラー（超能力者）／野口悠紀雄（経済学者）／野田秀樹（劇作家）／桜井幸子（女優）／荻原健司（政治家）／荻原次晴（スポーツコメンテーター）／マーク・コールマン（総合格闘家）／キリアン・エムバペ（サッカー選手）

あなたは、他人の気持ちにシンパシーを持ちやすく、共感を得る機会が人一倍多いようです。近しい人とも、そうでない人とも何かの出来事を通じて喜びや悲しみを分かち合う経験をたくさんすることになるでしょう。それがこの人の人生を豊かなものにするはずです。

誰に対しても親和的になれるので、人間関係も自然と華やかで豊かになっていくでしょう。老若男女を問わず、友達や知人が増えていき、年をとるほど毎日のように人に囲まれた暮らしをするようになりそう。寂しいのは苦手なので、賑やかな日々に満足を感じます。

ただ、ずる賢いタイプや、人の優しさにつけ込んでくるタイプには注意をすべき。こういう相手に対しても、つい優しくしてしまうこの人を見ると、周囲の人間はハラハラしているはず。他人に深情けをかけてしまった結果、身内に迷惑をかけることになる場合もあるのだ、と考えたほうがいいでしょう。優しさは大切にしたい相手にだけ向けるべき。

あなたの愛の形とは？

この日生まれの人はもともと相手の気持ちを汲んで行動することができる人です。それが愛した人を前にしたときは、その心を察するばかりでなく、その人のために全力を尽くすことが多いでしょう。

けれど、それはこの人にとっては悲壮感に満ちたものではなく、水の流れが川上から川下に向かうような、自

然なものなのです。実際には、相手のために何かをすることで、自分自身が楽しめるような、明るさと気軽さを持っている人です。

例えば、愛する人の部屋の掃除をしながらストレス解消をしたり、何かを頼まれたとしたらその先で散歩を楽しむくらいの、臨機応変な対応ができる人なのです。この日生まれの人が人の気持ちを読み取る能力を持っているのは、こんなふうにどんなところでも状況を楽しむような、柔軟性に富んだ心があるためなのかもしれません。

あなたの才能と人生のテーマ

敏感な感受性をそなえているこの日生まれの人。そのため、季節の移り変わりや、人の心の微妙な変化もすばやく感知することができます。この高性能のセンサーのような才能ゆえに、人の気持ちを察知することに長けているのです。

この才能は社会の中で、まず人を助けるような仕事として生かすことができるでしょう。悩みや苦しさに共感の心を向けることで、多くの人の心の支えになることができるはずです。あるいは、人が求めるものを察知して、効率的な経済効果に役立てる道もあるでしょう。時代の潮流を自分がつくり上げていくという実感を味わうことができるでしょう。ただどんな道を選んだとしても、人への優しさがこの人の原点になっていることを忘れないようにしてください。

適職はカウンセラー、臨床心理士、商品開発、市場調査関係の仕事、コピーライターなどです。

相性リスト

- **恋人**……………… 4月17・18・19日、6月20・21・22日
- **友人**……………… 2月17・18・19日、10月17・18・19日
- **手本となる人**…… 8月20・21・22日
- **助けてくれる人**… 2月29日、3月1・2日、5月12・13・14日、7月24・25・26日、10月5・6・7日
- **縁がある人**……… 5月18・19・20日、7月21・22・23日

魔法の言葉

信じ切ることができるのであれば、
答えはイエスです

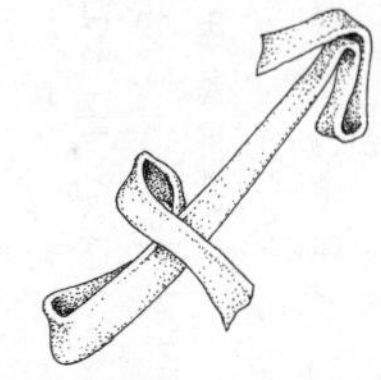

12月21日

射手座

SAGITTARIUS

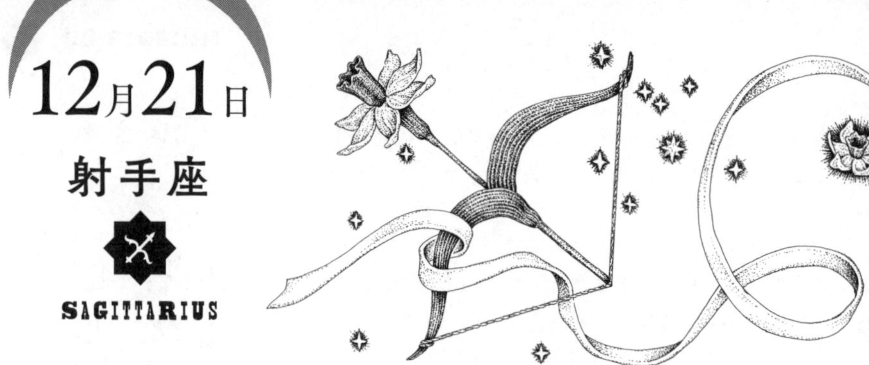

ずっと遠くにあるものを狙う人

長所

高い理想に向かって前進する。高潔な精神力がある。心の中に可能性を秘めている。未来を見つめ世界に羽ばたく。

短所

厳格すぎる。身のほどを知らない夢を持つ。あきらめが悪い。理想と現実の折り合いがつけられない。自分を過信。

この日生まれの著名人

エマニュエル・マクロン（フランス大統領）／松本清張（作家）／ジェーン・フォンダ（女優）／神田正輝（俳優）／安斎肇（イラストレーター）／はな（タレント）／片岡鶴太郎（タレント・画家）／本木雅弘（俳優）

この誕生日の人は、とても理想が高いタイプ。精神性が高く、まだ遠くにある理想を実現しようと心の奥で狙っています。他人から見ると、「そんな理想、叶えるのなんて無理なんじゃない？」と思うようなことでも、この生まれの人にとっては決して不可能ではありません。その理想を叶えるために、ストイックなまでに自分を律し、努力できるからです。しかも、このタイプは潜在的能力が非常に高く、いろいろな可能性を秘めています。まだ開花していない能力がその内面に眠っていることも十分あります。それが目覚めれば、今は遠くに感じる理想でさえも、必ずや実現させられることでしょう。

ただ、自分ひとりで理想を追求するより、周囲の支援を得たほうがうまくいきそう。何でも自分で抱え込まず、人の手を借りられるところは借りてしまいましょう。それができると夢の実現もより早く達成できます。

また、遠くの理想を追うことに夢中になっていると、身近なところがおろそかになりがち。友人関係をいい加減にしたり、やるべきことを後回しにしたり。そういうこともきちんとこなすことが大切です。

あなたの愛の形とは？

この人の理想の高さは、もちろん異性に対しても向けられます。どんな条件を提示されたとしても、自分の心が「イエス」という答えを出さなければ、受け入れることはないでしょう。

ただしその理想の高さは、世間の人が通常思っている経済力とか、あるいは外見のよさといった通俗的なものであるとは限りません。もともとこの人の心には、崇高なものを追い求める気持ちがあるのです。だから、深遠な知性とか、精神性の高さというような、内面の充実を求めている場合もあるのです。

ただ人間の心は、相手がいることで鍛えられ、伸びていくような面があります。最初は不完全なところからスタートしても、いつしかはるかな高みまで行き着くこともあるのです。最初から完全を求めるより、ふたりで成長していく道を模索するほうが理想を実現させるためには有効かもしれません。

あなたの才能と人生のテーマ

深遠なものにひかれる魂を持ってこの世界に誕生した人で、どこかで自分の理想を実現できるような場を求めています。けれどもただ手の届かないものにあこがれるだけではなく、その夢の実現に向けて少しずつ努力をするような堅実なところもあります。

この人の夢はあまりにも壮大なものだったり、肉眼でとらえられないような性質のものである場合が多いのが特徴です。夢がそのまま職業とつながっているとは限りません。そのため途中で目標を見失い、意欲を喪失することもあるかもしれません。けれども例えば宇宙に憧れているなら、宇宙物理学の道に進むような、関連性をもたせるようにするなど、心の中にある灯火を消さないような工夫をしていくといいでしょう。

適職は、作家、発明家、エンジニア、スポーツ選手、大学教授、物理学者、生物学者などです。

相性リスト

恋人	4月18・19・20日、6月21・22・23日
友人	2月18・19・20日、10月18・19・20日
手本となる人	8月21・22・23日
助けてくれる人	3月1・2・3日、5月13・14・15日、7月25・26・27日、10月6・7・8日
縁がある人	5月19・20・21日、7月22・23・24日

魔法の言葉

今が「底」かもしれません。きっとここから流れは変わります

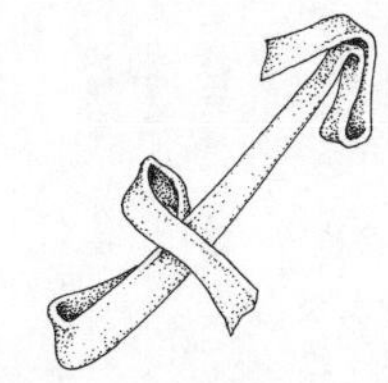

12月22日

山羊座

♑

CAPRICORN

未来を先取りする人

長所

意欲的。変化を恐れず、改革を進める。大らかで物静か。客観的で公正な視線を持つ。圧力に屈しない。

短所

反抗的。人の言葉に反発したがる。理屈っぽく、意地っ張り。冷淡。本心をなかなか打ち明けない。変わり者。

この日生まれの著名人

ジャコモ・プッチーニ（作曲家）／江原啓之（スピリチュアルカウンセラー）／高知東生（俳優）／中野英雄（俳優）／国生さゆり（女優）／ヴァネッサ・パラディ（女優）／忽那汐里（女優）／飯尾和樹（ずん）（お笑いタレント）

新しい感性と感覚を持っているのが、この誕生日の人の特徴です。常に意識が未来に向けられていて、先々の状況や将来の行く末などを本能的にキャッチできる資質をそなえています。いわゆる「先見の明」のある人で、「たぶん将来はこうなると思う」という予測が的中しやすいタイプです。

また、斬新な発想ができるので、それがプラスに生かされれば、今の世界の常識を覆していくことも可能。これまで誰もやらなかったような改革ができたり、今までにないモノをつくり出したりするかもしれません。

ただ、それが斬新すぎて、周りの人々があなたの発想についてこれない場合もありそうです。時代があなたに追いつかず、あなたの考えが受け入れられないこともあるでしょう。それだけに周囲からすると変わり種にも思われそう。でも、この生まれの人は、外野の意見に左右されると、自分の能力を生かせません。周囲の意見に対して聞く耳を持つことは大切ですが、それに必要以上に影響されないこと。未来を先取りする自分の勘を信じ、その考えを貫いたほうが、人生も発展します。

あなたの愛の形とは？

独自の恋愛観を持っている人です。感覚と未来重視で、相手と出会って数時間後でも、感覚が合ったら、交際を始めることもありそうです。またどんなに相手が好きでも、意見が違うときには、相手に合わせることはしない

でしょう。

基本的に自分の感覚に自信があるため、相手にも寛大です。例えば、愛する人がほかの異性と親しくしていても、それほど気にしないかもしれないのです。さらに相手との年齢差が親子ほど離れていても、好きだと思えば堂々とつき合うでしょう。また、普通の人が喜ぶような一般的なデートにもあまり関心を示さないでしょう。

とはいえ、この人は基本的に器用なので、相手に違う価値観を持っているとか、感覚がほかの人とかけ離れているという印象を与えません。それでいて相手を徐々に自分の色に染めていくことができるタイプなのです。

あなたの才能と人生のテーマ

とても頭がいい人ですが、論理的に話を組み立てるということはしません。たとえて言えば、全方向型の思考ができる人で、理解できない人からみると、話が飛んでいるように思えるかもしれません。また、この日生まれの人が嫌うことは、退屈と、枠の中に押し込められてしまうことです。あくまでも独自の路線を開拓しようという気持ちが強いのです。

この強すぎるオリジナリティのため、社会に出た当初は、人から理解されないことが多いかもしれません。けれどもそれであきらめることなく、自分の道を究めていくことが大切です。仕事は大きな企業や組織の中で縛られるよりも、独立するとか、気の合う人たちと起業するほうが向いているでしょう。

適職は、ゲームクリエイター、コンピュータオペレーター、エンジニア、俳優、ディーラーなどです。

相性リスト

恋人	4月19・20・21日、6月22・23・24日
友人	2月19・20・21日、10月19・20・21日
手本となる人	8月22・23・24日
助けてくれる人	3月2・3・4日、5月14・15・16日、7月26・27・28日、10月7・8・9日
縁がある人	5月20・21・22日、7月23・24・25日

今までの足取り、道のりをおさらいしてみましょう。必ずヒントが

12月23日

山羊座

CAPRICORN

グランド・デザインを考えられる人

長所

情報収集力がある。広い視野で物事をとらえる。知性的で、計画的に物事を進める。高いモラルを持っている。

短所

細かいところにこだわる。要求が多い。冒険を嫌い、マンネリになりやすい。欲張りでないものねだりをする。

この日生まれの著名人

上皇明仁／笑福亭鶴瓶（落語家・お笑いタレント）／おちまさと（プロデューサー）／宮部みゆき（作家）／山崎まさよし（ミュージシャン）／樫野有香〈Perfume〉（歌手）

あなたは、物事を大きな視野でとらえることができます。大局的な見方ができるので、大きな計画もどうやったら目的地まで到達するのか、グランド・デザインを考え、実際的な方法を導きだせる聡明な人です。企業などの組織の中で、壮大な計画を実行するような場合には、大いに活躍するタイプでしょう。自分の人生設計をしっかりと立てられる人ですから、若いうちに自分で決めた通りの人生を、そのまま歩んでゆける人でもあります。

知的欲求も高く、自分が興味を抱いたり、疑問に思ったことは、とことん突き詰めて勉強しないと気がすまない性質。専門分野で頭角を現す人もいるでしょう。

ただ､身の周りのことや周囲の人には頓着がなさそう。部屋が散らかっていても平気だったり、忙しいと恋人や家族のこともほったらかしにしたり。食事もろくにとらずに、仕事や好きなことに没頭してしまう場合も少なくありません。何をやるにもスピーディーで確実なのですが、それを他人にも要求するところはマイナス面。自分と同じようにスピーディーかつ確実にできない人を見下したりもしそうです。自分ができるからといって、同じことを相手に望んだりしないようにしましょう。

あなたの愛の形とは？

この日生まれの人にとっての恋愛のイメージは、とてもリアルな現実です。例えば、相手の長所よりも短所に目を向けるようなところがあります。でもそれは相手を

値踏みするつもりではありません。一度つき合った人とは長く強い絆をつくりたいので、受け入れられる性質のものかどうか識別しようとするのです。

またデートのときなども、行き当たりばったりの行動を嫌います。あらかじめ、場所を調べ上げ、時間を調整し、局地的な天候まで調べることもありそうです。ただそれは、不測の事態でせっかくの時間が壊されるのを恐れるためなのです。それが相手には自分の思い通りに物事を進めようとしているように見られるかもしれません。突然のアクシデントがあっても、それを楽しむことはできるでしょう。心配するよりも相手との未来を信じるほうがうまくいくかもしれません。

あなたの才能と人生のテーマ

大局的な視野に立って、人生設計ができる人です。また計画性もあるので、能率よく物事を進めていきます。さらに粘り強さもあるので、計画を立てたら、コツコツ努力を重ねて仕上げることができます。

この資質を持つため、とても有能な人として社会に受け入れられるでしょう。責任感が強いため、与えられた仕事は、きちんと仕上げるでしょう。また、どんなことでも一定の高水準で仕上げることができます。

ただし、場合によってはその広い視野が問題になることもありそうです。客観的観点から見て自分やその会社がやっていることが公益や世界の現状にあわない場合は、強烈なジレンマに悩むかもしれません。本気で自分が必要だと認められるような仕事を選ぶ努力が大切です。適職は、会計士、起業家、建築関係の仕事、政治家、実業家などです。

相性リスト

- **恋人**……………… 4月20・21・22日、6月23・24・25日
- **友人**……………… 2月20・21・22日、10月20・21・22日
- **手本となる人**…… 8月23・24・25日
- **助けてくれる人**… 3月3・4・5日、5月15・16・17日、7月27・28・29日、10月8・9・10日
- **縁がある人**……… 5月21・22・23日、7月24・25・26日

今の願いと、もう一つ、その先の願いを両方思い描いてみましょう

12月24日

山羊座

♑

CAPRICORN

凛とした気品を持つ人

長所

けじめをつける。整理整頓が上手。生活にゆとりと美意識を求める。包容力がある。相手を深く受け入れる。

短所

遊び心がなく、堅苦しい。言いたいことをアピールできない。前例に従う。新しいことを取り入れられない。

この日生まれの著名人

福島瑞穂（政治家）／リッキー・マーティン（歌手）／生島ヒロシ（アナウンサー）／北川悦吏子（脚本家）／アレックス・カブレラ（野球選手）／相葉雅紀（タレント）／石原さとみ（女優）／中村倫也（俳優）

ただそこに立っているだけで、凛とした気品を漂わせるのが、このクリスマス・イブに生まれた人。生まれながらに品格をそなえていて、自分なりの生きる美学を持っています。そのため、その美学に背くようなことは絶対にしない人。いつでも品性を重んじ、私利私欲に走ったり、道徳心に欠ける行為を嫌がります。何事も常識的に判断し、公正に対処しようとするタイプでしょう。清潔感もあり、誰にでも安心感を与えられる好感度の高い人です。

ただ、周囲からの評判は上々ですが、自分自身は意外と人の好き嫌いが激しい面が。表面にあからさまに出すことはしませんが、自分の美学に反する人は受けつけない面があります。そのせいで交友関係がとても狭くなりがちに。いつも自分と同じ価値観の人しか受け入れないので、世界が広がらない場合もあります。また、対人面でもマナーを重視するあまりに、いつまでも他人行儀な面が抜けきれず、なかなか人に打ち解けられない傾向も。もう少しいろんなタイプの人を受け入れ、ざっくばらんに周囲の人と接することができると、人生が広がり、それだけチャンスも舞い込みやすくなります。

あなたの愛の形とは？

この日に生を受けた人は、相手の魂をまっすぐに見つめます。恋愛も同じで、その精神性を尊敬することができなければ、心を受け入れることはないでしょう。もし、

恋が実ったときには、相手の価値観やライフスタイルを尊重し、節度あるおつき合いをすることでしょう。

それでいて一度絆が結ばれたら、それを長く保ちたいと思うあまり、相手の役に立とう、尽くそうとがんばってしまうところがあります。場合によっては、相手にいい顔をしすぎて、息切れしてしまうこともあるかもしれません。そうなったときは、相手と対等の、大人同士が尊敬できる関係という前提条件が崩れてしまう危険性があります。なんでも完ぺきにやろうとしないで、だめなことはだめだと打ち明けることも必要でしょう。それが相手を心から信じている証明なのかもしれません。

あなたの才能と人生のテーマ

優れた現実感覚を持っている人です。目先のことにとらわれず、その本質や未来を見つめようとします。また生活面では、乱雑なものに秩序を与え、全体を整えることが巧みです。例えば、乱雑な部屋を整理したり、ばらばらになっている書類をきちんとファイリングするようなことが、短時間のうちにできるのです。ルールがないところにも自分でルールをつくり出すことができるでしょう。

この才能は、社会の中で系統立てて行う仕事や、機能性を高める仕事につくことで発揮できるでしょう。例えば法のような目に見えない体系から機械を扱う仕事までカバーできそうです。

また機能美を求める傾向もあるので、何かを組み立てたり、逆に構造を調べたりする仕事で、活躍する可能性もあるでしょう。適職は教師、エンジニア、検察官、実業家、演奏家、設計技師などです。

相性リスト

- **恋人**……………… 4月21・22・23日、6月24・25・26日
- **友人**……………… 2月21・22・23日、10月21・22・23日
- **手本となる人**…… 8月24・25・26日
- **助けてくれる人**… 3月4・5・6日、5月16・17・18日、7月28・29・30日、10月9・10・11日
- **縁がある人**……… 5月22・23・24日、7月25・26・27日

魔法の言葉

大丈夫、星々からのギフトが、あなたに送られてきそうです

12月25日

山羊座

♑

CAPRICORN

静かな自信をたたえた人

長所

精神的に安定している。自信を持って物事に取り組む。現実感覚が優れている。まじめで堅実。現実認識が優れる。

短所

不器用。言いたいことがはっきり言えない。後悔を生かせない。打算的。常識や固定観念にがんじがらめにされている。

この日生まれの著名人

夏八木勲（俳優）／角川博（歌手）／中西哲夫（笑い飯）（お笑いタレント）／ハンフリー・ボガート（俳優）／谷中敦〈東京スカパラダイスオーケストラ〉（ミュージシャン）／小椋冬美（漫画家）／武井咲（女優）

この日に生まれた人は、自分で自分を信じられる人。自分の才能に対して肯定的で、自分に密かな自信も持っています。その自信が根底にあるので、時間をかけて、自分の夢や理想を着々と実現させることができます。途中、壁にぶつかっても、そこで挫折したり、ひるんだりすることはほとんどありません。自分を信じてひたすらできることをやっていきます。

表面的には穏やかで物静かなタイプです。自分の考えや個性を表に押し出すのは、どちらかというと苦手でしょう。それだけに人から見ると、あまりおもしろみの感じられないタイプに映りますが、でも、意外と考えていることがユニークだったり、豊かな発想力やアイデアを持っています。深くつき合ってみると、非常に興味深いキャラクターなのです。ただ、精神的には内省的で、対人ストレスもたまりやすいほう。そのため長期間辛い環境に置かれたり、過度なプレッシャーがかかりすぎたりすると、うつ傾向になる心配も。ストレスを上手に発散し、自分のやりたいことに専念できれば、精神的にも安定して、自分の信じる道で成功を得られる人でしょう。

あなたの愛の形とは？

鋭い直感力を与えられた人です。とくに、その後の自分の生活に影響を及ぼしそうな異性との出会いがあると、いつも以上に敏感になるでしょう。

けれども、たとえ「運命の相手」と思ったとしてもす

ぐに行動に移すことはありません。相手のことをよく知らない場合は、直感で得たこと以外の情報を得ようとします。また以前から知っている相手であれば、これまで隠れていた部分についても知ろうとするでしょう。

そんなふうに、じっくりと時間をかけて、インスピレーションから確かな現実へとつなげていくことができる人です。もし、この通りの流れで異性に近づくことができれば、恋愛の成就率は高めになるでしょう。

ただしこの人の最大の問題点は、相手がいないときには自分から動こうとしないことです。今いる場所でただ待っているだけでは、運命の恋はなかなか訪れないでしょう。

あなたの才能と人生のテーマ

どんなに豊かなインスピレーションを授かっても、頭の中ではじけるように生まれた発想は、何もしなければ消えてしまいます。多くの夢想家は、その脳の中のドラマを楽しむだけですが、この日生まれの人は、それを実現させるために行動できる人です。

例えば発想を書き留めておきます。そしてそれが実現できるものかどうか、吟味します。そこに可能性が見つかれば、それを現実にするための努力を開始するでしょう。そして、夢が本当に形になるときまで、歩みを続けることでしょう。

インスピレーションは量産が効くものではありませんから、社会で生かすことは難しいかもしれません。けれども、夢や必要なものを実現させる力は、どんなところでも必要とされ、重宝されることでしょう。適職は、芸術家、企画開発、映画監督、海洋学者など。

相性リスト

- **恋人**……………… 4月22・23・24日、6月25・26・27日
- **友人**……………… 2月22・23・24日、10月22・23・24日
- **手本となる人**…… 8月25・26・27日
- **助けてくれる人**… 3月5・6・7日、5月17・18・19日、7月29・30・31日、10月10・11・12日
- **縁がある人**……… 5月23・24・25日、7月26・27・28日

魔法の言葉

行けるところまで行ってみましょう。考えるのはそのあとで

12月26日

山羊座

CAPRICORN

心の底に厳格さを秘めた人

長所

律儀。決まりを守る。マイペースで着実。責任感が強い。自分のことは自分でやろうとする。実務的な能力がある。

短所

厳密すぎて堅苦しい。野心が強い。功利的。融通が利かない。コミュニケーションが苦手。因習から抜けられない。

この日生まれの著名人

毛沢東（中華人民共和国国家主席）／藤沢周平（作家）／原田美枝子（女優）／石野卓球（電気グルーヴ）（ミュージシャン）／山中千尋（ミュージシャン）／小栗旬（俳優）／田畑智子（女優）／城田優（俳優）

この誕生日の人は､ひと言でいうと「自分に厳しい人」。一見、ユーモラスに見えることもあるのですが、心の奥底に厳格さを秘めていて、もっともっとと自分に鞭打つタイプです。そのため怠けることが許せません。やるべき仕事が終わってからでないと安心して遊べないところがあります。体調が悪くても会社を休むことができず、自分の仕事に対してきっちり責任を果たそうとします。「こうあるべき」というルールや秩序に縛られすぎるところもあり、それが心の余裕を失わせることにも。もう少し、自分を甘やかすことができるようになると、人間的な魅力も幅もでてくるでしょう。

その一方で、プレッシャーや逆境には強いタイプ。むしろ困難な状況ほど、本領を発揮できる性質です。あとに引けない状況やリスクの多い環境など、あえて自分を厳しい場面に追い込んでしまうと、火事場の馬鹿力が発揮されそう。周囲の人が驚くようなことをやってのける可能性もあります。

あなたの愛の形とは？

一度心を開くことができれば、愛する人には優しく、ほとんど奉仕の精神で向き合うでしょう。また、ふたりの関係を半永続的なものにするための努力を続けるでしょう。実際にかなり理想的な恋人になれる人なのですが、じつはそこにいたるまでの道のりがとても長いのです。

たとえ回り道でも、より確実な方を選ぶのが正解です

まず気になる異性がいると、なぜか気のないふりをして心を隠そうとします。話をする機会があっても、心と裏腹なことを言ってしまいます。本当は素直になりたいのに、まるでもうひとりの自分が邪魔をするような展開になってしまうようです。そのもうひとりの自分とは、変化を嫌い現状を守ろうとする弱い心以外の何者でもないでしょう。恋をしたら自分のカラを破りましょう。そして心を開いて素直な自分のまま、好きな人と向かい合ってください。

あなたの才能と人生のテーマ

責任感が強く、粘り強さを持っている人です。日常生活でも、多くの人と一緒に何かをすることがあまり得意ではなく、どちらかといえば、静かに自分の世界にひたることが多いでしょう。

これは協調性がないからではなく、多くの人がいると、その安心感から個々の感覚が薄れてしまうからです。この日生まれの人は、責任の所在があいまいになることを恐れ、群集の心理に流されることに抵抗していたいのです。

この気質を社会の中で生かすには、大企業の中に埋没するよりも、独立してひとりでやり抜く仕事がいいでしょう。総合的な仕事よりも、専門性の高い仕事が向いています。請けた仕事を責任を持って仕上げていくことで、評判があがり、その道で成功できるのがこの人にとってベスト。

適職は、教師、弁護士、中小企業の経営者、エンジニア、演奏家などです。

相性リスト

恋人	4月23・24・25日、6月26・27・28日
友人	2月23・24・25日、10月23・24・25日
手本となる人	8月26・27・28日
助けてくれる人	3月6・7・8日、5月18・19・20日、7月30・31日、8月1日、10月11・12・13日
縁がある人	5月24・25・26日、7月27・28・29日

12月27日

山羊座

♑

CAPRICORN

ストイックに自分を追いつめる人

長所

集中力がある。自分が決めたことは最後までやり抜こうとする。可能性を追求する。目の前にある仕事に打ち込む。

短所

短気。自分を追い詰める。自尊心が強く、負けず嫌い。口下手で言いたいことがうまく言えずイライラする。

この日生まれの著名人

ヨハネス・ケプラー（天文学者）／加藤登紀子（歌手）／山崎直子（宇宙飛行士）／福田正博（サッカー選手）／テリー伊藤（演出家）／奈美悦子（女優）／藤井尚之（ミュージシャン）／濱田マリ（女優）

　類いまれな集中力と、努力する根気強さを併せ持つのが、この生まれの人。こうと決めたら、脇目も振らず、まっしぐらに突き進むタイプです。向上心も強いので、やればやっただけ自分の身になり、功績を挙げられます。

　その気になれば、何であれ頂点を極められるだけのパワーと能力を秘めています。その情熱と根気は大したものですが、自分に妥協できないところが欠点。思い通りの結果が得られるまで、とことんストイックにやり続けます。プライドも高く、自信もあるので、理想的な結果が得られないと納得できないのです。それが高じてストイックになりすぎ、自分を追いつめてしまう心配があります。

　ダイエットやトレーニングにしても、やりすぎて体調を損ねてしまいがちに。ミスや失敗を犯したときも、これまで一直線に進んできただけに、急に方向転換したり、柔軟に対処できないことがあります。ブレーキがかからず、強引に進めてしまう場合もあるでしょう。そうなると成功するものもできなくなってしまいます。何事も思い込みすぎず、余裕を持って取り組むことが必要です。

あなたの愛の形とは？

　あなたは、心の中にとても高い理想を持っています。そのせいか、いわゆるグレードの高い人を愛してしまうことがあるのです。通常ならば相手にしてくれないという立場の人に一方的に思いを寄せることもあるでしょ

う。ほかの人ならむりせずあきらめることもありますが、この日生まれの人は闘志を燃やしてしまうのです。

そして相手にふさわしい人間になろうと、自分を磨くことに全精力をつぎ込むでしょう。その結果、外見的、経済的、そして人間的に相手にふさわしいと思う人間になっていることが多いでしょう。

ただおもしろいことに、そこまで人間的に成長したこの人は、当初魅力を感じていた相手への興味をなくすことが往々にしてあるのです。それは努力をしたことでコンプレックスを解消し、真の自信を身につけたからにほかなりません。この人が幸福な恋を手に入れるためには、努力と自信が前提になりそうです。

あなたの才能と人生のテーマ

この日生まれの人は、目標に向かって自分を追い込んでいくところがあります。どんなに目標勾配がきつくても、ゆっくり着実にそこに向かって進むことができる人です。むしろゆるい坂道の場合は、途中で目標を設定し直すことすらあるでしょう。そしてあきらめを知らない心で、確実に理想に近づいていくのです。

この資質は、やりたい仕事や目標を持っていることで生かされるものです。もしやりたいことがあれば、その道をただまっすぐに進み、気づいたら成功を収めているでしょう。しかし、そのやりたいことが見つからない場合は、心の中にあふれそうになっているエネルギーのやり場に困ってしまうかもしれません。この日生まれの人は、とにかく本人が望むことを見つけることが、何より重要になりそうです。

適職は、美容師、ベンチャービジネス経営者などです。

相性リスト

- **恋人**……………… 4月24・25・26日、6月27・28・29日
- **友人**……………… 2月24・25・26日、10月24・25・26日
- **手本となる人**…… 8月27・28・29日
- **助けてくれる人**… 3月7・8・9日、5月19・20・21日、7月31日、8月1・2日、10月12・13・14日
- **縁がある人**……… 5月25・26・27日、7月28・29・30日

魔法の言葉

粘り強さが必要です。しつこいくらいでちょうどいいのです

12月28日

山羊座

♑

CAPRICORN

父であり、母のような人

長所

まじめ。律儀。人に優しい。目標に向かってゆっくり進む。安心できる場所を提供できる。家族思いで、誠実。

短所

地味。目立たない。自己アピールが苦手。押しつけがましい。おせっかいを焼く。コミュニケーションが苦手。

この日生まれの著名人

石原裕次郎(俳優)/渡哲也(俳優)/北村薫(作家)/デンゼル・ワシントン(俳優)/藤山直美(女優)/トータス松本(ウルフルズ)(ミュージシャン)/寺島しのぶ(女優)/新川優愛(女優)

この生まれの人は、自分の中の母性と父性の両方を生かすことができる人。ときには父のように厳しく、ときには母のような優しさを持って、周囲の人々に接します。父親のような厳格でたくましい部分と、母親のような愛情深く温かい部分の両面をそなえていて、懐の深い人間的な魅力を感じさせるタイプでしょう。性質も大胆にして繊細。ここぞというときは思い切って勝負に出ますが、細やかな気配りや小さなところに目を向けることも忘れません。

こんなふうに、父性と母性がバランスよく表れると、誰もが慕う人物に。その絶妙なキャラクターで、どこにいっても人気を得ることができます。面倒見がよく、親分肌、姉御肌な面もあるので、自らリーダーシップを発揮すると、男女ともに支持されるでしょう。でも、逆に父性と母性がアンバランスに出てしまうと、二面性のある複雑な性格になりがち。気分によって考え方や態度が父性的だったり母性的だったりして、周りの人を混乱させます。自分の嫌いな人に対しては厳しく接し、好きな人は甘やかすといった傾向も出てきそう。自分の中の父性と母性を上手にコントロールできるかどうか、そこが人生のキーポイントになってくるでしょう。

あなたの愛の形とは？

この人の心の中では、現実的な強さと、柔らかさという、相反するふたつの力がバランスをとり合っています。

年の離れた人があなたを助けてくれそうです。
相談してみましょう

ときには冷静沈着で常識的な顔を見せることもありますが、逆に不安定で、感情的になりやすい一面も。

だから、相手に好かれたいと思ったとき、冷静で大人の面だけを見せようと無理をすることもあるかもしれません。素直になりたいのに、心を開いたら、急に感情的でわがままな自分を前面に出すことになりはしないかと、ブレーキをかけてしまうところがあるのでしょう。

ただし、自分ではバランスがとれていないと思っているかもしれませんが、この両面があって初めて、この人らしさが完成するのです。心の弱さや不安定さを見ても、それでも受け入れてくれる人は必ずいるはずです。自分をさらけ出す勇気を持ってください。

あなたの才能と人生のテーマ

人の気持ちを汲み取る鋭い洞察力も持っている人です。さらにこの人が持っている強さと柔軟さ、父の厳密さと母の優しさは、相手によって大胆に自信を持って対応する場合と、寛大な気持ちで接する場合とに使い分けることができそうです。この力は、社会の中では人に接するような分野で生かすことができそうです。人間にはさまざまなタイプがいます。当然サービスに求めるものもさまざまです。誰に対しても同じ接客態度では、多くのクライアントに対応することはできません。

その点でこの人が持つ、相手のニーズを読む力と、接客態度のバリエーションがあれば、ひとりで多くの人を顧客に持つことも可能でしょう。さらに仕事における専門性を身につけることができれば、充実した社会生活を送れるようになるはずです。適職は、サービス業、カウンセラー、保育士、教師などです。

相性リスト

恋人	4月25・26・27日、6月28・29・30日
友人	2月25・26・27日、10月25・26・27日
手本となる人	8月28・29・30日
助けてくれる人	3月8・9・10日、5月20・21・22日、8月1・2・3日、10月13・14・15日
縁がある人	5月26・27・28日、7月29・30・31日

12月29日

山羊座

♑

CAPRICORN

独力で何かを牽引していく人

長所

オリジナリティにあふれた発想力がある。コツコツと物事を組み立てていく根気がある。自己アピールが巧み。

短所

虚栄心が強い。屁理屈を言う。権威に弱い。より好みが激しい。同じようなタイプの人とだけつき合いたがる。

この日生まれの著名人

浜田省吾（ミュージシャン）／桜金造（タレント）／岸本加世子（女優）／ジュード・ロウ（俳優）／鶴見辰吾（俳優）／荒川静香（フィギュアスケート選手）／小林由佳（フリークライマー）／生駒里奈（タレント）

オリジナルなアイデアを持ち、それを周囲にアピールすることで、人々や物事を牽引していくパワーをそなえているのが、この誕生日の人。独特な個性を持っているので、その雰囲気に周囲の人は強力に引きつけられます。想像力やクリエイティブな能力も豊かで、人が思いもつかないような発想ができるタイプでしょう。そのためひとつのことに打ち込めば、自分の得意分野や専門のフィールドで活躍し、その中で周囲を率先して引っ張っていく存在になります。

ただ、決して社交的ではなく、とっつきにくい印象を与えてしまう場合もありそうです。自分を上手に表現できず、周囲にあなたの個性や考えを理解してもらうには少々時間がかかるかもしれません。また、アイデアも独特すぎて、最初のうちは周囲にわかってもらえないかも。でも、そこで「わかってもらえなくてもいい」と思ってしまうと、自分の能力を生かせません。周りの人に自分のことをわかってもらう努力ができれば、周囲の人があなたについてくるようになります。

また、この生まれの人は、反骨精神が意外と旺盛。組織や権力に歯向かったりすることもありそうです。でもそのために目上からにらまれてしまう場合もなきにしもあらず。要領よく立ち回ることも必要でしょう。

あなたの愛の形とは？

なぞめいた雰囲気が漂う人です。最初は異性を寄せつ

けないような印象を与えるかもしれません。けれども、実際には相手の気持ちを気遣う優しさや、誠実でまじめなところもあるのです。ただ、強い個性のせいで、それがストレートに相手に伝わりにくいだけなのです。

それでも恋をしたときのこの人は、驚くほどに恋人の前で素直です。ユニークな着想やアイデアがあったら、相手と共有したいと願うでしょう。もしそこで、「ついていけない」という態度をとられると、態度が硬化してしまうかもしれません。

恋人には、いろいろなことを受け入れてくれる心の広い人、好奇心の強い人を選ぶといいでしょう。それと同時に、自分の発想やセンスに自信があるなら、もっとわかりやすく恋人に伝える努力をするといいでしょう。努力や工夫をすればきっとわかってもらえるはずです。

あなたの才能と人生のテーマ

オリジナリティにあふれる創作能力を持っている人で、心の底では、そのクリエイティブな力をもっと伸ばしたい、世の中に出たいという気持ちがあるはずです。

自分の才能を信じながら、それが素直に受け入れてもらえない場合もあるでしょう。思い通りの職業につけなかったり、まったく違う業種の仕事をしたとしても、柔軟にとらえて、自分の創作能力を生かすようにしてください。別の仕事をしながら趣味として続けていてもいいでしょう。その場合、社会生活で得た人脈が、自分の作品を発表することに役立つかもしれません。最初から決めつけてしまうのはこの人の悪い癖です。人生何が起こるかわからないのですから、未来と自分を信じてください。適職は、作曲家、演奏家、作家、サービス業などです。

相性リスト

恋人	4月26・27・28日、6月29・30日、7月1日
友人	2月26・27・28日、10月26・27・28日
手本となる人	8月29・30・31日
助けてくれる人	3月9・10・11日、5月21・22・23日、8月2・3・4日、10月14・15・16日
縁がある人	5月27・28・29日、7月30・31日、8月1日

魔法の言葉

答えはイエス。
ただし、誰かに頼らずにいけるのなら

12月30日

山羊座

♑

CAPRICORN

建設的なアイデアと実行力の人

長所

計画に具体性があり、前向き。言ったことは必ず実行する。大胆な行動力がある。集中力があり目標達成率が高い。

短所

自分の力を過信する。ステイタスにこだわる。虚栄心が強い。物事を大げさに考える。落ち込むとなかなか立ち直れない。

この日生まれの著名人

開高健（作家）／ユージン・スミス（写真家）／タイガー・ウッズ（プロゴルファー）／ベン・ジョンソン（陸上選手）／元木大介（野球選手）／岩渕健輔（ラグビー選手）／ノブ〈千鳥〉（お笑いタレント）／V〈BTS〉（歌手）

あなたは、地に足がついていて、とても建設的な考え方をするタイプ。具体的な発想ができますから、例えば頭に描いたことや浮かんだイメージを、きちんと形にできる人。抽象的だったり、漠然とした考え方はしないので、やることも合理的で無駄がありません。しかも実行力があり、一度口にしたことは、必ず成し遂げます。

ただ、やや野心的な面があり、成功願望が強かったり、出世してお金持ちになりたいという思いが勝る場合もありそう。成功のためにがんばるのは素晴らしいことですが、そこに人生の重点が置かれてしまうと、大切な人や幸せを見失ってしまうこともあります。

また、この誕生日の人は、自立心が旺盛で、何事も独立独歩の姿勢がツキを呼びます。親元からも早くに独立し、自分の力で世の中を渡って行くことで運勢も発展します。それだけの知恵とパワーをそなえた人なので、人に安易に頼るのはかえって人生をしぼませてしまうことに。若いときは苦労もしますが、年を経るほどに実力もついてきて大成できる運勢を持っています。

あなたの愛の形とは？

この日生まれの人は、よく友達を驚かせることがあります。例えば、「いつかこんな人と恋をする」と断言して、実際にその通りの人と交際するなどです。もちろんそれはこの人の運のよさでもありますが、実際は、自分で夢を叶えようと、積極的に行動を起こしていることによる

思った以上の大きなサイクルが始まりそう。期待してOKです

ものが多いでしょう。たとえそれで一度や二度だめだったとしても、立ち上がり、望みを叶えるために再チャレンジを続けるのが、この人のやり方なのです。

ただし、たとえ恋が実ったとしても、それなりの悩みは出てくるはずです。けれども、持ち前の明るい気持ちで、その問題をクリアするよう行動するでしょう。粘り強く、大切なものを守るでしょう。周囲の人にはわかりにくいかもしれませんが、この日生まれの人の幸せは行動することで得ているものなのです。

あなたの才能と人生のテーマ

この日に誕生した人は、広い視野で世の中を眺め、自分を客観的に見つめます。さらにアイデアが浮かんだときには、それを実現化させるために、粘り強い努力を続けます。

この力は、社会のあらゆる方面で生かすことができるでしょう。例えば、ひらめきを具体的なものにする開発や、エンターテインメントのジャンルなど、探せば無数に出てくるでしょう。ただ、どんな職業を選んだとしても、本人に強い興味ややる気、使命感がなければ、ただ義務感で働く毎日になってしまいそうです。

本当は心が熱い人です。魂を燃焼できるような、夢中になれるものを探してください。たとえ思い通りの職につけなくても、与えられたものの中にはきっと夢中になれる何かがあるはずです。それを探してみてください。

適職は、法律家、技術者、商品開発、発明家、作家などです。

相性リスト

恋人……………… 4月27・28・29日、6月30日、7月1・2日
友人……………… 2月27・28・29日、10月27・28・29日
手本となる人…… 8月30・31日、9月1日
助けてくれる人… 3月10・11・12日、5月22・23・24日、8月3・4・5日、10月15・16・17日
縁がある人……… 5月28・29・30日、7月31日、8月1・2日

12月31日

山羊座

♑

CAPRICORN

何を前にしても曲がらない意志の人

長所

意思が強い。カリスマ性がある。存在感がある。しっかりと自己を確立していて揺らがない。信念に従って生きる。

短所

頑固。感情を表に出せない。反抗心が強い。思い込んだら修正がきかない。こだわりがなさすぎて冷淡に見られる。

この日生まれの著名人

アンリ・マティス（画家）／アンソニー・ホプキンス（俳優）／俵万智（歌人）／江口洋介（俳優）／大黒摩季（ミュージシャン）／東貴博〈Take2〉（お笑いタレント）／村主章枝（フィギュアスケート選手）／中越典子（女優）

強い意志の持ち主で、それがカリスマ的な魅力を引き出しているのが、この誕生日の人。どんな状況になっても、この人の強固な意志は崩れないのが特徴です。だからといって、自分の主義主張を声高に語るわけではありません。静かに、しかし強力な存在感となってその考えを周囲に浸透させていきます。そのブレない信念が、周りの人々を圧倒します。

こうした性質は、若いときには生意気に思われることがありそう。決して協調性の良いほうではなく、年長者や有力者に対しても対等の立場で話そうとしますから、それを無礼に感じる人もいるでしょう。考え方を曲げない頑固さも、目上の人からすると鼻につくかもしれません。でも、ある程度、年齢を重ねて実力がついてくると、カリスマ性がさらに増して、支持者が増えてきます。そうなれば発言権も強まり、活躍の場もグンと広がってくるのが特徴です。

とはいえ、周囲の人に対する配慮が欠けやすい点は要注意。あまり傍若無人な振る舞いをしていると、いくらカリスマ性があっても、心からわかってくれる友人や仲間は得られません。いつも支えてくれる人への思いやりや感謝の気持ちは忘れないようにしましょう。

あなたの愛の形とは？

いつも冷静で、物静かな人です。普段は、ことさらに強く自分をアピールすることはありません。けれどもこ

の人が恋をしたときには、周囲が予想もしないような思い切った行動に出ることがあるのです。

例えば、それまでのキャリアを捨てて、愛する人と新天地に向かうこともあるかもしれません。または、年が離れた人を選んだり、意思の疎通ができないほど文化や言語が異なった人と愛し合う可能性も否定できません。

でも、どんなユニークな相手であっても、この人は細心の注意を払い、誠実な態度で、その愛を守り抜こうとするでしょう。そして粘り強い態度で愛を守るでしょう。だから最初はとてもハードルの高い恋に見えるかもしれません。けれどもいずれ、その関係が確実で安定したものに変わるのは、疑いの余地のないことなのです。

あなたの才能と人生のテーマ

目標に必ず到達する強い意志力と、冷静な状況認識の能力を持っている人です。もともと豊かな感情を持っている人ですが、自分が必要だと判断したときには、主観的なものの見方を排し、客観的な見地に立つことができます。

この人が社会の中で求めているのは、社会的に重要な人物になるためでも、経済的な満足だけでもありません。例えばまだ誰もが手を出していないような新規なものを自分が立ち上げることで、夢を実現させたいのです。それだけの強い個性を持っているため、人と衝突することもあるかもしれません。それでも自分という存在をこの世に、創造という形で残すことが、この人にとっての夢なのです。夢を実現させるまで、その歩をゆるめることはないでしょう。適職は、経済学者、心理学者、発明家、ITベンチャー企業の経営者などです。

相性リスト

恋人	4月28・29・30日、7月1・2・3日
友人	2月28・29日、3月1日、10月28・29・30日
手本となる人	8月31日、9月1・2日
助けてくれる人	3月11・12・13日、5月23・24・25日、8月4・5・6日、10月16・17・18日
縁がある人	5月29・30・31日、8月1・2・3日

そのまえに、今やっていることをまずは終わらせましょう

誕生日リスト

名前	誕生日	メモ
	年　月　日	
	年　月　日	
	年　月　日	
	年　月　日	
	年　月　日	
	年　月　日	
	年　月　日	
	年　月　日	
	年　月　日	
	年　月　日	
	年　月　日	
	年　月　日	
	年　月　日	
	年　月　日	
	年　月　日	

年　月　日

年　月　日

年　月　日

年　月　日

年　月　日

年　月　日

年　月　日

年　月　日

年　月　日

年　月　日

年　月　日

年　月　日

年　月　日

年　月　日

年　月　日

年　月　日

年　月　日

年　月　日

	年　月　日	
	年　月　日	
	年　月　日	
	年　月　日	
	年　月　日	
	年　月　日	
	年　月　日	
	年　月　日	
	年　月　日	
	年　月　日	
	年　月　日	
	年　月　日	
	年　月　日	
	年　月　日	
	年　月　日	
	年　月　日	
	年　月　日	
	年　月　日	

本書は2008年4月にヴィレッジブックスより刊行された、
『鏡リュウジ　誕生日バイブル』に加筆、再編集、
改題して刊行するものです。

発行

2023年4月1日　初版第1刷発行

著者

鏡リュウジ

発行者

廣瀬和二

発行所

株式会社日東書院本社

〒113-0033　東京都文京区本郷1-33-13　春日町ビル5F

TEL：03-5931-5930（代表）　FAX：03-6386-3087（販売部）

https://tg-net.co.jp

印刷・製本所

中央精版印刷株式会社

ISBN978-4-528-02405-2 C0076 Printed in Japan